Katharina Sommer

AF726698

Tokio

mit Kyoto

IWANOWSKI'S REISEBUCHVERLAG

Im Internet:

www.iwanowski.de

Hier finden Sie aktuelle Infos zu allen Titeln,
interessante Links – und vieles mehr!

Einfach anklicken!

Schreiben Sie uns, wenn sich etwas verändert hat. Wir sind bei der Aktualisierung unserer Bücher auf Ihre Mithilfe angewiesen:
info@iwanowski.de

Tokio mit Kyoto
3. Auflage 2019

Salm-Reifferscheidt-Allee 37 • 41540 Dormagen
Telefon 0 21 33/26 03 11 • Fax 0 21 33/26 03 34
info@iwanowski.de
www.iwanowski.de

Titelfoto: Blick auf den Fujisan vom Sengen-Schrein in Kyoto
© ake1150/fotolia.de
Alle anderen Farbabbildungen: s. Bildnachweis S. 376
Lektorat und Layout: Annette Pundsack, Köln
Karten: Sabine Lampe, München; Klaus-Peter Lawall, Unterensingen
Reisekarte: Klaus-Peter Lawall, Unterensingen, und Ansgar Jöbkes, Krauchenwies
Titelgestaltung: Point of Media, www.pom-online.de
Redaktionelles Copyright, Konzeption und deren
ständige Überarbeitung: Michael Iwanowski

Gesamtherstellung: Himmer GmbH, Augsburg
Printed in Germany

ISBN: 978-3-86197-214-3

Stadtbesichtigung

Stadtbesichtigung

Weiterführende Informationen

info

Alle Karten zum Gratis-Download – So funktioniert's

In diesem Reisehandbuch sind alle Detailpläne mit einem sogenannten QR-Code versehen. Bei jeder Innenkarte findet man diese schwarz-gepunkteten Quadrate, die per Smartphone oder Tablet-PC gescannt werden können. Bei einer bestehenden Internet-Verbindung können die Dateien dann auf das eigene Gerät geladen werden. Alle Karten sind im PDF-Format angelegt, das nahezu jedes Gerät darstellen und ausdrucken kann. Für den Stadtbummel oder die Besichtigung unterwegs hat man so die Karte mit besuchenswerten Zielen und Restaurants elektronisch auf dem Telefon, Tablet-PC, Reader oder als praktischen DIN-A4-Ausdruck dabei. Mit anderen Worten – der Reiseführer kann im Auto oder im Hotel bleiben, und die Basis-Infos sind immer und überall ohne Roaming-Gebühren abrufbar. Sollten wider Erwarten Probleme beim Karten-Download auftreten, wenden Sie sich bitte direkt an den Verlag. Unter info@iwanowski.de erhalten Sie die entsprechende Linkliste zum Herunterladen der Karten.

Verzeichnis der Karten und Grafiken

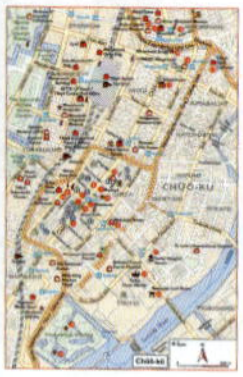

Karten im Umschlag

Reisekarte Rückseite

Im Text verwendete Symbole:

B Bus
M Metro
S U-Bahn, Subway (Yokohama)
Bahnhof
/**M** Bahnhof (Züge und Metro)
/**S** Bahnhof (Züge und Subway)

Legende

- Information
- Sehenswürdigkeit
- Kirche
- Kathedrale
- Pagode/Tempel
- Schrein
- Museum
- Theater
- Krankenhaus
- wichtiges Gebäude
- Aussichtspunkt
- Tower/Aussichtsturm
- Bibliothek
- Einkaufen
- Unterkunft
- Essen & Trinken/Unterhaltung
- Markt
- Bahnhof
- Fähre/Schiff
- Hafen
- U-Bahn-Station
- Internationaler Flughafen
- Post
- Berg
- Höhle
- Seilbahn

Alles und noch viel mehr ...

Tōkyō fasziniert als perfekt organisiertes Labyrinth in der Version „Mega" nicht allein durch Superlative, Ikonen der Moderne und Design. Oft genug überrascht die Metropole mit dörflich geprägten Ecken oder Details. So verleihen Traditionen und Trends, in Tōkyō kein Widerspruch, der urbanen Landschaft wie auch nicht zuletzt ihren Einwohnern einen ganz eigenen Charme. Ob zeitgenössische Architektur neben historischen Gebäuden, ob zukunftsorientierte Technologie neben klassischem Handwerk oder schrill bunte Subkultur neben gelebtem Brauchtum: In Tōkyō hat alles einen Platz und Gegensätze scheinen immer wieder zu verschmelzen.

Dass dabei die heutige, aus Städten und Dörfern zusammengewachsene, dynamische Metropolregion über 38 Millionen Seelen zählt, braucht nicht zu beirren. Weder Moloch noch undurchdringlicher Großstadtdschungel erwartet Sie, denn wie überall im Land werden hier System wie Organisation großgeschrieben und prägen das besondere Lokalkolorit. Tōkyō funktioniert. Wer allerdings die Innenstadt sucht, könnte Unverständnis ernten. Schließlich warten die „Citys" oder Bezirke Tōkyōs mit jeweils eigenen mehr oder minder populären Zentren auf.

Als Besucher die pulsierende Weltstadt zu erkunden ist einfach und schwierig zugleich. Seien es Spuren längst vergangener Tage, Spielarten der Moderne oder der Zauber japanischer Kultur in all ihren Facetten, gilt es doch aus nicht enden wollenden Sehenswürdigkeiten und „Events" immer wieder auszuwählen.

Ohne Frage ist auch Kyōto im 21. Jh. angekommen, doch mit ihrem großen Kulturerbe reicht keine andere Stadt Japans an die „altehrwürdige Kaiserresidenz" heran. Rund 1.800 Tempel und Schreine, malerische Gartenanlagen und historische Stadtviertel mit traditioneller Architektur setzen hier für eine Millionenstadt außergewöhnliche Akzente. Selbst „Geishas" in farbenprächtigen Kimonos und typisch klappernden Holzsandalen kann man in Kyōto noch begegnen.

Neugierig auf mehr Japan? In der Peripherie oder ganz abseits der Metropolen locken weitere Hochburgen historischen Erbes wie Kamakura, Nikkō oder Nara. Natur pur versprechen die Region Hakone und selbstredend Japans bedeutendster Berg Fujisan.

Gute Reise 楽しい旅を *(tanoshii tabi wo)*!

Ich möchte allen danken, die mich bei meiner Arbeit vor Ort und zu Hause unterstützt haben.

Katharina Sommer

I. STADT UND LEUTE

Tōkyō 東京 in Kürze

Spuren einer ersten Besiedlung im heutigen Gebiet Tōkyōs reichen bis in die Jungsteinzeit zurück. Während des Altertums und zu Beginn des japanischen Mittelalters gab es hier gerade einmal ein paar Fischhütten. Als Begründer der Stadt gilt der in Diensten des Daimyōs Uesugi Sadamasa stehende Ōta Dōkan (1432–1486). In Uesugis Auftrag ließ er um 1457 an der Stelle des heutigen Kaiserpalasts eine Burg erbauen, die 1590 von Tokugawa Ieyasu (1542–1616), übernommen wurde. 1603 zum ersten Shōgun Japans ernannt, entwickelte sich **Edo** unter seiner Regie zum Regierungssitz und Verwaltungszentrum des Landes. Wurde zuvor die Geschichte des Landes an anderen Orten geschrieben, so liefen künftig die Fäden der Macht genau hier zusammen. Der Name Edo geht vermutlich auf den Daimyō Edo Shigenaga zurück, der sich im 12. Jh. unweit der Sumida-Flussmündung die Residenz Edojuku erbauen ließ.

„Stadtgründung" im 15. Jh.

Durch den Zustrom von Händlern, Handwerkern und Glücksrittern aller Art zählte Edo Mitte des 17. Jh. rund 400.000 Einwohner. 1657 legte jedoch ein verheerender Brand gut drei Viertel der Stadt in Schutt und Asche. Zwar wurde Edo unter Gesichtspunkten des Feuerschutzes wiederaufgebaut, doch sollte diese Brandkatastrophe im Verlauf der weiteren Geschichte nicht die einzige bleiben.

In die Regierungszeit des Shōguns Tokugawa Tsunayoshi (1646–1709) fiel die von wirtschaftlicher Stabilität, kultureller Blüte und Frieden begleitete **Genroku-Ära** (1688–1709), das goldene Zeitalter Edos. Konfliktstoff lieferte erst wieder Tsunayoshis Nachfolger Tokugawa Ienobu (1662–1712). Er beging den Fehler, Münzen von minderer Qualität herstellen zu lassen, was in kürzester Zeit eine Inflation heraufbeschwor.

Als zu Beginn der **Meiji-Restauration** 1868 Kaiser Mutsuhito (1852–1912) seine Residenz von Kyōto nach Edo verlegte, folgten Veränderungen Schlag auf Schlag. Edo wurde in Tōkyō umbenannt und Japan absorbierte nach der Öffnung des Landes alles, was aus dem **Westen** kam. Häuser wurden aus Stein gebaut, Straßen mit Kopfsteinen gepflastert, ganze Stadtviertel umstrukturiert. Die Einwohnerzahl hatte längst schon die Millionengrenze überschritten. Noch während des 19. Jh. fuhr die erste Eisenbahn.

Regierungssitz seit 1868

Selbstredend ging der Modernisierungsprozess auch an der Bevölkerung nicht spurlos vorüber. Der letzte Schrei in Sachen Mode waren westliche Kleidung und westlicher Haarschnitt. Durch das Engagement Itō Hirobumis (1841–1909) übernahm die Regierung 1885 das Kabinettsystem und Itō selbst wurde erster Premier des Landes. Mit der Verabschiedung einer Verfassung 1889 etablierte Japan das politische System eines modernen Staates. 1890 entstand mit zwölf Stockwerken der erste, 68 m hohe **Wolkenkratzer**, acht Jahre später ein erstes Rathausgebäude. Während der Taishō-Ära (1912–1926) verbesserte sich das Bildungswesen, der Frauenanteil an höheren Schulen nahm zu und unter der anwachsenden Arbeiterklasse entwickelte sich ein kaufkräftiger Mittelstand. Im kulturellen Bereich erfreuten sich vor allem darstellende Künste wie Theater und Oper großer Beliebtheit.

Modernisierung und Verwestlichung

Einen tragischen Rückschlag erlebte die Stadtentwicklung mit dem **Kantō-Beben 1923**. Doch trotz verheerender Schäden ging der Wiederaufbau schnell voran. 1927 nahm man die erste U-Bahn in Betrieb und ein Jahr darauf wurden die ersten allgemeinen Parlamentswahlen abgehalten. 1931 eröffnete der Flughafen Haneda, 1941 der Hafen von Tōkyō. Zu Beginn des **Zweiten Weltkriegs** lebten in der Stadt über 6 Mio. Einwohner, die sich durch über hundert Bombenangriffe bis zum Ende des Krieges um die Hälfte reduzierten. In der nachfolgenden Zeit der amerikanischen Besatzung wurde 1947 eine neue Verfassung erlassen, die im Wesentlichen noch heute Gültigkeit hat.

Wirtschaftlicher Aufschwung

Eine Umstrukturierung der städtischen Struktur führte 1949 zur Aufteilung Tōkyōs in seine bis heute bestehenden 23 Bezirke. Ab den 1950er-Jahren ging es wirtschaftlich steil bergauf und die folgenden Jahre waren durch **Wachstum** und Wohlstand gezeichnet. Ein Haushalt, der etwas auf sich hielt, hatte Fernseher, Waschmaschine und Kühlschrank. 1962 überschritt die Einwohnerzahl Tōkyōs die 10-Millionen-Marke. 1964 in aller Munde, war Tōkyō die Austragungsstätte der Olympischen Sommerspiele. Der erste Shinkansen fuhr zwischen Tōkyō und Ōsaka. In den 1970er-Jahren quittierten Umweltskandale den Wirtschaftsboom und die weltweite **Ölkrise** setzte der Hochkonjunktur 1973 ein Ende.

Rezession und Depression

Wenige Jahre später entspannte sich die Lage und Tōkyō mischte wirtschaftlich wieder unter den vordersten Rängen mit. Allerdings schraubte sich die Spirale der **Bubble Economy** immer weiter in die Höhe und Ende der 1980er-Jahre kam, was kommen musste: Die Wirtschaftsblase platzte. Mit atemberaubend positiven Bilanzen war es zunächst vorbei. Während dieser schwierigen Phase starb Kaiser Hirohito (1901–1989), die Thronfolge übernahm sein Sohn Akihito (geb. 1933). Nach und nach erholte sich der Markt, die weltweite Wirtschaftskrise Ende 2008 führte aber erneut zu einer dramatischen Talfahrt der Konjunktur.

Tōkyōs Häusermeer scheint unendlich

Im März 2011 stockte der Welt der Atem: Das bislang schwerste Erdbeben in der Geschichte Japans löste mit nachfolgendem Tsunami und Reaktorunfällen im Komplex der Atomkraftanlage **Fukushima** eine Dreifachkatastrophe mit verheerenden Folgen aus. *Katastrophe*

Nach einem dreijährigen Zwischenspiel der Demokratischen Partei setzte sich 2012 der Vorsitzende der Liberaldemokratischen Partei Abe Shinzō (geb. 1954) nach seiner ersten Regierungszeit zwischen 2006 und 2007 erneut als Premier an die Spitze. Mit seinem radikalen Wirtschaftsprogramm „**Abenomics**" verfolgt er seither das Ziel, die Wirtschaftskrise Japans zu durchbrechen.

Tōkyō auf einen Blick

Lage	35° 41' N, 139° 42' O
Fläche	621,45 km², Präfektur Tōkyō 2.190 km², Metropolregion 13.560 km²
Höhe	durchschnittlich 6 m ü. d. M.
Region	Kantō
Präfektur	Tōkyō
Staats- und Regierungsform	Parlamentarische Monarchie
Staatsoberhaupt	Kaiser Akihito, seit Januar 1989 (gepl. Abdankung April 2019)
Premier	Abe Shinzō, seit Dezember 2012, Liberaldemokratische Partei
Staatsflagge	Sonnenbanner *Hi no maru*; rote Sonne auf weißem Grund
Bevölkerung	9,47 Mio. Einw., Präfektur Tōkyō 13,74 Mio. Einw., Metropolregion 38,30 Mio. Einw. (2017)
Bevölkerungsdichte	15.232 Einw./km², Präfektur Tōkyō 6.281 Einw./km², Metropolregion 2.822 Einw./km²
Fläche	622 km², Präfektur 2.188 km², Metropolregion 13.572 km²
Struktur	23 Stadtbezirke: Adachi-ku, Arakawa-ku, Bunkyō-ku, Chiyoda-ku, Chūō-ku, Edogawa-ku, Itabashi-ku, Katsushika-ku, Kita-ku, Kōtō-ku, Meguro-ku, Minato-ku, Nakano-ku, Nerima-ku, Ōta-ku, Setagaya-ku, Shibuya-ku, Shinagawa-ku, Shinjuku-ku, Suginami-ku, Sumida-ku, Toshima-ku, Taitō-ku. Zur **Präfektur Tōkyō** zählen weitere 26 Städte, der Landkreis Nishitama sowie einige Inseln. **Metropolregion**: Tōkyō-Yokohama

Religionen in Japan	90 % Shintoisten und Buddhisten (oft gleichzeitig), ca. 1,5 % Christen, 8,5 % sonstige Glaubensrichtungen oder Atheisten
Großstädte in Japan	Yokohama (3,73 Mio. Einw.), Ōsaka (2,71 Mio. Einw.), Nagoya (2,31 Mio. Einw.), Sapporo (1,95 Mio. Einw.), Kōbe (1,53 Mio. Einw.), Fukuoka (1,56 Mio. Einw.), Kawasaki (1,5 Mio. Einw.)
Klima	Kühle Winter (Dez.–Feb.), feuchtheiße Sommer (Juni–Aug.), Regenzeit: Juni. Beste Reisezeit: März–Mai/Sept.–Mitte Nov., Kirschblüte: Anfang April
Währung	Yen (JPY): internationales Symbol ¥, japanisches Symbol 円
Zeitzone	MEZ plus 8 Std.
Vorwahl Tōkyō	03, aus dem Ausland: 0081 3
Website Tōkyō	www.metro.tokyo.jp
Deutsche Partnerstadt	Berlin

Orientierung

Tōkyō fasziniert – als Weltstadt, als Hauptstadt und als Zentrum des Landes. Dabei existiert Tōkyō als Verwaltungseinheit schon seit den 1950er-Jahren nicht mehr. Je nach Definition – ob Metropolregion, Präfektur oder Stadtbezirke – ergeben sich unterschiedliche Statistiken.

An die Präfektur Tōkyō schließt sich das Tama-Gebiet (grün gekennzeichnet) mit Dörfern, Klein- und Großstädten an

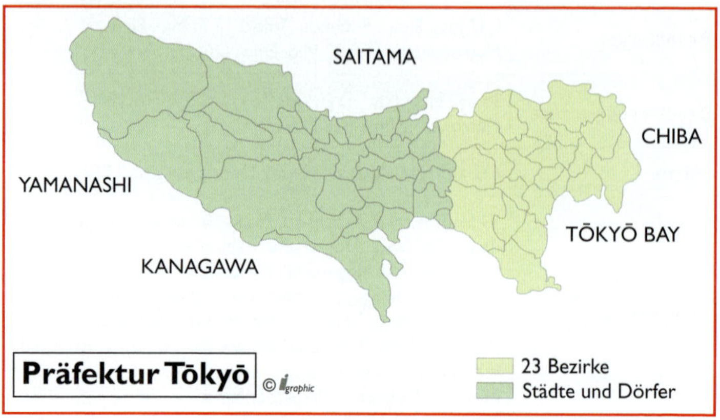

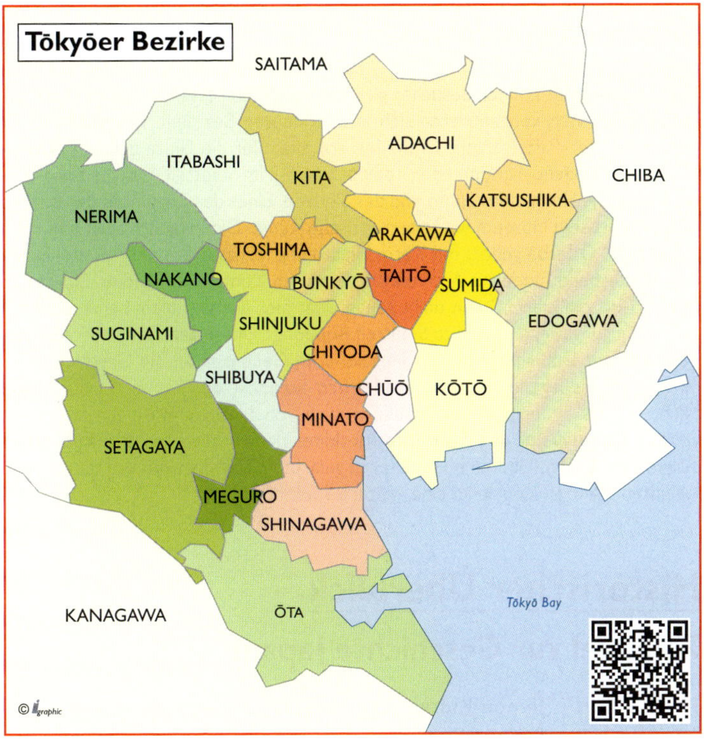

Zum Kerngebiet Tōkyōs zählen 23 Bezirke

Zur **Metropolregion** *(daitoshi-ken)* zählen nicht nur das Kerngebiet der Präfektur Tōkyō, sondern auch die angrenzenden Präfekturen Kanagawa, Saitama und Chiba. Neben kleineren Gemeinden liegen in der Region 52 weitere Städte, teilweise mit einer Bevölkerung von mehr als 500.000 Einwohnern sowie die drei Millionenstädte Yokohama, Saitama und Kawasaki.

Präfektur mit 23 Bezirken

Die **Präfektur Tōkyō** *(tōkyō-to)* setzt sich aus 23 Bezirken zusammen, an die sich im Westen weitere Großstädte *(-shi)*, Kleinstädte *(-machi)* und Dörfer *(-mura)* anschließen. Das bergige Gebiet als Ausläufer der Japanischen Alpen ist teilweise dünn besiedelt. Zwar liegt das Kerngebiet Tōkyōs durchschnittlich 6 m ü. d. M., mit seiner höchsten Erhebung, dem 2.017 m hohen Mt. Kumotori, hat Tōkyōs Westen aber auch einen Zweitausender zu bieten. Alles ist das nicht, denn zur Präfektur gehören zudem die zwischen 100 und 350 km vor der Tōkyō-Bucht liegenden Izu-Inseln und die über 1.000 km entfernten, z. T. unbewohnten Ogasawara-Inseln im Südpazifik.

Unter dem **Kerngebiet Tōkyōs** sind die **23 Bezirke** *(nijūsan-ku)* zu verstehen, die im Osten an die Präfektur Chiba, im Norden an die Präfektur Saitama und im

Südwesten an die Präfektur Kanagawa grenzen. Sechs Bezirke davon liegen halbbogenförmig um die Bucht von Tōkyō.

Nicht alle Bezirke sind für Besucher gleichermaßen interessant, denn viele der Sehenswürdigkeiten konzentrieren sich in den inneren Bezirken: **Chiyoda-ku** mit seinem riesigen Palastgarten, **Chūō-ku**, vor allem für die Ginza bekannt, **Taitō-ku** durch den Ueno-Park und den Tempel Sensō-ji im Stadtteil Asakusa sowie **Sumida-ku**, die Heimat des Sumō und des Skytree. Eines der Zugpferde des Bezirks **Kōtō-ku** ist sein Museum für zeitgenössische Kunst. Die künstlich aufgeschüttete „Spaßinsel" **Odaiba** gehört mit Kōtō, Minato und Shinagawa anteilig zu drei Bezirken. Bestechend moderne Architektur wurde im Komplex Shiodome Sio-Site in **Minato-ku** realisiert. Damit nicht genug, liegt hier der vor allem bei Ausländern als Vergnügungsviertel beliebte Stadtteil Roppongi. Unter den Tempeln in **Shinagawa-ku** gilt Einheimischen der Sengaku-ji im Gedenken an die Geschichte der 47 Samurai als legendärer Ort. In **Meguro-ku** lockt der Yebisu Garden Place. Nicht nur als Shoppingmeilen, sondern auch von Nachtschwärmern favorisiert werden **Shibuya-ku** und **Shinjuku-ku**. Eines der Highlights in **Bunkyō-ku** ist Tōkyō Dome City. Und im multikulturell gefärbten **Toshima-ku** wartet mit dem lebhaften Stadtteil Ikebukuro eine weitere Stadt in der Stadt.

Historischer Überblick

Zeittafel zur Geschichte Japans

10000 v. Chr. bis 250 v. Chr.	**Jōmon-Kultur**: Jäger und Sammler, Keramik, primitiver Ackerbau
um 250 v. Chr. bis 300 n. Chr.	**Yayoi-Kultur**: Übergang zur Sesshaftigkeit, Bronze- und Eisenbearbeitung, Bildung sozialer Schichten, erste Kontakte zu China
um 300 bis 710 n. Chr.	**Yamato (Kofun)-Zeit**: Hügelgräber, Klans, Strukturen eines Staatsgefüges, Einführung des Buddhismus **593**: Verfassung der „17 Artikel" durch Shōtoku Taishi **645**: Taika-Reformen
710–794	**Nara-Zeit**: Heijōkyō (heute Nara) wird Hauptstadt, strukturiertes kaiserliches Regierungssystem
794–1185	**Heian-Zeit**: Verlegung der Hauptstadt nach Heiankyō (heute Kyōto), kulturelle Blütezeit **858**: Vormachtstellung des Fujiwara-Klans **1180–1185**: Gempei-Krieg
1185–1333	**Kamakura-Zeit**: Minamoto Yoritomo wird erster Shōgun Japans **1219**: Dominanz des Hōjō-Klans **1274 und 1281**: Gescheiterte Invasionen der Mongolen **1333**: Kaiser Go-Daigo stürzt das Shōgunat
1333–1573	**Muromachi (Ashikaga)-Zeit**: Erstarkte Monarchie führt zu Konflikten zwischen Kaiser und Kriegsherren

1337: Trennung des Kaiserhauses in nördlichen und südlichen Hof
1338: Ashikaga-Klan übernimmt Führungsrolle
1467–1568: Ōnin-Krieg bis 1477, Streitende Reiche
1549: Christliche Missionierung

1573–1603 **Azuchi-Momoyama-Zeit**: Oda Nobunaga beginnt Japan zu einen
1590: Toyotomi Hideyoshi führt Landeseinigung fort
1592 und 1597: Invasion in Korea
1600: Tokugawa Ieyasu sichert seine Vormachtstellung

1603–1867 **Edo (Tokugawa)-Zeit**: Stabilisierung des Staatswesens, bis zu Beginn des 19. Jh. Wirtschaftswachstum und kulturelle Blüte
1603: Tokugawa Ieyasu sichert seine Alleinherrschaft und wählt Edo (heute Tōkyō) als Regierungssitz.
1635–1639: Zunehmende Isolationspolitik
1637–1638: Verbot christlicher Missionierung
1820: Niedergang des Shōgunats, wirtschaftlicher Verfall
1853: US-Marineoffizier Matthew Perry erzwingt Öffnung japanischer Häfen.

1868–1912 **Meiji-Zeit**: Meiji-Restauration, Kaiserhaus erlangt Regierungsgewalt zurück, Ende der Isolation, Modernisierung
1889: Erlass der Meiji-Verfassung
1894–1895: Japanisch-Chinesischer Krieg
1904–1905: Russisch-Japanischer Krieg
1910: Annexion Koreas

1912–1926 **Taishō-Zeit**: Demokratische Parteien gewinnen an Einfluss.
1914–1918: Erster Weltkrieg, Japan kämpft auf der Seite der Alliierten.
1918: Reisaufstände
1920: Beitritt zum Völkerbund
1923: Erdbeben in der Kantō-Ebene

1926–1989 **Shōwa-Zeit**: Bis 1945 geprägt von Imperialismus, Wirtschaftswunder der Nachkriegszeit
1926: Hirohito wird Kaiser
1931: Annexion der Mandschurei
1933: Austritt aus dem Völkerbund
1937: Krieg gegen China
1941: Pearl Harbor, Zweiter Weltkrieg
1945: Atombomben auf Hiroshima und Nagasaki, Kapitulation Japans, Kaiser dementiert Anspruch auf göttliche Abstammung
1945–1951: Amerikanische Besatzung
1947: Erlass einer neuen Verfassung
1955: Gründung der Liberaldemokratischen und der Sozialistischen Partei
1956: UNO-Beitritt, Friedensabkommen mit der UdSSR
1960–1970: Wirtschaftswachstum
1964: Olympische Sommerspiele in Tōkyō
1965: Friedensabkommen mit Südkorea, 1978 mit der VR China
1985: Plaza-Abkommen, Aufwertung des Yen schwächt Export

1989–2000	**1989**: Tod des Kaisers Hirohito **Heisei-Zeit**: Platzen der Bubble Economy, Umdenken in der Außenpolitik **1990**: Inthronisierung des Kaisers Akihito, Wirtschaftskrise **1995**: Erdbeben in der Region Kōbe, Giftgasanschlag in der U-Bahn Tōkyōs, Bankenkrise; **1998**: Bankenkrise
Seit 2001	**2001**: Verbesserung der Wirtschaftslage unter Premier Koizumi Junichirō **2003**: Japanische Truppen im Irak **2006**: Geburt des Thronfolgers Hisahito **2008**: Banken- und Wirtschaftskrise **2009**: Niederlage der LPD, Hatoyama Yukio (DPJ) wird Premier.
2011	Tōhoku-Beben, Tsunami, Nuklearkatastrophe von Fukushima
2012	Abe Shinzō (LPD) übernimmt erneut die Regierungsgeschäfte.
2014/2017	Bei den jeweils vorgezogenen Wahlen 2014 und 2017 wird Abe im Amt bestätigt.
2015/2016	Trotz ökonomischer Reformen ist Japans Wirtschaft schwach.
2017	Konjunktureller Aufwärtstrend. Laut japanischer Statistik ist das stärkste Wirtschaftswachstum seit 2013 zu verbuchen. Angesichts der höchsten Schuldenlast aller großen Industrienationen bleiben Wirtschaftsexperten dennoch skeptisch.
2018	Ein Erdbeben im westjapanischen Osaka erreicht die Stärke 6,1.

Vor- und Frühgeschichte

Abstammung mit Fragezeichen

Funde primitiver Steinwerkzeuge und Waffen lassen auf eine Besiedlung Japans seit der **Altsteinzeit** schließen. Dabei weichen die Zeitangaben je nach Quelle erheblich voneinander ab. Während der Eiszeiten gab es vermutlich mehrmals im Südwesten und Nordosten Japans **Landverbindungen** mit dem asiatischen Festland. Das heutige Inselreich selbst bildete damals bis auf wenige Ausnahmen eine einzige Landmasse. Vermutlich waren die Vorfahren der Japaner unterschiedliche, vom Festland **eingewanderte Ethnien** aus Zentralasien, auf die in der Jungsteinzeit weitere Volksstämme aus Russland, Korea und Südostasien trafen. Zu frühen Siedlern zählen die oft als Ureinwohner Japans bezeichneten Ainu.

Jōmon-Kultur (um 10000–250 v. Chr.)

Jäger und Sammler

Über die Anfänge der **Keramikherstellung** in Japan scheiden sich die Geister. Datieren einige Archäologen den Gebrauch von Töpferwaren auf 4500 v. Chr., so vermuten andere, dass Gefäße und Skulpturen schon deutlich früher in Gebrauch waren. Spuren der Jōmon-Kultur fanden sich von den Ryūkyū-Inseln im Südwesten bis nach Nordjapan. Typisch für diese Epoche ist die mit **Kordelmustern** verzierte Keramik, die auch der Zeit ihren Namen gab: *jō* – Schnur, *mon* – Muster. Die in kleinen Gemeinschaften lebende Bevölkerung sicherte ihre Ernährung durch Jagen, Sammeln und Fischen. Steinzeitliche Müllhalden in Form von Knochen- und Muschelhaufen wie etwa in Ōmori, dem heutigen Tōkyōer Stadtteil Ōta, wurden an vielen Orten Japans entdeckt. Bedeutende Zeugnisse der Jōmon-Kultur finden sich in **Sannai-Maruyama** in der Präfektur Aomori im Norden der Hauptinsel Honshū. Ausgrabungen brachten 1992 Artefakte sowie Überreste von Gebäuden und Gräbern auf einem 350 m² großen Areal zutage. Die frühzeitliche Ansiedlung, mittlerweile als Freilichtmuseum rekonstruiert, deutet auf ein komplexes soziales Gefüge einer möglicherweise matriarchalisch geprägten Gesellschaftsstruktur hin.

Yayoi-Kultur (250 v. Chr.–300 n. Chr.)

Die mit der Etablierung der Qin-Dynastie (221–207 v. Chr.) und der folgenden Han-Dynastie (206 v. Chr.–220 n. Chr.) auf dem chinesischen Festland verbundenen Expansionsbestrebungen führten zu erneuten Wanderbewegungen Richtung Nordosten. Wahrscheinlich erreichten damals Volksstämme über die Mandschurei und Korea den japanischen Archipel. Funde chinesischer „Mitbringsel" aus der frühen Han-Zeit wie Münzen oder Bronzegegenstände belegen den Kontakt mit dem Reich der Mitte. In Japan überlagerte die Yayoi-Kultur mit ihrem **Know-how** die Jōmon-Kultur. Neben Techniken der Metallgewinnung und -verarbeitung sowie der Spinnerei und Weberei war ihre auf der Töpferscheibe gefertigte, schlichter erscheinende **Keramik** qualitativ hochwertiger. Zu Alltagsgefäßen kamen Kultgegenstände oder Krüge für Bestattungen dazu. Ein weiteres Begräbnisritual dieser Epoche war die Beisetzung in tischartig gebauten Steingräbern, den Dolmen. Als Innovation in der Landwirtschaft gilt vor allem der **Nassfeld-Reisanbau**. Lange in die Yayoi-Zeit datiert, war der Nassfeld-Reisanbau durch Nutzung natürlicher Wasserflächen vermutlich schon früher bekannt. Das Anlegen von Bewässerungs- und Drainagesystemen während der Yayoi-Kultur verbesserte den Ackerbau enorm. Einen kulturellen Fortschritt bedeutete auch die Nutzung von Holz für den Bau von Wohnhäusern, Speichern und Kultstätten.

Ackerbaumethoden

Bedingt durch die wirtschaftliche Entwicklung veränderten sich die Lebensbedingungen und führten zur Bildung sozialer Schichten, deren **hierarchische Struktur** als Grundlage des späteren Staatswesens verstanden werden kann. Sippen *(uji)* stellten regionale Eliten, deren Ältester als Nachkomme der Uji-Gottheit verehrt, den Rang des obersten Priesters innehatte. Die freie Arbeiterklasse *(be)*, die untereinander Gemeinschaften bildete, stand meist im Dienst der Familienverbände. Unfrei und „Eigentum" der Oberschicht dagegen war die Klasse der Sklaven *(yakko)*, der vermutlich 5 % der Bevölkerung angehörten.

Altertum

Yamato (Kofun)-Zeit (300–710)

Unter unzähligen rivalisierenden Sippen traten die Yamato als **mächtigste Familie** hervor. Mit teilweise erzwungenen oder durch familiäre Verbindungen erwirkten Eingliederungen lokaler Klans in ihr Machtgefüge dehnten sie ihre Autorität von Süd- bis nach Zentraljapan aus. Dabei wurde Religion zur Legimitation von Politik und Macht instrumentalisiert. Ihre Herrschaft begründeten sie durch die Ab-

Bildung sozialer Schichten

Haniwa-Skulptur, Nationalmuseum Tōkyō

stammung von der shintoistischen Sonnengottheit Amaterasu. Aufschluss über die Gesellschaftsstruktur, geprägt von einer Trennung zwischen Elite und Untertanen, geben Funde aus den damals typischen Hügelgräbern **Kofun**. Oft von gigantischem Ausmaß, waren diese Begräbnisstätten als kulturelle Eigenheit namensstiftend für die gesamte Epoche. Der Daisenryō-Kofun nahe der Stadt Sakai in der Bucht von Ōsaka gilt mit seinem schlüssellochartigen Grundriss, rund 500 m Länge, 300 m Breite und etwa 30 m Höhe als einer der größten. Übliche Grabbeigaben zur Zierde und Stabilisierung der Bauten waren Tonskulpturen in Form von Menschen, Tieren oder anderen Objekten, die sog. Haniwa. Auf den Status des Verstorbenen lassen mitgegebene Rüstungen, Waffen, Schmuck, Kult- und Alltagsgegenstände schließen. So könnte der Daisenryō-Kofun die letzte Ruhestätte des halb legendären Kaisers Nintoku (313–399) sein.

Von weitreichender Bedeutung waren **Kontakte zum Festland**, wodurch geistige und materielle Einflüsse aus Korea und China wie Konfuzianismus, Buddhismus oder die chinesische Schrift die kulturelle Entwicklung Japans nachhaltig beeinflusste. Als eine der schillerndsten Figuren des Altertums gilt der Regent **Shōtoku Taishi** (574–622), ein Befürworter und Förderer des Kulturaustausches. Ihm wird, wenngleich von manchen Historikern bezweifelt, die Reform des Staatsgefüges mithilfe eines neuen Rangsystems zugeschrieben. Der vorbestimmte Status durch die Geburt sollte nicht mehr die bisherige Rolle spielen. Zudem verfasste er mit den „17 Artikeln" einen ersten moralischen Handlungskodex und erhob 594 nach langen Streitigkeiten mit führenden Klans den Buddhismus zur „Staatsreligion". Alle Veränderungen konnte er zu Lebzeiten indes nicht verwirklichen. Erst gut 20 Jahre nach seinem Tod setzten Prinz Nakano Ōe (626–672) und der Klangründer der Fujiwara, damals unter dem Namen Nakatomi no Kamatari (614–669), mit der **Taika-Reform** im Jahr 645 eine Zäsur der gesellschaftspolitischen Struktur. Ziel war es, den Staat zu zentralisieren und die kaiserliche Autorität zu stärken.

Buddhismus wird Staatsreligion

Nara-Zeit (710–794)

Kaiserin Genmei (661–721) verlegte im Jahr 710 die Hauptstadt von Fujiwarakyō, dem heutigen Kashihara, nach Heijōkyō, das später in Nara umbenannt für sieben Regentschaften Kaiserresidenz bleiben sollte. Bis dahin war es Sitte, mit jedem neuen Kaiser auch eine neue Hauptstadt zu begründen. Schließlich glaubte man, der Tod eines Menschen würde einen Ort spirituell verunreinigen. Die Verwaltungsstruktur nach dem 701 erlassenen **Taihō-Kodex** ließ die bis dahin übliche Tradition verblassen und Nara wurde die erste dauerhafte Hauptstadt des Landes.

Rekonstruierter Kaiserpalast, Nara

Die Taihō-Gesetze orientierten sich maßgeblich am Regierungssystem der damaligen Tang-Dynastie (618–907) in China, womit der dort verankerte Konfuzianismus auch die japanische Ethik, Moral und Regierung beeinflusste. Das daraus abgeleitete **Ritsuryō** war ein komplexes Rechts-, Verwaltungs- und Bürokratiesystem mit dem Tennō an der Spitze. Galt es doch eine Bevölkerung von 6 Mio. Einwohnern zu strukturieren und zu kontrollieren. Allein in der wirtschaftlich und kulturell prosperierenden Kaiserstadt Nara lebten damals 200.000 Einwohner. Charakteristisch für die Nara-Zeit war die zunehmende Bedeutung des Buddhismus, was in einem ernsten **Machtkonflikt** zwischen Kaiserhaus und Priesterschaft mündete. Um dem Zwist zu entgehen, wandte Kaiser Kammu (737–806) Nara 784 den Rücken zu und versuchte, Nagaokakyū als neue Hauptstadt zu etablieren. Dieses Unterfangen blieb nur ein kurzes Zwischenspiel und Kammu wählte 794 Heiankyō, das heutige Kyōto, als künftige Residenz.

Geschichtsschreibung des Altertums

info

Erste Erwähnungen über das Land „**Wa**“ für Japan finden sich in alten chinesischen Schriften vom ersten vorchristlichen Jahrhundert an. Die ältesten Geschichtszeugnisse in Japan selbst sind die Aufzeichnungen über alte Begebenheiten „**Kojiki**“ aus dem Jahr 712 sowie die 720 verfassten Annalen „**Nihon Shoki**“. Dabei handelte es sich um Chroniken, die als Auftragsarbeiten des Kaiserhauses nach Bedarf und Sichtweise Mythologie, Legenden und Historie vermischen. Nur dadurch lässt sich die lückenlose Chronologie, angefangen mit der Thronbesteigung des legendären **Jinmu Tennō** im Jahr 660 v. Chr., erklären. Als Abkömmling der shintoistischen Sonnengottheit Amaterasu habe er, so steht es geschrieben, das japanische Kaiserhaus begründet. Da sich aber erst Jahrhunderte später ein Staatswesen entwickelte, gilt das Auftreten eines Kaisers als Institution zu einem anderen Zeitpunkt als wahrscheinlicher. Die 10.000 Blätter „**Manyōshū**“, eine von mehreren Literaten und Dichtern zusammengestellte Anthologie von über 4.500 Gedichten, ist in das Jahr 759 zu datieren.

Heian-Zeit (794–1185)

Kyōto wird Hauptstadt

Heinakyō (**Kyōto**), vielversprechend **Hauptstadt des Friedens** genannt, wurde nach dem Vorbild der chinesischen Stadt Xi'an auf einem schachbrettartigen Grundriss angelegt. Schon zu Beginn des 9. Jh. zählte die neue Kaiserresidenz **500.000 Einwohner**, unter denen zumindest die Aristokratie in den ersten drei Jahrhunderten Wohlstand und eine kulturelle Blütezeit erlebte. Kaiser Saga (786–842), 52. Tennō und dritter Kaiser der Heian-Ära, passte die Struktur des Ritsuryō an die damaligen Verhältnisse an. Ganz im Geiste der chinesischen Tang-Kultur galt er nicht nur als Förderer der schönen Künste. Mit Hilfe der beiden Mönche Kūkai (774–835) und Saichō (767–822) versuchte er den Buddhismus regierungsverträglich weiterzuentwickeln. Bis dahin blieb die Vormachtstellung des Kaisers unangetastet. Durch die Machtübernahme seines Sohnes Kaiser Nimmyō (810–850) begann die „heile Welt" allerdings durch das Erstarken des **Fujiwara-Klans** und erneute Interventionen der Priesterschaft aus den Fugen zu geraten. Bald schon sah sich das Kaiserhaus nur mehr auf den Zweck der Repräsentation beschränkt, was folgende Regenten gerne mit Verschwendungssucht wie der Errichtung von kostspieligen Tempeln und Prunkbauten kompensierten. Mitte des 12. Jh. mischten die mächtigen Klans der **Minamoto** und **Taira** im Gerangel um die Herrschaft mit. Aus dem zwischen beiden Klans ausgefochtenen Gempei-Krieg (1180–1185) gingen die Minamoto als die Stärkeren hervor.

Japanisches Mittelalter

Kamakura-Zeit (1185–1333)

Veränderung des Machtgefüges

Nach der endgültigen Niederschlagung der Taira etablierte **Minamoto Yoritomo** (1147–1199) im Jahr 1192 in Kamakura fernab vom Hof in Kyōto seine **Militärregierung Bakufu** und ließ sich vom Kaiser zum **ersten Shōgun des Landes** ernennen. Damit war der Grundstein für das bis Mitte des 19. Jh. währende Feudalsystem gelegt. Das Machtgefüge hatte sich vom Adel hin zum Kriegeradel, den **Samurai**, verschoben, die Yoritomo als Vasallen an sich zu binden verstand. Schließlich war Loyalität eine der Grundtugenden des Bushidō, des Ehrenkodexes der Samurai.

Nach Yoritomos Tod 1199 übernahmen nacheinander seine Söhne das Shōgunat, die Fäden der Macht hielt aber zunehmend fester der intrigierende **Hōjō-Klan**, ein Zweig der Taira, in Händen. Während der Regentschaft Hōjō Tokimunes (1251–1284) konfrontierte Kublai Khan (1215–1294) Japan mit Tributforderungen. Japan weigerte sich, was 1274 und 1281 gleich zwei Invasionsversuche der **Mongolen** nach sich zog. Die Angriffe schlugen beide Male fehl. Trotz dieses glücklichen Ausgangs für Japan war das Bakufu finanziell am Boden. 1333 gelang es Ashikaga Takauji (1305–1358), dem Verbündeten Kaiser Go-Daigos (1288–1339), die Militärregierung in Kamakura zu stürzen.

Während der Kamakura-Zeit entstanden neue buddhistische Schulen. Vor allem unter den Samurai wandten sich viele dem **Zen-Buddhismus** zu.

Muromachi (Ashikaga)-Zeit (1333–1573)

Feldherr Ashikaga Takauji nahm es nach dem Sieg über Kamakura mit der Loyalität nicht mehr so genau und stellte sich gegen Kaiser Go-Daigo. Als er 1336 Kyōto eroberte, flüchtete Go-Daigo mitsamt den Reichsinsignien nach Yoshino im Süden der Präfektur Nara, wo er einen **südlichen Kaiserhof** begründete. Ashikaga etablierte einen **nördlichen Kaiserhof**, indem er Prinz Toyohito (1322–1380) als Kaiser Kōmyō auf den Thron setzte. Die Epoche der zwei sich bekämpfenden Kaiserhöfe endete erst 60 Jahre später durch die Kapitulation der Süddynastie. 1338 ließ sich Ashikaga von Kōmyō zum Shōgun ernennen. Das Kräfteverhältnis zwischen hegemonialen Kriegerklans und der Militärregierung entwickelte sich nicht gerade zugunsten des Shōgunats. Ständige Konflikte höhlten das feudalistische Herrschaftssystem allmählich aus. 1467 entzündete sich der zehn Jahre wütende **Ōnin-Krieg** an Streitigkeiten um die Nachfolge des Shōguns. Die Macht des Ashikaga-Klans brach zusammen und das Land versank für fast 100 Jahre im Chaos, der **Zeit der Streitenden Reiche Sengoku**. Japan zersplitterte in autonome Provinzen.

Zwei rivalisierende Kaiserhöfe

Trotz der politisch unruhigen Situation der Muromachi (Ashikaga)-Zeit entwickelten sich Kunst und Architektur in bemerkenswerter Weise weiter. 1543 erreichten die **ersten Europäer** mit bis dahin in Japan unbekannten Feuerwaffen den Archipel. Wenige Jahre später setzte die **christliche Missionierung** ein.

Azuchi-Momoyama-Zeit (1573–1603)

Die Epoche ist vor allem mit den Namen **Oda Nobunaga** (1534–1582) und **Toyotomi Hideyoshi** (1536–1598) verknüpft, deren strategisches Geschick der Sengoku-Ära ein Ende setzte. Nobunaga nahm als Territorialherr mit Ländereien bei Kyōto 1568 die Kaiserstadt ein und ernannte Ashikaga Yoshiaki (1537–1597) zum Shōgun. Mit seinem Verbündeten Hideyoshi brachte Nobunaga mehr und mehr Provinzen unter seine Gewalt. 1580 setzte er den Shōgun ab und war damit de facto Herrscher des Landes. Lange währte sein Ruhm allerdings nicht, denn zwei Jahre später kam er während eines Kampfes um. Hideyoshi setzte sich über den Nachfolger Nobunagas hinweg und führte die **Reichseinigung** fort. 1590 zählten alle Territorien zu seinem Einflussbereich oder waren im Besitz von Eidvasallen. Daraus entwickelte sich eine neue Regierungsform: Es gab einen Daimyō-Verband mit Hideyoshi an der Spitze. Die Verwaltung überließ er den rund 200 Daimyō. Innenpolitisches Gleichgewicht suchte er durch strikte Klassentrennung zu erreichen. Außenpolitisch dagegen blieb er erfolglos.

Toyotomi Hideyoshi, Kōdai-ji, Kyōto

Christenverfolgung

Die mittlerweile auf fruchtbaren Boden gestoßene christliche Missionierung, von Hideyoshi als Instrument schleichender Kolonialisierung gefürchtet, war ihm mehr und mehr ein Dorn im Auge. Schließlich bekannten sich von damals 25 Mio. Einwohnern bereits 1 Mio. zum **Christentum**. 1587 verwies man die Jesuiten des Landes und wenig später alle Missionare. 1597 eskalierte die Christenverfolgung in brutaler Gewalt. 1598 bestimmte Hideyoshi seinen verbündeten Heerführer Tokugawa Ieyasu als Nachfolger.

Edo (Tokugawa)-Zeit (1603–1867)

Tokugawa Ieyasu (1543–1616), neben Nobunaga und Hideyoshi einer der drei großen Reichseiniger, ließ sich zur Absicherung seiner Autorität 1603 vom Kaiser zum Shōgun ernennen. Als Sitz der künftigen Militärregierung wählte er das bis dahin unbedeutende Fischerdorf **Edo**, das heutige Tōkyō. Weit genug vom Kaiserhaus in Kyōto entfernt, strukturierte er das Bakufu in seinem Sinne um. Schließlich wollter er als erster Mann im Staat umfassende Verfügungsgewalt. Um die rund 250 Feudalherren in seinem Einflussbereich zu kontrollieren, führte er die Praxis der **Sankin kōtai** ein. Dies verpflichtete in den Jahren zwischen 1635 und 1862 jeden Daimyō per Gesetz, regelmäßig für mehrere Monate nach Edo zu reisen und hier eine Residenz zu unterhalten, in der Familienangehörige als eine Art Geisel wohnen mussten. Damit schlug Ieyasu gleich mehrere Fliegen mit einer Klappe. Das persönliche Erscheinen in Edo verschlang Finanzmittel, die sonst möglicherweise für einen Aufstand gegen das Shōgunat hätten genutzt werden können. Zudem wollte sicher keiner der Daimyō seine Familie gefährden. Erst an letzter Stelle der Hierarchie stand der Kaiser, nur mehr als Souverän mit Marionettenfunktion. Die Gesellschaft teilte Ieyasu ganz nach dem konfuzianischen Vorbild in China und Korea gemäß strenger Reglements in **vier Stände** ein: Samurai, Bauern, Handwerker und Kaufleute. Verbindendes und stärkendes Element sollte der Buddhismus werden, was 1615 zu einem Verbot des Christentums in ganz Japan führte.

Schauspieler als Samurai, Katsukawa Shuntei (ca. 1798), Nationalmuseum Krakau

Rigorose Isolationspolitik

Die Außenpolitik des Landes war Mitte des 17. Jh. vor allem durch die **nationale Isolation** bestimmt, was die Kontrollfunktion des Bakufu stabilisierte. Hatte doch das Shōgunat den bislang florierenden Seehandel als potenzielle Gefahr sowohl seitens des Auslands als auch abtrünniger Feudalherren betrachtet. Mit wenigen Ausnahmen wie der um 1630 vor Nagasaki künstlich aufgeschütteten Insel Dejima als Handelskolonie der Holländer schottete sich Japan von der Außenwelt ab. Trotzdem bemühten sich Fremdmächte immer wieder um Kontakt und Handelsbeziehungen.

Innenpolitisch zeichnete sich zunächst **Wirtschaftswachstum** und zunehmende Urbanisierung ab. So zählte Edo Mitte des 18. Jh. bereits 1 Mio. Einwohner. Mit der Zeit ebbte der Aufschwung jedoch ab. Um ihren in manchen Kreisen üblich gewordenen großspurigen Lebensstandard halten zu können, machte man Schulden. Selbst das Bakufu sah sich mit Finanznöten konfrontiert, was die 1834 im Zuge der Tempō-Reform erlassene Luxussteuer nach sich zog. Funktioniert hat es nicht, zumal einige Naturkatastrophen das ohnehin instabile Land noch weiter schwächten. Viele Samurai und Bauern verarmten. Bauernaufstände waren die Folge.

1853 klopfte erneut das Ausland an die Tür des innenpolitisch zerrütteten Japans. Dieses Mal war es der amerikanische Marineoffizier Matthew Perry (1794–1858), der mit seiner Schwarzen Flotte in der Bucht von Urgada ankerte. Zunächst abgewiesen, kam 1854 doch auf starken amerikanischen Druck ein Abkommen über die Öffnung einiger japanischer Häfen für den US-Handel zustande. Bald folgten weitere, wenn auch oft vom Westen erzwungene ungleiche Verträge mit Russland, England und den Niederlanden, was der über 200-jährigen Isolationspolitik ein Ende setzte. Dabei begrüßte nicht jedermann diese Entwicklung und Gegner des Bakufu erhoben ihre Stimmen. 1860 kam Shōgun Ii Naosuke (1815–1860) beim Attentat am Kirschblütenfeldtor ums Leben. Sieben Jahre später dankte der letzte Shōgun Tokugawa Yoshinobu (1837–1913) nach Kämpfen gegen kaisertreue Samurai und unter dem Druck der Reformer ab. Kulturell setzte die Verstädterung während der Edo-Periode neue Akzente. Vergnügungsviertel entstanden, das Kabuki-Theater erfreute sich höchster Beliebtheit und bisherige Formen der Malerei und anderer Genres wurden technisch verbessert.

Öffnung japanischer Häfen

Der letzte Samurai – Saigō Takamori

info

Als Sohn eines niederen Samurai in Satsuma, der heutigen Präfektur Kagoshima, auf der Insel Kyūshu geboren, trat der mit 1,80 m Körpergröße hünenhafte **Saigō Takamori** (1827–1877) aus dem Schatten seiner einfachen Herkunft heraus: Sein Können und strategisches Geschick wiesen ihm einen Platz in der Geschichte Japans zu.

Dennoch war seine frühe Karriere nicht nur von Lorbeeren gekrönt. In Diensten des Daimyō Shimazu Nariakira (1809–1858) reiste er 1854 nach Edo, um zwischen Shōgunat und Kaiserhof zu vermitteln. Das Unterfangen endete abrupt mit dem plötzlichen Tod Nariakiras und der sog. Ansei-Säuberung, bei der der damalige Shōgun Ii Naosuke (1815–1860) in den Jahren 1858/59 durch Bestrafung oder Hinrichtung Gegner seiner Politik beseitigte. Nicht jeder hatte das von ihm 1858 unterzeichnete Handelsabkommen mit den USA befürwortet. Für Saigō bedeutete die Krisensituation **Verbannung** auf die Insel Amami Ōshima. Erst 1864 von Nariakiras Nachfolger Shimazu Hisamitsu (1817–1887) rehabilitiert, wirkte er als Vertreter für dessen Interessen am Kaiserhof in Kyōto. Zeitlebens **kaisertreu** oblag Saigō immer wieder das Kommando bei Feldzügen gegen das Shōgunat. Im 1868 aufflackernden **Boshin-Krieg** zwang er an der Spitze von über 50.000 Samurai das Shōgunat in die Knie, was er in seiner letzten siegreichen Schlacht im Gelände des heutigen Ueno Park besiegelte. Der Weg für die Wiedererrichtung der alten Ordnung war damit geebnet. Trotzdem blieb Prinz Mutsuhito (1852–1912), 1867 zum

info

Kaiser gekrönt, eine Marionettenfigur. Die wahre Macht lag in Händen der **Meiji-Oligarchen**, zu denen auch Saigō zählte. Die politische Weiterentwicklung aber, als sich die bisherige Maxime **„sonnō jōi"** („verehrt den Kaiser, vertreibt die Barbaren") in das Motto **„bunmei kaika"** („Zivilisation und Erleuchtung") veränderte, entsprach kaum seinem Sinn. Der Öffnung und Umgestaltung des Landes, das westliche Einflüsse favorisierte, stand er kritisch, aber machtlos gegenüber. Weiteren Zündstoff für seinen Unmut lieferte 1873 die **Korea-Frage**. Mit seiner Meinung, Korea zu annektieren, stand er unter den Oligarchen alleine da. Aus Protest legte er sein Amt bei Hof nieder, seinen Kampfgeist indes nicht.

Der letzte Samurai Saigō Takamori im Ueno Park

In Kagoshima etablierte er eine „Schule" für gleich gesinnte Samurai, deren Rechte durch die Regierung inakzeptabel beschnitten worden waren. Trotz veraltetem Kriegsgerät konnte er sich monatelang gegen die kaiserliche Armee zur Wehr setzen. Bei der **Schlacht von Shiroyama** im September 1877 wurde er jedoch schwer verletzt. Nicht mehr in der Lage, die rituelle Selbsttötung Seppuku zur Wahrung der Ehre zu vollziehen, bat er einen Mitstreiter, ihn zu enthaupten. Viele sympathisierende Zeitgenossen wollten an das tragische Ende ihres Idols kaum glauben. So begannen **Legenden** zu kursieren, nach denen er immer noch am Leben sei und eines Tages zurückkehren würde. Angesichts der großen Verehrung Saigōs begnadigte ihn die Meiji-Regierung posthum im Februar 1889.

Moderne

Meiji-Zeit (1868–1912)

Nach dem Sturz des Shōgunats und damit dem Ende des feudalistischen Systems vollzog sich Japans **Schritt in die Moderne**, geprägt von einem tief greifenden Wandlungsprozess. Im Januar 1868 verkündete der damals erst 15-jährige **Kaiser Mutsuhito**, posthum Meiji-tennō (1852–1912), die Wiederherstellung der kaiserlichen Zentralgewalt. Tatsächlich aber lag die politische Autorität in Händen einiger ehemaliger Samurai, den sog. **Meiji-Oligarchen**. Mutsuhito verlegte seine Residenz von Kyōto nach Edo, künftig **Tōkyō**, östliche Hauptstadt, benannt. Von da an jagte eine Innovation die andere. 1869 mussten alle Feudalherren ihr Lehen an den Kaiser abtreten. Das Ständesystem wurde abgeschafft. Gleichzeitig überrollte eine technische Revolution das Land. Neben der Verbesserung des Postwesens wurde die Yen-Währung eingeführt und eine mit Bleitypen gedruckte Tageszeitung erschien. Zwischen Tōkyō und Yokohama fuhr 1872 die erste Eisenbahn. Ab 1873 gab es eine allgemeine Schul- und Wehrpflicht und Japan übernahm zusätzlich den gregorianischen Kalender. Universitätsgründung, Nationalhymne, Fernmelde- und Transportwesen, Verwestlichung und Industrialisierung nahmen ihren Lauf. Auch 1877 vermochte das letzte Aufbegehren der Samurai gegen die kaiserliche Armee in „Satsuma" die Uhren nicht zurückzudrehen.

Veränderung des Staatswesens

1889 proklamierte Mutsuhito eine **Verfassung** nach preußischem Vorbild. Damit wurde Japan zu einer konstitutionellen Monarchie mit einem aus Ober- und Unterhaus bestehenden **Parlament**. Die göttliche Abstammung des Kaisers war in der Verfassung weiterhin verankert, was den Shintoismus zur Staatsreligion erhob. Die Verabschiedung eines Handels- sowie eines Bürgerlichen Gesetzbuchs folgte ein Jahr später. In der frühen Meiji-Zeit expandierten oder formierten sich die sog. **Zaibatsu** (wörtlich „Finanzclique") wie u.a. Mitsui, Mitsubishi, Sumitomo oder Yasuda.

Außenpolitisch sah sich die Meiji-Regierung durch ihre Expansionsbestrebungen mit zwei Militärkonflikten, dem **Ersten Japanisch-Chinesischen Krieg** (1894–1895) und dem **Japanisch-Russischen Krieg** (1904–1905) konfrontiert. Aus beiden ging Japan als Siegermacht hervor, was für China 1895 die Besetzung Taiwans und Koreas 1905 (Protektorat) bzw. 1910 (Kolonisierung) sowie für Russland die Abtretung Südsachalins bedeutete. Mit dem Tod Kaiser Mutsuhitos endete die Meiji-Ära. Ihm zu Ehren wurde der Meiji-jingū, einer der bekanntesten Schreine Tōkyōs, erbaut. Japan zählte zu diesem Zeitpunkt rund 50 Mio. Einwohner.

Taishō-Zeit (1912–1926)

Der aufgrund einer im Kindesalter durchlittenen Hirnhautentzündung körperlich und geistig benachteiligte **Kaiser Yoshihito** (1879–1926) regierte in der nur 14 Jahre währenden Taishō-Ära, die durch leere Staatskassen, innenpolitische Unruhen und den Ersten Weltkrieg (1914–1918) gekennzeichnet war. Nicht wirklich den Aufgaben eines Kaisers gewachsen, übernahm 1921 der junge **Kronprinz Hirohito** (1901–1989) als Regent die Pflichten seines Vaters. Noch im selben Jahr reiste er für ein halbes Jahr nach Europa, was unmissverständlich die **Orientierung am Westen** signalisierte. Das Machtgefüge verschob sich Richtung Parlament und Parteien. U.a. durch die Arbeiterbewegung bedingt, drängte auch die breite Öffentlichkeit auf eine stärkere politische Partizipation. 1916 wurden Kinderarbeit verboten, 1920 das allgemeine Wahlrecht für Männer und 1922 eine gesetzliche Krankenversicherung eingeführt. In der Parteienlandschaft gewannen zunehmend die Demokraten an Einfluss, weshalb die Ära auch als **Taishō-Demokratie** bezeichnet wird.

Mehr demokratische Rechte

Im Ersten Weltkrieg auf der Seite der Alliierten, bekam Japan schon kurz nach Kriegsbeginn das gut 550 km² große Pachtgebiet Jiaozhou im Süden der chinesi-

Westliche Ladenkasse, Edo-Tōkyō Open Air Architectural Museum, Koganei

schen Shadong-Halbinsel zugesprochen. Gemäß dem Versailler Vertrag von 1919 kamen nach Kriegsende die im Pazifischen Ozean gelegenen Inselgruppen der Marianen, Karolinen und die Marshallinseln dazu.

Innenpolitisch flackerten immer wieder Unruhen auf, die sich vor allem in den an Größe und Gewalttätigkeit bislang beispiellosen **Reisunruhen** zwischen Juli und September 1918 entluden. Zündstoff lieferte der rapide Anstieg der Reispreise, was in vielen ländlichen Regionen die Existenz der Bevölkerung gefährdete. Dabei war das nur der Anfang einer weitreichenden, durch den Ersten Weltkrieg und die Kolonialpolitik verursachten **Inflation und Wirtschaftskrise**. 1920 zählte Japan zu den Gründungsmitgliedern des in Genf ins Leben gerufenen Völkerbundes, dessen Ziel es war, einen dauerhaften Frieden zu sichern.

Am 1. September 1923 vernichtete das verheerende **Kantō-Beben** mit einer Stärke von 7,9 auf der Richterskala weite Teile des Großraums Tōkyō, der damals mit über 7,5 Mio. Einwohnern zu einem der weltweit größten urbanen Zentren gehörte. Über 320 km entlang der pazifischen Küstenlinie und mehrere Kilometer ins Landesinnere blieb kaum ein Stein auf dem anderen. Yokohama war fast vollständig zerstört, Tōkyō zu ca. 70 %, an die 150.000 Menschen mussten ihr Leben lassen.

Shōwa-Zeit (1926–1989)

Nationale Einheitspartei

Dramatische Kursverluste an der New Yorker Börse lösten 1929 die **Weltwirtschaftskrise** aus, die das exportabhängige Japan besonders hart traf. Die schwierige innenpolitische Situation, Misstrauen gegen den Imperialismus der Westmächte sowie antidemokratische Strömungen schürten **Nationalismus und Militarismus**. Das Parteienkabinett wurde durch eine Einheitspartei ersetzt. Bedingt durch die angespannte Wirtschaftslage annektierte Japan 1931 die Mandschurei und errichtete den Marionettenstaat **Manshūkoku**. Schon seit der Niederlage Russlands im Japanisch-Russischen Krieg 1905 beutete Japan mandschurische Rohstoffvorkommen aus. Proteste des Völkerbundes führten 1933 zum Austritt Japans. Das Expansionsbestreben des Landes blieb indes ungebrochen, plante man doch, weitere Provinzen Chinas zu erobern. 1937 begann Japan den **Zweiten Japanisch-Chinesischen Krieg** (1937–1945) gegen die Innere Mongolei und Shanghai.

1940 unterzeichneten Japan, Deutschland und Italien einen **Dreimächtepakt**. Ein Jahr später wurde ein gegenseitiger Nichtangriffspakt mit der Sowjetunion geschlossen. Interventionen der USA gegen den japanischen Imperialismus liefen ins

Leere. Stattdessen startete Japan am 7. Dezember 1941 einen Blitzangriff auf die amerikanische Pazifikflotte in **Pearl Harbour** auf Hawaii. Die Antwort der USA war die Kriegserklärung an Japan. Nach anfänglicher Unterlegenheit der USA wendete sich Mitte 1942 das Blatt zugunsten der Alliierten. Die Aufforderung zur bedingungslosen Kapitulation im Juni 1945 lehnte Japan ab. US-Präsident **Harry S. Truman** (1884–1972) traf daraufhin eine folgenschwere Entscheidung: Am 6. August zerstörte eine Atombombe **Hiroshima**, eine weitere drei Tage später **Nagasaki**. Die Japaner konnten am 15. August 1945 das erste Mal die Stimme ihres Kaisers hören. Über Radio verkündete Hirohito die Kapitulation. Wenig später dementierte er seinen Anspruch auf göttliche Abstammung.

Zweiter Weltkrieg

Bis 1952 blieben die **USA Besatzungsmacht**, was durch deren Aufbauhilfe, Demokratisierung und Entmilitarisierung „überraschend erduldbar" verlief. Schließlich galt Japan den Amerikanern als hervorragender Stützpunkt im Kampf gegen den Kommunismus.

1947 trat eine **neue Verfassung** in Kraft, die Japan zu einer parlamentarischen Monarchie machte und dem Kaiser nur mehr repräsentative Pflichten zuwies. Die Macht lag beim Volk. Bereits 1946 bekamen auch Frauen das Wahlrecht. 1955 wurden die Liberaldemokratische Partei wie auch die Sozialistische Partei ins Leben gerufen. Nach einem Friedensabkommen mit der Sowjetunion 1956 trat Japan der UNO bei. Das Wirtschaftswachstum der Nachkriegszeit machte sich insbesondere in den 1960er-Jahren bemerkbar. 1964 war Tōkyō Austragungsort der Olympischen Spiele. Ein Jahr später schloss Japan ein Friedensabkommen mit Korea, 1978 mit China. Infolge Japans Beitritt zum Atomwaffensperrvertrag erhielt 1974 der ehemalige Premier Satō Eisaku (1901–1975) den Friedensnobelpreis.

Parlamentarische Monarchie

Die **Bubble Economy** in den 1980er-Jahren begründete sich durch das sog. Plaza-Abkommen zwischen den G5-Staaten. Im New Yorker Plaza Hotel wurde damals eine gezielte Einflussnahme auf den Währungsmarkt beschlossen. Der US-Dollar sollte gegenüber dem Yen und der D-Mark abgewertet werden, was Japans Konjunktur zunächst in die Höhe schraubte. Als Hirohito am 7. Januar 1989 starb, ging die Shōwa-Ära zu Ende.

Heisei-Zeit (1989 bis heute)

1990 übernahm der älteste Sohn Hirohitos, **Kaiser Akihito** (geb. 1933), als 125. Tennō offiziell die Thronfolge. Akihito unterscheidet sich in zweierlei Hinsicht von allen Kaisern vor ihm, denn er studierte und heiratete 1959 die bürgerliche Shōda Michiko (geb. 1934). Formal obliegt ihm als Staatsrepräsentant keinerlei Regierungsgewalt. Was im Kaiserhaus auf sich warten ließ, war ein männlicher Nachkomme. Diskussionen nach der Geburt von Prinzessin Aiko (geb. 2001) – Tochter des Kronprinzen Naruhito (geb. 1960) und der Kronprinzessin Masako (geb. 1963) – die gesetzlich festgeschriebene **Thronfolgereglung**, nach der nur ein Mann zum Tennō gekrönt werden darf, zu überdenken, wurden allerdings mit der Geburt von Prinz Hisahito (geb. 2006), Sohn von Naruhitos jüngerem Bruder Prinz Akishino (geb. 1965) und Prinzessin Kiko (geb. 1966), zunehmend leiser. Für den 30. April 2019 ist die Abdankung Akihitos und einen Tag später die Inthronisation Naruhitos vorgesehen.

Kaiser Akihito als 125. Tennō

Konflikte in Politik und Wirtschaft

Wirtschaftlich sah es zu Beginn der Heisei-Ära alles andere als rosig aus. 1990 platzte die Bubble Economy, Aktien- und Immobilienmarkt brachen zusammen, viele Banken und Versicherungen wurden insolvent. **Deflation** und Nullwachstum kennzeichneten die als „**Verlorenes Jahrzehnt**" in die Geschichte Japans eingegangene Zeit der Rezession. Damit verbunden gab auch die Politlandschaft Ende des 20. Jh. wenig Anlass zur Freude. Korruption unter Politikern mündete 1993 in einem **Skandal** um die Führung der Liberaldemokratischen Partei (LPD). Bei den Unterhauswahlen stellte die seit 1955 dominante Partei, wenn auch nur vorübergehend, nicht die Kabinettsmehrheit.

Von jeglicher Politik unberührt ging das Jahr **1995** auf tragische Weise in die Geschichte Japans ein. Am 17. Januar erschütterte ein **Erdbeben** der Stärke 7,3 auf der Richterskala die Region um die Stadt **Kōbe**. Über 6.000 Menschen verloren ihr Leben. Zwei Monate später verübten Anhänger der Aum-Shinrikyō-Sekte einen **Giftgasanschlag** in der Tōkyōer Metro. Zwölf Menschen starben und über 5.000 wurden teilweise schwer verletzt.

Der geschwächten LPD verhalf Premier **Koizumi Junichirō** (geb. 1942) während seiner Amtszeit in den Jahren 2001–2006 zu neuem Ansehen. Durch innenpolitische Reformen brachte er die Wirtschaft wieder nach vorn. Außenpolitisch schlug er durch Unterstützung der USA nach dem 11. September 2001 eine neue Richtung ein. Bislang als reine Selbstverteidigungsarmee rekrutiert, entsandte Japan 2003 Truppen in den Irak. Ein neues Antiterrorgesetz legitimierte Japans Engagement in Afghanistan. Den Unmut des Auslands zog Koizumi allerdings wiederholt durch seine Besuche im Tōkyōer Yasukuni-Schrein auf sich, in dem verstorbene Soldaten einschließlich aller Kriegsverbrecher Verehrung finden.

Finanz- und Wirtschaftskrise

Während der einjährigen Regierungszeit Asō Tarōs (geb. 1940) 2008–2009 schlitterte Japan – nach den USA, China und der EU viertgrößte Volkswirtschaft der Welt – als exportabhängiges Land im Zuge der globalen **Finanz- und Wirtschaftskrise** tief in die Rezession. Neuer Premier wurde im September 2009 der Vorsitzende der Demokratischen Partei (DPJ) **Hatoyama Yukio** (geb. 1947), was für die langjährig regierende LPD eine historische Niederlage bedeutete. Wahlversprechen des neuen Mannes im Staat waren innenpolitische Reformen zur Konsolidierung des Haushalts sowie außenpolitisch die Förderung einer ostasiatischen Gemeinschaft und mehr Distanz von den USA. Gerade einmal neun Monate im Amt, lösten nacheinander bis Dezember 2012 **Kan Naoto** und **Noda Yoshihiko** gleichfalls aus den Reihen der DPJ, Hatoyama als Premier ab.

Yasukuni-Schrein, Chiyoda-ku

Neben der Finanzkrise sah sich Japan im März 2011 durch die Folgen des **Tōhoku-Erdbebens** vor einer der größten Herausforderungen. Die versprochene „Wiedergeburt Japans" vermochte die DPJ nicht zu realisieren. Wähler drehten der Partei im Dezember 2012 den Rücken zu. Die LPD erzielte mit **Abe Shinzō** (geb. 1954) zum zweiten Mal an der Spitze der Regierung einen „Erdrutschsieg". Seit 2017 in seiner vierten Amtsperiode, verfolgt er mit der Wirtschaftspolitik „**Abenomics**" *(Abe* und *economics)* die Strategie, mittels enormer Geldschwemme, kreditfinanzierter Konjunkturprogramme und Wirtschaftsreformen die Staatverschuldung, Haushalt und geschrumpfte Wirtschaft zu regulieren.

Reformpolitik

Landschaftlicher Überblick

Geografie und Geologie

Durch die Urgewalten der Kontinentaldrift und Vulkanismus als Gebirgszug aufgefaltet, war Japan noch in der letzten Eiszeit über zwei Landbrücken mit dem Festland verbunden, die erst durch das Ansteigen des Meeresspiegels während der beginnenden Warmzeit verschwanden. Der japanische Archipel mit einer Gesamtfläche von 377.923 km², nach Indonesien, Madagaskar und Papua-Neuguinea weltweit **viertgrößter Inselstaat**, wird vom Pazifischen Ozean und dem Ostchinesischen Meer im Süden und Osten sowie dem Japanischen und Ochotskischen Meer im Norden und Westen umrahmt. Zu geringfügigen Modifizierungen der Staatsfläche führen Landaufschüttungen oder auch Naturkatastrophen.

Fläche und Ausdehnung

Die Oberhoheit über die Südkurilen ist seit dem Zweiten Weltkrieg umstritten. Im 1855 unterzeichneten Vertrag von Shimoda zwischen Japan und Russland sowie 1875 im Vertrag von St. Peterburg wurden die Inseln zwar Japan gleich zweimal zugesprochen. Nach dem Zweiten Weltkrieg wurden sie jedoch von der Sowjetunion besetzt und alle dort lebenden Japaner ausgewiesen. Insgesamt handelt es sich dabei um eine Landfläche von etwa 5.000 km².

Japan wird von Norden nach Süden von den **vier Hauptinseln** Hokkaidō (ca. 83.456 km²), Honshū (ca. 231.500 km²), Shikoku (ca. 18.800 km²) und Kyūshū (ca. 42.6178 km²) gebildet. Berücksichtigt man auch kleine Eilande ab einem Umfang von 100 m, zählen noch etwa 6.800 Inseln dazu. Insgesamt misst die Küstenlänge 33.880 km, die der Hauptinseln 19.240 km.

Tausende von Inseln

Zwischen Taiwan im Südwesten und der russischen Insel Sachalin im Nordosten hat der Inselstaat eine Länge von über 3.000 km, die Hauptinseln erstrecken sich über rund 2.000 km bogenförmig entlang des asiatischen Festlands. Der kürzeste Seeweg zum Festland ist die 200 km breite Koreastraße zwischen Honshū/Kyūshū und Südkorea.

Zum Größenvergleich der Landesflächen: Gesamtfläche Deutschland 357.104 km², Österreich 83.871 km², Schweiz 41.285 km².

Honshū

Honshū als größte der vier Hauptinseln und Kernland Japans nimmt rund 60 % der Staatsfläche ein. Superlative Japans sind der Fujisan mit 3.776 m Höhe, der 670 km² große Biwasee sowie der 367 km lange Fluss Shinanogawa. Überwiegend von Gebirgen geprägt, waren die wenigen Schwemmlandebenen von jeher als Siedlungsraum begehrt.

Kernland Japans In der fruchtbaren **Kantō-Ebene**, mit rund 14.700 km² das größte Tiefland Japans, konzentriert sich im **Großraum Tōkyō** über ein Viertel der Gesamtbevölkerung. Auch das ca. 470 km von der Landeshauptstadt entfernte **Kyōto** liegt in einem Talkessel am Rand der **Ōsaka-Ebene**. Weitere Millionenstädte auf Honshū sind die Metropolen Yokohama, Ōsaka, Nagoya, Kōbe, Kawasaki und Saitama. In der Landwirtschaft spielen Reis- und Obstanbau eine Rolle.

Hokkaidō

Japans zweitgrößte Insel liegt im Norden des Archipels und ist durch die Tsuragu-Straße von Honshū getrennt. Für seinen kalten, schneereichen Winter bekannt, ist Hokkaidō, nicht nur von urwüchsiger Natur geprägt, sondern auch landwirtschaftlich von großer Bedeutung. Als Wintersportgebiet beliebt, könnte die Inselhauptstadt Sapporo als Austragungsort der Olympischen Winterspiele 1972 noch manchen im Gedächtnis sein. Unter der Bevölkerung von 5,4 Mio. leben rund 15.000 **Ainu**, die oftmals als Urbevölkerung Japans bezeichnet, im Lauf der Geschichte immer weiter nach Nordjapan verdrängt worden sind. Wer von Honshū nach Hokkaidō reisen möchte, kann auch mit der Bahn fahren. 1988 wurde der 54 km lange **Seikan-Tunnel**, davon 23 km unter dem Meer, eröffnet.

Der Norden

Kyūshū

Vulkan Mount Aso, Kyūshū

Auf der südlichsten und drittgrößten Hauptinsel mit einer Bevölkerungszahl von gut 14 Mio. wird neben Reis und Tee auch Soja und Tabak angebaut. Die mit 1,4 Mio. Einwohnern größte Stadt ist das an der Nordküste gelegene **Fukuoka**, u.a. für eine der ältesten und renommiertesten Universitäten des Landes, Kyūshū Daigaku, bekannt. Mitten auf Kyūshū erhebt sich der landesweit aktivste **Vulkan Aso**. Die touristisch erschlossene Caldera mit einer Nord-Süd-Ausdehnung von 25 km und einer Ost-West-Breite von 18 km wird von rund 100.000 Menschen besiedelt. Nicht nur der Aso, auch der zwischen März und April 2018 gleich mehrmals ausgebrochene Shinmoe, der im April nach 250 Jahren erwachte Io und über 100 weitere aktive Vulkane werden mit Argusaugen beobachtet.

Shikoku

Schlusslicht der Hauptinseln bildet Shikoku mit 4,5 Mio. Einwohnern, die sich der Gebirgsstruktur wegen an vergleichsweise schmalen Küstenstreifen im Norden und Süden konzentrieren. Durch mildes Klima begünstigt, gelingt hier die Kultivierung von Pfirsichen, Weintrauben und Zitrusfrüchten. Bedeutendste Städte an der Nordküste sind Takamatsu, Tokushima und Matsuyama. Zentrum im Süden ist die Stadt Kōchi.

Mildes Klima

Die Willkür der Natur

Ein Erbe aus grauer Vorzeit sind Japans gebirgige Struktur, die über zwei Drittel der Landesfläche bestimmt, Vulkanismus, seismische Aktivität und viele heiße Quellen. In Japan als weltweit erdbebenreichster Region ist der Boden mit jährlich rund 1.500 Beben ständig in Bewegung. Grund ist die Lage des Landes an der geologischen Bruchzone von gleich drei tektonischen Kontinentalplatten, die durch gegenseitige Verschiebungen Erd- und Seebeben verursachen. Zudem erstreckt sich Japan entlang des von Vulkanismus geprägten **pazifischen Feuergürtels**. So reihen sich neben dem Fujisan als bekanntestem und höchstem Vulkanberg des Landes 240 weitere, 40 davon sind aktiv – Japan „tanzt" auf dem Vulkan.

Spielball der Naturgewalten

Dem Volksglauben nach maßregelt der im Erdinneren lebende riesige **Katzenfisch Namazu** mit Erdbeben und Feuerspuk die frevelhafte Menschheit.

info

Tōhoku-Beben, Tsunami, Reaktorunfall

Japans Dreifachkatastrophe nahm am 11. März 2011 um 14.46 Uhr mit einem Seebeben der Stärke 9,0 ihren Anfang. Das Epizentrum, ca. 370 km nordöstlich von Tōkyō vor der Sanriku-Küste der Region Tōhoku, lag in 24 km Tiefe. Nach drei Minuten wurden Alarm sowie eine Tsunamiwarnung ausgelöst. Nach 14 Minuten schalteten elf Atommeiler einschließlich Fukushima automatisch ab. Ein Nachbeben der Stärke 7,4 erschütterte um 15.15 Uhr erneut die Region. Um 15.50 Uhr erreichte ein teilweise 24 m hoher Tsunami die Küste und löschte Ortschaften, ganze Landstriche, alles Leben mit unvorstellbarer Kraft einfach aus.

Auch das AKW Fukushima Daiichi wurde von einem hier bis zu 15 m hohen Tsunami überrollt. Japan rief erstmals in seiner Geschichte den Notstand aus. In den folgenden Tagen kam es nach dramatischen Störfällen in mehreren Reaktoren des AKW zu Explosionen und zur Kernschmelze.

Über 18.500 Menschen verloren ihr Leben, fast 200.000 ihre Heimat. Im Radius von 20 km wurde die radioaktiv verseuchte Region um Fukushima zum Sperrgebiet erklärt. Widersprüchliche Meldungen wie unzureichende Betreuung der evakuierten Bevölkerung führten zu Protesten, die offenkundig wenig bewirkten.

Nach der damaligen Stilllegung aller AKWs wurden 2015 zwei wieder hochgefahren, 2018 sind sechs in Betrieb. Bis 2030 will Japan 22 % seiner Energie erneut aus Atomstrom beziehen (vor Fukushima waren es knapp 30 %). Obwohl mittlerweile das Sperrgebiet zumindest auf dem Papier immer kleiner wird und stellenweise wieder eine Infrastruktur entstanden ist, wollen viele Bewohner nicht zurückkehren. Dekontamenierungsaktionen in den vergangenen Jahren sind laut Greenpace gescheitert. Um den gefährdeten Küstenabschnitt künftig vor Tsunamis zu schützen, wurden bis zu 14 m hohe Mauern rund 400 km entlang der Küste errichtet – ein in vielfacher Hinsicht fragwürdiges Projekt.

So ereigneten sich auch in der modernen Geschichte aller Technologie zum Trotz immer wieder Naturkatastrophen von dramatischem Ausmaß. **Erdbeben** sind bislang kaum „rechtzeitig" vorhersehbar. Anzeichen eines möglichen **Vulkanausbruchs** sind zwar erkennbar, Voraussagen bleiben dennoch spekulativ. Aussagekräftiger ist das Frühwarnsystem für meist durch Seebeben verursachte **Tsunamis**. Am häufigsten treten diese am West- und Nordrand der pazifischen Kontinentalplatte auf, womit Japan zu einer der meistgefährdeten Landmassen gehört. Gleichermaßen voraussagbar sind die alljährlich im Frühherbst über West- und Südjapan hinwegfegenden **Taifune**. Oft genug von sintflutartigen Regenfällen begleitet, können Überschwemmungen oder von Wassermassen ausgelöste Erdrutsche eine Folgeerscheinung der tropischen Wirbelstürme sein.

Frühwarnsysteme

Klima und Reisezeit

Japan wird durch seine Ausdehnung über 21 Breitengrade von sehr unterschiedlichen klimatischen Verhältnissen bestimmt. Dominiert im nördlichen **Hokkaidō** ein kühl gemäßigtes Monsunklima mit Durchschnittstemperaturen von 22 °C im Sommer und -10 °C im Winter, so liegt das zentraljapanische **Honshū** im Bereich einer warm gemäßigten Klimazone mit milden Wintern und heißen Hochsommern. Die kleine Insel **Shikoku** südlich davon zeichnet sich durch fast mediterranes Klima aus, während **Kyūshū** im Südwesten mit warm gemäßigter bis subtropischer Wetterlage lockt.

Insgesamt sind die vier Jahreszeiten deutlich ausgeprägt, wobei entsprechend der Region die Temperaturen zu bestimmten Jahreszeiten variieren, Regen und Schneefall unterschiedlich ausfallen und die beliebte Kirschblüte im Frühjahr nach und nach von Süden nach Norden „wandert".

„Schlechtes Wetter gibt es nicht, nur unpassende Kleidung"

Frühjahr und Herbst als Reisezeit

Das **Frühjahr** mit durchschnittlichen Temperaturen um 14 °C, für viele die schönste Reisezeit, erstreckt sich über die Monate März bis Mai. Der anschließende **Sommer** kann zwischen Juni und Juli schwül und verregnet sein. Im August sind Temperaturen um und über 30 °C keine Seltenheit und aufgrund der hohen Luftfeuchtigkeit ist es eher diesig. Im **Herbst** klettert das Thermometer zwischen September und November oft auf angenehme 18 °C, weshalb die Jahreszeit für Reisende eine gute Alternative zum Frühjahr ist. Zum japanischen Herbst gehören aber auch vor allem im Süden und an der Pazifikküste Honshūs über das Land fegende Taifune. Im **Winter** fallen die Temperaturen nur auf Hokkaidō verlässlich unter null. In den Monaten zwischen Dezember und Februar kann mit Trockenheit, Sonnenschein und klarem Himmel gerechnet werden.

Klima Tōkyō und Kyōto

Tōkyō liegt in der warm gemäßigten Klimazone an der Pazifikküste von Honshū auf demselben Breitengrad wie Nordafrika. Im Sommer kühlt es auch nachts unwesentlich ab, Schnee oder Frost sind im Winter eher selten. Die Stadt **Kyōto** breitet sich in einem nach Süden hin geöffneten Talkessel aus, in dem sich während des Sommers die Hitze staut, durch die geschützte Lage bleiben aber Herbststürme außen vor.

Klima Tōkyō	J	F	M	A	M	J	J	A	S	O	N	D
Ø Tagtemp. °C	9	9	12	18	22	25	29	30	27	20	16	11
Ø Nachttemp. °C	-0,5	-0,5	3	4	13	19	22	24	19	13	7	1
Regentage	7	8	10	11	12	12	11	10	13	12	8	5
Niederschlag (mm)	50	70	108	128	142	175	137	148	217	192	96	53
Luftfeuchtigkeit (%)	54	56	59	67	69	76	79	76	77	71	65	59
Sonnenstunden/Tag	6	6	6	6	6	5	6	7	4	4	5	5
Ø Wassertemp. °C	14	14	14	16	18	21	23	24	24	21	18	14

Klima Kyōto	J	F	M	A	M	J	J	A	S	O	N	D
Ø Tagtemp. °C	8	9	13	19	24	27	31	33	28	22	17	11
Ø Nachttemp. °C	0,3	0,7	3	8	13	19	23	24	19	13	7	2
Regentage	6	7	10	11	10	12	12	9	11	8	7	6
Niederschlag (mm)	50	66	111	152	154	248	235	143	23	112	70	40
Luftfeuchtigkeit (%)	71	71	68	67	68	74	76	74	75	74	73	72
Sonnenstunden/Tag	4	4	5	5	6	4	5	6	4	5	4	5

Flora und Fauna

Aufgrund Japans Flächenausdehnung von subtropischen bis hin zu kühl gemäßigten Zonen, von palmenbestandenen Sandstränden über Gebirgszüge bis hin zu dichten Waldgebieten dominieren je nach geografischer Lage unterschiedliche Ökosysteme. Ergebnis ist eine überaus reiche Tier- und Pflanzenwelt. Auf einigen unbewohnten kleinen Inseln überdauern in der Abgeschiedenheit **endemische Arten**.

Die Pflanzenwelt

Artenvielfalt

Die Vegetation wartet mit rund **17.000 Spezies** auf, die entsprechend der Klimaregion ihre Pracht entfalten. Neben kultivierten Pflanzen wie Reis, Tee und vielen Gemüsesorten gedeihen alle erdenklichen Baumarten, Sträucher, Gräser und Blumen. Typisch sind Sicheltannen, Kiefern, Fichten und Lärchen. Unter den Laubbäumen finden sich Buchen, Erlen, Eschen und Pappeln genauso wie Maulbeerbäume, Ulmen, Kastanien, Weiden und die zu den Gifteichen zählenden Lackbäume.

Die Lotosblüte, ein Sinnbild der Reinheit

In südlichen Gebieten bestimmen Palmenarten, Kampfer und Banyanfeigen das Bild. Obst- und Zierbäume allen voran Magnolien, Zitrusgewächse und Mispeln, tragen gleichermaßen zur Vielfalt bei. Bambus als Baumaterial oder Nahrungsmittel nutzbar, bildet teilweise riesige Haine wie etwa im Stadtteil Arashiyama in Kyōto. Ihrer üppigen Doldenblüten wegen beliebt sind Rhododendren und Azaleen. Bunt und facettenreich blühen über das Jahr verteilt unzählige Blumen- und Straucharten wie Akuben *(aucuba japonica)* oder Kamelien *(camellia japonica)*.

Symbol des Kaiserhauses

Hohen Symbolcharakter hat die Form der 16-blättrigen **Chrysantheme** als Nationalwappen und kaiserliches Siegel. Schließlich versinnbildlichen Chrysanthemen Vollkommenheit und Unsterblichkeit und so hat die hübsche Pflanze seit Jahrhunderten auch viele Maler und Literaten inspiriert. Der Thron des Kaisers wird Chrysanthementhron und der Palast Chrysanthemenpalast genannt. Unter diesen Vorzeichen ist das seit der Heian-Zeit (794–1185) alljährlich anfangs nur in höfischen Kreisen gefeierte Chrysanthemenfest zu verstehen.

Die Tierwelt

Ob Säugetiere, Vögel, Reptilien, Amphibien, Insekten oder Fische, die Artenvielfalt der japanischen Tierwelt wird wie die Vegetation durch die Landesgröße mit sei-

„Mitbewohner" im Stadtgebiet Tōkyō

nen verschiedenen Klimazonen und Gegebenheiten des Naturraums bestimmt. Zu den stattlichsten **Säugetieren** zählen Bären, wobei Japans kleine Population von Braunbären die Waldgebiete im Norden bevorzugt, Schwarzbären dagegen die Bergregionen auf Honshū. Zu heimischen Paarhufern gehören u.a. Wildschweine, ziegenähnliche Gorale und der endemische, gleichsam ziegenartige Japanische Serau. Freilaufenden Sikahirschen kann man spätestens bei einem Besuch in Nara begegnen (S. 366). In früheren Zeiten auf Honshū und Hokkaidō lebende Wölfe wurden zu Beginn des 20. Jh. ausgerottet.

Außer auf Hokkaidō sind die für Japan typischen Rotgesichtsmakaken überall zu finden. Sie bilden weltweit die am nördlichsten lebende Affenpopulation. Entsprechend der Mythologie auch als Götterboten verehrt, nehmen **Affen** im Volksglauben eine besondere Stellung ein. Unter kleineren Säugetieren gibt es viele auch hier bekannte Spezies wie Fuchs, Dachs, Wieselarten und Waschbär. Von Eichhörnchen über Streifenhörnchen bis hin zu Flughörnchen ist der für viele sympathischere Teil aus der Ordnung der Nagetiere vertreten, denn weniger beliebt sind wie überall Mäuse und Ratten.

Rund 500 unterschiedlichste **Vogelarten** finden auf dem Archipel und entlang der Küstenregionen geeignete Lebensbedingungen. Zum Leidwesen vieler Einwohner sind aus dem Stadtbild Tōkyōs rund 40.000 Raben und Krähen nicht mehr wegzudenken. Besonderen Schutz genießt der Anfang der 1970er-Jahre beinahe ausgestorbene Nipponibis. Einige Exemplare wurden in Gehegen wieder aufgepäppelt und 2008 auf der Insel Sado vor der Nordküste Honshūs in einem Schutzgebiet ausgewildert. Heute zählt die Population über 140 Ibisse.

Schlangen

Unter den **Reptilien** durchaus mit Vorsicht zu genießen ist die unter den wenigen Schlangenarten Japans auf allen Inseln vorkommende 45–90 cm lange Giftviper Mamushi, die Menschen lebensbedrohlich verletzten kann. Nur auf den Amami-Inseln und auf Okinawa lebt die gleichfalls giftige, aggressive Habu-Schlange. Grund zur Freude dagegen liefert die Irabu-Seeschlange, spätestens dann, wenn sie in Suppentöpfen landet. Ein würdiger Vertreter der ältesten Klasse der Landwirbeltiere ist der Riesensalamander. Ihren Namen trägt die **Amphibie** ganz zu Recht, denn sie kann eine stattliche Länge von über einem Meter erreichen.

Ganz gleichgültig ob in Parkanlagen oder auf dem Land, das typische Zirpen von Singzikadenmännchen ist in warm gemäßigten Gebieten Japans im Spätsommer überall zu hören. Insgesamt ist die Welt der **Insekten** ähnlich derjenigen aller gemäßigten Klimazonen einschließlich einiger tropischer Arten. Zikaden und Grillen wie auch

Leuchtkäfer und Libellen begleiten die Literatur Japans seit frühester Zeit. Schon im Kojiki, den Aufzeichnungen alter Begebenheiten aus dem Jahr 712, taucht die Libelle als Machtsymbol der Yamato-Zeit (300–710) auf. Da das Meer um die Küsten Japans sowohl von kalten als auch warmen Strömungen beeinflusst wird, beherbergt die See eine große Artenvielfalt an **Fischen und Meerestieren** Überfischung ist ein anderes Thema, denn Fisch ist aus der Küche Japans nicht wegzudenken.

Umweltsituation

Die nach dem Zweiten Weltkrieg völlig am Boden liegende Volkswirtschaft Japans entwickelte sich in den Nachkriegsjahren in kometenhafter Geschwindigkeit, wobei die Regierung zunächst alle Kräfte zum Wiederaufbau der **Schwerindustrie** mobilisierte. Schon während der 1960er-Jahre galt Japan als Wirtschaftswunderland.

Der Preis für die Hochkonjunktur indes war hoch. Während der 1950er-Jahre reihte sich ein **Umweltskandal** an den anderen. Die sog. Itai-Itai-Krankheit und die Minamata-Krankheit gingen als Vorboten des ökologischen Zusammenbruchs in die Geschichte ein. Itai-Itai-Erkrankungen wurden durch Cadmium verursacht, das beim Abbau von Blei, Kupfer, Silber und Zink über verunreinigte Flüsse in die Nahrungskette gelangte. Quecksilberverbindungen durch unkontrollierte Verklappung von Industrieabfällen vor den Küsten Japans führten gleichermaßen über den Nahrungsweg zur Minamata-Krankeit. Ein Umdenken brachte Ende der 1970er-Jahre **Umweltschutzgesetze** hervor.

Förderung des Umweltbewusstseins

Die heutige Umweltpolitik Japans bedient sich mehrerer Instrumente. Bei der Einführung von Tempolimits, Katalysatoren oder der Rauchgasentschwefelung hatte das Land im Vergleich zu anderen Industrienationen die Nase vorn. Das Umweltbewusstsein aller soll gefördert werden. So baut Tōkyō beispielsweise auf eine exakte Mülltrennung, wobei u.a. zwischen brennbaren und nicht brennbaren Stoffen unterschieden wird. Neue Leitlinien in Bezug auf das Abfallproblem, in einem Land, wo Verpackung eine große Rolle spielt, heißen Reduktion, Wiederverwendung und Wiederverwertung. Drittes Instrument sind auf dezentraler Ebene freiwillig geschlossene Vereinbarungen zwischen Bürgergruppen, Betrieben und Kommunen. Dieser „**Dreierpack**" aus **Information**, **staatlichen Regelungen** und **regionalen Vereinbarungen** geht weit über wesentliche Bereiche des Umweltschutzes wie die Reinhaltung von Luft und Wasser hinaus.

Japan zählt neben den USA und Deutschland zu den führenden Anbietern von Solartechnik. Innerstaatlich wird zur Energiegewinnung allerdings neben Kohle und Erdgas trotz Fukushima wieder auf **Atomstrom** gesetzt. Zwar ist der Aufbau erneuerbarer Energien durchaus Thema, um aber dem Gesamtbedarf des Landes zu decken, reicht es laut Regierung nicht.

In Sachen **Kyōto-Protokoll** hat sich Japan, wie viele andere Nationen auch, bislang wenig mit Ruhm bekleckert. Das Ziel einer jährlichen Reduzierung der CO_2-Emission um durchschnittlich 5,2 % wurde nicht erreicht.

Gesellschaftlicher Überblick

Die Bevölkerung

Zählte Japan zu Beginn der Meij-Zeit 1868 etwa 34 Mio. Einwohner, so hat sich die Population in den darauffolgenden 100 Jahren mehr als verdreifacht: im internationalen Vergleich eine bemerkenswerte **Bevölkerungsexplosion**, zumal die Einwohnerzahl mit 27–30 Mio. während der vorhergehenden Edo-Zeit (1603–1867) nahezu konstant geblieben war. Seit den 1930er-Jahren ging die Geburtenziffer trotz Babyboom der Nachkriegsjahre langsam, aber stetig zurück. Parallel dazu entwickelte sich eine Landflucht, die aufgrund des Lohngefälles zwischen Agrarwesen und Industrie während des Wirtschaftswachstums nach 1960 ganze Dörfer verwaisen ließ.

Veränderung der Bevölkerungsstruktur

Im Zusammenhang mit Geburtenrückgang und Überalterung der Gesellschaft – Japans „Club der 100-jährigen" zählt fast 68.000 Mitglieder –, der angespannten Lage in Wirtschafts- und Staatshaushalt sowie Rentenreformen ist der Blick in die Zukunft hinsichtlich der fiskalischen Tragfähigkeit des Systems nicht gerade rosig. Begleitet vom **demografischen Wandel** und damit einhergehenden Veränderungen in vielen Bereichen des sozialen Lebens zeichnet sich zudem eine sich weiter öffnende Einkommensschere ab. So dürfte die künftige Bevölkerungspolitik Japans mit annähernd 126,5 Mio. Einwohnern (2018) eine große Aufgabe und Herausforderung sein.

Minderheiten

Die größte Minorität sind **Koreaner**. In den Jahren zwischen 1910 und 1945 begann unter der Kolonialherrschaft Japans ein reger Zuwanderungsstrom. Kamen einige aufgrund der besseren Arbeitssituation aus freien Stücken, so wurden andere während des Zweiten Weltkriegs als Zwangsarbeiter umgesiedelt. Erst mit der Kapitulation Japans veränderte sich die Lage. Viele der damals über 2 Mio. Koreaner kehrten in ihre Heimat zurück. Andere blieben aufgrund der damals instabilen politischen Lage Koreas, die mit Ausbruch des Koreakriegs (1950–1953) zur Teilung des Landes in Nord- und Südkorea führte. Da Japan keinen der beiden Staaten anerkannte, wurden die in Japan lebenden Koreaner plötzlich staatenlos. Erst 1965 konnten ehemalige Immigranten und deren Nachkommenschaft die südkoreanische Staatsbürgerschaft annehmen. Ein Großteil der heute in Japan lebenden Koreaner (rund 0,5 %) verzichtet vor allem aus Identitätsgründen auf die japanische Staatsbürgerschaft.

Chinesen sowohl vom Festland als auch aus Taiwan sind heute die zweitgrößte Minderheit (ca. 0,4 %). Taiwan gehörte in den Jahren 1895–1945 als Kolonie zum japanischen Archipel, was neben Immigrationswellen auf freiwilliger Basis wie in Korea auch zu Zwangsumsiedlungen führte.

Gefolgt von Latinos, Filipinos und Peruanern fallen weitere Einwanderer aus Indien, Indonesien, Afrika, den USA oder Europa der Statistik nach kaum ins Gewicht.

Eine besondere, wenn auch mittlerweile sehr kleine Minorität sind **Ainu**, die lange vor den Japanern nördliche Regionen des Landes besiedelten. Aus diesem Grund oft als indigene Gruppe bezeichnet, wanderten die Ainu (dt. Mensch) in prähistorischer Zeit vermutlich aus Ostsibirien ein. Äußerlich von Japanern verschieden, zeigen sich Übereinstimmungen mit dem ostsibirischen Volk der Niwchen wie mit Mongolen, Tibetern und der Bevölkerung der Adamanen. Historisches Siedlungsgebiet der Ainu waren neben Nordhonshū und Hokkaidō auch die Kurileninseln und Südsachalin. Die Integration „Fremder" ist nicht gerade eine Stärke der Japaner, dies führte zur Diskriminierung der Ainu. Heute leben sie bis auf wenige Ausnahmen nur noch auf Hokkaidō. Reduziert auf kaum mehr als 20.000 Menschen, geht die eigenständige Kultur einschließlich der Ainu-Sprache langsam verloren. Erst in den 1970er-Jahren setzte unter Japanern ein allmähliches Umdenken ein. Seit Sommer 2008 werden Ainu dank eines Beschlusses des Parlaments als indigene Ethnie anerkannt.

Kultur der Ainu

Eine weitere als Halbjapaner definierte Bevölkerungsgruppe sind die **Ryūkyūaner**, in ihrer Geschichte wie die Ainu kulturell eigenständig. Die Einwohner der Ryūkyū-Inseln gelten als Nachfahren der Jōmon.

Obwohl Japaner, werden die **Burakumin**, eine historisch allein aufgrund eines Berufs diskriminierte Gruppe, teilweise immer noch benachteiligt. Außerhalb des während der Edo-Zeit (1603–1867) gängigen Vierständesystems verdingten sich Burakumin beispielsweise als Totengräber und Metzger oder übten andere „unreine" Tätigkeiten wie die Weiterverarbeitung von Leder und Fellen aus. Der Beruf wurde vom Vater auf den Sohn vererbt, im Melderegister festgehalten und war damit immerhin bis 1976 für jeden offenkundig. Burakumin mussten in bestimmten Ghettos wohnen und waren vom allgemeinen öffentlichen Leben ausgeschlossen. Ein schon 1871 erlassener Beschluss zur Gleichstellung blieb lediglich ein Paragraf. Tatsächlich sehen sich Burakumin und deren Nachfahren bis heute Vorurteilen ausgesetzt, was sich etwa bei der Arbeitsuche niederschlagen kann. Als echter Lapsus

Diskriminierte Volksgruppe

Kreuz und quer: Fußgänger auf der Hachikō-Kreuzung, Shibuya-ku

erwies sich das 2008 von Google Maps ins Netz gestellte Angebot von historischen Karten, waren doch auf einigen Stadtplänen ehemalige Siedlungen der Burakumin so gut erkennbar, dass sie problemlos auf heutige Gebiete zu übertragen waren. Aus Furcht vor möglicher Diskriminierung führten Proteste zur Entfernung der betreffenden Kartenmarkierungen.

Die japanische Sprache

Verschiedene Theorien

Der Ursprung der japanischen Sprache gibt wie die Herkunft der Japaner selbst immer noch Rätsel auf. Sie ist anderen Sprachfamilien schwierig zuzuordnen, sodass Linguisten bislang verschiedene Theorien verfolgen. Sehen manche eine Verwandtschaft zum Koreanischen, so gilt anderen eine Verbindung zu altaischen oder auch austronesischen Sprachen als wahrscheinlich. Ähnlichkeiten zeigt die Sprache auf den heute zu Japan gehörenden Ryūkyū-Inseln.

Schwierige Kanji

Hinweise auf ein altjapanisches Schriftsystem existieren nicht und so bekam das Japanische erst mit der allmählichen **Übernahme der chinesischen Schrift** vermutlich während der Yamato-Zeit (300–710) eine Form. Dabei unterscheiden sich Chinesisch und Japanisch in ihrer Grammatik grundlegend, was die Nutzung von **Kanji**, der Schriftzeichen aus dem Reich der Mitte, nicht gerade zum Kinderspiel machte und macht.

Drei Schriftsysteme

Durch Vereinfachungen von Kanji, die nicht entsprechend ihrer Wortbedeutung, sondern der Aussprache nach verwendet wurden, entwickelten sich im Lauf der Zeit die Silbenzeichen **Hiragana** und **Katakana**. In ihrer Schreibweise unterschiedlich, gelten beide für die gleichen Silben.

Das moderne Japanisch nutzt nach bestimmten Regeln alle drei Schriftsysteme. Während der Schulzeit wird ein Grundstock von 2.136 Kanji gelehrt, wobei es in vielen Fällen mit der **On- und Kunlesung** verschiedene Aussprachen für dasselbe Zeichen gibt. Zum Verständnis von Fachtexten oder anspruchsvoller Literatur genügt das Schulwissen aber nicht und so gilt die aktive oder passive Beherrschung der Anzahl von Schriftzeichen als Maßstab der Bildung. Wer 4.000 bis 5.000 Kanji kennt, ist gut im Rennen, denn Alltagswörterbücher listen zwischen 4.000 und 13.000 Zeichen. In umfassenden Wörterbüchern sind allerdings inklusive selten verwendeter älterer Zeichen bis zu 80.000 Kanji notiert.

Eine zusätzliche Eigenheit ist die Verwendung der komplexen **Höflichkeitssprache Keigo**, die gegenseitigen Respekt einschließlich der hierarchischen Stellung zum Ausdruck bringt. Dem nicht genug, unterscheidet das Japanische zwischen einer **Frauen- und Männersprache** im Zusammenhang mit der geschlechtsspezifischen Rollenzuweisung. Zudem gliedert sich das Japanische in viele regionale Dialekte.

Sprachformen und Dialekte

Insgesamt ist Japanisch die Muttersprache von knapp 130 Mio. Menschen, wobei Sprachinseln außerhalb Japans vor allem in den USA (Hawaii) und Südamerika zu finden sind.

Hiragana

a	i	u	e	o
あ	い	う	え	お
ka	ki	ku	ke	ko
か	き	く	け	こ
sa	shi	su	se	so
さ	し	す	せ	そ
ta	chi	tsu	te	to
た	ち	つ	て	と
na	ni	nu	ne	no
な	に	ぬ	ね	の
ha	hi	fu	he	ho
は	ひ	ふ	へ	ほ
ma	mi	mu	me	mo
ま	み	む	め	も
ya	yu	yo		
や	ゆ	よ		
ra	ri	ru	re	ro
ら	り	る	れ	ろ
wa	n			
わ	ん			

Katakana

a	i	u	e	o
ア	イ	ウ	エ	オ
ka	ki	ku	ke	ko
カ	キ	ク	ケ	コ
sa	shi	su	se	so
サ	シ	ス	セ	ソ
ta	chi	tsu	te	to
タ	チ	ツ	テ	ト
na	ni	nu	ne	no
ナ	ニ	ヌ	ネ	ノ
ha	hi	fu	he	ho
ハ	ヒ	フ	ヘ	ホ
ma	mi	mu	me	mo
マ	ミ	ム	メ	モ
ya	yu	yo		
ヤ	ユ	ヨ		
ra	ri	ru	re	ro
ラ	リ	ル	レ	ロ
wa	n			
ワ	ン			

Das Bildungswesen

Dass sich Schüler und Studenten vor Prüfungen gerne des Shintō besinnen, Zwiesprache mit den Göttern halten und beten, kommt nicht von ungefähr, zählen doch japanische Bildungseinrichtungen zu den schwierigsten der Welt.

Gelernt wird von frühester Kindheit an, wobei manchen Eltern der Beginn der Förderung im vorschulischen Kindergarten schon zu spät erscheint. **Pränatale Bildung** steht hoch im Kurs. In **Kindergärten** oder Kinderbetreuungsstätten ist Erziehung neben der Eingliederungsfähigkeit in eine Gruppe auch auf die Vermittlung künstlerischer und musischer Grundzüge sowie auf das Erlernen der japanischen Silbenschrift ausgerichtet. In vielen Fällen stehen Erziehern geschulte Fachpädagogen zur Seite.

Frühes Lernen

Schulen

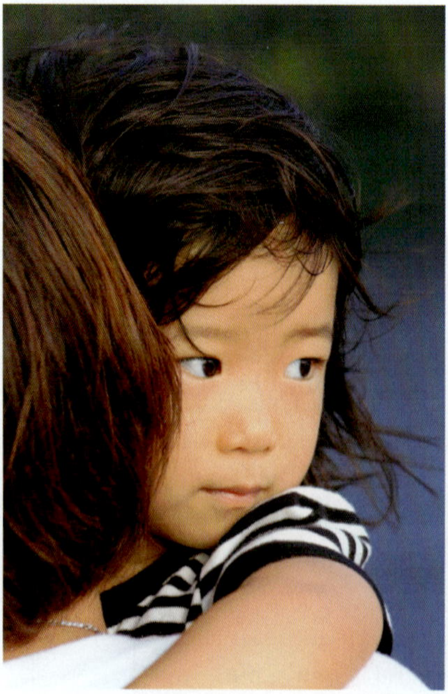

Für heute genug gelernt

Die allgemeine Schulpflicht beträgt neun Jahre. Nach Vollendung des sechsten Lebensjahres besuchen Kinder sechs **Grundschulklassen**, nach deren Absolvierung die meisten für weitere drei Jahre auf eine öffentliche **Mittelschule** wechseln. Schicken Eltern ihre Sprösslinge auf eine private Mittelschule, steht eine Aufnahmeprüfung an. Nach der allgemeinen Schulpflicht nehmen über 90 % aller Schüler die nächste Hürde auf sich. Wer die hier generell üblichen Aufnahmeprüfungen besteht, kann die dreijährige **Oberschule** durchlaufen. Abschluss ist die Hochschulreife. Eine andere Möglichkeit nach der Mittelschule ist der drei- bis fünfjährige Besuch einer Fachoberschule.

Bei den Schulen handelt es sich meist um Ganztagsschulen und viele Schüler pauken, um das Lernpensum zu bewältigen, abends mehrmals pro Woche in privaten **Nachhilfeschulen** weiter. Schließlich ist unter dem Damoklesschwert einer unsicheren Zukunft, von Arbeitslosigkeit und wirtschaftlichen Krisen der gesellschaftliche Leitungsdruck enorm hoch.

Hochschulen

Über 30 % aller Oberschüler entscheiden sich für eine **Hochschullaufbahn**, wobei der Weg bis zum Bachelor als erster akademischer Grad vier Jahre dauert. Nach den Qualen der Aufnahmeprüfung beginnt für viele nun eine vergleichsweise angenehme Zeit, da in der Regel die Anforderungen während des Grundstudiums nicht allzu hoch geschraubt sind – mit Ausnahme der Eliteuniversitäten wie der Tōdai in Tōkyō oder Kyōdai in Kyōto. Bedeutend weniger Studenten beißen sich anschließend durch den zweijährigen Magisterstudiengang und die nachfolgende dreijährige Ausbildung zur Erlangung des Doktortitels. Eine Alternative zum üblichen Werdegang an einer Hochschule ist die sog. Halbhochschule, an der die Ausbildung, allerdings mit weniger Karriereaussichten nach zwei bis drei Jahren beendet ist. Je nach Universität kostet ein Hochschulstudium 4.000–20.000 € pro Jahr.

Alternative Halbhochschule

Politik und Verwaltung

Das politische System Japans ist eine **parlamentarische Monarchie**, die grundlegend auf der Verfassung aus dem Jahr 1947 basiert. Dabei kommen dem Kaiser als symbolischem Oberhaupt des Landes repräsentative Aufgaben zu, Einfluss auf die Staatsgeschäfte hat er nicht. Die zwei Kammern des Parlaments, das Oberhaus mit 242 Sitzen und das Unterhaus mit 475 Sitzen, werden durch Wahlen im Turnus von sechs (Oberhaus) und vier Jahren (Unterhaus) neu besetzt.

Gewaltenteilung

Die **Exekutive** stellt der Premier und dessen Kabinett, die **Legislative** teilt sich zwischen beiden Kammern des Parlaments und die **Judikative** ist eine von beiden unabhängige Instanz.

Die größte Oppositionspartei der gemäßigt konservativen, marktwirtschaftlich und pro-amerikanisch orientierten **Liberaldemokratischen Partei** (LPD) unter Vorsitz von Premier Abe Shinzō ist derzeit die kurz vor den vorverlegten Wahlen 2017 neu gegründete linksliberale Konstitutionell-Demokratische Partei gefolgt von der aufgeschlossenen konservativen „Partei der Hoffnung". Im Gegensatz zur LPD befürworten beide Oppositionsparteien einen Atomausstieg.

Laut **Artikel 9** der Verfassung verzichtete Japan bislang auf das Recht der Kriegsführung. 1953 rekrutierten sich aus einer Polizeireserve allerdings **Selbstverteidigungsstreitkräfte**, die sich aus Land-, Luft- und Marinetruppen zusammensetzen. In der Folgezeit schloss Japan als G7-Mitglied und Bündnispartner mit der USA Sicherheitsabkommen mit Australien und Indien, das gegenseitig Katastrophenhilfe und Unterstützung im Kampf gegen den Terrorismus garantiert. Einem Gesetz zur **Neuinterpretation des Artikels 9** stimmte das Oberhaus im Herbst 2015 trotz vehementer Proteste zu: Japan könnte jetzt Soldaten wieder nicht nur zu friedenserhaltenden Maßnahmen ins Ausland entsenden. In Japan gibt es **keine Wehrpflicht**. Wahlberechtigt sind Bürger ab dem 20. Lebensjahr.

Verwaltung: Einschließlich der drei Städtepräfekturen Tōkyō, Kyōto und Ōsaka gliedert sich Japan in **47 Präfekturen**. Verwaltungsorgan sind jeweils Parlament und Gouverneur, die trotz weitreichender Befugnisse an die Weisungen der Zentralregierung mit Sitz in Tōkyō gebunden sind.

Gewerkschaften: Nach der Konzeption, Betrieb als Gemeinschaft, sind Gewerkschaften meist betriebliche Vereinigungen, die sich wiederum in Branchen- und Dachverbänden organisieren. Mit 6,8 Mio. Mitgliedern ist Rengo die größte Dachorganisation.

Symbole: Seit dem 17. Jh. als nationales Symbol und während des späten 19. Jh. von Handelsschiffen genutzt, wurde die **Flagge Hinomaru** (Sonnenbanner) am 13. August 1999 mit einer Veränderung des Größenverhältnisses von 7:10 zu 2:3 offiziell zur japanischen Staatsflagge erklärt. Die **Standarte des Kaisers** zeigt im selben Größenverhältnis eine stilisierte **16-blätterige Chrysantheme**. In Japan versinnbildlicht die hübsche Herbstblume Unsterblichkeit und Vollkommenheit. So wird der

Türbeschlag mit kaiserlichem Chrysanthemen-Symbol

kaiserliche Thron auch Chrysanthementhron und der Palast Chrysanthemenpalast genannt. Schon seit der Heian-Zeit (794–1185) wird alljährlich im September, wenn die Blüten in kräftigen Farben von Gelb über Rot bis hin zu Kupfer ihre Pracht entfalten, vielerorts ein Chrysanthemenfest gefeiert. Sind es im Herbst die Chrysanthemen, so gelten im Frühjahr blühende Kirschbäume, die schon seit dem Altertum von nationaler Bedeutung sind, als Anlass für Festgelage und Feiern. Aus dem Tierreich hat sich u.a. der in Japan heimische Fasan als Symbol für Wohlstand und Ruhm einen Platz als Nationalvogel erobert.

Umstrittene Hymne

Der Text der japanischen **Nationalhymne Kimi Ga Yo** wird dem Literaten Ki no Tsurayuki (872–945) zugeschrieben, wobei um den Text nach dem Zweiten Weltkrieg ein ähnlicher Konflikt wie um die erste Strophe des Deutschlandlieds aufkam. Die Vertonung geht auf die Komponisten Hayashi Hiromori (1831–1896) und Franz Eckert (1852–1916) zurück.

Religion und Philosophie

„Flexible" Glaubenswelt

Seit Jahrhunderten bestimmen vor allem Shintoismus wie Buddhismus das kulturell-religiöse Leben Japans. Dabei sind beide Religionen keinen starren Dogmen unterworfen, denn ein steter Wandel, unterschiedliche Strömungen und neue Impulse brachten komplexe synkretistische Traditionen hervor. War dieser Umstand im Lauf der Geschichte einmal willkommen, wollte man ein anderes Mal strikte Trennung. Die Glaubenswelt vieler Japaner heute ist flexibel, kaum jemand legt sich auf ein einziges Bekenntnis fest. Beispielsweise shintoistisch zu heiraten und sich buddhistisch beerdigen zu lassen, ist kein Widerspruch und durchaus üblich. Seit Ende des 19. Jh. ist in Japan eine allgemeine **Religionsfreiheit** gesetzlich verankert.

Shintō – der Weg der Gottheiten

Ursprung und Wesen eines frühen Shintō sind schwer fassbar, denn der Begriff selbst wurde erst in Abgrenzung zu dem während des 6. Jh. einströmenden Buddhismus geprägt. In der Vor- und Frühgeschichte Japans vermutlich als eine Art **Urreligion** mit kultisch-mythologischem Charakter gepflegt, kreist der Shintō-Glauben trotz regionaler Prägungen um die Verehrung jenseitiger Wesen und Kräfte. Gottheiten des Shintō-Pantheons, die Kami, können alle Bereiche des Lebens und der Natur durchdringen. Dabei zeigt sich der Shintoismus wie andere Religionen nicht als starres altertümliches Glaubensgebäude. Der Weg ins 21. Jh. war weit, was an Form, Inhalt und Riten Spuren hinterließ. So wurden im Lauf der Zeit Elemente anderer Religionen integriert. Phasenweise ging es so weit, dass buddhistische Strömungen den Shintō nahezu überwucherten und shintoistische Gottheiten nur mehr als „Handlanger" anderer dienten.

In der Meiji-Zeit (1868–1912) gewann der Shintoismus gegenüber Buddhismus und synkretisiertem Shintō die Oberhand. Mit der Abschaffung des Shōgunats und der zumindest formalen Wiederherstellung der Kaisermacht sah man in der Betonung des Shintō auch eine Loyalitätsbekundung. Schließlich wird die Linie des Kaisers auf die shintoistische Sonnengottheit **Amaterasu** zurückgeführt, was bis zum Ende des Zweiten Weltkriegs die göttliche Abstammung des Tennōs legitimierte. 1871 offiziell als Unterbau der Staatsideologie propagiert, wurde der Staatsshintō von den Alliierten 1945 als nationalistisch stigmatisiert und verboten. Kaiser Hirohito (1901–1989) sah sich gezwungen, öffentlich die göttliche Abstammung zu negieren.

Zickzackpapier als symbolische Opfergabe an eine Shintō-Gottheit

Eine klare Trennung zwischen Shintō und Buddhismus hat sich trotz des Verbots 1868 bis heute nicht durchgesetzt. In vielen Tempeln finden sich auch Schreine, was im Grunde die Einstellung der meisten Japaner reflektiert. Die Definition des Begriffs Shintō bringt selbst Religionswissenschaftler und Historiker ins Grübeln. Zum einen ist Shintō aufgrund verschiedener Ausprägungen als Sekten-, Schrein-, Volks- oder Tennō-Shintō nicht gleich Shintō, zum anderen ist der „Weg der Gottheiten“ frei von einem ethisch verbindlichen Regelwerk.

Buddhismus – der Weg des Buddha

Nichts existiert aus sich selbst

Die Geschichte des Buddhismus beginnt lange vor unserer Zeitrechnung, als **Siddhartha Gautama** (um 450–370 v. Chr.) unter einem Feigenbaum meditierend im nordindischen Ort Bodhgaya die Erleuchtung erlangte. Er war Buddha geworden. Nichts existiert aus sich selbst, offenbarte sich ihm als absolute Wahrheit. Er erkannte den Kreislauf des Werdens und Vergehens, der Menschen in Unwissenheit über die Wesensnatur festhält und Leiden bedingt. Dass aber jedem Einzelnen die Fähigkeit zu Erkenntnis und damit zur Überwindung der leidvollen Existenz gegeben ist, formulierte er in den „**Vier Edlen Wahrheiten**“, die zur Richtschnur aller Buddhisten werden sollten.

Buddhismus in Japan

Fortan als Buddha Shakyamuni setzte er das „Rad der Lehre“ in Gang und der Buddhismus verbreitete sich in Indien, China und Korea, bis er im 6. Jh. auch Japan erreichte. 594 erklärte Prinz Shōtoku (574–622) den Buddhismus zur **Staatsreligion**. Er wurde höher geschätzt als der Shintoismus, auch das Volk wandte sich ab dem 8. Jh. buddhistischen Pfaden zu. Trotzdem prallten beide Religionen nicht als unvereinbar aufeinander. Ganz im Gegenteil, die sich auf keine statische Denkweise berufenden Lehren verschmolzen teilweise ineinander und brachten zusätzlich von Konfuzianismus und Daoismus beeinflusste Modifizierungen in Form vieler einzelner Schulen oder Sekten hervor. Am Ende der Nara-Zeit (710–794) hatten bereits sechs buddhistische Richtungen Fuß gefasst. Ein geschickter Schachzug war, die Sonnengottheit Amaterasu als eine der Erscheinungsformen des transzendenten kosmischen Buddha Vairocana zu erklären, was den Boden für den Synkretismus legitimierte. Vairocana vereint die Weisheit aller Buddhas. Dennoch gab es auch immer wieder Bestrebungen, die Religionen voneinander abzugrenzen.

Buddhistische Strömungen

Innerhalb des Buddhismus entwickelten sich in der Heian-Zeit (794–1185) weitere Strömungen, die sich durch erkenntnistheoretische und metaphysische Ansätze unterschieden. Von Bedeutung war die auf den Mönch Saichō, posthum Dengyō Daishi (762–822) zurückgehende **Tendai-shū**, die sich im Wesentlichen auf die vermutlich im 4. Jh. entstandene Schrift der 28 Kapitel umfassenden Lotossutra bezieht. Eine weitere einflussreiche Sekte war die von Kūkai (774–835, posthum Kōbō Daishi genannt) gegründete **Shingon-shū**, die Schule des wahren Wortes. Das komplexe Lehrgebäude betont den historischen Buddha Shakyamuni als Manifestation des kosmischen Buddha Vairocana. Die Rezitation von Mantras wie geheime, nur mündlich überlieferte Tantra-Rituale spielen hier eine entscheidende Rolle.

Dabei beschränkte sich der Formenreichtum des Buddhismus nicht nur auf Religionsausübung, sondern drang in viele Bereiche des kulturellen, künstlerischen und auch politischen Lebens ein. Der Klerus sonnte sich in Macht und Reichtum, was innerhalb der Klöster sittlichen und moralischen Verfall nach sich zog. Das wiederum beflügelte die Bildung neuer Sekten. Während des Erstarkens des Kriegerstandes in der Kamakura-Zeit (1185–1333) verloren esoterische Zeremonien des Tendai und Shingon an Aktualität. Jetzt war ein für die Samurai taugliches Glaubenskonstrukt gefragt. Oft genug mussten sie im Kampf ihr Leben lassen, da blieb schlicht keine Zeit für meditative Kontemplation. Diesem Anspruch kam die von Hōnen Shōnin (1133–1212) begründete **Jōdo-shū**, die Schule des Reinen Landes, genauso entgegen, wie die von Hōnens Schüler Shinran (1173–1263) entwickelte **Jōdo-Shinshū**, die Wahre Schule des Reinen Landes. Beide Lehren stellen den transzendenten Buddha Amitabha in den Mittelpunkt, dessen Gnade auf Wiedergeburt in seinem Reinen Land hoffen lässt. Andere Reformer besannen sich auf ältere Lehren. Nichiren (1222–1282) orientierte sich zwar mit seiner Schule des **Nichiren-Buddhismus** an der Doktrin des Lotossutra, dennoch wollte er ganz Neues schaffen. Auch diese Richtung spaltete sich nach seinem Tod in unterschiedliche Sekten.

„Wegbegleiter“

Seit dem 13. Jh. wurde die von Myōan Eisai (1141–1215) aus China mitgebrachte Zenlehre des indischen Mönchs **Bodhidharma** (um 440–528) populär. Nicht nur vom

Kriegerstand gerne aufgenommen, beeinflusste die Philosophie des **Zen** das geistige, religiöse und kulturelle Leben Japans nachhaltig. Zen bedeutet alles und nichts, entzieht sich begrifflichen Bestimmungen und zielt letzten Endes auf den gegenwärtigen Augenblick. Von Bedeutung ist das Zazen, eine Sitzmeditation, die Körper und Geist in Einklang bringt, was wiederum die Möglichkeit mystischen Empfindens fördert. Der Zen-Buddhismus gliedert sich heute mit den Schulen Rinzai, Sōtō und Ōbaku in drei große Richtungen, die sich ihrerseits wieder in unterschiedliche Zweige spalten. Mit der Gründung des Tokugawa-Shōgunats rückte der Buddhismus zugunsten des Shintō in den Hintergrund.

Zen-Buddhismus

Konfuzianismus – die Lehre der Tugenden, Pflichten und Beziehungen

Die Lehren des **Konfuzius** (um 551–479 v. Chr.), die sich im China der Han-Dynastie (206 v. Chr.–220 n. Chr.) zu einer Staatsdoktrin ausgeformt hatten, verbreiteten sich seit dem 4. Jh. in intellektuellen Kreisen Japans. Zentrale Themen der konfuzianischen Philosophie waren **menschliche Ordnung** und **Bildung**. Als Ideal galt **der Edle**, ein moralisch vollkommener Mensch. **Harmonie** ist auch hier ein Schlüsselbegriff, denn wer mit der Welt in Harmonie lebt, kann edel sein. Herrscht in Familien Harmonie, so gilt das für das ganze Dorf. Herrscht in Dörfern Harmonie, so gilt das für die gesamte Provinz. Herrscht in den Provinzen Harmonie, so gilt das für den Staat und befinden sich Staaten in Harmonie, dann gilt das für das ganze Universum. Um jene Harmonie zu erreichen, bedürfe es fünf Tugenden: Menschlichkeit, Gerechtigkeit, Ethik, Weisheit und Güte. Aus diesen ergeben sich wiederum drei soziale Pflichten: Loyalität, kindliche Pietät sowie die Wahrung von Sitte und Anstand. Ihren Niederschlag sollten die Tugenden und Pflichten in hierarchischen Beziehungen wie Herrscher–Untertan, Vater–Sohn, Ehemann–Ehefrau, älterer Bruder–jüngerer Bruder und Freund–Freund finden.

In Japan beeinflusste der Konfuzianismus die von Prinz Shōtoku (574–622) im Jahr 604 verfassten „17 Artikel“ als ältesten **Moralkodex** des Landes sowie in der Folgezeit weitere gesetzgebende Schriften. Ende des 9. Jh. verlor er zwar an Bedeutung, doch während des späteren Tokugawa-Shōgunats lebte er eng verbunden mit der politischen Macht als neokonfuzianische Strömung erneut auf.

Einfluss des Konfuzianismus

Daoismus – die Lehre des Weges

In China entwickelte sich der Daoismus während der von politischer Zerrissenheit geprägten Zhou-Dynastie (770–256 v. Chr.) und wird infolge eines um sich greifenden Kulturpessimismus als Ideologie der Entwurzelten vor allem dem legendären **Laozi** und dem Philosophen **Zhuangzi** (um 365–290 v. Chr.) zugeschrieben. Die Welt der Menschen sei ein Chaos, allein die Natur zeige Beständigkeit. Schriftlich fixiert sind die Theorien in den Werken „Daodejing“, gemeinhin Laozi zugeordnet, und im „Nanhua Zhenjing“, einer durch Mitwirkung Zhuangzis entstandenen Textsammlung. **Dao** (Methode, Weg, Prinzip o. Ä.) wirkt überall als Universalgesetz, ist Grundlage für alles und bedingt den Wandel. Das Gedankenkonstrukt, nicht frei von Widersprüchen, fand seinen Ausdruck sowohl im philosophischen wie auch einem religiösen Daoismus.

Daoismus in Japan

Weder institutionalisiert noch als eigenständige Religion propagiert, vermischte sich die daoistische Denkweise mit vielen Glaubensbereichen der japanischen Welt. Die Rezeption des Daoismus berührte nicht nur intellektuelle oder höfische Kreise, sondern wurde auch teilweise vom Volksglauben assimiliert. So setzte sich der Begründer der buddhistischen Schule des wahren Wortes Kūkai (774–835) in seinem Werk „Sangō shiiko" u.a. mit den Zielen des Daoismus auseinander. Im rituellen Brauchtum des Volkes fanden vor allem von **Mystik**, **Magie** und **Mantik** begleitete Praktiken ihren Niederschlag. Ein Ritual war das sog. Kōshinmachi. Demgemäß leben im menschlichen Organismus drei Würmer, die zu bestimmten Zeiten im Turnus von 60 Tagen versuchen, nachts den schlafenden Körper zu verlassen. Anschließend erstatten sie vor der Gottheit Tentei Bericht über die schlechten Taten ihres Wirts, was von Tentei mit Krankheit oder gar Tod der betreffenden Person bestraft werden kann. Um dem vorzubeugen, setzten sich in den „riskanten" Nächten Familienmitglieder und Freunde einfach zusammen und „machten durch". In einigen Aspekten sind Shintoismus und Daoismus ähnlich. Manche vertraten sogar die Ansicht, dass in grauer Vorzeit der Shintō-Glauben nach China kam und dort schlicht Daoismus genannt wurde.

Christentum

Durch die Ankunft spanischer Missionare, allen voran des Jesuitenpriesters **Francisco de Xavier** (1506–1552), kam Japan **1549** erstmalig in Berührung mit dem Christentum. Ausgehend von einer portugiesischen Handelskolonie in Südjapan traf der abendländische Glaube durchaus auf Interesse – auch wenn die Vorstellung eines einzigen allmächtigen Gottes nur schwer mit dem religiösen Denken in Japan vereinbar war. Allein um Gott und Glauben mag es dabei nicht in jedem Fall gegangen sein, denn schließlich brachten die Europäer u.a. auch Feuerwaffen mit. Zudem sah man es als Gelegenheit, dem erstarkten buddhistischen Klerus Paroli zu bieten. Trotzdem wandten sich in dieser Zeit auch viele aus Glaubensgründen der neuen Religionsgemeinschaft zu. Unter der Regierung Oda Nobunagas (1534–1582) zunächst unter wirtschaftlichen Gesichtspunkten und wegen des willkommenen florierenden Handels mit den Portugiesen geduldet, betrachtete man die **erfolgreiche Missionierung** dennoch mit Argwohn. Nobunagas Nachfolger Toyotomi Hideyoshi (1536–1598) beließ es nicht bei Skepsis. Er sah durch das Christentum seine Macht gefährdet, befürchtete er doch Invasionen der Portugiesen mithilfe der Jesuiten und Franziskaner. Der Konflikt eskalierte 1597 mit der Kreuzigung von 26 Christen in Nagasaki. Unter Tokugawa Ieyasu (1542–1616) entspannte sich die Lage und Japan zählte bald schon an die 500.000 Christen. Die Tatsa-

St.-Marien-Kathedrale, Bunkyō-ku

che, dass Christen der Kirche gegenüber mehr Loyalität an den Tag legten als dem Kaiser, war indes inakzeptabel. Ab 1614 setzte eine staatlich verordnete **Christenverfolgung** ein, die unter Tokugawa Iemitsu (1604–1651) in ein grundsätzliches Verbot der Religion mündete. Anfang vom Ende war der Christenaufstand von Shimbara 1637/38. Von da an drohte jedem, der als Christ zu erkennen war, die Todesstrafe.

Argwohn gegen das Christentum

Erst in der zweiten Hälfte des 19. Jh. lockerten sich die Gesetze. Mit der Meiji-Verfassung wurde das Christentum wieder offiziell geduldet. Heute differieren statistische Angaben über die Anzahl gläubiger Christen verschiedener Konfessionen zwischen 1 und 6 %.

Wirtschaftlicher Überblick

Industrie und Wirtschaftswunder

Ein Markstein in Japans Wirtschaftsgeschichte war der Beginn der **Industrialisierung**, die nach dem Ende der Isolationspolitik während der Meiji-Zeit (1868–1912) die Weichen auf Wachstum stellte. Im ausgehenden 19. Jh. gewannen insbesondere Stahl-, Rüstungs- und Textilindustrie, Bergbau sowie Verkehrs- und Telegrafenwesen an Bedeutung. An der Schwelle ins 20. Jh. waren Monopolisierungen und **Kartellbildungen**, die **Zaibatsu**, keine Seltenheit, allen voran der Familienklan der Mitsui.

Die erste Hälfte des 20. Jh. überschattete nicht nur das große Kantō-Beben, sondern auch die Weltwirtschaftskrise Ende der 1930er-Jahre, gefolgt vom Zweiten Japanisch-Chinesischen Krieg (1937–1945) und dem Eintritt in den Zweiten Weltkrieg 1941. Die in dieser Zeit überwiegend auf militärischen Bedarf eingestellte Wirtschaft lag nach der Kapitulation Japans 1945 vollständig am Boden.

Der Wiederaufbau unter amerikanischer Besatzung stand ganz im Zeichen von Demokratie und freiem Wettbewerb, weshalb Machtkonzentrationen verboten wurden. Mit amerikanischen Wirtschaftshilfen und staatlichen Rahmenplanungen konnten sich viele Branchen relativ schnell erholen. Weiter bergauf ging es nach dem Friedensvertrag von San Francisco 1951, nach dem Japan auf bisherige Territorialansprüche im asiatischen Raum verzichten musste, gleichzeitig aber seine Souveränität zurückerhielt.

Bis Anfang der 1970er-Jahre erlebte das Land einen bis dahin nie da gewesenen **Konjunkturaufschwung**. Neben Schwer- und Chemieindustrie setzte man auf die Produktion von Autos sowie überwiegend elektronischer Konsumgüter. Nicht für alle gleichermaßen erfreulich, denn im Geiste des Big Business blieben viele kleine und mittelständische Unternehmen auf der Strecke. Obwohl Japan auf Rohstoffimporte angewiesen ist, mischte man schon 1965 nunmehr international konkurrenzfähig auf dem Weltmarkt mit. Kaum drei Jahre später hatte sich Japan als Industrienation einen Platz auf den vorderen Rängen erobert. Damit verbunden

International konkurrenzfähig

Auf dem Messegelände Tōkyō Big Sight steht das charakteristische Konferenzzentrum

war ein starker Zuwachs auf dem Arbeitsmarkt. Standen 1950 etwa 36 Mio. Einwohner „in Lohn und Brot", so waren es 1975 über 53 Mio. Parallel dazu verschob sich das Beschäftigungsverhältnis der einzelnen Wirtschaftssektoren. In Land- und Forstwirtschaft sowie dem Fischereiwesen als volkswirtschaftlichem Primärsektor sank die Beschäftigungsrate um 58 %. Der Sekundärsektor, überwiegend durch Industrie und Handwerk sowie Energieversorgung und Baugewerbe bestimmt, schnellte dagegen um 130 % in die Höhe, der Handel, Dienstleistungen, Bankwesen und andere Wirtschaftszweige umfassende Tertiärsektor sogar um knapp 160 %.

Einen ersten Dämpfer bekam Japans aufstrebende Wirtschaft durch das **Ölembargo 1973**. Im Kontext des Jom-Kippur-Krieges (6.–24.10.1973) drosselten die OPEC-Staaten ihre Fördermenge, was den Ölpreis vervierfachte. Für Japan ohne eigene Ressourcen bedeutete das einen empfindlichen Hieb, weshalb man künftig nicht nur auf andere Handelspartner, sondern auch verstärkt auf Atomkraft setzte.

Abgesehen von dem Knick während der Ölkrise waren die 1970er-Jahre von kontinuierlichem Wirtschaftswachstum gezeichnet. Ende der 1980er-Jahre platzte die 1985 mit dem Plaza-Abkommen in Gang gesetzte „**Bubble Economy**". Um dem steten Kursanstieg des Dollars zu Beginn der 1980er-Jahre entgegenzuwirken, beschlossen die G5-Staaten Großbritannien, Frankreich, Deutschland, Japan und die USA auf den Währungsmarkt Einfluss zu nehmen. Der Dollar sollte gegenüber dem Yen und der D-Mark abgewertet werden. Folge war ein immenser Kapitalfluss nach Japan, der eine Spekulationsblase entstehen ließ, die schließlich Anfang der 1990er-Jahre platzte: Der rapide Preis- und Kursverfall ließ Aktien- und Immobilienmärkte zusammenbrechen, Banken, Versicherungen und andere Unternehmen waren von Insolvenz und Konkurs betroffen. Die damals losgetretene Deflations-

Platzen der Spekulationsblase

spirale führte zu dem Begriff „**verlorenes Jahrzehnt**", denn erst nach dem Milleniumswechsel verschafften neue, deregulierende Gesetze wieder Luft zum Atmen. Umfangreiche Investitionsprogramme trieben allerdings die Staatsverschuldung in die Höhe.

Entwicklungen des Binnenkonsums und Zunahme von Exportgeschäften bescherten dem Land seit 2003 wieder ein reales Wirtschaftswachstum. Doch die weltweite Finanz- und Wirtschaftskrise 2008 zwang den stark exportabhängigen japanischen Markt erneut in die Knie.

Programm gegen die Krise

Mit radikaler Geld- und Fiskalpolitik sowie Strukturreformen wollte die Regierung Abe seit 2013 unter dem Schlagwort „**Abenomics**" die Deflation in Japan überwinden. Nach ersten Erfolgen der Wachstumsrate sind aber angekündigte Reformen wie die Erhöhung der Frauenerwerbsquote 2018 kein Thema mehr. Wo es hinführt, wird sich zeigen. Das Wort „Abegeddon" ist in den Medien schon erfunden.

Landwirtschaft und Fischerei

Seit Beginn der Industrialisierung ist die Landwirtschaft immer mehr in den Hintergrund gerückt, wobei entsprechend des gebirgigen Landschaftsprofils und Verstädterung ohnehin nur knapp 14 % der Gesamtfläche Japans agrarwirtschaftlich nutzbar sind. Landflucht und die Beschäftigung von gerade einmal 4 % der Bevölkerung tun das ihrige.

Bedeutung von Fisch

Favorit ist nach wie vor der **Reis**, gefolgt von Weizen, Gerste, Hülsenfrüchten, Gemüse und Obst. Trotz intensiver Anbaumethoden und neuer Techniken wie etwa Hydrokulturen deckt der Eigenanbau nicht ganz den Bedarf, sodass Japan einen Teil der **Agrarerzeugnisse importiert**. Dazu zählen auch tierische Produkte und Holz. Fisch und Meeresfrüchte spielen bei den landesüblichen Ernährungsgewohnheiten seit ehedem eine bedeutende Rolle. Der Tatsache, dass dabei die Gewässer um die Inselwelt schon seit Langem nicht mehr der Nachfrage genügen, begegnet Japan mit Fangrechten und Fischereilizenzen in aller Welt.

Kultureller Überblick

Architektur

Trotz der geografischen Ausdehnung Japans entwickelten sich während der späten Yayoi-Kultur (250 v. Chr.–300 n. Chr.) bis zur Heian-Zeit (794–1185) bestimmte Prinzipien der Wohnkultur, die bis heute als charakteristisch für die traditionelle Architektur des Landes gelten. Dazu zählt die klare, von Flächen und Linien bestimmte Raumgestaltung, eine durch leichte Schiebetüren zu erreichende Variabilität der Innenräume sowie ein „nahtloser", teilweise durch umlaufende Veranden akzentuierter Übergang zum Außenbereich. Der Grundriss orientiert sich an den Maßen der Tatamimatten.

Traditionelle Architektur, Kawasaki

Lebte die Landbevölkerung lange noch fast archaisch in stroh- oder binsengedeckten Hütten auf blanker Erde, setzte sich bei Schreinen und Häusern der Aristokratie während der Nara-Zeit (710–794) ein erhöhter Fußboden durch. Die Verschmelzung japanischer und chinesischer Formen zeigte sich insbesondere bei Tempeln und Adelsresidenzen. Daraus entwickelte sich bis zum Ende der Heian-Zeit der **Shinden-Stil**, der als Ausdruck der Macht auch architektonisch das Volk von Adel und Klerus trennte. Typisch waren durch Galerien miteinander verbundene Gebäude. Dächer deckte man häufig mit Schindeln aus Zypressenholz.

In den folgenden zwei Jahrhunderten entstand der **Shoin-Stil** als Fortführung des Shinden. Mit Fenstererker und Schmucknische bezeichnete der Begriff Shoin ursprünglich das Schreibzimmer eines Tempeloberhaupts. Feudalherren des späteren Mittelalters griffen für ihre Herrschaftshäuser auf denselben Baustil zurück, allerdings größer, prunkvoller und reich an Ornamenten. Ein schönes Beispiel ist die Burg Nijō in Kyōto.

Die als Sukiya bezeichneten Teehäuser standen während der Azuchi-Momoyama-Zeit (1573–1603) Pate für den sich durch ästhetische Schlichtheit auszeichnenden **Sukiya-Stil**. Aus Elementen des Shoin und Sukiya formte sich ein beliebter Gebäudetypus, der bis zum Ende der Edo-Zeit (1603–1867) unter bürgerlichen Residenzen vorherrschend war. Ein Beispiel traditionell japanischer Architektur ist die Katsura-Villa in Kyōto. Demgegenüber entfaltete sich in dieser Epoche unter Klerus und Adel ein Baustil, der bewusst eine Übersteigerung der Fassadenausschmückung anstrebte. In diesem Punkt kaum zu überbieten sind die Tempel und Schreine in Nikkō.

Tempel und Schreine

Anlage der Tempel

Die Tempel- und Schreinarchitektur zeigt sich je nach Größe und Erbauungszeit der Anlage unterschiedlich. Die „Grundausstattung" eines Tempels besteht in der Regel aus Tor, Haupthalle und Nebengebäuden, Pagode und Glockenturm. Schreine verfügen über Tore mit Doppelbalken (Torii), die den Bereich der Götter von der Außenwelt trennen, kleine Wasserbecken zur symbolischen Reinigung, die Haupthalle Honden sowie die Gebetshalle Haiden. Räucherbecken sind sowohl in Schreinen als auch in Tempeln zu finden, zumal die Integration eines Schreins in Tempelarealen häufig anzutreffen ist.

Japanische Burgen

Waren die ersten Befestigungsanlagen eher noch Palisadenwälle mit zweifelhafter Schutzfunktion, so entstanden während des Mittelalters stattliche Burgen. Meist umgeben von einem Wassergraben, türmten sich auf einem mächtigen meterhohen Steinsockel mehrere Gebäude inklusive des Hauptturms. Je nach Größe der Anlage offenbarte sich der Innenbereich Fremden als verwirrendes **Labyrinth**. Nachvollziehen lässt sich das in der **Burg Himeji** als einer der schönsten in Japan. Selbst eine Art Erdbebensicherheit war durch die Holzbauweise auf festem Fundament gewährleistet. Nur einem Feind gelang es immer wieder, die Burgherren zu überrumpeln – und das war Feuer.

Strategisch raffinierte Bauweise

Moderne Architektur

Wie in vielen anderen Bereichen wandte sich Japan nach der Meiji-Restauration 1868 auch der Bauweise des Auslands zu. Einer der Pioniere moderner Architektur war der in England ausgebildete **Tatsuno Kingo** (1854–1919). Viele Ende des 19. Jh. errichtete westliche Gebäude wie etwa der Hauptbahnhof in Tōkyō tragen seine Handschrift.

Geht es um Zeitgenössisches, mischen Japans Architekten auch weit über die Landesgrenzen hinaus ganz vorne mit. Zu Recht, denn die moderne Architektur Japans ist viel mehr als Design und ausgefeilte Technik. Trotz unterschiedlicher Strömungen seit der Nachkriegszeit überzeugt das auf Funktionalität abgestimmte harmonische Zusammenspiel von dynamischen Formen, Proportionen und Material. Über diesen ästhetischen Nenner hinaus prägen einige Architekten ihren individuellen Stil. Einer der ganz Großen des 20. Jh. war **Tange Kenzō** (1913–2005). In

Ästhetik und Funktionalität

Moderne Architektur, Nishi-Shinjuku

Tōkyō sind beispielsweise die Olympiahalle Kokuritsu Yoyogi Kyōgijō (1964), die St.-Marien-Kathedrale (1965), der Regierungssitz der Präfektur Tōkyō (1991) oder das Fuji Television Building (1994) Früchte seiner Arbeit.

Avantgardistische Bewegung

1964 schloss sich Tange den **Metabolisten** an, einer fünf Jahre zuvor ins Leben gerufenen Bewegung avantgardistischer Architekten. Unter dem Eindruck stetig wachsender Ballungsräume traten sie für eine grundlegend veränderte Planung urbaner Landschaften ein. Dem kontinuierlichen Wandlungsprozess innerhalb der Städte sollte durch erweiterbare Großprojekte flexibel begegnet werden können. Zum Gründerkreis der Metabolisten zählten u.a. Kikutake Kiyonori (1928–2011), der auch 1992 das große Edo-Tōkyō Museum entwarf, Maki Fumihiko (geb. 1928), bis 2012 am Wiederaufbau des Ground Zero in New York beteiligt, und Kurokawa Kishō (1934–2007), nach dessen Plänen 2005 die Nationalgalerie in Tōkyō entstand.

Inspiriert von Entwürfen des deutsch-amerikanischen Architekten Ludwig Mies van der Rohe (1886–1969), der auf konstruktive Logik und Freiraum in klassischen Formen baute, und traditioneller japanischer Architektur gelang **Shinohara Kazuo** (1925–2006) mit seinen Arbeiten eine Synthese aus beidem. In den 1980er-Jahren erwarb er sich den Ruf, der **progressivste Anarchist** des Tōkyōer Städtebaus zu sein. Der aus der Ecke der Metabolisten stammende **Isozaki Arata** (geb. 1931) wandte sich auch anderen Formsprachen zu. Geometrie beeindruckte ihn genauso wie der Klassizismus Karl Friedrich Schinkels (1781–1841) oder die utopischen Konzeptionen der französischen Revolutionsarchitektur von Claude Nicolas Ledoux (1736–1806). **Hara Hiroshi** (geb. 1936) beeinflusste mit spektakulären Gebäuden wie dem Umeda Sky Building in Ōsaka (1993) oder dem Bahnhof in Kyōto (1997) auch die nachfolgende Generation.

Renommierte Architekten

Zu den international bekannten Architekten zählen u.a. Taniguchi Yoshio (geb. 1937), Itō Toyoo (geb. 1941), Kuma Kengo (geb. 1954), Aoki Jun (geb. 1956), Ban Shigeru (geb. 1957) sowie die Architektinnen Hasegawa Itsuko (geb. 1941) und die 2010 mit dem Pritzker-Preis geehrte Sejima Kazuyo (geb. 1956). Am hellsten leuchtet der Stern von **Andō Tadao** (geb. 1941), der 1995 den begeehrten Preis bekam. Seine Fähigkeiten eignete sich Andō autodidaktisch an. Dabei setzt er auf Minimalismus, klare geometrische Formen und asketische Ästhetik.

Und dennoch, bei all der Formschönheit spannungsreicher Gebäude als Arbeitsergebnis und Visitenkarte renommierter Architekten, vieles an Japans Alltagsbauweise zeigt sich pragmatisch, uninspiriert und grau.

Bildende Kunst und Kunsthandwerk

Traditionelle Malerei

Der Auftakt japanischer Malerei wird im Zusammenhang mit der offiziellen Einführung des Buddhismus im Jahr 594 gesehen. Neben dem Einfluss der Sakralkunst trafen seit dem 7. Jh. auch Strömungen aus China und Korea, seit dem 16. Jh. zudem westliche Formen der Malerei auf das künstlerische Schaffen Japans. Daraus entwickelten sich unterschiedliche Richtungen und Schulen, die sich je nach Art und Zeitgeist thematisch wie stilistisch an ausländischen Idealen orientierten oder aber eigene Wege gingen. Nach der Meiji-Restauration 1868 unterschied man zwischen japanischer Malerei „Nihonga" und westlicher Malerei „Yōga".

Schon in der Nara-Zeit (710–794) beschäftigte das höfische Amt für Malerei viele Künstler, die später für Kaiserhaus, Shōgunat oder Tempel in Diensten standen. Bei der **Sakralmalerei** setzte um das 10. Jh. eine Verfeinerung der Techniken mit Auswirkungen auf Kontrastierung, Farbgebung und Flächenstruktur ein. Unter dem Einfluss des Zen-Buddhismus verlor im 14. Jh. die farbenprächtige Malerei an Bedeutung.

Szene aus dem „Genji Monogatari", anonym 17. Jh.

Auch die **profane Kunst** des späten Altertums unterschied zwischen chinesischer und japanischer Malerei, was weniger stilistisch als vielmehr bei der Motivwahl ihren Ausdruck fand. Bemalt wurden Wände und Schiebetüren genauso wie Paravents, Rollbilder und kleinere Gegenstände. Als Glanzstück der späten Heian-Zeit (794–1185) gilt die Illustration des ersten Romans „Genji Monogatari" (s. S. 78).

Während des Mittelalters kamen weitere Genres dazu. Die zart und flüchtig scheinende und dennoch das Wesentliche ausdrückende Tuschmalerei **Sumi-e** war eng mit der Philosophie des Zen verbunden. Dagegen forcierte die während der Muromachi-Zeit (1333–1573) begründete **Kanō-Schule** dekorativen Stil mit kräftigen Farben. Die **Tosa-Schule** in Kyōto spezialisierte sich auf kleine Zeichnungen und Buchillustrationen. Weitere für die Kunstgeschichte bedeutende Impulse gaben im 17. Jh. Honami Kōetsu (1558–1637) und Tawaraya Sōtatsu (um 1600–1640), die ihren Arbeiten mit gold- oder silberfarbenem Hintergrund einen besonderen Ausdruck verliehen. Auch bekannt als **Rimpa-Schule**, beeinflusste diese Richtung, während der Edo-Zeit (1603–1867) von Ogata Kōrin (1658–1716) neu belebt, das Kunstschaffen bis in die Moderne. Mit Beginn der Meiji-Ära (1868–1912) wurde die seit dem 16. Jh. bekannte westliche Malerei offiziell gefördert, wobei Nihonga und Yōga bei vielen Künstlern stilistisch miteinander verschmolzen.

Unterschiedliche Stilrichtungen

Holzschnitt – Ukiyo-e

Die ältesten Textdrucke sind in das 8. Jh. und Bilddrucke in das 9. Jh. zu datieren. Hochkonjunktur erlebte die Technik allerdings erst nach der Errichtung des Tokugawa-Shōgunats zu Beginn des 17. Jh. Neben Texten waren als Reflexion eines neuen Lebensgefühls des aufkommenden Bürgertums vor allem Bilder von Alltags-, Theater- und Bordellszenen beliebt. Mitte des 18. Jh. kam der **Vielfarbdruck** auf.

Einige Formen konnten sich bis ins 20. Jh. hinein behaupten. Einer der namhaften Meister des Holzdrucks, **Katsushika Hokusai**, wurde vor allem durch seine Sammlung „**36 Ansichten des Fujisan**" weltweit bekannt. Fraglos das populärste Werk aus diesem Zyklus ist die um 1830 geschaffene „Große Welle von Kanagawa".

info

Katsushika Hokusai – rastlos, fanatisch und genial

„Seit meinem fünften Lebensjahr war ich besessen, die Form der Dinge zu skizzieren", heißt es in der 1833 verfassten Autobiografie von **Katsushika Hokusai** (1760–1849). Weiter schrieb er: „Mit 50 machte ich eine Reihe von Grafiken, aber alles, was ich vor meinem 70. Lebensjahr produzierte, ist nicht der Rede wert. Im Alter von 72 lernte ich schließlich etwas über die wahre Natur von Tieren und Pflanzen. Deshalb werde ich im Alter von 82 wohl einige Fortschritte erzielt haben. Mit 90 kann ich dann noch tiefer die Bedeutung der Dinge erfassen, mit 100 werde ich wirklich gut sein und mit 110 wird jeder Punkt, jede Linie eigenes Leben haben. Ich hoffe nur, dass einige Leute so alt werden, um den Wahrheitsgehalt meiner Worte zu erkennen." Das Schicksal wollte es anders. Hokusai verstarb im Alter von 89 Jahren. Auch wenn er selbst seine Fähigkeiten zeitlebens als unvollkommen beurteilte, gilt er anderen als einer der brillantesten Künstler Japans.

Die Große Welle, Katsushika Hokusai, um 1830

Getrieben von Passion, Ruhelosigkeit und Eigensinn, führte er von Anfang an ein unkonventionelles, oft chaotisches Leben. Schon seine Herkunft gibt Rätsel auf. War der Spiegelmacher Nakajima Ise sein leiblicher Vater? War die Mutter eine unbekannte Konkubine? Beeinflusst durch das Kunsthandwerk Ises griff Hokusai bald schon zu Farbe und Pinsel. Mit 15 Jahren begann er eine Lehre als Blockschnitzer. Wenig später vertiefte er sein Können zunächst als Schüler des renommierten Malers und Druckgrafikers Katsukawa Shunso (1726–1792), wandte sich aber auch der damals für kräftige Farbgebung und großzügige Bildkompositionen bekannten Kanō-Schule zu.

Schon in jungen Jahren führte der von Unrast getriebene Hokusai Künstlernamen, die er genauso wie seinen Wohnort immer wieder änderte. 1793 verstarb seine Frau, die ihm einen Sohn und zwei Töchter hinterließ. Wenige Jahre darauf heiratete er ein zweites Mal. Mit Schauspielerporträts veröffentlichte er als 19-Jähriger seine Erstlingswerke. Auch dem Schreiben zugetan, brachte er 1782 sein erstes reich illustriertes Buch heraus. Stilistisch und thematisch flexibel, schuf er Tausende **Holzdrucke und Zeichnungen**. Sein Können gab er als Lehrer an andere weiter. Durch seine Skizzen prägte er den heute für japanische Comics populären Begriff Manga.

Kalligrafie

Nach der Einführung der chinesischen Schrift, anfangs vor allem für buddhistische und offizielle Texte benutzt, entdeckten während der Heian-Zeit (794–1185) auch höhere Gesellschaftskreise Pinsel und Tusche für sich. Stilistisch japanisiert entwickelten sich aus den chinesischen Zeichen zusätzlich die beiden Silbenschriftsysteme Hiragana und Katakana. Das Schriftbild selbst brachte im Lauf der Zeit neben der Blockschrift **Kaisho**, der Halbkursivschrift **Gyōsho** oder der Kursivschrift **Sōsho** ganz unterschiedliche Varianten hervor.

Weiterentwicklung chinesischer Schriftzeichen

Formen und Ästhetik ließen Schreiben oder besser gesagt, das Malen von Schriftzeichen zu einer Kunstform werden, die sich im 13. Jh. zu einer kontemplativen Übung entwickelte. Von der bloßen Anfertigung eines Schriftbildes weit entfernt, schwingt in der Komposition, in jeder einzelnen Linie, in jedem Punkt die Aussagekraft des Augenblicks, der Charakter und die mentale Empfindsamkeit eines meisterhaften Kalligrafen mit.

Kunst im öffentlichen Raum

Plastik

Erste gegenständliche Kultobjekte aus Ton und Stein, die Dogū, sind der Jōmon-Kultur (um 10.000–250 v. Chr.) zuzuordnen. Unzählige teilweise über ein Meter große Haniwa-Skulpturen, die Menschen und Tiere, aber auch Waffen, Schiffe oder Gebäude darstellten, fand man in großen Hügelgräbern der Yamato-Zeit (300–710). Wie andere Kulturbereiche Japans, beeinflusste der im 6. Jh. eingeführte Buddhismus auch die **sakrale Kunst**. Buddhistische Plastiken, zunächst ganz nach chinesischem Vorbild, wurden aus Holz oder Bronze gefertigt, selten aus Gold oder Silber.

Auch der Shintoismus, bislang ohne bildliche Darstellungen, brachte ein figuratives Pantheon hervor. Zwar entwickelten sich Stilrichtungen und Know-how in puncto Technik und Materialien weiter, trotzdem blieben Skulpteure für lange Zeit religiösen Hintergründen verhaftet. Erst im 19. Jh. setzte der Einfluss europäischer Kunst neue Akzente und belebte sowohl traditionelle wie auch moderne Bildhauerkunst.

Religiöse Hintergründe

Moderne Kunstszene

Die Auseinandersetzung mit dem Westen inspirierte Ende des 19. Jh. die Kunstlandschaft Japans mit neuen Strömungen. Mitte des 20. Jh. gab es unterschiedlichste Stilrichtungen wie Surrealismus, Abstraktion u. v. a., die nebeneinander oder auch ineinandergreifend einschließlich japanischer Kunst ihren Ausdruck fanden. Dabei thematisierten viele Arbeiten landeseigene Geschichte, insbesondere die

Handbemalte Fächer

Traumata des Zweiten Weltkriegs. In den 1950er-Jahren begann eine kleine avantgardistische Gruppe, mit der **Gutai-Bewegung** neue Zeichen zu setzen: provokant und antibürgerlich, innovativ und kreativ. Als neues Medium gewann Aktionskunst an Bedeutung, wie etwa 1955 die erste Performance von Murakami Saburō (1925–1996): Er sprang durch eine mehrschichtige Wand aus Papier. Der Werkcharakter künstlerischen Arbeitens war damit aus den Angeln gehoben und bot weitere Ansätze des kunsttheoretischen Diskurses.

Lebendige Szene

Die **junge Künstlergeneration** bedient sich einer breiten Palette an Materialien, Techniken und Ausdrucksformen. **Ueda Rikuo** (geb. 1950) etwa nutzt die Bewegung der Luft, um bestimmte Mechanismen seiner Werke in Gang zu setzen. Einer der erfolgreichsten zeitgenössischen Künstler ist **Murakami Takashi** (geb. 1962), der sich mit Pop Art und konzeptioneller Kunst in den 1990er-Jahren einen Namen machte und seine Kunst geschickt vermarktet. Murakami selbst sieht zwischen Kunst und Kommerz keinen Widerspruch, nach seinem Verständnis könnte sich aus dem profitablen Kunstschaffen eine neue Kunstform entwickeln. **Kusama Yayoi** (geb. 1929), eine der herausragendsten Künstlerinnen der Nachkriegszeit, ging mit ihren Werken denselben Weg. Installationen hat sich **Yamamoto Motoi** (geb. 1966) verschrieben, der aus Salz labyrinthartige Flächenstrukturen schafft. **Kaihatsu Yoshiaki** (geb. 1966) ist weltweit für seine Objekte aus Schaumpolystyrol bekannt.

Der preisgekrönte Fotograf **Hatakeyama Naoya** (geb. 1958) thematisiert Landschaften von ihrer „verletzten" Seite. 2003 fotografierte er im Ruhrgebiet die

Sprengung der Zeche Westfalen. 2014 stellte er in Tōkyō seine Fotografien über Fukushima vor. Als Betroffener verlor er bei der Katastrophe 2011 Mutter und Heimat.

Kunsthandwerk

„Bring uns was mit", wird sicher dem einen oder anderen Japanreisenden vor seinem Abflug noch als unbedacht geäußerte Floskel auferlegt. Soll es für die Daheimgebliebenen etwas Landestypisches sein, kommt einem vermutlich auch Kunsthandwerk in den Sinn wie filigran verzierte Lackkästchen, traditionelle Kleidung, kunstvoll bemalte Fächer u. v. m.

Förderung des Kunsthandwerks

Dabei wären wie überall auf der Welt viele Betriebe und Branchen längst schon in Vergessenheit geraten, hätte die Regierung nicht mit **Subventionen** gegengesteuert. So betreibt die 1907 gegründete und heute größte Kunstorganisation Nitten auch eine Abteilung für Kunsthandwerk, die Arbeiten und Künstler u. a. durch Ausstellungen fördert. Die Pflege traditionellen Kunsthandwerks wird großgeschrieben, weshalb sich auch kleine Betriebe noch über Wasser halten können. Als „Museen" und Läden zugänglich finden sich beispielsweise im Tōkyōer Bezirk Sumida oder im Stadtteil Asakusa Werkstätten dicht beieinander. Besonders begnadete Kunsthandwerker, wie etwa der Töpfer Hamado Shōji (1894–1978), wurden oder werden gerne mit dem Attribut „lebender Kulturschatz" bedacht. Dass echtes Kunsthandwerk seinen Preis hat, versteht sich von selbst.

Essen und Trinken

Das Essen im Land der aufgehenden Sonne verspricht auch jenseits der Haute Cuisine ein ästhetisches und geschmackliches Erlebnis bei einer Vielfalt, die über hierzulande bekannte japanische Gerichte weit hinausgeht. Aber selbst einfache Speisen sind oft überraschend schmackhaft und mit großer Sorgfalt angerichtet. Zudem genießt die japanische Küche den Ruf, besonders gesund zu sein.

Hochburgen des guten Geschmacks

Große Vielfalt

Wer in Japan essen gehen möchte, hat vor allem in Großstädten die Qual der Wahl. Die ohnehin fast unüberschaubare Landschaft von japanischen Restaurants und Kneipen wird durch ethnische und westliche Küchen noch vielseitiger, ganz zu schweigen von Familienrestaurants und Fastfoodketten. Selbst in Cafés und Bars ist meist ein Snack zu bekommen. Allein in Tōkyō soll es rund **50.000 Restaurants** und Lokale geben. Dazu zählen auch sehr kleine mit nur zwei bis drei Tischen. Kneipen, erkennbar an einem vor der Tür aufgehängten Vorhang und meist einer großen roten Laterne, bieten einfache, preisgünstige Gerichte.

Die Chance auf eine **zweisprachige Speisekarte** besteht meist nur in größeren Restaurants. In vielen Warenhäusern reihen sich in mindestens einer der oberen Etagen verschiedene Restaurants und Cafés als Schlemmermeile aneinander.

Restaurant	*resutoran*	レストラン
Japanisches Restaurant	*nihon ryōri ten*	日本料理店
Kneipe	*izakaya*	居酒屋
Fastfood-Restaurant	*fāsutofūdoten*	ファーストフード店
Café	*kissaten*	喫茶店
Bar/Pub	*sakaba/nomiya*	酒場/飲屋
Teehaus	*chaya*	茶屋

Kleines Restaurant

Dabei haben sich viele japanische Restaurants auf bestimmte Gerichte spezialisiert, sodass man anhand deren Bezeichnung im Vorfeld weiß, was man in etwa erwarten kann. Sushi und Sashimi vom Fisch gibt es natürlich in einem Sushi-ya. Wer es vom Band mag, geht in ein Kaiten-zushi oder auch Kuru-kuru-zushi. Hilfreich ist zudem die Sitte, vor Restaurants das Angebot in Form von Plastikmodellen zu präsentieren. Im Folgenden sind die verschiedenen **Restaurant-Arten** genannt, die meist **bestimmte Spezialitäten** bieten:

Bentōya (弁当屋) – Ob in Pappschachtel oder wertvoller Lackkiste serviert, Grundkomponenten des Bentō sind Reis, Fisch oder Fleisch und Gemüse
Famiresu (ファミレス) – Familienrestaurant mit einer von Japan, China und dem Westen beeinflussten Küche
Fuguya (河豚屋) – Kugelfisch
Gyūdonya (牛丼屋) – Eintopfgerichte mit gekochtem Rindfleisch, Zwiebeln und Reis
Kaiseki-ryōriya (懐石料理屋) – Japans Haute Cuisine, bei der neben Qualität auch Ästhetik und Philosophie eine Rolle spielen
Kaiten-zushi (回転寿司) – Sushi vom Band
Karēya (カレー屋) – Currygerichte
Kuru-kuru-zushi (くるくる寿司) – Sushi vom Band
Okonomiyakiya (お好み焼き屋) – Mit Zutaten wie Gemüse, Pilzen, Fisch, Fleisch u.a. gefüllte Pfannkuchen
Rāmenya (ラーメン屋) – Nudelsuppen
Robatayakiya (炉端焼屋) – Rustikal gemütliches Restaurant mit Gegrilltem u.v.m.
Ryōtei (料亭) – Gehobene japanische Küche
Shokudō (食堂) – Preislich günstige Restaurants mit einer Mischung aus japanischen und westlichen Gerichten
Sobaya (蕎麦屋) – Soba- und Udon-Nudeln kalt oder in Brühe serviert
Sukiyakiya (鋤焼屋) – Eintopfgerichte aus hauchdünnem Rindfleisch, Tōfu, Nudeln, Gemüse und Pilzen. Vor dem Verzehr werden die Happen in verquirltes rohes Ei getunkt. Meist am Tisch zubereitet
Sushiya (鮨屋/寿司屋) – Sushi und Sashimi

Teishokuya (定食屋) – Menüs mit Suppe, Hauptgericht und kleinen Beilagen
Tempuraya (天麩羅屋) – Fleisch, Fisch, Gemüse, Pilze oder Sprossen im Teigmantel
Teppanyakiya (鉄板焼屋) – Tische mit Grill, sodass Gerichte direkt vor bzw. von den Gästen zubereitet werden können
Tonkatsuya (とんかつ屋) – Panierte Schweineschnitzel in Streifen geschnitten
Unagiya (鰻屋) – Aufwendig zubereiteter Aal
Yakinikuya (焼肉屋) – Koreanisch, Zutaten nach Wahl vom Tischgrill
Yakitoriya (焼き鳥屋) – Gegrillte Fleischspießchen
Yoshokuya (洋食) – Westliche Küche mit japanischem Einschlag

Im Restaurant

In vielen Restaurants bekommt man vom Personal einen Sitzplatz zugewiesen. Nicht überall, aber in manchen und mit Sicherheit in teuren Lokalen bleiben die Straßenschuhe vor dem Gastraum stehen. Gehobene japanische Küche wird selbstredend in japanischem Ambiente serviert, was unter Umständen niedrige Tische und entsprechende Sitzgelegenheiten auf dem Boden bedeuten kann. Die Rechnung wird an einer Kassentheke beim Ausgang nach dem Essen beglichen. Trinkgeld ist nicht üblich. Wer im Restaurant Kellner oder Kellnerin auf sich aufmerksam machen möchte, ruft einfach Entschuldigung und/oder Bitte!

Japanische Sitzgelegenheiten

Entschuldigung	*sumimasen*	すみません
Bitte	*onegai shimasu*	お願いします
Reservierung/reservieren	*yoyaku/yoyaku suru*	予約/予約する
Ich möchte gerne einen Tisch für 2 Pers. um 19 Uhr reservieren	*shichi-ji ni futari no yoyaku o shitai no desu ga*	七時に二人の予約をしたいのですが
Bitte einen Tisch für eine Pers.	*hitori onegai shimasu*	一人お願いします
… für zwei/drei/vier Pers. …	*… futari/sannin/yonin …*	… 二人/三人/四人 …
Bitte (bringen Sie/ich hätte gerne)	*… o onegai shimasu*	をお願いします
Bitte (bringen Sie/ich hätte gerne)	*… o kudasai*	をください
die Speisekarte	*menyū …*	メニュー …
die Speisekarte auf Englisch	*eigo menyū …*	英語メニュー …
die Getränkekarte	*nomimono no menyū …*	飲み物のメニュー …
ein Glas/eine Flasche	*ippai/ippon*	一杯/一本
… das hier	*kore …*	これ
Haben Sie … ?	*… wa arimasu ka*	わありますか
Japanische Küche	*nihon ryōri*	日本料理
Westliche Küche	*seiyō ryōri*	西洋料理

Speisekarte

Vorspeise/Hors d'œuvre	*zensai/ōdoburu*	前菜/オーヂブル
Hauptgericht	*mein disshu*	メインヂッシュ
Zwischengericht	*antorume*	アントルメ
Beilage	*fukushokubutsu*	副食物
Suppe	*sūpu*	スープ
Salat	*sarada*	サラダ
Nachspeise	*dēzato*	デーザト
Menü	*teishoku*	定食
Kindermenü	*okosama ranchi*	お子様ランチ

info

Tischsitten und der Umgang mit Essstäbchen

Wer die Kunst des Essens mit Stäbchen beherrscht, sollte dennoch einige Regeln beachten:
- Beim Essen dürfen auch die „unwilligsten" Happen niemals aufgespießt werden.
- Ein echter Frevel wäre es, Stäbchen senkrecht in das Gericht zu stecken, denn das erinnert an Beerdigungsrituale.
- Wenn Sie andere von Ihrem Essen probieren lassen möchten, drehen Sie die Stäbchen einfach um und benutzen dazu die sauberen Enden.
- Wildes Gestikulieren mit Stäbchen in der Hand kommt nicht gut an.
- Im Gegensatz zu unseren Knigge-Regeln darf geschlürft werden.
- Wie bei uns ist es unhöflich, sich Getränke zuerst einzuschenken.
- Es wird nicht gerne gesehen, wenn Sie beim Gehen auf der Straße essen.

Essgewohnheiten

Mit Tōfu- und Gemüsegerichten hat die japanische Küche auch **Vegetariern** etwas zu bieten. Betreffen Tabus Ihrer Essensgewohnheiten auch Fisch, sollten Sie sich bei vegetarischen Gerichten versichern, dass keine Fischsauce oder Fischpaste verwendet wird.

Ich bin	*watashi wa … desu*	私は … です
… Vegetarier	*… bejitarian …*	… ベジタリアン …
… Veganer	*… wīgan …*	… ウィーガン …
Fischsauce	*gyoshō*	魚醤
Fischpaste	*sakana no pēsuto*	魚のペースト
Ich bin allergisch gegen	*watashi wa … ni arerugī ga arimasu*	私は … にアレルギーがあります
… Fisch	*sakana*	魚
… Glutamat	*gurutamin sanen*	グルタミン酸塩
… Gluten	*guruten*	グルテン
… Eier	*tamago*	卵
… Nüsse	*nattsurui*	ナッツ類
… Sojabohnen	*daizu*	大豆
… Milchprodukte	*nyū seihin*	乳製品

Und was man sonst noch braucht

Besteck	*naifu to fōku*	ナイフトフォーク
Essstäbchen	*hashi*	箸
Gabel	*fōku*	フォーク
Glas	*gurasu*	グラス
Löffel	*spūn*	スプーン
Messer	*naifu*	ナイフ
Pfeffer	*koshō*	コショウ
Salz	*shio*	塩
Serviette	*napukin*	ナプキン
Sojasauce	*shōyu*	しょう油

Ketchup	*kechappu*	ケチャップ
Tasse	*kappu*	カップ
Teller	*sara*	皿
Aschenbecher	*haizara*	灰皿
Zahnstocher	*yōji*	楊枝
Guten Appetit (wörtl. Ich erhalte)	*itadakimasu*	いただきます
Prost	*kampai*	乾杯

Reis

Schon in prähistorischer Zeit spielte Reis in ganz Asien eine bedeutende Rolle. Dabei gibt es heute ganz **unterschiedliche Sorten**, die je nach Verwendungszweck noch weiterbehandelt werden. Ob als Reisgericht mit bestimmten Zutaten, als Beilage oder Suppe, Reis in welcher Form auch immer ist ein wesentlicher Bestandteil der japanischen Küche. Genial für den kleinen Hunger zwischendurch sind Onigiri, Reisbällchen in Algenblättern mit würziger Füllung.

Reis als Grundnahrungsmittel

Reis (roh)	*kome*	米
Reis (gekocht)	*raisu/gohan*	ライス/ご飯
Reis (gebraten)	*yakimeshi*	焼飯
Reisgerichte	*donburi-mono*	丼物
Curryreis	*karē raisu*	カレーライス
Reis mit frittierten Garnelen und Gemüse	*tendon*	天丼
Reis mit Hühnchen und Ei	*oyakodon*	親子丼
Gedämpfter Reis mit div. Zutaten	*kamemeshi*	釜飯
Reissuppe mit Krabbenfleisch	*kani zōsui*	かに雑炊
Reisbällchen mit versch. Füllung	*onigiri*	おにぎり

Nudeln

Ursprünglich aus China „importiert", haben Nudeln als Alternative zum Reis seit Jahrhunderten einen festen Platz im japanischen Speiseplan. Vielseitig verwendbar und preisgünstig führen die meist nur mit Mehl und Wasser zubereiteten Nudelsorten **Soba** und **Udon** die Beliebtheitsskala an. Für westliche Gemüter vielleicht befremdlich, sind kalte Nudeln, im Hochsommer gar in Eiswasser schwimmend eine leckere Mahlzeit. Die hierzulande nur in ihrer Fastfood-Instant-Version bekannten **Rāmen** gibt es in Japan natürlich auch frisch. Fadennudeln und Glasnudeln werden nicht aus üblichem Mehl gemacht. Grundlage der Fadennudeln sind Yamswurzeln und Glasnudeln bestehen lediglich aus Mungobohnenstärke. Sie bereichern nur als Ingredienz und Aromaträger andere Töpfe und Teller.

Heiße Nudelsuppe kommt immer gut an

Buchweizennudeln	*soba*	蕎麦
Weizenmehlnudeln	*udon*	うどん
Weizenmehlnudeln (dünn)	*sōmen*	そうめん
Rāmen	*rāmen*	ラーメン
Fadennudeln	*shirataki*	白滝
Glasnudeln	*harusame*	春雨
Nudelgericht	*menryōri*	麺料理
Nudeln in Brühe	*kake*	掛け
Gebratene Nudeln (chin.)	*yakisoba*	焼そば
Rāmensuppe mit Fleischklößchen	*wantanmen*	わんたん麺
Kalte Sobanudeln mit Seetangstreifen	*zaru soba*	ざるそば
Nudeln mit frittiertem Tōfu	*kitsune*	きつね
Nudeln mit gekochtem Ei und Fischkuchen	*tamagotoji*	玉子とじ
Gefüllte gebratene Teigtaschen (chin.)	*gyōza*	餃子
Gefüllte gedämpfte Teigtaschen (chin.)	*shūmai*	シュウマイ

Fisch und Meeresfrüchte

Fisch spielt eine Hauptrolle

Für den Inselstaat Japan stellt das Meer seit Menschengedenken eine schier „unerschöpfliche" Nahrungsquelle dar. Untrennbar mit der landestypischen Küche verbunden, kommt so gut wie alles aus den salzigen Fluten auf den Tisch. Süßwasserprodukte spielen nur die zweite Geige. Dabei finden neben Fisch, Krusten- und Schalentieren auch Algen als Protein-, Mineralstoff- und Vitaminlieferant ihre kulinarische Berechtigung. Fisch und Meeresfrüchte werden meist roh, gedünstet oder gebraten gereicht. Varianten sind Mus, Paste, getrocknete Fischraspeln, Rogen oder Saucen. Doch gleichgültig, welcher Werdegang Fischen und Co. bevorsteht, oberstes Gebot ist **absolute Frische**.

Schlemmerei mit ein wenig Nervenkitzel verspricht der Verzehr der japanischen Spezialität **Fugu** (Kugelfisch). Haut und Innereien können hochgiftiges Tetrodotoxin enthalten. Das zarte Muskelfleisch dagegen gilt während der Wintermonate als saisonale Delikatesse. Dass ein Dinner schmeckt und in bester Erinnerung bleibt, dafür sorgen speziell ausgebildete Köche mit Lizenz. Bei einem Menü kommt Fugu sowohl als Sashimi wie auch in allen möglichen anderen Varianten auf den Tisch. Eine Besonderheit nicht zum Essen, sondern zum Trinken ist Hirezake, d. h. getoastete Kugelfischflossen in heißem Sake.

Wer bei Fugu zögert – bei **Unagi** besteht kein Grund für Bedenken. Die Rede ist von Aal, der sehr aufwendig mariniert, gedünstet und gegrillt dem Gaumen schmeichelt.

Kugelfisch	*fugu*	河豚
Roher Fugu	*fugu sashi*	河豚刺
Fugu-Menü	*fugu teishoku*	河豚定食
Fugu-Eintopf	*fugu chiri*	河豚ちり
Fuguflossen-Sake	*hirezake*	ひれ酒

Aal	*unagi*	鰻
Aal-Menü	*unagi teishoku*	鰻定食
Aal auf Reis	*unadon*	鰻丼
Aalspießchen	*kabayaki*	蒲焼
Aallebersuppe	*kimosui*	肝吸い
Gegrillter Fisch	*yakizakana*	焼き魚
Gekochter Fisch	*sakana no boiru*	魚のボイル
Bauchstück vom Thunfisch	*chūtoro*	中トロ
Bonito	*katsuo*	鰹
Dorade	*tai*	鯛
Dorsch	*tara*	鱈
Forelle	*masu*	鱒
Garnelen	*ebi*	海老
Gelbschwanzmakrele	*kanpachi*	間八
Heilbutt	*hirame*	平目
Hering	*nishin*	鰊
Heuschreckenkrebs	*shako*	蝦蛄
Hummer	*rōbusutā*	ローブスター
Kammmuschel	*hotategai*	帆立貝
Krabben	*kani*	かに
Lachs	*sake*	鮭
Makrele	*saba*	鯖
Muscheln	*kairui*	貝類
Oktopus	*tako*	蛸
Sardine	*iwashi*	鰯
Scholle	*karei*	鰈
Seeigelrogen	*uni*	うに
Thunfisch	*maguro*	鮪
Tintenfisch	*ika*	いか
Venusmuschel	*hamaguri*	蛤

Sushi und Sashimi

Die Geschichte des Sushi reicht weit in die Vergangenheit zurück, als man Fisch mithilfe der Reisfermentation konservierte. Was nach Monaten dabei herauskam, war das sog. Nare-zushi, wobei es lediglich der Fisch ohne Reis auf die Teller schaffte. Eine Sonderform aus Süßwasserkarpfen des Biwasees hieß Funa-zushi. Geschmacklich lagen diese Arten meilenweit vom heute bekannten Sushi entfernt. Die Sitte, rohen Fisch mit Reis zu essen, wurde erst in der Muromachi-Zeit (1333–1573) populär. **Gesäuerter Reis** als Bestandteil des Sushi kam während der Edo-Zeit (1603–1867) in Mode und gilt als Markstein der heutigen Sushikultur. Wer meint, Sushi bedeute roher Fisch, der irrt. Der Begriff bezieht sich auf den gesäuerten Reis. Die beiden heute geläufigsten Sushiformen sind

Temaki-zushi

Nigiri-zushi, die mit Fisch oder sonstigen Leckerbissen belegten rechteckigen Reisquader, und **Maki-zushi**, in einer Lage von Norialgen und Reis gerollte Köstlichkeiten. Daneben gibt es Sonderformen wie etwa **Temaki-zushi**, eine aus Algenblatt und Füllung kreierte, spitz zulaufende Tüte, oder **Chirashi-zushi**, als einfach zuzubereitende Variante. Hier werden Reis und Beilagen in einer Schale serviert. **Sashimi** unterscheidet sich von Sushi in einem wesentlichen Punkt. Es wird ohne Reis gegessen. Im Allgemeinen handelt es sich bei Sashimi um etwa 4 mm dicke, rohe Filetstücke, meist von **Fischen**. Sashimi gibt es aber auch in **Fleischversion** wie etwa zarte Stückchen vom Pferd. Zu Sushi und Sashimi passen hervorragend japanischer Meerrettich, Sojasauce, eingelegter Ingwer, Blätter der in Asien heimischen Würz- und Heilpflanze Perilla sowie fein geraspelter Rettich.

Nigiri-zushi		握り寿司
Maki-zushi		巻き寿司
Temaki-zushi		手巻き寿司
Chirashi-zushi		散らし寿司
Sashimi		刺身
Platte mit versch. rohem Fisch	*sashimi moriawase*	刺身盛り合わせ
Ingwer (eingelegt)	*gari*	がり
Japanischer Meerrettich	*wasabi*	わさび
Japanischer Rettich	*daikon*	大根
Perilla	*shiso*	しそ

Selbst **Vegetarier** müssen bei Sushi nicht passen, denn auch mit Ei, Gemüsesorten und Pilzen können Sushiköche kleine Kunstwerke zaubern.

Rettichsprossen	*kaiware*	貝割れ
Shiitakepilze	*shiitake*	椎茸
Süßes Ei mit Algen	*noritama*	海苔玉
Zuckerschoten	*kinusaya*	絹莢

Fleisch

In früheren Zeiten war der Genuss von Fleisch verpönt und wurde im 7. Jh. sogar offiziell verboten. Ob sich jeder strikt daran hielt, darf man getrost bezweifeln. Trotzdem hielt sich die ambivalente Einstellung gegenüber Fleisch bis Mitte des 19. Jh. Erst zu Beginn der Meiji-Zeit (1868–1912) durften Fleischgerichte, meist **Rind** und **Geflügel**, wieder auf den Tisch, um 1930 kam eine Vorliebe für **Schweinefleisch** dazu. Im Wesentlichen sind das die Fleischsorten, die auch heute Japans Kochtöpfe füllen, wobei die regionale Küche auch andere Arten wie Wildschwein, Pferd oder Ente kennt. Eine Besonderheit sind Tajima-Rinder aus der Präfektur Hyōgo. Als

Das Feinste: Kōbe-Rind

Kōbe-Rind zumindest verbal in aller Munde, bringt ihr Fleisch, im Übrigen das beste und auch teuerste Rindfleisch der Welt, jeden Gourmet ins Schwärmen. Andere haben das auch erkannt, und so ist „Kōbe-Rind" aus Australien oder Amerika schon zwischen 100 und 300 € pro Kilogramm zu bekommen. Selbst in Bayern gibt es Exemplare des Schwarzviehs, aber original Kōbe sind sie alle nicht und so kommt angeblich ihre Fleischqualität auch nicht an das echte und wahre heran. Japan indes hütet seinen Schatz, denn weder Rinder noch Fleisch dürfen die Landesgrenze verlassen. Vor Ort ist ein Steak für ca. 5.000 Yen zu bekommen.

Fleisch	*niku*	肉
Huhn	*toriniku*	鶏肉
Ente	*kamoniku*	鴨肉
Pferdefleisch	*sakura-niku*	桜肉
Rindfleisch	*gyūniku*	牛肉
Kōbe-Rind	*kōbe gyū*	神戸牛
Schweinefleisch	*butaniku*	豚肉

Zubereitungsformen und Gerichte

Bentō

Der Begriff bezieht sich auf die **Verpackung**, denn Bentō – üblicherweise aus Reis, Fleisch und/oder Fisch, Gemüse und ggf. einem Dessert bestehend – ist als portable Essensbox zum Mitnehmen vermutlich während der Kamakura-Zeit (1185–1333) populär geworden. Küchenseelen sind hier kaum Grenzen gesetzt. Vom einfachsten Bentō mit Algen und Reis bis hin zum Klassiker mit Ei, Lachs, Reis und Umeboshi, einer sauer-salzig eingelegten pflaumenähnlichen Frucht, gibt es unterschiedlichste „Inhalte".

Praktisch und portabel

Bentō		弁当
Bentō mit Algen und Reis	*noriben*	海苔弁
Klassisches Bentō	*makunouchi bentō*	幕の内弁当
Umeboshi (getrocknet u. eingelegt)		梅干

Kaiseki (S. 344)

Kushiage und Kushikatsu

Frittiertes am Spieß! Die beliebten Leckereien sind nach Stückzahl oder als Auswahl des Küchenchefs bestellbar. In **krosser Panade** gibt es schließlich nicht nur gängige Arten an Fleisch, Fisch und Meeresfrüchten sowie Gemüsesorten. Auch Käse, Ginkonüsse, Fischkuchen, Tōfu, Wachteleier u. v. m. sind frittierbar.

Kushiage		串揚
Kushikatsu		串カツ
Spießchenauswahl	*kushiage kōsu*	串揚コース
Käse	*chīzu*	チーズ
Ginkonüsse	*ginnan*	銀杏
Fischkuchen	*tsumire*	つみれ
Sojabohnenquark	*tōfu*	豆腐
Wachteleier	*uzura*	鶉

Nabemono

Vor allem im Winter steht Nabemono, übersetzbar mit **Eintopfgericht**, gerne auf dem Speiseplan, zumal direkt am Tisch geköchelt wird. Mit den bekannteren Versionen Sukiyaki und Shabu Shabu gibt sich die japanische Küche aber noch lange nicht zufrieden, denn mit Eintopfrezepten ließen sich unendliche viele Seiten füllen. Auch das typische Gericht der Sumōringer ist ein reichhaltiger Eintopf, der Chankonabe.

Eintopf

Eintopfgericht	*nabemono*	鍋物
mit Huhn u./o. Meeresfrüchten	*yosenabe*	寄せ鍋
mit Fisch u. Gemüse	*chirinabe*	ちり鍋
mit Pferdefleisch	*sakuranabe*	桜鍋
mit Wildschwein	*botannabe*	牡丹鍋
mit Tōfu	*yudōfu*	四豆腐
Chankonabe		ちゃんこ鍋

Oden

Was hier **in Fischsud** vor sich hin simmert, sind meist Zutaten wie Rettich, Eier, Kartoffeln, Tōfu, Fischkuchen und Yampaste. Dazu gehören scharfer Senf und, so schwören Einheimische, heißer Reiswein.

Oden		おでん
Oden mit versch. Zutaten	*oden moriawase*	おでん盛り合わせ

Okonomiyaki

Die japanische Version eines **Pfannkuchens** lässt, seiner Bedeutung „nach Belieben", einen breiten Spielraum für pikante Zutaten und Geschmacksvarianten.

Okonomiyaki		お好み焼

Sukiyaki und Shabu Shabu

Zubereitung und Zutaten der beiden Eintopfgerichte sind zwar sehr ähnlich, geschmacklich gehen sie aber getrennte Wege. Der Grund dafür liegt an der **Brühe**, die bei Sukiyaki mit Sojasauce, Zucker und Mirin, einem süßlichen Reiswein gekocht wird, bei Shabu Shabu handelt es sich meist um einen leichten Seetangsud. Auch die „**Dips**" unterscheiden sich, denn bei Sukiyaki werden gare Leckerbissen schlicht in verquirltes rohes Ei, bei Shabu Shabu in Sesam- und mit Rettichraspeln verfeinerte Sojasauce getaucht. Was man außer Appetit bei beiden Gerichten mitbringen sollte, ist Zeit. Sukiyaki wie Shabu Shabu, ähnlich dem uns bekannten Fondue, wird meist am Tisch zubereitet und so kann der kulinarische Genuss abendfüllend sein. Die köchelnden Töpfe füllt man mit dünnen, zarten **Rindfleischstücken**, die je nach Qualität auch den Preis bestimmen. Mit Häppchen des legendären Kōbe-Rindes liegt man problemlos gleich ganz oben. Weitere Zutaten sind u.a. Pilze, Tōfu und Gemüsestückchen.

Sukiyaki		鋤焼/すき焼
Shabu Shabu		しゃぶしゃぶ
Sesamsauce	*gomadare*	胡麻だれ

Tempura

Im Teigmantel

Die von den Portugiesen im 16. Jh. mitgebrachte Zubereitungsart, Speisen zu panieren und zu frittieren, traf in Japan durchaus auf Gefallen. Bevorzugt in die **Panade** aus Mehl, Eiern und Wasser verpackt werden Garnelen, weißer Fisch, Auberginen, Zwiebeln, Lotoswurzeln, Süßkartoffeln, Kürbis und grüne Pfefferschoten. Oft als krönende Beilage zu Reis, Nudeln oder Tōfu ist Tempura auch als Hauptgericht zu bekommen. Menüs bestehen neben den krossen Happen aus Reis, Suppe und Pickles. Üblicherweise gehört ein Schälchen Sauce dazu, in die geraspelter Rettich oder Ingwer eingerührt wird, bevor man sie zum Eintunken von Tempura nutzt.

Tempura		天麩羅
Tempura-Shrimps mit Nudeln	*tempura soba*	天麩羅そば
Tempura-Menü	*tempura teishoku*	天麩羅定食
Gemüse-Tempura	*yasai moriawase*	野菜盛り合わせ

Teppanyaki

Hier dampft und brutzelt es, hier sind Meister der Messer und Bratschaber am Werk, denn Teppanyaki ist kein Gericht, sondern eine Zubereitungsart. **Gebraten wird auf Stahlplatten** direkt am Tisch, wobei sie in Teppanyaki-Restaurants meist in den Thekenbereich integriert sind. Von saftigen Steaks über Meeresfrüchte und Gemüse bis hin zu Bratnudeln und Omeletts ist alles möglich.

Teppanyaki		鉄板焼
Filetsteak	*hire sutēki*	ヒレステーキ
Tenderloin Steak	*tendāroin sutēki*	テンダーロインステーキ
Sirloin Steak	*sāroin sutēki*	サーロインステーキ
Gegrilltes Kalbsfleisch	*koushi teppanyaki*	子牛鉄板焼

Tonkatsu

Hinter dem Begriff Tonkatsu verbirgt sich ein paniertes **Schweinekotelett**, das je nach Gusto aus fettem oder magerem Fleisch, in breite Streifen geschnitten mit Reis sowie unterschiedlichen Beilagen zu bekommen ist. Hier ist von Gemüse über Ei, Käse, Meeresfrüchten und unterschiedlichen Saucen meist eine ganze Palette an Geschmacksrichtungen im Angebot. Zu einem Tonkatsu-Menü gehören Reis, Misosuppe und Weißkohl. Eine Variante ist Chikinkatsu aus Hühnerfleisch.

Schweinefleisch in Panade

Tonkatsu		豚カツ
Tonkatsu mit fettem Fleisch	*rōsu katsu*	ロースカツ
Tonkatsu mit magerem Fleisch	*hire katsu*	ヒレカツ
Tonkatsu-Menü	*tonkatsu teishoku*	豚カツ定食
Paniertes Hühnerfleisch	*chikin katsu*	チキンカツ

Yakiniku

Ob mundgerecht zerkleinertes Gemüse, mariniertes Fleisch, Innereien oder Rinderzunge, bei der aus Korea stammenden Methode Yakiniku wird alles direkt am Tisch auf einem kleinen **Holzkohlegrill** gebraten. Wichtig sind auch hier verschiedene Saucen. Beilage kann Suppe, Reis und auch Kimuchi sein, fermentiertes Gemüse.

Yakiniku		焼肉
Rindfleisch	*gyūniku*	牛肉
Herz	*hatsu*	はつ
Leber	*rēba*	レーバ
Zunge	*tan*	たん
Kutteln	*mino*	みの
Fermentiertes Gemüse	*kimuchi*	キムチ
Gemüseauswahl	*yaki yasai*	焼野菜

Yakitori

Die kleinen oft auch an Straßenständen, in Kneipen und Yakitori-Lokalen feilgebotenen Grillspießchen zählen zu den beliebten Gaumenfreuden. Mit unterschiedlichsten Fleischstückchen, Gemüse oder Pilzen bestückt werden die Happen entweder mit rotem Pfeffer, dem Sieben-Gewürz-Chilipfeffer gewürzt und während des Grillens mit Sauce bestrichen.

Yakitori		焼鳥
Fleischbällchen vom Huhn	*tsukune*	つくね
Gebratener Tōfu	*atsuage tōfu*	厚揚げとうふ
Grüner Paprika	*pīman*	ピーマン
Hühnerbrust	*yotsumi*	四つ身
Hühnerhaut	*torikawa*	鳥皮
Schweinebauch	*butabara*	豚ばら
Shiitakepilze	*shiitake*	しいたけ
Spargel mit Schinken	*asuparabēkon*	アスパラベーコン
Weiße Zwiebel	*tamanegi*	玉ねぎ

Suppe

Oft als Komponente eines Menüs serviert, liegt **Misosuppe** in der Beliebtheitsskala so weit vorne, dass sie auch gerne schon zum Frühstück gelöffelt wird. In die Brühe aus Sojabohnenpaste und Fischsud kommen Einlagen wie Tōfu, Algen, Muscheln und Gemüse.

Misosuppe	*miso shiru*	味噌汁
Kürbissuppe	*kabocha sūpu*	南瓜スープ
Reissuppe mit Krabben	*kani zōsui*	かに雑炊

Nattō – wer's mag!

Hülsenfrüchte haben eine große Bedeutung, allen voran die für Tōfu, Saucen und vielerlei mehr nutzbare **Sojabohne**. Das Sojabohnengericht Nattō, geschmacklich wie Harzer Käse recht deftig, optisch durch bräunliche Färbung suspekt und haptisch selbst für hartgesottene westliche Gemüter eine Überwindung, wird in Japan gerne gegessen. Nattō besteht aus fermentierten Sojabohnen, die aufgrund der Zubereitung durch Kochen und Bedampfen einen Schleim aus denaturiertem Eiweiß bilden, was beim Essen schöne lange Glibberfäden zieht. Trotzdem: Nattō ist fast unverschämt gesund.

Gemüse	*yasai*	野菜
Nattō		納豆

Süßigkeiten und Desserts

Für „Süße" zeigt sich Japans Repertoire an Köstlichkeiten genauso schlaraffenlandartig wie die pikante Küche. Neben westlichen Back- und Konditorwaren braucht man auch Naschwerk – sei es Schokolade,

Kleine Kunstwerke: japanische Süßigkeiten

Pudding oder Eis – nicht lange zu suchen. Wer gesunden Nachtisch bevorzugt, findet unter der fast unüberschaubaren Auswahl an Früchten das Richtige.

Typisch japanische Süßigkeiten sind die als kleine Kunstwerke für Auge und Gaumen kreierten **Wagashi** – eine beliebte Ergänzung zu grünem Tee. Hauptbestandteil ist An oder Anko, eine süße Paste aus roten **Azukibohnen**. Je nach Machart, bei der zwischen meist sehr weichen rohen, halb rohen und trockenen bzw. gebackenen Süßigkeiten unterschieden wird, kommen Kastanien, Süßkartoffeln, Reis- oder Weizenmehl, Agar-Agar, Zucker und weitere Zutaten wie Nüsse, Früchte dazu. Rezepte und Formen scheinen fast unbegrenzt …

süß	*amai*	甘い
Süßigkeiten	*okashi*	お菓子
Dessert	*dezāto*	デザート
Pudding	*purin*	プリン
Reisklöße	*mochi*	餅
Eis	*aisu kurīmu*	アイスクリーム
Käsekuchen	*chīzu kēki*	チーズケーキ
Japanische Süßigkeiten	*wagashi*	和菓子
Süße Azukibohnenpaste	*an/anko*	あん/あんこ

Getränke

Durst ist in Japan kein Thema, denn nirgendwo sonst auf dem Erdenrund dürften so viele **Getränkeautomaten** zu finden sein wie im Land der aufgehenden Sonne. Gefüllt sind sie mit allen erdenklichen Wässern, Cola, Limonaden, Kaffees und Tees. Ob Orange, Melone, Zitrone oder Erdbeere, aromatisiertes als Saft bezeichnetes Soda nimmt dabei jede Menge Platz ein. Mit etlichen Geschmacksvarianten machen Sorten des auf Milchbasis hergestellten Softdrinks Calpis das Bild noch bunter.

Unüberschaubare Vielfalt

Ich hätte gerne		
… ein Glas/Tasse	*… ippai o kudasai*	… 一杯をください
… eine Flasche	*… ippon o kudasai*	… 一本をください
Orangenlimonade/Saft	*orenjujūsu*	オレンジジュース
Melonenlimonade	*meronjūsu*	メロンジュース
Zitronenlimonade	*remon sukasshu*	レモンスカッシュ
Erdbeerlimonade	*sutoroberījūsu*	ストロベリージュース
Calpis	*karupisu*	カルピス
Yoghurtgetränk	*yōguruta dorinku*	ヨーグロトドリンク
Tomatensaft	*tomatojūsu*	トマトジュース
Apfelsaft	*ringojūsu*	りんごジューウス
Cola	*kōra*	コーラ
Tonic	*tonniku wōtā*	チニックウオーター
Ginger Ale	*jinja erū*	ジンジャエール
Soda	*sōda*	ソーダ
Mineralwasser	*mineraru wōtā*	ミネラルウオーター
mit Kohlensäure	*tansan …*	タンサン …
ohne Kohlensäure	*tansan nashi no …*	タンサンなしの …

Kaffee und Tee

Ganz Asien ist bekannt für seine Teekultur, dass aber in Japan auch Kaffee kein Mauerblümchen ist, dürfte Liebhaber des Muntermachers erfreuen.

Kaffee	*kōhī*	コーヒー
Eiskaffee (mit Crasheis)	*aisu kōhī*	アイスコーヒー
Schwarzer Kaffee	*amerikan*	アメリカン
Starker Kaffee	*burendo*	ブレンド
Entkoffeinierter Kaffee	*dekafe*	デカフェ
Milchkaffee	*kafe o re*	カフェオレ
Cappuccino	*kapuchīno*	カプチーノ
Heiße Schokolade	*kokoa*	ココア
Milch	*gyūnyū/miruku*	牛乳/ミルク
Zucker	*satō*	砂糖
Schwarzer Tee	*kōcha*	紅茶
mit Zitrone	*remontī*	レモンチイー
Oolong-Tee	*ūroncha*	烏龍茶
Kräutertee	*hābutī*	ハーブチイー
Gerstentee	*mugicha*	麦茶
Gerösteter Tee	*hōjicha*	焙じ茶
Eistee	*aisutī*	アイスチイー

Grüner Tee, traditionell zubereitet

Grüner Tee

Ein Kapitel für sich, denn als gesunder Favorit unter den Teesorten ist grüner Tee nicht gleich grüner Tee. In **Qualität** und Geschmack verschieden, reicht die Palette von losem Blättertee über Teebeutel bis hin zu Instanttee. Der Genmaichi etwa enthält zur Aromatisierung zusätzlich geröstete Reiskörner. Matcha als fein pulverisierter Tee nimmt für die Teezeremonie eine besondere Stellung ein. Allrounder ist der am häufigsten getrunkene Sencha.

Tee (grün)	*o cha*	お茶
Bancha		番茶
Genmaicha		玄米茶
Gyokuro		玉露
Kabusecha		被せ茶
Kukicha		茎茶
Matcha		抹茶
Sencha		煎茶

Alkoholische Getränke

Bier liegt lange schon im Trend, wobei Brauereien mit Diätbieren zusätzlich ins Schwarze getroffen haben. Sowohl kalorienarme Biere als auch solche mit geringem Malzgehalt und Mischgetränke sind als Happōshu bekannt. Wer auf **Wein** setzt, bekommt mit aus aller Welt importierten edlen Tropfen sicher, was sein Herz begehrt. Klassiker und typisch japanisch ist der bei uns als Sake bekannte **Reiswein**, bei dem es große Qualitätsunterschiede gibt. Sake bedeutet im Japanischen schlicht Alkohol, Reiswein heißt dagegen **Nihonshu**. Warm oder kalt getrunken, beflügelt er mit einem Alkoholgehalt zwischen 9 und 20 Vol.-% Geist und Sinne.

Unzutreffend ist der hierzulande übliche Begriff **Pflaumenwein** für Umeshu. Die Früchte der zur Familie der Rosengewächse zählenden Ume sind eher mit Aprikosen verwandt als mit Pflaumen. Wer fruchtigen Likör mag, trinkt ihn gerne eisgekühlt als Aperitif oder Digestif. Dabei variiert der Geschmack erheblich, denn Umeshu wird je nach Sorte durch verschiedene Methoden auf der Basis von Reiswein, Brandy, weißem Alkohol oder Shōchū hergestellt.

Bier	*bīru*	ビール
Fassbier	*nama bīru*	生ビール
Bierähnliche Getränke	*happōshu*	発泡酒
Weißwein	*shiro wain*	白ワイン
Roséwein	*roze wain*	ロゼワイン
Rotwein	*aka wain*	赤ワイン
Sekt	*shanpan*	シャンパン
Alkohol	*sake*	酒
Reiswein	*nihonshu*	日本酒
warm	*atsu kan*	熱燗
kalt	*hiya zake*	冷酒
„Pflaumenwein“	*umeshu*	梅酒

Hochprozentiges

Shōchū zählt mit einem Alkoholgehalt von 25–43 Vol.-% zu den Spirituosen. Meist aus Gerste, Reis, Süßkartoffeln oder Zuckerohr gewonnen, wird das japanische Feuerwasser gerne zum Mixen genutzt. Derzeit auf dem Vormarsch versteckt sich hinter dem Wort **Sawā** eine Mischung aus Shōchū, Crasheis und je nach Belieben Limonen, Zitronen oder Umefrüchten. **Chūhai** wird aus Schnaps, Sirup und Soda gemixt.

Japanisches „Feuerwasser“

Japanischer Schnaps	*shōchū*	焼酎
Süßes Schnaps-Mixgetränk	*chūhai*	酎ハイ
Fruchtiges Schnaps-Mixgetränk		
mit Soda	*sawā*	サワー
mit Zitrone	*remon sawā*	レモンサワー
mit Limetten	*raimu sawā*	ライムサワー
mit Ume	*ume sawā*	梅サワー
Bourbon	*bābon*	バーボン
Gin	*jin*	ジン
Rum	*ramu*	ラム
Scotch	*sukotchi*	スコッチ
Whiskey	*wisukī*	ウィスキー
Wodka	*wokka*	ウオッカ
auf Eis	*onzaokku*	オンザロック

Film

Dass Japans Filmindustrie zu Beginn des 20. Jh. zunächst auf nationaler Ebene für Furore sorgte, hat einen simplen Grund. Damals flimmerten **Stummfilme** über die Leinwände, meist Szenen aus dem Kabuki-Theater oder Historienfilme. Redegewandte **Erzähler**, Benshi genannt, verliehen unterschiedlichen Filmcharakteren ihre Stimme und untermalten die bewegten Bilder mit eigenen Kommentaren und szenischen Einschüben, sodass der Benshi bei dem Filmspektakel und dessen Interpretation eine entscheidende Rolle spielte.

Besondere Aufführungspraxis

Trotz des Aufkommens von **Tonfilmen** verzögerte sich die Weiterentwicklung. Dank der bisherigen „Benshi-Lösung" galt die Vertonung von Filmen als überflüssig, zudem zeigte sich die finanzielle Situation der Filmindustrie vor allem nach dem Erdbeben 1923 nicht gerade rosig. Betreibern der Kabuki-Theater war das Ganze ohnehin ein Dorn im Auge und so verboten sie ihren Schauspielern, in Filmen aufzutreten. Da im Kabuki traditionell alle Rollen von Männern übernommen werden, dauerte es einige Jahre, bis Filmcharaktere mit weiblichen Darstellern besetzt wurden. Durch Zensur seitens des Militärs waren in der Folgezeit lediglich patriotische Propagandafilme erlaubt. Davon blieben nach Kriegsende 1945 unter Oberbefehl der Alliierten weniger als die Hälfte übrig. Jetzt war Kino erwünscht, das den Prozess der Demokratisierung fördert.

Erst zu Beginn der 1950er-Jahre lockerten sich die Vorschriften und die eigentliche Stunde des japanischen Films begann. Einer der bekanntesten Regisseure seiner Zeit, **Kurosawa Akira** (1910–1998), bekam für den Film „**Rashōmon**" 1951 in Venedig den Goldenen Löwen und 1952 in der Kategorie „Bester ausländischer Film" den Oscar. Sein älterer Bruder Heigo (1906–1933), der während der Ära des Stummfilms als Benshi gearbeitet hatte, war es, der Kurosawa in jungen Jahren für das Metier begeisterte. „Die sieben Samurai" als weiteres Meisterwerk Kurosawas füllte Mitte der 1950er-Jahre landesweit die Kinosäle.

Internationaler Durchbruch

Mizoguchi Kenji (1898–1956) setzte in seinen Verfilmungen wie „Das Leben einer Frau von Saikaku" aus dem Jahr 1952 auf szenische Atmosphäre und die Betonung von Frauencharakteren. Mit geringem Technikaufwand skizzierte **Ozu Yasujirō** (1903–1963) Lebensumstände des einfachen Volkes. Aus seiner reichen Filmografie wurde vor allem die 1953 gedrehte „Geschichte aus Tōkyō" bekannt. Bis Ende der 1950er-Jahre war das Genre absolut gefragt. Mit landesweit rund 8.000 Kinos und über 1 Mrd. Besuchern jährlich dürfte ein „Wir gehen ins Kino" der Freizeitspaß Nummer eins gewesen sein. Eingeknickt ist die Branche mit der Verbreitung von Fernsehgeräten seit den 1960er-Jahren. In den 1980er-Jahren waren nur noch gut 2.000 Lichtspielhäuser übrig. Filmemacher ließen sich davon nicht entmutigen.

Boom der Filmbranche

Kurosawa bekam für seinen Historienfilm „**Kagemusha**" aus dem Jahr 1980 die Goldene Palme von Cannes. 1983 ging die Auszeichnung erneut an Japan. Diesmal an **Imamura Shōrei** (1926–2006), der mit seinem Film „Die Ballade von Narayama" große Beachtung fand. 1997 wurde sein Liebes- und Gesellschaftsdrama „**Der Aal**" in Cannes prämiert. Mit der Akzentuierung auf Realismus und Humanismus gleichermaßen verschrieb er sich in seinen Inszenierungen gesellschaftlichen Randgruppen. Als Mitbegründer der „**Nuberu Bagu**", der japanischen Nouvelle Vague, wandte er sich gegen berechenbare Erzählungen und die starre Bildsprache des etablierten Films.

„Sanjuro" von Kurosawa Akira, 1962

Schauspieler **Itami Jūzō** (1933–1997) erntete 1984 mit seiner ersten Regiearbeit „Beerdigungszeremonie" internationale Anerkennung. Gegenstand seiner Filmsatiren war das Aufeinanderprallen von Tradition und Gegenwart. **Ōshima Nagasi** (geb.1932) wagte sich an Tabuthemen wie Sex, Gewalt und Verbrechen heran. Seine bekanntesten Filme sind „Im Reich der Sinne" aus dem Jahr 1976 sowie der 1978 in Cannes für die beste Regie ausgezeichnete Film „Im Reich der Leidenschaft". **Kitano Takeshi** (geb. 1947) widmet sich seit Ende der 1980er-Jahre der Regieführung. Der Durchbruch gelang ihm mit der 1997 erschienenen Inszenierung „**Hana-bi**", für die er den Goldenen Löwen von Venedig bekam. Sein Film „Achilles und die Schildkröte" feierte 2008 in Japan Premiere, in Deutschland war er zum ersten Mal 2009 auf dem Filmfest in München zu sehen. Ironie, Absurdität und Sensibilität gehören zu Kitanos Werkzeug genauso wie unkonventionelle Kameraführung. Seinen größten Erfolg feierte **Takita Yōjirō** (geb. 1955) mit dem 2009 oscarprämierten Film „Nokan – die Kunst des Ausklangs".

Anime

Japanische Zeichentrickkultur

Die in Anlehnung an den englischen Begriff „animation" als Animes bezeichneten Zeichentrickfilme sind fester Bestandteil der japanischen Filmkultur. Als wichtiger Protagonist des Genres gilt Manga-Zeichner **Ōtomo Katsuhiro** (geb. 1954), der durch die Verfilmung seiner zwischen 1982 und 1990 publizierten Comicreihe „**Akira**" maßgeblich zur internationalen Verbreitung von Animes beigetragen hat.

Der 1997 angelaufene Kassenschlager „Prinzessin Mononoke", nicht nur in Japan von Erfolg gekrönt, wurde 2001 noch von „Chihiros Reise ins Zauberland" und 2008 von „Ponyo – Das große Abenteuer am Meer" überflügelt. Diese Filme stammen von dem Zeichner, Autor und Regisseur **Miyazaki Hayao** (geb. 1941), der ohne Computeranimation mit gezeichneten Einzelbildern arbeitet. Mit einem Bein im Ruhestand brachte er sein letztes Anime „Wie der Wind sich hebt" 2013 auf die Leinwand. 2015 erhielt er einen Ehrenoscar für sein Lebenswerk als Regisseur. Gemeinsam mit **Takahata Isao** (1935–2018) gründete Miyazaki 1985 das **Ghibli Studio** und 2001 das Ghibli Museum (S. 323) in Mitaka. Beide waren in die uns bekannte Trickfilmserie „Heidi" involviert (als Zeichner bzw. Regisseur), die 1977 im deutschen Fernsehen erstmalig ausgestrahlt wurde.

Auf dem begrünten Dach des Ghibli Museum

Der große Erfolg des Genres auf dem japanischen Markt ist seiner Vielseitigkeit zuzuschreiben. Je nach Thema richten sich Animes an Personenkreise unterschiedlichsten Alters und Geschmacks. Zwar nehmen auf Kinder und Jugendliche zugeschnittene Filme nach wie vor ihren Raum ein, abgesehen davon sind aber von soliden Literaturverfilmungen über Science-Fiction, Fantasy, Horror oder Pornografie alle erdenklichen Bereiche abgedeckt. Ein Oscar für den Anime „Die Legende der Prinzessin Kaguya" ging 2015 an **Nishimura Yoshiaki** (geb. 1977) und **Takahata Isao**.

Literatur

Die ersten schriftlichen Dokumente Japans sind in die **Yamato-Zeit** (300–710) datierbar. Ohne eigenes Schriftsystem begann man damals, **chinesische Zeichen** zu nutzen, wobei es zunächst um das Festhalten zweckgebundener religiöser oder administrativer Texte ging. In der frühen Nara-Zeit (710–794) entstand mit dem „**Kojiki**" die erste umfassende Chronik. Poetisch wurde es um 759 mit der Fertigstellung des „**Manyōshū**", der Sammlung der 10.000 Blätter. Dabei handelt es sich um eine Anthologie in 20 Bänden mit Tausenden von Gedichten unterschiedlichster Verfasser. Treibende Kraft bei der Zusammenstellung des Manyōshū soll der Dichter Ōtomo Yakamochi (718–785) gewesen sein. Die am häufigsten vorkommende lyrische Form waren sog. **Tanka** oder Waka, Kurzgedichte mit 31 Silben.

Chinesisch mit einer grundlegend anderen Grammatik als die Landessprache erwies sich für die Darstellung des Japanischen als kompliziert und aufwendig. Im Laufe der Zeit setzten sich vereinfachte Zeichen, die **Kana**, als eine Art Silbenalphabet durch. So entstand in der Heian-Zeit (794–1185) neben Lyrik auch Erzählprosa mit dem vermutlich von der Hofdame Murasaki Shikibu (ca. 973–1025) verfassten ersten Roman der japanischen Literaturgeschichte, „**Genji Monogatari**".

Unterschiedliche Genres

Die Literatur des beginnenden Mittelalters war von der politischen Umbruchsituation, der Entmachtung des Kaiserhofs, der Etablierung einer Militärregierung und den Streitigkeiten zwischen den Klans der Minamoto und Taira gekennzeichnet. **Prosa** war nunmehr auch in Männerhand und brachte mit Kriegserzählungen wie dem epischen Klassiker „**Heike Monogatari**", philosophischen oder vergnüglichen Texten neue Themen hervor. In der Lyrik entstand das Kettengedicht **Renga** als Aneinanderreihung mehrerer Tanka. Zudem wurde das **Nō-Theater** einschließlich seines heiteren Zwischenspiels Kyōgen populär. Durch Schauspiel, fahrende Sänger und Geschichtenerzähler fand jetzt auch die breite Masse Zugang zur Literatur. Anfänge einer **Volksliteratur** in Lyrik und Prosa zeigten sich im 15. Jh.

Das Aufkommen eines Bürgertums während der Edo-Zeit (1603–1867) war mit wachsendem Bildungsstreben verbunden, dem das Literaturschaffen sowohl mit lehrhafter als auch an der städtischen Kultur orientierten Prosa begegnete. Die „Ukyozōshi", Hefte der fließend vergänglichen Welt von Ihara Saikakus (1642–1693), gelten als erste Milieustudien des Bürgertums. Seit Beginn des 17. Jh. hatte sich durch Weiterentwicklung des Buchdrucks Verbreitung und Rezeption der Literatur vereinfacht. Lyriker ergänzten die Dichtkunst mit der Form des 17-silbigen Kurzgedichts **Haiku**, allen voran **Matsuo Bashō** (1644–1694). Gegen Ende der Edo-Zeit war die Literatur sowohl von humorvollen, satirischen, dramatischen und kontemplativen Texten bestimmt.

Milieustudien des Bürgertums

Mit Beginn der Meiji-Ära (1868–1912) kam der **Einfluss des Westens** zum Tragen, wobei sich die Lyrik ihre Eigenständigkeit bewahrte. Bedeutende Vertreter der schreibenden Zunft waren **Natsume Sōseki** (1867–1916), der mit seiner satirischen Novelle „Ich der Kater" 1905 debütierte, sowie **Mori Ōgai** (1862–1922), dessen Werke bis Ende des 20. Jh. als Pflichtlektüre in Schulen die Runde machten.

Einer der eigentümlichsten und schöpferischsten Schriftsteller aus der Taishō-Zeit (1912–1926), **Akutagawa Ryūnosuke** (1892–1927), suchte vor dem Hintergrund damaliger politischer und gesellschaftlicher Turbulenzen stets nach Neuem. Der von ihm geprägte Stil gilt für seine Zeit epochemachend. Als bedeutender Vertreter der sog. Intellektuellenschule strebte er danach, eine Synthese aus Naturalismus und Neoromantismus zu finden. Eine später halbjährlich verliehene Literaturauszeichnung benannte man als Hommage an ihn Akutagawa-Preis. Seine Kurzgeschichte „**Rashōmon**" aus dem Jahr 1915 verfilmte 1950 **Kurosawa Akira** mit großem Erfolg. Zu Beginn der Shōwa-Zeit (1926–1989) bestimmten proletarische Literatur, Belletristik und Verfechter des Sensualismus die Autorenszene. 1968 bekam Sensualist **Kawabata Yasunari** (1899–1972) als erster Japaner den **Literaturnobelpreis**.

Kreiste zu Beginn der 1950er-Jahre das schriftstellerische Arbeiten um das Kriegsgeschehen, so zeigte sich, begleitet von Demoralisierung und Chaos nach der Kapitulation 1945, ein **Prozess literarischer Umorientierung**. Jetzt waren neben japanischer Literatur vor allem Übersetzungen ausländischer Schriften gefragt. Die wirtschaftliche Hochkonjunktur in der zweiten Hälfte des 20. Jh. schlug sich im Verlagswesen und auf dem Buchmarkt nieder.

Entwicklung nach dem Zweiten Weltkrieg

Zu dieser Zeit formierte sich auch eine neue Schriftstellergeneration, unter der sich insbesondere der nationalistische Aktivist und Nihilist **Mishima Yukio** (1925–1970) einen Namen machte. Aus der Feder des Prosaepikers und Dramatikers **Abe Kōbō** (1924–1993) stammen bekannte Werke wie „Suna no onna" („Die Frau in den Dünen") und der 1964 erschienene Roman „Tanin no kao" („Das Gesicht des Anderen"). Von den Surrealisten Europas beeinflusst, widmete er sich in vielen seiner Arbeiten der Persönlichkeitsfindung entfremdeter Menschen. Auch **Ōe Kenzaburō** (geb. 1935) gehört als gesellschaftskritischer Autor in die Reihe der Akutagawa-Preisträger. 1994 erhielt er den Literaturnobelpreis. Durch Übersetzungen ins Deutsche und viele andere Sprachen wurde der preisgekrönte Schriftsteller und Großmeister der japanischen Gegenwartsliteratur **Inoue Yasu-**

Gegenwartsliteratur

shi (1907–1991) bekannt. Neben seinen meist um zwischenmenschliche Beziehungen kreisenden Romanen schrieb er Essays, Gedichte und Reiseberichte. Als renommierter Schriftsteller der nachfolgenden Generation dürfte **Murakami Haruki** (geb. 1949) der wohl populärste japanische Autor im In- und Ausland sein. Stilistisch wird seine Arbeit dem magischen Realismus zugeordnet, in dem die Grenzen zwischen Wirklichkeit und Fantasie verschwimmen.

Weitere international geschätzte Vertreter der Gegenwartsliteratur sind u. a. Novellist und Essayist **Ikezawa Natsuki** (geb. 1945), Autorin **Kirino Natsuo** (geb. 1951), Schriftsteller, Drehbuchautor und Regisseur **Murakami Ryū** (geb. 1952), der Autor **Okuda Hideo** (geb.1959) sowie die Schriftstellerinnen **Ogawa Yōko** (geb. 1962) und **Yoshimoto Banana** (geb. 1964).

Japanische Comics – Manga

Extrem populär

Dass Mangas seit Jahrzehnten einen Großteil des Verlagswesens ausmachen, lässt sich in großen Buchläden nachvollziehen, wo bunte Comics ganze Etagen füllen. Dies ist dem breiten Spektrum der Zielgruppen querbeet geschuldet. Ob nett, pädagogisch oder fantastisch, ob brutal oder gar schlüpfrig, die knallbunten Protagonisten, oft mit riesigen Augen, zierlichen Näschen und spitzem Kinn, durchleben Abenteuer für jeden Geschmack. In Japan gelten Mangas als eigenständiges, förderungswürdiges **Kunstgenre**. Liebhaber der schrillen Figuren können seit 2006 im Kyōto International Manga Museum (s. S. 337) in archivierten Werken nach Herzenslust schmökern.

Ursprung der Mangas

Wegbereiter der heutigen Comics gab es schon **vor Jahrhunderten** in Form von gezeichneten Karikaturen, Holzschnittbildern und seit Beginn des 18. Jh. als sog. **Toba-e-Hefte** mit Textpassagen. Geht der Begriff auf den für seine Tierkarikaturen bekannt gewordenen Mönch Toba Sōjō (1053–1140) zurück, so prägte Katsushika Hokusai (1760–1849) den Ausdruck **Manga**, etwa als lockere, zügellose Bilder übersetzbar. Ende des 19. Jh. beeinflussten der Brite Charles Wirgman (1832–1891) und der Franzose Georges Bigot (1860–1927) die Welt japanischer Illustrationen. Beide arbeiteten als Karikaturisten, heirateten in Japan und gründeten dort jeweils eine Satirezeitschrift. Später wirkten auch Cartoons von Pionieren der Comicstrips wie dem Amerikaner Richard Outcault (1863–1928, u. a. „Yellow Kid") und dem Deutsch-Amerikaner Rudolph Dirks (1877–1968, „Katzenjammer Kids") auf die Entwicklung der Mangas ein.

Als erstes modernes Manga gilt die von **Kitazawa Rakuten** (1876–1955) gezeichnete, 1902 veröffentlichte Geschichte „Tagaosakus und Mokubes Besichtigung von Tōkyō". 1905 etablierte Kitazawa das Satiremagazin „Puck" und 1932 die erste Schule für Karikaturisten. Während des Zweiten Weltkriegs zu Propagandazwecken benutzt, gingen Verlage und Zeichner Ende der 1950er-Jahre wieder eigene Wege, allen voran **Tezuka Osamu** (1928–1989), der produktiv und beliebt wie kaum ein anderer war. Einige seiner Mangas dienen bis heute als Vorlage für Animes. Seit 1997 wird jährlich eine nach ihm benannte Auszeichnung an die besten Manga-Zeichner und -Texter verliehen. 2018 ging der mit 2 Mio. Yen dotierte Hauptpreis an **Noda Saturo** (geb. 1950) für seine seit 2014 erscheinende Manga-Reihe „Golden Kamuy", die inzwischen auch als Anime-TV-Serie adaptiert wurde.

Musik

In der heutigen Musikszene gibt es kein Genre, das nicht vertreten wäre. Ob traditionell oder modern, ob national oder international, jedwede Richtung hat mittlerweile in der Musiklandschaft Japans ihren Platz gefunden.

Über Liedgut und Musik der einfachen Bevölkerung sowie der mit dem Shintō verbundenen Musikpflege während der Früh- und Vorgeschichte wissen zumindest Chroniken zu berichten. Demnach soll die **Volksmusik** vielseitig gewesen sein. Neue Impulse brachte auch der **Buddhismus**. Monastische Zeremonialmusik und Sakralgesänge, von Wandermusikern verbreitet, fanden schließlich Eingang in die Klangwelt des Volkes. Durch chinesische und koreanische Traditionen beeinflusst, entwickelte sich im 7. Jh. das höfische **Gagaku** vornehmlich als Orchestermusik, in Verbindung mit Tanzaufführungen **Bugaku** genannt. Dabei ist der musikalisch harmonische „Schwebezustand" auf die pentatonische Melodik, eine für asiatische Musik charakteristische Schichtung von fünf reinen Quinten, zurückzuführen. Buddhistisch geprägte Musik in der typischen Instrumentalbesetzung einer Flöte und zwei bis drei Trommeln spielte bei dem sich im 12. Jh. entwickelnden Nō-Theater eine wichtige Rolle. Mit dem Aufblühen städtischer Kultur in der Edo-Zeit (1603–1867) entwickelte sich das Kabuki-Theater als Form bürgerlicher Unterhaltung. Untrennbar damit verbunden waren und sind Gesang, Instrumentalmusik und Tanz. Auch das in dieser Zeit aufkommende Puppentheater Bunraku wird von musikalischer, aus Balladengesängen abgeleiteter Begleitung getragen.

Pentatonische Melodik

Seit dem Ende der Isolationspolitik Ende des 19. Jh. machte die damalige **Verwestlichung** auch vor der Musik nicht halt. Obwohl traditionelle Musik- und Theaterformen bis heute ihre Anhängerschaft finden, sind Töne und **Klänge aus aller Welt** Bestandteil der gegenwärtigen Musikkultur. Vor allem klassische europäische Musik genießt einen hohen Stellenwert. Jugendliche schätzen Rock, Pop, Punk u. v. m. Dabei sind neben der internationalen Szene vor allem nationaler J-Pop, J-Rock oder J-Punk populär.

Musikinstrumente

Zu traditionellen Musikinstrumenten, wenn auch nicht in jedem Fall rein japanischen Ursprungs, zählen u. a. neben der dreisaitigen Laute **Shimasen**, der viersaitigen **Biwa** und der bis zu 1,80 m langen Wölbbrettzither **Koto** auch die Bambusflöte **Shakuhachi** wie die Handtrommel **Tsuzumi**. Erst seit der Öffnung des Landes Ende des 19. Jh. widmeten sich Kunsthandwerker auch dem Bau westlicher Instrumente, was bald schon zur Herstellung hochwertiger Instrumente führte. So eröffnete 1885 in Tōkyō das erste Musikinstrumentengeschäft. Heute sind die „Japaner" aus der Branche nicht mehr wegzudenken.

Shimasen-Spielerin, anonym, 17. Jh.

Natur und Ästhetik

Harmonie als maßgebliches Moment der Ästhetik, gepaart mit dem Konzept des Wabi-sabi, der bescheidenen Einfachheit und Schönheit, spiegelt sich in vielen Formen japanischer Kunst. Einen wichtigen Part übernimmt dabei auch die Nähe zur Natur, die etwa in Gartenarchitektur, Ikebana oder Bonsai ihre Entsprechung findet.

Gartenarchitektur

Schon bei der Gartenbaukunst des frühen Chinas, die während des japanischen Altertums in vielen Bereichen Vorbildfunktion hatte, ging es weniger um gefällige Bepflanzung, sondern um den Ausdruck eines komplexen philosophisch-religiösen Anspruchs mit Hilfe gartengestalterischer Elemente. In China zeigte sich die frühe Gartenarchitektur als Umsetzung daoistischer Grundsätze wie etwa der sich ergänzenden gegensätzlichen Prinzipien des Yin und Yang. Gleichgültig ob Felsen, Wasser oder Pflanzen, Ziel war stets eine ausgewogene Anordnung zur Versinnbildlichung **perfekter Harmonie** in Natur und Weltgefüge.

Japanische Gartenanlage

Japanische Gärten als assoziative Landschaftsräume lassen sich mit Paradies-, Trocken-, Wandel- und Teegärten in **vier Haupttypen** unterteilen. Beeinflusst von der religiösen Strömung des Jōdo-shū, der Schule des Reinen Landes, galten **Paradiesgärten** als vollkommener Zufluchtsort des Buddha Amitabha. Ein Teich mit Insel, Felsen und Grün sind hier wichtige Komponenten. **Trockengärten** im Kontext des Zen-Buddhismus dagegen verzichten auf Wasser und jegliche Bepflanzung. Zwischen Sand, Kies und Steinen „darf" hier höchstens ein wenig Moos gedeihen. Zudem dienen sie „lediglich" der meditativen Betrachtung. Der wohl berühmteste Trockengarten Japans gehört zum Tempel Ryōan-ji in Kyōto. Ruhe und Abgeschiedenheit vermitteln auch meist mit Teich, Insel, Bogenbrücken, Felsen, Steinlaternen sowie Bäumen und Büschen angelegte **Wandelgärten**, in denen sich bei jedem Schritt ein neues Bild ergibt. Im Zusammenhang mit der Teezeremonie entwickelten sich Gartenanlagen um Teehäuser als Vorbereitung auf das eigentliche Ritual. Schließlich sollen Gäste beim Durchschreiten des Teegartens alles Weltliche hinter sich lassen. Wichtiges Element in **Teegärten** sind Steinbecken zur symbolischen Reinigung von Händen, Mund und Geist.

Ikebana

Ursprünglich als **Blumenopfer** zur Ehrerbietung in Tempeln und Schreinen dargebracht, fand die Kunstform Ikebana nach und nach Eingang in breitere Gesellschaftsschichten. Während der Heian-Zeit (794–1185) in Kreisen des Hochadels geschätzt, wandten sich in der von Wohlstand begleiteten Kamakura-Ära (1185–1333) auch Samurai den schönen Künsten wie dem Ikebana zu. In keiner der üblich gewordenen Andachtsnischen in herrschaftlichen Residenzen fehlten Blumenarrangements als religiöses Element und Augenweide zugleich. Ein erstes Regelwerk über den kunstvollen Gebrauch von Blumen und Pflanzen entstand im 15. Jh. Während der Azuchi-Momoyama-Zeit (1573–1603) rückte das **ästhetische Moment** mit verfeinerten Methoden und unterschiedlichen Stilrichtungen in den Vordergrund. Die erste Ikebana-Ausstellung im Jahr 1897 geht auf die Ōhara-Schule und ihren Begründer Ōhara Unshin (1861–1916) zurück. Mit dem von ihm entwickelten Moribana-Stil, d. h. Pflanzen in flachen Schalen zu arrangieren, brachte er „frischen Wind" in die Kunstform, wodurch die Blumengebinde auch unter der breiten Bevölkerung Anklang fanden. Wer das Ganze als bloße Dekoration versteht, der irrt. Ikebana mit verschiedensten Richtungen und Facetten unterliegt festen ästhetischen und philosophischen Regeln, stets mit Blick auf die **Harmonie** des Gesamtausdrucks als kosmische Ordnung.

Symbolträchtige Blumengebinde

Bonsai

Mit einem oder zwei Metern Höhe waren die ersten, vermutlich im China der Han-Dynastie (206 v. Chr.–220 n. Chr.) gezogenen Bäume in der Schale im Vergleich zu den späteren zierlichen Bonsaipflanzen noch echte Giganten. Im 10. Jh. brachten Mönche den erstem Bonsai als Mitbringsel nach Japan, wo die Technik, kleine Bäume in Töpfen zu ziehen, im Lauf der Zeit weite Verbreitung fand. Dabei sind Züchtung und Pflege der Bäumchen eine Wissenschaft für sich. Zur Ausformung des typischen, je nach Bonsaiart gewünschten Wuchses müssen Wurzeln, Zweige, Triebe und Blätter in bestimmten Zeitabschnitten zurückgeschnitten werden. Auch Gießen, Licht, Außentemperatur und Standort bedürfen besonderer Aufmerksamkeit. Unterschiedliche, oft asymmetrische Baumformen können durch Binden oder Verdrahten erreicht werden. Natürlich nicht mal eben so, denn viele Bäume wachsen langsam und so sind Bonsaipflanzen oft Bestandteil des Familienerbes. Asymmetrie als Versinnbildlichung der Lebensdynamik kommt bei Bonsaipflanzen wie bei Blumengebinden der japanischen Ästhetik entgegen. Die wichtigste und prestigeträchtigste **Bonsaiausstellung** in Japan Kokufu-ten findet im Metropolitan Art Museum im Ueno-Park von Tōkyō meist im Februar statt.

Baum in der Schale

Sport

Ob Elite- oder Breitensport, ob outdoor oder indoor, in Japan sind alle erdenklichen Sportarten vertreten. Darunter liegt das 1872 von dem amerikanischen Professor Horace Wilson (1843–1927) eingeführte **Baseballspiel** auf der Beliebtheitsskala ganz vorn. Als Wilson damals an der Universität von Tōkyō Englisch lehrte, hielt er es für notwendig, seine Studenten auch in Sport zu unterrichten. So wurde die erste japanische Baseballmannschaft gegründet und 1920 ein Profiteam auf die Beine gestellt. Eines der populärsten Teams sind heute die Yomiuri Giants aus Tōkyō. In ihrem Heimstadion, dem Tōkyō Dome im Bezirk Bunkyō-ku, hat in der zugehörigen Hall of Fame auch Wilson einen Platz gefunden. **Fußball** gilt heute als zweitbeliebteste Mannschaftssportart. Einen entscheidenden Impuls für die Popularität des Fußballs gaben die Olympischen Spiele 1964. Beim **Tōkyō Marathon**, der 2007 den Tōkyō International Men's Marathon ablöste, gingen schon in den ersten drei Jahren jeweils über 30.000 Läufer an den Start.

Kampfsportarten

Göttlicher Ursprung

Sumō als Nationalsport Japans entwickelte sich unter dem Einfluss chinesischer und koreanischer Kampftraditionen vermutlich vor rund 1.500 Jahren. Schenkt man der Chronik „Kojiki" aus dem Jahr 712 Glauben, so ist Sumō göttlichen Ursprungs. Seit dem Altertum mit dem **Shintō** verknüpft, splitterte sich Sumō in drei unterschiedliche Varianten auf. Das Sechi-Sumō mit rein zeremoniellem Charakter war am stärksten dem Shintō verbunden. Bedingt durch das Tragen von Rüstungen, zeigten sich während der Ära der Samurai viele Techniken und herkömmliche Griffe als unbrauchbar, woraus sich das Jōran-Sumō, ein Vorläufer des Jiūjutsu entwickelte. Seit dem 16. Jh. setzte sich Sumō nach und nach als Turniersportart durch (S. 196).

Pfeil und Bogen

Kyūdō, der Weg des Bogens, geht auf das **Kyūjutsu** zurück, das als Kampfmethode schon im Altertum eine Rolle spielte. Der Gebrauch von Pfeil und Bogen als Jagdgerät reicht bis in vorchristliche Zeit zurück. Im Kontext des Shintō entwickelten sich während des 11. Jh. **rituelle Praktiken** des Kyūjutsu wie etwa das Yabusame, Bogenschießen zu Pferde, oder das Hikime zur Geisterverbannung. Mit der Einführung von Feuerwaffen im 16. Jh. verlor das Bogenschießen bei kriegerischen Auseinandersetzungen an Relevanz. Rund 100 Jahre später setzte sich der Begriff Kyūdō durch und die Übung mit Pfeil und Bogen wurde zusehends auch zu einer geistigen Disziplin, die unter Einfluss des Zen ihren kämpferischen Aspekt verlor.

Kendō, der Weg des Schwerts, entstand aus dem **Kenjutsu** des frühen Mittelalters. Einfache Schwerter waren schon früher im Gebrauch und erste Übungsformen wie das Kumi-tachi gehen bis ins 8. Jh. zurück. Obwohl der Beginn des

Nationalsport Sumō

Schwertfechtens Minamoto Yoshitsune (1159–1189) zugeschrieben wird, kamen systematisierte Schwertpraktiken erst Mitte des 13. Jh. auf, die sich im Lauf der Zeit in unterschiedliche Stilrichtungen verzweigten. Untrennbar mit der Klasse des Kriegerstands verbunden, galt das Schwert als Seele der Samurai. Im 16. Jh. vermischten sich Einflüsse der **Zen-Philosophie** mit Techniken des Kenjutsu. Nach der Meiji-Restauration 1868 wurde zwar der Gebrauch von Schwertern verboten, trotzdem gestattete die Regierung 1873 eine öffentliche Fechtvorstellung, die aufgrund der großen Resonanz unter den Zuschauern den Grundstein für die Gründung von Schwertschulen legte. Der Begriff Kendō setzte sich vermutlich um 1900 durch. Mit der Idee, den Charakter durch die Anwendung der Prinzipien des Schwertkampfs zu schulen, gewann Kendō zusehends an Popularität, sodass es heute sogar als Wahlfach an japanischen Schulen unterrichtet wird.

Jūdō, der sanfte Weg

Jūdō, der sanfte Weg, wurde von Kanō Jigorō (1860–1938) Ende des 19. Jh. auf der Basis des **Jiūjutsu** als Kampfkunst und Lebensweg begründet. Der Ursprung des Jiūjutsu als waffenlose Verteidigung ist vermutlich mit Formen des frühen Sumō verbunden, aus denen sich eigene Techniken entwickelten. Mitte des 19. Jh. verloren viele Traditionen an Bedeutung und so verschwand auch das Jiūjutsu aus dem Blickfeld. Erst auf Initiative des sportbegeisterten, an der Universität Tōkyō lehrenden deutschen Mediziners Erwin Bälz (1849–1913) und seines Studenten Kanō Jigorō rückte die fast vergessene Kampfsportart wieder ins Bewusstsein. Kanō reformierte die Techniken nach seinem Prinzip: Siegen durch Nachgeben.

Kampfkunst und Selbstverteidigung

Karatedō, der Weg der leeren Hand, entstand aus den Traditionen des chinesischen Shaolin Quanfa, Formen des Jiūjitsu und der okinawanischen Selbstverteidigungstechnik Tōde auf Okinawa. Aufgrund der gefährlichen, durchaus tödlichen Wirkung der Kampfkunst wurde sie, zeitweise offiziell verboten, nur im Geheimen unterrichtet. Zu Beginn des 20. Jh. fand Karate den Weg auf die japanischen Hauptinseln, wo sich unterschiedliche Stilrichtungen entwickelten. Von den Modifizierungen distanzierten sich viele Karatemeister aus Okinawa, die eine „Versportlichung" nicht unterstützen wollten. Heute werden weltweit unzählige Karatestile gepflegt, wobei auch in Wettkämpfen verschiedenste Varianten von Non-Kontact- bis Full-Contact-Anwendung finden.

Aikidō als moderne japanische Kampfkunst wurde von Ueshiba Morihei (1883–1969) auf der Grundlage japanischer Kampfkünste *(budō)* wie etwa dem **Daito-ryū**, einer dem Jiūjutsu ähnlichen Kampftechnik, begründet. Ueshiba legte als tief religiöser Mensch die Betonung seiner Lehre auf die Harmonie zwischen Pneuma,

Körper und Geist im Einklang

Körper und Natur genauso wie zwischen Geist und Moral. Die überwiegend defensive Kampftechnik Aikidō sollte ein Weg der **Selbstperfektion** sein. Nach Ueshiba diene wahres Budō (Kampfkunst) nicht einfach dazu, den Gegner zu vernichten, besser sei es, den Angreifer geistig zu besiegen, bis dieser kapitulieren würde. Zur Realisierung seines Ideals legte er neben bestimmten Körpertechniken großen Wert auf die Atmung zur Stabilisierung des physischen und psychischen Gleichgewichts. Wie in anderen Disziplinen gibt es heute auch im Aikidō unterschiedliche Richtungen, unter denen das Aikikai der Konzeption Ueshibas am nächsten steht.

Tanz und Theater

In der Volkskultur verwurzelt, reicht der Ursprung darstellender Kunst bis in archaische Zeit zurück. Während des Altertums entwickelten sich aus japanischen und chinesischen Traditionen Tanz- und Theaterformen, die teilweise in ihren Grundzügen bis heute erhalten blieben. Das vermutlich zu Beginn des 7. Jh. aus China „importierte" **Maskenspiel Gigaku** dagegen verlor im 12. Jh. an Bedeutung. Was blieb, sind einige kunsthandwerklich wertvolle Masken aus Kampferholz. Auch das zwischen dem 11. und 14. Jh. beliebte **Sarugaku** hat sich in seiner damaligen zirkusähnlichen Darbietungsform, einer Mischung aus Akrobatik, Jonglage, Tanz und Gesang, in seiner ursprünglichen Form nicht erhalten.

Das in Kreisen der Aristokratie geschätzte **Bugaku**, ein von der höfischen Musik Gagaku begleiteter Tanz, ist bis ins 7. Jh. zurückzuverfolgen. Nach dem Vorbild des tangzeitlichen China (618–907) erreichte das Genre im Verlauf des 9. Jh. seine Ausprägung als japanische Kunstform. Das Volk pflegte mit Kult, Religion und Mythen verbundene „Unterhaltungen", die trotz allen Wandels auch heute noch bei vielen Gelegenheiten eine Rolle spielen.

Faszination der Langsamkeit

Der im 12. Jh. aufkommende Zen-Buddhismus trug mit seiner Philosophie maßgeblich zur Formung des komplexen, streng stilisierten **Nō-Theaters** bei. Auf das Wesentliche konzentriert, entsprach das Dichtung, Tanz und Gesang umfassende **Nō** seit dem 14. Jh. entgegen dem überladenen höfischen Pomp dem ästhetischen Zeitgeist der Samuraikultur. Doch trotz schlichter Bühnenausstattung sind Masken und Kostüme nicht minder prachtvoll. Das Nō entführt in eine Art spirituell esoterische Welt, gepaart mit der Faszination der Langsamkeit. Einer der ganz Großen des Nō war Zeami Motokiyo (1363–1443), der an die 60 teilweise heute noch aufgeführte Stücke schrieb. Schon sein Vater Kanami Kiyotsugu (1333–1384) fühlte sich dem Nō so sehr verbunden, dass er eine Ausbildungsstätte gründete, die Zeami als Kanze-Schule weiterführte. Wer sich heute zum Nō berufen fühlt, hat die Wahl zwischen fünf Schulen, in denen die Theatertradition von Generation zu Generation weitergegeben wird. Das in verschiedene Klassifizierungen eingeteilte Repertoire orientiert sich inhaltlich und szenisch an alten Legenden, in denen oft die Welt jenseits des Sichtbaren, Götter und Dämonen einen dramaturgisch vorantreibenden Part übernehmen. Als typischer Bestandteil zwischen einzelnen Akten hat sich das **Kyōgen** etabliert, eine Art heiter komödiantisches Zwischenspiel und meilenweit von der Ernsthaftigkeit des Nō entfernt. Der Ursprung des Nō wird u.a. in Anlehnung und Weiterentwicklung der chinesischen Nuo-Oper der Tang-

Kabuki-Modell im Edo-Tōkyō Museum, Sumida-ku

Dynastie, des Sarugaku sowie volkstümlicher Rituale gesehen. Zunehmend auf adlige Kreise beschränkt, blieb der einfachen Bevölkerung der Zugang zu dem elitären Theater teilweise, während der Edo-Zeit (1603–1867) sogar vollständig verwehrt.

Nach dem Untergang des Shōgunats und einer politischen Neuorientierung konnte sich das Nō nur mit Mühe am Leben erhalten. Damals aber als nationales Kulturerbe nicht nur von Theaterleuten, sondern auch vom Kaiserhaus geschätzt, konnte sich das Genre zudem durch die Errichtung einer öffentlichen Bühne 1881 seit Ende des 19. Jh. wieder erholen. Sowohl Nō als auch Kyōgen wurden 2001 in die UNESCO-Liste der „Meisterwerke des mündlichen und immateriellen Kulturerbes der Menschheit" aufgenommen. Bis 2005 kamen die Theaterform Kabuki und das Puppenspiel Bunraku noch dazu.

Unterhaltung für das Bürgertum

Unter ganz anderen Vorzeichen als Nō gewann das **Kabuki** (s. S. 178) zu Beginn des 17. Jh. an Bedeutung. Schließlich verlangte auch das damals aufkommende städtische Bürgertum nach Unterhaltung. Da war das Schreinmädchen Izumi no Okuni (1572–?) wohl zur rechten Zeit am rechten Ort, denn als sie im Freien eine neue Form des Tanzes aufführte, war die Resonanz so groß, dass ihre Choreografie bald schon auf Theaterbühnen, mit der Zeit um Gesangselemente und Dialoge erweitert, als Kabuki zu bewundern war. Thematisch hat das durchaus auch stilisierte Kabuki keinen festen Kanon wie das Nō. Musikalische Untermalung wie Tanzeinlagen sind meist nicht direkt mit der Handlung des Stücks verbunden. Seitdem Kabuki ab Mitte des 17. Jh. zur ersten kommerziellen Theaterform Japans aufgestiegen war, klingelten zu aller Zufriedenheit die Kassen – mehr noch, als rund 100 Jahre später ein findiger Tüftler die Drehbühne erfand, zu der sich wenig später auch Hebemechanismen gesellten.

„Bespielte" Puppen

Mit dem von Takemoto Gidayū (1651–1724) in Ōsaka ins Leben gerufenen Puppenspiel **Bunraku** blieb dem Kabuki Konkurrenz nicht aus. Die Puppen können bis zu 1,50 m groß sein und bekommen von zwei oder drei völlig schwarz gekleideten Spielern ihr „Leben" eingehaucht. Ist einer davon für Bewegungen des Kopfes zuständig, so sind Arme und Beine Aufgabe der anderen. Die Puppen selbst, je nach Machart ein mechanisches Wunderwerk, können teilweise in wenigen Sekunden auch den Gesichtsausdruck wechseln. Für Text und Musik sorgt ein sämtliche Rollen übernehmender Sprecher, der sog. Taiyū, sowie meist ein Spieler des Lauteninstruments Shamisen.

Japanische Theaterformen sahen sich zu Beginn der Meiji-Zeit (1868–1912) mit einem großen Rivalen, dem „westlichen Theater", konfrontiert, Traditionelles verblasste. Unmittelbar nach dem Zweiten Weltkrieg war Kabuki seiner nationalistischen Tendenzen wegen sogar für kurze Zeit offiziell verboten. Letzten Endes haben aber Nō, Bunraku und Kabuki den Einfall des Westens überstanden.

Traditionelle Medizin

Ganzheitliche Balance

Während des Altertums lernte Japan auch das medizinische Wissen Chinas kennen, das die landeseigene Heilkunde langsam verdrängte. Nach dem Ideal der **Traditionellen Chinesischen Medizin** hängt Gesundheit und Wohlbefinden von der Erhaltung der Harmonie zwischen Mensch und Umwelt ab. Körper und Seele gleichen einer Landschaft, deren ganzheitliche Balance es zu hegen und zu pflegen gilt oder bei Erkrankungen wieder ins Lot gebracht werden muss. Standardwerk war das während der späten Han-Dynastie (206 v. Chr.–220 n. Chr.) in China verfasste Werk „Shang Han Lun" mit unzähligen Kräuterrezepturen. Zunächst originalgetreu übernommen, hielt sich auch die erste medizinische Aufzeichnung Japans, das „Ishimpō" aus dem Jahr 984, an die chinesischen Vorgaben. Erst im späten Mittelalter entstand eine eigenständige Auffassung der Heilkunde. So unterscheidet sich **Traditionelle Japanische Medizin** u. a. durch Kräuterrezepturen oder Akupunkturmethoden. Vergleichsweise feinere Nadeln werden nur oberflächlich in die Haut gestochen. Beiden Heilverfahren ähnlich ist die **Diagnostik**.

Durch den Seehandel blieb die Konfrontation mit westlicher Medizin nicht aus. Vor allem Holländer trugen zur Verbreitung des Rampō, der sog. holländischen Methode bei. Die japanische Medizin war als **Kampō** (漢方) bekannt, übersetzt die „chinesische Methode". Der Begriff Kampō selbst ist nicht klar umrissen. Bezeichnet er für manche lediglich die Kräuterheilkunde, so verstehen andere darunter Traditionelle Japanische Medizin in ihrer Gesamtheit.

Mit Beginn der Meiji-Zeit (1868–1912) rückten Kampō-Methoden zugunsten westlicher, vornehmlich deutscher Medizin in den Hintergrund. Die Revolutionierung des Gesundheitswesens erlaubte zwar weiterhin die Anwendung herkömmlicher Medizin, wer aber als Arzt praktizieren wollte, brauchte fortan Studium und Approbation. Trotzdem gewann Kampō in der ersten Hälfte des 20. Jh. wieder mehr an Bedeutung. Auch heute noch finden sich Ärzte, die neben westlicher Medizin traditionelle Heilverfahren anwenden und so haben viele Apotheken entsprechende Kräutermischungen im Sortiment. Eine andere Geschichte sind **Akupressur** (指圧), **Akupunktur** (*shinjutsu* 針術) und **Moxibustion** (*kyūjutsu* 灸術), das Erhitzen der Akupunkturpunkte, die auch von Therapeuten ohne Medizinstudium ausgeübt werden dürfen.

Alternative Heilmethoden – Reiki und Shiatsu

Beseitigung von Disharmonien

Die alternativen Therapieform Reiki (霊気) ist jüngeren Ursprungs. Doch wie beim Kampō gilt es, Disharmonien für den ungehinderten Fluss des Pneuma Ki (気) zu beseitigen. **Reiki** wurde Anfang des 20. Jh. von Usui Mikao (1865–1926) ins Leben gerufen. Als gläubiger Buddhist erfuhr er während einer dreiwöchigen Fastenmeditation eine Art Erleuchtung, aus der er ein spirituelles Heilverfahren durch Handauflegen und damit verbundener Stärkung der Selbstheilungskräfte entwickelte. Wissenschaftlich lässt sich die energetische Wirkung des Reiki nicht nachweisen.

Der Ursprung des **Shiatsu** (指圧) dagegen ist in Heilmethoden des Alten China verwurzelt. Anfang des 20. Jh. wurden unterschiedliche manuelle Therapieformen wie etwa Fingerdruck- oder Handballenmassagen unter dem Begriff Shiatsu zusammengefasst. Erfolge sind u. a. bei Verspannung, Stressbewältigung und wie beim Reiki der Anregung von Selbstheilungskräften zu erwarten.

Tun und Lassen – eine Frage der Mentalität

Etikette spielt eine große Rolle

Andere Länder, andere Sitten – und die sollten Sie ein wenig beherzigen. In Japan spielen Ethik und Etikette nach wie vor eine große Rolle, die in ihrer vielschichtigen Ausprägung Fremden des japanischen Kulturkreises oft ein Rätsel bleiben. Der respektvolle Umgang nach einer allgemein akzeptierten hierarchischen Ordnung äußert sich u. a. etwa in der Sprache oder der Art, sich zu begrüßen. **Harmonie** (*wa* 和) scheint Zauberwort und Kodex gleichermaßen, denn darum geht es im zwischenmenschlichen Gefüge. Selbst wenn sich einmal die Geister scheiden, gilt es, sich nach außen hin **tugendhaft** zu zeigen. Zur Schau gestellter Groll, jemanden zu beleidigen oder seiner Meinung lauthals Ausdruck zu verleihen, ist ein Fauxpas, der mit dem berühmten Gesichtsverlust enden kann. Und dieser Peinlichkeit entzieht man sich am besten mit Contenance. Für Außenstehende schwierig nachvollziehbar dürfte das „honne to tatemae" sein, „Gesagtes und eigentlich Gemeintes", denn dazwischen können Welten liegen. Schon ein klares Nein wird vermieden, will man doch andere auf keinen Fall kompromittieren. Je nach höflicher Wortwahl oder Geste weiß ohnehin jeder Japaner, was ausgedrückt werden soll. Auch wenn Sie als Ausländer sicher auf einen Toleranzbonus hoffen dürfen, gilt es doch ein paar Grundregeln zu beachten.

Begrüßung: Japaner begrüßen sich durch gegenseitiges Verbeugen, wobei der Neigungswinkel ein Maß der Respekterweisung ist. Ihnen zuliebe schüttelt man sich durchaus auch einmal die Hände, untereinander ist diese Begrüßungsgeste unüblich. In puncto Anrede ist es gut zu wissen, dass im Japanischen der Familienname dem Vornamen vorangestellt ist. Zudem werden ehrerbietende Suffixe wie etwa -san nur an den Familienamen des Gegenübers angehängt, niemals an den eigenen.

Höflichkeit: Zurückhaltung ist eine Tugend und so sollte allzu extrovertiertes Auftreten vermieden werden. Schon ein freundschaftliches Schulterklopfen bringt andere u. U. in Verlegenheit. Selbst in Situationen, in denen einem der Kragen platzen könnte, ist es nicht angebracht, seinem Ärger Luft zu machen. Im Gegenteil: Wer sich nicht im Griff hat, kann nur verlieren.

Pünktlichkeit: Unpünktlichkeit gilt als Charakterschwäche.

Visitenkarten: Im Geschäftsleben sind Visitenkarten (*meishi* 名刺) ein unverzichtbares Utensil. Falls Sie eine Karte bekommen, nehmen Sie sie mit beiden Händen entgegen. Üblich ist es, die Karte vor dem Verstauen zu lesen und sich nochmals zu bedanken.

Die Zahl „vier" gilt es zu vermeiden

Geschenke: Wenn Sie eingeladen werden, bietet es sich an, ein kleines Geschenk mitzubringen. Aber was? Das Schlimmste wären beispielsweise vier weiße Blumen, denn ausgeklammert wird alles mit der Zahl 4 (*shi* 四), die im Japanischen wie das Wort für Tod (*shi* 死) klingt. Weiß gilt zudem als Trauerfarbe. Bei einem Krankenbesuch sind Topfpflanzen zu vermeiden, denn das hieße Wurzeln schlagen. Gut beraten sind Sie mit ein paar Süßigkeiten, am besten aus der Heimat. Geschenke bleiben im Übrigen zunächst eingepackt liegen.

Schuhe: Vor dem Betreten einer Privatwohnung werden Straßenschuhe grundsätzlich ausgezogen. Bei anderen Gebäuden wie Tempeln, Schreinen, Restaurants erkennen Sie an bereits vorhandenen Schuhen, meist in Schuhregalen gestapelt, ob es notwendig ist oder nicht. Besonderes Augenmerk gilt Toilettenschuhen (S. 122).

Naseputzen: Sich öffentlich und laut die Nase zu schnäuzen, kommt einem Frevel gleich. Wenn es dennoch sein muss, suchen Sie lieber eine stille Ecke auf. Auf der sicheren Seite sind Sie auch, wenn Sie einem verschnupften Gegenüber kein Taschentuch anbieten.

Typisch Japanisch

Was auch immer uns in die Ferne treibt, das Kennenlernen von Unterschieden und Eigenheiten einer fremden Kultur tragen letzten Endes zum Reiz einer Reise bei.

Engimono

Dem Glück ein wenig auf die Sprünge zu helfen, kann niemals und nirgendwo schaden. Japaner machen da keine Ausnahme und so finden sich etliche vielversprechende Figürchen, die dem Eigner als Engimono, d. h. als Talisman zur Seite stehen.

Populäre Glücksbringer

Die **Winkkatze** Maneki Neko ist mittlerweile auch bei uns zu finden: hebt sie die rechte Pfote, sorgt sie für Wohlstand, ist es die linke, dürften mehr Besucher zu erwarten sein. Auch ihre Farbe hat Bedeutung. Steht Weiß für Reinheit und Gold für Vermögen, so sollen schwarze und rote Katzen vor Erkrankungen und Unglück beschützen. Dabei sind Katzen nicht die einzigen Glücksbringer aus dem Reich der Tiere, auch Füchse, Schlangen, Affen u. v. m. werden vergleichbare Eigenschaften nachgesagt.

„Just for Fun", Kyōto

Die überaus beliebte aus Pappmaché gefertigte Figur **Daruma** ist auf den Zenmönch Bodhidharma (um 440–528) zurückzuführen. Als Stehaufmännchen konstruiert, ist es mit bloßem Hinstellen nicht getan, denn wenn Frauen einen Wunsch hegen, malen sie das rechte Auge aus, Männer das linke. Ist der Wunsch in Erfüllung gegangen, wird das andere Auge ausgemalt und Daruma kann feierlich in einem Tempel verbrannt werden.

Geisha

Wörtlich übersetzt „Person der Künste", wird der Begriff **Geisha** im westlichen Sprachgebrauch oft als Unterhalterin jedweder Belange gedeutet. Natürlich gab es Geishas, die auch ihre Gunst „verschenkten", per Definition als **Bewahrerin der traditionellen Künste** war käufliche Liebe allerdings nicht inklusive. Der Ursprung des Berufsstands ist mit höfischen Kreisen verbunden, um als „Entertainer" dem Adel Kurzweil zu bescheren. In der Tat wurde der anspruchsvolle „Job" zunächst von Männern ausgeübt, Frauen kamen erst im 17. Jh. hinzu. Bis ins 19. Jh. hinein galten Geishas als Nonplusultra der Unterhaltung, mit der Meiji-Restauration allerdings waren sie kaum mehr gefragt. Trotzdem ist die Geishakultur nicht ganz verschwunden.

Einst Nonplusultra der Unterhaltung

Weniger in Tōkyō als vielmehr in Kyōtō läuft einem mit ein wenig Glück noch eine Geisha oder zumindest eine **Maiko**, eine Auszubildende, über den Weg. Heute ist die Geisha als Unterhalterin für „Normalsterbliche" so gut wie unerreichbar; für den Genuss einer exklusiven Darbietung sind neben entsprechender Liquidität auch bestimmte Verbindungen erforderlich.

Die Lehrzeit einer Geisha gilt gemeinhin als besonders aufwendig, muss sie doch neben japanischer Etikette und geistreicher Konversation traditionelle Künste wie Tanz, Gesang, das Spielen von Musikinstrumenten, Kalligrafie, Ikebana und auch die Teezeremonie perfekt beherrschen. Markenzeichen ist zudem ihre äußere Erscheinung. Allein das Anlegen eines Kimonos verlangt ganz abgesehen von der Frisur und dem typischen Make-up mit weißem Puder viel Zeit und Fingerspitzengefühl. Als erotisch gilt das Schminken des Nackens.

Aufwendige Ausbildung

Geta, Zōri und Tabi

Man hört sie, bevor man sie sieht. Warum das so ist, liegt in der Natur der Sache, denn **Getas**, die traditionell aus Holz gefertigten japanischen Schuhe, klappern deutlich wahrnehmbar auf dem Straßenasphalt. Wohl kaum die bequemste **Fußbekleidung**, kommen Getas dennoch dem Ideal von Eleganz durch „erzwungene“ bedächtig kleine Schritte entgegen. Aufgrund hoher Sohlen wird das Tragen von Getas auch dem Anspruch auf Reinlichkeit gerecht, steht man doch über herumliegenden Unrat und Schmutz. Geläufig sind mehrere Varianten, die sich in Höhe, Holzarten und meist zweigeteilter Sohle unterscheiden. Passend zu Kimono und Yukata werden Getas von beiderlei Geschlechtern getragen. Trägern der oft aus Reisstroh geflochtenen Sandalen **Zōri** begegnet man eher selten. Für beide Schuharten ein Muss sind die typisch japanischen **Tabi**, am großen Zeh abgeteilte Socken.

Kleine Schritte als Ideal

Go

Der ursprünglich in China gespielte Zeitvertreib zählt neben Mühle und Backgammon weltweit zu den **ältesten Strategiespielen**. Aufzeichnungen über das im Reich der Mitte als Weiqi bekannte Spiel sind in den frühen chinesischen Annalen

Zur Kirschblüte zeigt sich der Philosophenweg in Kyōto von seiner malerischen Seite

für das Jahr 548 v. Chr. festgehalten. In Anlehnung an die als vorbildlich geachtete Kultur der chinesischen Tang-Dynastie (618–907) fand das Spiel unter der Bezeichnung Go zunächst in Aristokratie-Kreisen Anklang. Während der Edo-Zeit (1603–1867) auf der Beliebtheitsskala ganz oben, gab es neben unterschiedlichen Go-Schulen und Go-Turnieren sogar einen Go-Minister. Als Anreiz für die besten Spieler winkten Stipendien, wobei Honinbō Shūsaku (1829–1862) gleich 19 Mal hintereinander bei Wettbewerben als Champion hervorging. Noch heute stellen Go-Spieler Shūsakus Strategien zu Übungszwecken nach. Beim Go, lange Zeit eine Männerdomäne, sind heute auch Frauen mit von der Partie und so führte die chinesische Spielerin Rui Naiwei (geb. 1963) 1986–2012 die Bestenliste an. Japans derzeit stärkster Spieler ist Iyama Yūta (geb. 1989).

Können und Intuition

Die Grundregeln des Go sind vergleichsweise einfach. Es geht nicht um die Vernichtung des Gegners, sondern um den Versuch, auf dem Spielbrett ein größeres Territorium als der Rivale zu besetzen. Varianten und Feinschliff machen allerdings aus Go ein hochkomplexes Spiel, das neben Erfahrung und Können auch Intuition verlangt.

Hanabi

Ist eines der großen **Feuerwerke** anberaumt, kommt die Resonanz einer Völkerwanderung gleich, versprechen doch die „Blumen aus Feuer“ ein Spektakel, das seinesgleichen sucht. Vor allem in den Sommermonaten haben Pyrotechniker Hochsaison und Gelegenheit, ihre monatelang ausgetüftelten Wunderwerke aus Chemie und Know-how zu präsentieren. Wer zu einem Hanabi geht, zieht meist schon am Nachmittag los, denn bei Tausenden von Zuschauern will schließlich ein Platz für Picknick und das mit Einbruch der Dämmerung beginnende Feuerwerk erobert sein. Nach gut einer Stunde ist die „perfekteste Form der Kunst“, so Philosoph Theodor W. Adorno, vorbei, denn im Augenblick seiner höchsten Vollendung entzieht sich das Bild dem Betrachter. Wer zuerst über Feuerwerke staunen durfte, waren vermutlich Chinesen der Song-Dynastie (960–1279), wobei es anfangs mehr um Knalleffekte ging.

Blumen aus Feuer

Hanami

Wenn es die Einwohner im Süden des Landes schon hinter sich haben, dürfen sich nördlicher lebende Japaner noch darauf freuen. Denn Hanami, das vermutlich seit der Nara-Zeit (710–794) beliebte **Kirschblütenfest**, richtet sich ganz nach dem Erblühen der Bäume. Je nach Region klimatisch bedingt, ist es dann zwischen Ende März und Anfang Mai so weit. Da wird nach nahegelegenen Parkanlagen oder Kirschblütenalleen „gegoogelt“, der Picknickkorb einschließlich Sake und Bier sowie einer meist blauen Plastikplane gepackt und dann steht dem Ereignis nichts mehr im Weg.

Zeit der Kirschblüte

Nur etwa zehn Tage lang zeigen die Blüten *(sakura)* der japanischen Kirsche, die keine essbaren Früchte hervorbringen, ihre Pracht, verblühen schnell und fallen ab. Wenn man so will, ist ihr Werdegang symbolisch einem jungen, ehrenvollen Tod gleichzusetzen, was einem der Ideale der japanischen Kultur durchaus entspricht.

Hanko

Stempel statt Unterschrift

Die **Namensstempel** Hanko oder auch Inkan nehmen in Japan gleichbedeutend einer Unterschrift einen ganz anderen Stellenwert ein als bei uns. Japaner lassen sich ihren persönlichen Stempel gerne beim Fachmann schnitzen. Meist in Marmor, Knochen oder Hartholz graviert, wird zwischen persönlichen Namensstempeln Mitome-in und denjenigen, bei der Stadtverwaltung registrierten offiziellen Stempeln Jitsu-in unterschieden. Letztere sind bei bestimmten Geschäftsabschlüssen gefragt. Ursprünglich als Autoritätssymbol des Kaisers und seiner direkt untergebenen Vasallen verwendet, durften mit der Zeit auch weitere Kreise des Adels „stempeln". Eine allgemeine Nutzung wurde erst im 19. Jh. üblich.

Karaoke

Beliebter Freizeitspaß

Einmal im Mittelpunkt stehen – Karaoke macht es möglich. In den 1970er-Jahren von Inoue Daisuke (geb. 1940) erfunden, hat dieses Spaßkonzept schon vor Jahren den Globus erobert. Unter Karaoke ist das **laienhafte Singen** von Liedtexten zur Originalmusik zu verstehen, wobei ggf. ein Musikvideo nebst eingeblendetem Text den Auftritt vereinfacht. Bei uns eher als Partyvergnügen oder in Diskotheken zelebriert, wird in Japan häufig eine sog. Karaokebox bevorzugt. Dazu mietet man einen kleinen Raum, bestellt neben bestimmten Liedern je nach Gusto eine Kleinigkeit zu essen und zu trinken und dann steht nach Knopfdruck mit Mikrofon in der Hand der „Selbstverwirklichung" unter Freunden und Bekannten nichts mehr im Wege.

Kimono und Yukata

Der **Kimono** entwickelte sich während der Heian-Zeit (794–1185) aus dem Kosode, ursprünglich ein T-förmiges Unterkleid, das sehr weit geschnitten im Lauf

Kimonoträgerin bei einer japanischen Teezeremonie

seiner Geschichte auch als Oberbekleidung in Mode kam. Im 8. Jh. war nach dem Vorbild chinesischer Kleidung ein übereinanderliegender Kragen en vogue. Eine engere Schnittform der von einer breiten Schärpe, dem **Obi**, zusammengehaltenen Robe bildete die Grundform des Kimonos. Obwohl das einfach klingen mag, sind das Anlegen eines Kimonos, die Vielfalt unterschiedlichster Kimonoarten sowie die Pflege und entsprechendes Zubehör eine Wissenschaft für sich. Je nach Anlass, Jahreszeit oder Beruf kamen unterschiedliche Modelle in Mode.

Traditionelle Kleidung

Dass zwischen Frauen- und Männerkimono unterschieden wird, versteht sich von selbst. Zudem differenziert die Kleiderordnung zwischen Kimonos für verheiratete und unverheiratete Frauen. Stoffart, Muster und Form wie etwa die Ärmellänge haben ihre eigene Bedeutung. Sind Männerkimonos meist in gedeckt dunklen Farben gehalten, so zeigen sich Frauenkimonos oft als wahre Kunstwerke. Das hat natürlich seinen Preis. Ein Seidenkimono kostet gut und gerne so viel wie ein Kleinwagen. Kommt die entsprechende Ausstattung wie Obi, Bänder, Schuhe usw. dazu, wäre in der Preisklasse auch schon ein Mittelklassewagen zu haben. Der klassische Hochzeitskimono **Shiromuku**, meist aus weißem Seidenbrokat, liegt preislich an der Spitze und wird deshalb für den schönsten Tag im Leben oft nur geliehen. Selbstredend ist die traditionelle Bekleidung je nach Qualität und Material auch günstiger zu bekommen, zumal Kimonos auch secondhand zu erstehen sind. Als Sommerkimonos sind die meist aus Baumwoll- oder Leinenstoffen gefertigten **Yukata** pflegeleichter und einfacher in der Handhabung. Dem sich unter Jugendlichen abzeichnenden Trend, bei bestimmten Festen und Feiern wie etwa einem Hanami oder Hanabi einen Kimono zu tragen, kommt die Yukata-Variante entgegen.

Bei der Jugend im Trend

O-mamori und andere Glücksbringer

Hübsch, klein und vielversprechend sind die in Schreinen und Tempeln zu erstehenden Stoffbeutelchen, die meist einen Zettel mit glücksverheißenden oder schützenden Schriftzeichen enthalten. Dabei sind nicht alle **O-mamori** gleich. Manche dürfen nicht geöffnet werden, bei anderen verfällt die Wirkung nach einer gewissen Zeit und wieder andere sollen nach Ablauf eines Jahres in denselben Tempel oder Schrein zurückgebracht werden. Glücksbringer sind für alle erdenklichen Lebenssituationen zu bekommen. Ob Liebe, bevorstehendes Examen oder der Wunsch nach einem langen Leben, mit dem Erwerb eines O-mamori hat man schon viel dafür getan. Ähnlich verhält es sich mit **O-mikuji**, kleinen beschrifteten Papierstreifen, die als Orakel an Bäumen oder Gittern festgebunden werden. **O-fuda** sind sowohl Zettel oder auch Holztäfelchen mit derselben Funktion. Wenn nicht im Schrein oder Tempel angebracht, können O-fuda auch den Hausaltar zieren.

Für alle Lebenslagen

Origami

Obwohl die **Kunst des Papierfaltens** auf eine lange Geschichte zurückblicken kann, war Origami im Mittelalter nur bestimmten Kreisen im Rahmen religiöser Zeremonien vorbehalten. Papier hatte einen stolzen Preis und Falttechniken wie Motive waren festgelegt, sodass sich die kleinen Kunstwerke im Grunde immer wiederholten. Erst **Yoshizawa Akira** (1911–2005), Vater des modernen Origami, setzte sich über den tradierten Formenkanon hinweg und revolutionierte das Papierfalten mit einer Vielzahl neuer Techniken und einem unerschöpflichen Reichtum an Modellen. Er publizierte Origamibücher, faltete an die 50.000 Objekte und erlangte nach einer langen „Durststrecke" in den 1960er-Jahren internationalen Ruhm. Origami selbst bietet heute neben dem klassischen Papierfalten viele Teilbereiche wie etwa das modulare Origami, bei dem verschiedene Elemente zusammengesetzt werden. Üblicherweise sind Schere und Klebstoff verpönt. Ausnahme ist das **Kirigami**, bei dem Einschnitte gemacht werden oder das Multipiece Origami. Hier entstehen auch mithilfe von Klebstoff komplexe Figuren.

Vater des modernen Origami

Symbolcharakter hat der traditionelle **Origami-Kranich** erlangt, denn einer Legende nach erfüllen die Götter nach Falten von 1.000 Kranichen einen Wunsch. Seit dem Tod des Atombombenopfers Sasaki Sadako (1943–1955) in Hiroshima sind die Kraniche ein Symbol der internationalen Friedensbewegung geworden. Die an Leukämie erkrankte Sasaki faltete Tag um Tag, aber ihr Schicksal wollte es anders. Freunde vollendeten die Zahl 1.000 erst nach ihrem Tod.

Pachinko

Was den einen das Paradies, ist den anderen die Hölle – denn wer durch die Tür einer Pachinkohalle geht, betritt eine andere Welt. Fast wie ein Konzentrat hiesiger **Spielhallen** reihen sich in diesem „Freizeitresort" je nach Hallengröße unzählige Automaten dicht aneinander, jeder Spieler scheint besessen und der permanente Geräuschpegel kann zarte Gemüter mit Leichtigkeit aus der Fassung bringen. Was erlaubt ist, wird gespielt – und das sind Bagatelle- und Computerspiele, die Gewinne in Form von Metallkügelchen ausschütten. Diese wiederum können in Sachpreise umgetauscht werden. Geldgewinne sind in Japan jenseits staatlicher Lotterien verboten. Umgangen wird dieses Gesetz oft in unmittelbarer Nähe der Pachinkohalle, in denen Krämerseelen kleiner Läden die Kügelchen in Bares tauschen. Für professionelle Spieler ein Segen, denn angeblich verdient sich der eine oder andere mit Pachinko eine goldene Nase – zumindest reicht es manchen für den Lebensunterhalt.

Sentō und Onsen

Reinheit wird in Japan großgeschrieben. Das äußert sich auch in der Badekultur. Aufgrund vieler natürlicher heißer Quellen sind **Onsen** landesweit zu finden. Abgesehen davon gab es zu Zeiten, als Haushalte kaum über ein eigenes Bad verfügten, seit Ende des 16. Jh. fast in jedem Viertel ein öffentliches Badehaus, das **Sentō**.

Japans Badekultur

Bei beiden unterscheidet sich das Baderitual von hiesigen Gepflogenheiten. Wer einen Onsen oder ein Sentō besucht, sollte, um nicht gleich als barbarischer Ausländer in Fettnäpfchen zu treten, einige Regeln beachten. Mitzubringen brauchen Sie bei größeren Bädern gar nichts. Handtücher, Seife, Shampoo und andere Kosmetikartikel werden hier i. d. R. zur Verfügung gestellt. Vor dem eigentlichen Baden gilt es, sich gründlich abzuseifen. Die separierten Waschgelegenheiten dafür sind, obwohl es wie für Kinder scheint, mit kleinem Hocker und niedrig angebrachter Dusche für Erwachsene gedacht. Die Vorgehensweise ist, sich im Sitzen gründlich mit Seife abzuschrubben. Erst dann dürfen Gäste in eines der unterschiedlich temperierten, oft sehr heißen Becken oder Wannen steigen, wobei keinerlei Seifenreste oder Haare das Badewasser verunreinigen sollten. Seit Ende des 19. Jh. wird grundsätzlich nach Geschlechtern getrennt und üblicherweise textilfrei gebadet. Dennoch haben sowohl Frauen als auch Männer oft ein kleines rechteckiges Handtuch dabei, mit dem sie ihre Scham bedecken können. Wer bis zum Hals im Badewasser sitzt, legt das Tuch einfach auf den Kopf.

Sitten und Regeln

Obwohl sich die Vorschriften mittlerweile ein wenig gelockert haben, sind in den meisten öffentlichen Bädern Tattoos nicht gerne gesehen. Manchmal ist der Zutritt sogar verboten. Der Grund dafür ist die Assoziation mit oft tätowierten Mitgliedern der Yakuza (S. 264).

Teezeremonie

Teegenuss war in Japan als Heilmittel oder „Hallo-Wach-Getränk", um bei Meditationen nicht einzuschlafen, lange vor der Entwicklung der Teezeremonie **Chanoyu** (heißes Wasser für den Tee) oder auch **Chadō** (der Weg des Tees) bekannt. Zunächst in Kreisen des Adels und des Klerus beliebt, verbreitete sich das Teetrinken bis zu Beginn des 15. Jh. in dem Ausmaß, dass sogar Teeverkostungen als Wettbewerbe veranstaltet wurden.

Philosophie des Teewegs

Die Betonung des Einfachen, die Verbindung zwischen Teezubereitung, Teetrinken und Zen, geht auf den Mönch Murata Jukō (1422–1502) zurück. Der Kaufmann und Teemeister Takeno Jōō (1502–1555), Protagonist des **Wabicha**, der auf der Schlichtheit beruhenden Methode des Teegenusses im Geiste des Zen, unterrichtete auch Sen no Rikyū (1522–1591), der als eigentlicher Begründer der Teezeremonie gilt. Er prägte vier sich ergänzende und einander bedingende Prinzipien, die maßgeblich Ablauf und Philosophie des Teewegs bestimmen. Dazu zählen Harmonie (*wa* 和), Ehrfurcht (*kei* 敬), Reinheit (*sei* 清) und Stille (*jaku* 寂).

Zubereitung des Matchatees während einer Teezeremonie

Der Kern der Teezeremonie ist die Pflege der **Einfachheit**, ein Insichkehren. Es gilt, Achtsamkeit zu üben, mit der Natur und den Dingen in Einklang zu sein. Dabei wird im Grunde nur Wasser gekocht, der pulverisierte grüne Matchatee angerührt und getrunken. Eine entscheidende Rolle spielt sowohl die Außen- und Innenarchitektur des Teehauses mit hohem Symbolcharakter als auch die bis ins kleinste Detail ritualisierte Zubereitung einschließlich des Teegeräts und des Trinkens selbst. Eine echte Teezeremonie kann Stunden dauern.

2. TŌKYŌ ALS REISEZIEL

Allgemeine Reisetipps von A–Z

In den **Allgemeinen Reisetipps von A–Z** finden Sie reisepraktische Hinweise für die Vorbereitung Ihrer Reise und Ihres Aufenthalts in Tōkyō und Kyōto. Ab Seite 125 folgen Tipps zu **Unterkünften**.

Tōkyō ist eine sich rasant ändernde Stadt, die schnell wächst, nicht nur in die Breite, sondern auch in die Höhe. Diese Schnelllebigkeit gilt auch für Preise, Öffnungszeiten und Adressen, die für dieses Buch sorgfältig recherchiert wurden. Sollten Sie Änderungen während Ihrer Reise bemerken oder etwas Neues entdecken, lassen Sie es uns wissen und senden Sie Ihre Anregungen und Korrekturen an: info@iwanowski.de.

An- und Ausreise

Tōkyō

Narita Airport (NRT)

Der Narita Airport, offiziell „Neuer internationaler Flughafen Tōkyō" *(shintōkyō kokusai kūko)* genannt, liegt mit drei Terminals ca. 60 km nordöstlich vom Zentrum Tōkyōs entfernt in der Nähe der Stadt Narita. Bei Direktflügen aus Europa ist mit einer Flugzeit zwischen 11 und 12,5 Std. zu rechnen. Flughafengebühren sind in der Regel bereits im Ticketpreis enthalten.
Internet: www.narita-airport.jp./en
Fluginformationen: ☎ 0476-34-8000 (automatische Ansage)
Touristeninformation: Terminal 1, tgl. 8–20 Uhr, ☎ 0476-30-3383, Terminal 2, tgl. 8–20 Uhr, ☎ 0476-34-5877.

Im Flughafen findet man viele Einrichtungen wie Restaurants und Shops, Geldschalter, Wechselstuben und Postservice, Gepäckaufbewahrung und -lieferservice, Beauty Salon und Duschen, Filialen für Mietwagen, Reisebüros, Touristeninformation, medizinische Ambulanz, Kinderspielzimmer und Babyraum, WLAN, Kopier- und Faxgeräte sowie Leihstellen für Smartphones, einfache Handys, Sim-Karten oder Wifi-Router (z. B. Soft Bank Counter, www.softbank-rental.jp).

Für den **Transfer zwischen Flughafen und Tōkyō** gibt es mehrere Optionen:
Bus: **Tōkyō Shuttle Bus** bis Tōkyō Station, Fahrzeit ca. 1 Std., ca 1.000 ¥, www.keiseibus.co.jp/inbound/tokyoshuttel/en/; **Limousine-Bus**, Fahrzeit je nach Ziel zwischen 1 und 2 Std., Abfahrten zwischen 7 und 23 Uhr, 2.800–3.600 ¥, www.limousinebus.co.jp. Der Bus fährt große Hotels, Tōkyō Station, Haneda Airport und Yokohama an. Tickets sind an Schaltern in allen drei Terminals zu bekommen.
Bahn: Züge fahren vom Terminal 1 mit Stopp an Terminal 2 und 3, www.narita-airport.jp/en/access; **Keisei Rapid Limited Express** bis Bahnhof Ueno (75 Min.), ca 1.030 ¥; **Narita Sky Access Line** bis Ueno (1 Std.), ca. 1.240 ¥; **Skyliner** bis Ueno (41 Min.), ca. 2.470 ¥. **JR-Narita Express** (**N'EX**) bis Tōkyō Station (1 Std.) und Shinjuku Station (80 Min), ca. 3.000 ¥, Hin- und Rückticket ca. 4.000 ¥, www.jreast.co.jp/e/.
Taxi: Je nach Verkehrssituation und Ziel kann die Fahrzeit ca. 1,5 Std. betragen. Dementsprechend variiert der Fahrpreis zwischen 16.000 und 26.000 ¥.
Door to Door Services: Eine Alternative zu Taxis bietet das Privatunternehmen Tōkyō Airporter mit geräumigen 5-Sitzern, Fahrpreis um 19.000 ¥. Infos und Buchung: www.tokyoairporter.com.
Helikopter: Mit Abstand die schnellste Variante ist ein Flug (20 Min.), ca. 60.000 ¥ pro Pers., je nach Anzahl der Passagiere, www.govoyagin.com.

Haneda Airport (HDN)

Der Flughafen Haneda liegt ca. 15 km südlich des Zentrums. Einrichtungen und Service sind vergleichbar mit dem Angebot am Narita Airport.
Internet: www.tokyo-airport-bldg.co.jp/en
Auskunft: ☎ (03)-5757-8111
Help Desk: ☎ (03)-6428-0888
Touristeninformation: In beiden Terminals mehrere Schalter, tgl. 5.30–1 Uhr.

Transfer zwischen Haneda Airport und Tōkyō
Bus: **Airport-Limousine-Busse** fahren Stopps im Zentrum wie im Großraum Tōkyō an. Der Fahrpreis richtet sich nach dem Ziel. Beispiel: Shinjuku 1.230 ¥, Tōkyō Station 930 ¥. Infos unter www.limousinebus.co.jp.
Bahn: Von den Terminals 1 und 2 fährt die **Tōkyō-Monorail-Bahn** in ca. 25 Min. bis zur Station Hamamatsuchō an der Yamanote-Ringlinie, die wichtige Stadtteile im Zentrum Tōkyōs miteinander verbindet; Fahrpreis 490 ¥. Informationen: www.tokyo-monorail.co.jp/english. Züge der **Keikyū-Linie** brauchen für die Strecke bis zum an der Yamanote-Ringlinie gelegenen Bahnhof Shinagawa 16 Min.; Fahrpreis 410 ¥. Infos: www.keikyu.co.jp/worldwide.
Taxi: Eine Fahrt ins Zentrum kostet ca. 6.000–8.000 ¥.

Transfer Nartita Airport/Handeda Airport
Mit dem Airport-Limousine-Bus ca. 75 Min., ca. 3.100 ¥.

Kyōto
Kansai International Airport Ōsaka (KIX)
Internet: www.kansai-airport.or.jp/en
Telefonische Flughafenauskunft (24 Std.): ☎ 072-455-2500
Touristeninformationsschalter JTB, Terminal 1, tgl. 7–22 Uhr, ☎ 072-456-6160; Terminal 2, tgl. 11.30–19.30 Uhr, ☎ 072-456-8630;
Infocenter Kanku-Machidokoro, Terminal 2, tgl. 6.30–23 Uhr, ☎ 050-3502-7628.

Transfer vom Flughafen
Öffentliche Verkehrsmittel vom Flughafen nach Kyōto (ca. 100 km):
Weiterreise per Bahn: Schnell und bequem ist die Fahrt mit dem **Expresszug Haruka** vom Bahnhof Terminal 1, Fahrzeit 78 Min., Fahrpreis ohne Reservierung 2.850 ¥, mit Reservierung 3.370 ¥, Green Car mit Reservierung 4.130 ¥.
Weiterreise per Bus: Mit den **Airport-Limousine-Bussen** ist man ca. 1,5–2 Std. unterwegs, Fahrpreis 2.550 ¥, **Yasaka Shuttle**, ca. 4.200 ¥. Reservierung ☎ 075-8934800, www.yasaka.jp/english/shuttle.
Taxi: Ab ca. 34.000 ¥, Fahrzeit ca. 1,5–2 Std.

Transfer zwischen Tōkyō und Kyōto (ca. 500 km)
Flugzeug: Inlandsflüge zwischen Airport Narita oder Haneda und Ōsaka Kansai International Airport, www.kansai-airport.or.jp, oder Ōsaka/Itami International Airport, www.osaka-airport.co.jp; Tickets ab ca. 15.000 ¥.

Bahn: Vom Airport Narita mit dem JR-Narita Express bis Tōkyō Station, ab hier fahren die Hochgeschwindigkeitszüge Tōkaidō-Shinkansen je nach Zugvariante in ca. 2,5 Std. nach Kyōto, Fahrpreis um 13.910 ¥.

Bus: Busse unterschiedlicher Gesellschaften fahren sowohl tagsüber als auch nachts, Fahrzeit 7–9 Std., Fahrpreis je nach Busausstattung 5.500–9.500 ¥. Busse der JR-Bus Group (www.jrbuskanto.co.jp.e) fahren z. B. von Tōkyō Station, Exit Yaesu, und beim Bahnhof Shinjuku JR-Highway Terminal ab. Ticketbuchung spätestens einen Tag vor der geplanten Fahrt, je früher desto besser.

Apps

Die jeweiligen Versionen (Android, iOS) sind meist kostenlos und englischsprachig.
Japan Connected Free: Einmal registriert, stellt die App den Zugang an vielen verschiedenen Orten wie Hotels, Einkaufszentren und Zügen bereit.
Navitime for Japan Travel: Routenplaner, auch Restaurants, WLAN-Spots u.v.m.
Tōkyō Subway Navigation: Strecken, Fahrzeit, Fahrpreis und Transfers.
HyperDia (iOS), **Japan Trains** (Android): Züge, Distanz, Fahrzeit, Fahrpreis und Transfers.
Arukumachi Kyōto: Bus und Bahn, Fahrzeit und Fahrtkosten.
Cooori-Wörterbuch: Offline mit über 100.000 Begriffen.
VoiceTra +: Übersetzt einfaches gesprochenes Englisch ins Japanische.
Weitere Apps unter: www.japan-experience.de/zu-wissen/vor-ihrer-reise/app-dich-durch-japan; www.japanspecialist.co.uk/travel-tips/mobile-apps-for-japan.

Auto fahren

Ein Auto zu mieten macht nur Sinn, wenn man plant, in völlig entlegene Gegenden zu fahren. Im Großraum Tōkyō oder Kyōto bewegt man sich besser und schneller mit öffentlichen Verkehrsmitteln. Bei längeren Strecken ist man mit dem Shinkansen gut beraten. Anbieter von **Mietwagen** (*kashi jidōsha* 貸し自動車) wie Avis, Nippon Rent-a-car etc. sind etwa an Flughäfen oder großen Bahnhöfen zu finden. Kosten und Konditionen sind mit unseren vergleichbar.

Internationale **Führerscheine** (*mankyoshō* 運転免許証) sind in Japan nicht gültig. Notwendig ist zudem eine Übersetzung der Fahrlizenz von einer offiziell anerkannten Stelle wie dem japanischen Automobilverband: auch online bestellbar, Gebühr 3.000 ¥. Gültigkeitsdauer sechs Monate. **JAF Japan Automobile Federation**, 2-2-17 Shiba, Minato-ku, ☎ (03) 6833-9100, www.jaf.or.jp/e/.

Übersetzungsdienste übernehmen auch Botschaften (s.u.). Formalitäten rund um den Führerschein erledigt auch die Frankfurter Agentur „**Japan Experience**", ☎ +49 (0)69 967 59219, www.japan-experience.de.

Die **Verkehrsregeln** weichen abgesehen davon, dass in Japan **Linksverkehr** herrscht, nur in einigen Punkten von unserer Straßenverkehrsordnung ab: Die Höchstgeschwindigkeit beträgt auf Autobahnen 100 km/h, auf Landstraßen zwischen 30 und 50 km/h, Autobahnen sind gebührenpflichtig, es gilt die Nullpromillegrenze. Parken ist nur auf ausgewiesenen Parkplätzen erlaubt.

Deutsch-Japanische Gesellschaften

Wer sich intensiv mit Japan beschäftigen möchte, kann sich an eine der rund 40 Deutsch-Japanischen Gesellschaften wenden. Vorträge zu Politik, Wirtschaft und Kultur gehören meist genauso zu ihren Veranstaltungsprogrammen wie etwa Koch- oder Sprachkurse. Viele der Einrichtungen verfügen über Bibliotheken. Eine

Adressenliste aller Vereine befindet sich auf der Homepage des Verbandes Deutsch-Japanischer Gesellschaften, www.vdjg.de, oder auf der Homepage der Japanischen Botschaft in Berlin (s. u.).
Österreich: Japanisches Informations- und Kulturzentrum, Schottenring 8, 1010 Wien, ☎ +43 (0)1-53385-86, Mo–Fr 9–16.30 Uhr.
Schweiz: Japanisches Informations- und Kulturzentrum, Engestraße 43, 3012 Bern, ☎ +41 (0)31-305-1570, Mo–Fr 9–11.30, 14–16.30 Uhr.

Diplomatische Vertretungen

Deutschland: Japanische Botschaft, Hiroshimastr. 6, 10785 Berlin, ☎ 030-21094-0, 🖷 030-21094-222, www.de.emb-japan.go.jp, Mo–Fr 9–12.15, 14–16.30 Uhr.
Österreich: Japanische Botschaft, Heßgasse 6, 1010 Wien, ☎ 01-53192-0, 🖷 01-53205-90, www.at.emb-japan.go.jp, Mo–Fr 9–12, 13.30–16.30 Uhr.
Schweiz: Japanische Botschaft, Engestr. 53, 3012 Bern, ☎ 031-30022-22, 🖷 031-30022-55, www.ch.emb-japan.go.jp, Mo–Fr 9–11.30, 14–16.30 Uhr.

In Tōkyō
Deutsche Botschaft (*doitsu taishikan* ドイツ大使館), 4-5-10, Minami-Azabu, Minato-ku, Tōkyō 106-0047, ☎ (03)-5791-7700, 🖷 (03)-5791-7773, www.japan.diplo.de, Mo–Fr 8–11 Uhr. Für Notfälle: ☎ (090)-1708-4823. **M** Hiro-o (広尾駅), Linie Hibiya, Exit 1.
Österreichische Botschaft (*ōsutoria taishikan* オーストリア大使館), 1-1-20, Moto-Azabu, Minato-ku, Tōkyō 106-0046, ☎ (03)-3451-8281, 🖷 (03)-3451-8283, www.bmeia.gv.at/tokio, Mo–Fr 9–12 Uhr. Für Notfälle: ☎ (090)-4600-0148. **M** Azabu-Jūban (麻布十番駅), Linien Ōedo, Namboku, Exit 4.
Schweizer Botschaft (*suisu taishikan* スイス大使館), 5-9-12 Minami-Azabu, Minato-ku, Tōkyō 106-8589, ☎ (03)-5449-8400, 🖷 (03)-3473-6090, www.eda.admin.ch/tokyo, Mo–Fr 9–12 Uhr.
Für Notfälle: ☎ +41 (0)800-24-7-365. **M** Hiro-o (広尾駅), Linie Hibiya, Exit 3.

Dolmetscher und Fremdenführer

Einen **Dolmetscher** (*tsūyaku sha* 通訳者) an der Seite zu haben, kann recht kostspielig sein. Unter vielen Übersetzern, die meist im weiten Feld des Big Business tätig sind, bieten einige Agenturen auch Guide-Dolmetscherdienste in der Tourismusbranche an, die für 4 Stunden zwischen 28.000 und 36.000 ¥, für 8 Stunden zwischen 36.000 und 63.000 ¥ kosten. Sowohl bei Dolmetschern als auch Fremdenführern (*kankō gaido* 観光ガイド) sollten Sie sich, wenn Sie nicht alleine reisen, vorab erkundigen, für wie viele Personen die Konditionen Gültigkeit haben.

Japan Guide Association (JGA), 603, International Building, 1-6-1 Kanda-Izumichō, Marunouchi, Chiyoda-ku, ☎ (03)-3863-2895, 🖷 (03)-3863-2896, info@jga21c.or.jp, www.jga21c.or.jp.
Japan Federation of Certified Guides (JFG), 2-29-7 Nakano, Nakano-ku, ☎ (03)-3380-6611, 🖷 (03)-3380-6609, kaigai@ifg-e.jp, http://jfg-e.jp.

Fremdenführerin in Aktion

Guides und Übersetzer finden: Nach Region, Sprachen, thematischen Schwerpunkten, www.guidesearch.info/search.

Volunteer Guides bzw. Goodwill Guides: In landesweit verschiedenen Gruppen organisierte Guides bieten regelmäßig festgelegte oder individuelle Führungen kostenlos an. Da diese ehrenamtlich tätig sind, sollten Sie selbstverständlich anfallende Spesen übernehmen. Erfragbar bei jedem Tourist Information Center (TIC) oder bei der Japanischen Fremdenverkehrszentrale (JNTO), www.jnto.go.jp.

Drogen

Drogenkriminalität wird in Japan mit **hohen Strafen** geahndet. Zwischen harten und weichen Drogen besteht anders als hierzulande strafrechtlich kein Unterschied.

Einkaufen

Shopping leicht gemacht! Von riesigen Malls über traditionelle Warenhäuser, Läden und Boutiquen bis hin zu 100-Yen-Shops ist in **Tōkyō** und **Kyōto** alles zu finden, was das Herz begehrt. Unter Japanern gilt ein Einkaufsbummel als Freizeitvergnügen und so haben Geschäfte auch samstags und sonntags geöffnet. In Warenhäusern und großen Geschäften werden i. d. R. gängige Kreditkarten akzeptiert. Der Mehrwertsteuersatz liegt bei 8 %.

Einreisebestimmungen

Deutsche, Österreicher und Schweizer benötigen bei der Einreise als Tourist (max. 90 Tage) lediglich einen Reisepass. Wer länger bleibt, kann die visumsfreie Aufenthaltsgenehmigung bei einem der Gemeindeämter um weitere 90 Tage verlängern lassen. Visumspflicht besteht für Ausländer, die in Japan einer bezahlten Tätigkeit nachgehen. In Kinderausweisen muss ab dem 10. Lebensjahr ein Lichtbild enthalten sein. Bei der Einreise von Personen über 16 Jahren werden Fingerabdrücke genommen und ein Porträtfoto gemacht. Ausländer sind **verpflichtet**, stets ihren **Pass mitzuführen**. *s. auch „Zoll", S. 124.*

Elektrizität

Das Stromnetz in Japan arbeitet mit einer Spannung von 100 Volt und einer Netzfrequenz von 60 Hertz im Westen (Kyōto) sowie 50 Hertz im Osten (Tōkyō) des

Landes. Üblich sind Flachstecker mit zwei Polen, Steckdosen Typ A. Für mitgebrachte Elektrogeräte wird ein **Adapterstecker** (*adaputā puragu* アダプタープラグ) benötigt, der aber vor Ort in Kaufhäusern und Fachgeschäften zu bekommen ist. Vergewissern Sie sich, dass sich Ihre Elektrogeräte oder in Japan gekaufte Artikel automatisch auf die veränderte Stromspannung umstellen können.

Erdbeben

Auch wenn in Japan häufig die Erde bebt, sind viele dieser Erschütterungen so schwach, dass man sie kaum bemerkt. Was aber tun, wenn es zu einem stärkeren Erdbeben kommt? Ein paar grundsätzliche Verhaltensregeln können evtl. Schaden verringern oder verhindern. **Im Freien**: Sicherheitsabstand suchen zu Gebäuden, Brücken, Bäumen, Straßenlampen und anderem, das um- oder einstürzen könnte. An Gewässern den Bereich des Ufers verlassen.

In Gebäuden: ein Fenster oder eine Tür öffnen (Fluchtweg), vor herabfallenden Gegenständen in Acht nehmen, unter einem Tisch oder Türrahmen Schutz suchen, Kopf schützen, keinen Fahrstuhl benutzen, das Gebäude nur bei sicherer Umgebung (herabstürzende Dachziegel, Glassplitter usw.) verlassen.

Im Auto: Fahrzeug umgehend anhalten, aber nicht auf Brücken, in Tunnels oder Unterführungen, die Nähe zu Gebäuden meiden.

Feiertage und Feste

Mit offiziellen Feiertagen und landesweiten oder regionalen Festen vergeht kein Monat des Jahres ohne mindestens einen Tag von besonderer Bedeutung. Meist religiösen Ursprungs, sind viele der **Matsuri** von Prozessionen, Tanz und Musik begleitet. Zahlreiche traditionelle Feste nicht-religiösen Ursprungs haben einen geschichtlichen Hintergrund.

Nationalfeiertage

Januar – 1.–3. Jan.: Neujahr (*shōgatsu* 正月)
2. Montag im Jan.: Tag der Volljährigkeit (*seijin no hi* 成人の日)
Februar – 11. Feb.: Tag des Gedenkens an die Staatsgründung (*kenkoku kinen no hi* 建国記念の日)
März – 20. oder 21. März: Frühjahrsanfang (*shunbun no hi* 春分の日)
April – 29. April: Shōwa-Gedenktag (*shōwa no hi* 昭和の日)
Mai – 3. Mai: Tag der Verfassung (*kenpō kinenbi* 憲法記念日)
4. Mai: Tag der Umwelt (*midori no hi* みどりの日)
5. Mai: Tag des Kindes (*kodomo no hi* こどもの日)
Juli – 20. Juli: Tag des Meeres (*umi no hi* 海の日)
September – 21. Sept.: Tag der Verehrung Älterer (*keirō no hi* 敬老の日)
23. oder 24. Sept.: Herbstanfang (*shūbun no hi* 秋分の日)
Oktober – 2. Montag im Okt.: Tag des Sports (*taiiku no hi* 体育の日)
November – 3. Nov.: Tag der Kultur (*bunka no hi* 文化の日)
23. Nov.: Tag der Arbeit (*kinrō kansha no hi* 勤労感謝の日)
Dezember – 23. Dez.: Geburtstag des Kaisers (*tennō no tanjōbi* 天皇の誕生日)

Weitere Festtage

Januar

6. Jan./Tōkyō: **Neujahrsparade** der Feuerwehr (*dezome shiki* 出初め式) mit Musik und akrobatischen Vorführungen.

15. Jan./Kyōto: **Bogenschießwettbewerb** (*tōshiya* 通し矢) im Areal des Tempels Sanjūsangendō.

Februar (landesweit)

3. Feb.: Das **Bohnenwurffest** (*setsubun* 節分) wird zur Vertreibung böser Geister und des Winters begangen.

14. Feb.: **Valentinstag** (*varentain/ai no hi* ヴァレンタイン/愛の日)

März (landesweit)

3. März: Schon einen Tag vor dem **Puppenfest** (*hina matsuri* 雛祭り) stellt man in höfische Kleidung gehüllte Puppen nach ganz bestimmten Regeln auf.

14. März: Der **White Day** (*howaito dē* ホワイトデー) ist ähnlich dem Valentinstag der Liebe gewidmet.

April (landesweit)

8. April: Dieses **Blumenfest** (*hana matsuri* 花祭り) wird im Gedenken an Buddhas Geburtstag gefeiert. Blumenfeste gibt es aber auch aus anderen Anlässen.

Mai

Wochenende vor dem 15. Mai/Tōkyō: Als eines der größten Shintōfeste findet das **Kanda-Festival** (*kanda matsuri* 神田祭り) in allen ungeraden Jahren mit einer Parade statt, bei der rund 200 Schreine im Viertel Kanda durch die Straßen getragen werden.

Sanja-Festival, Asakusa

15. Mai/Kyōto: Das **Stockrosenfest** (*aoi matsuri* 葵祭り) zählt zu den bedeutenden Festtagen des Shimogamo- und Kamigamoschreins.

3. Wochenende im Mai/Tōkyō: Das dreitägige **Sanja-Festival** (*sanja matsuri* 三社祭り) im Stadtteil Asakusa gilt als eines der spektakulärsten religiösen Feste der Stadt.

3. Sonntag im Mai/Kyōto: Bei dem farbenprächtigen **Fest der Boote** (*mifune matsuri* 三船祭り) im Stadtteil Arashiyama wird eine historische Kahnfahrt nachgestellt.

Juni

10.–16. Juni/Tōkyō: Das große **Fest um den Hie-Schrein** (*sanno matsuri* 山王祭り) wird in allen geraden Jahren ausgerichtet.

Juli

7. Juli (landesweit): Das **Sternenfest** (*tanabata matsuri* 七夕祭り), an manchen Orten mit Feuerwerk, entstammt einer chinesischen Legende. Die beiden Sterne Wega und Altair seien ein Liebespaar, das sich nur an diesem Datum treffen kann.

10.–24. Juli/Kyōto: Höhepunkt des spektakulärsten Festes der Stadt im Viertel Gion (*gion matsuri* 祇園祭り) ist eine große **Wagenprozession** am 17. Juli.

August
13.–16. Aug. in Westjapan: Während des buddhistischen **Festes zu Ehren der Ahnen** (*o-bon* お盆), in Ostjapan im Juli gefeiert, trifft sich die Familie, Gräber werden neu geschmückt und von Region zu Region unterschiedliche Tänze aufgeführt.
16. Aug./Kyōto: Abschluss des Ahnenfestes mit einem großen Feuer in Form des Schriftzeichens für groß „大".
Letztes August-Wochenende/Tōkyō: **Samba-Festival** im Stadtteil Asakusa.
Oktober
22. Okt./Kyōto: In Erinnerung an die Gründungstage Kyōtos als Kaiserresidenz wird seit 1895 das **Fest der Zeitalter** (*jidai matsuri* 時代祭り) neben dem Aoi Matsuri und dem Gion Matsuri als jährlich letztes der drei großen Festivals der Stadt mit Paraden und Prozession gefeiert.
November (landesweit)
15. Nov.: An diesem Tag (*shichi go san* 七五三) werden Kinder im Alter von sieben, fünf und drei Jahren zu Schreinen begleitet, um dort für eine glückliche Zukunft der Jüngsten zu bitten.
Dezember
31. Dez. (landesweit): Der letzte Tag im Jahr wird in Japan vergleichsweise ruhig begangen. Typisch ist das Läuten von Glocken in allen buddhistischen Tempeln.
31. Dez./Kyōto: Von einem im Yasaka-Schrein entzündeten Feuer wird zeremoniell ein Funken mit nach Hause genommen, um ihn für das eigene Neujahrsfeuer zu verwenden (*okera mairi* おけら詣り).

Ferienzeit

In der **Golden Week** Ende April bis Anfang Mai und während **O-Bon** meist Mitte August ist für viele Japaner Urlaubszeit, wodurch der Bedarf an Reservierungen in Hotels, Restaurants und an Fahrtickets kurzfristig genauso in die Höhe schnellt wie die Preise.

Fotografieren und Filmen

Wie überall in der Welt sollten fremde Personen, die man ablichten möchte, um ihr **Einverständnis** gebeten werden. Zu beachten ist zudem, dass in einigen öffentlichen Gebäuden, Museen und Geschäften Fotografieren und Filmen ohne Genehmigung untersagt ist.

Zu bekommen ist zwar alles, aber der Kauf von Fotoapparaten, Videokameras und Zubehör ist in Japan nicht kostengünstiger als hierzulande. Filme werden in Fachgeschäften oft innerhalb einer Stunde entwickelt. Wer sich für die neuesten Produkte aus der breiten Palette japanischer Foto- und Filmtechnik interessiert, kann sich in den **Showrooms** einzelner Unternehmen informieren. Showrooms und Reparaturservice: **Canon**, Tolerance Ginza Building, 3-9-7 Ginza, Chūō-ku, Mo–Sa 10.30–18.30 Uhr; **Nikon**, Strata Ginza Building, 7-10-1 Ginza, Chūō-ku, tgl. 10.30–18.30 Uhr; **Sony**, Ginza Place, 5-3-1 Ginza, Chūō-ku, tgl. 11–19 Uhr.

Fundbüros

Wer etwas verloren oder vergessen hat, kann sich bei Lost-&-Found-Stellen erkundigen, ob sein Hab und Gut gefunden und abgegeben wurde. Einzelne Fundbüros (*ishitsubutsu toriatsukaisho* 遺失物取扱所) geben die herrenlosen Dinge nach einer oder zwei Wochen an das zentrale Fundbüro weiter.

- **Tōkyō** (Vorwahl 03)

Zentrales Fundbüro, 1-19-11 Koraku, Bunkyō-ku, ☎ (0570)-550-142
Haneda Airport, ☎ 5757-8107
Narita Airport, ☎ Terminal 1: ☎ (0476)-32-2105,
Terminal 2: ☎ (0476)-34-5220
Metro, ☎ 3834-5577
Toei Metro und Busse, ☎ 3812-2011
Tōkyō Station, JR-East, ☎ 3231-1880
Ueno Station, ☎ 3841-8069
Taxis, ☎ 3648-0300

- **Kyōto** (Vorwahl 075)

Kyōto Station, ☎ 341-4601
Hankyū Railway, ☎ 06-6133-3473
Bus, ☎ 801-2561
U-Bahn, ☎ 213-1650
Taxis, ☎ 672-1110
Ōsaka-Itami Airport, ☎ 06-6856-6634
Kansai Airport, ☎ (072)-455-2500

Geld und Zahlungsmittel

Die japanische Währung heißt **Yen** ¥. Im Umlauf sind Münzen zu 1, 5, 10, 50 100 und 500 ¥ und Banknoten zu 1.000, 5.000 und 10.000 ¥.
Wechselkurs S. 139

Unter Japanern ist Bargeld das bevorzugte Zahlungsmittel. Trotzdem sind viele große Hotels, Restaurants und Geschäfte auf Kreditkartenzahlung mit Visa, MasterCard, Diners Club oder American Express eingestellt. Bei kleineren Einrichtungen können Sie nicht unbedingt damit rechnen.

Der Umtausch von Euro oder anderen Währungen in Yen ist nicht bei allen Banken, sondern nur bei **Devisenwechselbanken** oder bei Wechselstellen wie etwa an Flughäfen oder Bahnhöfen nach Vorlage des Reisepasses möglich. Reiseschecks verlieren zunehmend an Bedeutung und Akzeptanz. Besser ist es, andere Zahlungsmittel zu nutzen. Öffnungszeiten Banken: Mo–Fr 9–15 Uhr.

Bargeld kann man mit **Kreditkarte** an „International ATM Service“-Automaten in großen Postämtern und Filialen der Citibank abheben. Seit Einführung von **ATM-Automaten** in den rund um die Uhr geöffneten und an fast allen Ecken zu findenden Convenience Stores **7-Eleven** ist die Beschaffung von Bargeld mit gängigen Kreditkarten und PIN-Nummer kein Problem. Die Bedienungsanleitung ist auf Englisch umzustellen.

Bank (*ginkō* 銀行)
Wechselstube (*ryōgaejo* 両替所)
Kreditkarte (*kurejitto kādo* クレジット カード)
Geldautomat (*kyasshu kōnā* キャッシュコーナー)
ATM-Automat (*ētīemu* エーチーエム)

Gesundheit

Sollte in der eigenen Reiseapotheke einmal etwas fehlen, sind einige Medikamente in Drogerien oder Apotheken zu bekommen.

Besondere **Impfungen** sind für eine Japanreise nicht notwendig, wobei Reisende ihren Schutz gegen Tetanus, Diphtherie und Polio prüfen bzw. erneuern lassen sollten. Für längere Aufenthalte wird eine Impfung gegen Hepatitis A und B empfohlen (für Kyūshū und Okinawa eine Impfung gegen die japanische Enzephalitis). Beachten Sie aktuelle Impfempfehlungen des Auswärtigen Amts für Japan-Reisende im Internet: www.auswaertiges-amt.de.

Wer ärztliche Hilfe in Anspruch nimmt, muss gewappnet sein, die **Kosten** selbst zu übernehmen. In einigen Kliniken und Apotheken werden Kreditkarten oder die Bezahlung am Folgetag akzeptiert. Wer eine Reisekrankenversicherung abgeschlossen hat, sollte an den Rechnungsbeleg denken, aus dem die ärztliche Leistung hervorgeht.

Apotheke (*yakuho* 薬舗/*fāmashī* ファーマシー)
Arzt (*isha* 医者), Zahnarzt (*haisha* 歯医者)
Krankenhaus (*byōin* 病院), Krankenversicherung (*iryō-hoken* 医療保険)
Quittung (*ryōshūsho* 領収書), Diagnose (*shindan* 診断), Medikamente (*iyaku* 医薬)

Telefonische Auskunft vor Ort, z. B. über medizinische Einrichtungen in Japan, erhält man auf Englisch bei: **AMDA International Medical Information Center**, ☏ (03)-5285-8088, Mo–Fr 9–20 Uhr.
Im Krankheitsfall wohin? Folgende Organisation hilft weiter, um eine Klinik mit englischsprachigem Personal zu finden.
Tōkyō Metropolitan Health & Medical Information Center, ☏ (03)-5285-8181, www.byouin.metro.tokyo.jp/english/medical_info.html, tgl. 9–20 Uhr.
Im Fall von Sprachproblemen hilft der Notfall-Übersetzungsdienst: **Emergency Translation Services**, ☏ (03)-5285-8185, Mo–Fr 17–20, Sa/So 9–20 Uhr.

Medizinische Einrichtungen (auch englischsprachig)
Tōkyō
St. Luke's International Hospital (聖路加国際病院), 9-1 Akashichō, Chūō-ku, ☏ (03)-5550-7166, http://hospital.luke.ac.jp. **M** Tsukiji (築地駅), Linie Hibiya, Exit 3, 4. **M** Shintomichō (新富町駅), Linie Yūrakuchō, Exit 6.

Japanese Red Cross Medical Center (日本赤十字社医療センター), 4-1-22 Hiro-o, ☎ (03)-3400-1311, www.med.jrc.or.jp. **M** Hiro-o (広尾駅), Linie Hibiya, Exit 3, 15 Min. zu Fuß.
Tōkyō Medical Clinic & Surgical Clinic, 32 Shiba-kōen Bldg. 2. OG, 3-4-30 Shiba-kōen, Minato-ku, ☎ (03)-3436-3028, www.tmsc.jp.
Zahnarzt und Apotheke im selben Gebäude. **M** Onarimon (御成門), Linie Toei Mita, Exit A1, 10 Min. zu Fuß.

Zahnarzt
Tōkyō Clinic Dental Office, 32 Shiba-kōen Bldg. 3. OG, 3-4-30 Shiba-kōen, Minato-ku, ☎ (03)-3431-4225, www.tcdo.jp, Mo–Mi/Fr 9–18, Sa 9–17 Uhr. **M** s. o.

Apotheke
American Pharmacy, Marunouchi Bldg., 2-4-1 Marunouchi, ☎ (03)-5220-7716, Mo–Fr 9–21, Sa 10–21, So 10–21 Uhr. /**M** Tōkyō Station, Exit 4B.

Kyōto
Kyōto University Hospital (京都大学医学部附属病院), 54 Shōgoinkawahara-chō, Sakyō-ku, ☎ (075)-751-3111, www.kuhp.kyoto-u.ac.jp. Sprechstunde Mo–Fr 8.30–11 Uhr. **B** Vom Bahnhof Bus Nr. 206 bis Stopp Kumanojinjamae (熊野神社前).

Internet

Neben kostenpflichtigen schnellen WLAN-Spots gibt es an Flughäfen, Bahnhöfen und in Zügen, in Hotels, Einkaufszentren, Touristeninformationen, Cafés und Restaurants sowie an vielen anderen Stellen der Städte kostenloses WLAN. Wer ganz unabhängig sein will, kann sich schon von zu Hause aus online einen kleinen WLAN-Router (Pocket Wifi) bestellen, der am Flughafen oder im Hotel bei Ankunft hinterlegt wird: www.der-japan-rail-pass.de/services/pocket-wifi.

Japan im Internet
www.gojapango.com – (engl.) Informationen rund um Japan plus Hotelportal
www.japan-guide.com – (engl.) Infos zu Japan von A–Z, Reisen inklusive
www.jnto.de – (dt.) Japanische Fremdenverkehrszentrale Frankfurt
www.jnto.go.jp – (engl.) Japan National Tourism Organization (JNTO)

Tōkyō
www.gotokyo.org/de – (dt.) Tipps zu Sightseeing, Unterkunft, Gastronomie
www.tokyoessentials.com – (engl.) Reiseinfos zu Tōkyō und Umgebung

Kyōto
www.kansai.gr.jp – (engl.) Reiseinfos zur Kansai-Region
www.kyotoguide.com – (engl.) Tipps zu Sightseeing, Unterkunft und Gastronomie
http://kyoto.travel/de – (dt.) Offizieller Reiseführer der Stadt Kyōto
www.pref.kyoto.jp/en/index.html – (engl.) Informationen von der Präfektur Kyōto, Download einer Information-App zu Kyōto möglich

Kinder

Kinder jeden Alters werden in Japan gerne gesehen und so sind besondere Einrichtungen wie Freizeit- und Abenteuerparks, Spielecken in Museen und Geschäften bis hin zu kindgerechtem Mobiliar allerorts zu finden. Informationen im Internet: **http://web-japan.org/kidsweb** (mehrsprachige, u.a. auch auf Deutsch für Kinder aufbereitete Seiten. Unter dem Thema „Japan erforschen“ finden sich Infos über Geografie, Kultur, Alltag u.v.m.).

Kleidung

Die **Kleidung** sollte der Jahreszeit und individuellen Reiseplänen angepasst sein. Für Reisende gut zu wissen: Wäsche waschen ist in Japan kein Problem. In Luxus- und Mittelklassehotels versteht sich Wäscheservice von selbst. Zur Ausstattung kleinerer Hotels oder Jugendherbergen gehören oftmals Münzwaschmaschinen und Trockner. Zudem gibt es Reinigungen (*kurīngu-ya* クリーニング屋) und Waschsalons (*koin randorī* コイン　ランドリー). Bei **Schuhen** ist es von Vorteil, wenn diese leicht an- und ausziehbar sind, denn in manchen Restaurants, Tempeln, Schreinen, Burgen und anderen Einrichtungen sind Straßenschuhe tabu.

Kleider- und Schuhgrößen

Damenbekleidung

Europa/Japan	36/11	38/13	40/15	42/17	44/19	46/21	48/23	50/25

Damenschuhe

Europa/Japan	36/23	37/23,5	38/24 u. 24,5	39/25 u. 25,5	40/26

Herrenkleidung

Europa/Japan	44/S	46/S	48/M	50/L	52/L	54/LL u. XL	56/LL u. XL

Herrenschuhe

Europa/Japan	39/25	40/25,5	41/26	42/26,5	43/27	44/28	45/29

Die mit S, M und L ausgezeichnete Konfektion fällt insgesamt etwas kleiner aus als bei uns.

Lebensmittelsicherheit

Entsprechend regelmäßigen Kontrollen und Bewertungen deutscher Strahlenschutzexperten werden heute einige Jahre nach dem GAU in Fukushima 2011 die in Japan im Handel befindlichen Lebensmittel als unbedenklich eingestuft.

Maße und Gewichte

In Japan gilt wie bei uns das **metrische System**. Ausnahmen bestätigen die Regel und so wird bei Wohnungen die Fläche in Tatami, größenmäßig standardisierten Reisstrohmatten angegeben. Dabei entspricht ein Tatami 1 *jō* 坪 = 1,65 m^2. Weitere ältere Maßeinheiten, hin und wieder gebräuchlich, sind:
tsubo 畳 = 3,3 m^2, *go* 合 = 0,18 l und *shō* 升 = 1,8 l.

Medien

Tageszeitungen in englischer Sprache sind vor allem in großen Hotels, Bahnhöfen oder Buchhandlungen wie Kīnokuniya erhätlich: „The Japan Times" (www.japantimes.co.jp), „The Mainichi Daily News" (https://mainichi.jp/english/), „Yomiuri Shimbun" (http://the-japan-news.com), „The Asahi Shimbun/International Herald Tribune" (www.asahi.com/ajw/). Wer beispielsweise bei Kīnokuniya (S. 272) in den Regalen stöbert, wird aber auch andere **Magazine** zu Themen wie Mode, Architektur u.v.m. in westlichen Sprachen finden. Selbst der deutsche „Spiegel" ist hier zu bekommen.

Vierteljährlich erscheint das **tokyojournal** (http://tokyojournal.com). Mit Beiträgen zu Kunst, Kultur und Insidertipps sind die kostenlosen Zeitschriften „att.Japan" (http://att-japan.net/en/) und „Metropolis" (https://metropolisjapan.com) für Einheimische und Besucher gleichermaßen informativ.

Fernsehen: Seit der Fernsehsender NHK im Februar 1953 sein erstes Programm ausstrahlte, sind viele Sender dazugekommen. Ein gemütlicher Fernsehabend ist dennoch eher Japanern vorbehalten. Bis auf wenige Ausnahmen wie NHK World gehören fremdsprachige Sender nicht zum Standard.

Nachtleben

Das Nachtleben **Tōkyōs** hat für jeden Geschmack zu jeder Zeit etwas zu bieten. Mehr von Ausländern geschätzt, gilt **Roppongi** als Hochburg facettenreichen Amüsements. Trifft sich in **Shibuya** die junge Szene, so zieht es die etwas ältere Generation eher nach **Asakasa** oder **Ebisu**. Wer Noblesse liebt, bevorzugt die **Ginza** oder genießt die Lichter der Nacht von einer der Sky Bars hoch über der Stadt. Berühmt-berüchtigt ist das Rotlichtviertel Kabukichō in **Shinjuku**. Die Gay- und Lesbenszene hat im Stadtteil **Shinjuku ni-chōme** ihr Revier. Abgesehen davon lässt es sich auch problemlos in **Ikebukuro**, **Ueno**, **Asakusa** oder **Shimbashi** bis in die Morgenstunden feiern. Beim Besuch von Clubs wird oft ein Eintritt erhoben. Aktuelle **Veranstaltungstipps** unter https://metropolisjapan.com.

Kyōto

Die alte Kaiserstadt zeigt sich einen Hauch ruhiger, wenngleich auch hier im relativ kostspieligen Viertel **Gion** genügend Nightlife zu finden ist. Günstiger sind die Kneipen, Bars und Livemusik-Clubs in Seitenstraßen der **Shijō-dōri** und **Sanjō-dōri**. Pachinko- und Spielhallen reihen sich in der Kawaramachi-dōri aneinander.

Bar (*bā/sakaba* バー/酒場), Club (*kurabu* クラブ), Disco (*diisuko* ヂイスコ), Gay Club (*gēbā/ gēnobasho* ゲイバー/ゲイの場所), Hostessclub (*hosutesu kurabu* ホステス クラブ), Kabarett (*kyabarē* キャバレー), Karaoke (*karaoke* カラオケ), Kino (*ēgakan* 映画館), Lesben-Club (*resubian kurabu* レスビアンクラブ), Livekonzert (*raibu kansāto* ライブコンサート), Livemusik (*nama no ongaku* 生の音楽), Nachtclub (*naito kurabu* ナイトクラブ), Pachinko (*pachinko-ya* パチンコ屋), Rotlichtbezirk/Pink Area (*akasen kuiki/pinku eria* 赤線区域/ピンクエリア), Theater (*gekijō* 劇場)

Notfälle

Gebührenfreie, von allen Telefonen erreichbare Notrufnummern (je nach Telefon muss gegebenenfalls vorab der roten Knopf betätigt werden):

Polizei: ☏ 110, engl.: ☏ (03)-3501-0110
Notarzt und Feuerwehr: ☏ 119
Japan Helpline: ☏ 0120-46-1997 (engl., rund um die Uhr, gebührenfrei)
Telefonservice der Polizei für Ausländer
Tōkyō: ☏ (03)-3503-8484 (engl., Mo–Fr 8.30–7.15 Uhr)
Japan Helpline: ☏ 0570-000-911 (engl., 24 Std. erreichbar)

Verlust von Kredit- und Bankkarten
Deutschland: Sperrnotruf für diverse Karten wie girocards und Kreditkarten oder die elektronische Identitätsfunktion des Personalausweises: ☏ +49-116-116 oder +49-30-4050-4050, Infos unter www.sperr-notruf.de.
Österreich, Schweiz: Bei Verlust sollten die jeweilige Bank oder das Kreditkarteninstitut informiert werden.

Öffentliche Verkehrsmittel

Das Streckennetz öffentlicher Verkehrsmittel in Japan lässt kaum Wünsche offen. Schnell, im Allgemeinen pünktlich und zu angemessenen Preisen kommen Reisende sowohl innerhalb der Städte als auch im Fernverkehr von A nach B.

Tōkyō

Die schnellste Möglichkeit, sich in Tōkyō fortzubewegen, sind Züge (🚆) der Japan Railways Group (JR) sowie privater Bahngesellschaften, vor allem aber die Metro (**M**) und Toei Subway.

Zur Übersichtlichkeit ist jede der **Metrolinien** sowohl auf Streckenplänen wie auch in Stationen selbst durch eine eigene Farbe gekennzeichnet. Bei jeder Linie sind zudem die Stationen durchnummeriert. Die Bahnhöfe liegen meist im Untergrund. Eingänge sind an Hinweisschildern zu erkennen. Tagsüber fahren Züge und U-Bahnen fast im Minutentakt, in den Abendstunden seltener. Nachts fahren keine Züge. Je nach Linie kann schon vor 24 Uhr Feierabend sein. Eine Besonderheit ist die **JR-Yamanote-Linie** als einzige Ringlinie im Herzen der Stadt.

Fahrkartenkauf: Ein wenig gewöhnungsbedürftig ist der Kauf von Fahrkarten, die üblicherweise an **Automaten** zu bekommen sind. Über den Automaten ist ein Streckenplan, häufig auch auf Englisch angebracht, aus dem der Fahrpreis der jeweiligen Routen hervorgeht. Das Bedienungsmenü der Automaten ist meist auf Englisch umzustellen. Man kann wahlweise ein Tages-, Sammel-, Kinderticket usw. oder schlicht eine Einzelfahrkarte erstehen. Nach Anwählen von gewünschtem Ziel und Ticketart ist der entsprechende angezeigte Betrag mit Münzen oder Geldscheinen zu begleichen, das Restgeld wird herausgegeben. Das Ticket wird nach Drücken des Knopfes „Buy“ ausgedruckt. Wenn es dennoch Schwierigkeiten gibt,

Ticketschranken in einer Metrostation

helfen Bahnbeamte gerne weiter. Kinder unter fünf Jahren fahren kostenlos, vom 6. bis 11. Lebensjahr zum halben Preis.

Zu den Bahnsteigen kommen Fahrgäste nur durch **automatische Ticketschranken**, die sich nach Einschieben der Fahrkarte öffnen. Das Ticket, das nach der Schranke wieder „ausgespuckt" wird, sollte man nicht vergessen, denn beim Verlassen von Metrostationen und Bahnhöfen sind wieder Schranken zu passieren, die sich nur durch „Füttern" mit der Fahrkarte öffnen lassen. Wer sich einmal mit dem Ticketpreis vertan hat, kann am Ankunftsbahnhof einfach nachbezahlen. Hinweisschilder und Stadtplanausschnitte helfen weiter, den richtigen Ausgang zu finden.

Sondertickets

Von Tagestickets bis hin zu Dauertickets fährt man je nach individueller Planung günstiger als mit Einzeltickets.

Toei One-Day Economy Pass (*toei marugoto kippu* 都営まるごときっぷ), Erw./Kind 700/350 ¥, Tageskarte gültig in Zügen, U-Bahnen und Bussen des Toei-Streckennetzes.

Common One-Day Economy Pass (*kyōtsū ichinichi jōshaken* 共通一日乗車券), Erw./Kind 1.000/500 ¥, Tageskarte für alle Linien der Metro und Toei-Subway.

Tōkyō Combination Ticket (*tōkyō furī kippu* 東京フリーきっぷ), Erw./Kind 1.590/800 ¥, Tageskarte für JR-Bahnen, Metro, Toei Subway und Stadtbusse.

Tokunai Pass (*tokunai pasu* 都区内パス), Erw./Kind 750/370 ¥, Tageskarte für die Nutzung aller JR-Linien.

Übersicht vergünstigter Ein- oder Mehrtagestickets: www.tokyometro.jp/en/ticket/. Nützliche Tipps zum Metrofahren in Tōkyō unter: http://www.useful-tips-japan.com/sightseeing/your-guide-to-the-tokyo-metro/

Prepaidkarten

Wer sich den letzten Endes doch lästigen Fahrkartenkauf ersparen möchte, ist mit der Anschaffung einer der Prepaidkarten **Suica** oder **Pasmo** gut beraten. Beide Karten sind an Automaten immer wieder aufladbar. Der Nutzungsbereich erstreckt sich nicht nur auf **fast alle öffentliche Verkehrsmittel** im Großraum Tōkyō, sondern auch auf andere Regionen Japans. Selbst **Einkaufen** in manchen Läden oder an Automaten ist mit den Karten möglich, erkennbar am Kartenlogo. Die Prepaidkarten sind für 2.000 ¥ in JR-Ticket-Büros oder an Flughäfen zu bekommen, wobei 500 ¥ als Pfand einbehalten werden. Bei Kartenrückgabe fällt eine geringe Bearbeitungsgebühr an.

Suica (*suika* スイカ): www.jreast.co.jp/e/pass/suica.html

Pasmo (*pasumo* パスモ): www.tokyometro.jp/en/ticket/types/pasmo/index.html

Kyōto
Die Stadt verfügt mit der von Norden nach Süden verlaufenden Karasuma und der von Ost nach West verlaufenden Tōzai über lediglich **zwei U-Bahnlinien** (**M**). Das Prozedere mit Automaten, Ticketschranken usw. ist dasselbe wie in Tōkyō.

Breiter gefächert zeigt sich das Streckennetz der **Stadtbusse** (**B**), von denen viele direkt vor dem Bahnhof Kyōto abfahren. Hilfreich ist es, sich an Ticketschaltern, in Buchläden oder Touristeninformationen eine zweisprachige Busübersichtskarte zu besorgen. Wer Stadtbusse nutzt, steigt einfach hinten ein und fährt bis zu seinem gewünschten Ziel. Wer aussteigen möchte, drückt, wie auch von unseren Bussen bekannt, einen Knopf. Ein Display über dem Fahrerplatz zeigt die jeweiligen Haltestellen an. Vor dem Aussteigen durch die Vordertür bezahlt man den Fahrpreis mit passendem Münzgeld in einem neben dem Fahrer angebrachten Geldeinwurf. Es ist günstig, Münzen zu 50 und 100 ¥ dabeizuhaben.

Sondertickets
Auch in Kyōto gibt es verschiedenste Tages- oder Mehrfachtickets:
Kyōto Sightseeing One & Two Day Pass (*kyōto kankō ichinichi jōshaken* 京都観光一日乗車券), Tagesticket Erw./Kind 1.200/600 ¥, Zweitagesticket Erw./Kind 2.000/1.000 ¥, gültig für U-Bahn, Stadtbusse und Busse innerhalb Kyōtos.
City All Day Pass (*shibasu senyō ichinichi jōshaken kādo* 京都専用一日乗車券カード), Erw./Kind 500/250 ¥, bedenkt man, dass ein Einzelticket 230/120 ¥ kostet, lohnt sich der für alle Stadtbusse gültige Pass bei mehreren Fahrten am Tag allemal. Zu bekommen sind die Sondertickets an Bus- oder U-Bahnschaltern, in der Touristeninformation oder in manchen Hotels.
Pasmo-Karten für Busse und U-Bahn (s. S. 114).

Übersicht vergünstigter Ein- oder Mehrtagestickets:
www.insidekyoto.com/special-kyoto-bus-train-subway-passes
Kyōto Transportation Guide, Uniplan Co, ISBN 4-89704-175-9. Das DIN-A5-Heft erläutert auf 150 Seiten das gesamte System des öffentlichen Verkehrs in Kyōto.

Fernverkehr
Erste Wahl für alle, die es eilig haben, sind die **Hochgeschwindigkeitszüge Shinkansen** (新幹線), unter denen der Nozomi (のぞみ) mit einer Geschwindigkeit von bis zu 300 km/h die schnellste und teuerste Variante ist. Weitere Shinkansen sind der Hikari (ひかり), der Kodama (こだま), der Mizuho (みずほ) sowie die Kyūshū-Shinkansen Sakura (さくら) und Tsubame (つばめ).

Weitere Zugarten
Expresszug (*tokkyū* 特急), hält nur an bestimmten Bahnhöfen; hier wird ein Zuschlag erhoben, manchmal reservierungspflichtig.
Schnellzug (*kyūkō* 急行), hält nur etwa an jeder dritten Station, zuschlagspflichtig.
Eilzug (*kaisoku* 快速), hält nur etwa an jeder dritten Station.
Nahverkehrszug (*futsū/kakueki* 普通/各駅), hält an jeder Station.

Sowohl für Shinkansen als auch für viele Expresszüge sind **Platzreservierungen** üblich oder sogar notwendig. Eine Entsprechung unserer 1. Klasse ist der sog.

Grüne Wagen (Green Card), der sich aber meist nur durch ein wenig mehr Beinfreiheit von anderen Sitzplätzen unterscheidet.

Sitzplatzreservierung (*zaseki shitei* 座席指定)
Platzkarte (*zaseki shiteiken* 座席指定券)
Grüner Wagen (*gurīn sha* グリイーン車)

Japan Rail Pass
Der **Japan Rail Pass** (7, 14 oder 21 Tage) gilt für Züge, lokale JR-Busse und die JR-Miyajiima-Fähre. Ausgenommen sind die Shinkansen Nozomi, Mizuho sowie private Bahnlinien. Bislang nur außerhalb Japans zu erwerben, wird er als „Test" jetzt auch vor Ort an großen Bahnhöfen und Flughäfen in einer etwas teureren Variante verkauft (Reisepass und Touristenvisum erforderlich). „Gewusst wie" unter: www.der-japan-rail-pass.de oder www.japanrailpass.net/de.

Verkehrsverbindungen im Internet
Um ohne Mühe die richtige Verbindung innerhalb Japans im Nah- und Fernverkehr zu finden, sind die Webseiten **https://world.jorudan.co.jp/mln/en/** oder **www.hyperdia.com/en/** hilfreich.

Überlandbusse
Eine günstige Alternative zu Bahnfahrten sind Reisen mit **Fernbussen** (*chōkyori-basu* 長距離バス). Wer einen **Nachtbus** (*yakō basu* 夜行バス) nimmt, fährt sozusagen im Schlaf und spart zudem Übernachtungskosten. Tickets sind im Voraus je nach Busunternehmen entweder in Busterminals oder JR-Bahnhöfen erhältlich. Infos unter: http://japanbuslines.com/en/ oder http://willerexpress.com/en/.

Öffnungszeiten

Die folgenden Angaben sind als Richtlinien zu verstehen:
Banken: Mo–Fr 9–15 Uhr
Behörden: Mo–Fr 8.30/9–16/17 Uhr
Firmen: Mo–Fr 9–17 Uhr, manche auch Samstagvormittag
Geschäfte: tgl. 10–20/21 Uhr
Kaufhäuser: tgl. 10–20/21 Uhr
Konbini, Conveniences stores: tgl. 24 Std.
Museen: Di–So 9/10–16/17 Uhr
Postämter: Mo–Fr 9–17 Uhr, evtl. auch Sa, große Postämter manchmal rund um die Uhr
Restaurants: tgl. 11.30–14.30/15 und 17/18–21/22 Uhr
Bars: unterschiedlich, einige bis in die Morgenstunden

Orientierung

Die Suche nach einer Adresse ist in Tōkyō ist nicht nur für Ausländer ein Buch mit sieben Siegeln. Schließlich haben meist nur sehr große Straßen einen Namen. Häuserblocks und Gebäude sind lediglich mit Nummern versehen. Dabei orientieren sich die Hausnummern am Jahr der Gebäudeerbauung. Japaner sind es gewohnt und wissen sich ausgerüstet mit Handy und/oder einer Straßenskizze zu helfen. Notfalls ist das Polizeihäuschen des Viertels eine gute Anlaufstelle, um den richtigen Tipp zu bekommen.

Beispiel: Die folgende Adresse ist nach dem System Stadtteilviertel (2), Häuserblock (10) und Hausnummer (1) zu entschlüsseln.
Tourist Information Center (TIC), 2-10-1 Yūrakuchō, Chiyoda-ku, 100-0006 Tōkyō.
Zu finden ist das TIC also im Tōkyōer Bezirk Chiyoda-ku, im 2. Viertel des Stadtteils Yūrakuchō und dort im 10. Häuserblock mit der Hausnummer 1.

Post

Postämter sind an einem roten **T** mit doppeltem Querbalken erkennbar. Auch die Briefkästen sind rot, oft mit zwei Einwurfschlitzen, einer für Tōkyō und der andere sozusagen für den Rest der Welt. In Hauptpostämtern und den meisten Filialen werden auch Postbankdienste angeboten.

Postamt (*yūbinkyoku* 郵便局),
Briefkasten (*yūbinposuto* 郵便ポスト)
Briefmarke (*kitte* 切手)

Tarife im Inland
Postkarte: 62 ¥, Brief bis 25 g: 82 ¥, Brief bis 50 g: 92 ¥.
Tarife nach Europa/Luftpost
Postkarte: 70 ¥, Brief bis 25 g: 110 ¥, Brief bis 50 g: 190 ¥, Aerogramm: 90 ¥.
Päckchen bis 500 g: 960 ¥, Päckchen bis 1.000 g: 1.860 ¥ und bis 2.000 g 2.760 ¥.

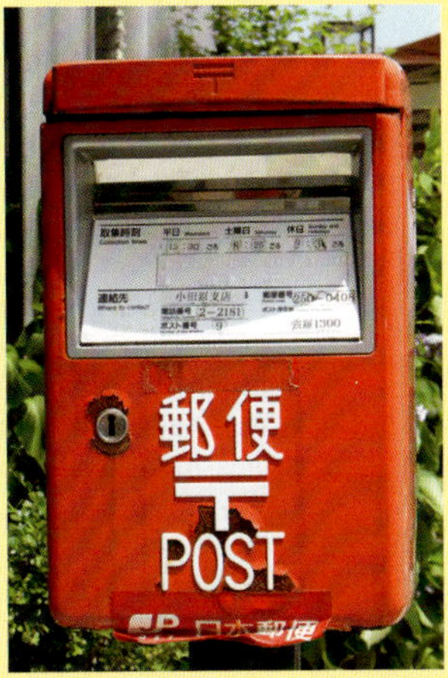

Briefkästen – an der roten Farbe erkennbar

Per Luftpost sind Briefe und Päckchen etwa eine Woche unterwegs, mit dem EMS-Expressdienst ca. drei Tage, auf dem Seeweg mehrere Wochen. Letzteres bietet sich für die Verschickung von Übergepäck an. Die Webseite der japanischen Post informiert über die Möglichkeiten der Postverschickung, Tarife, Beschriftungstipps usw.: www.post.japanpost.jp/english.

Radfahren

Sowohl in Tōkyō als auch in Kyōto gehören Radfahrer zum Straßenbild. Radwege gibt es nicht, daher nutzen Radfahrer im Allgemeinen die Bürgersteige, was u. U. ein wenig Konzentration verlangt. In Kyōto ist die Situation mit teilweise sehr breiten Gehwegen günstiger. Eine Besonderheit ist das Abstellen der Räder, die nicht einfach irgendwo, sondern nur auf z. T. gebührenpflichtigen Radparkplätzen auf der Straße oder in Tiefgaragen „geparkt“ werden dürfen.

Rent-a-cycle (*kashi jitensha* 貸し自転車) ist auch unter Japanern beliebt und so gibt es diverse Verleihstellen, bei denen Fahrräder (*jitensha* 自転車) stunden- oder tageweise entliehen werden können. Den Reisepass sollte man dabeihaben.

Rauchen

Zwar ist in einigen Restaurants und Cafés das Rauchen durchaus gestattet, in vielen Einrichtungen und auf der Straße gilt jedoch Rauchverbot. Wer in der Öffentlichkeit beim Gehen raucht oder beim Wegwerfen einer Zigarette erwischt wird, muss mit empfindlichen Geldstrafen zwischen 1.000 und 50.000 ¥ rechnen. In den meisten Stadtvierteln gibt es aber „Raucheroasen", unschwer an Aschenbechern und Rauchern zu erkennen. Rauchen wie auch Alkoholgenuss sind in Japan ab dem 20. Lebensjahr gestattet.

Reisen im Rollstuhl

Ob Unterkünfte, Kaufhäuser oder Museen und andere Sehenswürdigkeiten, viele Gebäude verfügen über rollstuhlgerechte Einrichtungen. Im öffentlichen Verkehr ist nur bedingt damit zu rechnen.

Folgende Organisationen führen Listen von geeigneten Hotels, Museen usw. und sind auch mit Rat und Tat behilflich.
Japan Accessible Tourism Center, www.japan-accessible.com/index.htm. Ob Bahn, Bus oder Metro, Unterkünfte oder Sightseeing, die Webseite informiert über Reisen im Rollstuhl in Japan. Kontakt per Mail: mail@ japan-accessible.com.
The Japanese Red Cross Language Service Volunteers, c/o Volunteers Division, Japanese Red Cross Society, 1-1-3 Shiba Daimon, Minato-ku, ☎ (03)-3438-1311, http://accessible.jp.org/tokyo

Leuchtende Farben im japanischen Herbst

Reiseveranstalter

Ob Städtereise, Rundreise, Studienreise usw., viele Reiseveranstalter sind auf Japan spezialisiert oder haben Japan im Programm. Eine vollständige Liste der Anbieter in Deutschland, Österreich und der Schweiz ist über die japanische Fremdenverkehrszentrale in Frankfurt als Broschüre oder PDF-Download zu bekommen: www.jnto.de/service/downloads/veranstalter-japan-reisen

Deutschland

Fuji Tours, Unter Goldschmied 7, 50667 Köln, ☎ 0221-925-7830, www.fujitours.de
JTB, Pempelforter Str. 50, 40211 Düsseldorf, ☎ 0211-168-6117, www.japanspecialist.de
Japan Experience, Oranienstr. 58a, 10969 Berlin, ☎ 030-3119-9701, www.japan-experience.de

Österreich

Geo Reisen, Hofhaymer Allee 40, 5020 Salzburg, ☎ +43(0) 662 890 111, www.georeisen.com
Japan Plus Touristik, A.-Baumgartnerstr. 44/C5/1/1, 1230 Wien, ☎ +43 (0)699-1012-2334, www.japan-plus.at

Schweiz

Asiatik, Stampfenbachplatz 4, 8006 Zürich, ☎ +41 (0)44-256-8080, www.asiatik.ch
Japan Tours, Limmatstr. 35, 8005 Zürich, ☎ +41 (0)43-344-7295, www.japantours.ch

Japan

JTB Sunrisetours, 4.–7. OG, Tōkyō Front Terrace, 2-3-14 Higashi-Shinagawa, Shinagawa-ku, Tōkyō, ☎ (03)-5796-5400.
JTB Sunrisetours, 6. OG, Nihonseimei Kyōto Santetsu Bldg., 608-9 Higashi-Shiokōjichō, Shimogyō-ku, Kyōto, ☎ (075)-371-7893, www.jtb.co.jp.
Über Sunrisetours sind vor Ort Stadtführungen und Tagesausflüge sowie Kurzreisen innerhalb Japans buchbar. Zudem bietet der Veranstalter auch unterschiedlichste Event-Ausflüge und Workshops an. Dazu gehören etwa ein Besuch im Sūmostadion, Sakeverkostung, ein Kurzlehrgang in Kalligrafie u. v. m.

Reisezeit

s. auch „Klima und Reisezeit", S. 35.

Auf der Hauptinsel Honshū ist das Klima im Frühjahr zwischen **März und Mai** sowie im Herbst von **September bis November** am angenehmsten. Kirschblüten entfalten in Tōkyō meist Anfang bis Mitte April ihre Pracht. Im September und Oktober verfärbt sich das Laub und bringt, gleichermaßen gerühmt, mancherorts eine fantastische Farbenpracht hervor. Im Hochsommer klettert das Thermometer oft über 30 °C, wobei es seiner Lage wegen in Kyōto noch schwüler werden kann als in Tōkyō.

Sicherheit

Mit der weltweit niedrigsten Kriminalitätsrate gilt Japan als **eines der sichersten Reiseländer**. In vielen Stadtteilen finden sich kleine Polizeistationen (*kōban* 交番), jeweils zuständig für rund 300 Haushalte.

Generell sollte man sich jedoch vor allem bei größeren **Menschenansammlungen** umsichtig verhalten, denn in dichtem Gedränge, in Vergnügungsvierteln oder überfüllten öffentlichen Verkehrsmitteln können schon einmal „Langfinger" oder „Grabscher" unterwegs sein. In einschlägigen Etablissements ist Kreditkartenbetrug hin und wieder Thema. Frauen sollten nicht per **Autostopp** reisen.

Die Welt der Yakuza, der japanischen Mafia, die in vielen Bereichen wie Glücksspiel, Prostitution oder Schutzgelderpressung präsent ist, bleibt Touristen i.d.R. verborgen. Zum Strafrecht in Japan gehört im Übrigen die Todesstrafe.

Sprache

s. *„Die japanische Sprache", S. 42.*

Die Amtssprache ist Japanisch. Im Zentrum Tōkyōs können Sie aber damit rechnen, dass viele Hinweistafeln und Beschriftungen mehrsprachig sind. Neben Englisch sind entsprechend der Bevölkerungsstruktur auch Chinesisch und Koreanisch üblich.

Taxis

Taxis gehören zum Straßenbild Tōkyōs dazu. Fahrende Taxis werden einfach herangewunken. Ob ein Wagen frei ist, lässt sich an den roten Zeichen „*Kūsha* 空車" an der unteren linken Seite der Windschutzscheibe erkennen. Tagsüber liegt der Grundtarif in Tōkyō bei 430 ¥ (für einen Km), in Kyōto bei 590 ¥ (für 1,7 km). Nachts zwischen 23 und 5 Uhr erhöht er sich um etwa 30 %. Eine Besonderheit ist die linke hintere Wagentür, die sich automatisch öffnet und schließt.

Telefonieren

Wie bei uns werden auch in Japan öffentliche Telefone seltener. Trotzdem sind sie noch in unterschiedlichen Farben wie Grün, Grau und hin und wieder in Orange zu finden. Inlandsgespräche lassen sich von sämtlichen Apparaten aus führen. Wenn Sie mit Bargeld telefonieren möchten, benötigen Sie **Münzen** zu 10 oder 100 ¥ (keine Rückgabe von Wechselgeld).

Prepaidkarten (*terefon kōda* テレフォンカード) wie die Brastel Smart Phone Card (www.brastel.com), mit bestimmten Beträgen aufladbar, gibt es in den Conveniences Stores 7 Eleven, Lawson oder Family Mart, an Bahnhöfen und Kiosken. Bei

orangefarbenen Telefonen ist meist ein Automat für die NTT-Telefonkarten neben dem Telefon angebracht. Für Auslandsgespräche bietet sich eine internationale Prepaidkarte an, wie die KDDI Superworld Card, NTT Communications World Card oder SoftBank Telecom Comica Card.
Zwischen 23 und 8 Uhr sind die **Telefontarife** günstiger als tagsüber.

Inlandstelefonate
Grüne Telefone: Inland, akzeptiert Münzen und Telefonkarten.

Internationale Telefonate
Graue Telefone: Inland, mit der Aufschrift „International & Domestic Telephone" ins Ausland, akzeptiert Münzen und Telefonkarten.
Orangefarbene Telefone: IC Telefon, Inland, Ausland, Eingang für Laptops, um ins Internet zu gehen, Münzen und spezielle NTT-Telefonkarten, bei denen man vor Gebrauch eine Ecke abbricht.

Um von Japan aus nach Europa zu telefonieren, ist es mit der Ländervorwahl nicht getan. Zusätzlich muss **vorab eine Telefongesellschaft angewählt** werden und danach der Ländercode ohne die beiden Nullen.

Telefongesellschaften
IDC: ☎ 0061-010; Japan Telecom: ☎ 0041-010;
KDDI: ☎ 001-010; NTT: ☎ 0033-010
Beispiel für einen Anruf nach Hamburg: 001-010-49-40-Rufnummer (KDDI-Vorwahl Deutschland-Vorwahl Hamburg-Rufnummer)

Ländervorwahlen
Deutschland: ☎ 0049, **Österreich**: ☎ 0043, **Schweiz**: ☎ 0041,
Japan: ☎ 0081
Vorwahl Tōkyō: 03
Vorwahl Kyōto: 075

Auskunft

Lokal: ☎ 104, Lokal auf Englisch (Mo–Fr 9–17 Uhr) ☎ 0120-36-4463
International: ☎ 0057, International mit Vermittlung: ☎ 0057

Handy

Japan nutzt mit dem **3G-System** einen anderen Übertragungsstandard als das bei uns gängige GSM-System. Ihr Handy wird vermutlich nicht funktionieren. Wer dennoch während seines Japanaufenthalts nicht auf ein Mobiltelefon verzichten möchte, kann sich vor Ort, z.B. an den Flughäfen, ein Handy (*keitai denwa* 携帯電話) mit lokaler Telefonnummer leihen. Leihhandys sind z.T. auch per Internet vorbestellbar.

Eine andere Möglichkeit ist die Nutzung der **eigenen SIM-Karte** in einem Leihhandy. Bei einer der Filialen von SoftBank Mobile oder DoCoMo's 3G kann die eigene SIM-Karte in einem Miethandy oder eigenem 3G-Handy aktiviert werden.
Infos: SoftBank Global Rental (www.softbank-rental.jp/e/), PuPuru (www.pupuru.com/en/), Jal ABC Rental Phone (www.jalabc.com/english/).

Skype

Teilnehmer mit einer kostenlos einzurichtenden Skype-Adresse können über das Internet weltweit **umsonst** „telefonieren" bzw. skypen (*sukaipu suru* スカイプする). Voraussetzung ist, dass die Gesprächspartner gleichzeitig online und bei Skype angemeldet sind. Zudem gibt es die Variante, ein Skype-Konto anzulegen. Damit haben Sie die Möglichkeit, jede Festnetz- und Handynummer zu sehr guten Tarifen anzurufen. **Infos**: www.skype.com/de/

Toiletten

In Japan sind sowohl asiatische Hocktoiletten wie auch westliche WCs vorzufinden. Letztere werden in Japan *Washlet* genannt und sind manchmal mit allerlei Hightech ausgestattet, wobei integrierte Bidetfunktionen, heizbare Toilettenbrillen und Warmluftgebläse fast zum Standard gehören. Wenn es vor allem in Damentoiletten auch ohne zu spülen laut rauscht, sollte das nicht irritieren. Hierbei handelt es sich um „Geräuschprinzessinnen", die separat installiert oder als Bestandteil des Washlets Geräusche bei der Nutzung des stillen Örtchens übertönen. Eine weitere Variante verfügt über ein kleines Waschbecken auf dem Spülkastendeckel. Als echte Sparmaßnahme können hier mit dem Wasser, das den Spülkasten wieder auffüllt, noch die Hände gewaschen werden.

Toilettenpantoffeln finden Sie meist in Restaurants oder öffentlichen Einrichtungen, in denen Straßenschuhe am Eingang ausgezogen werden. Vor dem Raum mit den Toilettenkabinen stehen Hausschuhe bereit, um hier den „reinen" vom „unreinen" Bereich zu trennen. Zu beachten ist, die Pantoffeln nach Verlassen der Toilette auch an der Türschwelle wieder auszuziehen!

Öffentliche Toiletten gibt es in Japan allerorten. Ob in Shops oder Kaufhäusern, Museen, Parks oder in Bahnhöfen, nirgendwo braucht man eine Toilette lange zu suchen. So gut wie immer weisen Infotäfelchen den Weg. Bis auf wenige Ausnahmen sind Toiletten in Japan sehr sauber und mit Toilettenpapier ausgestattet.

Falls die Toiletten auf Japanisch ausgeschildert sind, achten Sie auf die Zeichen für

Toilette	*toiretto*	トイレット
	o-tearai	お手洗い
Frauen	*onna*	女
Männer	*otoko*	男

Touristeninformationen

Deutschland, Österreich, Schweiz

Japanische Fremdenverkehrszentrale,
Kaiserstr. 11, 60311 Frankfurt, ☎ 069-20353, www.jnto.de,
Mo–Fr 9–17 Uhr, Telefonauskunft Mo–Fr 9–12.30 Uhr.

Touristeninformationszentrum (*kankō jōhō senta* 観光情報センター)

➤ **In Tōkyō** (Vorwahl 03)
An vielen Bahnhöfen, Metrostationen, Kaufhäusern und anderen öffentlichen Einrichtungen trifft man immer wieder auf kleine Schalter mit einem „i“ für Information. In größeren Informationszentren hilft das mehrsprachige Personal mit Rat und Tat gerne weiter – sei es bei der Unterkunftssuche, der Vermittlung von Sightseeingtouren und vielen anderen touristischen Belangen. In den genannten Zentren sind WLAN sowie PCs vorhanden.

Tourist Information Center (TIC), Tōkyō Metropolitan Gouvernement Bldg., 2-8-1 Nishi-Shinjuku, Shinjuku-ku, ☎ 5321-3077, tgl. 9.30–18.30 Uhr
Asakusa Tourist Information Center (TIC), 2-18-9 Kaminarimon, ☎ 3842-5566, tgl. 9–20 Uhr
TIC Tōkyō, Marunouchi Trust Tower Nord, EG, 1-8-1 Marunouchi, ☎ 5220-7055, tgl. 10–19 Uhr
Tourist Information Center (TIC), 1-60 Ueno-kōen, Taito-ku, ☎ 3836-3471,tgl. 9.30–18.30 Uhr

➤ **In Kyōto** (Vorwahl 075)
Kansai Tourist Information Center, im Kyōto Tower 3. OG, Karasuma-dōri, Shimogyō-ku, ☎ 341-0280, tgl. 10–18 Uhr. Das Center mit englischsprachigen Mitarbeitern bietet vielseitiges Infomaterial über Kyōto und die kulturhistorische Region Kansai. Freies WLAN, Buchungsmöglichkeit für Ausflüge, Verkauf von Ein- oder Mehrtagespässen für Bus, Bahn, Sightseeing, Gepäckaufbewahrung u. v. m.
Kyōto City Tourist Information, im Bahnhof Kyōto, 2. OG, ☎ 343-0548, tgl. 8.30–19 Uhr, Infomaterial, freies WLAN.

Trinkgeld

Trinkgeld ist in Japan nicht üblich.

Trinkwasser

Leitungswasser kann ohne Bedenken benutzt und getrunken werden.

Unterkunft

Alles zum Thema Übernachten finden Sie ab S. 125.

Versicherungen

Mit dem Abschluss einer Reiseversicherung ist man auf der sicheren Seite. Angebote von Versicherungsgesellschaften beinhalten meist einen umfassenden Schutz. Versichert sind bei einem „Sorglospaket“ u. a. Behandlungen im Krankheitsfall, die Unterstützung bei Verlust von Reisedokumenten, Kreditkarten oder Gepäck sowie der Fall, dass eine gebuchte Reise gar nicht angetreten werden kann.

Welcome Cards

Wer sich als Ausländer in einer der Touristeninformationen die kostenlose Welcome Card zulegt, kann mit **Preisnachlass** und Vergünstigungen rechnen. In Tōkyō betrifft das momentan nur den Eintritt in Museen. In anderen Regionen des Landes wird Inhabern der Welcome Card auch in manchen Restaurants, Hotels oder beim Einkaufen Rabatt gewährt. Infos auf der Homepage der japanischen Tourismuszentrale: www.jnto.de und www.jnto.go.jp.

Zeit

Die Zeitdifferenz beträgt acht Stunden zur mitteleuropäischen Zeit (MEZ). Stehen hierzulande die Uhren auf 12 Uhr mittags, ist für Japaner um 20 Uhr abends der Tag fast schon vorbei. Während unserer Sommerzeit sind es nur sieben Stunden Zeitunterschied.

Zoll

Zollbestimmungen bei der Einreise in Japan

Zollfreie Einfuhr für Personen ab dem 20. Lebensjahr: 100 Zigarren oder 400 Zigaretten oder 500 g Tabak; 3 Flaschen Spirituosen zu je 0,76 l; 75 ml Parfüm. Sonstige Waren können bis zu einem Wert von 200.000 ¥ eingeführt werden, wobei im Einzelnen nur Gegenstände ab einem Wert von 10.000 ¥ angerechnet werden. Die Einfuhr von Bargeld ist in beliebiger Höhe möglich. Ab einem Betrag von 1 Mio. ¥ besteht Meldepflicht.

Verboten ist die Einfuhr von Waffen, Munition, Drogen, pornografischem Material und auf bedrohte Tierarten zurückzuführende Erzeugnisse wie etwa Elfenbein.

Zollbestimmungen der Einreise in EU-Länder und die Schweiz

Damit Sie bei der Ankunft zu Hause keine unliebsame Überraschung erleben, sollten Sie folgende Bestimmungen beachten: Für Personen ab dem 17. Lebensjahr gelten folgende **Einfuhrregelungen**: 50 Zigarren oder 200 Zigaretten oder 250 g Tabak; 75 ml Parfüm; EU-Länder: 1 l Spirituosen über 22 Vol.-% oder 2 l bis zu 22 Vol.-% sowie 4 l Wein, 16 l Bier; Schweiz: Spirituosen 1 l über 15 Vol.-% oder 2 l bis zu 15 Vol.-%. **Sonstige Waren**: Deutschland: im Wert von 430 €, für Personen unter 15 Jahren im Wert von 175 €; Österreich: im Wert von 430 €, für Personen unter 15 Jahren im Wert von 150 €; Schweiz: im Wert von 300 CHF

Verboten ist die Einfuhr von Waffen, Munition, Drogen, pornografischem Material, Feuerwerkskörpern, Raubkopien, Lebensmitteln, Arzneimitteln (außer für den persönlichen Bedarf), bedrohten Pflanzen- und Tierarten. In der Schweiz gibt es Sonderregelungen für die Einfuhr von CB-Funkgeräten.

Aktuelle Informationen im Internet: Deutschland: www.zoll.de; Österreich: www.bmf.gv.at; Schweiz: www.ezv.admin.ch.

Unterkünfte in Tōkyō/Kyōto und Umgebung

Sei es im westlichen oder japanischen Stil, ob Luxushotel oder Jugendherberge, Hotels und Unterkünfte gibt es in Japan in allen Preislagen und jeglicher Fasson. Anders als hierzulande ist Frühstück meist nicht im Preis enthalten. Internetzugang im Zimmer oder zumindest in der Lobby zählen mittlerweile zum Standard.

Die von den Hotels angegebenen Preise, entsprechend der Hotelkategorie von Low Budget bis in schwindelerregende Höhen, beziehen sich meist auf die Übernachtung einer Person und nicht auf das Zimmer. Die folgenden angegebenen Kosten verstehen sich als Richtlinie, denn Zimmerpreise variieren in einigen Hotels nach Saison und Wochentag. In den meisten Hotels werden gängige Kreditkarten akzeptiert.

@ **Online-Buchungen**
Wer schon vor der Reise eine Unterkunft über das Internet bucht, bekommt in einigen Fällen günstigere Konditionen. Viele Hotels in Japan sind auch online buchbar.
Japan City Hotel Association, www.jcha.or.jp
Japan Hotel Association, www.j-hotel.or.jp
Japan Hotel & Ryokan Search, www.jnto.go.jp/ja-search
Japanese Guest Houses, www.japaneseguesthouses.com
Toyoko Inn Group, www.toyoko-inn.com

Hotel (*hoteru* ホテル)
Die Hotellandschaft Japans bietet Luxus-, Mittelklasse- und Geschäftshotels, die i. d. R. westlich ausgestattet sind. Zum Service von Luxushotels gehört in vielen Fällen ein Shuttledienst zwischen Hotel und Flughafen. Eine Besonderheit zu moderaten Preisen sind die für Geschäftsreisende ausgelegten **Business Hotels**, meist mit sehr kleinen Zimmern und Bad.

Ryokan (旅館)
Diese traditionelle Unterkunft unterscheidet sich grundlegend vom westlichen Stil. Regel eins: Straßenschuhe aus – und das je nach Ryokan spätestens vor dem mit Tatamimatten ausgelegten Zimmer. Die ästhetisch minimalistische Einrichtung begnügt sich mit einem kleinen Tisch, auf dem oft ein Teegedeck bereitsteht. Zum Schlafen wird ein Futon auf den Boden ausgelegt und am Morgen wieder weggeräumt. Zur Ausstattung gehören ein Yukata, eine Art leichter Kimono, und Hausschuhe. In diesem Outfit dürfen Sie sich innerhalb des Ryokan bewegen und das ist gut so, denn die Zimmer verfügen üblicherweise über kein eigenes Bad. Stattdessen gibt es eine große Gemeinschaftseinrichtung. Traditionell gehören Frühstück und Abendessen bei einem Aufenthalt dazu.

Minshuku (民宿)
Die japanische Version einer Pension wird oft als Familienbetrieb geführt. Weniger in Städten als mehr in ländlichen Gebieten verbreitet, werden Gästen wie im Ryo-

kan zwei Mahlzeiten angeboten. Ähnlich sind auch die Tatamizimmer, allerdings werden die Gäste hier meist weder Yukata noch Toilettenartikel finden.

Jugendherbergen (*yūsu hosuteru* ユースホステル)
Landesweit gibt es über 350 Jugendherbergen, die man auch ohne Jugendherbergsausweis und ohne Altersbeschränkung nutzen kann. Ausnahmen sind Hostels, in denen Kinder nur über sechs Jahren als Gäste aufgenommen werden. In einigen Hostels ist gegen Aufpreis ein Frühstück oder Abendessen zu bekommen.

Infos zu einzelnen Hostels, teils auch online buchbar, bieten die Webseiten des **Japanisches Jugendherbergswerks** www.jyh.or.jp. Weltweite **Online-Buchungen für Jugendherbergen** unter www.hihostels.com; www.hostelworld.com.

Mit internationalem Jugendherbergsausweis sind Übernachtungen meist etwas günstiger. Ein international gültiger **Mitgliedsausweis** ist über folgende Verbände zu bekommen. Deutschland: www.jugendherberge.de; Österreich: www.oejhhw.at; Schweiz: www.youthhostel.ch.

Kapselhotel (*kapuseru hoteru* カプセルホテル)
Spätestens seit den 1970er-Jahren mussten sich „Zuspätheimkehrer", die den letzten Bus oder Zug verpasst hatten, in den Metropolen Japans nicht mehr grämen. Denn damals wurde die spartanische und preisgünstige Unterkunft der Kapselhotels erfunden: etwa 2 m² große nebeneinander und übereinander gereihte, durch einen Vorhang zu schließende Boxen, ausgestattet mit einer Schlafgelegenheit und TV-Gerät – das war's: nichts für Klaustrophobiker! Gemeinschaftlich genutzte Sanitäreinrichtungen mit japanischem Bad erscheinen dagegen fast fürstlich. Das Gepäck kann separat in Schließfächern untergebracht werden. Bis auf wenige Ausnahmen sind Kapselhotels Männern vorbehalten.

Love Hotel (*rabu hoteru* ラブホテル)
Als Stundenhotels, in denen natürlich auch übernachtet werden kann, gelten Love Hotels nicht unbedingt als anstößig: Denn wer hier ein und aus geht, ist nicht in jedem Fall in Sachen Seitensprung oder bezahlter Sinnlichkeit unterwegs. Auch Paare, selbst verheiratete, deren eigene Räumlichkeiten zu klein, zu hellhörig oder aus sonst einem Grund für ein Tête-à-Tête ungeeignet sind, zählen zu den Gästen. Die meist sehr komfortablen, fantasievoll ausgestatteten Hotelzimmer können anhand einer Neonreklametafel ausgewählt werden.

Tempelübernachtungen (*o-tera* お寺) / **Pilgerklausen** (*shukubō* 宿坊)
Sehr einfach, aber vielleicht gerade deshalb auch unter Japanern im Trend, sind Übernachtungen in Pilgerklausen mit bescheidenen Tatamiräumen. Lässt sich hier doch die Alltagshektik am besten vergessen. Verpflegung und die Möglichkeit, an Meditationen teilzunehmen, gehören meist dazu.

Apartments
Wer länger, d.h. mindestens 4 Wochen bleiben möchte, kann ein Zimmer oder Apartment schon von zu Hause aus anmieten. Eine gute Vermittlungsadresse ist die Agentur Sakura-House, www.sakura-house.com.

Die Lage der im Folgenden genannten Unterkünfte ersehen Sie anhand des jeweils angegebenen **Kartenverweises** in den Reisekapiteln.

Tōkyō (Vorwahl 03)

Bunkyō-ku (Karte S. 165)

Homeikan (鳳明館), *6.500–9.600 ¥/Pers.; 5-10-5 Hongō, ☎ 3811-1181, www.homeikan.com. Der traditionelle Ryokan mit zwei Gebäuden blickt auf eine über 100-jährige Geschichte zurück. Neben den Zimmern unterschiedlicher Größe verfügt die einstige Privatresidenz über drei typisch japanische Gemeinschaftsbäder und eine kleine Gartenanlage. Check-in/Check-out 15–22/10 Uhr.* **M** *Tōdaimae* (東大前駅)*, Linie Nambuko, Exit 1. Planziffer* **(A)**

Tōkyō Dōme Hotel (東京ドームホテル), *EZ/DZ ab 18.600/28.500 ¥, Frühstück ab 2.500 ¥; 1-3-61 Koraku, ☎ 5805-2111, www.tokyodome-hotels.co.jp. Mit über 1.000 geräumigen, modernen Zimmern in Nachbarschaft des Tōkyō Dōme und eines Vergnügungsareals mit Riesenrad ragt das Hotel 155 m in die Höhe. Unter den hoteleigenen Gourmettempeln ist* **The Artist's Café** *ein gefragter Ort, denn hier im 43. Stock ist „Sky View" inbegriffen. Im Sommer steht Gästen ein Gartenpool zur Verfügung. Check-in/Check-out 14/11 Uhr.* /**M** *Suidōbashi* (水道橋駅)*, JR-Linien Chūō-Sōbu, Exit Ost, Metrolinie Mita, Exit A2. Planziffer* **(B)**

Hotel Chinzansō Tōkyō (ホテル 椿山荘東京), *EZ/DZ ab 28.800/30.000 ¥; 2-10-8 Sekiguchi, ☎ 3943-1111, www.hotel-chinzanso-tokyo.com. Je nach Saison können die Preise in dem aus mehreren Gebäuden und einer großen Gartenanlage bestehenden Fünf-Sterne-Hotelkomplex um einiges höher liegen. Zwischen Spitzenrestaurants mit japanischer und mediterraner Küche, Bars und Lounges, Spa, Pool, Fitnessbereich und einer Hochzeitskapelle könnte man sich problemlos verlaufen. Im Chinzansō wird Tōkyō dem Ruf gerecht, ein teures Pflaster zu sein. Check-in/Check-out 15/12 Uhr.* **M** *Edogawabashi* (江戸川橋駅)*, Linie Yūrakuchō, Exit A1; Mejiro* (目白駅)*, JR-Linie Yamanote, Taxi oder* **B** *Nr. 61. Planziffer* **(C)**

Freizeitspaß in Tōkyō Dome City

Im Peninsula Hotel

Chiyoda-ku (Karte S. 152)

Sakura Hotel (サクラホテル), *EZ/DZ/Schlafsaal ab 6.300/8.450/3.300 ¥; 2-21-4 Kanda-Jimbōchō, ☎ 3261-3939, www.sakura-hotel.co.jp. Alle Zimmer sind mit TV, Telefon, Klimaanlage und freiem WLAN ausgestattet. Sanitäranlagen sind Gemeinschaftseinrichtungen auf jedem Flur. Café und Rezeption haben 24 Std. geöffnet. Check-in/Check-out 13/11 Uhr.* **M** *Jimbōchō (神保町駅), Linien Mita, Hanzōmon, Shinjuku, Exit A6, A1 (A9 mit Lift). Planziffer* **(A)**

Hotel Monterey Hanzōmon (ホテルモントレ半蔵門), *EZ/DZ ab 9.500/12.000 ¥, Frühstück 2.100 ¥; 23-1 Ichibanchō, ☎ 3556-7111, www.hotelmonterey.co.jp/en/htl/hanzomom/. Günstig gelegenes Stadthotel mit gutem Preis-Leistungs-Verhältnis: modern, praktisch mit einem Hauch Eleganz. Check-in/Check-out 15/11 Uhr.* **M** *Hanzōmon (半蔵門駅), Linie Hanzōmon, Exit 5. Planziffer* **(B)**

Marunouchi Hotel (丸ノ内ホテル), *EZ/DZ ab 21.000/29.000 ¥; 1-6-3 Marunouchi, ☎ 3217-1111, www.marunouchi-hotel.co.jp. 100 m vom Nordausgang des Bahnhofs Tōkyō gelegen, bietet das Hotel die Annehmlichkeiten einer Nobelherberge. In klassisch-elegantem Stil gehalten, überwältigt die über sieben Etagen hohe atriumartige Lobby des Marunouchi. Die Zimmer variieren in Größe und Ausblick, wobei die Eckzimmer am schönsten sind. Die Hotelrestaurants orientieren sich an japanischer und französischer Küche. Check-in/Check-out 15/12 Uhr.* **/M** *Tōkyō Station (東京駅), Exit Nord. Planziffer* **(C)**

The Peninsula Tōkyō (ザ ペニンシュラ 東京), *DZ ab 63.000 ¥; 1-8-1 Yūrakuchō, ☎ 6270-2888, www.peninsula.com. Das 2007 eröffnete Hotel als Garant für Luxus und Service liegt am Rand des Palastgartens im Herzen der Stadt. Geräumige, modern eingerichtete Zimmer mit einem Hauch Japan Style, überdurchschnittlich großen Bädern mit jedem erdenklichen Komfort sowie vielen technischen Raffinessen von Luftfeuchtigkeitsreglern bis hin zu automatischen Nagellacktrockner rechtfertigen die Fünf-Sterne-Kategorie. Mit Restaurants, Bars und Wellnessbereich müsste eigentlich keiner der Gäste mehr vor die Tür. Check-in/Check-out 15/12 Uhr.* **M** *Hibiya (日比谷), Linie Hibiya, Exit A6/A7. Planziffer* **(D)**

Chūō-ku (Karte S. 176)

Tōkyū Stay Nihonbashi (東急ステイ日本橋), *ab EZ/DZ 9.600/19.200 ¥; 4-7-9 Nihonbashi-Honchō, ☎ 3231-0109, www.tokyustay.co.jp. Die meisten Zimmer des Apartmenthotels sind mit WLAN, kleiner Küchenzeile, Mikrowelle sowie Wachmaschine nebst Trockner ausgestattet. Check-in/Check-out 15/11 Uhr. Shin-Nihonbashi (新日本橋駅), Linie Sōbu Kaisoku, Exit 8; Kanda (神田駅), Linie Yamanote, Exit Süd. Planziffer* **(A)**

Hotel Unizo Ginza Itchōme (ホテルユニゾ銀座一丁目), *EZ/DZ ab 15.000/19.800 ¥; 1-9-5 Ginza, ☎ 3562-8212, www.unizo-hotel.co.jp. Das brandneue Hotel mit gut ausgestatteten Zimmern (WLAN) bietet neben Restaurant und Bar nicht nur ein*

Frauencafé, sondern auch eine Frauenetage. Check-in/Check-out 14/12 Uhr. **M** *Ginza-Itchōme (銀座一丁目駅), Linie Yūrakuchō, Exit 10. Planziffer* **(B)**

Mercure Hotel Ginza (メルキュールホテル銀座), *EZ/DZ ab 21.000/23.000 ¥; 2-9-4 Ginza, ☏ 4335-1111, www.mercureginza.com. Inmitten der Ginza gelegen, verfügt das Hotel über gut 200 Zimmer moderater Größe, ein französisches Restaurant sowie eine Bar. Check-in/Check-out 14/11 Uhr.* **M** *Ginza-Itchōme (銀座一丁目駅), Linie Yūrakuchō, Exit 11. Planziffer* **(C)**

➤ **Minato-ku** (Akasaka, Shiodome, Toranomon, Roppongi)

Akasaka (Karte S. 229)

Hotel Monterey Akasaka (ホテルモントレ赤坂), *EZ/DZ ab 16.300/18.800 ¥, Frühstück 2.200 ¥; 4-9-24 Akasaka, ☏ 3401-7111, www.hotelmonterey.co.jp/akasaka/. Dominiert in Lobby und Restaurant des 13-stöckigen Hotels mit Kronleuchtern oder museal anmutendem Mobiliar ein Ambiente verspielt-klassischer Eleganz, so zeichnen sich die Zimmer durch klare moderne Formen aus. Check-in/Check-out 15/11 Uhr.* **M** *Akasaka-Mitsuke (赤坂見附駅), Linien Ginza, Marunouchi, Exit A,* **M** *Nagatachō (永田町駅), Linien Namboku, Hanzōmon, Yūrakuchō, Exit A. Planziffer* **(A)**

Shiodome (Karte S. 229)

Hotel Villa Fontaine Shiodome (ホテルヴィラフォンテーヌ汐留), *EZ/DZ mit Frühstück ab 15.500 ¥; 1-9-2 Higashi-Shinbashi, ☏ 3569-2220, www.hvf.jp/shiodome/. Das Villa Fontaine mit riesiger, ansprechender Lobby im UG des Shiodome Sumitomo Bldg. versteht sich als gehobenes Businesshotel. Entsprechend sind alle Zimmer mit zeitgemäßer Technologie ausgestattet. Für Stressgeplagte gibt es Gesundheitskopfkissen, einige Zimmer sind Frauen vorbehalten. Check-in/Check-out 15/11 Uhr. Shinbashi (新橋駅), JR-Linien, Yamanote u. a., Exit Shiodome;* **M** *Shinbashi (新橋駅), Linien Asakusa, Ginza, Exit 2D;* **M** *Shiodome (汐留駅), Linie Ōedo, Yurikamome, Exit 10. Planziffer* **(B)**

Toranomon (Karte S. 229)

Hotel Ōkura (ホテルオークラ), *EZ/DZ ab 36.000/48.000 ¥; 2-10-4 Toranomon, ☏ 3582-0111, www.hotelokura.co.jp/tokyo/. Seit 1962 überzeugte das Ōkura mit seiner harmonisch funktionalen Ästhetik sowohl gekrönte Häupter und Präsidenten als auch Otto Normalverbraucher. Seit September 2015 weicht ein Teil der Ikone moderner Architektur zwei modernen Glastürmen, die wie das Stammhaus klassischen Chic und Komfort versprechen. Restaurants, Cafés und Bars, Wellness- und Fitnessbereich, Konferenz- und Festräume sowie ein Raum für die Teezeremonie werden weiterhin den Aufenthalt im einstigen Flaggschiff Tōkyōer Luxushotels „vergolden". Zusätzliches Bonbon ist das zum Hotel gehörende Museum „Ōkura Shūkokan" (S. 234). Check-in/Check-out 14/12 Uhr.* **M** *Roppongi-Itchōme (六本木1丁目駅), Linie Namboku, Exit 3;* **M** *Toranomon (虎ノ門駅), Linie Ginza, Exit 3;* **M** *Kamiyachō (神谷町駅), Linie Hibiya, Exit 4B. Planziffer* **(C)**

Roppongi (Karte S. 236)

Arca Torre Hotel (ホテルアルカトーレ), *EZ/DZ ab 9.500/14.500 ¥, einige Zimmer barrierefrei, Preise je nach Wochentag; 6-1-23 Roppongi, ☏ 3404-5111, http://arktower.jp/arcatorre/. Durch seine Lage ist das Mittelklassehotel für alle, die sich ins Vergnügungsviertel Roppongi stürzen möchten, eine gute Wahl; teilweise WLAN, Café und Restaurant im EG. Check-in/Check-out 15/10.30 Uhr.* **M** *Roppongi (六本木駅), Linien Ōedo u. Hibiya, Exit 3. Planziffer* **(D)**

The B Roppongi (ザビー六本木), *EZ/DZ ab 11.500/14.500 ¥ inkl. Frühstück, die Preise variieren je nach Zimmer und Angebotspaket (Kosmetikartikel); 3-9-8 Roppongi, ☎ 5412-0451, https://roppongi.theb-hotels.com/en/. Das Hotel mit kleinen, aber feinen Zimmern, Restaurants und Cafeteria punktet durch seine Lage im Herzen Roppongis, moderate Preise und seine erfrischende Philosophie. Check-in/Check-out 15/11 Uhr.* **M** *Roppongi (六本木駅), Linie Ōedo, Exit 5, Linie Hibiya, Exit 3. Planziffer* **(E)**

➤ **Shibuya-ku** (Karte S. 276)
Sakura Fleur Aoyama (サクラフルー青山), *EZ/DZ ab 9.000/12.000 ¥; 2-14-15 Shibuya, ☎ 5467-3777, www.sakura-hotels.com. Das außergewöhnliche Interieur des Hotels versetzt den Gast in eine andere Welt. Schnörkel, Blumen und Mustertapeten zeichnen gemeinsam mit nostalgischem Mobiliar vergangene Zeiten nach. Check-in/Check-out 15/11 Uhr.* /**M** *Shibuya (渋谷駅), Hachikō Exit,* **M** *Exit 12. Planziffer* **(A)**
Sakura Hotel Hatagaya (サクラホテル幡ヶ谷), *EZ/DZ/3-BZ/4-BZ 7.150/9.300/14.400/16.500 ¥;, Frühstück ab 390 ¥, 1-32-3 Hatagaya, ☎ 3469-5211, www.sakura-hotel-hatagaya.com. Das Hotel mit freundlicher Atmosphäre bietet kleine Zimmer mit guter Grundausstattung wie Haarföhn, Hausschuhe, Wecker und WLAN. Check-in/Check-out 15/10 Uhr.* **M** *Hatagaya (幡ヶ谷駅), Linie Keiō, Exit Süd. Planziffer* **(B)**
Hotel Mets Shibuya (ホテルメッツ渋谷), *EZ/DZ mit Frühstück ab 17.400/19.400 ¥; 3-29-17 Shibuya, ☎ 3409-0011, www.hotelmets.jp/shibuya. Das Hotel der JR-Group mit ausgezeichnetem Preis-Leistungs-Verhältnis ist durch seine günstige Lage eine gute Wahl. Inhaber des JR-Railpasses erhalten 10 % Rabatt. Check-in/Check-out 15/11 Uhr.* /**M** *Shibuya (渋谷駅), New South Exit. Planziffer* **(C)**
Shibuya Granbell Hotel (渋谷グランベルホテル), *EZ/DZ mit Frühstück ab 14.000/23.000 ¥; 15-17 Sakuragaokachō, ☎ 5457-2681, www.granbellhotel.jp. Durch Teilverglasung des Badezimmers wirken die mit Pfiff eingerichteten Zimmer des Boutiquehotels größer als sie sind. Frühstücken können Sie im retro-modernen Restaurant. Check-in/Check-out 14/11 Uhr.* /**M** *Shibuya (渋谷駅), Exit West. Planziffer* **(D)**

➤ **Shinjuku-ku** (Kagurazaka, Nishi-Shinjuku, Shinjuku)
Kagurazaka (Karte S. 262)
The Agnes Hotel & Apartments (アグネスホテルアアンドアパートメンシ東京), *EZ/DZ ab 22.000/ 27.000 ¥; 2-20-1 Kagurazaka, ☎ 3267-5505, www.agneshotel.com. Klein, aber fein: Highlight des Agnes mit großen, top gepflegten Zimmern sind die Bäder, jeweils mit Dusche und Whirlpool-Wanne. Die Apartments verfügen über Küchenzeile und Waschmaschine. Check-in/Check-out 15/12 Uhr.* /**M** *Iidabashi (飯田橋駅), JR-Linie Chūō-Sōbu, Exit West, Metrolinien Tōzai, Yūrakuchō, Namboku, Ōedo, Exit B3, Planziffer* **(A)**

Nishi-Shinjuku (Karte S. 262)
Shinjuku Washington Hotel (新宿ワシントンホテル), *EZ/DZ ab 11.000/14.800 ¥, bei mehrtägigem Aufenthalt günstiger; 3-2-9 Nishi-Shinjuku, ☎ 3343-3111, http://shinjuku.washington-hotels.jp. Am Südrand des „Skyscraper-Distrikts" von Nishi-Shinjuku bietet das Washington neben modern eingerichteten EZ und DZ auch einige Dreibettzimmer zu moderaten Preisen. Wirklich geräumig sind die wenigsten. Unter den „Schlemmermeilen" des Hauses ist das Restaurant* **Manhattan Table** *das spektakulärste, denn es liegt im 25. Stock. Check-in/Check-out 14/11 Uhr.* /**M** *Shinjuku (新宿駅), Exit Süd, Metrolinie Shinjuku, Exit 6/7. Planziffer* **(B)**

Keiō Plaza Hotel (京王プラザホテル), *EZ/DZ ab 24.500/26.500 ¥, Hello Kitty Room ab 44.000 ¥; 2-2-1 Nishi-Shinjuku, ☏ 3344-0111, www.keioplaza.com (S. 265). Das aus zwei Gebäuden bestehende, 1971 eröffnete Keiō Plaza – heute ein Klassiker unter den Luxushotels der Stadt – gilt nach wie vor als Top-Adresse. Im Sommer ist vor allem der Outdoor-Pool im 7. Stock des Hauptturms eine erfrischende Einrichtung. Check-in/Check-out 14/11 Uhr.* /**M** *Shinjuku (新宿駅), Exit West;* **M** *Tochōmae (都庁前駅), Linie Ōedo, Exit A2. Planziffer* **(8)**

Park Hyatt Hotel (ハイヤシトホテル), *EZ/DZ ab 57.000 ¥; 39.–52. OG, 3-7-1-2 Nishi-Shinjuku, ☏ 5322-1234, www.hyatt.com/en-US/hotel/japan/park-hyatt-tokyo/tyoph. Das in den oberen 14 Etagen des Shinjuku Park Tower untergebrachte Hyatt ging zum Millenniumswechsel als Drehort für „Lost in Translation" in die Filmgeschichte ein. In Design und technischer Ausstattung up to date, versprechen geräumige Zimmer und Einrichtungen des Hotels wie Restaurants, Spa, Bibliothek sowie die Kompetenz des Personals einen luxuriösen Fünf-Sterne-Aufenthalt (S. 266). Check-in/Check-out 13/12 Uhr, Wochenende Check-in 15 Uhr.* /**M** *Shinjuku (新宿駅), Exit West, Metrolinien Marunouchi, Exit A13, Shinjuku u. Ōedo, Exit 6. Planziffer* **(14)**

Shinjuku (Karte S. 262)

Tōkyō Central Youth Hostel (東京セントラルユーホステル), *Erw./Mitgl. 4.050/3.450 ¥, Privatzimmer für 4 Pers. 16.200 ¥, Frühstück 700 ¥; Central Plaza 18. OG, 1-1 Kaguragashi, ☏ 3235-1107, www.jyh.gr.jp/tcyh. Das Hostel mit einer Bettenkapazität für 160 Gäste auf zwei Etagen bietet nach Geschlechtern getrennte Schlafsäle, eine Lobby mit TV, Speisesaal, Duschen (6.30–8.30 Uhr), japanisches Bad (17–23 Uhr), Shop und Touristeninfo. Zapfenstreich ist abends um 23 Uhr. Check-in/Check-out 15/10 Uhr.* /**M** *Iidabashi (飯田橋駅), JR-Linie Chūō-Sōbu, Exit West, Metrolinien Tōzai, Namboku, Ōedo, Yūrakuchō, Exit B2. Planziffer* **(C)**

Tama Ryokan (多摩旅館), *EZ/DZ ab 6.500/8.500 ¥, Barzahlung; 1-25-33 Takadanobaba, ☏ 3209-8062, www.tamaryokan.com. Die einfache traditionelle Unterkunft im Norden Shinjukus bietet 6 Zimmer mit individuellen Namen wie „Pinie", „Kranich" oder „Harmonie". Ist das Zimmer „Hachijō" das größte, so gilt das „Kami" als das schönste. Check-in/Check-out 15/12 Uhr.* /**M** *Takadanobaba (高田馬場駅), JR-Linie Yamanote, Linie Seibu Shinjuku, Exit Ost, Metrolinie Tōzai, Exit 7/8. Planziffer* **(D)**

Hotel Sunlite Shinjuku (ホテルサンライト), *EZ/DZ ab 9.000/12.500 ¥; 5-15-8 Shinjuku, ☏ 90-5203-8682, www.pearlhotels.jp/en_shinjuku/index.html. Trumpf des unspektakulären Stadthotels mit kleinen, aber ordentlichen Zimmern ist seine zentrale Lage. Check-in/Check-out 15/11 Uhr.* **M** *Shinjuku-Sanchōme (新宿三丁目駅), Linien Marunouchi, Fukutoshin, Shinjuku, Exit C7. Planziffer* **(E)**

Hotel Gracery (ホテルグレイスリ), *EZ/DZ ab 15.700/19.300 ¥, Godzilla View Room (DZ) ab 15.000 ¥, Godzilla Room (DZ) ab 39.850 ¥; 1-19-1 Kabukichō, ☏ 6833-2489, http://shinjuku.gracery.com. Das im April 2015 eröffnete Gracery mit 970 Zimmern beherbergt nicht nur Gäste aus aller Welt, sondern auch Godzilla, den König der Monster und offiziellen Ehrenbürger der Stadt. Check-in/Check-out 14/11 Uhr.* /**M** *Shinjuku (新宿駅), Exit B11. Planziffer* **(F)**

Taitō-ku (Asakusa, Asakusabashi, Ueno, Yanesen)

Asakusa (Karte S. 205)

Capsule Hotel Asakusa Riverside (カプセルホテル浅草リバーサイド), *ab 2.500 ¥/Pers.; 2-20-4 Kaminarimon, ☏ 3844-5117, http://capsule-hotel-asakusa-riverside.ho*

tels-tokyo-jp.com. Das Hotel ist eine der wenigen Einrichtungen dieser Art, in der auch weibliche Gäste willkommen sind: Frauen steht eine eigene Etage zur Verfügung. Wer kein Problem mit kleinen Schlafkammern hat, kann hier günstig übernachten. Die einzelnen Abteile haben immerhin Platz genug, um sich aufrecht zu setzen und ein kleiner Fernseher passt auch hinein. Ein japanisches Gemeinschaftsbad, eine kleine Küche und Karaokebar gehören zu den Annehmlichkeiten der Unterkunft. Check-in/Check-out 15/10 Uhr. **M** *Asakusa (浅草駅), Linie Ginza, Exit 4, Linie Asakusa, Exit A3. Planziffer* **(A)**

Sakura Hostel *(サクラホステス), DZ/Schlafsaal 8.500/3.000 ¥, Frühstück 325 ¥ bis 11 Uhr; 2-24-2 Asakusa, ☏ 3847-8111, www.sakura-hostel.co.jp. Neben DZ können Räume des großen Hostels mit 4, 6 oder 8 Betten von Gruppen auch privat gemietet werden. Schlafsäle gibt es nach Geschlechtern getrennt oder gemischt, Duschen und Toiletten sind Gemeinschaftseinrichtungen. Pluspunkte des Hostels sind freies WLAN, PCs in der Lobby, eine gut ausgestattete Küche sowie Münzwaschmaschinen. Check-in/Check-out 13/11 Uhr. Asakusa (浅草駅), Tsukuba Express, Exit A1;* **M** *Tawaramachi (田原町駅), Linie Ginza, Exit 3;* **M** *Asakusa (浅草駅), Linien Ginza, Asakusa, Exit A4. Planziffer* **(B)**

Ryokan Asakusa Shigetsu *(旅館浅草指月), Tatamizimmer EZ/DZ/Suite für 3 Pers. ab 9.800/17.000/32.800 ¥, westl. EZ ab 8.000 ¥; 1-31-11 Asakusa, ☏ 3843-2345, www.shigetsu.com. Im Herzen der Shitamachi in einer Seitenstraße der Nakamise-Einkaufsgasse gelegen, sind hier hübsche japanische Zimmer mit oder ohne eigenem Bad zu bekommen. Ein typisches, nach Geschlechtern getrenntes Gemeinschaftsbad mit großen Wannen ist im 6. OG untergebracht, von wo aus die Pagode des Tempels Sensō-ji und der Sky Tree zu sehen sind. Check-in/Check-out 15/10 Uhr.* **M** *Asakusa (浅草駅), Linie Ginza, Exit 3, Linie Asakusa, Exit A4. Planziffer* **(C)**

Hotel Sunroute Asakusa *(ホテルサンルート浅草), EZ/DZ ab 14.600/18.900 ¥; 1-8-5 Kaminarimon, ☏ 3847-1511, www.sunroute-asakusa.co.jp. Wie in anderen Mittelklassehotels in Japan sind die Zimmer nicht die größten. Trotzdem ist das für eine Sightseeingtour in Asakusa günstig gelegene Hotel eine gute Wahl, denn Gästen wird es bei den sehr bequemen Simmons-Betten, Highspeed-Internetzugang u. v. m. kaum an etwas mangeln. Das im 2. OG gelegene und rund um die Uhr geöffnete Restaurant* **Jonathan** *bietet westliche und japanische Gerichte. Check-in/Check-out 14/11 Uhr.* **M** *Tawaramachi (田原町駅), Linie Ginza, Exit 3. Planziffer* **(D)**

Asakusa View Hotel *(浅草ビューホテル), EZ/DZ ab 15.000/18.000 ¥; 3-17-1 Nishi-Asakusa, ☏ 3847-1111, www.viewhotels.co.jp/asakusa. Als eine der besten Unterkünfte in Asakusa bietet sich von manchen Zimmern des großen Stadthotels ein herrlicher Blick über das Highlight des Viertels, den Tempel Sensō-ji. Von mehreren Restaurants liegen das* **Karakurenai** *mit chinesischer und das* **Makie** *mit französischer Küche im 27. OG, die* **Musashi Bar** *im 26. OG. Für die Nutzung des Indoor-Pools (7–9, 12–22 Uhr) fällt eine Gebühr von 3.240 ¥ an. Check-in/Check-out 14/11 Uhr.* **M** *Tawaramachi (田原町駅), Linie Ginza, Exit 3; Asakusa Station (浅草駅), Tsukuba Express, Exit A1. Planziffer* **(E)**

Asakusabashi (Karte S. 205)

Hotel Nihonbashi Villa *(ホテル日本橋ウィラ), EZ/DZ ab 8.000/11.500 ¥, Capsule nur für Männer 2.900 ¥; 2-2-1 Nihonbashi, ☏ 3668-0840, www.hotelvilla.jp. Im Vergleich zu anderen Budgethotels zeigen die Räumlichkeiten ein wenig mehr Pep und Farbe. Einzelreisende sollten sich die Deluxe-Version gönnen, die gerade einmal 500 ¥ mehr als ein Standardzimmer kostet. Mittag- und/oder Abendessen ist im japanischen Restaurant Takadaya im EG zu bekommen. Check-in/Check-out 15/10 Uhr. Bakurochō (馬喰町駅), Linie Sōbu, Exit 6 u. weiterer Exit 4. Planziffer* **(F)**

Ryokan im Sternebereich

Ueno (Karte S. 212)
Sakura Ryokan (桜旅館), *EZ/DZ jap. ohne Bad 6.500/10.800 ¥, EZ/DZ jap. mit Bad 7.600/12.000 ¥, EZ/DZ westl. mit Bad 6.500/9.800 ¥, Frühstück 860 ¥ nach Voranmeldung; 2-6-2 Iriya, ☏ 3876-8118, www.sakura-ryokan.com. Bei den einfachen japanischen Zimmern ist es oberstes Gebot, vor dem Betreten des Tatamibodens die Schuhe auszuziehen. Schließlich wird hier am Abend der Futon zum Schlafen ausgerollt. Wie in einem Ryokan üblich, gehört ein großes Gemeinschaftsbad zur Ausstattung. Check-in/Check-out 15/10 Uhr.* **M** *Iriya (入谷駅), Linie Hibiya, Exit 1. Planziffer* **(A)**
Hotel Park Side (ホテルパークサイド), *EZ/DZ ab 7.100/12.500 ¥, jap. DZ ab 15.500 ¥, mit Open-Air-Bad 28.000 ¥; 2-11-18 Ueno, ☏ 3836-5711, www.parkside.co.jp. Standardzimmer imponieren im Unterschied zur Deluxe-Version nicht gerade durch Geräumigkeit. Das schönste DZ im japanischen Stil ist mit einem großen, in den Raum hin geöffneten japanischen Bad ausgestattet (28.500 ¥). Ein auf Meeresfrüchte und Fisch spezialisiertes Chinarestaurant, ein italienisches Restaurant und ein Tempura-Lokal sowie die Bar mit Designermöbeln im 10. Stock zählen zum Hotelkomplex. Check-in/Check-out 14/11 Uhr.* **M** *Yushima (湯島駅), Linie Chiyoda, Exit 1, 2;* **M** *Ueno-Hirokōji/Ueno-Okachimachi (上野広小路駅/上野御徒町駅), Linien Ginza, Ōedo, Exit 3; 🚆 Ueno (上野駅), Exit Hirokōji. Planziffer* **(B)**

Yanesen (Karte S. 221)
Ryokan Sawanoya (旅館澤の屋), *EZ/DZ 5.700/10.600 ¥, Kaffee/Tee kostenlos; 2-3-11 Yanaka, ☏ 3822-2251, www.sawanoya.com. Mit kleinem Garten, Gemeinschaftsbad und familiärer Atmosphäre ist das Gästehaus eine angenehme Bleibe. Jedes Zimmer verfügt über Internetanschluss, ein allgemein zugänglicher PC steht in der Lobby. Zudem können Waschmaschine und Trockner genutzt werden. Check-in/Check-out 15–23/7–10 Uhr. Fahrradverleih: 1 Tag, 3/7 Tage 300/600/1.200 ¥. Als Entertainment für die Gäste wird in der Lobby hin und wieder eine Kurzversion der Teezeremonie oder traditioneller Löwentanz aufgeführt.* **M** *Nezu (根津駅), Linie Chiyoda, Exit 1. Planziffer* **(A)**

Toshima-ku

Ikebukuro (Karte S. 170)

Sakura Hotel Ikebukuro (サクラホテル池袋), *EZ/DZ ohne Bad 5.600/10.600 ¥, DZ mit Bad 11.700 ¥, Schlafsaal Frauen oder gemischt 3.300 ¥/Pers.; 2-40-7 Ikebukuro, ☎ 3971-2237, www.sakura-hotel-ikebukuro.com. Das Sakura mit Jugendherbergscharakter und internationalem Flair ist für Budgetreisende eine Topadresse: freundliches Personal, saubere Räumlichkeiten, Gemeinschaftsküche für Gäste des Schlafsaals oder der Gruppenräume, in Privatzimmern Internetanschluss und TV, Internetcafé, Wäscheservice u. v. m. Check-in/Check-out 15/10 Uhr. 🚆/***M** *Ikebukuro (池袋駅), JR-Linien, Metrolinien Marunouchi, Fukutoshin, Yūrakuchō, Exit West, Exit C6. Planziffer* **(A)**

Sunshine City Prince Hotel (サンシヤインシテイプリンスホテル), *EZ/DZ ab 11.000/12.000 ¥; 3-1-5 Higashi-Ikebukuro, ☎ 3988-1111, www.princehotels.co.jp/sunshine. Bei klarem Wetter ist von einigen Zimmern des großen Hotels im Hochhauskomplex Sunshine City der Fuji zu sehen. Zimmer, Komfort und Service entsprechen dem Standard eines guten Mittelklassehotels, Zimmergrößen 16–29 m². Neben drei Restaurants und einer Bar ist in dem Gebäude auch ein Convenience Store zu finden. Check-in/Check-out 14/11 Uhr.* **M** *Higashi-Ikebukuro (東池袋駅), Linie Yūrakuchō, Exit 1; 🚆/***M** *Ikebukuro (s. o.) Exit Ost, Exit 35. Planziffer* **(B)**

The B Ikebukuro (ザビー池袋), *EZ/DZ 7.500/12.500 ¥; 1-39-4 Higashi-Ikebukuro, ☎ 3980-1911, www.ishinhotels.com/theb-ikebukuro/en/. Das Konzept „B" steht für „good breakfast, comfortable bed and balance in your life". Große Worte, denn es handelt sich „nur" um ein modern trendig ausgestattetes Hotel mit 12–23 m² großen Zimmern. Gaumenfreuden verspricht das italienisch-japanische Restaurant* **Salvatore Cuomo** *im 2. Stock. Check-in/Check-out 15/11 Uhr. 🚆/***M** *Ikebukuro (s. o.) Exit Ost, Exit 23. Planziffer* **(C)**

Umgebung Tōkyō (Disyney Resort, Fuji-Region, Hakone, Kamakura, Nikkō)

Beim Disney Resort

Sheraton Grande Tōkyō Bay Hotel (シェラトングランデトーキョーバイホテル), *EZ/DZ ab 21.000 ¥; 1-9 Maihama, Urayasu, Chiba, ☎ 047-355-5555, www.sheratongrandetokyobay.com. Mit teils ein wenig verspieltem, teils von dezenter Eleganz geprägtem Ambiente ist im Sheraton Grande Ferienstimmung vorprogrammiert. Schöne große Zimmer mit Blick auf die Bucht von Tōkyō oder Disney Resort, Restaurants, Pool, Sauna u. v. m. versprechen ganz abgesehen vom „abenteuerlichen" Disneyareal einen angenehmen und spannenden Aufenthalt. Check-in/Check-out 15/12 Uhr. 🚆 Maihama (舞浜駅), Linien Keiyō, Musashino, dann Hotel-Shuttleservice oder Disney Resort Monorailbahn. Einchecken auch am Hotelserviceschalter (tgl. 18–20 Uhr) im Disney Resort Welcome Center möglich (links vom Bahnhof), Gepäck kann ins Hotel gebracht werden.*

Fuji-Region (Karte S. 320, Vorwahl 0555)

Backpackers Hostel K's House Mt. Fuji (バックパッカーズホステル ケイズハウス 富士山), *Schlafsaal ab 2.500 ¥, EZ/DZ ohne Bad 5.400/7.200 ¥; EZ/DZ mit Bad 6.400/8.800 ¥. Preise variieren je nach Saison, online buchbar; 6713-108 Funatsu, Fujikawaguchiko-machi, Minamitsuru-gun, ☎ 83-5556, http://kshouse.jp. Das Hostel über-*

zeugt durch Ausstattung und Sauberkeit. Neben Zimmern und Bädern verfügt die Herberge über einen schönen Aufenthaltsraum, eine große Küche und Terrasse. In der Lobby stehen Computer bereit. Fahrradverleih 150 ¥/Std., 1.000 ¥/Tag. Check-in/Check-out 15-20/11 Uhr. Kostenloser Pick-up-Service vom 🚃 *Kawaguchiko* (河口湖駅). *Planziffer* **(A)**

Kawaguchiko Station Inn (河口湖ステーションイン), *EZ/DZ ab 4.600/9.200 ¥, Schlafsaal 2.800 ¥, keine Kreditkarten, freies WLAN; 3639-2 Funatsu, Fujikawaguchiko-machi, Minamitsuru-gun,* ☎ *72-0015, www.st-inn.com. Das einfache Hotel mit insgesamt 16 japanischen Zimmern liegt gegenüber dem* 🚃 *Kawaguchiko* (河口湖駅). *Ein kleiner Gastronomiebetrieb sowie Gemeinschaftsbad (6–9/14–23 Uhr) mit Fuji-Blick gehören zum Komfort des Hauses. Check-in/Check-out 14/10 Uhr. Planziffer* **(B)**

Fuji Royal Hotel Kawaguchiko (富士山ロイヤルホテル河口湖), *6-Pers.-Schlafsaal 2.700 ¥, mit Frühstück 5.000 ¥, DZ jap./westl. mit zwei Mahlzeiten und Open-Air-Bad 13.500 ¥/Pers.; 6713-22 Funatsu, Fujikawaguchiko-machi, Minamitsuru-gun,* ☎ *73-2228, www.fuji-royalhotel.jp. Beliebtes Hotel mit drei Thermalbädern im Innen- und Außenbereich, Restaurant und Souvenirshop, Fahrradverleih 1.500 ¥/3 Std., 2.600 ¥/Tag. Schließfächer vorhanden, Check-in/Check-out 15/10 Uhr. Kostenloser Pick-up-Service vom* 🚃 *Kawaguchiko* (河口湖駅). *Planziffer* **(C)**

Onsenji Yumedono Ryokan Annex Shikibu (温泉時夢殿旅館アネックス式部), *ab 30.200 ¥/Pers. inkl. Frühstück; 6777 Funatsu, Fujikawaguchiko-machi, Minamitsuru-gun,* ☎ *72-6111, www.onsenji.com. Die edelste Unterkunft der Region – zu jedem der großen, aus Wohn- und Schlafraum bestehenden Gästezimmer mit Ausstattung aus hochwertigen Materialien und stilvollem Design gehört ein privates Open-Air-Bad und ggf. Garten, Balkon oder Terrasse. Check-in/Check-out 15/11 Uhr. Shuttleservice vom* 🚃 *Kawaguchiko* (河口湖駅). *Planziffer* **(D)**

▶ **Hakone** (Karte S. 314, Vorwahl 0460)

Hakone Sengokuhara Youth Hostel (箱根仙石原ユースホステル), *Privatzimmer nach Absprache, Schlafsaal ab 4.400 ¥, mit internationalem Jugendherbergsausweis Preisnachlass, online buchbar, westl. Frühstück 810 ¥; 912 Sengokuhara,* ☎ *84-8966, www.theyh.com. Gemütliches Hostel mit japanischen Zimmern, Aufenthaltsraum und einem typisch japanischen, mit Thermalwasser der Region gespeisten Bad, familiäre Atmosphäre. Das Personal spricht Englisch. Check-in/Check-out 16/10 Uhr. Vom* 🚃 *Hakone-Yumoto* (箱根湯本駅), *Haltesteig 4* **B** *Richtung Tōgendai* (桃源台), *Stopp Senkyōrōmae* (仙郷楼), *Fahrpreis ca. 800 ¥, Fahrzeit 30 Min. Planziffer* **(11)**

Motohakone Guest House (元箱根グストハウス), *je nach Saison ca. 5.500 ¥/Pers., Nichtraucherzimmer; 103 Motohakone, Ashigarashimo-gun,* ☎ *83-7880, www.motohakone.com. Das gemütliche kleine Gästehaus mit japanischem Bad liegt ca. 10 Min. zu Fuß vom Ufer des Ashi-Sees entfernt. Check-in/Check-out 15/10 Uhr. Vom* 🚃 *Odawara* (小田原駅), *Exit Ost, Haltesteig 3* **B** *Richtung Motohakone* (元箱根) *oder Hakonemachi* (箱根町), *Stopp Ōshibamae* (大芝前), *Fahrpreis ca. 1.200 ¥, Fahrzeit 55 Min., 5 Min. zu Fuß. Planziffer* **(10)**

Tabibito no Yado e-Rooms (旅人之宿 e 客房公寓式 酒店), *Apartment 20 m² für 2 Pers. ab 10.500 ¥, 40 m² für 4 Pers. ab 16.000 ¥; 1320-409 Gōra, Hakone-machi,* ☎ *86-1810. Modern ausgestattete Ferienwohnungen mit Küchenzeile für 1–4 Pers., einen Katzensprung vom Hakone-Gora-Park entfernt. Check-in/Check-out 15/10 Uhr. 5 Min. vom* 🚃 *Gōra* (強羅駅). *Planziffer* **(4)**

Fujiya Hotel (富士屋ホテル), *359 Miyanoshita,* ☎ *82-2211, www.fujiyahotel.co.jp. Bei dem aus mehreren Gebäuden bestehenden legendären Fujiya als das „Hotel-Highlight" in* *der Region fallen die traditionell japanischen Fassaden schon von Weitem auf. Viele Gäste mit Rang und Namen gingen hier im Verlauf seiner über 100-jährigen Geschichte ein und aus. Damit das Hotel auch den Anforderungen des 21. Jh. standhalten kann, wird bis Frühjahr 2020 umfangreich renoviert. Erdbebensicherer, noch schöner, angenehmer und luxuriöser soll es werden. Geöffnet bleibt die gehobene Gastronomie mit westlicher und japanischer Kaiseki-Küche. Das Hotel liegt wenige Minuten vom* 🚃 *Miyanoshita* (宮ノ下駅) *linker Hand an der Ortsdurchfahrt. Planziffer* **(2)**

▶ **Kamakura** (Karte S. 308, Vorwahl 0467)

Hotel New Kamakura (ホテルニューカマクラ), *EZ 5.000–10.000 ¥, DZ 7.000–17.000 ¥; 13-2 Ōnarimachi,* ☎ *22-2230, www.newkamakura.com. Schon 1924 eröffnet, bekam das Hotel 2002 einen neuen Anbau. In beiden Teilen stehen Gästen individuell eingerichtete Zimmer im westlichen und japanischen Stil zu Verfügung. Dunkle Holzdielen, rote Teppiche sowie das auf Hochglanz polierte Interieur längst vergangener Tage verleihen vor allem dem ursprünglichen Hotelteil einen eigenen Charme. Hier im „Original Wing" haben die Zimmer bis auf die Räume „Ajisa", „Rindo" und „Fujinoma" kein eigenes Bad. Check-in/Check-out 15/10 Uhr. Direkt gegenüber dem* 🚃 *Kamakura* (鎌倉駅)*, Westausgang. Planziffer* **(A)**

Kaihinsō (かいひん荘), *ab 20.000 ¥/Pers. inkl. zwei Mahlzeiten, Nichtraucherzimmer; 4-8-14 Yuigahama,* ☎ *22-0960, www.kaihinso.jp. Das ehemalige, zu Beginn des 20. Jh. erbaute Herrenhaus im Stil westlicher Architektur mit Erker und spitzem Giebeldach dient seit umfangreicher Erweiterung und Renovierung 1982 als Hotel im Landhausstil. Trotzdem sind zwölf der insgesamt 14 Zimmer im traditionell japanischen Stil gehalten. Die hübsche Gartenterrasse ist vor allem im Sommer bei den Gästen beliebt. Check-in/Check-out 15/10 Uhr. Wenige Minuten südl. des* 🚃 *Yuigahama* (由比ケ浜駅)*, Linie Enoshima Electric Railway. Planziffer* **(B)**

▶ **Nikkō** (Karte S. 290, Vorwahl 0288)

Nikkōrisou Backpackers (にっこり荘ばっくぱっかー), *gemischter oder Frauenschlafsaal 3.000 ¥, EZ/DZ ab 3.500/7.000 ¥ mit Gemeinschaftsbad und Küche, Nov.–April 300 ¥ Heizungszuschlag/Pers., 1107 Kami Hatsuimachi,* ☎ *080-9449-1545, http://nikkorisou.com. Das Nikkōrisou punktet mit seiner günstigen Lage nahe der Sehenswürdigkeiten, mit Sauberkeit und Freundlichkeit des Personals. Vom* 🚃 *Nikkō mit* **B** *Richtung Chūzenjiko* (中禅寺湖)*, Stopp Nr. 7 Shinkyō* (神橋)*. Check-in/Check-out 16/10 Uhr. Planziffer* **(A)**

Minshuku Rindo-no-ie (りんどうの家) *ca. 3.800 ¥/Pers., Frühstück 750 ¥, Abendessen 1.950 ¥; 1462 Tokorono,* ☎ *53-0131, rindou@smile.ocn.jp. Die kleine, ruhig gelegene Pension ca. 15 Min. nördlich der beiden Bahnhöfe von Nikkō bietet hübsche, gut ausgestattete und saubere Tatamizimmer. Das japanische Bad mit großer Wanne ist eine Gemeinschaftseinrichtung. Pick-up-Service, bei Buchung per E-Mail evtl. Rabatt. Check-in/Check-out 15/10 Uhr. Planziffer* **(B)**

Turtle Inn Nikkō (タートル イン 日光), *ab 4.800 ¥/Pers., Frühstück 1.000 ¥, Abendessen 2.000 ¥, saisonabhängige Preise; 2-16 Takumichō,* ☎ *53-3168, www.turtle-nikko.com. Das mit Zimmern im westlichen und japanischen Stil ausgestattete Turtle Inn ist eine beliebte Bleibe am Flussufer des Daiyagawa, nur 10 Min. vom Tōshōgū-Schrein entfernt. Saubere Räumlichkeiten und freundliches, z. T. Englisch sprechendes Personal. Auch online buchbar, Check-in/Check-out 15/10 Uhr. Vom* 🚃 *Nikkō mit* **B** *Richtung Chūzenjiko* (中禅寺湖)*, Stopp Nikkō Sōgō Kaikanmae* (日光総合会館前)*. Planziffer* **(C)**

Lobby im Nikkō Kanaya Hotel

Nikkō Kanaya Hotel (日光金谷ホテル), *DZ ab 18.000 ¥, Abendessen ca. 8.000 ¥; 1300 Kami Hatsuishimachi, ☎ 54-0001, www.kanayahotel.co.jp/. 1873 im westlichen Stil mit geräumigen Zimmern erbaut, gilt das Kanaya in der Nähe des Tempel- und Schreinbezirks Nikkō san'nai als der Klassiker unter den Hotels der Stadt. Das Flair von einst korrespondiert mit dem Luxus von heute. Die Preise richten sich nach Zimmergröße und Saison. Im schönsten und kostspieligsten Raum, einem Eckzimmer mit großen Fenstern, residierte schon der Kaiser. Restaurants, Pool und Thermalbad sind einige der Annehmlichkeiten. Check-in/Check-out 15/11 Uhr.* **B** *Shuttleservice vom* 🚃. *Planziffer* **(D)**

Kyōto (Karte S. 330, Vorwahl 075)

Tanaka-ya (田中屋), *5.000 ¥/Pers.; 5-352-8 Miyagawasuji, Higashiyama-ku, ☎ 708-2341, www.tanakaya.jp.net. Kleines Gästehaus mit japanischen Zimmern für 1–3 Pers. südlich von Gion, Dusche und WC sind Gemeinschaftseinrichtungen. Neben kostenloser Nutzung von PC, Mikrowelle und Kühlschrank steht Gästen auch Kaffee und Tee zur Verfügung. Check-in/Check-out 16/10 Uhr. Vom* 🚃 *Kyōto mit* **B** *Nr. 4/17/205, Stopp Kawaramachi Matsubara* (川原町松原)*, 230 ¥, ca. 5 Min. zu Fuß. Planziffer* **(A)**

Hotel Seiki Kyōto Station (晴輝酒店京都站), *EZ/DZ ab 6.200/15.000 ¥, Preise variieren nach Saison und Wochentagen, 24-5-Kitakarasumaruchō, Higashikujō, Minami-ku, ☎ 606-2826, www.hotelseiki.com. Das Seiki bietet japanische Zimmer jeweils mit eigenem Bad. Im Eingangsbereich lockt eine hübsche Bar mit lokalen Getränken. Weitere Annehmlichkeiten des Seiki sind freies WLAN, Münzwaschmaschine, Trockner sowie ein Fahrradverleih. Das Personal ist freundlich und hilfsbereit; Kartenmaterial und Bustickets sind an der Rezeption zu bekommen. Check-in/Check-out 14/11 Uhr. 3 Min. südlich des* 🚃/**M** *Kyōto. Planziffer* **(B)**

Kyōto Tower Hotel (京都タワーホテル), *EZ/DZ ab 11.900/12.800 ¥, Frühstück ca. 2.200 ¥; 721-1 Higashi-Shishiokojichō, Shichijō-sagaru, Shimogyō-ku, ☎ 361-3212, www.keihanhotels-resorts.co.jp/tower_hotel. Mittelklassehotel mit 12–24 m² großen Zimmern, Restaurant und Bar im Unterbau des Kyōto Tower (S. 331), vis-à-vis des Busbahnhofs und Bahnhofs. Hotelgäste können kostenlos auf den Tower, dessen Sky Lounge (11.30–23 Uhr) am Abend besonders reizvoll ist. Check-in/Check-out 14/11 Uhr. Planziffer* **(C)**

Hotel Granvia (ホテルグランヴィア), *EZ/DZ ab 24.000/27.000 ¥, Raucher- und Nichtraucherzimmer; im* 🚃/**M** *Kyōto, ☎ 344-8888, www.granviakyoto.com. Fürstlich residieren lässt es sich im Ostteil des Bahnhofs, wo das Granvia als Luxushotel mit über 500 geräumigen Zimmern, Restaurants und Indoor-Pool, verteilt auf acht Etagen, in puncto verkehrsgünstiger Lage nicht zu übertreffen ist. Durch edle Ausstattung und erstklassi-*

gen Service rangiert das Granvia unter den Top Ten der Hotels in Kyōto. Check-in/Check-out 15/12 Uhr. Planziffer **(D)**

Hotel Nikkō Princess Kyōto (ホテル日航プリンセス京都), *EZ/DZ ab 20.000/23.000 ¥, Frühstücksbuffet 2.500 ¥; Karasuma Takatsuji Higashi-iru, Shimogyō-ku, ☎ 342-2111, www.princess-kyoto.co.jp. Sowohl für Sightseeing und Einkaufstouren günstig gelegenes Hotel, dessen klassisch-elegantes Ambiente in Lobby und Gästezimmern sowie die Freundlichkeit des Personals dem Haus eine besondere Note verleihen. Neben Restaurants, Bar und Café sind im Gebäude einige exklusive Shops zu finden. Check-in/Check-out 13/12 Uhr.* **M** *Shijō* (四条駅), *Linie Karasuma, Exit 5, ca. 3 Min. zu Fuß. Planziffer* **(E)**

Mume (ムメ), *EZ/DZ mit Frühstück ab 29.000/32.000 ¥, 261 Shinmonzen-dōri, Umemotochō, Higashiyama-ku, ☎ 525-8787, www.hotelmume.com. 2009 eröffnetes Boutiquehotel mit sieben außergewöhnlich geschmackvollen Zimmern. Ausgesuchtes Mobiliar und Design machen den Aufenthalt zum Erlebnis. Check-in/Check-out 15/12 Uhr.* **B** *Nr. 206, Stopp Chioninmae* (知恩院前), *ca. 2 Min. zu Fuß. Planziffer* **(F)**

Nara (Karte S. 364, Vorwahl 0742)

Nara Youth Hostel (奈良ユースホステル), *Schlafsaal ab 2.700 ¥/Pers, EZ/DZ 4860/4320 ¥/Pers., ohne Jugendherbergsausweis liegen die Preise etwas höher, Frühstück 675 ¥; 2-3-4 Hōrensahoyama, ☎ 22-1334, www.jyh.gr.jp/nara. Obwohl das große, auf 200 Gäste eingestellte Hostel ca. 2 km vom Zentrum entfernt liegt, ist es mit den Stadtbussen Nr. 108/109/111/115/130 vom* 🚃 *Nara oder Kintetsu-Nara aus in wenigen Minuten erreichbar, Stopp Shieikyūjōmae* (市営球場前) *direkt beim Hostel. Sportangebote, Küche zur Selbstversorgung, Internetzugang, Kaffee und Tee sind kostenlos, Münzwaschmaschine 200 ¥. Nutzung des japanischen Bads 15–22 Uhr. Ab 22 Uhr herrscht Nachtruhe. Check-in/Check-out 15/10 Uhr. Planziffer* **(A)**

100 % Cotton (古つ都ん 100%), *EZ/DZ ab 6.900 ¥, Frühstück 660 ¥; 1122-21 Takabatakechō, ☎ 22-7117, www2.odn.ne.jp. Die in der Nähe des Teichs Sarusawa gelegene Pension mit Herbergscharakter verfügt über 14 japanisch oder westlich ausgestattete, kleine Zimmer mit jeweils eigenem Bad. Wer sich wundert, warum sich die Unterkunft reine Baumwolle nennt, darf sich belehren lassen: In Nara bedeutet „Cotton" soviel wie „mein Zuhause". Check-in/Check-out 16/10 Uhr. 7 Min. zu Fuß vom* 🚃 *Kintetsu-Nara* (近鉄奈良駅). *Planziffer* **(B)**

Nara Hotel (奈良ホテル), *EZ/DZ ab 23.000 ¥; 1096 Takabatakechō, ☎ 26-3300, www.narahotel.co.jp. Die 1909 eröffnete Nobelherberge bietet seinen Gästen geräumige Zimmer, deren hohe Decken und Kamineinfassungen im traditionell erbauten Haupttrakt die einstige Atmosphäre unterstreichen. Im neuen Flügel überzeugt stilvolles Ambiente. Check-in/Check-out 15/11 Uhr. Vom* 🚃 *Nara* (奈良駅), *Haltesteig 1* **B** *Richtung Tenri* (天理), *vom* 🚃 *Kintetsu-Nara* (近鉄奈良駅) *Haltesteig 3 Stopp Nara Hotel* (奈良前). *Planziffer* **(C)**

Ryokan Shikitei (旅館四季亭), *DZ ab 27.000 ¥/Pers. inkl. Halbpension; 1163 Takabatakechō, ☎ 22-5531, www.shikitei.co.jp. Mit seiner über 100-jährigen Geschichte führt heute die in Tempelarchitektur im Nara Park erbaute Unterkunft preislich wie qualitativ die Liste aller Ryokan in Nara an. Schließlich verbinden die zehn unterschiedlich eingerichteten Zimmer traditionell japanische Wohnkultur mit modernster Ausstattung. Check-in/Check-out 15/11 Uhr. Vom* 🚃 *Kintetsu-Nara* (近鉄奈良駅), *ca. 15 Min. zu Fuß (Taxi 4 Min.). Planziffer* **(D)**

Das kostet Sie der Aufenthalt in Tōkyō/Kyōto

Stand August 2018

Wechselkurs (Stand Juli 2018)
100 ¥ = 0,77 € / 0,89 CHF; 1 € = 128,90 ¥; 1 CHF = 111,78 ¥
Aktuelle Kurse unter: www.oanda.com

Auch wenn Tōkyō zu den weltweit teuersten Städten zählt, sollte das Touristen nicht entmutigen. Schließlich beziehen sich Statistik und zugrunde gelegter Warenkorb auf die Lebensverhältnisse Einheimischer und die dürfen beispielsweise für Wohnraum durchaus recht tief in die Tasche greifen. Ein einfaches Mittagessen dagegen kann günstiger als hierzulande sein.

Die folgenden Preisbeispiele sind lediglich als Richtlinie für Ihre Reiseplanung zu verstehen, denn manche Kosten wie etwa für Unterkunft können je nach Ort und Saison schwanken. Zudem hängt das erforderliche Budget Individualreisender wie überall auf der Welt von den jeweiligen Ansprüchen ab.

Anreise

Die günstigsten Direktflüge (Economy) sind derzeit ab ca. 800 € zu bekommen. Mit einem oder zwei Zwischenstopps und bedeutend längerer Reisezeit bieten manche Fluglinien teilweise noch preiswertere Verbindungen an. So kann es sich lohnen, zeitlich ein wenig flexibel zu sein. Kosten für den Flughafentransfer in Tōkyō oder Kyōto vgl. S. 100.

Nonstop-Flüge: All Nippon Airways, www.ana.co.jp;
Japan Airlines, www.de.jal.com.
Teilweise Nonstop-Flüge: Lufthansa, www.lufthansa.com.
Mit Zwischenstopp: Air China, www.airchina.de; China Eastern, www.ceair.com; British Airways, www.britischairways.com; Air France, www.airfrance.de u. v. m.

Unterwegs

➤ Öffentliche Verkehrsmittel

Stadtverkehr Tōkyō
Metro je nach Distanz Erw./Kind ab 160/85 ¥
JR-Yamanote Erw./Kind ab 160/85 ¥
Toei-Bus Erw./Kind 210/105 ¥, Tageskarte 500/250 ¥

Stadtverkehr Kyōto
U-Bahn je nach Distanz Erw./Kind ab 210/110 ¥, Tageskarte 600/300 ¥
Stadtbus Erw./Kind 230/120 ¥, Tageskarte 600/300 ¥
Kombitageskarte U-Bahn und Stadtbusse Erw./Kind 900/450 ¥, für 2 Tage 1.700/850 ¥.

Für weitere Kombi- und/oder Sondertickets für Tōkyō und Kyōto vgl. S. 113 ff. Transportmöglichkeiten und -kosten für Ausflüge in der Umgebung Tōkyōs und Kyōtos finden Sie bei den entsprechenden Destinationen unter Anreise.

Taxis

Der Basistarif für den ersten Kilometer beläuft sich tagsüber in Tōkyō auf 430 ¥, in Kyōto für die ersten 1,7 km auf 590 ¥. Zwischen 22 und 5 Uhr erhöhen sich die Grundkosten um etwa 30 %. Taxifahren zählt eher zu den kostspieligeren Fahrtvarianten und rechnet sich hauptsächlich für eine Fahrt mit mehreren Personen.

Mietwagen

Je nach Autoklasse sind Mietwagen ab ca. 50 ¥ pro Tag und zwischen 350 und 1.200 ¥ pro Woche zu bekommen. Bitte beachten Sie, dass Sie eine besondere Fahrlizenz benötigen (s. S. 102). Angesichts der Kosten, Parkplatzsituation und „Nervenverschleiß" aufgrund des Linksverkehrs ist ein Mietwagen in Japans Großstädten wenig sinnvoll.

Fahrräder

Verleiher erheben i.d.R. eine Gebühr zwischen 1.000 und 2.000 ¥ pro Tag.

Übernachtungen

Hotels

Entsprechend der Hotelkategorie und Saison gibt es bei Unterkünften große Preisunterschiede. Die folgenden Angaben sind durchschnittliche Preise für eine Übernachtung pro Person.

Preise für Unterkünfte

Mittelklassehotel	ab 10.000 ¥
First Class & Luxushotels	ab 20.000 ¥
Business Hotel	ab 6.000 ¥
Ryokan (ohne Mahlzeiten)	ab 4.000 ¥
Minshuku	ab 4.000 ¥
Jugendherbergen	ab 3.000 ¥
Kapselhotel	ab 2.500 ¥
Love Hotel	ab 5.000 ¥
Tempelübernachtungen	ab 3.500 ¥

Apartments

Für längere Aufenthalte von mindestens einem Monat bietet sich die Anmietung eines Apartments mit Küchenzeile an. Je nach Lage und Größe der Unterkunft (ab 6 bis über 40 m²) können Sie hier mit 70.000–200.000 ¥ pro Monat kalkulieren. Buchbar über „Sakura-House", www.sakura-house.com.

Essen und Trinken

Restaurants

Weder in Tōkyō noch in Kyōto braucht man Restaurants, Kneipen oder Cafés lange zu suchen. Alle Nase lang locken Lokale jedweder Preiskategorie, wobei Sie bei einem Blick auf die Speisekarte über landestypische Gewohnheiten Bescheid wissen sollten. Je nach Art des Restaurants bestellt man nicht nur ein Gericht, sondern wählt je nach Appetit mehrere kleine Köstlichkeiten aus. Dementsprechend fällt die Rechnung aus.

Preiskategorien der Restaurants

Untere Preiskategorie	700–1.500 ¥
Mittlere Preiskategorie	1.500–3.000 ¥
Gehobene Preiskategorie	ab 3.000 ¥

Der Preis eines Getränks hängt wie überall auf der Welt ein wenig davon ab, wo Sie es bestellen. Nichtalkoholische Getränke wie Mineralwasser, Cola, Saft, Kaffee oder Tee kosten 300–600 ¥. Wer seinen Durst mit Bier löschen möchte, ist mit 500–1.000 ¥ dabei. Die Preise für Wein liegen etwas höher. Bei landesüblichen Spirituosen wie Sake oder Shōchū sind natürlich Marke und Qualität entscheidend. Hier ist pro Glas oder kleiner Karaffe mit 600 ¥ aufwärts zu rechnen.

Lebensmittel

Nach dem derzeitigen Wechselkurs liegen die Kosten bei Lebensmitteln durchschnittlich höher als bei uns. Trotzdem lässt es sich in manchen Supermärkten oder Convenience Stores (*konbini* コンビニ) vergleichsweise günstig einkaufen.

Besichtigungen und Ausgehen

Je nach Größe und Popularität von Museen, Galerien oder anderen touristischen Einrichtungen bewegen sich die Eintrittspreise zwischen 300 und 2.500 ¥.

Für Besucher Tōkyōs könnte sich das Couponheftchen **Grutt Pass** (2.200 ¥) lohnen, denn sie erhalten damit bei 92 Museen und Sehenswürdigkeiten je einmal Preisnachlass oder freien Eintritt. Der Pass ist ab der ersten Nutzung für zwei Monate gültig. Verkaufsstellen: Touristeninfo im Rathaus in Nishi-Shinjuku oder Asakusa, in Convenience Stores und bei anderen auf der Webseite gelisteten Stellen. Infos unter: www.rekibun.or.jp/en/grutto/.

Einige Tempel, Schreine oder Gartenanlagen erheben eine Gebühr zwischen 300 und 1.000 ¥. Der Besuch öffentlicher Badehäuser kostet ca. 500 ¥.

Wie preiswert oder kostspielig das Nightlife in Tōkyō werden kann, hängt ganz von der jeweiligen Einrichtung ab. Zwischen freiem Eintritt und bis zu ca. 3.000 ¥, bei Theater- oder Konzertbesuchen evtl. deutlich höher, ist alles möglich.

3. TŌKYŌ ENTDECKEN

Tourenvorschläge

Selbst bei geringem Zeitbudget lässt sich in Tōkyō einiges „erobern". In der Umgebung locken attraktive Ausflugsziele.

Tōkyō in drei Tagen

Zwischen Tradition und Trend

1. Tag: Ein typisches Bild von Tōkyō erwartet Sie vor allem an Wochenenden beim Schlendern im Stadtteil „**Harajuku**", wo sich im **Yoyogi Park** insbesondere die junge Generation in Szene setzt (S. 277). Inmitten des Parks liegt auch der **Meiji-jingū**, Tōkyōs populärster Schrein. Mit anschließendem Shopping in der Gasse **Takeshita-dōri** und der Prachtmeile **Omotesandō-dōri** sowie einem Besuch im **Ōta Memorial Museum of Art** lassen sich hier problemlos 4–7 Std. verbringen (S. 279). So bleibt noch Zeit für den „Skyscraper District" **Nishi-Shinjuku** mit dem Rathaus (S. 265). Dinieren mit Aussicht heißt es in einem der Restaurants im Sumitomo Building (S. 266).

2. Tag: Für das große **Edo-Tōkyō Museum** (S. 198) mit seiner umfangreichen Dokumentation der Stadtgeschichte sollten Sie mindestens 2 Std. einplanen. Danach könnte der Tempel **Sensō-ji** (S. 204) mit seinem berühmten Donnertor im Stadtteil **Asakusa** auf Sie warten, stets das neue Wahrzeichen Tōkyōs, den Skytree, im Blick. Von hier aus ist eine halbstündige **Flussfahrt** auf dem Sumida (S. 211) bis zum **Hamarikyū Park** (S. 185) ein „erfrischender" Programmpunkt. Auf der nahe gelegenen **Ginza** (S. 175) mit renommierten Edelkaufhäusern, Kabuki-Theater u.v.m. lässt sich der Tag nicht zuletzt ihrer feinen Restaurants wegen beschließen.

3. Tag: Großstadtflair, Luxus, Kunst und Kultur dominieren im Komplex **Roppongi Hills** (S. 237). Ganz in der Nähe lockt das **National Art Center** (S. 238) mit seiner außergewöhnlichen Fassade. Bleibt noch Zeit, kann man über die weltweit teuerste Begräbnisstätte, den **Aoyama-Friedhof**, schlendern (S. 235). In Shinjuku flirrt Nightlife für jeden Geschmack im Viertel **Kabukichō** (S. 261).

Tōkyō und Umgebung in fünf Tagen

4. Tag: Der lebhafte Stadtteil **Ueno** ist für seinen großen **Park** (S. 215) einschließlich vieler Sakralbauten und Museen bekannt – allen voran das **Nationalmuseum** (S. 216). Realistisch ist es, hier mindestens einen halben Tag einzuplanen. Im nördlich gelegenen Viertel **Yanaka** (S. 219) regiert das Flair vergangener Tage. Einen Kontrast hierzu bildet ein Besuch im turbulent bunten Bezirk **Shibuya** (S. 274), Hotspot für Jugendliche.

5. Tag: Bei einem Tagesausflug nach **Kamakura** (S. 307) sollten Sie sich die Tempel **Kōtoku-in** mit seinem Großen Buddha, den **Hase-dera** sowie den Schrein **Tsurugaoka Hachiman** nicht entgehen lassen. Zurück in Tōkyō wäre abends eine Fahrt über die **Rainbow Bridge** (S. 256) bis zum Thementhermalbad **Ōedo Onsen Monogatari** (S. 257) ein angenehmer und dennoch spannender Ausklang.

Tōkyō und Umgebung in acht Tagen

6. Tag: Östlich des Kaiserpalastes mit seiner weitläufigen Gartenanlage und der malerischen **Brücke Nijiūbashi** (S. 147) entfaltet die von Hochhäusern bestimmte Silhouette des megamodernen Viertels **Marunouchi** (S. 155) eine magische Anziehungskraft. Am Nachmittag lockt **Akihabara**, Paradies der Otaku-Szene und Elektronikmeile gleichermaßen (S. 154). Und wer zum Abendessen nach **Kagurazaka** (S. 268) geht, dem zeigt sich die Stadt von einer weiteren Seite.

7. Tag: Einen interessanten Auftakt des Tages verspricht eine Besichtigung des **Freilichtmuseums Nihon Minkaen** (S. 297) in Kawasaki. Zurück in Tōkyō setzt ein Bummel in „**Tōkyō Dōme City**" (S. 165) mit modernem Vergnügungspark, Restaurants und dem Tōkyō Dōme selbst ganz andere Akzente. Hier ist auch das **LaQua** als First-Class-Wellnessoase zu finden (S. 166).

8. Tag: Malerische und spektakuläre Natur verspricht ein Tagesausflug nach **Hakone** (S. 313).

Alternativ lässt sich für 2–3 Tage die mit dem Shinkansen in knapp 3 Std. zu erreichende altehrwürdige Kaiserstadt **Kyōto** (S. 325) besichtigen.

Tōkyōs Stadtkern

Chiyoda-ku 千代田区

Redaktionstipps

- Zentrum der einstigen Macht: Die magische Anziehungskraft der **Kaiserlichen Gärten** ist in ihrer Geschichte begründet (S. 145).
- Japanweit eine Seltenheit: der neobyzantinische Baustil der **Nikolaikirche** (S. 151).
- Die „**Electric Town**" **Akihabara** nimmt einen festen Platz im Programm zahlreicher Besucher ein (S. 154).
- Ein architektonisches Meisterwerk der Moderne: das **Tōkyō International Forum** (S. 157).
- Das **Nationaltheater** gilt als Hochburg der klassischen Künste (S. 161).

Chiyoda-ku braucht man auf keiner Landkarte lange zu suchen, denn das Zentrum des Bezirks mitten im Herzen der Stadt ist groß und grün. Die weitläufigen Parkanlagen des **Palastareals**, um den sich im Radius von ca. 1 km 13 eingegliederte Stadtteile reihen, nehmen allein 12 % der Gesamtfläche ein. Mit einer Ausdehnung von 11,64 km^2 darf sich Chiyoda-ku als **kleinster Bezirk** Tōkyōs mit rund 61.800 Einwohnern der geringsten Bevölkerungsdichte rühmen. Dass hier trotzdem keiner alleine ist, hat einen einfachen Grund. Neben Wohnvierteln finden sich viele Firmen, Banken und Botschaften wie auch Gebäude der Regierung und Justiz, sodass tagsüber zusätzlich rund 900.000 Berufstätige nach Chiyoda strömen. Die Bezeichnung des Viertels, „Feld der 1.000 Generationen", geht auf die ehemalige Burg Edo, auch Chiyoda genannt, zurück.

Kaiserpalast und Umgebung

Als Auftakt für die Entwicklung Tōkyōs von einem unbedeutenden Fischerdorf hin zum Nabel der japanischen Welt wird die Errichtung der einstigen Burg Edo gesehen, die der Samurai und Poet Ōta Dōkan (1432–1486) auf dem Areal des heutigen Kaiserpalastes um 1457 erbauen ließ. Mehr noch als in dieser Gründungszeit richtete sich der Fokus auf Edo, als Feldherr Tokugawa Ieyasu (1543–1616) 1590 seinen Regierungssitz hierhin verlegte. Einhellige Begeisterung herrschte unter seiner Gefolgschaft ob dieser Entscheidung allerdings nicht. Zum einen war Dōkans Festung zur Ruine verkommen und zum anderen versprach man sich von dem Landstrich, geprägt von kargem Sumpfgebiet, denkbar wenig. Ieyasu dagegen setzte auf den strategischen Standortvorteil der leicht zu verteidigenden Meeresbucht und der Lage an einer Verkehrsader des Landes. Wiederaufbau und Erweiterung von nicht gerade bescheidenem Ausmaß sollte die **Burg als Machtsymbol** ihrer Zeit in eine uneinnehmbare Befestigungsanlage verwandeln. Der Begründer des Tokugawa-Shōgunats kam zu Lebzeiten aber kaum mehr in den Genuss, die Burg zu bewohnen. Der Aus- und Aufbau währte mit einigen durch Brände verursachten Rückschlägen ein halbes Jahrhundert. Auch Ieyasus Nachfolgern war hier nicht viel Zeit vergönnt. 1657 zerstörte eine katastrophale Feuersbrunst einen Großteil Edos einschließlich seiner Burg. An die 100.000 Menschen verloren dabei ihr Leben.

Edo als Regierungssitz

Der zwei Jahre dauernde Wiederaufbau veränderte Stadtbild und Burg, bei der gemäß damals neuer Bauvorschriften auf jeglichen Prunk verzichtet wurde. Veränderungen brachte die Meiji-Restauration 1868, denn mit der Erweckung des Kaiserhauses aus seinem „Dornröschenschlaf" wurde die Residenz von Kyōto nach Tōkyō verlegt. Die Burg, damals nicht gerade im Bestzustand, musste zunächst umfangreich restauriert werden. Für die Ewigkeit war es auch diesmal nicht, denn während des Zweiten Weltkriegs war der Palast ein willkommenes Ziel der Zer-

Kaiserresidenz nach Tōkyō verlegt

„Pflichtmotiv" – die Doppelbrücke Nijiūbashi im Süden der Kaiserlichen Gärten

★ Sehenswürdigkeiten

1 Tor Sakuradamon
2 Brücke Nijiūbashi
3 Wachturm Fushimi yagura
4 Sakashitamon
5 Kikyōmon
6 Tatsumi yagura
7 Tor Ōtemon
8 Museum Sannomaru Shōzōkan
9 Dōshin-bansho
10 Ō-Bansho
11 Hyakunin-bansho
12 Teehaus Suwano-chaya
13 Konzerthalle Tōkagakudō
14 Hauptturm Tenshukaku
15 Ishi muro
16 Tor Kitahanebashimon
17 National Museum of Modern Art
18 Crafts Gallery
19 Science Museum
20 Nippon Budōkan
21 Tor Tayasumon
22 Tor Shimizumon

störung. Erst 23 Jahre nach Kriegsende bezog Kaiser Hirohito (1901–1989) die rekonstruierte Residenz. Nach seinem Tod 1989 wurde die Anlage nochmals für Kaiser Akihito (geb. 1933) und Kaiserin Michiko (geb. 1934) im Verlauf von vier Jahren umgebaut.

Die ca. 110 ha große Fläche der Kaiserresidenz teilt sich in unterschiedliche Bereiche auf, wovon der südwestliche Teil mit gepflegtem Rasen, unzähligen Schwarzpinien und vermutlich von genauso vielen großen Raben heimgesuchte **Äußere Garten** (*kōkyo-gaien* (皇居外園) wie der sich im Norden anschließende **Kitanomaru Park** frei zugänglich sind. Der zwischen beiden gelegene **Östliche Garten** ist dagegen nur zu bestimmten Zeiten geöffnet. Ein Löwenanteil des Areals, der Kaiserpalast (*kōkyo* 皇居) und die Fukiage-Gärten (吹上御苑), ist der kaiserlichen Familie vorbehalten. Ausnahmen bestätigen auch hier die Regel, denn zweimal im Jahr, zum Geburtstag Kaiser Akihitos am 23. Dezember sowie am 2. Januar, sind Besucher willkommen. *Kaiserliche Gärten*

Kaiserliches Haushaltsamt (*kunaichō* 宮内庁), *1-1 Chiyoda,* ☎ *3213-1111, Infos: www.kunaicho.go.jp.*

Eintritt durch das Tor Sakuradamon (1)

Wer die kaiserlichen Gärten auf eigene Faust erkundet, könnte die Tour im Süden durch das Tor Sakuradamon beginnen. Ursprünglich 1620 im sog. Masugatamon-Stil erbaut, wurde es während des Kantō-Bebens 1923 schwer in Mitleidenschaft gezogen. Durch Restaurierung erhielt es aber seine alte Pracht zurück. Die Bauweise Masugatamon bedeutet, dass hier im Grunde nicht ein, sondern gleich zwei Tore im 90°-Winkel hintereinander stehen. Der kleine Platz zwischen beiden ist hier knapp 65 m² groß. Vorteil dieser häufig genutzten Machart war das Aufhalten potenzieller Feinde. Der Weg durch das Sakuradamon führt in den Äußeren Garten, der auch vom Viertel Marunouchi (丸の内) aus erreichbar ist.

Richtig ins Schwärmen geraten die meisten Besucher ein kurzes Stück weiter beim Anblick des „Pflichtmotivs", der **Brücke Nijiūbashi (2)** (二重橋) nebst dem dahinterliegenden, im frühen 17. Jh. erbauten **Wachturm Fushimi yagura (3)** (伏見櫓). Er zählt im Gegensatz zu der 1964 rekonstruierten Doppelbrücke zu den wenigen erhaltenen Gebäuden aus der Edo-Zeit (1603–1867). Zu begehen ist die Nijiūbashi nicht, dafür sorgen Absperrungen und Wachpersonal vor dem gegenüberliegenden Tor Kōkyo Seimon (皇居正門). *Beliebtes Fotomotiv*

Der Treffpunkt Sakuradamon bedeutet übrigens für viele Tōkyōer nicht Sightseeing, sondern sportliche Ertüchtigung. Der 5 km lange Weg rund um die Kaiserlichen Gärten hat sich im Zeitalter von Fitness und Idealmaßen zu einer der beliebtesten Joggingstrecken der Stadt entwickelt. Wer mit dem Rad unterwegs ist, darf die Gärten zwar umrunden, innerhalb des Geländes sind Räder allerdings tabu.

Sakuradamon (桜田門), **M** *Sakuradamon* (桜田門駅), *Linie Yūrakuchō, Exit 3.*

Östlicher Garten

Von hier bis zum Eingang in den Östlichen Garten durch das **Tor Ōtemon (7)** (大手門) zieht sich der Weg entlang des von mächtigen Steinmauern begrenzten Burggrabens vorbei an den geschlossenen Toren **Sakashitamon (4)** (坂下門),

Kikyōmon (5) (桔梗門) und einem weiteren imposanten Wachgebäude, dem **Tatsumi yagura (6)** (辰巳櫓). Das Ōtemon aus dem Jahr 1620 wurde 1659 und noch einmal 1967 rekonstruiert. Manch einer, der hier den Östlichen Garten betritt, wird seine Euphorie u. U. im Zaum halten können, denn an der Frage, ob der Park nun pittoresker, schöner, gar „kaiserlicher" ist als andere Grünanlagen des Landes, scheiden sich die Geister. Trotzdem trumpft der 21 ha große Higashi Gyoen mit einigen Besonderheiten auf, die aufgrund seiner Bedeutung und Geschichte eben nur hier zu finden sind.

Am Burggraben

Rechter Hand nach dem Eingang können Besucher seit 1993 im **Museum Sannomaru Shōzōkan (8)** Kunstschätze bewundern, die das Kaiserhaus 1989 der Regierung als Stiftung überließ. Nicht weit entfernt stehen mit dem **Dōshin-bansho (9)** (同心番所), dem **Ō-Bansho (10)** (大番所) sowie dem **Hyakunin-bansho (11)** (百人番所) gleich drei ehemalige Gebäude für Wachposten nahe beieinander, wobei im Letzteren und größten 100 Samurai ihre Dienstpflicht erfüllten. Damals war das Areal noch anders strukturiert. Heute aufgeteilt in einen weitläufigen Park mit großen Rasenflächen, dem einstigen Burg-Haupthof Honmaru und einem typisch japanischen Garten, setzte sich das Zentrum der Macht während der Blütezeit Edos aus mehreren Burghöfen zusammen. Dabei nahm allein der **Honmaru** (本丸) eine Fläche von fast 18 ha ein. Von Wassergräben, Mauern und Wehrtürmen umfriedet, schloss sich östlich davon der zweite Burghof **Ninomaru** (二の丸) und diesem wiederum der dritte **Sannomaru** (三の丸) an.

Gebäude für 100 Samurai

Sannomaru Shōzōkan (三の丸尚蔵館), *März–Mitte April, Sept., Okt. 9–16.15, Mitte April–Aug. 9–16.45, Nov.–Feb. 9–15.45 Uhr, Mo, Fr geschl.* **M** *Ōtematchi* (大手町駅), *Linien Chiyoda, Marunouchi, Tōzai, Hanzōmon, Mita, Exit 1. Eingang Östlicher Garten, Tor Ōtemon.*

Wo einst Shōgune mit Feudalherren konferierten, harmoniert im Ninomaru seit vielen Jahren ein im Stil edozeitlicher Gärten angelegtes Arrangement aus Pflanzen, Steinen und Wasser. Ursprünglich im 17. Jh. an einer anderen Stelle erbaut und mehrmals „versetzt", ergänzt seit 1912 das rekonstruierte **Teehaus Suwanochaya (12)** (諏訪の茶屋) das Bild. Ein Beitrag außergewöhnlich reicher Vegetation mit Symbolgehalt findet sich im Sannomaru. Hier gedeihen repräsentativ für die 47 Präfekturen Japans 30 Baumarten mit einem Gesamtbestand von 260 Exemplaren. Hält man sich von hier aus Richtung Nordwesten, führt der Weg u. a. an der kaiserlichen **Konzerthalle Tōkagakudō (13)** (桃華楽堂) vorbei. Das 1966 anlässlich des 60. Geburtstags der Musik liebenden Kaiserin Kōjun (1903–2000) in Form einer Blüte erbaute Gebäude zeigt sich von höchst eigenwilliger Architektur.

Harmonisches Pflanzenarrangement

Ein kurzes Stück weiter erhob sich seit 1607 mit einer Höhe von 58 m der fünfstöckige **Hauptturm Tenshukaku (14)** (天守閣), von dem nur mehr das massive Steinfundament erhalten blieb. Im Verlauf seiner lediglich 50 Jahre währenden Geschichte wurde der Turm dreimal zerstört und wiederaufgebaut. Endgültig vorbei war es nach dem großen Brand im Jahr 1657. Das Feuer entzündete nicht nur hier gelagertes Schießpulver, sondern brachte auch alles aus Gold zum Schmelzen. Bis heute ungeklärt ist der einstige Sinn und Zweck des bunkerartigen Raums **Ishi muro (15)** (石室) südlich davon. Ob er als Schatzkammer, Vorratsraum oder für völlig andere Belange genutzt wurde, bleibt Spekulation.

Reste des Hauptturms

Verlässt man den Östlichen Garten durch das im Masugata-Stil erbaute Tor **Kitahanebashimon (16)** (北桔橋門), führt eine Brücke, während der Edo-Zeit als Zugbrücke konstruiert, über den Burggraben hinunter zu einer breiten Straße, die das Gelände von dem nördlich gelegenen Kitanomaru Park trennt.

Östlicher Garten *(kōkyo higashi gyoen 皇居東御苑), März–Mitte April, Sept., Okt. 9–16.30, Mitte April–Aug. 9–17, Nov.–Feb. 9–16 Uhr, Mo, Fr geschl.*

Eingangstore: Ōtemon, **M** *Ōtematchi (大手町駅), Linien Chiyoda, Marunouchi, Tōzai, Hanzōmon, Mita, Exit 1.*

Hirakawamon *u.* **Kitahanebashimon**, **M** *Takebashi (竹橋駅), Linie Tōzai, Exit 1A.*

Kitanomaru Park

Ursprünglich als weiterer Hof der Burg Edo angelegt, ist das heutige Areal des Kitanomaru Park seit 1969 eine öffentliche Grünanlage mit teilweise verschwiegenen Spazierwegen, Museen und der Veranstaltungshalle Nippon Budōkan.

Kitanomaru Park *(kitanomaru-kōen 北の丸公園), von Süden: 7 Min. ab* **M** *Takebashi (竹橋駅), Linie Tōzai, Exit B1; von Norden:* **M** *Kudanshita (九段下駅), Linien Shinjuku, Hanzōmon u. Tōzai, Exit 2.*

Spaziergänger im Kitanomaru Park

National Museum of Modern Art (17)

Das Museum östlich des Parks direkt an der Autotrasse Uchibori-dōri (内掘通) wurde 1952 im Viertel Kyōbashi (京橋) gegründet und erst 1969 in das jetzige, von Taniguchi Yoshiro (geb. 1937) entworfene Gebäude umgesiedelt. Gelohnt hat sich die Renovierung zum Millenniumswechsel, denn neben einer Auffrischung der Fassade wurden auch die Ausstellungsräume erweitert. Den Schwerpunkt der Sammlung bildet neben Wechselausstellungen die zeitgenössische Kunst Japans, wobei auch Werke internationaler Künstler wie Pablo Picasso oder Henri Rousseau einen festen Platz gefunden haben.

Zeitgenössische Kunst Japans

National Museum of Modern Art *(kokuritsu kindai bijutsukan 国立近代美術館), 3-1 Kitanomaru-Kōen, ☏ 5777-8600, www.momat.go.jp, Di–So 10–17, Fr bis 20 Uhr, Erw./Stud. 500/250 ¥ (je nach Ausstellung), 5 Min. ab* **M** *Takebashi (竹橋駅), Linie Tōzai, Exit B1.*

Crafts Gallery (18)

Imposantes Backsteingebäude

Vom National Museum of Modern Art ca. 300 m die ansteigende Straße hinauf liegt die Crafts Gallery – an sich schon eine Sehenswürdigkeit. 1910 im Stil westlicher Neogotik als Hauptquartier der kaiserlichen Garden erbaut, zählt sie im Gebiet von Tōkyō zu den letzten fünf Backsteinkonstruktionen der Meiji-Ära (1868–1912). Seit 1977 beherbergt das Gebäude eine Sammlung japanischen Kunsthandwerks aus Vergangenheit und Gegenwart.

Crafts Gallery (*kōgei-kan* 工芸館), *1-1 Kitanomaru-Kōen, ☏ 5777-8600, www.momat.go.jp, Di–So 10–17 Uhr, Erw./Stud. 250/130 ¥.*

Im Science Museum: Es ist nicht alles so, wie es scheint

Science Museum (19)

Das Science Museum im Ostteil des Parks präsentiert sich dagegen von außen vergleichsweise trist. Umso spektakulärer dürfte eine Besichtigung sein, denn auf insgesamt fünf Etagen sind Errungenschaften aus Wissenschaft und Technik insbesondere für Kinder und Jugendliche museumsgerecht aufgearbeitet. Dazu zählen Elektrizität, Energiegewinnung und Umweltschutz genauso wie alles rund um die Welt der Computer. Auch Mechanik, Motoren und Transportmitteln von den ersten Fahrrädern bis hin zu Autos und vielem mehr sind Abteilungen gewidmet. In der 5. Etage versetzt die Welt der Illusionen in Erstaunen und einmal mehr wird deutlich, dass nicht alles ist, wie es scheint. Vor allem optische Täuschungen flunkern der Wahrnehmung falsche Tatsachen vor.

Science Museum (*kagaku gijutsukan* 科学技術館), *2-1 Kitanomaru-Kōen, ☏ 3212-8544, www.jsf.or.jp/eng/, Do–Di 9.30–16.50 Uhr, Erw./Kind 720/260–410 ¥.*

Nippon Budōkan (20)

Achteckige Mehrzweckhalle

Inspiriert vom achteckigen Pavillon der Träume des Tempels Hōryū-ji in Nara, entwarf Architekt Yamada Mamoru (1894–1966) die riesige Halle Nippon Budōkan. Seit den 1970er-Jahren wird das 14.000 Zuschauer fassende, eigens für die Austragung der Jūdō-Wettkämpfe während der Olympischen Spiele 1964 errichtete Gebäude neben Sportveranstaltungen auch für andere Zwecke genutzt. Vor allem in der internationalen Musikszene ist Budōkan ein Begriff. Dem aufsehenerregenden Konzert der Beatles 1966 folgten Auftritte jeder Menge Stars aus der Welt des Rock und Pop, z.B. Bob Dylan, Frank Sinatra, Diana Ross, Prince und Oasis. Herrscht im Budōkan Alltag, kann man tagsüber Sportlern beim Training zusehen.

Nippon Budōkan (日本武道館), *2-3 Kitanomaru-Kōen, www.nipponbudokan.or.jp.*

Sozusagen ums Eck ist der Kitanomaru Park durch das gleichfalls im Masugata-Stil erbaute **Tor Tayasumon (21)** (田安門) zu verlassen. Das vermutlich um 1607 errichtete und 1636 restaurierte Tor gilt als das älteste erhaltene Tor des gesamten Palastbereichs, in seiner Bedeutung gefolgt vom östlich gelegenen **Tor Shimizu-**

mon (22) (清水門) aus dem Jahr 1658. Ein Komitee ernannte 1961 beide Tore zu historischen Kulturgütern.

Nördlich der Kaiserresidenz

Yasukuni-Schrein und War Memorial Museum Yūshūkan (1)

Das Areal des **Yasukuni-Schreins** ist vom Nordtor Tayasumon des Kitanomaru Park aus nach Überqueren der Yasukuni-dōri (靖国通り) in westlicher Richtung erreichbar. 1869 unter dem Namen Shōkonsha erbaut, wurde der Schrein zehn Jahre später in Yasukuni, „Schrein des friedlichen Landes", umbenannt. Schon seit seiner Gründung gedachten Gläubige hier den nunmehr über 2 Mio. Seelen Gefallener, die im Konflikt für die Wiederherstellung der Kaiserherrschaft und späterer Kriege ihr Leben lassen mussten. Immer wieder Anlass zu hitzigen Debatten zwischen Linken und Rechten liefert die Ahnenverehrung seit 1978. Kriegsverbrecher wurden damals als Märtyrer in das hiesige Seelenregister aufgenommen.

Umstrittenes Heiligtum

Für viele Japaner ist der alljährliche Besuch des Premiers und anderer Regierungsangehöriger zum Jahrestag der japanischen Kapitulation am Ende des Zweiten Weltkriegs Stein des Anstoßes. Mehr als einmal schon lag die Frage, ob deren Besuch im Yasukuni-Schrein verfassungskonform sei oder nicht, beim Obersten Gerichtshof. Nach dessen Entscheidung widerspricht der Besuch des Premiers der gesetzlich festgeschriebenen Trennung zwischen Politik und Religion. Wer indes schon seit Ende der 1970er-Jahre auf seine Ehrerbietung im Yasukuni verzichtet, ist der Kaiser. Gleichermaßen fragwürdig mag die Aufarbeitung der japanischen Kriegsgeschichte im sich unmittelbar an den Schrein anschließenden **War Memorial Museum Yūshūkan** sein.

Yasukuni-Schrein *(yasukuni-jinja* 靖国神社*)*/**War Memorial Museum Yūshūkan** *(*遊就館*), 3-1-1 Kudankita, www.yasukuni.or.jp, Museum tgl. 9–16.30 Uhr, Erw./Stud./Kind 800/500/100 ¥. 5 Min. ab* **M** *Kudanshita (*九段下駅*), Linien Shinjuku, Hanzōmon u. Tōzai, Exit 1.*

Nordöstlich der Kaiserresidenz

Bücher über Bücher

Bücherwürmern gilt das Viertel **Kanda-Jimbōchō (2)** (神田神保町) ca. 1 km östlich des Yasukuni-Schreins als Paradies, denn hier konzentrieren sich neben Verlagshäusern einige große wie unendlich viele kleine **Buchläden** und Antiquariate. Zwischen der Yasukuni-dōri (靖国通り) und Suzuran-dōri (すずらん通り) können selbst Ausländer fündig werden, gehören doch Fachbücher, Kunstbücher und Belletristik auf Japanisch genauso zum Angebot wie Literatur in westlichen Sprachen.
M *Jimbōchō (*神保駅*), Linien Shinjuku, Hanzōmon u. Mita, Exit A5, A7.*

Nikolaikirche (3)

Nach siebenjähriger Bauzeit erhebt sich im Viertel Kanda-Surugadai (神田駿河台) seit 1891 mit der russisch-orthodoxen Auferstehungskathedrale ein für Japan ungewöhnlicher Sakralbau. Dass er weitläufig besser unter dem Namen Nikolaikirche bekannt ist, geht auf den russischen Priester Ioan Dimitrowitsch Kasatkin (1836–1912) zurück, der als Nikolai von Japan den orthodoxen Glauben im Land der aufgehenden Sonne verbreitete und ein erstes Bistum begründet hat. Dabei war er

1861 „nur“ als Priester für Mitarbeiter des russischen Konsulats in der Stadt Hakodate auf der nördlichen Hauptinsel Hokkaidō nach Japan berufen worden. Bald schon ergriff Kasatkin eigenmächtig und gegen den Willen des damaligen Konsuls die Initiative und begann mit seiner Missionierungsarbeit. Als er 1912 starb, zählte die orthodoxe Kirche in Japan rund 30.000 Mitglieder. 58 Jahre später wurde er heiliggesprochen. Für den Entwurf der Kathedrale hatte sich der in Japan an vielen Bauprojekten beteiligte britische Architekt Josiah Conder (1852–1920) verpflichtet. Ganz im Stil byzantinischer Baukunst entstand nach seiner Konzeption eine Kathedrale, die sich vor allem durch ihren Glockenturm mit Balustrade und grünem Kuppeldach auszeichnete. Wie viele Gebäude hielt der Sakralbau dem Beben 1923 nicht Stand und wurde 1929 mit einem veränderten und stabileren Glockenturm wiederaufgebaut.

Byzantinischer Architekturstil

Nikolaikirche *(nikoraidō ニコライ堂), 4-1-3 Kanda-Surugadai, ☎ 3295-6879.* **M** *Shin-Ochanomizu (新御茶水駅), Linie Chiyoda, Exit B1.*

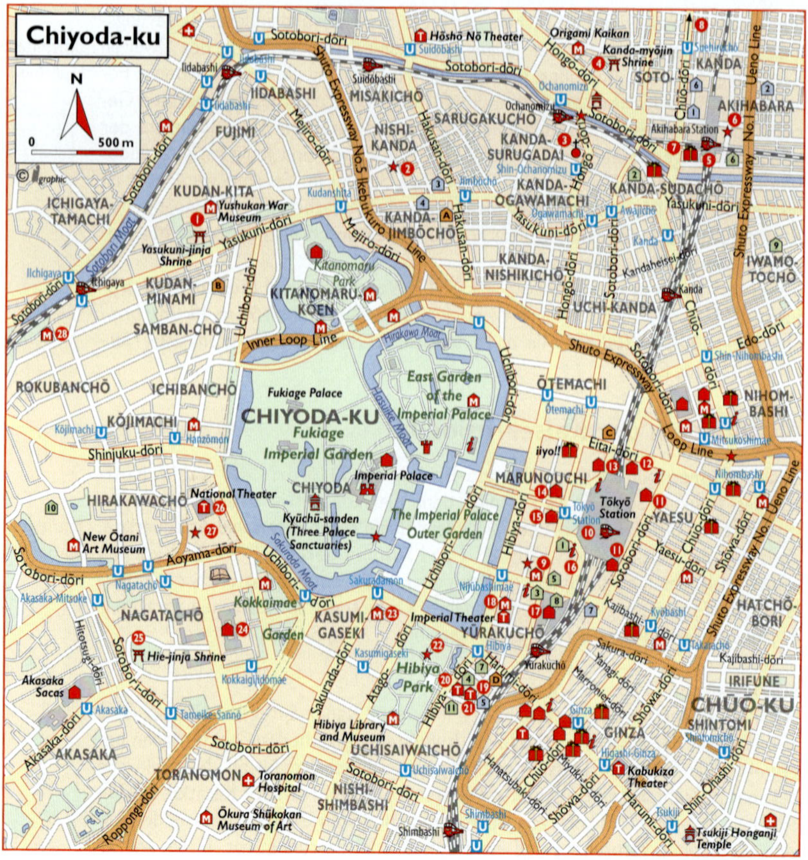

Schrein Kanda Myōjin (4)

Wie viele Sakralgebäude der Stadt steht auch der Schrein Kanda Myōjin nicht mehr an der Stelle im Viertel Ōtemachi (大手町) nahe der Kaiserresidenz, wo er vermutlich um 730 gegründet wurde. Mit dem Ausbau der Burg Edo musste er dem Expansionsbestreben des Shōgunats zu Beginn des 17. Jh. weichen. Für den damaligen Schwertadel ebenso bedeutend wie der Hie-Schrein (s. S. 159), werden hier aus dem Shintō-Pantheon die beiden Glücksgötter **Daikoku** und **Ebisu** verehrt. Dritter im Bunde ist der im Lauf der Jahrhunderte zu einem Halbgott glorifizierte **Taira no Masakado** (?–940), der als einziger der drei einen historischen Hintergrund zu bieten hat. Als Samurai und Großgrundbesitzer rebellierte er gegen die Ungerechtigkeiten und Willkür der Zentralregierung. Besonders gut verlief für ihn sein Aufbegehren nicht, denn er wurde gefangen genommen und geköpft. Sein Haupt, so heißt es, wurde an der Stelle begraben, wo ursprünglich der Kanda Myōjin stand. Mitgenommen hat man den Schädel Masakados bei dem Umzug des Schreins freilich nicht und so liegt er wohl bis heute in der Nähe der Metrostation Ōtemachi. Der heutige Kanda Myōjin, bekannt für eines der größten Schreinfeste in Tōkyō, wurde nach dem Beben 1923 im Jahr 1934 aus Stahlbeton rekonstruiert. Während des im Zwei-Jahres-Turnus in ungeraden Jahren Mitte Mai stattfindenden

Halbgott Taira no Masakado

Sehenswürdigkeiten

1 Yasukuni-Schrein & War Memorial Museum Yūshūkan
2 Viertel Kanda-Jimbōchō
3 Nikolaikirche
4 Schrein Kanda Myōjin
5 Akihabara
6 Yodobashi Camera
7 Kaufhaus Radio Kaikan
8 3331 Arts Chiyoda
9 Mitsubishi Ichigokan Museum
10 Tōkyō Station
11 Yaesu Twin Towers
12 Sapia Tower
13 Marunouchi Oazo
14 Shin Marunouchi Building
15 Marunouchi Park Building
16 Kitte / Restaurant Kushiro
17 Tōkyō International Forum / Ōedo-Antiquitätenmarkt
18 Idemitsu Museum of Art
19 Hibiya Chanter
20 Nissay Theater
21 Takarazuka Theater
22 Hibiya Park
23 Justizministerium mit Museum
24 National Diet Building
25 Hie-Schrein
26 Nationaltheater
27 Engei Hall
28 Takagi Bonsai Museum

Essen und Trinken

1 Kurayamizaka Miyashita Marunouchi
2 Kanda Yabu Soba
3 A16
4 Ryugin

Unterhaltung

5 Cotton Club
6 Big Echo Akihabara
7 Club Diana
8 Takara
9 Tōkyō TUC

Teezeremonie

10 Hotel New Otani
11 Imperial Hotel

Einkaufen

1 Laox
2 Bic Camera
3 Ebisu-dō Galerie
4 Hara Shobō
5 Hayashi Kimono
6 Toranoana
7 Muji

Unterkunft

A Sakura Hotel
B Hotel Monterey Hanzōmon
C Marunouchi Hotel
D The Peninsula Tōkyō

Matsuri werden über 70 Mikoshi mit großem Hallo durch die Straßen der Umgebung getragen. *Mikoshi* ist die japanische Bezeichnung für portable Schreine.
Kanda Myōjin (神田明神), *2-16-2 Soto-Kanda,* ☏ *3254-0753.* **M** *Suehirochō* (末広町駅), *Linie Ginza, Exit 3;* 🚃/**M** *Ochanomizu Station* (新御茶水駅), *JR-Linie Chūō-Sōbu, Linie Marunouchi, Exit Hijiribashi.*

Electric Town Akihabara (5)

Eldorado in Sachen Elektronik

Bunt, schrill und immer in Bewegung zeigt sich **Akihabara** (秋葉原) im Viertel Soto-Kanda (外神田) als Eldorado in Sachen Elektronik und Anime. Schon in den 1930er-Jahren für kleine Fachgeschäfte bekannt, entwickelte sich die Gegend im Nordosten von Chiyoda-ku vor allem in der Nachkriegszeit weiter. Waren damals Radios der Renner, so lockten in den 1960er-Jahren Haushaltsgeräte wie Waschmaschinen, Kühlschränke und Fernseher, gefolgt von dem 20 Jahre später einsetzenden Computer-Boom. Anime-Fans wie die Otaku-Szene haben das Viertel, unter Einheimischen meist **Akiba** (アキバ) genannt, in den 1990er-Jahren für sich entdeckt. Der Begriff „Otaku" bezeichnet im Übrigen einen Personenkreis, dessen Passion für Mangas, Animes, PC-Spiele usw. über ein bloßes Hobby hinausgeht. Seinen Ausdruck findet dieses gesellschaftliche Phänomen auch in Form von **Maid Cafés** (*meido kissa* メイド喫茶), in denen als Rollenspiel Bedienungen in kecker Dienstmädchenuniform selbst für japanische Verhältnisse besonders zuvorkommend und höflich sind. Das Pendant **Butler Café** (*shitsuji kissa* 執事喫茶) ist vergleichsweise seltener zu finden.

Heute gilt Akihabara mit unzähligen Kaufhäusern, Duty-free-Shops und kleineren Läden hauptsächlich entlang der westlich des Bahnhofs gelegenen Straße Chūōdōri (中央通り) als weltweit größter Elektronikmarkt. Seit 2005 ragt auf der Ostseite eine neunstöckige Filiale der Marktkette **Yodobashi Camera (6)** auf. Ob Hightechprodukte, Gebrauchtwaren oder allerlei Schnickschnack – in der Elektround

Häuserfassade in Akihabara

Comicwelt Akihabara ist alles zu bekommen. Dazu gehören auch eigens für den ausländischen Markt gefertigte Artikel. Komplett neu aufgebaut zeigt sich seit 2014 das **Kaufhaus Radio Kaikan (7)**. Auf zehn Etagen findet sich alles aus der Welt von Manga und Anime.

Yodobashi Camera (ヨドバシカメラ), *Akiba Bldg., 1-1 Kanda Hanaokachō, ☏ 5209-1010, www.yodobashi-akiba.com, tgl. 9.30–22 Uhr.* 🚃/**M** *Akihabara Station* (秋葉原駅), *JR-Linien Yamanote, Keihin-Tōhoku u. Chūō-Sōbu, Metrolinie Hibiya, Tsukuba Express, Exit Electric Town.*

Radio Kaikan (*raduo kaikan* ラヅオ会館), *1-15-16 Soto-Kanda, www.akihabara-radio kaikan.co.jp, tgl. 10–20 Uhr.* 🚃 *(s. o.) JR-Showa-dōri Exit;* **M** *(s. o.) Exit 2.*

Das in einer umgebauten früheren Schule und anderen Gebäuden untergebrachte multidisziplinäre Zentrum **3331 Arts Chiyoda (8)** versteht sich als neues Modell für alternative Kunst mit rund 20 Galerien, Ateliers und Wohnraum für Künstler.

3331 Arts Chiyoda *(アーツ千代田), 6-11-14 Soto-Kanda, ☏ 6803-2441, www.3331.jp/en/, Hauptgebäude tgl. 10–21 Uhr, Öffnungszeiten/Eintritt Galerien je nach Ausstellung.* **M** *Suehirochō (末広町駅), Linien Ginza, Exit 4, 5 Min. in nordwestliche Richtung.*

Östlich der Kaiserresidenz – Marunouchi

Wo sich heute zwischen Burggraben und Tōkyō Station Modernität und Eleganz die Hände reichen, lebte während der Edo-Zeit (1603–1867) überwiegend der Schwertadel, um den Regierungssitz des Shōgunats zu schützen. Das Gelände, mit Beginn der Meiji-Ära 1868 vom Kaiserhaus konfisziert, kaufte Iwasaki Yanosuke (1851–1908), Bruder des Mitsubishi-Firmengründers Iwasaki Yatarō, 1890 für 1,5 Mio. Yen und forcierte so die Entwicklung als Geschäftsviertel. Markstein war das 1894 vom britischen Architekten Josiah Conder (1852–1920) im Queen Anne Style konzipierte Bürogebäude Mitsubishi Ichigokan. Conder war als vielbeschäftigter Mann seiner Zeit nicht nur mit der gesamten Umgestaltung des Viertels betraut, sondern unterrichtete zudem an der kaiserlichen Akademie für Ingenieurwesen. Ganz nach dem Vorbild seiner Heimatstadt London entstand in Marunouchi (丸の内) „ein Block London – itchō rondon" geprägt von schmucken Häusern aus rotem Ziegelstein. Von den rund 50 Gebäuden sind nicht viele geblieben. Conders erstes Projekt, 1968 abgerissen, wurde dank alter Zeichnungen originalgetreu wiederaufgebaut. 2010 eröffnete hier das **Mitsubishi Ichigokan Museum (9)** als Museum für Moderne Kunst mit dem Fokus auf der Kunst Frankreichs des 19. Jh.

London als Vorbild

Mitsubishi Ichigokan Museum (*mitsubishi ichigōkan bijutsukan* 三菱一号館美術館), *2-6-2 Marunouchi, ☏ 5777-8600, http://mimt.jp, Di–So 10–18, Fr bis 21 Uhr, Eintritt je nach Ausstellung.* 🚃/**M** *Tōkyō Station, Exit Süd.*

Tōkyō Station (10)

Für den weiteren Fortschritt des Viertels war 1914 die Eröffnung der **Tōkyō Station** (*tōkyō eki* 東京駅) von großer Bedeutung. Pläne für den Bau eines zentralen Bahnhofs nahe des Kaiserpalastes schlummerten zwar länger schon in den Akten der Stadtverwaltung, realisieren ließ sich das Vorhaben aber zunächst nicht. Grund für den Aufschub war der Ausbruch des Ersten Japanisch-Chinesischen Kriegs (1894–1895) und des Russisch-Japanischen Kriegs (1904–1905). Erst 1908 machte man mit der Auftragsvergabe an den Architekten Tatsuno Kingo (1854–1919) Nä-

Tōkyō Station

gel mit Köpfen. Sechs Jahre später knallten die Korken zur Einweihung des Bahnhofs, der damals nur von Marunouchi aus zugänglich war. Bis zur tatsächlichen Vollendung des Verkehrsknotenpunkts zogen aber weitere 15 Jahre ins Land. In dieser Zeit wurden Bahnlinien angegliedert und die Aus- und Eingänge zu dem östlich gelegenen Viertel Yaesu (八重洲) eröffnet. Wie viele andere Gebäude überstand der Bahnhof den Zweiten Weltkrieg nicht unbeschadet. Von seiner ursprünglichen Form aus dem Jahr 1914 büßte er komplett die 3. Etage inklusive seiner Dachkuppeln ein, die durch eckige Konstruktionen ersetzt wurden. Erst vor wenigen Jahren wurde dann noch einmal richtig zugepackt: Seit Ende 2012 strahlt das nunmehr erdbebensichere Gebäude wieder in seiner Originafasson, sodass der Bau mit seinen rot-weißen Backsteinmauern neben den weit in den Himmel ragenden Business- und Konsumpalästen fast unwirklich erscheint. Über seine Funktion als Verkehrsknotenpunkt mit täglich über 400.000 Fahrgästen hinaus haben sich Bahnhof und Umgebung als **Tōkyō Station City** in einen Lifestyle-Komplex verwandelt. Selbst im Bahnhof kommen mit Luxushotel, Shops und Wechselausstellungen weder Kunst noch Kommerz zu kurz.

Tōkyō Station Gallery (*tōkyō sutēshon gyararī* 東京ステーションギャラリー), *1-9-1 Marunouchi, ☏ 3212-2485, Di–So 10–18, Fr bis 20 Uhr, Eintritt je nach Ausstellung.*

Innovation und Fortschritt

Städtebaulich wurde auf keiner Seite des Bahnhofs in den letzten Jahren nur gekleckert. Das 120 ha große Geschäftsviertel Marunouchi steht ganz im Zeichen von Fortschritt, Innovation und Imagewechsel. Durch Niederlassungen namhafter Boutiquen, Feinschmeckerhochburgen und kulturellen Einrichtungen wächst eine dynamische Stadtlandschaft am Puls der Zeit. Die Yaesu-Seite bekam durch die Errichtung der **Yaesu Twin Towers (11)**, bestehend aus dem **Gran Tōkyō North Tower** mit Büros und Geschäften wie dem großen Warenhaus Daimaru und dem **Gran Tōkyō South Tower**, sowie dem **Sapia Tower (12)** schon 2007 eine neue Silhouette. I-Tüpfelchen ist das 2013 fertiggestellte **GranRoof**, das als 240 m lange Kommerz- und Gourmetmeile die Twin Towers verbindet. Auch die Marunouchi-Seite verändert im Zuge der „Station Renaissance" ihr Gesicht. Das beinhaltet in den Jahren zwischen 1998 und 2017 den Bau neuer Gebäude wie u. a. dem **Marunouchi Oazo (13)** (2004), dem **Shin Marunouchi Building (14)** (2007), dem Bürokomplex **Marunouchi Park Building (15)** (2009) sowie dem **Kitte (16)** (2013) als Fusion aus dem ehemaligen Postgebäude wie einem 38 Stockwerke aufragenden Wolkenkratzer. Allen gemein ist ihre Nutzung als Herberge für Büros und/oder Shops und Restaurants.

Yaesu Twin Towers (*yaesu tsuin tawā* 八重洲ツイン タワー), *Nordtower, 1-9-1 Marunouchi, Südtower, 1-9-2 Marunouchi.*

GranRoof (*guranrūfu* グランルーフ), *1-9-1 Marunouchi, tgl. 9–21 Uhr.*

Marunouchi Oazo (*marunouchi oazu 丸の内オアズ*), *1-6-4 Marunouchi, www.marunouchi.com/top/oaza, tgl. 10–21 Uhr.*
Shin Marunouchi Building (*shin marunouchi biruingu 新丸の内ビル イング*), *1-5-1 Marunouchi, www.marunouchi.com/top/shinmaru, Mo–Sa 11–21, So bis 20 Uhr.*
Kitte (*kitte キッテ*), *2-7-2 Marunouchi, www.jptower-kitte.jp, Mo–Sa 11–21, So bis 20 Uhr, Terrasse 6. OG, Tourismusinformation 1. UG.*
Die **Restaurants** *in allen Gebäuden haben meist bis 22/23 Uhr geöffnet.*

Tōkyō International Forum (17)

Als das Rathaus der Stadt Tōkyō in den 1980er-Jahren von Marunouchi ins Viertel Nishi-Shinjuku verlegt wurde, galt es die große Baulücke zu füllen. Statt der bisherigen „Amtstube" sollte eine den schönen Künsten gewidmete Kultureinrichtung entstehen. Nach einer internationalen Ausschreibung, mit der Resonanz von fast 400 Entwürfen, fiel die Wahl auf den uruguayischen Architekten *Rafael Viñoli* (geb. 1944). Gemäß seiner Konzeption entstand ein Komplex aus zwei, ganz im Stil der Bürohäuser des Viertels rechtwinkligen Gebäuden einschließlich einer blattförmigen Glashalle in Anpaasung an das Areal. Von seinen ästhetisch gegeneinander verlaufenden Dachträgern bestimmt, gewann die Konstruktion als technisches Meisterwerk große Anerkennung. Seit der Eröffnung im Jahr 1997 dient der Komplex als Zentrum für Ausstellungen, Konzerte und Konferenzen.

Meisterwerk der Architektur

Tōkyō International Forum (*tōkyō kokusai fōramu 東京国際フォーラム*), *3-5-1 Marunouchi, ☏ 5221-9000, www.t-i-forum.co.jp, tgl. 7–23.30 Uhr.* **/M** *Yūrakuchō Station (有楽町駅), JR-Linien Yamanote, Keihin-Tōhoku, Metrolinie Yūrakuchō, Exit D5.*

Idemitsu Museum of Arts (18)

Der schöngeistigen Ader des ehemaligen Ölmagnaten Idemitsu Sazō (1885–1981) ist die Eröffnung des Idemitsu Museum of Arts als eine der größten privaten Kunsthallen in Tōkyō zu verdanken. Seine Leidenschaft galt Gemälden, Kalligrafien und Keramik. So verfügt das Museum neben unzähligen Exponaten aus Japan und dem ostasiatischen Raum auch über die weltweit umfangreichste Sammlung von Tuschebildern des japanischen Zenmönchs Sengai Gibon (1750–1837). Im Rahmen mehrmals jährlich wechselnder Sonderausstellungen finden auch westliche Künstler wie der französische Maler Georges Rouault (1871–1958) Beachtung. Als tiefreligiöser Mensch widmete er sich insbesondere dem Sujet von Christusdarstellungen. Auch Arbeiten des Norwegers Edvard Munch (1862–1944) haben als Dauerleihgabe des Munch-Museums Oslo ihren Weg hierher gefunden. Eine Besonderheit ist der sog. Scherbenraum mit Fragmenten von Töpferwaren aus Asien und Ägypten.

Private Kunstsammlung

Idemitsu Museum of Arts *(idemitsu bijutsukan 出光美術館), Teigeki Bldg., 9. OG, 3-1-1 Marunouchi, ☏ 5777-8600, http://idemitsu-museum.or.jp, Di–So 10–17, Fr bis 19 Uhr, Erw./Stud 1.000/700 ¥.* **/M** *Yūrakuchō Station (有楽町駅), JR-Linien s. o., Exit Kokusai Forum, Metrolinie Yūrakuchō, Exit B3;* **M** *Hibiya (日比谷駅), Linien Chiyoda, Hibiya, Mita, Exit B3.*

Südlich der Kaiserresidenz

In **Yūrakuchō** (有楽町) mischt bei allem Großstadtflair mit Einkaufs- und Unterhaltungsmöglichkeiten wie dem Einkaufscenter **Hibiya Chanter (19)** oder den beiden Bühnen **Nissay Theater (20)** und **Takarazuka Theater (21)** noch ein

Hauch des alten Japans mit. Nicht umsonst ist die Gegend bei Einheimischen vor allem seiner vielen kleinen Izakayas und Yakitori-Garküchen wegen beliebt.

Furchteinflößende Statue

Dass einem beim Hibiya Chanter das Denkmal einer Weltberühmtheit, wenn auch vergleichsweise klein, nicht gerade entgegenlacht, liegt in der Natur der Sache. Unweit der Film- und Theaterproduktionsgesellschaft Tōhō und vier Tōhō-Kinos sieht sich der Klassiker unter den Monstern **Godzilla** (*gojira* ゴジラ) auf einem Steinsockel verewigt. „Geboren" 1954 unter der Regie des Filmemachers Honda Ishirō (1911–1993), wurde er – angeblich nach dem Spitznamen eines Angestellten bei Tōhō benannt – sozusagen für über 25 weitere Filme engagiert. Zwischenzeitlich treibt sich Godzilla auch noch an anderen Orten der Stadt herum. In Roppongi hat er sich genauso einen Platz erobert wie in Shinjuku. Hier hat er das Hotel Gracery (s. S. 131) fest im Griff. 2004 bekam Godzilla anlässlich seines 50. Geburtstags sogar einen Stern auf dem Walk of Fame in Los Angeles. Damit nicht genug: Seit dem 9. April 2015 ist Godzilla offiziell „Ehrenbürger" des Bezirks Shinjuku.

Hibiya Chanter (*hibiya shante* 日比谷シャンテ), *1-2-2 Yūrakuchō, ☎ 3591-9001, www.hibiya-chanter.com, tgl. 11–20 Uhr, Restaurants bis 22/23 Uhr.*

Nissay Theater (*nisei gekijō* 二生劇場), *1-1-1 Yūrakuchō, ☎ 3503-3111, www.nissaytheatre.or.jp. Dreispartenhaus mit in- und ausländischen Produktionen, Eintritt je nach Programm.*

Takarazuka Theater (*takaratsuka gekijō* 宝塚劇場), *1-1-3 Yūrakuchō, ☎ 0570-00-5100 (nur jap.), www. kageki.hankyu.co.jp, Musiktheater im Stil des Broadway mit Frauenensemble, Karten je nach Platz 3.500–12.000 ¥.*

M *Hibiya* (日比谷駅), *Linien Chiyoda, Hibiya, Mita, Exit A13; Hibiya Chanter, Exit A4.*

Hibiya Park (22)

Park westlicher Prägung

Mit der bis dahin gewohnten Ruhe war es in **Hibiya** (日比谷) nach 1868 erst einmal vorbei, denn der Landstrich, einst im Besitz hochgestellter Daimyō-Klans, diente zu Beginn der Meiji-Ära als militärischer Übungsplatz. Um die Jahrhundertwende besann man sich eines anderen und verwandelte das gut 16 ha große Gebiet in einen öffentlichen, seit 1903 zugänglichen Park. Auch Neugier dürfte damals Anlass für das Flanieren im Grünen gewesen sein, denn der **Hibiya Park** galt als erster Garten westlicher Prägung. Heute ist die Anlage zudem seiner beiden Open-Air-Theater und eines Tennisplatzes wegen populär.

Hibiya Park (*hibiya-kōen* 日比谷公園), *1-6 Hibiya-Kōen, ☎ 3501-6428, frei zugänglich.* **M** *Hibiya* (日比谷駅), *Linien Chiyoda, Hibiya, Mita, Exit A10, A14;* **M** *Kasumigaseki* (霞が関駅), *Linien Marunouchi, Chiyoda, Exit B2.*

Regierungsviertel Kasumigaseki

Bis Kasumigaseki (霞が関) westlich des Hibiya Park seine heutige Struktur als Regierungsviertel bekam, zogen zu Beginn der Meiji-Ära einige Jahre ins Land. Das Wie und Wo beschäftigte die Gemüter. Pläne wurden geschmiedet und wieder verworfen.

Justizministerium mit Museum (23)

Für das Justizministerium fand die Neobarock-Konzeption des im heutigen Litauen geborenen Stadtplaners James Hobrecht (1825–1902) und des deutschen Architekten Hermann Ende (1829–1907) großen Anklang. Das Gebäude von 1895, für

damalige Verhältnisse erdbebensicher erbaut, überstand nur unwesentlich beschädigt das Große Beben 28 Jahre später. Ganz anders der Zweite Weltkrieg – bis auf die Backsteinfassade niedergebrannt, dauerte der Wiederaufbau bis 1950. Im Jahr 1991 dröhnte erneut Baulärm, denn der historische Teil des Ministeriums wurde so originalgetreu wie möglich restauriert. In diesem Zusammenhang richtete man hier das ehemalige Speisezimmer des Justizministers als Museum ein.
Museum im Justizministerium (*hōmu-shō hakubutsukan* 法務省博物館), *1-1-1 Kasumigaseki, ☎ 3592-7911, www.moj.go.jp, Mo–Fr 10–18 Uhr, bei Gruppen über 10 Pers. Voranmeldung erwünscht, Eintritt frei.* **M** *Sakuradamon* (桜田門駅), *Linie Yūrakuchō, Exit 5;* **M** *Kasumigaseki* (霞が関駅), *Linien Marunouchi, Chiyoda, Exit A1.*

National Diet Building (24)

Unter einem guten Stern stand die Errichtung des National Diet Building im westlich von Kasumigaseki gelegenen Viertel **Nagatachō** (永田町) wohl kaum, denn die ambitionierten Pläne für ein gebührend großes Gebäude mussten mangels Geld und Zeit wieder aufgegeben werden. Stattdessen entschloss man sich für ein Provisorium aus Holz, das gerade noch rechtzeitig vor der ersten Parlamentssitzung im November 1890 fertiggestellt wurde. Tragischerweise brannte das Gebäude knapp zwei Monate später ab. Das sofort als Übergangslösung erbaute zweistöckige Parlament westlichen Baustils ereilte dasselbe Schicksal, allerdings erst im Jahr 1925. Also folgte ein weiteres „vorläufiges“ Gebäude, das bis zur Eröffnung des heutigen Parlaments 1936 standhielt. Hatten bei den drei Provisorien auch deutsche Architekten mitgemischt, so lag die Konzeption des stilistisch von europäischen und asiatischen Elementen geprägten Gebäudes in japanischer Hand. Nach einer Bauzeit von knapp 17 Jahren war ein zweiflügeliges Gebäude aus Granit entstanden, das an seiner höchsten Stelle über 65 m misst. Zu besichtigen ist das rechts des Haupteingangs gelegene **Oberhaus** (*sangi-in* 参議院).

Drei Provisorien

National Diet Building (*kokkai-gijidō* 国会議事堂), *1-7-1 Nagatachō, ☎ 5521-7445, www.sangiin.go.jp/eng/index.htm, Mo–Fr 9–16.30 Uhr, ab 8 Uhr stündl. Führungen auf Englisch, bei Sitzungen geschl.* **M** *Nagatachō* (永田町駅), *Linien Yūrakuchō, Hanzōmon, Namboku, Exit 1.*

Hie-Schrein (25)

Ob der Hie-Schrein 1478 auf Veranlassung des Begründers der Burg Edo, Ōta Dōkan (1432–1486), als Schutzschrein im Burgareal erbaut wurde oder je nach Quelle in das Jahr 830 oder 1362 zu datieren ist, spielt für sein derzeitiges Erscheinungsbild keine Rolle. Nach wiederholten Zerstörungen wurde die Anlage in den 1960er-Jahren rekonstruiert. Seinen Standort in Nagatachō ca. 400 m westlich des National Diet Building bekam der dem Gott des nordöstlich von Kyōto gelegenen Berges Hiei geweihte Schrein erst 1659 nach seiner zweiten Verlegung. Zwischen 1607 und

O-Mikuji – Weissagungszettelchen

Schutzschrein für Tōkyō

1657 war er in Hayabusachō ein Stück weiter nördlich zu finden. 1868 wählte Kaiser Meiji (1852–1912) ihn neben anderen als Schutzschrein für Tōkyō aus. Bis heute von Bedeutung ist das alle zwei Jahre (in geraden Jahren Mitte Juni) stattfindende **Sannō-Matsuri** mit einem großen Festumzug.

Hie-Schrein (*hie-jinja* 日枝神社*), 2-10-5 Nagatachō, ☎ 3581-2471, www.hiejinja.net/en/, April–Sept. tgl. 5–18, sonst 6–17 Uhr.* **M** *Kokkaigijidōmae* (国会議事堂前駅), *Linien Chiyoda, Marunouchi, Exit 5.*

info

Tōkyō-jissha – die zehn Schreine Tōkyōs

Als während der Meiji-Restauration 1868 das Kaiserhaus von Kyōto nach Tōkyō verlegt wurde, wählte Kaiser Meiji (1852–1912) noch im selben Jahr zehn um den Kaiserpalast liegende Schreine (*Tōkyō-jissha* 東京十社) aus, die künftig für die neue Hauptstadt von Bedeutung sein sollten. Ein Gesandter bat im Namen des Kaisers in allen Schreinen um die Sicherheit der neuen Hauptstadt und um das Wohlergehen ihrer Einwohner. Daraus entwickelte sich eine Wallfahrt, die aber in späteren Jahren in Vergessenheit geriet. Erst 1975 besann man sich auf die einstige **Pilgerroute**, was sich in kleinen, in jedem Schrein zu bekommenden Votivtäfelchen niederschlägt. Diese können dann auf eine größere Holztafel aufgeklebt werden.

Shintō-Priester

Hie-Schrein (*hie-jinja* 日枝神社*), 2-10-5 Nagatachō, Chiyoda-ku* (**M** *Kokkaigijidōmae* 国会議事堂前駅)
Kanda Myōjin (神田明神), *2-16-2 Soto-Kanda, Chiyoda-ku* (**M** *Suehirochō* 末広町駅)
Nezu-Schrein (*nezu-jinja* 根津神社), *1-28-9 Nezu, Bunkyō-ku* (**M** *Sendagi* 千駄木駅 oder *Tōdaimae* 東大前駅)
Hakusan-Schrein (*hakusan-jinja* 白山神社), *5-31-26 Hakusan, Bunkyō-ku* (**M** *Hakusan* 白山駅)
Ōji-Schrein (*ōji-jinja* 王子神社), *1-1-12 Ōji-Honchō, Kita-ku* (🚃/**M** Ōji 王子駅)
Kameido Tenjin (亀戸天神), *3-6-1 Kameido, Kōtō-ku* (🚃 *Kameido Station* 亀戸駅)
Tomioka-Hachiman-Schrein (*tomioka hachiman-gū* 富岡八幡宮), *1-20-3 Tomioka, Kōtō-ku* (**M** *Monzen-Nakachō* 門前中町駅)
Hikawa-Schrein (*hikawa-jinja* 氷川神社), *6-10-12 Akasaka, Minato-ku* (**M** *Nogizaka* 乃木坂駅)
Shiba-Dai-Schrein (*shiba daijingū* 芝大神宮), *1-12-7 Shiba-Daimon, Minato-ku* (**M** *Daimon* 大門駅)
Shinagawa-Schrein (*shinagawa-jinja* 品川神社), *3-7-15 Kita-Shinagawa, Shinagawa-ku* (🚃 *Shinbamba* 新馬場駅)

Westlich der Kaiserresidenz

Nationaltheater und Engei Hall

Sei es Tanz, Musik, Puppenspiel oder Theater, das seit 1966 bestehende **Nationaltheater (26)** im Viertel **Hayabusachō** (隼町) in der Nachbarschaft des Obersten Gerichtshofs hat sich ganz dem Genre klassischer Künste verschrieben. Baulich an das Schatzhaus Shōsōin des Tempels Tōdai-ji in Nara angelehnt, verfügt das Theater über zwei Säle. 1979 kam in unmittelbarer Nachbarschaft die **Engei Hall (27)** dazu, auf deren Bühne überwiegend traditionelle Geschichtenerzähler zu Wort kommen.

Klassische Künste

Nationaltheater (*kokuritsu gekijō* 国立劇場)/**Engei Hall** (*engei-jō* 演芸場), *4-1 Hayabusachō, ☏ 3265-7411, www.ntj.jac.go.jp.* **M** *Hanzōmon* (半蔵門駅), *Hanzōmon-Linie, Exit 1.*

Takagi Bonsai Museum (28)

Kunst anderer Art widmet sich das Takagi Bonsai Museum im Stadtteil Gobanchō (五番町). Die Bonsai-Kunst, im 10. Jh. von Mönchen aus dem Ursprungsland China mitgebracht, entwickelte sich in Japan weiter und fand zunächst in Kreisen des Adels und schließlich in der breiten Bevölkerung Anklang. In Europa waren die Bäume und Sträucher im Kleinformat zum ersten Mal auf der Weltausstellung in Paris 1867 zu sehen. Bonsai, banal mit „Anpflanzung in der Schale" zu übersetzen, bedeutet viel mehr als pure Ästhetik, gilt es doch als Versinnbildlichung der Harmonie zwischen Mensch und den Elementen der Natur. Zu finden ist das Museum in der obersten Etage eines Bürogebäudes, das durch seine beiden 200 Jahre alten chinesischen Hundeskulpturen vor dem Eingang gut erkennbar ist. Ein Dachgarten beherbergt rund 500 Bonsaibäume mit teilweise stattlichem Alter.

Bäume im Kleinformat

Takagi Bonsai Museum (*takagi bonsai bijutsukan* 高木盆栽美術館), *1-1 Gobanchō, ☏ 3221-0006, Di–So 10–17 Uhr, Erw./Kind 800/500 ¥.* 🚃/**M** *Ichigaya* (市ケ谷駅), *JR-Linie Chūō-Sōbu; Metrolinien Yūrakuchō, Namboku, Shinjuku, Exit 2.*

Reisepraktische Informationen Chiyoda-ku

(Karte S. 152, Unterkunft S. 128)

Infos

Japan National Tourism Organization (JNTO), *Shin-Tōkyō Bldg., 3-3-1 Marunouchi, ☏ 3201-3331, www.jnto.go.jp/eng/, tgl. 9–17 Uhr. WLAN und PC kostenlos verfügbar.* **M** *Yūrakuchō* (有楽町駅), *Linie Yūrakuchō, Exit D3, D5;* **M** *Nijūbashimae* (二重橋前駅), *Linie Chiyoda, Exit 1, B7;* 🚃/**M** *Tōkyō Station, Exit 6, Exit Nord.*

Internet: *www.city.chiyoda.tokyo.jp*

Essen & Trinken

(1) Kurayamizaka Miyashita Marunouchi (暗闇坂宮下丸の内), *Marunouchi Bldg., 36. OG, 2-4-1 Marunouchi, ☏ 5220-3331, tgl. 11–15, 17–23 Uhr. Kaiseki-Küche mit monatlich wechselnden Menüs wird hier auf außergewöhnlich erlesenem Geschirr serviert. Reservierung empfohlen; Mittagessen ab ca. 5.000 ¥, Abendessen ab ca. 9.000 ¥.* 🚃/**M** *Tōkyō Station, Exit Marunouchi Süd, Metrolinie Marunouchi, Exit 4.*

(2) Kanda Yabu Soba (かんだやぶそば), *2-10 Kanda-Awajichō, ☎ 3251-0287, www.yabusoba.net, Do–Di 11.30–20.30 Uhr. Mit einer bis ins Jahr 1880 zurückgehenden Tradition wird das Yabu Soba in einem japanischen, von einem kleinen Garten umgebenen Holzhaus als Nonplusultra in Sachen Buchweizennudeln gerühmt. Zu Recht: In ganz Tōkyō wird man kaum schmackhaftere Sobagerichte finden, sei es mit Brühe, heiß oder kalt, mit Tempura oder anderen Zutaten gekrönt; 1.500–8.000 ¥.* **M** *Ogawamachi* (小川町駅), *Linie Shinjuku, Exit A3;* **M** *Awajichō* (淡路町駅), *Linie Marunouchi, Exit A3.*

Kushiro (くし路), **Kitte (16)** *6. OG, 2-7-2 Marunouchi, ☎ 6256-0817, tgl. 11–15, 17–23, So bis 22 Uhr. In der Izakaya, teilweise mit Blick auf den Bahnhof, dreht sich alles um die Regionalküche Hokkaidos. Lamm, Huhn oder Meeresfrüchte, auf Holzkohle gegrillt, schmecken genauso gut wie Beilagen aller Art. Auch die Getränkekarte verspricht Typisches von der nördlichen Insel. Mittagessen ca. 2.000 ¥, Abendessen 6.000 ¥ inkl. Getränke.* /**M** *Tōkyō Station, Exit 4.*

(3) A16, *Park Bldg. Brick Square, 2-6-1 Marunouchi, ☎ 3212-5215, tgl. 11–23, So bis 22 Uhr. Hier dreht sich alles um Pizza und Pasta nach süditalienischen Rezepten. Auch mit Sitzplätzen im Freien steht dem Gefühl von „La Dolce Vita" und Essen mit einem guten Wein nichts im Wege. Der einfache Name des italienischen Restaurants bezieht sich auf den Straßennamen zwischen Neapel und Canossa. Neben Einzelgerichten sind Menüs mit allem Drum und Dran für ca. 5.800 ¥ zu bekommen.* **M** *Nijūbashimae* (二重橋前駅), *Linie Chiyoda, Exit 1;* /**M** *Tōkyō Station, Exit 7/8.*

(4) Ryugin (龍吟), *7F Tokyo Midtown Hibiya, 1-1-2 Yurakucho, ☎ 6630-0007, www.nihonryori-ryugin.com, i. d. R. Mo–Sa 17.30–23 Uhr (letzter Einlass 20 Uhr). Als Japans führender Molekular-Gastronom bejubelt, zaubert Küchenchef Seiji Yamamoto in seinem mit drei Michelin-Sternen ausgezeichneten Restaurant ein japanisches Menü für alle Sinne (ab 35.600 ¥). 2003 in Roppongi eröffnet, seit Sommer 2018 am neuen Standort in Chiyoda-ku. Reservierung nötig (12–17 Uhr), Kleiderordnung, kein Parfüm!* **M** *Hibiya* (日比谷駅), *Linien Chiyoda, Hibiya, Mita, Exit A13.*

Unterhaltung

(5) Cotton Club (コットンクラブ), *Tokia Tōkyō Bldg., 2. OG, 2-7-3 Marunouchi, ☎ 3215-1555, www.cottonclubjapan.co.jp. Mo–Fr ab 17–23, Sa/So 16–22.30 Uhr. Ganz im Geiste des legendären New Yorker Cotton Club wurde hier 2005 ein gleichnamiger Club etabliert. Bei noblem Interieur und ebenso noblen Preisen gelingt es dem Management, Größen der internationalen Jazz-, Soul- und R 'n' B-Szene nach Marunouchi zu holen. Der Eintritt variiert je nach Künstler u. Sitzplatz zwischen 6.000 und 15.000 ¥, Abendessen ca. 3.000 ¥.* /**M** *Tōkyō Station, Exit 3.*

(6) Big Echo Akihabara (ビッグエコー秋葉原), *Akihabara Bldg., 6.–9. OG, 1-16 Kanda-Sakumachō, ☎ 5209-3373, tgl. 11–5, Fr bis 6 Uhr. In den 47 Räumen für kleine und große Gruppen dreht sich alles um Karaoke. Selbstredend können auch Speisen und Getränke bestellt werden.* /**M** *Akihabara* (秋葉原駅), *Showa-dōri Exit.*

(7) Club Diana (クラブ デイアナ), *Toho Twin Tower Bldg., 2./3. UG, 1-5-2 Yurakuchō, ☎ 5501-1115, www.clubdiana.jp, Di–So 18–24, Fr bis 1 Uhr. „Saturday Night Fever" ist in dem riesigen Club an jedem Tag vorgrammiert: Party, Party … mit DJs oder Livemusik. Kleiderordnung! Keine sichtbaren Tattoos, keine Flipflops, keine Muscleshirts, 1.000–4.000 ¥.* /**M** *Yurakuchō* (有楽町駅), *JR-Linien Yamanote, Keihin-Tōhoku, Metrolinie Yurakuchō, Exit A2-A9;* **M** *Hibiya* (日比谷駅), *Linien Chiyoda, Hibiya, Mita, Exit 5.*

(8) Takara (宝), *Tōkyō International Forum 1. UG, 3-5-1 Marunouchi, ☎ 5223-9888, Mo–Fr 11.30–14.30, 17–23, Sa/So 11.30–15.30, 17–22 Uhr. Die geräumig stylische Bar* *mit 120 Sitzplätzen, aufgeteilt in westliches und japanisches Ambiente, liegt im Trend. Das Takara, übersetzbar mit „Schatz" oder „Kostbarkeit", bietet seinen Gästen neben ausgezeichneter Küche vor allem ein breites Angebot erlesener landestypischer Alkoholika; Preisniveau ca. 4.500 ¥.* 🚆/**M** *Yūrakuchō* (有楽町駅)*, Linien s. o., Exit A4b.* 🚆/**M** *Tōkyō Station, Linie Marunouchi, Exit 5.*

(9) Tōkyō TUC (東京 TUC), *Tōkyō Uniform Centre Bldg., 1. UG, 2-16-5 Iwamotochō, ☎ 3866-8393, Shows ab 19.45, Sa ab 19 Uhr. Zu Recht rangiert das TUC mit regelmäßigen Konzerten bekannter Größen unter den hundert weltweit angesagtesten Jazzclubs; Eintritt je nach Künstler ab 3.500 ¥.* **M** *Iwamotochō* (岩本町駅)*, Linie Shinjuku, Exit A5.*

Teezeremonie

Um einen Eindruck von der sich normalerweise stundenlang hinziehenden Teezeremonie zu bekommen, gibt es unterschiedliche Möglichkeiten, an einer Kurzversion für Touristen in englischer Sprache teilzunehmen.

(10) Hotel New Otani (ホテルニューオータニ), *7. OG, 4-1 Kioichō, ☎ 3265-1111, www.newotani.co.jp, Do–Sa 11–16 Uhr, Anmeldung erforderlich. Dauer 20 Min., 1.000 ¥.* **M** *Nagatachō* (永田町駅)*, Linie Hanzōmon, Exit 7;* **M** *Akasakamitsuke* (赤坂見附駅)*, Linien Marunouchi, Ginza, Exit D.*

(11) Imperial Hotel (帝国ホテル), *4. OG, 1-1-1 Uchisaiwaichō, ☎ 3504-1111, www.imperialhotel.co.jp, Mo–Sa 10–16 Uhr, 1.500 ¥, Anmeldung erforderlich, Dauer 20 Min., 1.500 ¥.* **M** *Hibiya* (日比谷)*, Linien Hibiya, Chiyoda, Toei Mita, Exit A13.*

Einkaufen *(weitere Einkaufstipps im Reisekapitel)*

Elektronik

(1) Laox (ラオツクス), *1-2-9 Soto-Kanda, ☎ 3253-7111, www.laox.co.jp, tgl. 10–19 Uhr. Auf sieben Etagen bietet der Duty-free-Megastore in Akihabara Elektrogeräte aller Art. Die beiden oberen Stockwerke sind Lebensmitteln, Kosmetik und Bastelzubehör vorbehalten.* 🚆/**M** *Akihabara Station* (秋葉原駅)*, JR-Linien Yamanote, Keihin-Tōhoku u. Chūō-Sōbu, Metrolinie Hibiya, Tsukuba Express, Exit Electric Town.*

(2) Bic Camera, *1-11-1 Yurakuchō, ☎ 5221-1111, tgl. 10–22 Uhr. Auf neun Etagen werden hier alle erdenklichen Elektroartikel angeboten. Reparaturservice für Apple Produkte im 7. OG.* **M** *Hibiya* (日比谷)*, Linien Hibiya, Chiyoda, Toei Mita, Exit D4.*

Flohmarkt

Ōedo-Antiquitätenmarkt (大江戸骨董市), *Areal des* **Tōkyō International Forum (17)** (東京国際フォーラム)*, 3-5-1 Marunouchi, im Sommer bei gutem Wetter am 1. u. 3. So im Monat, 9–16 Uhr. Als einer der größten Antiquitätenmärkte Japans zieht der riesige Flohmarkt mit ca. 250 Ausstellern Tausende von Besuchern an.* 🚆/**M** *Yurakuchō* (有楽町駅)*, JR-Linien Yamanote, Keihin-Tōhoku, Metrolinie Yurakuchō, Exit A4b.*

Kunsthandwerk

(3) Ebisu-dō Galerie (恵比寿堂ギャラリー), *Inagaki Bldg., 4. OG, 1-9 Kanda-Jimbōchō, ☎ 3219-7652, http://ebisudogallery.com, Mo–Sa 11–18.30 Uhr. Japanische Gemälde und Holzdrucke vor allem aus der Edo-Zeit.* **M** *Jimbōchō* (神保町駅)*, Linien Mita, Hanzōmon, Shinjuku, Exit A5, A7.*

(4) Hara Shobō (原書房), *2-3 Kanda-Jimbōchō, ☎ 5212-7801, www.harashobo.com, Di–Sa 10–18 Uhr. Holzdrucke sowie illustrierte Bücher aus dem 17.–20. Jh. sowie moderne Malerei.* **M** *Jimbōchō, Linien s. o., Exit A6.*

(5) Hayashi Kimono (林きもの), *2-1-1 Yūrakuchō, ☏ 3501-4012, Mo–Sa 10–19, So bis 18 Uhr. Traditionelle japanische Kleidung und Zubehör.* **M** *Ginza* (銀座駅), *Linien Ginza, Hibiya, Marunouchi, Exit C1.*

Manga und Anime

(6) Toranoana (トラノアナ), *4-3-1 Soto-Kanda, ☏ 0570-031-400, www.toranoana.co.jp, tgl. 10–22 Uhr. Comics und mehr – alles rund um die Manga-, Anime- und Otaku-Szene auf acht Etagen.* **M** *Suehirochō* (末広町駅), *Linie Ginza, Exit 1.*

Mode und Haushaltswaren

(7) Muji (無印良品), *2./3. OG, 3-8-2 Marunouchi, ☏ 5208-8241, tgl. 10–21 Uhr. Ob Küchenutensilien, Möbel, Mode u. v. m., die heute weltweit vertretene Kaufhauskette überzeugt durch Qualität, moderate Preisen und interessantes Produktdesign.* 🚃/**M** *Yurakuchō* (有楽町駅), *JR-Linien Yamanote, Keihin-Tōhoku, Metrolinie Yurakuchō, Exit A9.*

Tōkyōs Norden

Bunkyō-ku 文京区

Akamon – das Rote Tor

Schon vor der verwaltungstechnischen Umstrukturierung 1947 war der damals aus den Stadtteilen Hongō (本郷) und Koishikawa (小石川) zusammengelegte Bezirk ein gefragtes Wohngebiet im Norden Tōkyōs. Nicht ohne Grund zog es viele Intellektuelle hierher, denn in Bunkyō-ku finden sich bedeutende Bildungseinrichtungen wie etwa die 1877 gegründete Universität Tōkyō. Noch heute erinnert der Westeingang, das 1828 errichtete rote Tor **Akamon (1)**, an jene längst vergangenen Tage. Als ehemaliger Absolvent der Hochschule, die heute höchstes Prestige genießt, dürfte auch der populäre Literat der Meiji-Ära Natsume Kinnosuke (1867–1916), besser bekannt unter seinem Pseudonym Natsume Sōseki, oftmals durch das Akamon gegangen sein. 1984–2007 zierte Natsumes Porträt sogar die 1.000-Yen-Note. Heute ist der 11,31 km^2 große und knapp 228.000 Einwohner zählende Bezirk nicht nur für seine staatlichen und privaten Wissensschmieden bekannt. In Bunkō-ku konzentrieren sich auch Kliniken, Druckereien, Verlage sowie in jüngster Zeit die IT-Branche.

Akamon (赤門), *7-3-1 Hongō, Tōkyō Universität, Westseite Hongō-Campus an der Hongō-dōri* (本郷通り). **M** *Hongō-Sanchōme* (本郷三丁目駅), *Linien Marunouchi, Ōedo, Exit 1/2;* **M** *Tōdaimae* (東大前駅), *Linie Namboku, Exit 1.*

Tōkyō Dōme City

Anstelle des einstigen Kōrakuen-Stadions wurde im März 1988 der rund 56 m hohe **Tōkyō Dōme (2)** mit einer Platzkapazität für 55.000 Zuschauer als eine der weltweit größten Traglufthallen eröffnet. Kein Baseballfan in Japan, der das Heimstadion der Yomiuri Giants, eine der ältesten und erfolgreichsten Baseballmannschaften Japans, nicht kennt. Über Entwicklung und Persönlichkeiten des in der zweiten Hälfte des 19. Jh. aus Amerika eingeführten Sports informieren die im Tōkyō Dōme untergebrachte **Hall of Fame** sowie ein **Museum**. Neben anderen Sportveranstaltungen wird die Halle auch für Ausstellungen, Messen und Konzerte genutzt.

Redaktionstipps

- Tōkyō Dōme City: beliebte Anlaufstelle für Sport, Spiel und Spaß (s. u.).
- Mit den Gärten **Koishikawa Kōrakuen** und **Rikugien** aus der Edo-Zeit finden sich hier gleich zwei ihrer Schönheit wegen gerühmte Parkanlagen (S. 167).
- Die zeitgenössische **St.-Marien-Kathedrale** besticht durch Eleganz und Größe (S. 167).

Tōkyō Dōme (*tōkyō dōmu* 東京ドーム), *www.tokyo-dome.co.jp.*
Hall of Fame und Museum (*yakyū taiiku kakubutsukan* 野球体育博物館), *1-3-61 Kōraku, ☎ 3811-3600, März–Sept. Di–So 10–18, sonst bis 17 Uhr, Erw./Kind 600/200 ¥. Eingang rechts neben Tor 21.* **M** *Kōrakuen* (後楽園駅), *Linien Marunouchi, Namboku, Exit 2;* 🚃 *Suidōbashi* (水道橋駅), *JR-Linie Chūō-Sōbu, Exit West.*

Selbst ohne Besuch des Tōkyō Dōme wird sich hier keiner langweilen. Unter Tōkyō Dōme City (東京ドムシテイ) ist schließlich nicht nur die Halle zu verstehen,

Sehenswürdigkeiten
1 Akamon
2 Tōkyō Dōme
3 LaQua
4 Kōdōkan
5 Koishikawa Kōrakuen
6 Botanischer Garten Koishikawa
7 Rikugien
8 Gokoku-ji
9 St.-Marien-Kathedrale

Essen und Trinken
1 Shunpū Banri
2 Shilingol

Unterkunft
A Homeikan
B Tōkyō Dōme Hotel
C Hotel Chinzansō Tōkyō

Tōkyō Dōme, eine der weltweit größten Traglufthallen

sondern ein Komplex aus Shops und Boutiquen, Cafés und Restaurant und – unübersehbar eines **Vergnügungsparks** mit vielen Attraktionen. Adrenalin pur garantiert eine Fahrt mit dem *Thunder Dolphin*, einer Achterbahn, die durch die Mitte eines Riesenrads und eine Hausmauer rast.
Vergnügungspark, *Tōkyō Dōme City, tgl. 10–21 Uhr, Riesenrad 820 ¥, Achterbahn 1.030 ¥.*

Wem der Sinn nach Erholung steht, ist im **Thermalbad LaQua (3)** bestens aufgehoben. Verschiedene Pools mit heißem Wasser aus 1.700 m Tiefe, Saunen u. v. m. brachten dem Luxus-Spa den Ruf einer First-Class-Wellnessoase ein.
LaQua (*rakūa ラクーア), LaQua Area 5.–9. OG, 1-1-1 Kasuga, ☎ 5800-9999, www.laqua.jp, tgl. 11–9 Uhr (22 Std. geöffnet), Eintritt ab 2.850 ¥, Eingang im 6. OG, für Kinder ungeeignet.*

Kōdōkan (4)

Begründer des Jūdō

Direkt hinter dem LaQua-Areal in der Straße Hakusan-dōri (白山通り) ist die Lehrhalle des Weges, die Kōdōkan, erste Adresse für die Ende des 19. Jh. entstandene Kampfsportart Jūdō. Als Begründer gilt der in Jugendjahren wegen seines schmächtigen Körperbaus oft als halbe Portion gehänselte Kanō Jigorō (1860–1938). Obwohl er kaum mehr als 45 kg auf die Waage brachte, gab er nicht klein bei und begann, seine Konstitution mit Hilfe von Jiūjutsu zu verbessern. Jahre später legte er durch die Entwicklung bestimmter Techniken und eigener Geisteshaltung den Grundstein für die Praxis des Jūdō. Heute werden im Kōdōkan neben fortlaufendem Unterricht auch mehrtägige Kurse angeboten. Besucher können von einer Zuschauertribüne beim Training zusehen.
Kōdōkan (講道館), *8. OG, 1-16-30 Kasuga, ☎ 3818-4172, www.kodokan.org, Mo–Fr 10–12, 13–17 Uhr.* **M** *Kasuga (春日駅), Linien Mita, Ōedo, Exit A1, A2.*

Koishikawa Kōrakuen (5)

Der zu Beginn des 17. Jh. angelegte Koishikawa Kōrakuen breitet sich westlich der Tōkyō Dōme City aus. Trotz oder gerade wegen seines Alters wird er von manchen als eine der schönsten Gartenanlagen Tōkyōs gerühmt. Auf einer Fläche von ca. 7 ha erinnert er an malerische Regionen in China und Japan en miniature. Ursprünglich um ein Vielfaches größer, musste jedoch ein erheblicher Teil des Kōrakuen der Stadtmodernisierung weichen.

Malerische Gartenanlagen

Koishikawa Kōrakuen (小石川後楽園), *1-6-6 Kōraku, ☏ 3811-3015, tgl. 9–17 Uhr, Erw. 300 ¥.* **M** *Iidabashi* (飯田橋駅), *Linie Ōedo, Exit C3.*

Botanischer Garten Koishikawa und Rikugien

Nördlich des Kōrakuen liegen noch zwei weitere Gärten aus dem 17. Jh., wobei der **Botanische Garten Koishikawa (6)** 1684 auf Veranlassung des fünften Shōguns Tokugawa Tsuneyoshi dem Anbau von Heilkräutern diente. Seit 1877 steht das 16 ha große Areal mit nunmehr über 4.000 Pflanzenarten der Universität Tōkyō zur Verfügung. Der **Rikugien (7)**, Garten der „Sechs Gedichte", sowie der Kōrakuen gelten als Orte mit besonderer Naturästhetik.

Botanischer Garten Koishikawa (*koishikawa shokubutsuen* 小石川植物園), *3-7-1 Hakusan, ☏ 3814-0138, www.bg.s.u-tokyo.ac.jp/koishikawa/eng/, Di–So 9–16.30 Uhr, Erw./Kind ab 6 Jahren 400/130 ¥.*

M *Hakusan* (白山駅), *Metrolinie Mita, Exit A1, ca. 10 Min. zu Fuß;* **M** *Myōgadani* (茗荷谷駅), *Linie Marunouchi, Exit 1, ca. 15 Min. zu Fuß.*

Rikugien (六義園), *6-16-3 Hon-Komagome, ☏ 3941-2222, tgl. 9–17 Uhr, Erw. 300 ¥.* 🚆/**M** *Komagome* (駒込駅), *JR-Linie Yamanote, Metrolinie Namboku, Exit 2.*

Tempel Gokoku-ji (8)

Südöstlich des Friedhofs Zōshigaya mit Gräbern namhafter Persönlichkeiten wie etwa Natsume Sōseki erstreckt sich das Areal des **Tempels Gokoku-ji** aus dem Jahr 1681. Weder Erdbeben noch Kriege richteten hier großen Schaden an, sodass insbesondere die mit kostbarem Interieur dekorierte Haupthalle **Hondō** (本堂) sowie das rund 300 Jahre alte Gästehaus **Gekkōden** (月光殿) als bedeutende Kulturschätze erhalten blieben. Dass sich im Tempelgelände gleich mehrere alte Teehäuser aneinanderreihen, hat einen guten Grund: Für die Praxis der Teezeremonie spielte der Gokoku-ji eine führende Rolle. Bekannt ist das Areal zudem als Begräbnisstätte einiger Mitglieder des Kaiserhauses.

Traditionelle Teehäuser

Gokoku-ji (護国寺), *5-40-1 Ōtsuka, ☏ 3941-0764, Tempelareal rund um die Uhr geöffnet, Haupthalle Mo–Fr 9–12, 13–16.30 Uhr, Sa/So wird die Halle oft für Teezeremonien genutzt.* **M** *Gokoku-ji* (護国寺駅), *Linie Yūrakuchō, Exit 1.*

St.-Marien-Kathedrale (9)

Dort wo sich seit Ende 1964 die St.-Marien-Kathedrale als eines der Meisterwerke des Architekten Tange Kenzō erhebt, stand ab 1899 südlich des Gokoku-ji ihre Vorgängerin in Form eines neogotischen Holzbauwerks. Der Wiederaufbau der im Zweiten Weltkrieg abgebrannten Kirche begann mit Unterstützung des Erzbistums Köln erst 1960. Die heutige bis zu 40 m hohe Konstruktion aus Stahl und Beton im Grundriss eines Kreuzes reflektiert durch schräg verlaufende Wände Licht, was symbolisch als Licht Gottes verstanden werden kann. Das Innere der Kathedrale überrascht durch schlichte Betonwände, was aber auch hier Lichteinfall und dezente Innenausstattung gezielt akzentuieren. Der einzeln neben der Kathedrale stehende schlanke Glockenturm ragt fast 62 m in die Höhe. Seit 1911 gilt Gläubigen eine von französischen Missionaren in Anlehnung an die Grotte von Lourdes erbaute Gebetsstelle im Außenbereich als besonderer Ort.

Moderne Kathedrale

St.-Marien-Kathedrale Tōkyō (*tōkyō katedoraru sei maria daiseidō* 東京カテドラル 聖マリア大聖堂), *3-16-15 Sekiguchi, Mejiro-dōri* (目白通り), ☎ *3945-0126, tgl. 9–17 Uhr. Messen auf Jap. Mo–Fr 7, Sa 18, So 8, 10, 12 Uhr. Ca. 15 Min. ab* **M** *Gokokuji* (護国寺駅), *Linie Yūrakuchō, Exit A6.*

Reisepraktische Informationen Bunkyō-ku

(Karte S. 165, Unterkunft S. 127)

Infos

Internet: *www.city.bunkyo.lg.jp*

Essen & Trinken

(1) Shunpū Banri (春風万里), *LaQua 9.OG, 1-1-1 Kasuga,* ☎ *3868-7231, tgl. 11.30–23 Uhr. Die Küche des stilvoll eleganten Shunpū Banri ist ganz auf die japanische Küche mit Zutaten der Saison eingestellt; Menü 3.000–5.000 ¥.* **M** *Kōrakuen* (後楽園駅), *Linien Marunouchi, Namboku, Exit 2;* **M** *Kasuga* (春日駅), *Linien Mita, Ōedo, Exit A1.*

Partystimmung

(2) Shilingol (シリンゴル), *4-11-9 Sengoku,* ☎ *5978-3837, http://shilingol.web.fc2.com, tgl. 18–22.30 Uhr. Hier wird authentisch mongolisch gekocht, fleischlastig, gut und reichlich. Wenn die Entscheidung für einen der 24 Sitzplätze entweder am Tisch oder in der Jurtenecke auf dem Boden gefallen ist, werden Sie entsprechend mongolischer Gastfreundschaft mit einer Art salzigem Milchtee begrüßt. Die japanisch-mongolisch verfasste Speisekarte dürfte die nächste Herausforderung sein. Am einfachsten ist es, ein Menü zu bestellen, denn mit Vorspeise, Hauptgang und Dessert bekommt man einen Eindruck der deftigen Küche. Fast ein Muss ist ein Gläschen Airag, verspricht doch die berüchtigte vergorene Stutenmilch westlichen Geschmacksnerven ein bislang ungekanntes Erlebnis. Abends spielt der Chef des Hauses gerne auf seiner Pferdekopfgeige volkstümliche Melodien aus seiner Heimat; 3.200–5.500 ¥.* /**M** *Sugamo* (巣鴨駅), *JR-Linie Yamanote, Exit Süd, Metrolinie Mita, Exit A2, 8 Min. südl. Richtung.*

Toshima-ku 豊島区

Der 1947 aus ländlichen Vorstadtgemeinden gegründete, gut 13 km^2 große Bezirk Toshima-ku erlebte seit der Eröffnung des Bahnhofs Ikebukuro 1903 einen immensen Aufschwung. Durch den Anschluss weiterer Bahnlinien in der Folgezeit kamen der Station wie auch der Umgebung noch mehr Bedeutung zu. Im Vergleich zu 1965, als Statistiken eine Bevölkerungszahl von 370.000 verbuchten, haben heute „lediglich“ knapp 300.000 Einwohner hier ihren Wohnsitz. Trotzdem bildet Toshima unter den 23 Bezirken der Stadt in puncto Bevölkerungsdichte von knapp 23.000 Einwohnern/km^2 derzeit die Spitze. Mit einem Ausländeranteil von über 15 % zählt die Verwaltungseinheit zu einem der multikulturellen Bezirke. Den größten Anteil stellen Chinesen, gefolgt von Koreanern und Filipinos. Mit gigantischen Konsumtempeln, Unterhaltungsvierteln und kulturellen Einrichtungen konzentrieren sich die Sights vor allem im Stadtteil Ikebukuro, Nishi-, Higashi- und Minami-Ikebukuro.

Redaktionstipps

➤ Was tun, wenn die Erde bebt? Außergewöhnliche Erfahrungen warten auf Besucher des **Life Safety Learning Center** in der Feuerstation Ikebukuro (S. 170).

➤ Einmal mehr „gute Aussichten“ von der 60. Etage des Wolkenkratzers **Sunshine 60** (S. 171).

Ikebukuro

Wer zum Einkaufen nach Ikebukuro (池袋) fährt, braucht vom Bahnhof aus nicht weit zu gehen. Auf der Ostseite reihen sich mit dem einst größten Kaufhaus Japans, der Hauptfiliale von **Seibu (1)**, und zwei Gebäuden von **Parco (2)** gleich mehrere Einkaufspaläste aneinander. Das Elektronikgeschäft **Bic Camera (3)** nördlich der Bahnstation genießt den Ruf eines der landesweit günstigsten zu sein. Mit 83.000 m^2 Verkaufsfläche dominiert das **Tōbu (4)** die Westseite. An das mehr als doppelt so große New Yorker Macy's kommt es zwar nicht heran, trotzdem findet man hier so gut wie alles – und um sich zu verlaufen, reicht es allemal.

Seibu (西武), *1-28-1 Minami-Ikebukuro, Mo–Sa 10–21, So 10–20 Uhr.*

Parco (*paruko* パルコ), *1-28-2 Minami-Ikebukuro, tgl. 10–21 Uhr, Restaurants bis 23 Uhr.*

Bic Camera (*bikku kamera* ビックカメラ), *1-41-5 Higashi-Ikebukuro, tgl. 10–22 Uhr.*

Tōbu (東武), *1-1-25 Nishi-Ikebukuro, tgl. 10–21, So 10–20 Uhr, einige Shops und Restaurants sind länger geöffnet.*

/**M** *Ikebukuro* (池袋駅), *JR-Linien, Metrolinien Marunouchi, Fukutoshin, Yūrakuchō, East Exit, Tōbu West Exit.*

Ikebukuro im Zeichen von Konsum und Kommerz

Etwa 10 Minuten zu Fuß in südwestlicher Richtung steht die Feuerstation von Ikebukuro einsschließlich des **Life Safety Learning Center (5)**. Aufgrund der Tatsache, dass ein Großteil der Bevölkerung im Fall einer Katastrophe, sei es ein Erdbeben oder Brand, kaum weiß, wie man reagieren sollte, bieten Mitarbeiter des Centers Schulungen an. Wie benutzt man eigentlich einen Feuerlöscher? Was ist bei

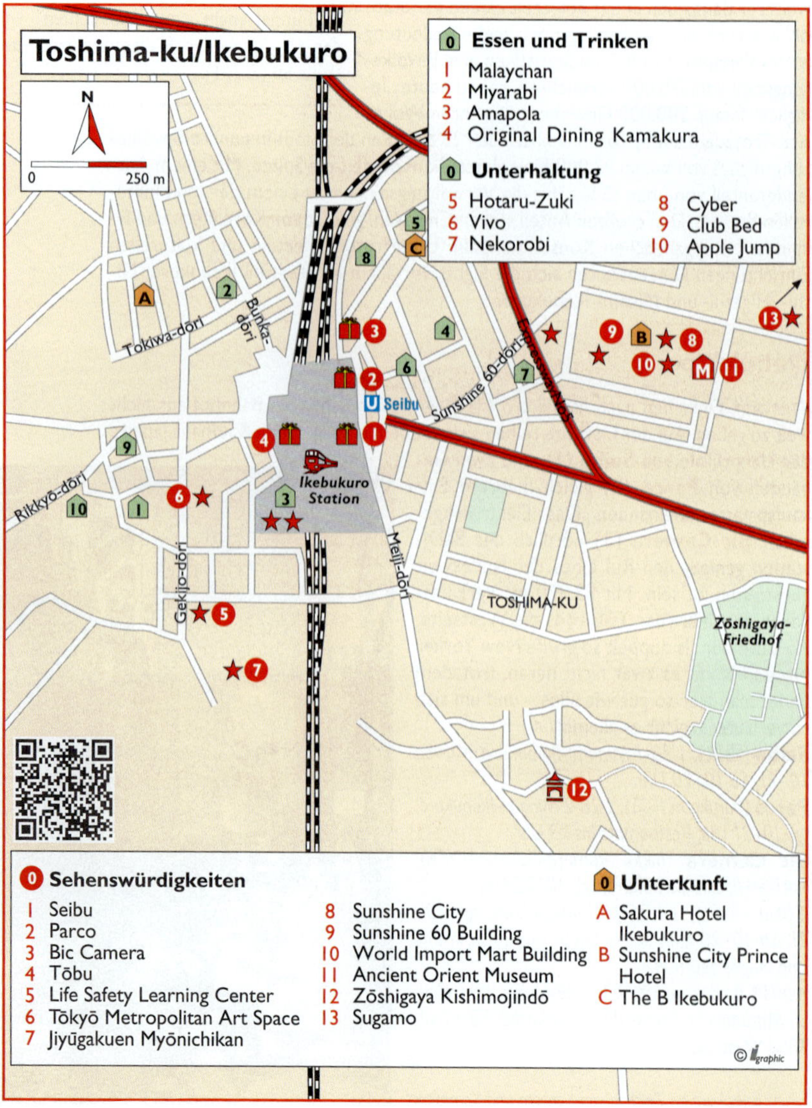

einem Brand mit starker Rauchentwicklung zu tun? Selbst was ein starkes Erdbeben bedeutet, können Besucher in einem Simulationsraum am eigenen Leib erfahren.
Life Safety Learning Center Ikebukuro *(ikebukuro bosaikan 池袋防災館), in der Feuerstation (shōbōsho 消防署), 2-37-8 Nishi-Ikebukuro, Mi–Mo 9–17 Uhr, 3. Mi im Monat geschl., ☎ 3590-6565. 🚌/**M** Ikebukuro, Linien s. o., Exit West, Exit Metropolitan.*

Nightlife in Ikebukuro

In puncto Abendunterhaltung mischt Ikebukuro kräftig mit. Von Kinos, Theatern und Bars über das **Tōkyō Metropolitan Art Space (6)**, einer Halle mit vier, meist für klassische Konzerte oder Theater genutzten Sälen südwestlich des Ikebukuro Nishiguchi Park bis hin zu einem kleinen Rotlichtbezirk östlich des Bahnhofs ist in dem Stadtteil alles zu finden. Viele der einschlägigen Bars sind allerdings für Ausländer tabu.
Tōkyō Metropolitan Art Space *(tōkyō geijutsu gekijō 東京芸術劇場), 1-8-1 Nishi-Ikebukuro, ☎ 5391-2111, www.geigeki.jp. 🚌/**M** Ikebukuro, Linien s. o., Exit West, Exit Metropolitan.*

Jiyūgakuen Myōnichikan (7)

Konzipiert von Frank Lloyd Wright

Das die ehemalige Mädchenschule Jiyūgakuen Myōnichikan aus dem Jahr 1921 in Nishi-Ikebukuro insbesondere die Herzen Architekturinteressierter höherschlagen lässt, hat einen simplen Grund: Bei der Konzeption des Gebäudekomplexes hatte kein Geringerer als der visionäre amerikanische Stararchitekt Frank Lloyd Wright (1867–1959) die Hände im Spiel.
Jiyūgakuen Myōnichikan (自由学園明日館), *2-31-3 Nishi-Ikebukuro, ☎ 3971-7535, www.jiyu.jp, Di–So 10–16 Uhr, 400 ¥. 🚌/**M** Ikebukuro, Linien s. o., Exit West.*

Sunshine City (8)

Ein kurzes Stück weiter in westlicher Richtung haben die „Bewohner" in den Jahren zwischen 1920 und 1971 vermutlich kaum von schöner Architektur geträumt, sondern schlicht von Freiheit. Denn genau hier, wo seit 1978 der Gebäudekomplex der Sunshine City in den Himmel ragt, stand für gut 50 Jahre die Haftanstalt Sugamo für politische Gefangene.
Sunshine City *(sanshiyain shitei サンシヤインシテイ), 3-1 Higashi-Ikebukuro, www.sunshinecity.co.jp. **M** Higashi Ikebukuro* (東池袋駅), *Linie Yūrakuchō, Exit 4.*

Wie schon der Name verrät, bestimmt das 240 m hohe **Sunshine 60 Building (9)** mit 60 Etagen die Silhouette des Häusermeers. Neben kommerziell genutzten Räumlichkeiten und vielen Büros sind Restaurants in der 58. und 59. Etage so-

Himmelsstürmend: Sunshine City

wie eine **Aussichtsplattform** in der 60. Etage für Besucher am attraktivsten. So hoch hinaus kommt man allerdings nicht umsonst, handelt es sich bei dem Aufzug doch um einen der weltweit schnellsten. Wenn es das Wetter erlaubt, lässt sich von hier aus der rund 100 km entfernte Fujisan bewundern.
Sunshine 60 (*sanshiyain 60* サンシヤイン 60), *3-1-1 Higashi-Ikebukuro, tgl. 10–22 Uhr, Fahrt zur Aussichtsplattform Erw./Kind 1.200/900 ¥.* **M** s. o.

Mit Aquarium und Planetarium

Bringt es das hinter dem Sunshine 60 gelegene Sunshine Prince Hotel noch auf 37 Etagen, so ist das angrenzende **World Import Mart Building (10)** nur zehn Stockwerke hoch. Aber gerade hier in der obersten Etage erwartet den Besucher mit einem **Aquarium** und einem **Planetarium** doch für ein Hochhaus Außergewöhnliches. Wer Themenparks wie Namja Town oder J-World mag, der sollte in der 2. und 3. Etage einen Stopp einlegen (kostenpflichtig).
Aquarium (*suizokukan* 水族館), *World Import Mart Bldg., 10. OG, 3-1 Higashi-Ikebukuro, tgl. 10–20, Nov.–März bis 18 Uhr, Erw./Kind 2.200/1.200 ¥;* **Planetarium** (*puranetariumu* プラネタリウム), *10. OG, tgl. 11–20 Uhr, Erw./Kind 1.500/900 ¥.* **M** s. o.

Im unmittelbar neben dem World Import Mart aufragenden Bunka Kaikan Building zeigt das **Ancient Orient Museum (11)** Exponate aus dem Mittleren Osten.
Ancient Orient Museum (*kodai oriento hakubutsukan* 古代オリエント博物館), *Bunka Kaikan Bldg., 7. OG, 3-1-4 Higashi-Ikebukuro, ☎ 3989-3491, http://aom-tokyo.com, tgl. 10–17 Uhr, 600 ¥.* **M** s. o.

Zōshigaya Kishimojindō (12)

Geläuterte Dämonin

Eine Atempause jenseits von Betriebsamkeit und Trubel Ikebukuros bietet ein Besuch des Tempels Zōshigaya Kishimojindō südöstlich der Sunshine City. Mit seiner 300-jährigen Geschichte ein bedeutendes Kulturgut der Stadt, finden heute vor allem werdende Mütter und Eltern den Weg hierhin. Dabei war die hinduistische Gottheit Kishimojin ursprünglich weder fürsorglich noch liebevoll. Ganz im Gegenteil, als kinderfressende Dämonin brachte sie Angst und Schrecken in die Welt. Durch Buddhas Hilfe geläutert schwor sie, künftig Kinder zu beschützen. Bekannt ist der Tempel auch seiner alten, bis zu 600 Jahre alten Bäume wegen. Eine weiteres „Kulturgut“ im Tempelareal ist der 1781 gegründete kleine **Laden Kamigawakuchi-ya**, in dem nunmehr die 13. Generation Süßigkeiten, Cracker und handgemachtes Spielzeug verkauft. Er gilt als ältester Candyshop der ganzen Region Kantō.
Zōshigaya Kishimojindō (雑司が谷鬼子母神堂), *3-15-20 Zōshigaya, tgl. 6.30–17 Uhr.* **Kamigawakuchi-ya** (上川口屋), *☎ 3980-9779, tgl. 10–17 Uhr, bei Regen geschl.* **M** *Zōshigaya (雑司が谷駅), Linie Fukutoshin, Exit 1, 5 Min. zu Fuß Richtung Westen.*

Sugamo (13)

Nur mit einer Tüte Bonbons dürften Kunden im Stadtteil Sugamo (巣鴨) wohl kaum nach Hause gehen. Denn was Teenies ihr Viertel Harajuku mit der Einkaufsgasse Takeshita-dōri, ist Senioren die **Jizō-dōri** (地蔵通り) im Westen des Bezirks Toshima-ku. Mit rund 200 Geschäften wird die Einkaufsmeile vor allem von der älteren Generation geschätzt.
🚃/**M** *Sugamo (巣鴨), Linie Yamanote Line, Exit Nord, Metrolinie Mita, Exit A3.*

Reisepraktische Informationen Toshima-ku

(Karte S. 170, Unterkunft S. 134)

Infos

Internet: *www.city.toshima.lg.jp*

Essen & Trinken

*Die folgenden Restaurants, Cafés und Bars sind meist von /**M** Ikebukuro (池袋駅), JR-Linien, Metrolinien Marunouchi, Fukutoshin, Yūrakuchō aus errreichbar.*

(1) Malaychan (マレーチャン), *3-22-6 Nishi-Ikebukuro, ☎ 5391-7638, www.malaychan.jp, Mo 17–22.30, Di–Sa 11–14.30, 17–22.30, So 11–22.30 Uhr. Selbst in Tōkyō ist die durch ihre Vielfalt bekannte Kochkunst Malaysias eine Seltenheit. Zwar stammt die Inhaberin aus Japan, aber die raffinierten Rezepte aus Malaysia haben es ihr angetan. Selbst ein Halal-Zertifikat, d. h. die angebotenen Nahrungsmittel sind für Muslime erlaubt, ziert hier in dem gemütlich-rustikalen Ambiente die Wand. Zu den Spezialitäten zählt Satay, marinierte und über Holzkohle gegrillte Fleischstückchen am Spieß mit Erdnusssoße; Mittagessen ca. 1.000 ¥, Abendessen ca. 3.000 ¥.* /**M** *Exit West, Exit 1A.*

(2) Miyarabi (みやらび), *2-45-1 Ikebukuro, ☎ 3971-5061, Mo–Sa 17.30–23.30 Uhr. Das Restaurant hat sich der gehobenen Küche Okinawas verschrieben, die als besonders gesund und schmackhaft gilt. Geschmortes Schweinefleisch oder Braten mit Sesamsoße, Soba-Gerichte oder Erdnuss-Tofu sind besonders beliebt. Abends gegen 20.30 Uhr wird ein Tanz aus Okinawa aufgeführt; Preisniveau um 5.000 ¥.* /**M** *Exit 20B.*

(3) Amapola (アマポーラ), *Lumine 8. OG, 1-11-1 Nishi-Ikebukuro, ☎ 5951-6531, tgl. 11–23 Uhr. Wem der Sinn nach Paella und Sangria steht, der ist in dem hübsch, ein wenig nostalgisch eingerichteten spanischen Restaurant mit großen Rundbogenfenstern genau richtig. Mit ein wenig Glück kommen Gäste an manchen Abenden zusätzlich in den Genuss von live gespielten Flamencoklängen; Mittagessen 1.000–2.000 ¥, Abendessen 4.000–5.000 ¥.* /**M** *Exit Süd.*

(4) Original Dining Kamakura (オリジナルダイニングかまくら), *Otawa Bldg., 6. OG, 1-15-2 Higashi-Ikebukuro, ☎ 5979-2977, Mo–Do 17–1, Fr/Sa 17–3, So 17–22 Uhr. Obwohl das Kamakura über 120 Plätze verfügt, bietet das Restaurant, inspiriert vom Schneehütten-Design Nordostjapans, kleine gemütliche Räumlichkeiten für 2–20 Personen, z. T. mit Tatamiplätzen. Gekocht wird nach Landesart und so ist von japanischen Gerichten inkl. Tofu eine breite Palette an Köstlichkeiten aus Fernost zu bekommen. Zweisprachige Speisekarte; Preisniveau um 3.500 ¥.* /**M** *Exit Ost, Exit 33.*

Unterhaltung

(5) Hotaru-Zuki (蛍月), *Tōkyō Bldg., 1-31-6 Higashi-Ikebukuro, ☎ 3981-0280, Mo–Sa 17–24 Uhr. Seine ausgezeichnete japanische Küche ist die eine Sache, denn auch wer „nur" auf einen Drink vorbeischaut, ist bei der riesigen Auswahl an japanischen Alkoholika bestens versorgt. Thekenplätze und ganz nach japanischer Manier auch Sitzplätze auf dem Boden; Menü ab 6.000 ¥.* /**M** *Exit Ost.*

(6) Vivo (ビーボ), *1. UG, 1-20-5 Higashi-Ikebukuro, ☎ 3987-1588, http://vivo-beer.com, Mo–Do 17–0.30, Fr bis 2, Sa/So 15–2 Uhr. Ob aus Flaschen oder vom Fass, mit dem Hopfensaft-Angebot aus aller Welt dürften Biertrinker zufrieden sein.* /**M** *Exit Ost.*

(7) Nekorobi (ねころび), *Tact T.O Bldg., 3. OG, 1-28-1 Higashi-Ikebukuro, ☎ 6228-0646, www.nekorobi.jp/english/, tgl. 11–22 Uhr. Ein bei uns bislang unbekanntes Freizeit-*

*vergnügen gewinnt in Japan zunehmend an Popularität. Die Rede ist von Katzencafés, d.h. die Gäste dürfen mit den Hauptakteuren, im Fall des Nekorobi sind es elf Katzen, ihre Zeit verbringen. Der Clou mag vielleicht die beruhigende Wirkung sein, denn Katzen beim Spielen zuzusehen, sei, so heißt es, gut für die Nerven. Im Preis inbegriffen sind nichtalkoholische Getränke aus einem Automaten; 1 Std. ab 1.100 ¥. /**M** Exit Ost, Exit 35;* **M** *Higashi-Ikebukuro (東池袋駅), Linie Yūrakuchō, Exit 1.*

(8) Cyber, *1-43-14 Higashi-Ikebukuro, ☎ 3985-5844, www.ikebukuro-cyber.com. Live-House mit regelmäßigen Konzerten meist einheimischer Bands aus Rock und Pop. Manchmal beginnen die Veranstaltungen schon tagsüber; je nach Veranstaltung ab 3.000 ¥. /***M** *Exit Ost.*

(9) Club Bed, *3-29-9 Nishi-Ikebukuro, ☎ 3981-5300, www.ikebukurobed.com, tgl. je nach Veranstaltung, meist 22–5 Uhr. In der geräumigen Bar und Disco erwartet die Gäste Hip-Hop, Reggae, R 'n' B und Drum 'n' Bass sowie ab und zu ein Live-Konzert; Eintritt je nach Veranstaltung ab 1.500 ¥. /***M** *Exit West, Exit 1A/3C.*

(10) Apple Jump, *3-33-17 Nishi-Ikebukuro, ☎ 5950-0689, http://applejump.net, Mo–Sa 19–23.30, So 18.30–22.30 Uhr. Kleine Bar, oft Jazzkonzerte, Eintritt je nach Veranstaltung. /***M** *Exit C2, C3.*

Tōkyōs Osten

Chūō-ku 中央区

Redaktionstipps

➤ Vom Feinsten! Konsumtempel neben Kunstgalerien, Edelboutiquen neben Spitzenrestaurants in und um die Prachtmeilen der **Ginza** bestimmt perfekt in Szene gesetzter Luxus das Bild S. 175).

➤ Damals und heute: Das altehrwürdige **Kabuki-Theater** pflegt Traditionen und Kultur (S. 178).

➤ Maritim! Der weltgrößte **Fischmarkt** bislang im Stadtteil Tsukiji ist eine Sehenswürdigkeit (S. 183), doch steht der Umzug an den neuen Standort in Kōtō-ku an.

➤ Fern ab der Hektik: Der **Hamarikyū Park** zählt zu den schönsten Gartenanlagen der Stadt (S. 185).

Chūō bedeutet so viel wie **Zentrum** – und das war und ist der 1947 aus den Stadtteilen Nihonbashi (日本橋), Kyōbashi (京橋) und der 1892–1894 künstlich aufgeschütteten Insel Tsukishima (月島) zu einer administrativen Einheit zusammengefasste Bezirk seit ehedem. Wer Tōkyō aber kennenlernt, wird schnell bemerken, dass Chūō-ku heute nicht das Zentrum, sondern neben anderen wie etwa Shinjuku nur eines der Zentren der Megacity ist.

Zu Beginn der Edo-Zeit (1603–1867) setzten die geografischen Gegebenheiten dem Stadtwachstum natürliche Grenzen. Erst nach und nach wurden Teile des Gebiets durch Landgewinnung dem Meer abgerungen. 1657 und 1872 vernichteten Brände große Teile des Areals. Im Zuge des ersten Wiederaufbaus legte man viele kleine Kanäle an. Einerseits als Brandschutz gedacht, erleichterten die Wasserstraßen vor allem auch den Transport von Handelsgütern. Nach dem zweiten Feuersturm bekam der damals völlig zerstörte Stadtteil Ginza durch die Mitarbeit britischer Fachkräfte seine zum Teil bis in die Gegenwart sichtbare europäische Prägung. Trockenlegung und Auffüllung zahlreicher Kanäle war nach 1945 eine städtebauliche Maßnahme, um mehr Platz für Gebäude und Straßen zu gewinnen. Mit einer Fläche von 10,18 km² ist Chūō-ku knapp vor Taito-ku der **zweitkleinste Bezirk** Tōkyōs. Durch die Konzentration von Firmen, Geschäften und Büros erhöht sich tagsüber die Bevölkerungszahl von etwa 158.500 Einwohnern um ein Mehrfaches. Dass hier weniger gewohnt als gearbeitet wird, mag u.a. an den exorbitanten Grundstückspreisen liegen.

Ginza

Das bekannte Viertel in Chūō-ku, die Ginza, verdankt ihren Namen der hier 1612 gegründeten Prägestätte für Silbermünzen (*gin* 銀 – Silber, *za* 座 – Ort, Sitz). Ein jähes Ende des florierenden Handwerks und Handels setzte 250 Jahre später aber ein Brand, der den Stadtteil komplett in Schutt und Asche legte. Nach 1872 verlief der Wiederaufbau nicht einfach so, denn Konzeption und Realisierung übernahmen der britische Architekt Josiah Conder und sein Landsmann, der Ingenieur Thomas J. Waters. Die Früchte ihrer Arbeit waren zwei- bis dreigeschossige Backsteingebäude im gregorianischen Stil, breitere Straßen mit Bürgersteigen und Gaslaternen, sodass sich das neue Viertel zu einer der ersten Flaniermeilen des Landes entwickelte. Heute gilt die Ginza weit über Japans Landesgrenzen hinaus als **Synonym für Luxus**, Eleganz und Kommerz. Weltweit tonangebende Unternehmen des Elektronikbereichs sind hier genauso vertreten wie hochkarätige Marken aus Mode und Design. Kaufhäuser mit langer Tradition, Galerien, Gourmetrestaurants und Clubs sowie das vermutlich populärste Kabuki-Theater Japans liegen in unmittelbarer Nachbarschaft oder direkt entlang der Prachtmeilen **Ginza-dōri** (銀座通り), auch **Chūō-dōri** (中央通り) genannt, und **Harumi-dōri** (晴海通り).

Viertel mit Prestige

M *Ginza (銀座駅), Linien Ginza, Hibiya, Marunouchi, Exit A1-A3, A7-A9.*

Wakō (1)

Die Kreuzung beider Straßen umrahmen Kaufhäuser wie das 1932 im Stil der Neorenaissance erbaute Wakō, das hier als eines von wenigen Gebäuden den Zweiten Weltkrieg überstand. Es ist unverkennbar durch seine abgerundete Granitfassade und den als Hattori-Uhr bekannten Uhrturm. Die Geschichte des Konsumpalastes geht auf den Juwelier und Uhrenmacher Hattori Kintarō (1860–1934) zurück. Durch die Eröffnung eines Ladens 1881 legte er den Grundstein für das Unternehmen Seiko. Damals wie heute umfasst die Warenpalette Uhren und Schmuck. Dazu gibt es Abteilungen für edle Geschenkartikel und zwei Kunstgalerien im 5. und 6. Stock.

Wakō (和光), *4-5-11 Ginza, www.wako.co.jp, tgl. 10.30–19 Uhr, Gastronomie und Galerien haben länger geöffnet.*

Kaufhaus Wakō mit Neorenaissance-Fassade

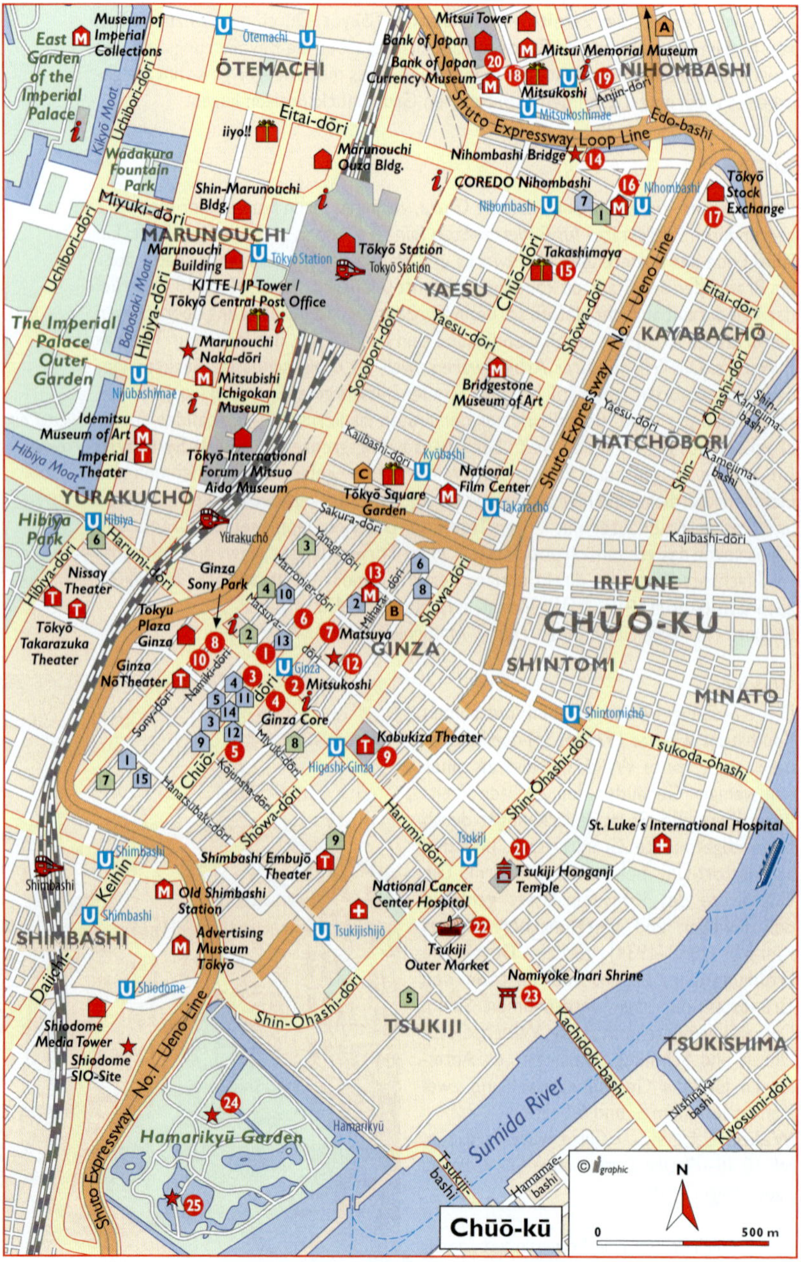

East Garden of the Imperial Palace
Museum of Imperial Collections
Ōtemachi
ŌTEMACHI
Mitsui Tower
Bank of Japan
Mitsui Memorial Museum
Bank of Japan Currency Museum
Mitsukoshi
NIHOMBASHI
Anjin-dōri
Mitsukoshimae
Edo-bashi
Shuto Expressway Loop Line
Eitai-dōri
iiyo!!
Kikyō Moat
Uchibori-dōri
Wadakura Fountain Park
Marunouchi Ouza Bldg.
Nihombashi Bridge
COREDO Nihombashi
Nihombashi
Tōkyō Stock Exchange
Shin-Marunouchi Bldg.
Miyuki-dōri
MARUNOUCHI
Marunouchi Building
Tōkyō Station
Takashimaya
KITTE / JP Tower / Tōkyō Central Post Office
YAESU
Chūō-dōri
Shōwa-dōri
Shuto Expressway No. 1 Ueno Line
Eitai-dōri
KAYABACHŌ
The Imperial Palace Outer Garden
Babasaki Moat
Hibiya-dōri
Yaesu-dōri
Marunouchi Naka-dōri
Mitsubishi Ichigokan Museum
Nijūbashimae
Sotobori-dōri
Bridgestone Museum of Art
Ōhashi-dōri
Shin-Kameijima-bashi
Idemitsu Museum of Art
Imperial Theater
Hibiya Moat
Tōkyō International Forum / Mitsuo Aida Museum
Kajibashi-dōri
Kyōbashi
National Film Center
HATCHŌBORI
Kameijima-bashi
YŪRAKUCHŌ
Tōkyō Square Garden
Takarachō
Sakura-dōri
Hibiya Park
Hibiya
Harumi-dōri
Yūrakuchō
Yanagi-dōri
Kajibashi-dōri
Marronier-dōri
Nissay Theater
Ginza Sony Park
Mihara-dōri
IRIFUNE
Tokyu Plaza Ginza
Tōkyō Takarazuka Theater
Matsuya-dōri
Matsuya
GINZA
CHŪŌ-KU
SHINTOMI
Ginza Nō Theater
Namiki-dōri
Ginza
Mitsukoshi
Sony-dōri
Ginza Core
Kabukiza Theater
Shintomichō
MINATO
Tsukoda-ōhashi
Miyuki-dōri
Kōjunsha-dōri
Higashi-Ginza
Shin-Ōhashi-dōri
Hanatsubaki-dōri
Shōwa-dōri
St. Luke's International Hospital
Shimbashi
Shimbashi Embujō Theater
Tsukiji
Tsukiji Honganji Temple
Keihin
Old Shimbashi Station
National Cancer Center Hospital
Tsukijishijō
Advertising Museum Tōkyō
Tsukiji Outer Market
SHIMBASHI
Daiichi-
Shiodome
Namiyoke Inari Shrine
Shin-Ōhashi-dōri
TSUKIJI
Shiodome Media Tower
Shiodome SIO-Site
Kachidoki-bashi
TSUKISHIMA
Hamarikyū Garden
Hamarikyū
Sumida River
Nishinaka-bashi
Kiyosumi-dōri
Tsukiji-bashi
Hamamae-bashi
© graphic
N
0
500 m
Chūō-kū

Mitsukoshi (2)

Vis-à-vis eröffnete 1930 die zwölfstöckige Filiale der Kaufhauskette Mitsukoshi, deren Ursprung als Zweig des Mitsui-Konzerns ins 17. Jh. zurückreicht. Wegbereiter des Weltkonzerns war Mitsui Takatoshi (1622–1694), der als Textilhändler wie auch als Bankier für die damalige Zeit innovative und zukunftsweisende Geschäftsstrategien verfolgte.

Das Mitsukoshi mit Bronzelöwen vor dem Eingang, einem breiten Warenangebot aus Mode und Design, traditionellen japanischen Artikeln sowie einer großen Lebensmittelabteilung verteilt auf zwei Untergeschossen verspricht auch ohne Kaufwünsche Kurzweil und Faszination.

Erkennbar am Bronzelöwen

Mitsukoshi (三越), *4-6-16 Ginza, www.mitsukoshi.co.jp, tgl. 10.30–20 Uhr.*

San-ai Building (3)

Das 1962 von Architekt Shoji Hayashi aus dem weltweit renommierten Büro Nikken Sekkei konzipierte San-ai Building (*san-ai tatemono* 三愛建物) schräg gegenüber dem Kaufhaus Mitsukoshi ziert mit seinem riesigen Glaszylinder als eine Art Wahrzeichen des Nobelviertels lange schon Postkarten und Publikationen zum Thema „Ginza".

Sehenswürdigkeiten
1 Wakō
2 Mitsukoshi
3 San-ai Building
4 Ginza Core
5 Ginza Lion
6 Apple Store
7 Matsuya
8 Sony Ginza Park
9 Kabuki-Theater
10 Maison Hermès
11 Leica Galerie
12 Kobayashi Galerie
13 Tōkyō Central Museum
14 Brücke Nihonbashi
15 Takashimaya
16 Drachen-Museum
17 Tōkyōer Börse
18 Mitsukoshi
19 Miura-Anjin-Gedenkstein
20 Bank of Japan
21 Tsukiji Hongan
22 Tsukiji-Markt
23 Namiyoke-Inari-Schrein
24 Hamarikyū Park
25 Teehaus Nakanoshima ōchaya

Essen und Trinken
1 Sai Ka Bō
2 Birdland Ginza
3 Ahill Ginza
4 Paradise Dynasty
5 Sushi-Bun

Unterhaltung
6 The Iron Fairies Ginza
7 300Bar Ginza 8-Chome
8 300Bar Ginza 5-Chome
9 Shinbashi Enbujō

Einkaufen
1 Takumi
2 Itōya
3 Hashi Ginza Natsuno
4 Mariage Frères
5 Tōken Shibata
6 Antique Mall Ginza
7 Coredo Nihonbashi
8 Kirarito Ginza
9 Barney's New York
10 RagTag
11 Uniqlo
12 Ginza Kanematsu
13 Mikimoto Pearl
14 Tasaki Shinju
15 Hakuhin Toy Park

Unterkunft
A Tōkyū Stay Nihonbashi
B Hotel Unizo Ginza Itchōme
C Mercure Hotel Ginza

Ginza-dōri

Überquert man vom Haupteingang des Mitsukoshi aus die Harumi-dōri, gelangt man zur Nissan-Galerie und zum benachbarten Kaufhaus **Ginza Core (4)**. In der 4. Etage ist im **Kōjū** (香十), einem Geschäft mit fast 400-jähriger Tradition, duftendes Räucherwerk zu bekommen.

Ginza Core (銀座コア), *5-8-20 Ginza, www.ginza-core.co.jp, tgl. 10–23.30 Uhr.*

Bierhalle mit Kultcharakter

Nicht ganz so weit in der Vergangenheit liegt die Gründung der Bierhalle **Ginza Lion (5)** ein kurzes Stück weiter entlang der Ginza-dōri. 1899 unter dem Namen „Yebisu Bier Halle" gegründet, stammt das heutige Lokal im Sapporo Ginza Building aus dem Jahr 1934. Mittlerweile hat die riesige „Kneipe" Kultcharakter und gilt mit ihrem eigenwilligen Interieur aus Art déco und bayrisch-urigem Ambiente unter Bierliebhabern als legendär.

Ginza Lion (*ginza raion* 銀座ライオン), *7-9-20 Ginza, www.ginzalion.jp, tgl. 11.30–22.30 Uhr.* **M** *Ginza (銀座駅), Linien Ginza, Hibiya, Marunouchi, Exit A4.*

Ab dem Mitsukoshi in entgegengesetzter Richtung lockt auf der Ginza-dōri ein weiterer Megashop, dem schon bei seiner Eröffnung im November 2003 viele nicht widerstehen konnten. Trotz des damals nasskalten Wetters und tief hängender grauer Wolken standen Besucher zu Tausenden geduldig in Zweierreihen entlang der Straße an. Auf fünf Etagen präsentiert der **Apple Store (6)** seither nicht nur seine neuesten Produkte, sondern steht in der „Genius Bar" Kunden auch mit Rat und Tat zur Seite.

Apple Store, *Sayegusa Honkan, 3-5-12 Ginza, ☏ 5159-8200, www.apple.com/retail/jp/ginza, tgl. 10–21 Uhr.*

Wer in puncto Mode Wert auf Labels legt, ist im Kaufhaus **Matsuya (7)** direkt gegenüber gut beraten. Vor allem die ersten beiden Etagen mit diversen Louis-Vuitton-Boutiquen sind bei Einheimischen besonders gefragt. Markenartikel wie etwa Yohji Yamamoto, Issey Myake oder Comme Ça du Mode finden sich in den Stockwerken darüber.

Matsuya (松屋), *3-6-1 Ginza, www.matsuya.com, tgl. 10–20 Uhr, Restaurants 11–22 Uhr.*

Harumi-dōri

An der Kreuzung Harumi-dōri/Sotobori-dōri musste mit Blick auf die Olympischen Spiele 2020 das 1966 eröffnete Sony Building, lange Zeit als „Tor zur Ginza" ein Wahrzeichen des Viertels, dem **Sony Ginza Park (8)** weichen. Nur fünf Untergrundetagen blieben als Verkaufsräume oder Flächen für Veranstaltungen aller Art erhalten. Direkt darüber wird bis zu seiner Eröffnung im Sommer 2018 ein öffentlicher Park angelegt. 2020 sollen hier während der Olympischen Spiele vor allem große Sony-TV-Bildschirme Sportfans begeistern.

Sony Ginza Park, *Sukiyabashi-Crossing, 5-3 Ginza,* **M** *Ginza (銀座駅) s. o., Exit B7.*

Kabuki-Theater (9)

Kabuki – traditionelle Theaterform

Das landesweit populärste Schauspielhaus in der Harumi-dōri wurde 1889 im prachtvollen Momoyama-Stil des 16. Jh. erbaut. Unter Beibehaltung der traditionellen Fassade zum fünften Mal renoviert, steht dem Kulturgenuss nach mehrjähriger Bauphase seit 2013 nichts mehr im Wege. **Kabuki** (s. S. 87) als **traditionelle**

Theaterform arbeitet neben der Sprache mit Musik und Gesang, Tanz und akrobatischen Elementen, vor allem aber mit überzeichneter Mimik und Gestik. Getragen werden die theatralischen Effekte nicht nur durch stilisierte Kostüme und Masken, sondern auch durch stilisierte Charaktere, Bewegungsabläufe und Bühnenbild. Eine Drehbühne erlaubt den schnellen Kulissenwechsel und Falltüren ermöglichen unerwartete Szenen. Ein Laufsteg durch den Publikumssaal dient im Verlauf der szenischen Choreographie für besondere Auftritte oder Abgänge. Thematisch drehen sich viele Kabuki-Stücke um historische Ereignisse, begleitet von menschlichen Konflikten aller Art. Weitere Kategorien sind bürgerliche Stücke oder Tanz. Dabei wird im Gegensatz zu seinen Anfangszeiten Kabuki, ob Männer- oder Frauenrollen, nur von männlichen Schauspielern übernommen. Oft über Generationen hinweg dem Genre verschrieben, sind Kabuki-Spieler berühmte Persönlichkeiten, denen auch während der Vorstellung durch Rufen des Namens Bewunderung und Ehrerbietung entgegengebracht werden kann.

Figur im Kabuki-Theater

Neu ist neben dem restaurierten Theater der mit ihm verbundene, 140 m hohe **Kabukiza Tower** als höchstes Gebäude der Ginza. Mit Galerie, noblem Teehaus und Dachgarten ist vor allem die 5. Etage populär. In der **Galerie** darf neben der Besichtigung von Ausstellungsstücken wie Kostümen und Requisiten auch das eine oder andere Instrument zur Erzeugung von Geräuschkulissen wie Donnergrollen oder Froschquaken ausprobiert werden.

Blick hinter die Kulissen

Kabuki-Galerie, *Erw./Kind 600/500 ¥.*
Kabuki-Theater (*kabuki-za* 歌舞伎座), *4-12-15 Ginza, ☏ 3545-6800, www.kabuki-bito.jp/eng/, Eintritt je nach Vorstellung u. Platz 4.000–20.000 ¥.* **M** Higashi-Ginza (東銀座駅), *Linien Hibiya, Asakusa, Exit 3. Vorstellungen gibt es fast täglich. Dabei können mehrstündige Aufführungen mit Pausen oder einzelne Akte besucht werden. Für Ausländer sind Kopfhörer und Tablet mit schriftlichem Begleittext leihbar. Komplette Vorstellungen sind im Vorverkauf am Schalter im 2. OG. oder auch online (engl.) zu bekommen. Tickets für einzelne Akte gibt es am Aufführungstag im Theater.*
Wer sein Wissen über Kabuki vertiefen möchte, kann sich an englischsprachige, lizensierte **Kabuki-Guides** *wenden wie Frau Kazui Yabe, die für Sie auch gerne Tickets besorgt; ☏ 5660-0889, mobil 070-5458-6107, www.tokyokabukiguide.com.*

Kunst und Kommerz

In der Ginza wie in den benachbarten, nordöstlich gelegenen Vierteln Kyōbashi und Nihonbashi wird das Thema Kunst seit Langem großgeschrieben. In diesem Kontext entwickelte sich das Projekt „**Ginza Galleries**“, ein Zusammenschluss

von 40 Galerien mit unterschiedlichen Schwerpunkten. Infos und Tourvorschläge durch die Kunst- und Kulturlandschaft unter *www.ginza-galleries.com*.
Zeitgenössische japanische Kunst: Gallery Seizan *(http://art-japan.jp)*, Gallery Echo Ann *(https://echo-ann.jp)*, Shibata Etsuko Art Gallery *(www.shibataetsuko.co)*.
Moderne und traditionelle japanische Kunst: Gallery Hiroto Fine Art *(www.hirota-b-co.jp)*, Shukado *(www.japanese-finearts.com)*, Sagamiya *(www.sagamiya-art.co.jp)*.

Werke der internationalen Szene finden sich im **Forum Maison Hermès (10)**, wobei das vom Pritzker-Preisträger Renzo Piano (geb. 1937) konzipierte und 2001 fertiggestellte Gebäude seiner Fassade wegen selbst als Augenweide gilt. 13.000 Glasblöcke reflektieren als „Laterna magica" die Lichter der Umgebung.
Forum Maison Hermès (*mezonn erumesu* メゾンエルメスフォーラム), *8. OG, 5-4-1 Ginza, ☏ 3569-3300, Mo–Sa 11–20, So bis 19 Uhr, Eintritt frei.* **M** *Ginza* (銀座駅), *Linien Ginza, Hibiya, Marunouchi, Exit B6.*

Wie kaum anders zu erwarten, dreht sich in der **Leica Galerie (11)** alles um Fotografie.
Leica Galerie (*leika garō* エイカ画廊), *2. OG, 6-4-1 Ginza, ☏ 6215-7070, Di–So 11–19 Uhr, Eintritt frei.* **M** *Ginza* (銀座駅), *Linien s. o., Exit C2.*

Kalligrafien und mehr

Ausstellungen in der **Kobayashi Galerie (12)** zeigen Gemälde, Grafiken, Skulpturen oder Installationen der jungen japanischen Künstlergeneration.
Kobayashi Galerie (*kobayashi garō* コバヤシ/小林 画廊), *Yamato Bldg., 1. UG, 3-8-12 Ginza, ☏ 3561-0515, www.gallerykobayashi.jp, Mo–Sa 11.30–19 Uhr.* **M** *Ginza* (銀座駅), *Linien s. o., Exit A12.*

Einen Block weiter nördlich ist im Gebäude Kamiparupu das **Tōkyō Central Museum (13)** untergebracht. Neben Gemälden, Skulpturen und Drucken liegt der Schwerpunkt der Ausstellung auf Kalligrafien.
Tōkyō Central Museum (*tōkyō sentoraru bijitsukan* 東京セントラル美術館), *Kamiparupukaikan 5. OG, 3-9-11 Ginza, ☏ 3546-5855, http://central-museum.jp, Öffnungszeiten je nach Ausstellung.* **M** *Ginza-Itchōme* (銀座 一丁目駅), *Linie Yūrakuchō, Exit 11.*

Nordöstlich der Ginza – Kyōbashi und Nihonbashi

Hauptgeschäftszentrum

Während der frühen Edo-Zeit (1603–1867) entwickelten sich Kyōbashi (京橋) und Nihonbashi (日本橋) in der Umgebung des gleichnamigen Flusses zum **Hauptgeschäftszentrum** der Stadt. Einen wesentlichen Beitrag leistete damals die begnadete Kaufmannsfamilie Mitsui, die gerade in diesem Teil Edos den Grundstein ihres Firmenimperiums legte. An allen Ecken und Enden herrschten Geschäftssinn und Betriebsamkeit. Auch wer Fisch erstehen wollte, ging nach Nihonbashi, denn hier war bis zum großen Kantō-Beben 1923 der Vorläufer des heutigen Tsukiji-Fischmarkts zu finden.

Brücke Nihonbashi (14)

Eine große Rolle in der Geschichte Edos spielte die auf Wunsch des ersten Shōguns Tokugawa Ieyasu (1543–1616) errichtete Brücke Nihonbashi (日本橋). Als symbolischer Mittelpunkt des Landes wurden von hier aus alle Entfernungen gemessen.

Zudem galt sie als Beginn fünf wichtiger Handelswege wie etwa der Tōkaidō zwischen Edo und Kyōto. Ursprünglich aus Holz erbaut, wurde die Nihonbashi 1911 durch eine doppelbogige Granitbrücke im Renaissancestil ersetzt. Mit ihren schmiedeeisernen Lampen und bronzenen Drachenfiguren besitzt die Brücke bis heute ihren eigenen Charme, der aber 1964 aufgrund der in Tōkyō ausgetragenen Olympischen Sommerspiele einen „Dämpfer" bekam. Seit dieser Zeit führt eine Schnellstraße direkt darüber.

Nihonbashi, Katsushika Hokusai um 1830

Takashimaya (15)

Auf eine lange Tradition blickt auch die aus einem kleinen Kimonoladen der Edo-Zeit entstandene und heute international vertretene Kaufhauskette Takashimaya zurück. Von erlesenem Kunsthandwerk und Antiquitäten, über Kosmetik und Mode weltweit renommierter Nobelmarken bis hin zu einer Feinkostabteilung bietet das Hauptgeschäft südlich der Brücke Nihonbashi alles, was Prestige und Exklusivität verspricht.

Takashimaya (高島屋), *2-4-1 Nihonbashi, ☏ 3211-4111, www.takashimaya.co.jp, tgl. 10.30–19.30 Uhr, Restaurants bis 21.30 Uhr.*

Drachen-Museum (16)

Geister und Dämonen, legendäre Helden und Hofdamen, Landschaften und Tiere, Glückssymbole und Schriftzeichen oder „schlicht" Ornamente sind nur ein Bruchteil der Bildmotive auf Drachen, die in dem kleinen, bunten und chaotischen Museum den Raum vom Boden bis zur Decke zieren. In Form und Größe genauso vielseitig, eroberten sich die seit dem 8. Jh. in Japan bekannten Drachen erst einige Jahrhunderte später einen Platz als Spielzeug für Alt und Jung.

Im Mittelpunkt: Drachen

Drachen-Museum (*tako no hakubutsukan* 凧の博物館), *Taimeiken Bldg., 5. OG, 1-12-10 Nihonbashi, ☏ 3275-2704, Mo–Sa 11–17 Uhr, Erw./Stud. 210/100 ¥.* **M** *Nihonbashi* (日本橋駅), *Linien Ginza, Tōzai, Asakusa, Exit C5.*

Tōkyōer Börse (17)

Börsianer bei ihrer wenig geruhsamen Arbeit lassen sich von der Besuchergalerie der Tōkyōer Börse aus bewundern – der drittgrößten Börse der Welt.

Tōkyōer Börse (*tōkyō shōken torihikijō* 東京証券取引所), *2-1 Nihonbashi Kabutochō, www.jpx.co.jp, Besuchergalerie Mo–Fr 9–16 Uhr.* **M** *Nihonbashi* (日本橋駅), *Linien s. o., Exit D2;* **M** *Kayabachō* (茅場町駅), *Linien Hibiya u. Tōzai, Exit 7/11.*

Mitsukoshi (18)

Nach Überqueren der Nihonbashi-Brücke ist die Hauptfiliale der Kaufhauskette Mitsukoshi zu erreichen, deren Ursprung auf den Begründer des Mitsui-Imperiums

Mitsui Takatoshi (1622–1694) zurückgeht. Mitsuis Verdienste, die Revolutionierung des Handels, des Bankenwesens und die Entwicklung von Werbestrategien führten mit seiner Hinterlassenschaft, einer genau festgelegten Firmenpolitik, zur Entwicklung eines der weltweit größten Konzerne.

Mitsukoshi (三越), *1-4-1 Nihonbashi Muromachi, ☏ 3241-3311, www.mitsukoshi.co.jp, tgl. 10.30–19.30 Uhr, Restaurants 11–22 Uhr.* **M** *Mitsukoshimae* (三越前駅), *Linien Ginza, Hanzōmon, Exit A3/A5.*

Miura-Anjin-Gedenkstein (19)

William Adams alias Anjin

Hier im Viertel Nihonbashi Muromachi (日本橋室町) residierte auch einst der englische Schiffsbauer und Navigator William Adams (1564–1620), einer der ersten zum Samurai ernannten Ausländer (unter dem Namen Miura Anjin). Adams' abenteuerliches Leben inspirierte den britisch-amerikanischen Schriftsteller James Clavell (1924–1994) zu seinem 1975 publizierten Roman „Shōgun", der fünf Jahre später mit Richard Chamberlain (geb. 1934) als Anjin und Mifune Toshirō (1920–1997) als Shōgun Toranaga verfilmt wurde.

Miura-Anjin-Gedenkstein (*miura anjin kinenhi* 三浦按針記念碑), *1-10-8 Nihonbashi Muromachi.* **M** *Mitsukoshimae, Linien s. o., Exit A1.*

Bank of Japan (20)

Die 1896 im Stil des Neobarock errichtete Hauptstelle der **Bank of Japan** im nordwestlich gelegenen Viertel Nihonbashi Hongokuchō (日本橋本石町) trägt die Handschrift des Architekten Tatsuno Kingo (1854–1919), der auch den Bahnhof Tōkyō Station entworfen hat. Der Bank angeschlossen ist seit den 1980er-Jahren ein **Geldmuseum**, das die Geschichte japanischer Zahlungsmittel von seinen Anfängen bis zur Einführung des Yen 1871 und der ersten Banknoten 1885 in „barer Münze" dokumentiert.

Bank of Japan (*nihon ginkō* 日本銀行), *2-1-1 Nihonbashi Hongokuchō, www.boj.or.jp.*
Geldmuseum (*kahei hakubutsukan* 貨幣博物館), *Bank of Japan Annex, 1-3-1 Nihonbashi Hongokuchō, ☏ 3277-3037, www.imes.boj.or.jp/cm, Di–So 9.30–16.30 Uhr, Eintritt frei.* **M** *Mitsukoshimae-Linien s. o., Exit A5/B1.*

Tempel Tsukiji Hongan

Südlich der Ginza – Tsukiji

Die Harumi-dōri führt geradeaus weiter Richtung Südosten und geht etwa in Höhe der Kreuzung mit der Shin-Ōhashi-dōri (新大橋通り) von der Ginza in das Viertel **Tsukiji** (築地) über. Übersetzt bedeutet Tsukiji so viel wie „künstlich aufgeschüttetes Land". Zu Recht, denn bis zum 17. Jh. war hier alles andere als Bauland. Entlang des Flusses Sumida zog sich sumpfiges Marschland dahin, das man nach und nach mit dem beim Bau der Palastanlagen anfallenden Aushub auffüllte. Mit der Zeit entwickelte sich die Gegend zu einem beliebten Wohnort für Samurai, Feudalherren und Ausländer. Durch das Beben 1923 zum Großteil zerstört, veränderte sich die Infrastruktur während des Wiederaufbaus grundlegend. Der Fischmarkt in Nihonbashi bekam damals hier einen neuen Platz.

Einst sumpfiges Marschland

M *Tsukiji (築地駅), Linie Hibiya;* **M** *Tsukijishijō (築地市場駅), Linie Ōedo.*

Tempel Tsukiji Hongan (21)

Annähernd so ereignisreich wie die Geschichte des Viertels ist auch die Vergangenheit des Tempels Tsukiji Hongan. Der Ursprung des Hongan-ji der Jōdo-Shinshū, Schule des reinen Landes, geht auf das 12. Oberhaupt Junnyo Shōnin (1577–1630) des Tempels Hongan-ji in Kyōto zurück. 1617 gründete er in Edo im Viertel Asakusa den Hongan-ji als einen Nebentempel. Damals unter dem Namen Edo-Asakusa Gobo bekannt, fiel die Anlage der Feuersbrunst 1657 zum Opfer. Als sei das nicht Unglück genug, verwehrte das Shōgunat einen Wiederaufbau an derselben Stelle. Ein neuer Tempel durfte aber im einstigen Sumpfland in Tsukiji als Tsukiji Gobo errichtet werden, der jedoch das Kantō-Beben 1923 nicht überstand. Acht Jahre später machte der Architekturprofessor Itō Chuta (1867–1954) einen erneuten Tempelbau zu seiner Sache. Inspiriert von langen Reisen in Myanmar und Indien, konstruierte er innerhalb von drei Jahren die Anlage mit unverkennbarem Einfluss indischer Architektur. Seit 1934 ziert eine Statue des Amitabha Buddha den zentralen Altar in der Haupthalle. Dem Begründer der Jōdo-Shinshū, Shinran Shōnin (1173–1263), sind gleich zwei Gedenkstätten gewidmet – einmal als Gemälde innerhalb eines Nebenaltars sowie in Form einer großen Steinskulptur im Außengelände. Aber auch in Ehrerbietung an eine in der jungen Generation populäre Persönlichkeit, den Rock- und Heavy-Metal-Star Matsumoto Hideto (1964–1998), bekannter unter seinem Künstlernamen Hide, steht im Hongan-ji ein kleines Denkmal.

Einfluss indischer Architektur

Tempel Tsukiji Hongan *(tsukiji hongan-ji 築地本願寺), 3-15-1 Tsukiji, www.tsukiji hongwanji.jp, tgl. 6.30–17, Winter bis 16.30 Uhr.* **M** *Tsukiji (築地駅), Linie Hibiya, Exit 1.*

Tsukiji-Markt (22)

Was Sushi-Fans und Feinschmeckern ein Paradies, mag zarten Seelen und Morgenmuffeln ein Albtraum sein. Die Rede ist vom Tsukiji-Markt mit seinem **weltweit größten Fischmarkt**. Schon um 3 Uhr morgens beginnt das Spektakel auf dem riesigen Gelände, wenn Waren per Schiff oder Flugzeug angeliefert werden. Gut eine Stunde später strömen Hunderte von Käufern in die Hallen, denn um 5.30 Uhr beginnen die Versteigerungen einschließlich der Thunfischauktion. Tiefgefroren liegen die je nach Art bis zu 4,5 m langen Giganten aufgeschichtet übereinander. Zur Qualitätsprüfung schlagen Händler mit Metallhaken Kerben in das Fischfleisch: je heller die Farbe, desto höher der Fettgehalt – ein Kriterium für guten Geschmack. Die Nachfrage ist immens, bedenkt man, dass in Japan jährlich etwa 450 t Thunfisch

Hektik, Lärm und Betriebsamkeit

Thunfischauktion auf dem Fischmarkt

verarbeitet werden. Laut, schnell und hektisch kommen hier täglich Hunderte der schmackhaften Riesen an den Mann. Für einen einzigen Thunfisch gehen je nach Qualität schon einmal um die 10.000 € über den Tisch. Knapp zwei Stunden später ist das Spektakel in den Auktionshallen vorbei.

Weiter geht es an den rund 1.500 Ständen im Innenbereich der Hallen, wo Großhändler in Kisten und Kübeln, Wannen und Eimern alles feilbieten, was das Meer herzugeben vermag. Dabei geht es mitunter recht blutig zu, denn wenn Gourmets und Sterneköche hier ihre Runden drehen, soll die Ware verkaufsfertig sein. Gefrorene Thunfische werden mit Hilfe von Kreissägen zerlegt. In schmalen Gängen zwischen den Ständen rasen kleine Gabelstapler hin und her. Alles muss schnell gehen, denn der Fisch soll frisch auf den Tisch. Insgesamt werden hier tagein, tagaus an die 2.500 t Fisch und Meeresfrüchte verkauft. Mittags flaut die Hektik ab und gegen 13 Uhr zieht von den rund 65.000 Mitarbeitern nur noch der Reinigungstrupp durch die Hallen. Länger Betrieb herrscht in den umliegenden Gassen der unmittelbaren Umgebung, wo im Dschungel von Läden, Garküchen und kleinen Restaurants das wohl frischeste Sushi und Sashimi lockt.

Verlegung des Fischmarkts

Dass die Tage des Tsukiji-Markts gezählt seien, ist schon lange im Gespräch. Der Umzug auf die künstlich angelegte Insel **Toyosu** in Kōtō-ku indes wurde immer wieder verschoben, denn der Boden auf dem Areal einer ehemaligen Gasfabrik ist verseucht. Der Grund muss dekontaminiert und versiegelt werden. Ende 2018 könnte es aber so weit sein und dann wird vieles anders. Für Besucher wird hier eine eigene Halle gebaut. Der einstige Standort dient während der **Olympischen Spiele 2020** als Verkehrsknotenpunkt.

Tsukiji-Fischmarkt *(tsukiji shijo 築地市場), 5-2-1 Tsukiji, www.tsukiji-market.or.jp, tgl. 5–13 Uhr. Begrenzte Besucherzahlen in den Thunfisch-Auktionshallen auf jeweils 60 Pers. um 5.25 und 5.50 Uhr. Vor 5 Uhr fahren keine öffentlichen Verkehrsmittel! Für Kinder ist der Fischmarkt wegen Hektik, Gabelstaplerfahrern und blutigem Geschäft ungeeignet.* **M** *Tsukiji (築地駅), Linie Hibiya, Exit 1;* **M** *Tsukijishijō (築地市場駅), Linie Ōedo, Exit A1.*

Neuer Standort: 6 Toyosu, Kōtō-ku, Linie Yurikamome, Shijō-mae (市場前駅), Exit Nord.

Namiyoke-Inari-Schrein (23)

Lange bevor hier 1935 der Tsukiji-Markt seine Tore öffnete, stand in der Nähe seines nordöstlichen Zugangs der Namiyoke-Inari-Schrein. 1659 erbaut, gewann er seit den 1930er-Jahren als Schutzschrein des Markts an Bedeutung. Vergleichsweise klein, beherbergt er dennoch den größten geschnitzten Löwenkopf der Stadt, der als Glückssymbol jedes Jahr Anfang Juni durch Straßen und Gassen der Umgebung getragen wird. Ansonsten harrt der Löwe stoisch dem Lauf der Zeit. Dabei hat er Gesellschaft bekommen, denn der Kopf einer Löwin bereichert seit Kurzem den Schrein.

Löwenkopf als Glückssymbol

Namiyoke-Inari-Schrein (*namiyoke inari jinja* 波除稲荷神社), *6-20-37 Tsukiji, www.namiyoke.or.jp, tgl. 9–17 Uhr.*

Hamarikyū Park (24)

Nur einige Hundert Meter westlich des Großmarkts lassen sich fieberhafte Eile und Lärm der Stadt schnell vergessen. Hier breitet sich zwischen der Tōkyō-Bucht und dem megamodernen Viertel Shiodome (汐留) der über 2,5 km² große Hamarikyū Park aus. Schon Japans erster Shōgun Tokugawa Ieyasu (1543–1616) durchstreifte den damals schilfbewachsenen Landstrich zur Entenjagd. Mitte des 17. Jh. ließ der Daimyō von Kōfu Tokugawa Tsunashige (1644–1678) in dem Areal ein herrschaftliches Sommerhaus errichten. Als 6. Shōgun lenkte dessen Sohn Ienobu (1662–1712) für wenige Jahre die Geschicke des Landes. Unter seiner Regie wurde nicht nur das Sommerhaus in eine großzügige Residenz umgebaut. Offenbar in Gartenarchitektur besonders ambitioniert, ließ er den Binnensee als Rückzugsgebiet der Wildenten mit dem Meer verbinden. Nicht einfach aus Lust und Laune, denn dieser Durchbruch verstärkte den Symbolcharakter des Parks immens. Versinnbildlicht der See das Ostmeer, so steht die kleine Insel mit einem Teehaus darauf für die von Mythen umwobene Insel Hōrai. Nach buddhistischer Vorstellung verkörpert sie die Welt mit dem Berg Meru als Zentrum des Universums. Nach daoistischer Überlieferung dagegen sei auf der Insel Hōrai das Elixier der Unsterblichkeit verborgen. Allzu lange blieb die landschaftliche Ästhetik nicht erhalten. 1724 machte ein Brand alles zunichte und die Natur tat im Verlauf der Jahre das ihrige. Erst Ende des 18. Jh. besann sich Shōgun Tokugawa Ienari (1773–1841) des

Grüne Oase

Kontrastreiche Impressionen: Hamarikyū

Fleckchens Erde und ließ das Gelände wieder für die Entenjagd umgestalten. Die Anlagen sind bis heute als Lebensraum für Wasservögel erhalten.

Park mit bewegter Geschichte

Mitte des 19. Jh. wurde das Areal dem Marineoffizier und späteren Minister Katsu Kaishū (1823–1899) unterstellt, der sich hier einen Amtssitz errichtete. In diesem Zusammenhang avancierte der Park zu einem geschichtsträchtigen Ort. Dabei waren Katsus Verhandlungen 1868 mit Saigō Takamori (1827–1877), einem der bedeutendsten Samurai seiner Zeit und Kommandant der kaiserlichen Truppen, im Grunde nichts anderes als die kampflose Kapitulation des Shōgunats. Schon ein Jahr später ging das von diesem Zeitpunkt an Hamarikyū genannte Gebiet in den Besitz des Kaiserhauses über. Katsus ehemaliger Amtssitz diente als Unterkunft für ausländische Gäste, unter denen auch Größen europäischer Adelshäuser wie Erzherzog Leopold Ferdinand Salvator von Österreich (1868–1935) oder der Thronfolger der österreichisch-ungarischen Monarchie Franz Ferdinand von Österreich-Este (1863–1914) zu finden waren. Das Kaiserhaus selbst nutzte den Garten insbesondere im Frühjahr während der Kirschblüte für Empfänge. Das Kantō-Beben 1923 und der Zweite Weltkrieg zerstörten das Idyll. 1945 übergab die kaiserliche Familie das Areal an die Stadt Tōkyō, die kurze Zeit später den Park der Öffentlichkeit zugänglich machte. Das **Teehaus Nakanoshima ōchaya (25)** auf dem Meerwassersee wurde rekonstruiert und so zeigt sich der von den Wasserläufen Tsukiji und Shiodome begrenzte Park heute als wahre Oase der Ruhe und Beschaulichkeit. Seit 1952 steht der Hamarikyū unter Denkmalschutz.
Hamarikyū Park (*hamarikyū teien* 浜離宮庭園), *1-1 Hamarikyū teien, ☏ 3541-0200, tgl. 9–17 Uhr, Erw./Sen./Kind 300/150/150 ¥.* 🚌/**M** *Shiodome* (汐留駅), *Linie Yurikamone, Metrolinie Ōedo, Exit Ost.*

Reisepraktische Informationen Chūō-ku

(Karte S. 176, Unterkunft S. 128)

Infos

Internet: *www.city.chuo.lg.jp*

Die meisten der folgenden Adressen sind von der Metrostation **M** *Ginza* (銀座駅), *Linien Ginza, Marunouchi, Hibiya aus erreichbar. Andernfalls ist die entsprechende Station gesondert genannt.*

Essen & Trinken

(1) Sai Ka Bō (妻家房), *Coredo 4. OG, 1-4-1 Nihonbashi, ☏ 5204-0108, tgl. 11–23 Uhr. Das moderne Restaurant hat sich der koreanischen Küche von einfachen Gerichten hin zu Festtagsessen wie etwa Kimchi (fermentiertes Gemüse), Bibimbap (Reisgericht mit Gemüse und Fleisch), Bulgogi (marinierte Rindfleischstreifen) u. v. m. verschrieben; 3.000–8.000 ¥.* **M** *Nihonbashi* (日本橋駅), *Linien Asakusa, Ginza, Tōzai, Exit C1.*
(2) Birdland Ginza (バードランド銀座), *Tsukamoto Sozan Bldg., 1. UG, 4-2-15 Ginza, ☏ 5250-1081, Di–Fr 17–22, Sa bis 21.30 Uhr. Yakitori vom Feinsten! Liebhaber der kleinen Hühnerspießchen schwören auf die ausgezeichnete Fleischqualität und das vielfältige Angebot. Platzreservierung empfohlen; Menü ab 6.300 ¥.* **M** *Ginza, Exit C6.*

(3) Ahill Ginza (アヒルギンザ), *Velviakan 8. OG, 2-4-6 Ginza, ☎ 3562-8080, www.ahill.jp/ginza, tgl. 11.30–14, 17.30–22 Uhr. Das französische Restaurant hat sich auf die Zubereitungsart Teppanyaki spezialisiert, d. h. auf Gerichte wie Miyazaki-Rinderfilet oder Ente, die auf einer Stahlplatte direkt am Tisch oder an der Theke zubereitet und am besten mit einem Wein aus dem reichen Sortiment genossen werden. Menü mittags 2.000-3.500 ¥, Menü abends 5.000–9.000 ¥.* M *Ginza, Exit A2.*
(4) Paradise Dynasty (パラダイスダイナツテイー), *Ginza Glasse, 3-2-15 Ginza, ☎ 6228-7601, www.paradisedynasty.jp, Mo–Sa 11–23, So bis 22.30 Uhr. Das Auge isst mit und so zeigt sich hier die chinesische Küche geschmacklich von einer guten und optisch von einer neuen Seite: Bester Beweis ist etwa Dim Sum in verschiedenen Farben: 1.500–3.500 ¥.* M *Ginza, Exit C8.*
(5) Sushi-Bun (鮨文), *Block 8, 5-2-1 Tsukiji, ☎ 3541-3860. Mo–Sa 6–14.30 Uhr. Mit rund 150-jähriger Tradition ist das Sushi-Bun im Areal des Tsukiji-Markts ein gefragter Ort. Um in den Genuss absolut frischer Fische und Meeresfrüchte zu kommen, warten Gäste sogar vor der Tür, bis sie endlich an der Reihe sind. Neben Sushi und Sashimi à la carte bietet das kleine Lokal empfehlenswerte Sets an; 2.700–3.700 ¥.* M *Tsukiji (築地駅), Linie Hibiya, Exit 1;* M *Tsukijishijō (築地市場駅), Linie Ōedo Linie, Exit A1.*

Unterhaltung

(6) The Iron Fairies Ginza, *Cheers Ginza, 1. UG., 5-9-5 Ginza, ☎ 6274-6416, Mo–Sa 19–4, So 18–24 Uhr. Eine Fantasy-Themenbar, die keiner so schnell vergisst: feenstaubbenetzte Flaschen, Eisenskulpturen, unaufdringliche Klänge von Ambient und Electronic sowie kreative Cocktails mit Zuckerwatte oder Oktopus; Preisniveau ca. 4.000 ¥, Platzgebühr ca. 1.000 ¥.* M *Ginza, Exit A5.*
(7) 300Bar Ginza 8-Chome, *Daini Ginza Column, 1. UG, 8-3-12 Ginza, ☎ 3571-8300, www.300bar-8chome.com, Mo–Do 12–2, Fr/Sa bis 4, So bis 23 Uhr.*
(8) 300Bar Ginza 5-Chome, *Fazenda Bldg., 1. UG, 5-9-11 Ginza, ☎ 3572-6300, www.300bar.com, Mo–Do 12–2, Fr/Sa bis 4, So bis 23 Uhr. Obwohl die Umgebung als kostspieliges Pflaster gilt, hat sich in den schon 1992 eröffneten Standing-Bars am Preis der Getränke nichts geändert, nur der Steuersatz. Trotzdem kosten hier alle Getränke gerade einmal 324 ¥.* 🚆/M *Shimbashi (新橋駅), JR-Linien Yamanote u. a., Linie Yurikamome, Metrolinien Ginza, Asakusa, Exit 5 (Ginza 8-Chome);* M *Ginza, Exit A3/A5.*
(9) Shinbashi Enbujō (新橋演舞場), *6-18-2 Ginza, ☎ 3541-2600, www.kabukiweb.net/theatres/shinbashi/. Mit meist zwei Vorstellungen am Tag geht es im* **Shinbashi-Theater** *oft hoch her. Das Haus zeigt von klassischem Kabuki über Comedy bis hin zu modernem Theater unterschiedlichste Genres. Eintritt je nach Stück und Sitzplatz.* M *Higashi-Ginza (東銀座駅), Linie Hibiya, Asakusa, Exit 6;* M *Tsukiji-Shijō (築地市場駅), Linie Ōedo, Exit A3.*

Einkaufen

Weitere Einkaufstipps finden Sie im Reisekapitel.

Kunsthandwerk, Antiquitäten und Souvenirs

(1) Takumi (たくみ), *8-4-2 Ginza, ☎ 3571-2017, www.ginza-takumi.co.jp, Mo–Sa 11–19 Uhr. Für erlesene Mitbringsel – seien es Keramik- oder Lackwaren, Textilien, traditionelles Spielzeug u. v. m. (wenn auch nicht zu Schnäppchenpreisen) – lohnt ein Besuch im Takumi.* 🚆/M *Shimbashi (新橋駅), JR-Linien u. a., Linie Yurikamome, Metrolinien Ginza, Asakusa, Exit Ginza/5.*

„Wächterfigur" des Kaufhauses Mitsukoshi

(2) Itōya (伊東屋), *2-7-15 Ginza, ☏ 3561-8311, www.ito-ya.co.jp, Mo–Sa 10–20, So bis 19 Uhr. Renommiertes Schreibwarengeschäft auf elf Etagen.* **M** *Ginza, Exit A13.*

(3) Hashi Ginza Natsuno (箸銀座夏野), *6-7-4 Ginza, ☏ 3569-0952, www.e-ohashi.com, tgl. 10–20, So bis 19 Uhr. Populäres Fachgeschäft für Essstäbchen und Geschirr.* **M** *Ginza, Exit B3.*

(4) Mariage Frères (マリアーシュフレール), *5-6-6 Ginza, ☏ 3572-1854, www.mariagefreres.co.jp, tgl. 11–20 Uhr, Teesalon ab 11.30 Uhr. Ein Mekka für Teetrinker – Mariage Frères führt rund 500 Teesorten aus über 30 Nationen. Zur Filiale gehört eine hübsche Teestube.* **M** *Ginza, Exit A1.*

(5) Tōken Shibata (刀剣柴田), *5-6-8 Ginza, ☏ 3573-2801, www.tokensibata.co.jp, Mo–Sa 9.30–18.30 Uhr. Auf den Spuren der Samurai – Fachgeschäft für japanische Schwerter.* **M** *Ginza, Exit A1.*

Einkaufszentren

(6) Antique Mall Ginza (アン テイークモール銀座), *1-13-1 Ginza, ☏ 3535-2115, www.antiques-jp.com, tgl. 11–19 Uhr. Mit rund 200 Geschäften gilt die Mall Antiquitätensammlern als wahre Fundgrube.* **M** *Ginza-Itchōme* (銀座 一丁目駅), *Linie Yūrakuchō, Exit 10.*

(7) Coredo Nihonbashi (コレド日本橋), *1-4-1 Nihonbashi, ☏ 3272-4939, www.coredo.jp, Mo–Sa 11–21, So bis 20, Restaurants bis 23, So bis 20 Uhr. Mode, Haushaltswaren und viele Restaurants unter einem Dach.* **M** *Nihonbashi* (日本橋駅), *Linien Asakusa, Ginza, Tōzai, Exit B12, C1, C2.*

(8) Kirarito Ginza (キラリトギンザ), *1-8-19 Ginza, www.kirarito-ginza.jp, tgl. 11–20, Restaurants bis 23 Uhr. Seit 2014 bietet die neue zwölfstöckige Mall luxuriöse Geschenkartikel, Schmuck, Mode und vieles mehr.* **M** *Ginza-Itchōme* (銀座 一丁目駅), *Linie Yūrakuchō, Exit 7.*

Mode

(9) Barney's New York (バーニーニューヨーク), *6-8-7 Ginza, ☏ 120-137-007, www.barneys.co.jp/stores/ginza, tgl. 11–20, Fr/Sa bis 20.30 Uhr. Edelshop mit Designermode für Damen und Herren.* **M** *Ginza, Exit A2.*

(10) RagTag (ラグタク), *3-3-15 Ginza, ☏ 3535-4100, www.ragtag.jp, tgl. 11–20 Uhr. Außergewöhnlicher großer Secondhandshop, denn hier ist Mode von Armani, Gucci, Prada u. v. a. zu „annehmbaren" Preisen zu bekommen.* **M** *Ginza, Exit C8.*

(11) Uniqlo (ユニクロ), *6-9-5 Ginza, ☏ 6252-5181, www.uniqlo.com/jp, tgl. 11–21 Uhr. Uniqlo steht für trendige Mode zu erschwinglichen Preisen. Die hiesige Filiale ist nur eine von vielen in der Stadt.* **M** *Ginza, Exit A2.*

(12) Ginza Kanematsu (銀座かねまつ), *6-9-9 Ginza, ☏ 3573-0077, www.ginza-kanematsu. co.jp, tgl. 11–21, So bis 20 Uhr. Kanematsu ist für exklusive hochwertige Damenschuhe bekannt.* **M** *Ginza, Exit A4.*

Schmuck

(13) Mikimoto Pearl (ミキモト真珠), *2-4-12 Ginza, ☎ 3535-4611, www.mikimoto.com/jp, tgl. 12–20 Uhr, u.U. Mi geschl. Gold und Perlen in jeder Fasson und Preislage, Designerkollektionen und Sonderausstellungen findet man in der mehrstöckigen Hauptniederlassung Mikimoto Pearl.* **M** *Ginza (銀座駅), Linien Ginza, Marunouchi, Hibiya, Exit A9.*

(14) Tasaki Shinju (田崎真珠), *5-7-5 Ginza, ☎ 3289-1119, www.tasaki.co.jp, tgl. 11–20 Uhr. Großes Schmuckgeschäft mit einer Galerie im 5. OG.* **M** *Ginza, Exit A2.*

Spielwaren

(15) Hakuhin Toy Park (博品館), *8-8-11 Ginza, ☎ 3571-8008, www.hakuhinkan.co.jp, tgl. 11–20 Uhr. Im Hakuhin als einem der größten und bestsortierten Spielwarengeschäfte der Stadt gibt es alles – vom Videospiel bis zum Teddybär. In der obersten Etage ist ein Theater untergebracht.* 🚌/**M** *Shimbashi (新橋駅), JR-Linien u.a., Linie Yurikamome, Metrolinien Ginza, Asakusa, Exit 1.*

Kōtō-ku 江東区

Redaktionstipps

➤ Die Vielschichtigkeit zeitgenössischer Kunst zwischen Abstraktion und Gegenständlichkeit, zwischen Pathos und Prägnanz dokumentiert das **Tōkyō Museum of Contemporary Art** (S. 192).

➤ Selbst ein Maler hätte die Ästhetik des **Kiyosumi-Gartens** nicht besser erfinden können (S. 192).

Im Westen und Osten von den Flüssen Sumida und Arakawa, im Norden und Süden von Sumida-ku und der Bucht von Tōkyō umrahmt, bestimmten während der Edo-Zeit (1603–1867) vor allem Händler und Kaufleute das Bild des heute 39,94 km² großen Bezirks Kōtō-ku. Damalige Landvermessungen brachten ein vergleichsweise geringeres Ergebnis, denn ein Großteil des Terrains wurde erst seit der Meiji-Zeit (1868–1912) durch **Landaufschüttung** gewonnen. Aus diesem Grund zählt die Wohngegend nicht gerade zu den erdbebensichersten Regionen der Stadt. Heute leben knapp 512.000 Einwohner bei einer Bevölkerungsdichte von ca. 12.817 Einw./km² in dem Bezirk, in den es Besucher abseits der Yamanote-Ringlinie eher selten verschlägt. Für Einheimische dagegen steht Kōtō-ku, in ursprünglichen Stadtteilen noch vom charmanten Flair der einstigen Shitamachi (Unterstadt) durchdrungen, mindestens zweimal im Jahr auf dem Programm: einmal am letzten Samstag im Juli zum großen Feuerwerk **Kōtō Hanabi Taikai**, das am **Ufer das Arakawa** für über eine Stunde die schönsten Formationen in den Nachthimmel zaubert, und zum anderen Mitte August, wenn das Fukagawa Hachiman Matsuri neben dem Sanja Matsuri in Asakusa und dem Kanda Matsuri als eines der drei größten Schreinfeste in Tōkyō für Stimmung sorgt.

Großes Feuerwerk

Kōtō Hanabi Taikai (江東花火大会), **Uferpark Arakawa Sunamachi Mizube-kōen (1)** (荒川砂町 水辺公園), *letzter Sa im Juli, ca. 19.30–20.30 Uhr.* **M** *Minami Sunamachi (南砂町駅), Linie Tōzai, Exit 2, 15 Min. nordöstl. Richtung.*

Tomioka Hachiman-gū und Fukagawa Fudōson

Dass um den 1627 erbauten Schrein **Tomioka Hachiman-gū (2)** einst eine frische Seebrise wehte, ist heute kaum mehr vorstellbar, aber vor den Maßnahmen

Picknick vor dem großen Feuerwerk Kōtō Hanabi Taikai

zur Landgewinnung lag der dem Beschützer Japans und Kriegsgott Hachiman geweihte Schrein in der Tat am Meer. Schon bald nach seiner Gründung entwickelte sich der Hachiman-gū im heutigen Stadtteil Tomioka (富岡) zum wichtigsten Schrein der Shitamachi. 1684–1791 war er Austragungsort von Sumō-Kämpfen. Ein Gedenkstein mit Namen, teils auch Hand- und Fußabdrücken damaliger Yokozuna und Ozeki, den besten Ringern, erinnert im Tempelareal daran. Eine mehrtägige Unterbrechung des Schreinalltags ist alljährlich Mitte August das **Fukagawa Hachiman Matsuri**, bei dem über 50 portable Schreine entlang der Hauptstraße Eitai-dōri (永代通り) getragen werden. Der größte und wertvollste ist meist nicht dabei, denn der mit Diamanten, Saphiren und Rubinen verzierte Schrein wiegt gut 4 t. Das große Matsuri wird nur alle drei Jahre zelebriert, das nächste Mal 2020 und 2023. In den Jahren dazwischen begnügt man sich mit einer „Sparversion".

Bedeutendes Matsuri

Tomioka Hachiman-gū (富岡八幡宮), *1-20-3 Tomioka, ☎ 3642-1315, www.tomiokahachimangu.or.jp, Schrein tgl. 9–17 Uhr, Areal rund um die Uhr.* **M** *s. u.*

Zu den vielen kleinen Tempeln und Glücksgötterschreinen im Stadtteil Fukagawa (深川) zählt auch der einem esoterischen Zweig der buddhistischen Shingon-Schule angehörige Tempel **Fukagawa Fudōson (3)** nahe des Schreins Hachiman-gū. Als Untertempel des großen Naritasan Shinshō-ji in der Stadt Narita reicht seine Geschichte bis ins 18. Jh. zurück. Dabei blieb von seinen ursprünglichen Strukturen nach dem Zweiten Weltkrieg nichts erhalten. Baumaterial war damals knapp und so versetzte man stattdessen einen 1862 im Distrikt Inbanuma erbauten Tempel hierher. Von Anfang an war er der Gottheit Fudo Myō-ō, dem unerschütterlichen König des Lichts, geweiht. Seit 2004 schmückt ein von Kunstprofessor Nakajima Chinami geschaffenes Götterabbild die innere Halle der 4. Etage. Wer das Glück hat, an einem 1. Mai vor Ort zu sein, sollte sich die an diesem Tag alljährlich stattfindende rituelle Trommelzeremonie nicht entgehen lassen.

Glücksgottschrein

Fukagawa Fudōson (深川不動尊), *1-17-13 Tomioka, ☎ 3641-8288, tgl. 8–17.45 Uhr.* **M** *Monzen-Nakachō (門前仲町駅), Linien Tōzai, Ōedo, Exit 1.*

Auch aus weniger religiösen Gründen strömem Besucher hierher, denn meist sonntags bringen Händler auf einem **Flohmarkt** zwischen den Schreinen Tomioka Hachiman und Fudōson Antiquitäten und allerlei Tand unter die Leute. Wem es hier nach schmackhafter Stärkung verlangt, dem kann geholfen werden, denn kleine Garküchen gehören zu dem Spektakel dazu. *Flohmarkt*

Fukagawa Edo Museum (4)

Mit seiner originalgetreuen Rekonstruktion eines edozeitlichen Dorfes fühlt man sich beim Besuch des Fukagawa Edo Museum ins 19. Jh. zurückversetzt. Von Wohnhäusern, kleinen Läden bis hin zu Stallungen und Taverne fehlen selbst Bootshaus

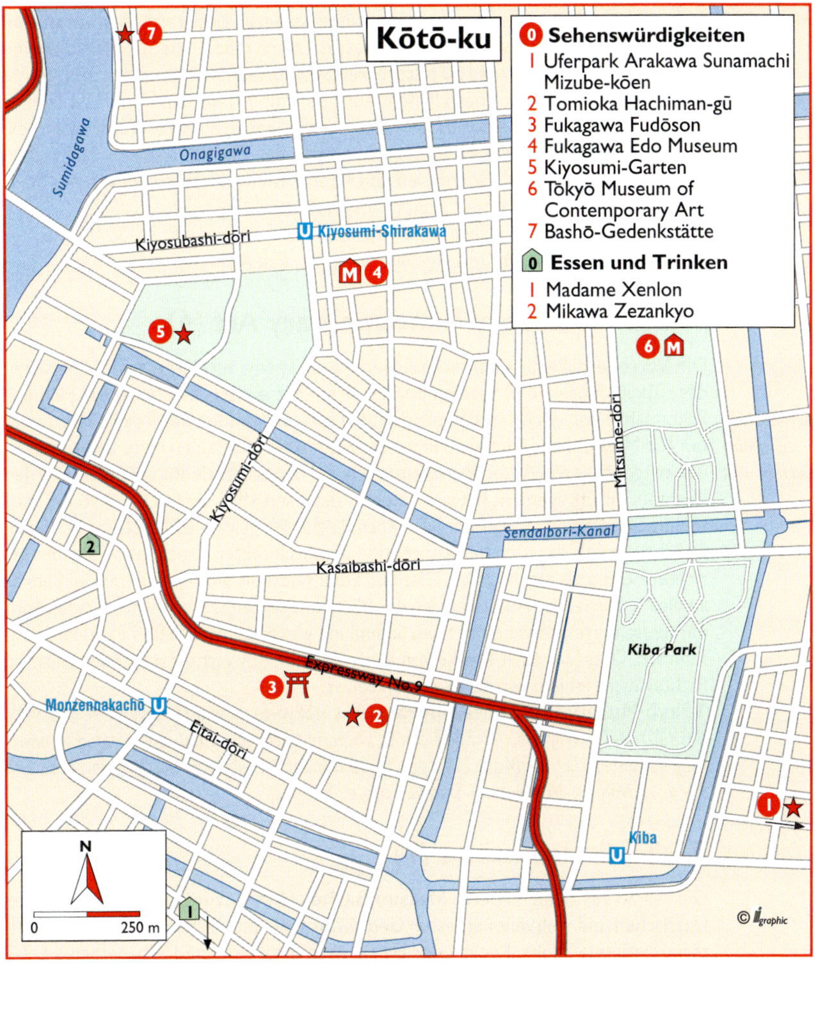

und Feuerwehrwachturm nicht. In allen Abteilungen des kleinen Museums steckt viel Liebe zum Detail.

Fukagawa Edo Museum (*fukagawa edo shiryōkan* 深川江戸資料館), *1-3-28 Shirakawa, ☏ 3630-8625, www.kcf.or.jp/fukagawa, tgl. 9.30–17 Uhr, jeden 2. u. 4. Mo im Monat geschl., Erw./Kind 500/100 ¥.* **M** *Kiyosumi-Shirakawa* (清澄白河駅) *Linie Ōedo, Exit A3, Linie Hanzōmon, Exit B2.*

Kiyosumi-Garten (5)

Malerischer kleiner Park

Seiner malerischen Ästhetik wegen ist der kleine Kiyosumi-Garten im gleichnamigen Stadtteil ein wahres Kleinod der Landschaftsarchitektur. Das ursprünglich von dem wohlhabenden Geschäftsmann Kinokuniya Bunzaemon (1669–1734) bewohnte Areal bekam seine heutige Form erst unter späteren Besitzern, allen voran dem Begründer des Mitsubishi-Imperiums Iwasaki Yatarō (1835–1885). Schließlich sind der Familie Iwasaki die rund 50 pittoresken Steinformationen zu verdanken, die sie aus ganz Japan hierher bringen ließen. Auch der mit Wasser aus dem Fluss Sumida aufgefüllte Teich sowie ein 1909 erbautes Teehaus gehen auf ihre Wünsche zurück. Seit 1932 der Öffentlichkeit zugänglich, wurde der Park mit seinen zahlreichen Schwarzpinien, Azaleen, Hortensien und Kirschbäumen im Jahr 1979 von der Stadt Tōkyō als besonders schöner Garten ausgezeichnet.

Kiyosumi-Garten (*kiyosumi teien* 清澄庭園), *3-3-9 Kiyosumi, ☏ 3641-5892, tgl. 9–17 Uhr, Erw. 150 ¥.* **M** *Kiyosumi-Shirakawa, s. o., Exit A3.*

Tōkyō Museum of Contemporary Art (6)

Internationale zeitgenössische Kunst

Die Vorreiterrolle als öffentliche Galerie zum Thema moderne Kunst übernahm das Tōkyō Museum of Contemporary Art nicht einfach aus heiterem Himmel. Schon Jahre vor seiner Errichtung diskutierten ein Komitee des Tōkyō Metropolitan Art Museum und Kunstliebhaber der Stadt über das Fehlen einer Institution, in der zeitgenössische Arbeiten systematisch und übersichtlich dokumentiert werden könnten. Ihr Engagement hat sich gelohnt, denn seit 1995 darf sich Tōkyō des mitten im 24 ha großen Kiba Park (*kiba kōen* 木場公園) gelegenen Museums erfreuen. Dabei zeigt sich das nach der Konzeption des Architekten Yanagisawa Takahito errichtete Gebäude aus Marmor, Glas und Stahl selbst als ein repräsentativer Beitrag an die Moderne. Die Ausstellungen des Museums setzen sich aus wechselnden Sonderausstellungen sowie einer fixen Sammlung von annähernd 4.000 Exponaten zusammen. Dass hier auch Werke von Andy Warhol, Roy Lichtenstein oder Gerhard Richter nicht fehlen, versteht sich von selbst.

Tōkyō Museum of Contemporary Art (*tōkyō-to gendai bijutsukan* 東京都現代美術館), *4-1-1 Miyoshi, ☏ 5633-5860, www.mot-art-museum.jp/eng, wegen Renovierung voraussichtlich bis März 2019 geschl. 15 Min. ab* **M** *Kiba* (木場駅), *Linie Tōzai, Exit 3; ca. 12 Min. ab* **M** *Kiyosumi-Shirakawa, s. o., Exit B2.*

Bashō-Gedenkstätte (7)

Der Name des großen Poeten **Matsuo Bashō** (1644–1694) ist untrennbar mit der klassischen und weltweit kürzesten Gedichtform **Haiku** verbunden, die sich aus älterer Lyrik wie Tanka, Renga oder Haikai nach dem Vers- und Silbenschema 5-7-5 entwickelte. Beeinflusst von der Philosophie des Zen, verlieh er seiner Dichtung Qualität und Tiefe, die das Genre zu einem bedeutenden Bestandteil der japanischen Literatur erhoben hat.

Versform

Das **Frosch-Haiku** von Matsuo Bashō zählt zu einem der weltweit bekanntesten.

古池や	*furu ike ya*	Der alte Teich
蛙飛び込む	*kawazu tobi komu*	Ein Frosch springt hinein
水の音	*mizu no oto*	Klang des Wassers

Der als Matsuo Munefusa in eine Samuraifamilie hineingeborene Bashō wandte sich, von seiner suchenden Seele getrieben, schon in jungen Jahren von der Welt des Elternhauses ab. Das Gedankengut des Zen inspirierte ihn mehr als der vorgezeichnete Weg eines Samurai und so lebte er in bescheidenen Verhältnissen eine Zeit lang in einem buddhistischen Kloster, bei Freunden oder in einer aus Bananenstauden *(bashō)* errichteten Hütte, die ihm sein Pseudonym einbrachte. In der ihm gewidmeten Bashō-Gedenkstätte im Stadtteil Tokiwa (常盤), nur wenige Hundert Meter von seinem einstigen Wohnort entfernt, erwartet den Besucher ein japanischsprachiges Video über den Meister des Haiku, einige seiner persönlichen Dinge wie etwas Reisekleidung und Kalligrafien. Bis auf eine Broschüre in Englisch sind sämtliche Erläuterungen in der Landessprache gehalten.

Meister des Haiku

Bashō-Gedenkstätte *(bashō kinenkan 芭蕉記念館), 1-6-3 Tokiwa, ☏ 3631-1448, tgl. 9.30–17 Uhr, 2. u. 4. Mo im Monat geschl., Erw./Kind 200/50 ¥, Garten tgl. 9.15–16.30 Uhr. 7 Min. ab* **M** *Morishita (森下駅), Linien Shinjuku, Ōedo, Exit A1.*

Reisepraktische Informationen Kōtō-ku

(Karte S. 191)

Infos

Internet: *www.city.koto.lg.jp*

Essen & Trinken

(1) Madame Xenlon (マダムツエンロン), *Tōkyō Bay Ariake Washington Hotel, 20. OG, 3-7-11 Ariake, ☏ 3599-7717, tgl. 11.30–22 Uhr. Das Restaurant bietet eine große Auswahl an chinesischen Gerichten sowie ganz nebenbei eine spektakuläre Aussicht auf Bay und Rainbow Brigde; Mittagsmenü 2.000–5.000 ¥, Menü am Abend ab 5.000 ¥. Kokusai Tenjij (国際展示場駅), Linie Rinkai, Hauptausgang; Ariake (有明駅), Linie Yurikamome, Exit West.*

(2) Mikawa Zezankyo (みかわ是山居), *1-3-1 Fukuzumi, ☏ 3643-8383, Reservierung notwendig (jap.) ☏ 0066-9670-15049, http://mikawa-zezankyo.jimdo.com, Do–Di 11.30–13.30, 17–21.30 Uhr. Das beste, edelste und teuerste Tempura ganz Tōkyōs gibt es genau hier, in dem kleinen, selbst in der „Japan Times" gerühmten Restaurant; 10.000–18.500 ¥.* **M** *Monzen-Nakachō (門前仲町駅), Linien Tōzai, Ōedo, Exit 3, 5 Min. zu Fuß nordwestlich.*

Sumida-ku 墨田区

Redaktionstipps

➤ Tōkyōs **Hochburg des Sumō** breitet sich mit Stadion, Museum und Trainingslagern in den Vierteln Yokoami und Ryōgoku aus (s. u., S. 196).
➤ Der Besuch des riesigen **Edo-Tōkyō Museums** kommt einer „Zeitreise" durch die vergangenen 400 Jahre gleich (S. 198).
➤ Als weltweit höchster Fernsehturm bestimmt der **Skytree** das Panorama (S. 200).

Als Katsushika Hokusai (s. S. 58), einer der heute im Westen bekanntesten japanischen Künstler in Honjo-ku, einem Vorort des damaligen Edo, das Licht der Welt erblickte, gab es die heutige Verwaltungsstruktur Tōkyōs in ihre 23 Bezirke noch nicht. Sumida-ku entstand 1947 aus verschiedenen Stadtteilen und belegt heute mit einer Fläche von 13,75 km² den 16. Platz unter Tōkyos Citys. In puncto Bevölkerungsdichte ist der Bezirk allerdings bei knapp 19.300 Einw./km² schon in der Oberliga zu platzieren. Dass Sumida-ku ausgerechnet denselben Namen trägt wie der Fluss Sumida (隅田川), stiftet unter Einheimischen keine Verwirrung. Schließlich werden beide Begriffe im Japanischen unterschiedlich geschrieben. Auch wenn hier vor allem gewohnt wird, finden sich mit Museen, allen voran das Edo-Tōkyō Museum, dem Sumō-Stadion und der Solamachi mit dem Skytree einige Topadressen der Stadt. Aus ganz anderem Grund strömen Ende Juli Tausende Besucher in den Bezirk, denn mit Einbruch der Dunkelheit entfalten raffinierteste Feuerwerkskörper beim **Sumidagawa Hanabi Takai (1)**, einem der größten Feuerwerke Tōkyōs, ihre faszinierende Pracht.

Buntes Himmels-spektakel

Sumidagawa Hanabi Taikai (隅田川花火大会), *bei den Brücken Sakurabashi (桜橋) u. Kototoibashi (言問橋) sowie der Komagatabashi (駒形橋) u. Umayabashi (厩橋), Ende Juli, ca. 19.30–20.30 Uhr. Der genaue Termin ist über eine Tourismusinformation oder im Internet zu erfahren, http://sumidagawa-hanabi.com.* **M** *Asakusa (浅草駅) Linien Ginza, Asakusa, Exit A2;* **M** *Kuramae (蔵前駅) Linien Asakusa, Ōedo, Exit A1/A2/ A7.*

Eine Überquerung des Sumida zwischen den Stadtvierteln **Higashi-Nihonbashi** (東日本橋) und **Ryōgoku** (両国) wurde erst 1659 mit dem Bau der **Ryōgoku-Brücke** (*ryōgoku bashi* 両国橋) ein Klacks. Dabei wählte man nach reiflicher Überlegung den Brückennamen in seiner Bedeutung „zwei Provinzen". Edo westlich des Flusses zählte zur damaligen Provinz Musashi, der östliche Teil zu Shimōsa.

Stadion Ryōgoku Kokugikan mit Sumō Museum (2)

Japanern, insbesondere Anhängern des japanischen Nationalsports Sumō, ist der Stadtteil nicht unbekannt. Traten bis ins 20. Jh. Ringer im Freien in Tempel- oder Schreinarealen gegeneinander an, so entstand mit der 1909 im Stadtteil Yokoami (横網) errichteten Sumōhalle ein erster fester Turnierplatz. Das heutige **Stadion Ryōgoku Kokugikan** eröffnete 1985. Abgesehen von diesem „Sumōtempel" mit einer Kapazität für über 10.000 Zuschauer, leben in dem Viertel viele Ringer in sog. **Sumōställen (3)** (*sumō beiya* 相撲部屋). In einigen davon besteht für Besucher die Möglichkeit, den „schweren Jungs" bei ihrem morgendlichen Training zuzusehen. Im Stadion selbst geht es während der Turniere alljährlich für 15 Tage im Januar, Mai und September zur Sache. In dieser Zeit bleibt das in der Halle untergebrachte **Sumō Museum** dem Publikum des Turniers vorbehalten. Dass sich bei so

Japanischer Nationalsport

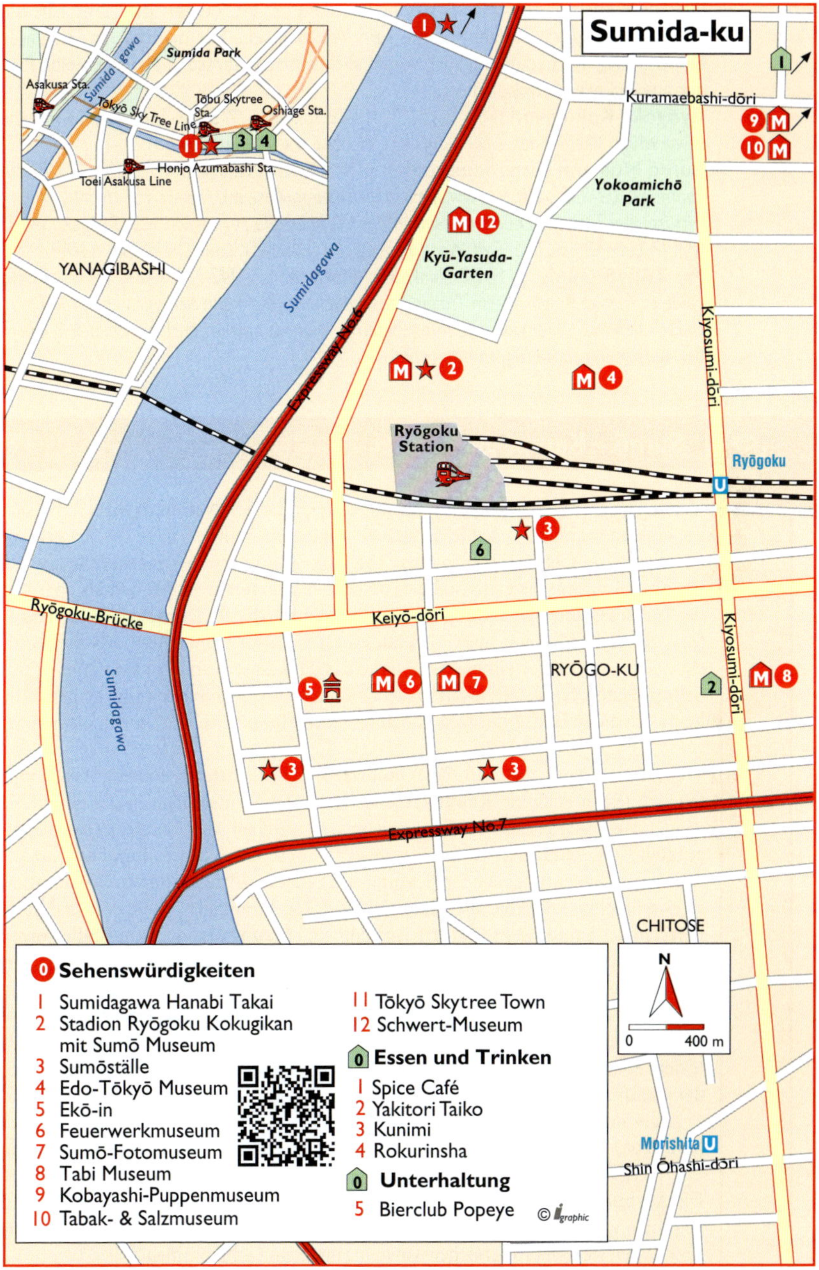
Sumida-ku
Sumida Park
Sumidagawa
Asakusa Sta.
Tōkyō Sky Tree Line
Tōbu Skytree Sta.
Oshiage Sta.
Honjo Azumabashi Sta.
Toei Asakusa Line
Kuramaebashi-dōri
Yokoamichō Park
Kyū-Yasuda-Garten
YANAGIBASHI
Expressway No.6
Kiyosumi-dōri
Ryōgoku Station
Ryōgoku
Ryōgoku-Brücke
Keiyō-dōri
RYŌGO-KU
Expressway No.7
CHITOSE
Morishita
Shin Ōhashi-dōri
N
0 400 m
Sehenswürdigkeiten
1 Sumidagawa Hanabi Takai
2 Stadion Ryōgoku Kokugikan mit Sumō Museum
3 Sumōställe
4 Edo-Tōkyō Museum
5 Ekō-in
6 Feuerwerkmuseum
7 Sumō-Fotomuseum
8 Tabi Museum
9 Kobayashi-Puppenmuseum
10 Tabak- & Salzmuseum
11 Tōkyō Skytree Town
12 Schwert-Museum
Essen und Trinken
1 Spice Café
2 Yakitori Taiko
3 Kunimi
4 Rokurinsha
Unterhaltung
5 Bierclub Popeye
© graphic

viel Sumō auch diverse Händler oder Restaurants des Viertels dem Geschäft um den Nationalsport widmen, dürfte kein Wunder sein. Für manche ein Hit unter Sumō-Souvenirs sind, wenn auch vergänglicher Natur, zartschmelzende kleine Ringer aus leckerer Schokolade.

Ryōgoku Kokugikan (両国国技館), *1-3-28 Yokoami, ☎ 3623-5111, Turnier-Termine sowie Möglichkeiten des Ticketkaufs vgl. Website www.sumo.or.jp/En/.*

Sumō Museum (*sumō hakubutsukan* 相撲博物館), *Kokugikan* (国技館), *1-3-28 Yokoami, ☎ 03-3622-0366, www.sumo.or.jp/EnSumoMuseum, Mo–Fr 10–16.30 Uhr, Eintritt frei. Bei Turnieren nur für Besucher der Wettkämpfe zugänglich.* Ryōgoku (両国駅), *JR-Linie Chūō-Sōbu, Exit West;* **M** Ryōgoku (両国駅), *Linie Ōedo, Exit A3/A4.*

My Tōkyō Guide, *3-12-22 Shinkawa Mitaka-shi, ☎ 042-290-9464, www.mytokyoguide.com. Wer Ringern beim Training zuschauen möchte, kann sich online an „My Tōkyō Guide" wenden. Unter vielen Tourangeboten (s. Website) gehört auch ein Besuch in einem der Sumōställe zum Programmangebot.*

info

Sumō – Kampf der Götter

Um den im Dunkeln liegenden Ursprung des japanischen **Nationalsports** rankt sich die eine oder andere Legende. In grauer Vorzeit, so heißt es, habe der Ringkampf zwischen zwei Göttern über Japans Schicksal entschieden. Normalsterbliche seien im Jahr 23 v. Chr. das erste Mal gegeneinander angetreten, wobei damals aber erst der Tod des Gegners den Kampf besiegelte. Vermutlich entwickelte sich Sumō beeinflusst durch Traditionen aus China und Korea vor etwa 1.500 Jahren. Als zeremonielles, den Göttern geweihtes Ritual hatte das damalige, oft im Zusammenhang mit **Schreinfesten** veranstaltete Sumō mit dem uns bekannten noch wenig gemein. Die heute geltenden Bestimmungen bildeten sich erst im Lauf seiner Geschichte heraus.

Während der Nara-Zeit (710–794) „eroberten" sich jährlich abgehaltene Wettkämpfe einen festen Platz am **Kaiserhof**, erste Reglements entstanden in der darauffolgenden Heian-Ära (794–1185). In der von kriegerischen Auseinandersetzungen geprägten Kamakura-Zeit (1185–1333) gewann Sumō unter den Samurai als Kampftraining an Bedeutung. Die Einrichtung einer ersten offiziellen Sumō-Organisation in Edo brachte einige der bis heute gängigen Regeln mit sich, wie das Ritual beim Betreten des Sumōrings *(dōyō-iri)*. Auch die Etablierung der sog. Sumōställe *(heya)*, in denen professionelle Ringer leben und trainieren, geht auf diese Zeit zurück. Mit Beginn der Meiji-Restauration 1868, als Einflüsse des Westens auf offene Arme trafen, verlor Sumō als Relikt aus alten Tagen seine Popularität. Erst ein 1884 auf Wunsch des Meiji-Kaisers Mutsuhito (1852–1912) stattfindendes Turnier verschaffte dem Sportringen erneutes Ansehen. 1926 beschloss der Sumōverband die Anzahl der jeweils zehntägigen Turniere von bislang zwei auf vier zu erhöhen. Seit 1958 sind es sechs auf je 15 Tage verlängerte Wettkämpfe, wobei drei davon in Tōkyō (Jan., Mai, Sept.), je eines in Ōsaka (März), Nagoya (Juli) und Fukuoka (Nov.) stattfinden.

Die **Ausbildung zum Sumōringer** *(sumōtori)*, auch Kraftmensch *(rikishi)* genannt, beginnen viele mit etwa 15 Jahren in einem der **Sumōställe**. Aber auch Quereinsteiger aus den Reihen erfolgreicher Amateurringer sind willkommen.

Ihr Training absolvieren Rikishi in den Vormittagsstunden, wobei der Alltag für Anfänger, die auch Putz- und Kochdienste übernehmen müssen, besonders früh beginnt. Wichtiger Programmpunkt nach dem Training ist das meist aus dem sehr fett- und eiweißhaltigen Eintopf *Chankonabe* bestehende Essen. Körperfülle ist schließlich eine der physischen Voraussetzungen der Sumōtori, die durchschnittlich an die 150 kg auf die Waage bringen. Trotz ihres behäbig wirkenden Erscheinungsbilds sind sie überaus beweglich und reaktionsschnell. Eine Einteilung in Gewichtsklassen gibt es unter Profis allerdings nicht. Was zählt, ist ein **Ligensystem** *(banzuke)*, an dessen Spitze der Großmeister *(yokozuna)* steht. Diesen Rang kann er nicht mehr verlieren. Von ihm wird schlicht der Rücktritt erwartet, wenn seine beste Zeit vorüber ist. Dass sich in jüngster Vergangenheit mehr und mehr Ausländer höhere Ränge, selbst den Titel des **Yokozuna** erkämpfen, wird, anfangs mit Argwohn betrachtet, mittlerweile liberaler gehandhabt. Dennoch ist pro Sumōstall nur ein Ausländer zugelassen.

Bis heute sind Turniere *(basho)* von zahlreichen, teilweise im **Shintoismus** verwurzelten Riten begleitet, z.B. die Ringeintrittszeremonie *(dōyō-iri)*, das vor einem Kampf von den höheren Rikishi als symbolische Reinigung geworfene Salz, das Ausspülen des Mundes mit Wasser oder das Anheben der Arme als Zeichen dafür, keinerlei Waffen mitzuführen. Stampfen mit den Füßen soll die Aufmerksamkeit der Götter erwecken und gleichermaßen Böses vertreiben. Symbolcharakter haben auch die Schürzen bzw. Gürtel *(kesho-mawashi)*, die Ringer ab dem Erreichen eines bestimmten mittleren Ranges beim Dōyō-iri tragen. Dabei sind die aus Seidenbrokat, teilweise mit Gold- oder Silberfäden gewebten Mawashi wahre Kostbarkeiten, deren Wert durch aufgesetzte Perlen und Edelsteine schwindelnde Höhen von rund 15.000 € erreichen können. Untere und höhere Ränge lassen sich auch nach der Haartracht unterscheiden, wobei der Dutt zudem als Schutz des Kopfes dient. Direkt an einen Schrein erinnert das über dem 36 m² großen und 60 cm hohen **Dōyō**

Sumō-Turnier

info

angebrachte Dach. Auf dem quadratischen Podest selbst begrenzt ein Seil den mit einem Durchmesser von exakt 4,55 m großen Sumōring.

Turnierkämpfe beginnen am Morgen mit Ringern der unteren Ligen, gefolgt von höherrangigen Sumōtori am Nachmittag. Die bei der Ringeintrittszeremonie einfach an ihrer Aufmachung zu erkennenden Yokozuna betreten der Etikette nach, begleitet von einem der traditionell gekleideten Schiedsrichter *(gyōji)* und zwei Rikishi der Oberliga *(maku-uchi)*, als letzte das Dōyō. Über ihren Gürteln tragen sie ein bis zu 17 kg schweres geflochtenes Hanfseil, das zusätzlich mit Papierstreifen im Zickzackmuster behängt ist. Abschlussritual eines jeden Turniertags ist der von einem Ringer vorgeführte Bogentanz *(yumitori-shiki)*.

Bei den Kämpfen selbst heißt es im Grunde **jeder gegen jeden**. Trotz der Aufteilung in Ost- und Westgruppe gibt es im Sumō keine Teams. Ringer unterer Wettkampfklassen treten an sieben Tagen je einmal in den Ring, höherrangige an allen 15 Tagen, wobei ein Komitee erst kurz vor Turnierbeginn die jeweiligen Gegner ermittelt. Der eigentliche Kampf beginnt, wenn sich zwei Sumōtori mit den Fäusten auf den Boden gestützt im Ring gegenüber hocken und den Kontrahenten bis zu vier Minuten fixieren. Dann aber geht alles blitzschnell. Ziel ist es, den Gegner entweder aus dem Ring zu drängen oder ihn innerhalb des Rings mit einem anderen Körperteil als den Füßen zu Boden zu bringen. Seit 2001 sind hierfür insgesamt **82 Techniken** zugelassen. Lohn der Mühe ist am Ende des Turniers die Siegerehrung, bei der neben dem Kaiserpokal auch Preise für Technik oder Kampfgeist verliehen werden.

Neben etwa 800 professionellen Ringern und unzähligen, in Vereinen, Clubs oder Schulen organisierten Amateuren hat auch **Frauensumō**, in früheren Zeiten eher bloße Volksbelustigung, seit Ende der 1990er-Jahre einen Platz.

Edo-Tōkyō Museum (4)

Anschauliche Stadtgeschichte

Nach zwölfjähriger Planungs- und Bauzeit strömten im März 1993 die ersten Besucher in das Edo-Tōkyō Museum unmittelbar neben dem Ryōgoku Kokugikan. Wie der Name verrät, ist hier die Stadtgeschichte seit der Edo-Zeit (1603–1867) im wahrsten Sinn des Wortes „großartig" dokumentiert. Und selbst das Gebäude beeindruckt durch Ausmaß und Symbolik: Entworfen wurde das Museum von dem weltweit bekannten Architekten und Vertreter des Metabolismus Kikutake Kiyonori (1928–2011). Nach dem Modell früherer Kornspeicher konzipiert, scheiden sich an dem 62 m aufragenden Komplex, identisch mit der Höhe des einstigen Schlosses von Edo, dennoch die Geister. Sehen manche hier traditionelle Bauweise in avantgardistischer Weise umgesetzt, scheint anderen der Betonklotz als fast furchteinflößendes graues Monstrum. Insgesamt besteht das mit weiß glänzenden Stahlbetonplatten bedeckte Museum aus drei Teilen. Auf dem „Dach" eines zweigeschossigen Blocks erstreckt sich ein riesiger Platz, von dem aus vier wuchtige Säulen drei weitere Stockwerke tragen. Per Lift oder über eine raupenartige, knallrot verkleidete Rolltreppe gelangt man von dem Platz aus hinauf in das Museum, das angesichts einer Fläche von 9.000 m^2 und einer Raumhöhe von 27 m alles andere als bescheiden wirkt.

Gleich nach dem Eingang führt der Weg über eine Rekonstruktion der zu Beginn der Edo-Zeit errichteten Brücke Nihonbashi. Überspannt das Original mit 51 m Länge den Fluss Nihonbashigawa, so ist der Nachbau im Museum nur halb so lang. Am Ende der Brücke erhalten Besucher anhand von Miniaturen, Bildern und Karten einen Einblick in das alte Edo. Eine Etage tiefer veranschaulichen meist originalgroße Modelle den Alltag des einfachen Volkes, der Samurai und der Daimyō genauso detailreich wie Handwerk, Kunst und Kultur jener Epoche. Ist die Museumsseite links der Brücke Edo gewidmet, so können Besucher rechts davon ihre Zeitreise in die von westlichen Einflüssen geprägte Meiji-Ära (1868–1912) fortsetzen. Neben der Dokumentation des großen Kantō-Bebens zeigt die Ausstellung viele Errungenschaften der Moderne wie etwa die „drei segensreichen Geräte" Waschmaschine, Kühlschrank und Staubsauger. Auch das Transportwesen kommt nicht zu kurz. Angefangen bei Sänften, Karren und Rickschas der Edo-Zeit bis hin zum Bau der ersten Stadtautobahn zwischen Minato-ku und Chūō-ku im Jahr 1962 können sich Besucher über die rasante Entwicklung der Fortbewegungsmöglichkeiten und Motorisierung informieren. Favorit unter den Kleinwagen war der zwischen 1958 und 1971 hergestellte Subaru 360.

Errungenschaften der Moderne

Edo-Tōkyō Museum *(edo-tōkyō hakubutsukan* 江戸東京博物館*), 1-4-1 Yokoami, ☏ 3626-9974, www.edo-tokyo-museum.or.jp, Di–So 9.30–17.30, Sa bis 19.30 Uhr, Erw./Sen./Kind 600/300/300–480 ¥. Ryōgoku* (両国駅)*, JR-Linie Chūō-Sōbu, Exit West;* **M** *Ryōgoku* (両国駅)*, Linie Ōedo, Exit A4.*

Tempel Ekō-in (5)

Nur wenige Gehminuten vom JR-Bahnhof Ryōgoku aus in südwestlicher Richtung liegt der vor rund 350 Jahren gegründete, für seine Denkmäler bekannte Ekō-in-Tempel. Seit 1937 ziert auch ein vom Sumōverband gestifteter Gedenkstein das Areal, denn der Ekō-in spielte in der Geschichte des Sumō eine bedeutende Rolle. In der Zeit zwischen 1798 und dem Bau der ersten Sumōhalle 1909 fanden hier die Turniere statt. Auch den Seelen verstorbener Haustiere wird im Tempel gedacht, was seinen Ausdruck in einem hochauffragenden, turmähnlichen Denkmal findet. Zurückgeführt wird diese Verehrung auf Tokugawa Ietsunas Lieblingskatze, die er angeblich hier beerdigt hat. Ein Teil des „Skulpturengartens" ist zudem tot geborenen Kindern gewidmet. An einen wahren Helden der japanischen Volkserzählung erinnert der Jirokichi-Stein. Ganz im Sinne eines Robin Hood habe der „Ratten-Junge" Jirokichi (1797–1832) während seiner Karriere als Dieb den Reichen genommen und den Armen gegeben. Ganz so heroisch wird er heute von manchen Historikern indes nicht beurteilt. Vermutlich habe er doch einen Großteil seiner Beute mit Wein, Weib und Gesang verprasst. 1832 wurde er verhaftet, enthauptet und hier im Ekō-in begraben.

Für seine Denkmäler bekannt

Ekō-in-Tempel (回向院)*, 2-8-10 Ryōgoku, ☏ 3634-7776, www.ekoin.or.jp, von Sonnenaufgang bis -untergang. Ryōgoku* (両国駅)*, JR-Linie Chūō-Sōbu, Exit West, zu Fuß entlang der Straße Kokugikan (Kokugikan-dōri* 国技館通り*).*

Feuerwerk-, Sumō-Fotomuseum und Tabi Museum

Seit dem 1987 eingeführten Programm, die Arbeit von Handwerkern und Kunsthandwerkern zu fördern und bekannter zu machen, ist der Bezirk für seine rund 30 kleinen, teilweise in Werkstätten, Läden oder sogar Wohnungen integrierten Museen bekannt. In der Nähe des Bahnhofs Ryōgoku liegen beispielsweise das **Feuerwerkmuseum (6)**, das **Sumō-Fotomuseum (7)** und das **Tabi Museum (8)**. Im Feuerwerkmuseum lassen sich zumindest ein paar der Geheimnisse der Pyrotechnik lüften, denn hier wird Besuchern ein Blick in das Innere großer Feuerwerkskörper gewährt. Im Sumō-Fotomuseum können u. a. einstige Yokozuna sozusagen schwarz auf weiß bewundert werden. Tabi bezeichnet traditionelle Socken mit abgeteilten großen Zehen. Dass die Herstellung durchaus kein Kinderspiel ist, sondern jede Menge Arbeitsschritte erfordert, ist in der seit 250 Jahren bestehenden Werkstatt Kikuya (喜久屋) zu erfahren.

Kleine Museen

Feuerwerkmuseum (*ryōgoku hanabi shiryōkan* 両国花火資料館), *2-10-8 Ryōgoku, ☎ 5608-6951, Juli/Aug. tgl. 12–16 Uhr, sonst Do–So 12–16 Uhr.*

Sumō-Fotomuseum (*sumō shashin shiryōkan* 相撲写真資料館), *3-13-2 Ryōgoku, ☎ 3631-2150, Di 10–17 Uhr, während der Sumōturniere tgl.*

Tabi Museum (*tabi shiryōkan* 足袋資料館), *1-9-3 Midori, ☎ 3631-0092, telefonische Anmeldung.*

Bei allen drei vom Bahnhof Ryōgoku aus erreichbaren Museen ist jeweils der Eintritt frei: Ryōgoku (両国駅), JR-Linie Chūō-Sōbu; **M** *Ryōgoku (両国駅), Linie Ōedo.*

Kobayashi-Puppenmuseum (9)

Viele mit großem Aufwand handgefertigte Puppen, eine hübscher als die andere, lassen sich hier im Puppenmuseum bewundern.

Kobayashi-Puppenmuseum (*kobayashi ningyō shiryōkan* 小林人形資料館), *6-31-2 Yahiro, ☎ 3612-1644, Sa/So 10.30–17 Uhr, Eintritt frei. 3 Min. östl. des Yahiro (八広駅), Linie Keisei Oshiage, Exit 2.*

Tabak- & Salzmuseum (10)

Die Geschichte des Rauchens und des Tabakanbaus von den Ursprüngen bis in die Gegenwart ist im Tabak- und Salzmuseum genauso anschaulich dokumentiert wie die Salzgewinnung im In- und Ausland.

Tabak- & Salzmuseum (*tabako to shio hakubutsukan* たばこと塩の博物館), *1-16-3 Yokokawa, ☎ 3622-8801, www.jti.co.jp/Culture/museum/index.html, Di–So 10–18 Uhr, Erw./Kind 100/50 ¥.* **Tōkyō Skytree** (とうきょうスカイスリー駅), *Linie Tōbu Skytree, Exit 1.*

Tōkyō Skytree Town (11)

Für den Tōkyō Tower ist mit dem Skytree im wahrsten Wortsinn große Konkurrenz erwachsen. Mit 634 m ist der **weltweit höchste Sendeturm** seit seiner Eröffnung 2012 nicht nur ein neues und weithin sichtbares Wahrzeichen der Stadt und den Anforderungen digitaler Technik gerecht, sondern auch Publikumsmagnet erster Klasse. Schließlich locken mit dem Tembo Deck auf 350 m und der Tembo Galleria auf 450 m Höhe zwei Besucher- und Aussichtsplattformen. In nur 50 Sekunden werden Besucher mit dem Shuttle-Aufzug auf 350 m katapultiert. Wer höher hinaus will, muss hier noch einmal ein Ticket lösen, Stopp auf 445 m. Die letzten Meter bis auf 451,2 m bewältigen Besucher zu Fuß und finden sich hier im **Solakara Point** dank raffinierter Hightech „im Himmel“ wieder.

Bei der Konzeption des Turms hatte Andō Tadao (geb. 1941) als Architekt der „Oberliga" die Hände mit ihm Spiel. Konkave und konvexe Formen verleihen dem Giganten eine „massive Leichtigkeit", visionär und pragmatisch gleichermaßen. *Tōkyō trifft Edo:* vom Eingang bis zur Spitze megamodern und doch von Tempelarchitektur und Kultur des alten Edo inspiriert. Dass der Skytree entgegen der ursprünglichen Planung von 610 m exakt 634 m hoch gebaut wurde, ist als Reminiszenz an die einstige Bezeichnung der Region, Musashi, zu verstehen. *Mu* bedeutet 6, *sa* 3 und *shi* 4. Der Standort des Skytree hat Sumida-ku als vergleichsweise unspektakulärem Bezirk Zeitgeist, Leben und Flair eingehaucht, das seinesgleichen sucht. Zu Füßen des Skytree liegt **Solamachi** als eine der größten Shoppingmalls und Abenteuermeile Tōkyōs mit Restaurants, Planetarium, Aquarium und Museen.

Skytree, *1-1-2 Oshiage, ☎ 570-550-634, www.tokyo-skytree.jp, tgl. 8–22 Uhr, Tempo Deck 350. OG, Erw./Kind 2.060/620–1.540 ¥, von hier zur Tempo Galleria 450 OG., 1.030/310–820 ¥, Fast Skytree Kombiticket, Erw./Kind 4.000/2.000 ¥.*

Planetarium Tenku (プラネタリウム天空), *East Yard 7.OG., 1-1-2 Oshiage, ☎ 5610-3043, Mo–Fr 10.30–21, Sa/So ab 9.30 Uhr, je nach Platz Erw./Kind 1.500–4.400/900 ¥.*

Sumida Aquarium (すみだ水族館), *Solamachi 5./6. OG, 1-1-2 Oshiage, ☎ 5619-1821, tgl. 9–21 Uhr, Erw./Stud./Kind 2.050/1.000–1.500/600 ¥.* 🚃 Tōkyō Skytree (東京スカイツリー駅), *Linie Tōbu Skytree;* 🚃/**M** *Oshiage Skytree* (押上駅スカイツリー前), *Linien Keisei, Oshiage, Tōbu Skytree, Metrolinien Hanzomon, Asakusa.*

Skytree: das neue Wahrzeichen Tōkyōs

Schwert-Museum (12)

„Berühmtheiten" besonderer Art beherbergt das Schwert-Museum im Stadtteil Yokoami. Schließlich sind einige der 150 wertvollen Exponate an die 700 Jahre alt. Hier lässt sich erahnen, wie viel Achtung den Klingen mit ihrer besonderen Ästhetik in der japanischen Kultur entgegengebracht wird. Englische Beschreibungen stehen zur Verfügung.

Schwert-Museum *(tōken hakubutsukan* 刀剣博物館*), 1-12-9 Yokoami Sumida-ku, im Kyū Yasuda Garten, ☎ 6284-1000, www.touken.or.jp/english, Di–So 9.30–17 Uhr, Erw./Stud. 1.000/500 ¥.* 🚃 Ryōgoku (両国駅), *JR-Linie Chūō-Sōbu, Exit West;* **M** Ryōgoku (両国駅), *Linie Ōedo, Exit A1.*

Reisepraktische Informationen Sumida-ku

(Karte S. 195)

Infos

Internet: *www.city.sumida.lg.jp*

Essen & Trinken

(1) Spice Café (スパイスカフェ), *1-6-10 Bunka, ☎ 3613-4020, Mi–So 18–23 Uhr. Auch wenn ein wenig im Nirgendwo gelegen, der Weg lohnt. Schließlich verbirgt sich hinter dem Namen ein indisches, in einem traditionellen Gebäude untergebrachtes Restaurant. Der indische Küchenchef hat seine Leidenschaft für eine Art „Fusion Food" und die Vielfalt von Gewürzen aus aller Welt entdeckt. Nicht auf einem Teller, aber wenn gewünscht, bekommen Sie hintereinander etwa eine europäische Vorspeise gefolgt von einem der Currys aus Huhn, Lamm, Fisch oder Gemüse. Auch die Getränkekarte zeigt u. a. mit Calvados oder Grappa ihre multikulturelle Prägung; Preisniveau 2.500–5.000 ¥. Reservierung empfohlen.* **M** *Oshiage* (押上駅)*, Linien Asakusa, Hanzōmon, Exit B3, 10 Min. zu Fuß.*

(2) Yakitori Taiko (やきとり専門店タイコ), *4-19-7 Ryōgoku, ☎ 3634-1235, Di–So 17–24 Uhr. In dem gemütlichen Restaurant geht es vor allem um Huhn. In Form von Yakitori-Spießchen serviert, wird alles – Muskelfleisch, Innereien, Hühnerhaut sowie Gemüse – über Holzkohle gegrillt. Dazu passen Wein oder Bier, wobei das sorgfältig in Holzregalen aufgereihte Sortiment an Shōchū, japanischem Branntwein, das Angebot komplettiert; Preisniveau um 3.000 ¥.* **M** *Ryōgoku* (両国駅)*, Linie Ōedo, Exit A5.*

Solamachi/Skytree

(3) Kunimi (國見), *Solamachi 31. OG, 1-1-2 Oshiage, ☎ 5809-7100, www.kunimi-skytree.com/en/, tgl. 11–23 Uhr. In der Küche des Kunimi dreht sich alles um Tōfu und frische saisonale Zutaten. Yuba (Tofuhaut) wird hier tgl. frisch zubereitet. Ganz nebenbei haben Gäste von hier einen wunderbaren Blick auf den Skytree. Menüs mittags ca. 2.500–5.000 ¥, abends ca. 7.500–16.500 ¥. 🚆 Tōkyō Skytree* (東京スカイツリー駅)*, Linie Tōbu Skytree; 🚆/***M** *Oshiage Skytree* (押上駅スカイツリー前)*, Linien Keisei, Oshiage, Tōbu Skytree, Metrolinien Hanzomon, Asakusa.*

(4) Rokurinsha (六厘舎), *Solamachi 6. OG, 1-1-2 Oshiage, ☎ 5809-7368, tgl. 10.30–23 Uhr. Der Nudelshop überzeugt durch die Vielseitigkeit seiner Ramen-Rezepte: Gerichte von traditioneller Nudelsuppe bis hin zu Tsukemen, Nudeln, die vor dem Verzehr in eine mehr oder minder reichhaltige Suppe einer separaten Schüssel gedippt werden; Preisniveau ca. 1.000 ¥. 🚆/***M** s. o.

Unterhaltung

(5) Bierclub Popeye (麦酒倶楽部ポペイ), *2-18-7 Ryōgoku, ☎ 3633-2120, www.lares.dti.ne.jp/ppy/english/index.html, Mo–Fr 17–23.30, Sa ab 15 Uhr. Für Biertrinker ist das in Tōkyō berühmte Pub eine Sensation, denn hier haben sie neben anderen Getränken die Wahl unter rund 70 internationalen Biersorten, sowohl in Flaschen als auch vom Fass. Oder wie wäre es mit einem Biercocktail? Zur Happy Hour (tgl. 17–20, Sa ab 15 Uhr) wird sogar kostenlos eine halbe Portion der auf der Speisekarte gelisteten Gerichte serviert; Preisniveau 500–2.500 ¥. 🚆 Ryōgoku* (両国駅)*, JR-Linie Chūō-Sōbu, Exit West.*

Taitō-ku 台東区

Taitō-ku wurde wie andere Bezirke 1947 durch die Zusammenlegung mehrerer Stadtteile gegründet und ist mit einer Ausdehnung von ca. 10 km² und knapp 204.000 Einwohnern die kleinste Verwaltungseinheit Tōkyōs. Der Name Taitō, Osten des Plateaus, weist auf seine Lage am Ostausläufer des Musashino-Plateaus hin, das u. a. die große Kantō-Ebene bildet. Begrenzt durch Ueno im Westen und den Sumida-Fluss im Osten, vereint Taitō-ku in den Vierteln **Asakusa**, **Ueno** und **Yanaka** mit Museen, Sakralbauten und Parkanlagen viele Sehenswürdigkeiten der Stadt.

Redaktionstipps

➤ Publikumsmagnet! Die Geschichte des **Tempels Sensō-ji** im Viertel Asakusa reicht ins 7. Jh. zurück (S. 204).

➤ Eine **Bootsfahrt** vom Asakusa Pier aus den Sumida-Fluss hinunter bis zum Hamarikyū Park oder nach Odaiba verspricht eine frische Brise, Kurzweil und herrliches Panorama (S. 211).

➤ Mekka der Küchenutensilien: Rund 170 Geschäfte zu beiden Seiten der **Kappabashi-dōri** haben sich dem Küchen- und Gastronomiebedarf verschrieben (S. 211).

➤ Im **Ueno Park** reihen sich gleich mehrere der landesweit größten Museen aneinander (S. 215).

➤ Hauch der Vergangenheit: Traditionelle Häuser und unzählige kleine Tempel verleihen dem **Viertel Yanaka** seinen besonderen Charme (S. 219).

Asakusabashi und Yanagibashi

Programmpunkt in dem südlichen Viertel von Taitō-ku könnte ausgiebiges Shopping sein, denn Asakusabashi (浅草橋) ist vor allem für seine **Tonya-gai** (問屋街), die **Straße der Großhändler** bekannt. So reihen sich entlang der **Edo-dōri** (江戸通り) zwischen den Metrostationen Asakusabashi und Kuramae (蔵前) unzählige Läden und Kaufhäuser, in denen neben Textilien allerlei Nippes und Tand, von Kitsch bis Kult zu erstehen ist.

Japanische Puppen

Wessen Herz für japanische Puppen schlägt, hat im östlich angrenzenden Stadtviertel Yanagibashi (柳橋) die Qual der Wahl, denn hier finden sich mit **Kyūgetsu (A1)** und **Shūgetsu (A2)** die größten Fachgeschäfte ihrer Art.
Kyūgetsu (*ningyō no kyūgetsu 人形の久月*), *1-20-4 Yanagibashi, ☎ 5687-5176, www.kyugetsu.com, Mo–Fr 9.15–18, Sa/So 9.15–17.30 Uhr.*
Shūgetsu (*ningyō no shūgetsu 人形の秀月*), *1-9-13 Asakusabashi, ☎ 3862-8000, www.shugetsu.co.jp, Mo–Sa 10–18 Uhr.*

Asakusa

Während der Edo-Zeit (1603–1867) konzentrierte sich im Nordosten von Taitō-ku im Viertel Asakusa (浅草) alles, was zur Shitamachi im Sinne von **Downtown** gehörte. Handwerker und Händler gingen hier genauso ihrem Tagwerk nach wie Vertreter der hehren Kunst. Dabei dürfte einem im Trubel des Alltags nur eher selten galant gesprochenes Japanisch zu Ohren gekommen sein, denn auch Tagediebe, Freudenmädchen und „ungehobeltes" Volk fühlten sich von Asakusa angezogen, das sich mehr und mehr zu einer Spaßmeile entwickelte. Vor allem nach 1657, als die bisherige Vergnügungs- und Bordellmeile Yoshiwara (Glückswiese) in der Nähe des Viertels Nihonbashi (日本橋) durch einen Großbrand zerstört worden war, verschlug es mehr und mehr Glücksritter, Künstler und Schauspieler hierher.

Einstige Unterstadt

Manchmal drehen Bettelmönche ihre Runde

Mit der Öffnung des Landes 1868 erwies sich Asakusa als geeigneter Boden für kulturelle Einflüsse aus Übersee. Wer westliches Theater, Filme oder einschlägige Nachtklubs schätzte, war hier am richtigen Ort. Vor allem in den 1920er- und 1930er-Jahren erlebte die Unterhaltungsbranche einen echten Boom. Ausländische Filme waren schlicht der Renner, wobei sich das Sprachproblem dank Synchronübersetzern lösen ließ. Mit unterschiedlich verstellter Stimme versuchten sie, die einzelnen Filmcharaktere authentisch wiederzugeben. Einige Übersetzer, Benshi genannt, legten dabei weitere Talente an den Tag, indem sie durch Kommentare oder szenische Darstellungen das Spektakel noch mehr belebten. Flimmerte beispielweise eine Trauerszene über die Leinwand, zündete der Benshi mit ernster Mine Räucherstäbchen an.

Für Asakusa mehr als einmal verhängnisvoll war seine bauliche Struktur. Durch eng aneinanderstehende Holzhäuser räumten Brände oder Erdbeben jedes Mal so richtig auf. Spätestens nach dem Zweiten Weltkrieg war das einstige Lokalkolorit des Unterhaltungsviertels dahin. Heute zeigt sich Asakusa als lebendiger Stadtteil, in dem insbesondere um den Tempel Sensō-ji viele kleine Betriebe, Kunsthandwerker und Restaurants zu finden sind. Wer mag, braucht Asakusa nicht zu Fuß erkunden, denn Rikschafahrer warten direkt vor dem Donnertor des Sensō-ji auf Fahrgäste.

Tempel Sensō-ji (1)

Heiligtum als Besuchermagnet

In und um den Tempel Sensō-ji, auch als Asakusa Kannon (浅草観音) bekannt, geht es meist wenig beschaulich zu, denn der älteste Tempel der Stadt zieht Besucher magisch an. Dass er dabei gar nicht so betagt aussieht, begründet sich an den in Japan üblichen Renovierungsverfahren. Beim Wiederaufbau zerstörter Schreine, Tempel oder Burgen liegt der Fokus weniger auf der Restaurierung historischer Substanz. Um bedeutende Gebäude zu erhalten, wird meist Tabula rasa gemacht, was Abriss und möglichst originalgetreuen Neuaufbau mit zeitgemäßen Baumaterialien bedeutet. So stammt heute ein Großteil des mehrmals zerstörten Tempels aus der Nachkriegszeit.

Die Geschichte des vermutlich im Jahr 645 fertiggestellten Sensō-ji reicht bis ins frühe 7. Jh. zurück. Der Legende nach staunten zwei Fischer nicht schlecht, als sie anno 628 statt der erhofften Fische eine kleine Buddhastatue in ihren Fangnetzen aus dem Sumida-Fluss zogen. Irritiert und unentschlossen darüber, was sie damit anfangen sollten, warfen sie die Figur kurzerhand ins Wasser zurück. Damit war die Angelegenheit aber nicht vom Tisch, denn das „Spiel" wiederholte sich mehr-

Asakusa/Asakusabashi

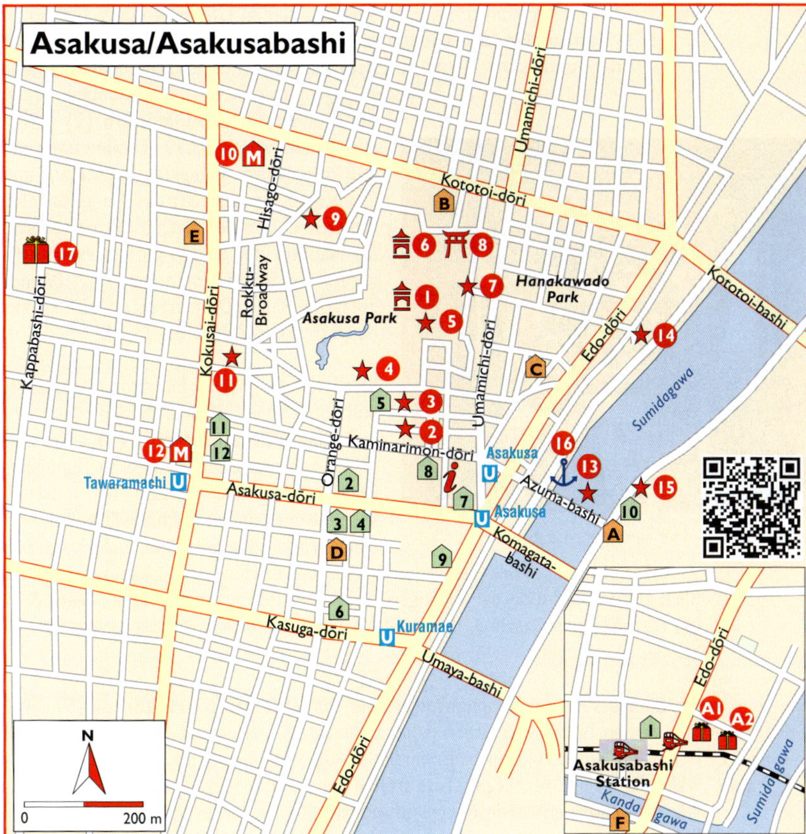

Infos

1 Asakusa Culture Tourist Information Center

Sehenswürdigkeiten

A1 Kyūgetsu
A2 Shūgetsu

1 Sensō-ji
2 Kaminarimon
3 Nakamise-dōri
4 Denpō-in
5 Hōzōmon
6 Kannondō
7 Nitenmon
8 Asakusa-Schrein
9 Hanayashiki
10 Traditional Crafts Museum
11 Asakusa Engei Hall
12 Trommelmuseum
13 Brücke Azumabashi
14 Sumida Park
15 Asahi-Brauhaus
16 Bootsanlegestelle Asakusa
17 Kappabashi-dōri

Essen und Trinken

1 Yoiya
2 Aoi Marushin
3 Tsukiji Sushi-Sen
4 Nabezō Asakusa
5 Daikokuya Tempura
6 Irokawa

Unterhaltung

7 Kamiya Bar
8 Daimasu Sake Bar
9 Gallery éf
10 Asahi Sky Room
11 Hub Asakusa

Badehäuser

12 Jakotsuyu

Unterkunft

A Capsule Hotel Asakusa Riverside
B Sakura Hostel
C Ryokan Asakusa Shigetsu
D Hotel Sunroute Asakusa
E Asakusa View Hotel
F Hotel Nihonbashi Villa

mals. So fiel letzten Endes die Entscheidung, hier in Ufernähe einen Tempel zu Ehren des **Kannon Buddha** (Buddha der Barmherzigkeit) zu errichten. Angeblich soll sich die Statue noch heute in einem kleinen Schrein hinter dem Altar der Haupthalle befinden. Den attraktivsten Zugang zum Sensō-ji bietet unbenommen das Donnertor **Kaminarimon (2)** (雷門) mit seinem riesigen, 3,30 m hohen und rund 100 kg schweren Lampion als Blickfang und Symbol des Tempels. Ist das Tor selbst eine Rekonstruktion der Nachkriegszeit, so sind die Häupter der beiden großen Wächterfiguren, die Shintō-Gottheiten Fujin (Windgott) und Raijin (Donnergott), Originale aus der Kamakura-Zeit (1185–1333).

Lampion am Donnertor Kaminarimon in Asakusa

Nach dem Donnertor führt das 250 m lange, von unzähligen Verkaufsbuden gesäumte Sträßchen **Nakamise-dōri (3)** (仲見世通り) kerzengerade auf den inneren Tempelbereich zu. Die kleine Gasse mit Souvenirshops, Kunsthandwerk und Süßigkeiten entstand schon Ende des 17. Jh. und gilt deshalb als fester Bestandteil des Gesamtkomplexes. Linker Hand der Nakamise ist nur ein Blick auf die Gebäude der einstigen, 1777 erbauten Priesterresidenz **Denpō-in (4)** (伝法院) zu erhaschen, denn das Areal nebst Gartenanlage ist für die Öffentlichkeit unzugänglich.

Schatzhaustor und Pagode

Am Ende der kleinen Shoppingmeile steht das Schatzhaustor **Hōzōmon (5)** (宝蔵門), dessen Name vermutlich daher rührt, dass man in der Etage zwischen der Doppeldachkonstruktion eine wertvolle Sutrensammlung aus dem 14. Jh. aufbewahrt. Links und rechts des Tors stehen Skulpturen in ihrer Funktion als Tempelwächter. Laternen sowie überdimensionale Strohsandalen an der Rückseite des Tors sind allesamt Spenden von Landwirten und Geschäftsleuten. Ursprünglich 942 erbaut, ist das heutige Tor eine fast brandneue Nachbildung aus dem Jahr 1987. Nach dem Hōzōmon erhebt sich links eine fünfstöckige Pagode, die mit ähnlicher Baugeschichte 1973 dank Spenden aus ganz Japan wiederaufgebaut werden konnte. Neben einem Raum mit Gedenktafeln hütet die Pagode auch eine **Reliquie des Buddha Shakyamuni**, des historischen Buddha.

„Heilende" Duftwolken

Zwischen Hōzōmon und der Haupthalle Kannondō steht wie in den meisten buddhistischen Tempeln ein großes **Räucherbecken**. Wer sich dem Ritual Einheimischer anschließen möchte, kann in der Nakamise Räucherstäbchen erstehen. Nach dem Anzünden darf man die Flamme nicht ausblasen, sondern durch Wedeln in der Luft löschen, bevor man das Räucherstäbchen in den Sand des Beckens steckt. Wer die Szene genau beobachtet, wird bemerken, dass sich viele den aufsteigenden Rauch zufächeln. Nicht ohne Grund, denn wenn die Duftwolken auf erkrankte Körperteile treffen, sei das von heilender Wirkung. Gerne machen sich auch stressgeplagte Schüler oder Studenten insbesondere vor Prüfungen den „Zauber" zunutze, indem sie den Rauch auf ihren Kopf lenken. Wenige Meter weiter rechts sammelt sich meist die nächste Menschentraube. Rund um die Uhr fließt hier aus dem Maul kleiner metallener Drachen Wasser, das der rituellen Reinigung vor dem Tempelbesuch dient. Brunnen und Kellen sind im Eingangsbereich eines jeden Tempels oder Schreins zu finden.

info

Aus dem Festrepertoire in und um den Sensō-ji

Samba-Festival in Asakusa

In Asakusa vergeht kaum ein Monat, in dem man nicht ein Datum wegen einer besonderen Veranstaltung im Kalender ankreuzen könnte.

März/Okt. (jew. am 18.), **Kinryū-no-mai** (Tanz des goldenen Drachens): Dieser seit 1958 von rund 70 Laien vorgeführte Tanz erinnert an die Legende, dass einst ein riesiger Drache vom Himmel herabgestiegen sei. Eine andere Version bezieht sich auf die Gründungslegende des Tempels; im Tempelareal.

April/Nov.: Shirasagi-no-mai (Tanz der weißen Reiher) – Der rituell-religiöse Tanz mit einer über tausendjährigen Tradition symbolisiert Erlösung und Reinigung des Geistes auf dem Weg in eine andere Welt; im Tempelareal.

April: (3. Sa), **Asakusa Yabusame** (Reiten und Bogenschießen) – Ursprünglich zur Beschwichtigung von Shintō-Gottheiten ausgeführt, diente Yabusame in späteren Zeiten auch der Ausbildung der Samurai; im Sumida Park.

Mai: (3. Wochenende), **Sanja Matsuri** – Das dreitägige Fest ist das bedeutendste Frühjahrsfest in Asakusa; in und um den Sensō-ji.

9./10. Juli: Yonman-rokusennichi und Hozuki-ichi (Tag der 46.000 Segnungen und der Hozuki-Beeren-Markt) – Ein Gebet am 10. Juli verspricht so effektiv wie 46.000 Gebete zu sein. Zusätzlich werden im Tempelbereich an vielen Ständen japanische Blasenkirschen (Physalis) verkauft; im Tempelareal.

Aug.: (letzter Sa), **Asakusa Samba Carnival** – Dass sich einmal im Jahr das Lokalkolorit um den Sensō-ji grundlegend ändert, hat die Stadt dem ehemaligen Bürgermeister von Taitō-ku zu verdanken. 1981 lud er das beste Samba-Ensemble aus Rio de Janeiro für eine Show nach Tōkyō ein. Bei der nunmehr alljährlichen Parade begeistern meist an die 40 Teams aus Japan und Brasilien mit fantasievollen Kostümen und feurigem Samba rund 500.000 Besucher; in der Umgebung des Sensō-ji.

3. Nov.: Jidai Matsuri (historischer Umzug) – Der 1999 ins Leben gerufene Festumzug lässt die Geschichte und Kultur Tōkyōs Revue passieren; in der Umgebung des Sensō-ji.

17.–19. Dez.: Hagoita-ichi (Federballschläger-Markt) – Die an unzähligen Ständen feilgebotenen traditionellen Federballschläger sind weniger zur sportlichen Ertüchtigung gedacht, sondern dienen als Glücksbringer und Dekoration; im Tempelareal.

Dachkonstruktion des Sensō-ji

Originalgetreuer Wiederaufbau

Die Haupthalle **Kannondō (6)** (観音堂) wurde bereits fünfmal zerstört. Beim letzten Wiederaufbau 1958 entstand eine originalgetreue Kopie aus Stahlbeton, wobei die auffallend hohe und weit ausladende Dachkonstruktion noch 15 Jahre jünger ist. Wie bei dem Schatzhaustor war die aufwendige Rekonstruktion nur durch Spenden möglich. Die Halle selbst ist in einen mit Tatamimatten belegten inneren und einen mit einfachem Betonboden versehenen äußeren Bereich aufgeteilt. Im Zentrum des inneren Bereichs behütet ein Standbild des Bodhisattva Kannon einen kleinen Schrein, in dem sich die einst in den Fluten des Sumida aufgetauchte Buddhafigur sowie ein Duplikat davon befinden sollen. Die Anfertigung der Kopie schreibt man Ennin, einem Priester der Tendai-Schule mit dem Ehrennamen Jikaku Daishi (793–854) zu. Alljährlich am 13. Dezember wird diese Skulptur im Gegensatz zum streng unter Verschluss gehaltenen Original der Öffentlichkeit gezeigt. Seitlich des Schreins wachen die buddhistischen Schutzgottheiten Bonten und Taishakuten. Zudem finden sich in der Halle die beiden Skulpturen des für Weisheit und Schutz verehrten Fudo Myō-ō und Aizen Myō-ō als eine ursprünglich hinduistische Gottheit der Liebe und Leidenschaft. Zur weiteren Ausstattung der Halle zählen drei von Geishas gestiftete Lampions. Die Swastika als altindisches Glückssymbol in Form eines Sonnenrads führt bei westlichen Besuchern meist zu der Assoziation mit dem Hakenkreuz, denn um 1920 adaptierten die Nationalsozialisten das Zeichen für ihre Zwecke.

Orakel und Weissagungen

Stille für religiöse Betrachtung und Kontemplation darf man im Kannondō nicht unbedingt erwarten. Schon das Gebetsritual ist nicht gerade geräuschlos. Gläubige werfen noch vor dem Gebet meist einige Münzen in eine große Opferkiste, woraufhin sie sich zweimal verbeugen und zweimal in die Hände klatschen. Erst wenn damit die Aufmerksamkeit der Götter erweckt ist, folgt spirituelle Zwiesprache und innere Versenkung. Wie in vielen Tempeln üblich, kann auch im Sensō-ji gleich neben dem Altar ein Orakel gezogen werden. Wenn also Tempelbesucher scheppernd die achteckige Metallbüchse hin- und herrütteln, dann geht es um die Zukunft. Ist der Büchseninhalt gut durchgemischt, wird ein Stäbchen mit aufgedruckter Nummer daraus gezogen. Entsprechend dieser Ziffer liegt in einer von vielen kleinen Schubladen der zugehörige Orakelspruch bereit, im Sensō-ji manchmal zusätzlich auf Englisch. Wenn die individuelle Weissagung nicht gerade glücksverheißend ausfällt, kann der Versuch unternommen werden, das vorausgesagte Schicksal zu bannen, indem man den Zettel an einen Baum oder Zaun im Tempel bindet. Es spricht nichts dagegen, danach erneut zur Metallbüchse zu greifen!

Das 1618 erbaute Tor **Nitenmon (7)** (二天門) ist im Gegensatz zu den anderen Tempelgebäuden bis auf die beiden Torwächter-Skulpturen noch original erhalten. Im **Asakusa-Schrein (8)**, gleichfalls rechts neben der Haupthalle ein wenig nach hinten versetzt, werden die Begründer des Sensō-ji verehrt. Einmal im Jahr, am dritten Maiwochenende, rückt der Schrein ins Zentrum des Geschehens. Dann nämlich lockt eines der größten Feste der Stadt, das mehrtägige **Sanja Matsuri** an die 2 Mio. Besucher nach Asakusa. Spektakuläre Paraden legen in dieser Zeit den Alltag in Asakusa vollständig lahm. Wendet man sich vor der Haupthalle nach links, führt der Weg zu vier weiteren kleinen Gebäuden, Gedenktafeln und einem hübschen Gartenareal. In den Hallen Yakushidō (薬師堂), Yogōdō (影向堂), Awashimadō (淡島堂) und Zenizuka Jizōdō (銭塚地蔵堂) verehren Gläubige unterschiedliche Buddhas und Bodhisattvas.
Sensō-ji (浅草寺), *2-3-1 Asakusa, ☏ 3842-0181, www.senso-ji.jp, Halle tgl. 6–17 Uhr.*
Asakusa-Schrein (*asakusa-jinja* 浅草神社), *www.asakusajinja.jp.* **M** *Asakusa* (浅草駅), *Linie Ginza, Exit 1.*

In der Umgebung des Sensō-ji

Hanayashiki (9)

Nur einen Katzensprung vom Sensō-ji entfernt ändert sich die Szenerie. Hier eröffnete 1853 der Hanayashiki als Pionier unter den Vergnügungsparks der Stadt. Der ursprüngliche Blumengarten wurde noch im 19. Jh. „jahrmarktsmäßig" und mit der Haltung von Tieren aufgestockt. Noch heute erinnert man sich gerne an die Sensation, als hier 1923 Tigerfünflinge das Licht der Welt erblickten. Die erste Achterbahn ging 1953 in Betrieb. Heute ist der Hanayashiki ein Rummelplatz, nicht gerade der modernste, aber mit über 20 Attraktionen auf alle Fälle kurzweilig.

Ältester Vergnügungspark

Hanayashiki (花やしき), *2-28-1 Asakusa, ☏ 3842-8780, www.hanayashiki.net/en, tgl. 10–18 Uhr, wetterbedingt. Erw./Kind 1.000/500 ¥, Fahrattraktionen extra.*

Traditional Crafts Museum (10)

Vom Hanayashiki weiter in westlicher Richtung zweigt rechter Hand die Hisago-dōri (ひさご通り) ab. Nach ca. 150 m ist auf der linken Straßenseite das Traditional Crafts Museum, auch als Takumi Galerie bekannt, zu erreichen. Seit 1996 pflegen und bewahren die Museumsbetreiber das Erbe einstigen Handwerks und Kunsthandwerks. Schon Anfang des 17. Jh. hatte sich das Shōgunat bemüht, die landesweit besten Fachkräfte nach Edo zu holen. So finden sich in Asakusa heute noch viele kleine Läden und Betriebe, in denen hochwertige Fächer, Laternen, Pinsel oder Messer zu erstehen sind. Im Museum können Besucher an Wochenenden Kunsthandwerkern bei der Arbeit über die Schulter schauen.

Pflege traditionellen Handwerks

Traditional Crafts Museum (*edo shitamachi dentō kōgeikan* 江戸下町伝統工芸観), *Hisago-dōri, 2-22-13 Asakusa, tgl. 10–20 Uhr.*

Asakusa Engei Hall (11)

Rokku Broadway

Südlich davon, entlang der Hisago-dōri und über den Rokku Broadway (*rokku burōduei* 六区ブロードウエイ), ist die Asakusa Engei Hall zu erreichen. Wer ob des Straßennamens die Stirn in Falten legt, weiß noch nicht, dass hier, in dem einfach nur „Sechs" *(rokku)* genannten Gebiet, bis 1883 Reis angebaut wurde. Nach Trockenlegung der Felder entwickelte sich ein Unterhaltungsviertel, in dem Straßenkünstler aller Couleur, Theater und die ersten Kinos für Furore sorgten. 1951 besannen sich die Stadtväter einer anderen Einteilung des Viertels. Aus der Sechs wurde eine Zwei, der Name der Straße aber blieb. In der mit 340 Plätzen ausgestatteten Asakusa Engei Hall finden heute Künstler traditioneller Spiel-, Comedy- und Akrobatikvarianten ihr Publikum.

Asakusa Engei Hall (浅草演芸ホール), *1-43-12 Asakusa, ☎ 3841-6545, www.asakusaengei.com, Vorstellungen tgl. 11.40–16.30, 16.40–21 Uhr, Erw./Stud./Kind ca. 2.800/2.300/1.500 ¥. Asakusa (浅草駅), Linie Tsukuba Express, Exit 5;* **M** *Tawaramachi (田原町駅), Linie Ginza, Exit 3.*

Im Trommelmuseum

Trommelmuseum (12)

Ein anderes kleines Museum in Asakusa hat sich Trommeln verschrieben. Ob Kunst oder Handwerk mag Ermessensfrage sein, denn die Ausstellungsstücke reichen von bunt bemalten Blechtonnen bis hin zu fein gearbeiteten antiken Schlaginstrumenten aus aller Welt. Auf engstem Raum drängen sich u.a. brasilianische Cuicas neben Djembés aus Westafrika und japanischen Taiko-Trommeln. Jedes Instrument hat seine Geschichte, die aber bislang des Japanischen Unkundigen verborgen bleibt. Beschriftungen und Museumsbroschüre sind in der Landessprache verfasst. Trotzdem kann ein Besuch alles andere als langweilig sein, insbesondere wenn der eine oder andere Gast sein verborgenes Talent am Schlaginstrument entdeckt: Einige der Trommeln dürfen bespielt werden. Der Museumszugang ist ein wenig unkonventionell, denn Besucher gehen in ein ebenerdig gelegenes Geschäft für Percussion-Instrumente, an dessen Ladentheke es auch die Eintrittskarten gibt. Von hier aus ist das Taitokan im 4.OG per Fahrstuhl zu erreichen.

Wer mag, darf trommeln

Trommelmuseum (*taikokan* 太鼓観), *2-1-1 Nishi-Asakusa, ☎ 3842-5622, Mi–So 10–17 Uhr, Erw./Kind 500/150 ¥.*

Am Sumida Park

Östlich vom Eingang des Sensō-ji fast schon in Sichtweite fließt der Sumidagawa (隅田川) als einstige Lebensader des alten Edo Richtung Tōkyō-Bucht. Noch vor der 1931 erbauten **Brücke Azumabashi (13)** (吾妻橋), die ihre Vorgängerin aus dem Jahr 1774 ersetzt, zieht sich der **Sumida Park (14)** (*sumida-kōen* 隅田公園) nach Norden am Flussufer entlang. Besonders zur Zeit der Kirschblüte, in die das

Asakusa Yabusame (s. o.) fällt, übt auch hier die Natur eine besondere Anziehungskraft aus.

Flamme d'Or

Blickfang am gegenüberliegenden Ufer im Bezirk Sumida-ku war seit 1989 das vom französischen Designer Philippe Starck entworfene **Asahi-Brauhaus (15)** direkt neben dem Stammsitz der Brauerei (*asahibīru honsha* アサヒビール本社). Unter dem Namen „Extra Herb" oder „Flamme d'Or" bekannt, eroberte sich das Objekt aber nicht alle Herzen im Sturm. Ganz im Gegenteil, manche wünschten das alte, schwerfällige Brauhaus zurück, das nach gut 100 Jahren dem schwarzen, vierstöckigen Granitblock weichen musste. Verwegener noch schien vielen die Krönung in Form einer riesigen, 360 t schweren Goldflamme als Symbol des flammenden Herzens des Asahi-Biers. Heute haben sich Einheimische an das Gebäude gewöhnt und seit 2012 „stiehlt" ohnehin der Skytree (s. S. 201) dem Flamme d'Or die Show.

Modernes Brauhaus

Flamme d'Or (*kin no honō* 金の炎), *1-25-1 Azumabashi, Sumida-ku.*

Bootsanlegestelle Asakusa (16)

Wer frischen Wind um die Nase schätzt, kann von der Bootsanlegestelle Asakusa (*suijōbasutāminaru* 水上バスターミナル浅草) aus den Sumida hinunter bis zum Hamarikyū Park (s. S. 185), zum Hinode Pier oder nach Odaiba (s. S. 254) schippern. Dabei erweist sich die Bootsfahrt bei Weitem nicht als bloßes Fortkommen von A nach B. Ganz nach den Worten des chinesischen Philosophen Konfuzius dürfte hier der Weg das Ziel sein. Die Fahrt Richtung Tōkyō-Bucht unter vielen Brücken hindurch verspricht insbesondere bei gutem Wetter Spaß und schöne Aussichten gleichermaßen.

Bootsfahrt mit Stadtpanorama

Tōkyō Water Cruise (*tōkyō suijōbasu* 東京水上バス), ☏ *5608-8869, www.suijobus.co.jp. Vom Asakusa Pier aus fahren tgl. zwischen 10 und 19 Uhr stündl. ein bis zwei Boote mit oder ohne Zwischenstopps (Hamarikyū Park, Hinode Pier) z. B. bis nach Odaiba, Fahrzeit ca. 70 Min., Ticket 1.260 ¥.*

Kappabashi-dōri (17)

Andere Länder andere Sitten! Immer wenn ein Restaurant seine Speisekarte ändert, ist eine Einkaufstour in die knapp 1 km lange, in Nord-Süd-Richtung verlaufende Straße Kappabashi-dōri zwischen den Stadtvierteln Asakusa und Ueno für hiesige Gastronomen unvermeidbar. Mit rund 170 auf Küchenutensilien spezialisierten Geschäften gilt ihnen die Kappabashi als Mekka und Fundgrube gleichermaßen. Schließlich ist es in Japan Usus, Gerichte entsprechend der jeweiligen Karte im Schaufenster oder in Vitrinen vor dem Lokal als Anschauungsmaterial auszustellen. Dabei wirken die oft filigran gearbeiteten Modelle aus Plastik täuschend echt.

Straße der Küchenutensilien

Kappabashi-dōri (合羽橋通り), *www.kappabashi.or.jp, Shops meist Mo–Sa 9–17 Uhr, So nur wenige.* **M** *Tawaramachi* (田原町駅), *Linie Ginza, Exit 1.*

Alte Küchenutensilien

Ueno

Seine Rolle im alten Edo bekam der heutige Stadtteil Ueno (上野) zu Beginn des 17. Jh. vom zweiten Tokugawa-Shōgun Hidetata (1579–1632) sowie dessen Sohn und Nachfolger Iemitsu (1604–1651) zugewiesen. Nach Richtlinien des chinesischen Feng Shui wurde ihnen angeraten, zum Schutz vor unheilvollen Kräften einen Tempel im Nordosten der Stadt zu erbauen. Schließlich glaubte man, dass böse Mächte aus genau jener Richtung kamen. So veranlassten sie 1624 mithilfe des buddhistischen Mönchs Tenkai (1536–1643) der Tendai-Schule die Errichtung eines riesigen **Tempelkomplexes**, zu dem neben dem **Kanei-ji** als Haupttempel 36 weitere Nebentempel zählten. Erhalten blieb von der Pracht recht wenig. Mit dem Kollaps des Shōgunats 1868 fand hier ein letzter Kampf statt, bei dem rund 2.000 Tokugawa-Loyalisten von kaiserlichen Truppen unter Führung des Samurai Saigō Takamori (1827–1877) ihr Leben lassen mussten. Die meisten Gebäude gingen damals in Flammen auf.

Geschichtsträchtiger Boden

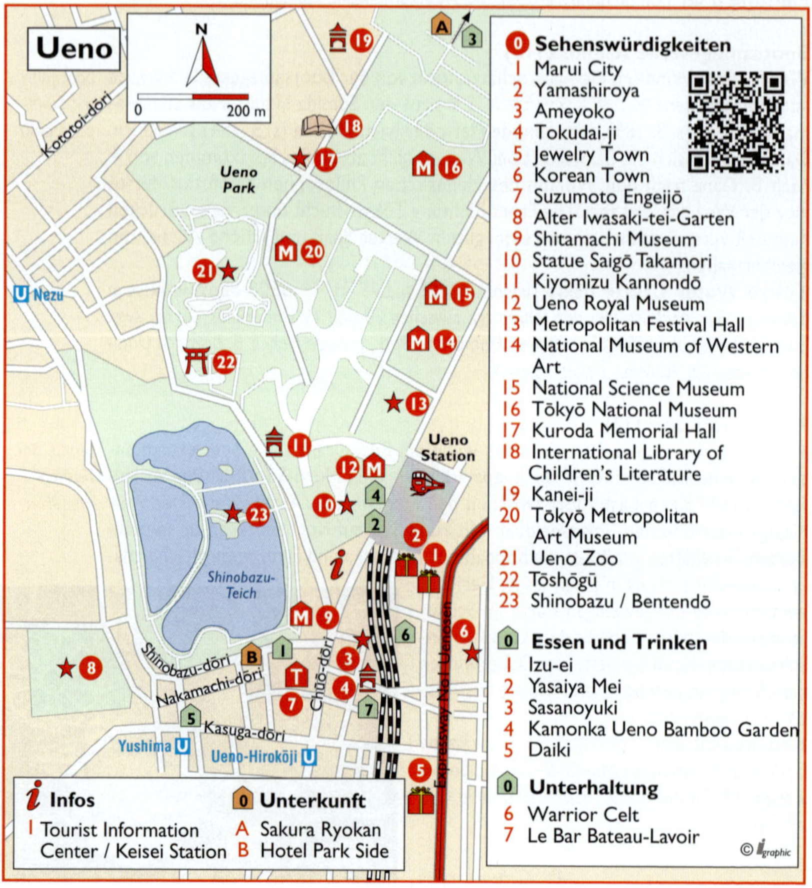

Nur fünf Jahre später schloss sich die junge Meiji-Regierung dem Vorschlag des holländischen Mediziners Antonius Bauduin (1820–1885) an, aus dem großen Gelände eine öffentliche Anlage, den **Ueno Park** zu machen – im damaligen Japan eine sensationelle Innovation. An seiner Ostseite angrenzend eröffnete 1883 der **Bahnhof Ueno**, der während des Kantō-Bebens 1923 völlig zerstört und danach technisch verbessert wieder aufgebaut wurde. Einer Hochbaustrecke zwischen Ueno und Tōkyō Station folgte die erste U-Bahnlinie Asiens zwischen Ueno und Asakusa. Obwohl für Züge der Japan Railways und Metro als Durchgangsbahnhof konzipiert, hieß es in Ueno für Fahrgäste der seit 1985 einfahrenden Hochgeschwindigkeitszüge: Alles aussteigen, der Zug endet hier! Mit der Streckenverlängerung 1990 löste der Bahnhof Tōkyō aber Ueno als Endbahnhof der Shinkansen ab. Trotzdem liegt Ueno in puncto Fahrgastfrequentierung auf den obersten Rängen. Denn was Paris seine Gare du Nord, ist Tōkyō der Bahnhof Ueno. Und wer hier umsteigt und warten muss, kann sich in den Geschäften, Restaurants, Cafés und Galerien des **Einkaufcenters Atre** die Zeit vertreiben. Selbst eine Filiale des **Hard Rock Café** ist in dem Gebäude zu finden. 1933 rollten die ersten Züge der Keisei-Eisenbahngesellschaft in den nur einen Katzensprung südwestlich der Station Ueno gelegenen **Bahnhof Keisei Ueno** (京成上野駅) ein.

Wichtiger Verkehrsknotenpunkt

Hard Rock Café Uyeno-Eki, *Atre Ueno, 7-1-1 Ueno, ☏ 5826-5821, tgl. 7–23 Uhr; Hauptausgang.*

Südlich des Ueno Park

Als Arbeiterviertel und Zufluchtsort Einheimischer nach dem Zweiten Weltkrieg wird man in der Umgebung der Bahnhöfe Glanz und Glamour vergeblich suchen. Obwohl sich mit der Eröffnung von Einkaufspalästen wie **Marui City (1)**, **Atre** oder dem siebenstöckigen Paradies für Manga- und Anime-Fans **Yamashiroya (2)** das Straßenbild langsam verändert, hat sich Ueno bislang seinen Downtown-Charme bewahrt.

Marui City (*maruishitei* マルイシテイ), *6-15-1 Ueno, ☏ 3833-0101, Mo–Sa 10–21, So bis 20.30 Uhr.*
Yamashiroya (山城屋), *6-14-6 Ueno, ☏ 3831-2320, tgl. 10–21.30 Uhr.*

Deutlich zu spüren ist die Atmosphäre in der Straße **Ameyoko (3)** entlang der JR-Yamanote-Linie. Dort, wo nach 1945 der Schwarzmarkt florierte, reihen sich heute unzählige Marktstände, Verkaufsbuden und kleine Läden aneinander. Lebhaft geht es immer zu, denn günstigere Angebote, so heißt es, wird man in Tōkyō kaum finden.
Ameyoko (アメ横, *eigentl. Ameya Yokochō* アメヤ横丁), *4-6 Ueno, www.ameyoko.net.*

Da scheint es selbstverständlich, dass in dem Viertel der **Tokudai-ji (4)** (徳大寺 *4-6-2 Ueno*), ein kleiner, der Gottheit für gute Geschäfte geweihter Tempel errichtet wurde. Er steht – nicht unpassend – auf einem kommerziellen Gebäude.

Moderate Preise darf man auch ein Stück weiter südlich im Osten der JR-Okachimachi Station (御徒町駅) bei den unzähligen Schmuckgroßhändlern der **Jewelry Town (5)** (*juerī taun* ジュエリータウン) erwarten. Hält man sich von hier aus Richtung Nordosten, liegt Koreanisches in der Luft. Mit vielen authentischen Restaurants und Krämerläden breitet sich in den Straßen und Gassen eine der **Korean Towns (6)** (*korian taun* コリアンタウン) von Tōkyō aus.

Villa im Alten Iwasaki-tei-Garten

Suzumoto Engeijō (7)

Comedy und mehr

Kultur und Historie lassen sich westlich der Ameyoko im Theater Suzumoto Engeijō schnuppern, wo schon 1857 das Publikum zum ersten Mal mehr oder minder Tränen lachte. Anfangs war das Suzumoto für Rakugo, eine Art traditionelle Ein-Mann-Comedy-Show, konzipiert. Heute hat das Haus auch andere Genres im Programm.

Suzumoto Engeijō (鈴本演芸場), *2-7-12 Ueno, ☎ 3834-5906, www.rakugo.or.jp, Aufführungen tgl. 12.30–16.30, 17.40–20.40 Uhr, Erw./Stud./Kind 2.800/2.500/1.500 ¥.* **M** *Ueno-Hirokōji (上野広小路駅), Linie Ginza, Exit A3.*

Alter Iwasaki-tei-Garten (8)

Zu den Hauptattraktionen der Metropole zählt der Alte Iwasaki-tei-Garten südwestlich des Ueno Park freilich nicht. Umso mehr verspricht eine Besichtigung des Areals mit seinen von ursprünglich 20 nur mehr drei erhaltenen Gebäuden Ruhe und Beschaulichkeit. Einst im Besitz von Iwasaki Yatarō (1835–1885), der 1873 das Imperium Mitsubishi begründete, engagierte sein Sohn, der dritte Firmenpräsident Iwasaki Hisaya (1865–1955), den damals in Japan ansässigen britischen Architekten Josiah Conder (1852–1920) für die Umgestaltung des Anwesens. Ende des 19. Jh. war westlicher Baustil en vogue und so konzipierte Conder ein Gebäude in Anlehnung an den im 17. Jh. in England populären jakobinischen Stil, vermischt mit einem Hauch orientalischer Architektur und antiker ionischer Ordnung. So gilt die **Villa** aus dem Jahr 1886 als bedeutendes Beispiel stilistischer Vielseitigkeit. Das zweistöckige Holzgebäude mit Veranda und Kolonnade wurde nicht als Wohnsitz, sondern lediglich für Familientreffen oder zur Unterbringung von Gästen genutzt.

Stilistische Vielfalt

Bevorzugtes Dach über dem Kopf war das direkt angrenzende, durch einen Korridor zu erreichende Haus in traditionell japanischer Bauart. In einem großen Tata-

mizimmer im klassischen Shoin-Stil sind noch die von dem berühmten Maler Gahō Hashimoto (1835–1908) gestalteten Wände und Schiebetüren zu sehen. Ein kleiner, typisch japanischer Garten an der Ostseite vervollkommnet das Bild. Von hier führt der Weg durch einen weitläufigen Park auf ein für Japan untypisches Gebäude zu, denn die Machart erinnert an ein rustikales Schweizer Chalet. Für Conder war diese eigens zum Billard spielen konzipierte und unterirdisch mit der Villa verbundene Hütte ein wichtiges Element des Gesamtkomplexes.
Alter Iwasaki-tei-Garten (*kyū iwasaki-tei teien* 旧岩崎邸庭園), *1-3-45 Ikenohata, tgl. 9–17 Uhr, Erw./Sen. 400/200 ¥.* **M** *Yushima* (湯島駅), *Linie Chiyoda, Exit 1.*

Ueno Park

Tag für Tag lockt die grüne Oase inmitten des Häusermeers Besucher von nah und fern. Überfüllt scheint sie dennoch nicht, denn bei einer Größe von rund 530.000 m² und vielen facettenreichen Sehenswürdigkeiten ist der Ueno Park (*ueno-kōen* 上野公園) weitläufig genug. Nur während der Kirschblüte herrscht Ausnahmezustand, denn ein Picknick im Park mit seinen unzähligen Kirschbaumarten scheint dann Bürgerpflicht. Eher als „feste Adresse" gilt er Obdachlosen, die seit dem Platzen der Bubble Economy zu Beginn der 1990er-Jahre zwangsweise unkonventionell ihr Dasein fristen. Störend oder gar bedrohlich sind diese Menschen nicht und meist auch fast unsichtbar. Publikumsmagnet sind neben der Landschaftsarchitektur vor allem sechs teilweise bedeutende Museen, religiöse Bauten und der Ueno Zoo (s. S. 218).

Weitläufiger Park

Shitamachi Museum (9)

Auftakt eines Rundgangs könnte der Besuch des südöstlich der Keisei Station gelegenen kleinen Museums sein, dessen Exponate den Alltag der Downtown seit der Edo-Zeit repräsentieren. Geht man von hier aus entlang der Chūō-dōri Richtung Norden, führt eine breite Treppe hinauf in den Park. Gleich rechter Hand blickt die von Bildhauer Takamura Kōun (1852–1934) geschaffene **Bronzestatue von Saigō Takamori (10)** (1827–1877, S. 25) nebst dem besten Freund des Menschen, seinem Hund, seit 1898 mit einer stattlichen Größe von fast 4 m würdevoll gen Süden.
Shitamachi Museum (*shitamachi fūzoku shiryōkan* 下町風俗資料館), *2-1 Ueno-Kōen, ☎ 3823-7451, Di–So 9.30–17.30, Nov.–Feb. bis 16.30 Uhr, Erw./Kind 300/100 ¥.*

Der letzte Samurai

Kiyomizu Kannondō (11)

Ein kurzes Stück weiter entlang des Hauptwegs steht der 1631, sozusagen im Kleinformat nach dem Vorbild des Tempels Kiyomizu-dera in Kyōto errichtete Kiyomizu Kannondō. Als eines der wenigen Gebäude, die sowohl die Schlacht in Ueno 1668 als auch den Zweiten Weltkrieg überstanden, kam der einstige Untertempel des Kanei-ji auf seinen heutigen Platz am Beginn der Kirschbaumallee mit Blick auf den Teich Shinobazu aber erst 1698. Neben einer Statue des Buddhas des Mitgefühls wird hier vor allem Kosodate Kannon verehrt, die Schutzgöttin Schwangerer, Kinder und aller, die sich Nachwuchs wünschen. Um ihren Gebeten Ausdruck zu verleihen, bringen Gläubige meist Puppen mit in den Tempel. Von diesen sammelt sich hier stets eine beachtliche Menge, die jedes Jahr am 25. September wieder zusammenschrumpft: An diesem Tag werden die Puppen bei einer feierlichen Zeremonie verbrannt.
Kiyomizu Kannondō (清水観音堂), *1-29 Ueno-Kōen, ☎ 3821-4749, tgl. 7–17 Uhr.*

Ueno Royal Museum (12)

Moderne Kunst

Rund um moderne Kunst geht es in dem rechts des Kiyomizu Kannondō gelegenen, 1972 eröffneten Museum. In dessen geräumigen, lichtdurchfluteten Hallen wird japanischen wie ausländischen Künstlern die Möglichkeit gegeben, ihre Werke für einen bestimmten Zeitraum auszustellen.

Ueno Royal Museum (*ueno no mori bijutsukan* 上野の森美術館), *1-2 Ueno-Kōen, ☎ 3833-4191, www.ueno-mori.org, tgl. 10–17 Uhr, Eintritt je nach Ausstellung.*

Metropolitan Festival Hall (13)

Hält man sich von hier aus Richtung Nordosten, führt der Weg an der Metropolitan Festival Hall aus dem Jahr 1961 vorbei. Unter verschiedenen Räumlichkeiten wie einem kleinen Saal mit gut 600 Sitzplätzen sucht die gigantische, über 2.300 Zuschauer fassende Haupthalle ihresgleichen.

Metropolitan Festival Hall (*tōkyō bunka kaikan* 東京文化会館), *5-45 Ueno-Kōen, Tickets: ☎ 5685-0650, www.t-bunka.jp.*

National Museum of Western Art (14)

Enkel von Le Corbusier

Einen Steinwurf nordöstlich bietet das National Museum of Western Art eine Ausstellungsfläche von knapp 4.500 m^2. Bei der Einweihung 1959 verfügte das von dem französischen Architekten Charles-Édouard Jeanneret-Gris (1887–1965) entworfene Gebäude lediglich über ein Drittel der heutigen Galeriefläche. Jeanneret dürfte besser bekannt sein unter dem in den 1920er-Jahren als Pseudonym angenommenen Namen seines Großvaters: Le Corbusier. Heute beherbergt das Museum rund 4.500 Gemälde und Skulpturen westlicher Kunst aus dem Zeitraum zwischen dem 14. und frühen 20. Jh.

National Museum of Western Art (*kokuritsu seiyō bijutsukan* 国立西洋美術館), *7-7 Ueno-Kōen, ☎ 5777-8600, www.nmwa.go.jp, Di–So 9.30–17.30, Fr/Sa bis 20 Uhr, Erw./Stud./Kind 500/250 ¥/frei.*

National Science Museum (15)

Durch umfangreiches Anschauungsmaterial aus Wissenschaft und Technik erfahren Besucher über Erdgeschichte genauso viel wie über Pflanzen- und Meereskunde oder die Erforschung des Weltraums. In einigen Abteilungen gibt es Gelegenheit, selbst zu experimentieren. Vor allem Jüngere lieben die Ausstellung „Dinosaurier“. Seit 2006 sind die Giganten der Urgeschichte hier zumindest auf der Leinwand zurückgekehrt. Besonders eindrucksvoll ist das Theater 360 mit einer großen, kugelförmigen Projektionsfläche, in deren Zentrum die Zuschauer stehen.

National Science Museum (*kokuritsu kagaku hakubutsukan* 国立科学博物館), *7-20 Ueno-Kōen, ☎ 5777-8600, www.kahaku.go.jp/english/, So/Di–Do 9–17, Fr/Sa bis 20 Uhr, Erw./Stud./Kind 620 ¥/frei/frei.*

Tōkyō National Museum (16)

Landesweit größtes Museum

Für das landesweit größte Museum mit rund 90.000 Exponaten sollte man genügend Zeit einplanen. Der heute aus sechs Gebäuden bestehende Komplex ist zwar erst nach und nach entstanden, doch mit seiner bis ins Jahr 1872 zurückreichenden Geschichte kann kein anderes Museum konkurrieren. Nach dem Eingang führt der Weg direkt auf die 1938 eingeweihte **Japanische Galerie Honkan** zu. Auf zwei Etagen dreht sich hier alles um Kunst und Kultur des Landes von 10.000 v. Chr. bis

Tōkyō National Museum

ins 19. Jh. Gezeigt werden u. v. a. Metall- und Lackarbeiten sowie Schwerter und Skulpturen. Die **Asiatische Galerie Tōyōkan** rechts des Honkan ist der Kunst und Archäologie Asiens gewidmet. Der **Ostasiatischen Kunst** vorbehalten ist das 1909 im westlichen Stil errichtete Gebäude Hyōkeikan links des Haupteingangs. Im Erdgeschoss lässt sich einiges über die Archäologie Japans sowie die Entwicklung der Inselkette von der Urgeschichte bis in die Frühmoderne erfahren. Als wahre Schatzkammer gilt die **Galerie Hōryū-ji hōbutsukan**, die rund 300 Kunstgegenstände aus dem berühmten Tempel Hōryū-ji der Stadt Ikaruga (Präfektur Nara) bewahrt.
Tōkyō National Museum (*tōkyō kokuritsu hakubutsukan* 東京国立博物館), *13-9 Ueno-Kōen, ☏ 5777-8600, www.tnm.jp, Di–Do 9.30–17, Fr/Sa bis 21, im Sommer So bis 18 Uhr, Erw./Stud. 620/410 ¥.*

Kuroda Memorial Hall (17)

Hält man sich nach dem Museum rechts, trifft man nach dem ersten Abzweig rechts auf die dem Werk des Malers Kuroda Seiki (1866–1924) gewidmete Kuroda Memorial Hall. Zwar ging Kuroda 1884 zum Studium der Rechtwissenschaften nach Paris, doch schon zwei Jahre später stellte er aufgrund Interesses, Talents und seiner Leidenschaft für die Malerei bisherige Pläne auf den Kopf. Als Schüler des französischen Künstlers Raphael Collin (1850–1916) verschrieb er sich ganz dem Metier um Leinwand und Farbe. Was er 1893 bei seiner Rückkehr nach Japan mitbrachte, waren Techniken westlicher Malerei.

Westliche Maltechnik

Kuroda Memorial Hall (*kurado kinenkan* 黒田記念館), *13-9 Ueno-Kōen, ☏ 5777-8600, www.tobunken.go.jp/kuroda/, Di–So 9.30–17 Uhr, Eintritt frei.*

Der Weg führt weiter an der internationalen Kinderbücherei vorbei: **International Library of Children's Literature (18)** (*kokusai kodomo toshokan* 国際子ども図書館), *12-49 Ueno-Kōen, ☏ 3827-2053, www.kodomo.go.jp, Di–So 9.30–17 Uhr.*

Tempel Kanei-ji (19)

Nach der Bibliothek breitet sich das verbleibende, einst den gesamten Ueno Park einnehmende Areal des 1625 gegründeten Tempels Kanei-ji aus. Das 1868 zerstörte Original wurde 1879, versteckt in der nördlichen Ecke des Parks, durch einen umgesiedelten Teil des Tempels Kita-in aus der Stadt Kawagoe ersetzt. Lediglich die fünfstöckige Pagode, heute inmitten des Ueno Zoos gelegen, überstand als einziges Gebäude des Kanei-ji vergleichsweise unversehrt die Unbill der Ereignisse.

Fünfstöckige Pagode

Kanei-ji (寛永寺), *1-14-11 Ueno-Sakuragi, ☏ 3821-4440, tgl. 9.30–17 Uhr.*

Tōkyō Metropolitan Art Museum (20)

Südlich der Kuroda Memorial Hall öffnete 1926 das Tōkyō Metropolitan Art Museum seine Türen. Zu der Sammlung zeitgenössischer Kunst zählen nicht nur Gemälde, moderne Kalligrafie und Grafikdesign, auch Skulpturen und Kunsthandwerk haben hier ihren Platz gefunden.

Zeitgenössische Kunst

Tōkyō Metropolitan Art Museum (*tōkyō-to bijutsukan* 東京都美術館), *8-36 Ueno-Kōen, ☏ 3823-6921, www.tobikan.jp, tgl. 9.30–17.30 Uhr, 1. u. 3. Mo im Monat geschl., Eintritt je nach Ausstellung.*

Pandas lieben Bambusknabberstangen

Ueno Zoo (21)

Angesichts der 36 m hoch aufragenden Pagode kaum zu verfehlen, liegt ein kurzes Stück weiter der Haupteingang des über 14 ha großen Ueno Zoos. Er wurde 1882 gegründet und ist damit der älteste Tierpark Japans. Heute beherbergt er knapp 470 Tierarten, worunter selbstredend auch Pandas vertreten sind.

Ueno Zoo (*onshi ueno dōbutsuen* 恩賜上野動物園), *9-83 Ueno Park, www.tokyo-zoo.net, Di–So 9.30–17 Uhr, im Sommer teils länger, Erw./Sen./Kind 600/300/200 ¥.*

Schrein Tōshōgū (22)

Der Besuch des 1627 und 1651 restaurierten, dem Begründer des Tokugawa-Shōgunats Tokugawa Ieyasu (1543–1616) geweihten Schreins Tōshōgū in unmittelbarer Nähe des Zoos gilt fast schon als Pflicht. Schon allein der Zugang entlang einer von über 200 Stein- und Bronzelaternen gesäumten Allee, die direkt vor dem Tor Karamon endet, ist eine Augenweide. Beide Seiten des Tors sind mit Relief-Schnitzereien versehen, deren filigran gearbeitete Drachen der Legende nach jede Nacht im nahe gelegenen Teich Shinobazu ihren Durst stillen. Der im Momoyama-Stil erbaute Schrein besticht durch farbenprächtige Ornamentik. Einschließlich seiner verzierten Holzumfriedung wurde der Tōshōgū 1907 als bislang einziger Schrein in Tōkyō zum Nationalschatz erklärt.

Tōshōgū (東照宮), *9-88 Ueno-Kōen, ☏ 3822-3455, tgl. 9–16.30/17.30 Uhr, 500 ¥.*

Shinobazu und Tempel Bentendō (23)

Wen es nun zur großen „Drachentränke" zieht, kann die Treppen rechter Hand hinunter durch viele aneinandergereihte rote Tore wählen. Vorbei an den kleinen Schreinen **Hanasono inari** und **Gojoten** mündet der Weg am Ufer des **Shinobazu**. Nicht nur Besuchern ein beliebtes Ausflugsziel, bietet der Teich vielen Tierarten Lebensraum. Populär ist der über eine Brücke zu erreichende **Tempel Bentendō** (弁天堂) mitten im See. Ursprünglich im frühen 16. Jh. erbaut, stammt die heutige Rekonstruktion mit seiner achteckigen Halle aus dem Jahr 1958. Dass der Bentendō auf einer Insel steht, ist typisch für Tempel oder Schreine, in denen die Gottheit Benten als Göttin des Wassers, der Musik und Beredsamkeit die Hauptrolle spielt.

Gottheit Benten

Von Lotos bewachsen – der Teich Shinobazu

Yanaka, Nezu und Sendagi – „Yanesen"

Als wären die Uhren hier langsamer gegangen, blieb in den drei Stadtteilen das Kolorit längst vergangener Tage bewahrt. Verwinkelte Gassen, traditionelle Holzhäuser, kleine Läden sowie Tempel an Tempel, Schrein an Schrein und nicht zuletzt die Freundlichkeit der Einwohner schaffen eine fast anheimelnde Atmosphäre, die man in der Megacity Tōkyō kaum erwarten würde. Fast einem Frevel gleich käme es, die Gelegenheit zu versäumen, in einem der vielen kleinen Läden zu stöbern oder den hier typischen **Senbei Cracker** (煎餅, せんべい) in einer oder besser gleich in mehreren seiner Varianten von süß über herb bis hin zu fischig zu probieren.

„Dörfliches" Flair

Dass sich **Yanesen** (谷根千) seinen Charakter erhalten konnte, mag daran liegen, dass hier weder Feuer, Naturkatastrophen oder Kriege gravierende Schäden verursachten. Zudem hatte Japans vierter Shōgun Tokugawa Ietsuna (1641–1680) viele durch den großen Brand beschädigte Sakralbauten zum Wiederaufbau hierhin transportieren lassen, was aus Yanesen, insbesondere aus Yanaka eine Art Tempelstadt machte. Yanesen wird man im Übrigen auf einem Stadtplan vergeblich suchen, denn es handelt sich um eine Wortschöpfung, die sich aus einzelnen Stadtteilen zusammensetzt: „Ya" steht für Yanaka (谷中), „Ne" für Nezu (根津) und „Sen" für Sendagi (千駄木).
M *Nezu* (根津駅)*, Linie Chiyoda, Exit 9;* **M** *Sendagi* (千駄木駅)*, Linie Chiyoda, Exit 2;*
Nippori (日暮里駅)*, Linien Yamanote, Keihin-Tōhoku, Jōban, Keisei, Exit West.*

Tennō-ji (1)

Nur einen Katzensprung vom Südausgang des Bahnhofs Nippori entfernt liegt der Tempel Tennō-ji, dessen Ursprung bis ins 13. Jh. zurückreicht – angesichts der schmucken Gebäude inmitten einer gepflegten Gartenanlage kaum zu glauben. Blickfang direkt nach dem Eingang ist seit 1690 eine große bronzene Buddhafigur.

Garten des Tempels Tennō-ji

So friedlich und ruhig wie heute ging es im Tennō-ji aber nicht immer zu. Vor allem während der Edo-Zeit war er ein turbulenter Ort – und das aus durchaus pragmatischen Gründen. Der Tempel war zum Verkauf von Lotterielosen befugt.

Tennō-ji (天王寺), *7-14-8 Yanaka, ☏ 3821-4474, tgl. 6–17 Uhr, Eintritt frei.*

Friedhof Yanaka (2)

In unmittelbarer Nähe erstreckt sich das Areal des Friedhofs Yanaka (*yanaka reien* 谷中霊園), der einst unter der Obhut des Tennō-ji stand. Als problematisch erwies sich dieser Umstand, als die Regierung nach der Meiji-Restauration eine klare Trennung zwischen Buddhismus und Shintoismus verfolgte, in einer Zeit, als gerade shintoistische Begräbniszeremonien allgemein üblich waren. So konfiszierte 1872 die Regierung einen Teil des Tennō-ji-Areals und erklärte das Gebiet zu einer öffentlichen Einrichtung. Der damals landesweit größte Friedhof ist heute mit rund 7.000 Gräbern der viertgrößte Tōkyōs. Vom Tennō-ji aus führt die von Kirschbäumen gesäumte Sakura-dōri geradlinig durch den sonst ein wenig irrgartenartigen Yanaka reien.

Viertgrößter Friedhof

Zu Beginn der Straße findet sich die Ruine einer 1644 errichteten fünfstöckigen Pagode, die einst zum Tennō-ji gehörte. Einmal einem Feuer zum Opfer gefallen, wurde sie 1791 wieder aufgebaut. 1908 schenkte der Tempel dieses weithin sichtbare Kulturgut der Stadt. 1957 vermutlich durch Brandstiftung zerstört, ist heute nur noch eine **Ruine (3)** zu sehen. In einem südlich gelegenen Abschnitt des Friedhofs wurde der letzte Shōgun Tokugawa Yoshinobu (1837–1913) begraben.

Verbleibt man auf dem Hauptweg, taucht ein kurzes Stück nach dem Friedhof unter vielen alten, teilweise hübsch renovierten Häusern rechts das ehemalige, auf eine 200-jährige Tradition zurückblickende öffentliche Bad **Kashiwayu** auf. Nach umfangreicher Renovierung ist es vor allem in avantgardistischen Künstlerkreisen unter dem Namen **SCAI The Bathhouse (4)** ein Begriff. Gebadet wird indes nicht mehr, es sei denn in Ruhm und Ehre. Seit 1993 dient das Gebäude als Galerie für Werke internationaler zeitgenössischer Kunst.

Galerie im Badehaus

SCAI The Bathhouse (*sukai za basuhausu* スカイザバスハウス), *Kashiwayu-Ato, 6-1-23 Yanaka, ☏ 3821-1144, www.scaithebathhouse.com, Di–Sa 12–18 Uhr.*

Kyū Yoshida honten (5)

Einige Meter weiter mündet die Straße in die Kototoi-dōri (言問通り), wo gleich linker Hand als Außenposten des Shitamachi Museum in Ueno der alte Sakeladen Kyū Yoshida honten mitsamt Ausstattung 1987 der Öffentlichkeit zugänglich gemacht wurde. Das repräsentative zweistöckige Holzgebäude aus dem Jahr 1910 diente der Familie Yoshida als Wohnraum und zum Broterwerb gleichermaßen.

Dabei war es ein Leichtes, das den Geist beflügelnde Getränkesortiment feilzubieten: Die vordere Hausfront des Erdgeschosses ist komplett hochklappbar. *Alter Sakeladen*
Shitamachi Museum Annex (*shitamachi fuzoku shiryokan fusetsu tenjijō* 下町風俗資料館付 設展示場), *bekannt als* **Kyū Yoshidaya honten** (旧吉田屋本店), *2-10-6 Ueno-Sakuragi, ☏ 3823-4408, Di–So 9.30–16.30 Uhr, Eintritt frei.*

Jōmyō-in (6)

Die Geschichte des von hier aus nordöstlich gelegenen Tempels Jōmyō-in reicht als einer der 36 Untertempel des Kanei-ji-Komplexes bis ins Jahr 1666 zurück. Die Tatsache, dass er 1723 als unabhängig erklärt wurde, löste so viel Freude aus, dass

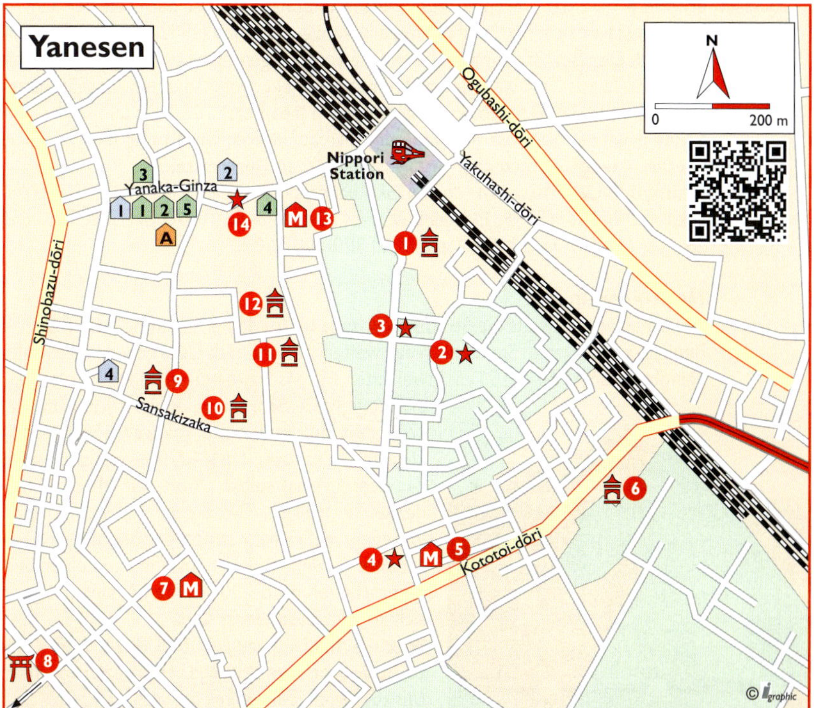

Sehenswürdigkeiten
1 Tennō-ji
2 Friedhof Yanaka
3 Ruine
4 SCAI The Bathhouse
5 Kyū Yoshida honten
6 Jōmyō-in
7 Daimyō Clock Museum
8 Nezu-Schrein
9 Daien-ji
10 Zenshō-an
11 Chōan-ji
12 Kannon-ji
13 Asakura Chōso Museum
14 Yanaka-Ginza

Essen und Trinken
1 Kamiya Udon
2 Nagomi
3 Yanaka Yoshikawa
4 Zakuro
5 Himitsudō

Einkaufen
1 Chaho Kanekichien
2 Gōto no Ame
3 Kikumi Senbei

Unterkunft
A Ryokan Sawanoya

Unzählige Jizō-Figuren ein Mönch gelobte, 84.000 Jizō-Figuren (s. S. 312) zu sammeln. Reihe um Reihe stehen sie da, große, kleine, manche mit Lätzchen oder Mützen. Wie viele es gegenwärtig wirklich sind, weiß vermutlich keiner so genau. Sicher ist nur: Das Ziel liegt noch in weiter Ferne.

Jōmyō-in (浄名院), *2-6-4 Ueno Sakuragi, tgl. 9–17 Uhr.*

Daimyō Clock Museum (7)

Der Weg führt entlang der Kototoi-dōri bis zum Tempel Ichijo-ji (一乗寺 *1-6-1 Yanaka)*, wo man nach rechts abbiegen sollte. Nach ca. 200 m zweigt die Straße Miura-zaka (三浦坂) links ab, von der nach knapp 50 m noch einmal nach rechts und bei der nächsten kleinen Straße wieder nach links abgebogen werden muss. Hier *Uhrenmuseum* eröffnete 1972 das Uhrenmuseum, dessen Exponate aus der Edo-Zeit der Sammlerleidenschaft des Textilwarenhändlers Kamiguchi Guro (1892–1970) zu verdanken sind. Der Begriff Daimyō-Uhr wurde von ihm geprägt. Ein Zeitmessgerät galt als purer Luxus und war somit als Prestigeobjekt wohlhabenden Gesellschaftsschichten wie den Daimyō vorbehalten. Da in Japan erst 1872 der Lunisolar- vom Sonnenkalender abgelöst wurde, findet man auf älteren Uhren z. B. die aus China übernommene Zeitrechnung mithilfe chinesischer Tierkreiszeichen.

Daimyō Clock Museum (*daimyō tokei hakubutsukan* 大名時計博物館), *2-1-27 Yanaka, ☎ 3821-6913, 15. Jan.–Juni, Okt.–24. Dez. Mo–Sa 10–16 Uhr, Juli–Sept. und 25. Dez.–14. Jan. geschl., Erw./Stud./Kind 300/200/100 ¥.*

Nezu-Schrein (8)

Geht man von hier aus die Straße Akaji-zaka (あかじ坂) in Richtung des im Bezirk Bunkyō-ku gelegenen Stadtteils Nezu weiter, ist kurz nach Überqueren der Straße Shinobazu-dōri (不忍通り) ein Juwel unter Tōkyōs Schreinen zu finden: der farbenprächtige Nezu-Schrein. Seine Errichtung im Jahr 1706 geht auf den fünften Tokugawa-Shōgun Tokugawa Tsunayoshi (1646–1709) zurück, wobei das Schreinareal selbst schon seit Menschengedenken für religiöse Zwecke genutzt worden war. Vor allem im Frühjahr strahlt der Schrein eine besondere Anziehungskraft aus. Inmitten einer Blütenpracht von rund 3.000 bunten Azaleen zeigt er sich als ganz besonderer Ort.

Nezu-Schrein (*nezu-jinja* 根津神社), *1-28-9 Nezu, Bunkyō-ku, www.nedujinja.or.jp, Areal rund um die Uhr zugänglich, Eintritt frei.*

Traditionelle Architektur in Yanaka

Weitere Tempel

Aufgrund seiner Geschichte finden sich in Yanaka zahllose Sakralbauten unterschiedlichster Art. So auch der östlich der Metrostation Sendagi in der Straße Sansaki-zaka (三崎坂) platzierte **Daien-ji (9)** (大円寺, *3-1-2 Yanaka*), der sowohl einen buddhistischen Tempel als auch einen Schrein unter einem Dach vereint. Blumig wird es hier alljährlich Mitte Oktober während des **Yanaka Kiku Matsuri**, dem Chrysanthemenfest. Geisterstunde herrscht im gleichfalls an der Sansaki-zaka gelegenen Tempel **Zenshō-an (10)** (全生庵, *5-4-7 Yanaka*) insbesondere während des **Bon-Festes** im August. Dann werden hier Rollbilder über Wesen zwischen Himmel und Erde gezeigt.

Der 1669 gegründete, dem Glücksgott der Langlebigkeit Jurōjin gewidmete Tempel **Chōan-ji (11)** (長安寺, *5-2-22 Yanaka*) ist für seine drei steinernen, über die Ruhe verstorbener Seelen wachenden Stupas aus dem 13. Jh. bekannt. Zu erreichen ist der Tempel vom Zenshō-an aus nach der vierten Querstraße links.

Biegt man in die nächste abzweigende Straße links ein, liegt rechter Hand der Tempel **Kannon-ji (12)** (観音寺, *5-8-28 Yanaka*), dessen Areal teilweise von einer alten, aus der Edo-Zeit stammenden Mauer umgeben ist. Ungewöhnlich an ihr ist die Bauweise aus abwechselnden Lehm- und Ziegelschichten. Eine kleine Steinpagode beim Haupteingang erinnert an die Geschichte der 47 Rōnin (herrenlose Samurai).

Mauer aus Lehm und Ziegeln

Asakura Chōso Museum (13)

Das Asakura Chōso Museum nördlich des Chōan-ji ist nicht allein seiner Exponate wegen sehenswert. Auch das von Bildhauer Asakura Fumi (1883–1964) für sich als Atelier und Wohnraum entworfene Gebäude besticht durch die Kombination moderner und traditioneller Architektur. I-Tüpfelchen ist die Gartenanlage. Die Früchte von Asakura Fumis künstlerischer, durch westliche und japanische Einflüsse geprägter Arbeit sind Skulpturen von Staatsmännern genauso wie Frauendarstellungen oder Tierfiguren.

Asakura Chōso Museum (*asakura chōsa kan* 朝倉彫塑館), *7-18-10 Yanaka, ☎ 3821-4549, Di–Do, Sa/So 9.30–16.30 Uhr, Erw./Kind 500/250 ¥.*

Yanaka-Ginza (14)

Noch ein kleines Stück weiter nördlich mündet der Weg in die Straße Goten-zaka (御殿坂). Wendet man sich hier nach links, führen die Treppen Yuyake dandan (夕焼けだんだん), von denen der Blick bei Sonnenuntergang besonders gerühmt wird, hinunter in eine kleine Einkaufsstraße. Liebevoll **Yanaka-Ginza** (谷中ぎんざ) genannt, handelt es sich um eine ca. 150 m lange, zu beiden Seiten von kleinen Läden gesäumte Fußgängerpassage. Teilweise mit einem Warenangebot wie ehedem hat sich hier das Flair vergangener Tage erhalten.

Kleine Einkaufsstraße

Reisepraktische Informationen Taitō-ku

(Karte S. 205, Unterkunft S. 131)

Infos

Asakusa Culture Tourist Information Center, *2-18-9 Kaminarimon, ☎ 3842-5566, tgl. 9–20 Uhr. Großes Infocenter mit mehrsprachigem Personal. WLAN und Internet-PC kostenfrei verfügbar. Tipp: Von der obersten Etage des Gebäudes, in der auch ein Café zu finden ist, bietet sich ein guter Blick auf den Skytree.*

Internet: *www.city.taito.tokyo.jp*

Asakusabashi

Essen & Trinken

(1) Yoiya (酔壱屋), *Matsuya Bldg. EG/1.UG, 1-28-1 Asakusabashi, ☏ 3863-7723, tgl. 11.30–14, 17–23 Uhr. So kreativ die Inneneinrichtung aus Holz und Installationen moderner Kunst, so schöpferisch zeigt sich hier auch die japanische Küche. Ob Fleisch, Fisch, Gemüse oder Tofu, jedes Gericht scheint ein Kunstwerk für sich. Preise 600–3.500 ¥.* */***M** *Asakusabashi* (浅草橋駅), *JR-Linie Chūō-Sōbu, Metrolinie Asakusa, Exit A3.*

Asakusa

Die folgenden Restaurants, Cafés und Bars sind meist von der **M** *Asakusa* (浅草駅), *Linien Ginza, Asakusa aus erreichbar.*

Essen & Trinken

(2) Aoi Marushin (葵丸進), *1-4-4 Asakusa, ☏ 3841-0110, www.aoi-marushin.co.jp, tgl. 10.30–21, So bis 20 Uhr. Das auf fünf Etagen verteilte Aoi Marushin, westlich oder mit Tatamiräumen ausgestattet, gilt als größtes Restaurant der Stadt. Stockwerk 4 werden Sie vergeblich suchen, denn das wird zumindest der Bezeichnung nach übersprungen. Eine Seltenheit ist das nicht, denn vier (shi* 四*) wird genauso ausgesprochen wie Tod (shi* 死*) und das will man schließlich vermeiden. Die Speisekarte dreht sich um Tempura (ab 1.000 ¥), Sushi (ab 1.500 ¥) oder Kaiseki (ab 4.200 ¥). Ein kulinarisches Fest versprechen unterschiedliche Menüs (ab 3.400 ¥);* **M** *Exit 1.*

(3) Tsukiji Sushi-Sen (築地すし鮮), *2-16-9 Kaminarimon, ☏ 5830-1020. Gleichgültig, wann Sie der Appetit nach Sushi und Sashimi packt, das Restaurant ist tgl. 24 Std. geöffnet. Ob dekorativ angeordnete Meeresfrüchte oder als Nigiri auf Reis, eine Mahlzeit ist für 2.000–3.000 ¥ zu haben. Dazu munden landestypische Alkoholika wie Shōchū oder Nihonshu (Sake);* **M** *Exit 2.*

(4) Nabezō Asakusa (鍋ぞう浅草), *4.OG, 2-16-9 Kaminarimon, ☏ 3847-2981, Mo–Fr 17–23, Sa/So 11.30–23 Uhr. Shabu-Shabu und Sukiyaki bis zum Abwinken, denn Zugpferd des Nabezō sind „all you can eat dishes" ab 2 Personen. Bei Schweine- und Rindfleisch sowie einer Auswahl unter rund 20 Gemüsesorten darf man hier für zwei volle Stunden schlemmen (ca. 3.600 ¥). Günstiger ist dasselbe Angebot für 90 Min.;* **M** *Exit 2.*

(5) Daikokuya Tempura (大黒家天麩羅), *1-38-10 Asakusa, ☏ 3844-1111, www.tempura.co.jp/english, Mo–Fr und So 11.10–20.30, Sa 11.30–21 Uhr. Auf dem Weg zwischen Donnertor und dem Sensō-ji gilt das kleine Restaurant Einheimischen wie Touristen als beliebtes Ziel. Spezialität des Hauses sind Tempura-Shrimps auf Reis, serviert mit Gemüse-Pickles und Misosuppe – im Grunde überall in Tōkyō zu bekommen, aber hier schmeckt es besonders gut, ca. 2.500–4.700 ¥.* **M** *Exit 1.*

(6) Irokawa (色川), *2-6-11 Kaminarimon, ☏ 3844-1187, Mo–Sa 11.30–14 Uhr. Das kleine, japanische Restaurant hat es in sich, steht es doch im Ruf, die besten Aalgerichte der Stadt zu servieren. Die Eigentümer widmen sich schon in der sechsten Generation der aufwendigen Zubereitung des Unagi (Aal), der über Eichenholzkohle gegrillt und dann gedünstet wird. Fertig ist der leckere Fisch danach noch nicht, denn jetzt wird er in einer Art Teriyakisoße mariniert und erneut gegrillt; 2.000–3.000 ¥.* **M** *Exit A1.*

Unterhaltung

(7) Kamiya Bar (神谷バー), *1-1-1 Asakusa, ☏ 3841-5400, Mi–Mo 11.30–22 Uhr. Schon in der frühen Meiji-Zeit (1868–1912) als westliches Lokal eröffnet, gilt das Kamya mit westlichem und japanischem Restaurant sowie seiner Bar im Erdgeschoss als*

Legende. Der für Asakusa typische „Denki Bran" auf der Basis von Brandy ist hier ein begehrter Drink. **M** *Exit A5/3.*

(8) Daimasu Sake Bar (ダイマス酒バー), *1-2-8 Asakusa, ☎ 5806-3811, www.e-daimasu.com/sakebar/, Sa/So 12–23.30, Mo, Mi–Fr ab 16 Uhr. Die moderne Bar bietet eine außergewöhnlich große Auswahl landestypischer Alkoholika, die auch in der zugehörigen Getränkehandlung zu erstehen sind.* **M** *Exit A4.*

(9) Gallery éf (ギャラリーエフ), *2-19-18 Kaminarimon, ☎ 3841-0442, www.gallery-ef.com/index.htm, Galerie tgl. 12–19, Café ab 11 Uhr, Mittagsküche bis 14.30 Uhr. 1868 als Lagerhalle errichtet, trotzte das Gebäude Naturkatastrophen und dem Zweiten Weltkrieg. Die Gallery éf bietet Künstlern ein Forum für Ausstellungen oder Konzerte und gilt gleichermaßen als Zeugnis traditioneller Architektur.* **M** *Exit A5.*

(10) Asahi Sky Room (アサヒスカイルーム), *22.OG, 1-23-1 Azumabashi, Sumida-ku, ☎ 5608-5381, tgl. 10–22 Uhr. Das berühmt-berüchtigte Asahi-Brauhaus am Ostufer des Sumida ist seiner eigenwilligen Architektur wegen nicht zu übersehen. Vor allem abends ist die Bar ein geeigneter Ort, um die Lichter der Stadt auf sich wirken zu lassen. Kleine Gerichte und Drinks zu moderaten Preisen.* **M** *Exit 4.*

(11) Hub Asakusa, *1-12-2 Asakusa, ☎ 3843-1254, www.pub-hub.com, Mo–Sa 18–23.30, So 17–22.30 Uhr. Das britische Pub in Asakusa ist nur eine von rund 20 Niederlassungen in Tōkyō. Von anderen Hub Pubs unterscheidet es sich allerdings durch regelmäßige Live-Konzerte. Gespielt wird überwiegend Jazz, wobei es je nach Motto auch Dixie, Blues oder African Music zu hören gibt. Eintritt je nach Band und Künstler ab 1.000 ¥.* **M** *Tawaramachi* (田原町駅), *Linie Ginza,* **M** *Exit 3.*

Öffentliches Badehaus – Sentō

(12) Jakotsuyu (蛇骨湯), *1-11-11 Asakusa, ☎ 3841-8645, Mi–Mo 13–24 Uhr. Unter rund 30 Bädern in dem Bezirk ist das Jakotsuyu mit seiner über 100-jährigen Geschichte der Favorit, nicht zuletzt wegen eines zusätzlichen kleinen Außenbeckens (nur für Männer). Gespeist werden die Becken mit bräunlichem Thermalwasser bei einer Wassertemperatur von 45 °C. Wie es funktioniert: Nach Ankunft Schuhe ausziehen, Tickets am Automaten (auch engl.) kaufen. Hier gibt es auch Tickets für ein Set aus Shampoo, Seife, Handtuch und Rasierer. Das Bad ist nach Geschlechtern getrennt. Tattoos sind erlaubt. Erw./Kind 460/180 ¥, Sauna 200 ¥.* **M** *Tawaramachi* (田原町駅), *Linie Ginza, Exit 3, ca. 400 m Richtung Norden; Asakusa* (浅草駅), *nicht zu verwechseln mit der* /**M** *am Fluss, Tsukuba Express, Exit A, knapp 100 m südwestlich. Das Bad liegt ein wenig versteckt in einer kleinen Gasse.*

Ueno

(Karte S. 212, Unterkunft S. 133)

Infos

Tourist Information Center (TIC), *1-60 Ueno-Kōen, Taito-ku, ☎ 3836-3471, tgl. 9.30–18.30 Uhr.*

Essen & Trinken

(1) Izu-ei (伊豆栄), *2-12-22 Ueno, ☎ 3831-0954, tgl. Mo–Fr 11–15, 17–22, Sa/So 11–22 Uhr. Das traditionsreiche japanische Restaurant auf mehreren Etagen bietet seinen Gästen sowohl westliche als auch japanische Sitzgelegenheiten, wobei Fensterplätze mit Blick auf den Teich Shinobazu am schönsten sind. In der Küche dominieren Gerich-*

te mit Fisch und Meeresfrüchten inkl. der Aalspezialität Unagi; Menüs 6.500–21.000 ¥, japanische Speisekarte, Abbildungen einiger Gerichte am Eingang. Reservierung empfohlen. Ueno (上野駅), *Shinobazu Exit;* M *Ueno-Hirokōji/Ueno-Okachimachi (上野御徒町駅/上野広小路駅), Linien Ginza, Ōedo, Exit A3.*

(2) Yasaiya Mei (やさい家めい), *Ueno no Mori Sakura Terrace 3. OG, 1-54 Ueno-Kōen, ☎ 5812-1461, tgl. 11–15 (Sa/So bis 16), 17–23 Uhr. Vegetarisches Shabu-Shabu (ab 2 Pers.) kann hier mit unterschiedlichsten kleinen Köstlichkeiten kombiniert werden; ca. 4.000 ¥.* Ueno (上野駅), *Shinobazu Exit, Yamashita Exit.*

(3) Sasanoyuki (笹乃雪), *2-15-10 Negishi, ☎ 3873-1145, www.sasanoyuki.com, Di–So 11.30–20.30 Uhr. Untrennbar mit der asiatischen Küche verbunden, ist der aus Sojabohnen gewonnene Tōfu in Japan vermutlich seit dem 8. Jh. bekannt. Als gesunder Proteinlieferant ist er entsprechend seiner Konsistenz und Herstellung in verschiedenen Grundsorten zu haben. Das Sasanoyuki in einem hübschen Haus traditioneller Architektur hat sich ganz dem Tōfu mit seiner Vielzahl von Zubereitungsarten gewidmet – und das schon seit seiner Eröffnung im Jahr 1691; 4.000–7.000 ¥.* Uguisudani (鶯谷駅), *Linie Yamanote, Keihin Tōhoku, Exit Nord.*

(4) Kamonka Ueno Bamboo Garden (過門香上野バンブーガーデン店), *1-52 Ueno-Kōen, ☎ 5807-2288, tgl. 11–23 Uhr. Authentisch chinesische Gerichte in „stylish" asiatischem Ambiente. Von einfachen Nudeltellern mit einem Hauch Gemüse bis hin zur Pekingente à la carte oder als Bestandteil eines opulenten Menüs zeigt sich Chinas facettenreiche Küche hier von ihrer besten Seite. „All you can drink" ist bei Bestellung bestimmter Menüs im Preis inbegriffen; Menüs 4.000–13.000 ¥, Einzelgerichte ab 2.500 ¥.* Ueno (上野駅), *Exit Shinobazu Gate.*

(5) Daiki (大喜), *Shiraki Bldg., EG, 3-47-2 Yushima, ☎ 3834-0348, Mo–Sa 11.30–15, 17.30–21 Uhr. Das Daiki ist für seine klassischen Nudelsuppen „Ramen" mit verschiedenen Brühegrundlagen und tgl. frisch gemachten Nudeln bekannt und beliebt; Preisniveau 500–1.000 ¥.* M *Yushima (湯島駅), Linie Chiyoda, Exit 1, oder* M *Ueno-Hirokōji/Ueno-Okachimachi (上野御徒町駅/上野広小路駅), Linien Ginza, Toei Ōedo, Exit A3.*

Unterhaltung

(6) Warrior Celt (ウオリアーケルト), *3. OG, 6-9-22 Ueno, ☎ 3836-8588, Di–Sa 17–5, So/Mo 17–0.30 Uhr. Das kleine britische Pub gilt als beliebte Anlaufstelle für Einheimische und Ausländer gleichermaßen. Trotz des geringen Platzangebots gehören meist Di, Fr/Sa Live-Konzerte zum Programm; Getränke ab 700 ¥, Snacks ca. 1.000 ¥.* Ueno (上野駅), *Exit Hirokōji.*

(7) Le Bar Bateau-Lavoir (ル バールバトーッラヴォワール), *Ueno Suzuya Bldg., 1. UG, 4-6-10 Ueno, ☎ 5818-0599, www.bateau-lavoir.net, So–Do 11.30–24, Fr/Sa bis 2.30 Uhr. Name wie Interieur huldigen dem einstigen Künstlerhaus auf dem Pariser Montmartre, das an der Schwelle ins 20. Jh. später berühmt gewordenen Künstlern als Atelier und Wohnraum diente. Zum Angebot der Bar zählen DJ-Abende oder Partys; Preisniveau Essen ab 1.000 ¥, Getränke ca. 900 ¥,* M *Ueno-Hirokōji/Ueno-Okachimachi (上野御徒町駅/上野広小路駅), Linien Ginza, Ōedo, Exit A6/Nordausgang.*

Yanesen

(Karte S. 221, Unterkunft S. 133)

Essen & Trinken

In der **Yanaka-Ginza (14)** *reiht sich ein kleiner Laden an den anderen. Nudel-*

shops und nette Cafés unterstreichen das beschauliche Lokalkolorit. 🚃 *Nippori (日暮里駅), JR- und Keiseilinien, Exit Nord;* **M** *Sendagi (千駄 木駅), Linie Chiyoda Exit 2.*

(1) Kamiya Udon *(かみやうどん), 3-11-11 Yanaka, ☎ 3828-1415, Di–Sa 11.30–21, So bis 20 Uhr. Kurze Pause mit stärkender Mahlzeit? Wenn ja, dann ist das Nudellokal genau das Richtige; Preisniveau 200–1.000 ¥.*

Die Einkaufsgasse „Yanaka-Ginza"

(2) Nagomi *(和味), 3-11-11 Yanaka, ☎ 3821-5972, tgl. 17–24 Uhr. Gleich nebenan in dem kleinen Restaurant Nagomi duftet es nach gegrilltem Huhn in Form von Yakitori-Spießchen für je ca. 200 ¥, Menü 2.000–5.000 ¥.*

(3) Yanaka Yoshikawa *(谷中よし川), 3-13-23 Yanaka, ☎ 5685-0773, tgl. 18–22.30 Uhr. Neben Teppanyaki und Monjayaki sind hier auch Japans typische gefüllte Pfannkuchen Okonomiyaki zu bekommen. Preisniveau 1.000–4.000 ¥.*

(4) Zakuro *(ザクロ), 3-13-2 Nishi-Nippori, ☎ 5685-5313, http://nippori-zakuro.com/en/, Do–Di 11–23 Uhr. Schwere Orientteppiche, Baldachine, Wasserpfeifen sowie hin und wieder der Auftritt einer Bauchtänzerin zaubern bei iranischer, usbekischer und türkischer Küche das Flair von 1001 Nacht. Zum Essen sitzen die Gäste auf dem Fußboden an niedrigen Holztischen; 1.000–3.000 ¥.*

(5) Himitsudō *(ひみつ堂), 3-11-18 Yanaka, ☎ 3824-4132, Di–So 10–18 Uhr. Hier gibt es das beste Kakigōri der Stadt. Zu verstehen ist darunter zu lockeren Flocken geschabtes Wassereis, das getoppt mit Sirup in allen erdenklichen Geschmacksvarianten von Erdbeere über grünen Tee bis hin zu Zitrone, evtl. einem Schuss Likör und ein wenig Kondensmilch für die Süße, frischen Obststückchen oder auch roter Bohnenpaste als kleine bunte Kunstwerke über den Ladentisch gehen.*

Einkaufen

(1) Chaho Kanekichien *(茶舗金吉園), 3-11-10 Yanaka, ☎ 3823-0015, Mo–Sa 10–19.30 Uhr. Der traditionelle hübsche Teeladen mit einem großen Sortiment an grünem Tee bietet auch hauseigene Mischungen und Teeverkostungen an.*

(2) Gotō no Ame *(後藤の飴), 3-15-1 Nishi-Nippori, ☎ 3821-0880, Do–Di 10.30–19 Uhr. Selbst gemachte Bonbons und Süßigkeiten aus roter Bohnenpaste, Azukibohnen u. v. m. gehören hier schon seit der Geschäftseröffnung im Jahr 1922 zum Warenangebot, dem kaum einer widerstehen kann.*

(3) Kikumi Senbei *(菊見煎餅), 3-37-16 Sendagi, ☎ 3821-1215, Di–So 10–19 Uhr. Der Laden in einem traditionellen Gebäude ist auf kulinarische Verführungen spezialisiert, allen voran Senbei Cracker aus Reis und unterschiedlichsten Zutaten.*

(1)–(3) M *Sendagi (千駄木駅), Linie Chiyoda Exit 1.*

Tōkyōs Süden

Redaktionstipps

➤ **Shiodome Sio-Site** setzt mit seiner Architektur einmal mehr „himmelstürmende" Akzente (s. u.).

➤ Vom **Mori Tower** im Roppongi Hills ist eine grandiose Aussicht garantiert (S. 237).

➤ Klassische Konzerte in der **Suntory Hall** sind der Akustik wegen etwas ganz Besonderes (S. 233).

➤ Warum nicht einmal über den **Aoyama-Friedhof**, eine der weltweit teuersten Begräbnisstätten, schlendern? (S. 235).

Minato-ku 港区

Das Geheimnis seiner Popularität und Attraktivität lässt sich für den 20,34 km² großen Bezirk Minato-ku unter dem Stichwort Vielseitigkeit problemlos lichten. Trotz seiner Bevölkerungsdichte von rund 12.500 Einw./km² dominiert mit Ausnahme von dem für sein Nightlife bekanntes Viertel Roppongi oder der Unterhaltungsmeile auf Odaiba ein vergleichsweise entspannter Lebensstil. Gehobene Wohngegenden, Botschaftsviertel, Hochschulen und Grünanlagen tragen zu einem Lokalkolorit bei, das elegante Clubs, Restaurants und Shops gekonnt unterstreichen.

Die Viertel Shinbashi, Kaigan und Shiba-Kōen

Ehemaliges Sumpfgebiet

Dort wo einst Myriaden von Insekten und anderes Getier einen Lebensraum fanden, bestimmen seit wenigen Jahren die Früchte des Zeitgeistes das Bild. Die Verwandlung des unwirtlichen **Sumpfgebiets Shiodome** (汐留) in eine bewohnbare Gegend geht auf den ersten Shōgun Tokugawa Ieyasu (1543–1616) zurück, der das Land zu Beginn der Edo-Zeit aufschütten ließ. In den 1990er-Jahren lag der Beschluss auf dem Tisch, Teilgebiete der Viertel Shinbashi, Higashi-Shinbashi und Hamamatsuchō für den Bau eines urbanen Zentrums zu nutzen. Lange ließ man mit der Realisierung nicht auf sich warten und das in drei Bereiche aufgeteilte Areal bekam zusehends ein neues Profil. Westlich der JR-Bahnlinie entstand ein durch europäische Architektur geprägter Stadtteil und südöstlich davon ein Wohngebiet. Mit Wolkenkratzern zeigt sich die megamoderne Betonoase **Shiodome Sio-Site (1)** (*shiodome shio-saito* 汐留シオサイト) in **Higashi-Shinbashi**. Wie bei heutigen Bauprojekten in Tōkyō fast Usus, wurde aber auch hier in dem vom Business regierten Stadtteil Kunst und Kultur nicht vergessen.

Interessante Einblicke in die Welt der Werbung gibt das **Advertising Museum Tōkyō (2)**. Rund 150.000 Exponate, u.a. viele digital archivierte Werbespots, erzählen die Geschichte der Reklame von der Edo-Zeit (1603–1867) bis in die Gegenwart. Dazu finden wechselnde Ausstellungen zu bestimmten Themen und Epochen statt.

Advertising Museum Tōkyō (*ado miyūsiamu tōkyō* アドミュージアム東京), *Caretta Shiodome, 1-8-2 Higashi-Shinbashi, ☎ 6218-2500, www.admt.jp, Di–Sa 11–18 Uhr.*

Bekannte Musicals

Im selben Gebäude unterhält das **Dentsu Shiki Theater** mit einem über 1.200 Zuschauer fassenden Saal seine dritte feste Bühne in Tōkyō. Hier kommen bekannte West-End- und Broadway-Musicals zur Aufführung.

Dentsu Shiki Theater (*dentsu shiki gekijō* 電通四季劇場), *Caretta Shiodome, 1-8-2 Higashi-Shinbashi, Reservierungen ☎ 0120-489-444, www.shiki.jp.*

Rund 230 Werke des französischen Malers und Grafikers **Georges Rouault** (1871–1958) nennt das **Shiodome Museum (3)** sein eigen. Ein zweiter Schwerpunkt zielt thematisch auf andere Bereiche wie Architektur und Design in Korrespondenz zu Panasonic.

Shiodome Museum (*shiodome myūsiamu* 汐留ミューシアム), *4. OG Panasonic Denkō Bldg., 1-5-1 Higashi-Shinbashi, ☎ 5777-8600, http://panasonic.co.jp/es/museum, Do–Di 10–18 Uhr, Eintritt je nach Ausstellung.*

Rekonstruktion des Bahnhofs

Auch wenn der **Alte Bahnhof Shinbashi (4)** ein wenig im Glanz von Shiodome Sio-Site verblasst, stilistisch daneben gegriffen hat bei seiner Errichtung niemand. Als „historisches" Monument und Kulturgut am ursprünglichen Standort 2003 originalgetreu nachgebaut, erinnert er heute als Museum an seine einstige bedeutende Rolle in der Geschichte Japans.

★ **Sehenswürdigkeiten**
1 Shiodome Sio-Site
2 Advertising Museum Tōkyō
3 Shiodome Museum
4 Alter Bahnhof Shinbashi
5 Sake und Sōchū – Infocenter
6 Alter Shiba-Rikyū-Garten
7 Tōkyō Tower
8 Zōjō-ji
9 Zenpuku-ji
10 Ark Hills / Suntory Hall
11 Museum Ōkura Shūkokan / Hotel Ōkura
12 State Guesthouse
13 Rugby Stadion Chichibunomya
14 Aoyama-Friedhof

Essen und Trinken
1 Anpuku
2 Kikunoi
3 Washoku En / Bar & Lounge Majestic

Unterhaltung
4 Blue Note
5 Super Deluxe

Unterkunft
A Hotel Monterey Akasaka
B Hotel Villa Fontaine Shiodome
C Hotel Ōkura (11) / Museum / Japanische Tischetikette

Alter Shinbashi Bahnhof (*kyū shinbashi eki* 旧新橋駅), *1-5-3 Higashi-Shinbashi, ☏ 3572-1872, Di–So 10–17 Uhr.* 🚃 *Shinbashi (新橋駅), Linien Yamanote, Keihin Tōhoku, Tōkaidō u. a., Exit Ginza;* **M** *Shinbashi (新橋駅), Linien Ginza, Asakusa, Exit 1C;* 🚃/**M** *Shiodome (汐留駅), Linien Ōedo, Yurikamome, Exit 3.*

info

Japans Göttertrank: Sake

Vermutlich vor über 2.000 Jahren wurde Japans Göttertrank mit der Einführung des Nassreisanbaus per Zufall entdeckt. Dabei klingen die ersten Verfahren zur Sakeherstellung nicht gerade delikat: Neben Reis wurden auch Kastanien, Eicheln oder Hirse zu einem Brei zerkaut und in einem Behälter zur Fermentierung einige Tage aufbewahrt. Durch die im Speichel enthaltenen Enzyme verwandelte sich Stärke in Zucker und die zur Umwandlung in Alkohol notwendigen Hefezellen kamen sozusagen aus der Luft von ganz alleine dazu. Erst Jahrhunderte später wurde das rituell bei Shintō-Zeremonien übliche **Ankauen** durch die Entdeckung des **Hefepilzes Koji-kin** hinfällig. In der Nara-Zeit (710–794) am Kaiserhof gebraut, fand schließlich der Göttertrank im 8. Jh. auch in Kreisen der Bevölkerung Verbreitung. Damals wie heute ist Sake nicht gleich Sake, denn je nach Brauverfahren sind große Unterschiede in Geschmack, Qualität und Farbe zu erzielen.

Durch technisches Know-how, die Verwendung bestimmter Reissorten und Wasser verfeinerte sich die Braukunst, sodass heutige Sakesorten so unterschiedlich sind wie etwa Tafelwein und Prädikatswein. Das Herstellungsverfahren ist aber im Grunde dasselbe. Der Sakereis wird poliert, gewaschen – bei Qualitätstropfen von Hand – und um die entsprechende Konsistenz zu erhalten, eine Stunde lang gedämpft. Durch Zusetzen des Koji-kin-Pilzes verwandelt sich die Stärke – und das ist das Besondere – **gleichzeitig in Glukose und Alkohol**, wodurch sich ein bis zu 20-prozentiger Alkoholgehalt entwickeln kann. Nach einmonatiger Gärung muss nur noch gefiltert werden. Auf ein Reinheitsgebot darf man sich allerdings nicht verlassen. Manche Sorten bekommen durchaus mit zusätzlicher Alkoholbeigabe ihren Pep. Der hochwertigste und demzufolge auch teuerste Sake ist der Dai-ginjō (大吟醸), gefolgt vom Ginjō (吟醸), Junmai (純米) und Honjōzo (本醸), wobei Spitzensake nicht wie manche andere erwärmt, sondern kalt getrunken wird. Hat man einmal einen Sake erstanden, so sollte man ihn bald verbrauchen, denn im Gegensatz zu Wein verliert er mit der Zeit sein Aroma. Tradition hat seit frühester Geschichte die Sitte, Sake meist in kleinen Fässern als Spende an Schreine zu opfern.

Sake und Sōchū – Infocenter (5)

Japanisches Getränk mit acht Buchstaben? Mehr zu **Nihonshu** in Theorie und Praxis kann man hier erfahren, denn die Japan Sake Brewers Association informiert mit ihrer Ausstellung über Geschichte, Herstellungsverfahren und Brauereien. Spätestens hier wird auch die kleine Begriffsverwirrung geklärt. Sake bedeutet im Japanischen Alkoholika im Allgemeinen. Spricht man dagegen von dem aus Reis gewonnenen edlen Tropfen, so ist die Vokabel *Nihonshu* (japanischer Alkohol) die Richtige. Bei uns dagegen haben sich die Bezeichnungen Reiswein oder Sake durchgesetzt, aber jeder weiß, was damit gemeint ist. „Learning by doing" heißt es dann beim Verkosten. Hier überrascht unter rund 50 Sorten die Geschmacksvielfalt der traditionsreichen Getränke.

Sake und Sōchū – Infocenter (*nihon no sake jōhōkan* 日本の酒情報館*), 1-6-15 Nishi-Shinbashi,* ☎ *3519-2091, Mo–Fr 10–18 Uhr.* **M** *Toranomon* (虎ノ門駅)*, Linie Ginza, Exit 9;* **M** *Kasumigaseki* (霞が関駅)*, Linien Marunouchi, Chiyoda, Hibiya, Exit C3.*

Alter Shiba-Rikyū-Garten (6)

Pittoresker Platz im Großstadtdschungel

Knapp 2 km südlich von Shiodome behauptet sich mit dem Alten Shiba-Rikyū-Garten ein Fleckchen Erde, das während der Edo-Zeit der Bay abgerungen, als Daimyō-Residenz ihren parkähnlichen Charakter bekam. Bis zur Meiji-Restauration 1868 nannten mehrere Generationen hochgestellter Beamter das Terrain im heutigen Viertel **Kaigan** (海岸) ihr eigen. Wenige Jahre nach dem politischen Umbruch gingen 1875 Park nebst Villa in den Besitz des Kaiserhauses über. Das Beben 1923 und dadurch ausgelöste Brände setzten der Pracht zunächst ein Ende. Als aber der Tennō ein Jahr später das Anwesen der Stadt Tōkyō übergab, machte man sich daran, den Park als öffentliche Anlage wieder instand zu setzen. Bestimmendes Element der Gartenarchitektur ist ein 9.000 m^2 großer See, der in seinem nördlichen Teil an den berühmten künstlich angelegten „Westsee" in der chinesischen Stadt Hangzhou erinnern soll. 1979 zeichnete die Regierung den zu jeder Jahreszeit pittoresken Park als historischen Ort und besondere „Naturschönheit" aus. Trotzdem kommen nicht alle der malerischen Umgebung wegen hierhin. Wer gerne mit Pfeil und Bogen hantiert, bevorzugt den Bogenschießstand in der Nordostecke des Areals.

Als Naturschönheit gerühmt

Alter Shiba-Rikyū-Garten (*kyū shiba rikyū onshin teien* 旧芝離宮音恩賜庭園*), 1-4-1 Kaigan,* ☎ *3434-4029, tgl. 9–17 Uhr, Erw. 150 ¥.* 🚃 *Hamamatsuchō* (浜松町駅)*, Linien Yamanote, Keihin Tōhoku u. a., Exit Nord;* **M** *Daimon* (大門駅)*, Linien Asakusa, Ōedo, Exit B2.*

Tōkyō Tower (7)

Wer in Minato-ku unterwegs ist, braucht den in Shiba-Kōen gelegenen Tōkyō Tower nicht lange zu suchen. Weithin sichtbar reckt sich der mit 28.000 Litern roter und weißer Farbe angestrichene Funkturm à la Eiffelturm seit 1958 stattliche 332,60 m in die Höhe. Als eines der Wahrzeichen der Stadt entwickelte sich damals der Tower in kurzer Zeit zu einem wahren Publikumsmagnet. Rund 4 Mio. Besucher im Jahr genießen von einem der verglasten Aussichtsplateaus in 150 und 250 m Höhe den Blick auf Tōkyō aus der Vogelperspektive. Unter den vielen Res-

Markanter Funkturm: Tōkyō Tower

taurants und Shops dürfte der **Club 333** in der ersten Etage des Hauptdecks ein Erlebnis sein, wenn Livemusik die Aussicht auf das nächtliche, von Abertausenden Lichtern erhellte Tōkyō untermalt. Und auch der Tower selbst wird nachts als Markstein Tōkyōs fantastisch beleuchtet.

Tōkyō Tower (*tōkyō tawa* 東京タワ), *4-2-8 Shiba-Kōen, ☏ 3433-5111, www.tokyotower.co.jp, tgl. 9–23 Uhr, Erw./Stud./Kind Hauptdeck(150 m) 900/500/400 ¥, geführte Top Deck Tour (250 m) 2.800/1.800/1.200 ¥,* **Club 333** *wg. Renovierung derzeit geschl.* **M** *Akabanebashi (赤羽橋駅), Linie Ōedo, Exit Akabanebashi Gate;* **M** *Onarimon (御成門駅), Linie Mita, Exit A1;* **M** *Kamiyachō (神谷町駅), Linie Hibiya, Exit 1;* **M** *Daimon (大門駅), Linien Asakusa, Ōedo, Exit A6; 15 Min. ab 🚃 Hamamatsuchō (浜松町駅), JR-Linien Yamanote, Keihin Tōhoku, Exit Nord.*

Tempel Zōjō-ji (8)

Gute Fotoperspektive

Fotofans aufgepasst! Um den Tōkyō Tower abzulichten, bietet der südöstlich des Funkturms gelegene Tempel Zōjō-ji einen besonders schönen Vordergrund. Wie gemalt stehen heute die Gebäude des 1393 gegründeten und 1598 auf Wunsch von Tokugawa Ieyasu hierhin versetzten Zōjō-ji inmitten von Grün. Von Ieyasu zum Stammtempel des Tokugawa-Klans bestimmt, entwickelte er sich zum Haupttempel der buddhistischen Jōdo-Schule. Auf einer Fläche von über 82 ha zählten damals 48 Untertempel zu dem Komplex, der rund 3.000 Mönchen und Nonnen ein Zuhause gab. Heute ist der Zōjō-ji (eigentl. *san'en zan zōjō-ji* 三縁山 増上寺) bedeutend kleiner, aber dank Restaurationen schmuck wie ehedem. Das rote **Haupttor Sangedatsumon** (三解脱門) aus dem Jahr 1622 zählt mit 21 m Höhe, 28,7 m Breite und 17,6 m Länge zu den bedeutenden Kulturschätzen des Landes. Doppelstöckig erbaut, beherbergt es in seiner oberen Etage in die Gründerzeit zu datierende Skulpturen. Bedeutend jünger ist die im Stil buddhistischer Tempelarchitektur wiederaufgebaute **Haupthalle Daiden** (大殿) aus dem Jahr 1974. Ihr Schatz ist ein Standbild des Amida Buddha aus der Muromachi-Zeit (1333–1573), das von Darstellungen des Begründers der Jōdo-Schule Hōnen Shōnin (1133–1212) und des buddhistischen Meisters Shan-tao (613–681) umrahmt wird. Auf dem Weg zwischen Haupttor und Haupthalle steht linker Hand der 1673 erbaute **Glockenturm Daibonshō** (大梵鐘), dessen riesige Bronzeglocke stattliche 15 t wiegt. Zweimal am Tag ist sie zu hören, weniger als Zeitmesser, sondern vielmehr als Aufruf zur Kontemplation. An seine Eigenschaft als einstiger Stammtempel des Tokugawa-Klans erinnert ein hinter der **Halle Ankokuden** (安国殿) gelegenes **Mausoleum** (*tokugawa-ke reibyō* 徳川家霊廟). In der Ankokuden befindet sich eine mittlerweile von dunkler Patina überzogene Statue des Amida Buddha, der einst Ieyasu als Beschützer galt. Nur noch dreimal im Jahr wird das wertvolle Standbild der Öffentlichkeit gezeigt. Das 1613 erbaute Gebäude **Kyōzō** (経蔵) dient als Bibliothek, deren Besonderheit achteckige, drehbare Bücherregale sind.

Zōjō-ji (増上寺), *4-7-35 Shiba-Kōen, ☎ 3432-1431, www.zojoji.or.jp/en/, tgl. 6–17.30 Uhr, Tempelareal frei, Besichtigung Mausoleum nur nach Voranmeldung (mind. 10 Pers.), 500 ¥.* **M** *Onarimon* (御成門駅), *Linie Mita, Exit A1.*

Die Viertel Azabu, Akasaka und Aoyama

Bekannt als Wohngegend der Hautevolee, Prominenz und vieler Expats sowie Standort unzähliger Botschaften, geht es in den Vierteln im Umkreis von Roppongi teilweise sehr gediegen zu. Dabei lag hier einst der größte Pferdemarkt Edos und später ein Unterhaltungsviertel.

Tempel Zenpuku-ji (9)

Unter den Kulturgütern in Azabu blickt der Tempel **Zenpuku-ji** in Moto-Azabu (元麻布) auf eine rund 1.200-jährige Geschichte zurück. In seiner jüngeren Vergangenheit ist der Sakralbau auch mit dem Namen des ersten amerikanischen Generalkonsuls in Japan, Townsend Harris (1804–1878), verknüpft, der während seines Aufenthalts in Edo im Areal des Tempels untergebracht war. Mut musste unter Ausländern im Land der aufgehenden Sonne jener Jahre zweifellos eine Grundeigenschaft gewesen sein, denn nach der erzwungenen Öffnung des Landes waren sie nicht jedem willkommen. Harris habe deshalb im Gegensatz zu seinem Dolmetscher **Hendrick „Henry" Heusken** (1832–1861) auch selten den Tempelbereich verlassen. Heusken war anders. Er mischte sich unters Volk, hatte japanische Bekannte, eine japanische Freundin und war oft genug auch nach Einbruch der Dunkelheit noch unterwegs. So auch am 15. Januar 1861, als er von seinem Dienst als Dolmetscher bei der preußischen Ostasienexpedition in den Tempel zurückkehren wollte. Den folgenden Morgen hat er trotz Begleitschutz nach einem Überfall durch ein halbes Dutzend maskierter Täter nicht mehr erlebt. Der Tempel selbst ist im Vergleich zu seiner Geschichte weniger spektakulär. Als Besonderheit im umgebenden Garten gilt ein gut 20 m hoher Ginkgobaum, dem das stattliche Alter von über 750 Jahren zugeschrieben wird. Angeblich sei er an der Stelle gewachsen, wo einst der Begründer der buddhistischen Lehre des Jōdo, Shinshū Shinran (1173–1263), seinen Wanderstab in den Boden steckte.

Tragisches Ende

Tempel Zenpuku-ji (善福寺), *1-6-21 Moto-Azabu, ☎ 3451-7402, www.azabu-san.or.jp/eng/.* **M** *Azabu-Jūban* (麻布十番駅), *Linien Ōedo, Namboku, Exit 1.*

Ark Hills mit Suntory Hall (10)

Im Wohn- und Geschäftsviertel **Akasaka** (赤坂) entstand während der 1980er-Jahre der Komplex **Ark Hills** aus mehreren Gebäuden einschließlich der **Suntory Hall** – heute eines der weltweit bekanntesten Konzerthäuser. Das Geheimnis ihres Erfolgs liegt nicht nur im Programm mit Schwerpunkt auf Symphoniekonzerten, sondern ist auch seiner ausgezeichneten Akustik zuzuschreiben. Der große Saal fasst rund 2.000 Zuschauer und **Blue Rose**, die kleinere Halle um die 430. Riesig wie der große Saal ist auch seine von der österreichischen Firma Rieger erbaute Orgel mit 74 Registern und 5.898 Pfeifen.

Bekanntes Konzerthaus

Suntory Hall (*santorī hōru* スントリー ホール), *1-13-1 Akasaka,* ☏ *3503-1001, Kartenreservierung* ☏ *0570-55-0017.* **M** *Roppongi-Itchōme* (六本木I丁目駅)*, Linie Namboku, Exit 3; 10 Min. ab* **M** *Tameike Sannō* (溜池山王駅)*, Linien Namboku, Ginza, Exit 13.*

Hotel Ōkura mit Museum Ōkura Shūkokan (11)

Keine 250 m entfernt im Stadtteil Toranomon (虎ノ門) wissen Gäste des **Hotels Ōkura** (S. 129) die Annehmlichkeiten eines Fünf-Sterne-Hauses zu schätzen, das sich in einem Punkt von anderen Nobelherbergen unterscheidet. Dem Hotelkomplex angegliedert ist das **Museum Ōkura Shūkokan**, dessen Bestand von rund 2.000 Exponaten buddhistischer Kunst und 35.000 antiquarischen, überwiegend chinesischen Büchern der ambitionierten Sammlerleidenschaft des Unternehmers Ōkura Kihachiro (1837–1928) zu verdanken ist. im Jahr 1917 gründete er das erste Privatmuseum des Landes. Ōkuras Sohn Kishichiro, mehr der modernen Malerei Japans zugetan, trug zur Vielseitigkeit des Museums bei. Das heutige, 1928 errichtete Gebäude besticht durch seine Bauweise nach Entwürfen des Architekten Itō Chuta. Der zweistöckige Bau mit Arkaden und einem Dach ganz im Stil des Alten China gilt selbst als nationales Kulturgut. Figürliche Ornamente auf den geschwungenen Dachenden haben neben ihrer Ästhetik eine „echte“ Funktion. Im Volksglauben Chinas finden hier weder Geister noch Dämonen Halt.

Im Garten des Museums Ōkura Shūkokan

Museum Ōkura Shūkokan (大倉集古館), *2-10-3 Toranomon,* ☏ *3583-0781, www.shukokan.org, wegen Renovierung bis 2019 geschl.*

State Guesthouse (12)

Hohe Staatsgäste

In den Genuss, im neobarocken Akasaka-Palast mit seiner überreichen Ausstattung à la Versailles zu residieren, kommen i.d.R. nur hohe Staatsgäste aus aller Welt. 1909 in Moto-Akasaka (元赤坂) für den Kronprinzen erbaut, dient er seit 1974 als State Guesthouse. Deshalb müssen Kronprinz Naruhito, Kronprinzessin Masako und Tochter Prinzessin Aiko (Toshi) aber nicht darben, denn ihr neues Refugium im Areal der riesigen Parkanlage ist der zwar kleinere, aber modernere Tōgū-Palast. Seit über 25 Jahren dürfen auch Nicht-VIPs während der Sommermonate, wenn weder gekrönte Häupter noch Staatspräsidenten Tōkyō besuchen, einen Blick in das jüngst renovierte State Guesthouse werfen. Interessierte Besucher sollten sich vorab nach der Möglichkeit und Terminen erkundigen.

State Guesthouse (*geihinkan* 迎賓館), *2-1-1 Moto-Akasaka,* ☏ *3478-1111.* 🚃/**M** *Yotsuya* (四ツ谷駅)*, JR-Linien Chūō, Chūō-Sōbu, Exit Ost, Metrolinien Marunouchi, Namboku, Exit 1.*

Rugby Stadion Chichibunomya (13)

Steht der Stadtteil Kita-Aoyama (北青山) ganz im Zeichen von Edelboutiquen und feinen Restaurants, so kommen einige doch aus einem anderen Grund hierher. Schließlich wurde 1947 in dem Viertel das Rugby Stadion Chichibunomya erbaut – heute mit einer Tribüne für über 25.000 Zuschauer. Ende des 19. Jh. von britischen Matrosen in Yokohama eingeführt, bekam Rugby unter den Studenten der Prestige-Universität Keiō 1899 einen festen Platz. Mitfiebern und Anfeuern war beim ersten internationalen Spiel 1932 gegen Kanada Ehrensache. Mit 9:8 gewann Japan.

Rugby Stadion Chichibunomya (*chichibunomya ragubī-jō* 秩父宮ラグビー場), *2-8-35 Kita-Aoyama,* ☏ *3401-3881.* **M** *Gaienmae* (外苑前駅), *Linie Ginza, Exit 4b, 2.*

Steinlaterne auf dem Aoyama-Friedhof

Aoyama-Friedhof (14)

Am bekanntesten in Minami-Aoyama (南青山) dürfte der 26 ha große, im Jahr 1872 eröffnete Aoyama-Friedhof mit Tausenden von Gräbern sein. Damals vermutlich noch erschwinglich, steht heute eine letzte Ruhestätte preislich jenseits aller Konkurrenz. Daran wird die Zukunft auch nichts ändern, denn Pläne, den Friedhof zu schließen, wurden aufgrund großer Nachfrage wieder verworfen. Vor einigen Jahren erst versteigerte Tōkyō die begehrten, zwischen vielen „Promis" liegenden raren Plätze, wobei je nach Grabgröße schon einmal zwischen 21.000 und 77.000 € den Besitzer wechselten.

Aoyama-Friedhof (*aoyama reien* 青山霊園), *2-32-2 Minami-Aoyama,* ☏ *3401-3652.* **M** *Gaienmae* (外苑前駅), *Linie Ginza, Exit 1b;* **M** *Nogizaka* (乃木坂駅), *Linie Chiyoda, Exit 5.*

Roppongi

Heute vor allem unter Ausländern die **Vergnügungsmeile** schlechthin, war das Viertel Roppongi (六本木) während der Edo-Zeit (1603–1867) nur spärlich besiedelt. Angeblich residierten damals sechs Daimyō hier, in deren Namen jeweils das japanische Schriftzeichen für Baum enthalten gewesen sei. Daraus leitet sich möglicherweise die Bezeichnung Roppongi in seiner Bedeutung „sechs Bäume" ab. Eine andere These geht davon aus, dass hier früher sechs sehr alte und schöne Zelkoven, eine zu den Ulmengewächsen zählende Baumart, standen. Veränderungen brachte die Stationierung der Kaiserlichen Garde um 1890. Mit dem Zustrom der Soldaten etablierte sich nach und nach ein Viertel, in dem das Nachtleben florierte. Das Beben 1923 setzte allerdings einen Schlussstrich darunter. Auch der Zweite Weltkrieg verschonte Roppongi nicht und so erholte sich die Gegend erst wieder in der Nachkriegszeit. Damals verschlug es US-Armee und Alliierte hierher

Namensherkunft

und so wiederholte sich im Grunde dieselbe Entwicklung wie zur Zeit der Kaiserlichen Garde. Restaurants, Bars und einschlägige Nachtclubs schossen wie Pilze aus dem Boden. Das Platzen der Bubble Economy 1989 zwang zwar viele Kneipiers und Diskothekenbetreiber in die Knie, heute aber amüsiert sich die multikulturelle Szene wieder wie ehedem. Ein wenig Vorsicht kann hier nicht schaden, denn auf der „Reeperbahn" Tōkyōs dürfte auch das eine oder andere schwarze Schaf sein Jagdrevier gefunden haben.

Multikulturelles Nachtleben

Das Herz Roppongis schlägt an der **Kreuzung Gaien Higashi-dōri (15)** (外苑東通り) und der **Roppongi-dōri** (六本木通り) direkt bei der Metrostation Roppongi. Verfehlen konnte man sich hier bislang nicht, denn direkt an der Kreuzung

★ **Sehenswürdigkeiten**
15 Kreuzung Gaien Higashi-dōri / Roppongi-dōri
16 Café Almond
17 Haiyuza Theater
18 Roppongi Hills / Mori Art Museum / Grand Hyatt
19 Tōkyō Midtown / Suntory Museum of Art / Ritz Carlton
20 National Art Center

Essen und Trinken
4 Tempura Mikaku
5 Hills Dal-Matto
6 Genpin-Fugu
7 Honmura An
8 Outback Steakhouse Roppongi
9 Hassan

Unterhaltung
10 Agave
11 El Café Latino
12 Bar Propaganda
13 Gran Cyper Café
14 Kaguwa Roppongi
15 Hard Rock Café
16 The New Matrix Bar
17 Odeon
18 Esprit Tōkyō
19 Wall Street Café – New York Style Café Bar
20 Abbey Road
21 Jazz House Alfie
22 Club Edge
23 Bauhaus

Unterkunft
D Arca Torre Hotel
E The B Roppongi

galt das 1964 eröffnete pinkfarbene **Café Almond (16)** als populärer Treffpunkt mit Kultcharakter. „Wir sehen uns beim Almond" mussten aber Nachtschwärmer im Januar 2009 aus ihrem Wortschatz streichen. Wegen Baufälligkeit wurde es geschlossen. Für immer war das nicht, denn heute steht an selber Stelle ein neues Almond mit einem genauso verführerischen Angebot. Eis und Parfait, Kuchen und Gebäck schmeicheln dem Gaumen genauso wie deftige Kleinigkeiten.

Populärer Treffpunkt

Almond (アマンド), *6-1-26 Roppongi, ☎ 3402-1870, www.roppongi-almond.jp, Mo–Do, So/feiertags 10–23, Fr/Sa 10–3 Uhr, Preise 500–1.500 ¥.* **M** *Roppongi* (六本木駅), *Linien Hibiya, Ōedo, Exit 3.*

Das **Haiyuza Theater (17)** als weiterer Markstein Roppongis bringt seit 1954 moderne Inszenierungen auf die Bühne.

Haiyuza Theater (*haiyuza geikijō* 俳優坐劇場), *4-9-2 Roppongi, ☎ 3470-2880, www.haiyuzagekijou.co.jp. Eintritt je nach Vorstellung.* **M** *Roppongi* (六本木駅), *Exit 6.*

Roppongi Hills (18)

Suite im Grand Hyatt, Roppongi Hills

Veränderungen des Lokalkolorits brachten die in den letzten Jahren erbauten Hochhausgiganten Izumi Garden Tower, Roppongi Hills und Tōkyō Midtown. Konnten Eigentümer und Pächter im Izumi Garden mit Restaurants, Shops, Büros, Apartments und einem Hotel 2002 ihre Schlüssel in Empfang nehmen, so war 2003 der **Komplex Roppongi Hills** an der Reihe. Neben rund 200 Edelboutiquen, Nobelshops und Restaurants beherbergt das Gebäude auch Kinos, das große Mori Art Museum und ein Aussichtsplateau. Im Roppongi Hills darf das Attribut luxuriös nicht fehlen und so verwundert es kaum, dass hier auf mehreren Etagen das **Grand Hyatt** als Fünf-Sterne-Hotel seine Gäste „auf Rosen bettet".

Roppongi Hills (*roppongi hiruzu mori tawā* 六本木ヒルズ森タワー), *6-10-1 Roppongi, www.roppongihills.com, Geschäfte meist tgl. 10–21 Uhr, Restaurants/Bars länger geöffnet. Aussichtsplattform 10–23 Uhr, Lift Erw./Sen./Stud./Kind 1.800/1.500/1.200/600 ¥.*

Die von dem weltweit renommierten Architekturbüro Kohn Pederson Fox entworfenen Räumlichkeiten des **Mori Art Museum** sollten von Anfang an ganz im Sinne des Gründers Mori Minoru (1934–2012) der Crème de la Crème zeitgenössischer Kunst als Forum dienen. Mehrmals im Jahr wechseln die Ausstellungen, aber egal, welche künstlerischen Arbeiten gezeigt werden, exklusiv und außergewöhnlich ist jede davon. Zugang zum **Tokyo City View Observation Deck**.

Museum in der 53. Etage

Mori Art Museum (*mori bijutsukan* 森美術館), **Mori Tower**, *53. OG, 6-10-1 Roppongi Hills, ☎ 5777-8600, www.mori.art.museum, Mi–Mo 10–22, Di 10–17 Uhr, Eintritt je nach Ausstellung, inkl. Tokyo City View Observation Deck, Sky Deck zzgl. 500 ¥.*

Tōkyō Midtown (19)

Der 2007 eröffnete Komplex Tōkyō Midtown setzt sich aus sechs Gebäuden und Grünflächen zusammen, wobei der 248 m hohe **Midtown Tower** derzeit der höchste Wolkenkratzer Tōkyōs ist. Dabei realisierten Bauherren und Architekten auch umweltorientierte Techniken wie Wasserrecycling und Energieeinsparungen. An Glanz und Luxus anderen „Wohlstandstempeln" mit Leichtigkeit ebenbürtig, verfügt auch Midtown über eine eigene Infrastruktur, bei der weder Kunst, Kommerz und Lifestyle zu kurz kommen.

Tōkyō Midtown *(tōkyō midotaun 東京ミドタウン), 9-7-1 Akasaka, www.tokyo-midtown.com, Geschäfte tgl. 11–21 Uhr, Restaurants/Bars bis 24 Uhr.*

Kunst im Tōkyō Midtown

Das von der Gartenseite aus erreichbare **Suntory Museum of Art** hat es sich zur Aufgabe gemacht, die Schönheit in der Kunst besonders zu akzentuieren. Vor allem Artefakte des Alten Japan und Asiens zählen zu den Kostbarkeiten seiner Sammlung. Den Blick nach vorne richten die Ausstellungen des **21_21 Design Sight** im Midtown Design Wing. Mit Superlativen wartet das Hotel **Ritz-Carlton** in den Etagen 45 bis 53 des Midtown Tower auf. Dazu gehören z. B. die teuerste Präsidentensuite Japans oder einige über 8 m hohe Gemälde in der Lobby – und natürlich der Preis. Schließlich dominiert im Ritz-Carlton perfekte zeitgenössische Eleganz, gepaart mit der hohen Schule zuvorkommender Gastlichkeit.

Suntory Museum of Art *(suntorī bijutsukan サントリー美術館), Tōkyō Midtown, 9-7-4 Akasaka, ☎ 3479-8600, www.suntory.com/sma, Fr/Sa 10–20, So/Mo, Mi/Do 10–18 Uhr, Eintritt je nach Ausstellung.*

21_21 Design Sight *(toūwan_toūwan dezain saito トウー_トウーデザインサイト), 9-7-6 Akasaka, ☎ 3475-2121, www.2121designsight.jp, Mi–Mo 10–19 Uhr, Erw./Stud./Jugendl. 1.100/ 800/500 ¥.* **M** *Roppongi (六本木駅), Linien Hibiya, Ōedo, Exit 3–6.*

National Art Center (20)

Einer der letzten Entwürfe des in den 1970er-Jahren in der Avantgarde-Bewegung der Metabolisten engagierten Architekten Kurokawa Kishō (1934–2007), das National Art Center mit seiner markanten wellenförmigen Fassade aus Glas, schlug nach seiner Eröffnung 2007 in der Tat in mehrfacher Hinsicht Wellen. Zum einen wurde das gigantische Bauwerk mit 48.000 m² Fläche durchaus bejubelt, zum anderen stellte sich aber die Frage, ob angesichts der unzähligen Museen und Galerien der Stadt eine solche Investition gerechtfertigt war. Dank Resonanz der Öffentlichkeit sprachen die Be-

Wellen aus Glas: National Art Center

sucherzahlen bald für sich. Dabei verfügt das Art Center über keine eigene Sammlung, sondern bestückt seine zwölf Räume mit wechselnden, thematisch sehr unterschiedlichen Ausstellungen internationaler Kunst.
National Art Center (*kokuritsu shin bijutsukan* 国立新美術館), *7-22-2 Roppongi, ☎ 5777-8600, www.nact.jp, Mo, Mi, Do, So 10–18, Fr/Sa bis 20 Uhr, Eintritt je nach Ausstellung.* **M** *Nogizaka (乃木坂駅), Linie Chiyoda, Exit 6.*

Reisepraktische Informationen Minato-ku

(Karte S. 229, Unterkunft S. 129)

Infos

Internet: *www.city.minato.tokyo.jp*

Essen & Trinken

(1) Anpuku (あんぷく), *Toranomon Hills 4.OG, 1-26 Toranomon, ☎ 6257-3850, tgl. 11–15, 17–23 Uhr. Spezialität des Hauses sind Fusion-Style-Udonnudeln unterschiedlichster Geschmacksrichtungen wie etwa Carbonara oder Beef-Tendon, mit chinesischem Touch oder Curry, 1.000–3.000 ¥.* **M** *Toranomon (虎ノ門駅), Linie Ginza, Exit 1;* **M** *Kamiyachō (神谷町駅), Linie Hibiya, Exit 3.*

(2) Kikunoi (菊乃井), *6-13-8 Akasaka, ☎ 3568-6055, www.kikunoi.jp, Mo–Sa 12–15, 17–23 Uhr. Gekrönt von unaufdringlicher Gastlichkeit, geht man im exklusiven Kikonoi nicht einfach mal zum Essen, denn mit der saisonalen Kaiseki-Küche Kyōtos ist der kulinarische Gipfel japanischer Essgewohnheiten so gut wie erreicht. Gäste können zwischen Tatami- und Thekenplätzen wählen, 10.000–20.000 ¥.* **M** *Akasaka (赤坂駅), Linie Chiyoda, Exit 6.*

(3) Washoku En (和食えん), *Shiodome City Center 42. OG, 1-5-2 Higashi-Shimbashi, ☎ 5537-2096, Mo–Fr 11.30–15, 17–23.30, Sa/So 11.30–16, 17–23.30 Uhr. Authentische japanische Küche von ausgezeichneter Qualität, gepaart mit fantastischer Aussicht über die Stadt: Preisniveau mittags ca. 1.200 ¥, abends 6.000 ¥. Abends lockt die* **Bar & Lounge Majestic** *nur eine Etage tiefer mit einem fast unüberschaubaren Angebot an Drinks (Mo–Do 17.30–2, Fr/Sa bis 4, So bis 24 Uhr).* /**M** *Shiodome (汐留駅), Linien Ōedo, Yurikamome, Exit 1D, 4.*

Unterhaltung

(4) Blue Note (ブルーノト), *6-3-16 Minami-Aoyama, ☎ 5485-0088, www.bluenote.co.jp, Mo–Fr 17–24, Sa/So 15.30–23 Uhr. Für Musiker aus aller Welt keine unbekannte Adresse, denn im größten Jazzclub Tōkyōs reichen sich internationale Stars die Hände. Dabei muss es nicht bei bloßem Konzertgenuss bleiben, schließlich gibt die Speise- und Getränkekarte einiges her. Eintritt je nach Künstler zwischen 6.000 und 25.000 ¥, Abendessen 2.000–7.000 ¥.* **M** *Omotesandō (表参道駅), Linien Ginza, Hanzōmon, Chiyoda, Exit B3.*

(5) Super Deluxe (スーパーデラックス), *1. UG, 3-1-25 Nishi-Azabu, ☎ 5412-0512, www.super-deluxe.com, Di–Sa 19–24, So 18–23 Uhr. Das Zentrum für Kunst der Avantgarde bietet Raum für experimentelle Musik, Performances, bildende Kunst und vieles mehr. Ein Blick auf den Eventkalender lohnt. Eintrittspreis je nach Veranstaltung* **M** *Roppongi (六本木駅), Linien Hibiya, Ōedo, Exit 3.*

Japanische Tischetikette

(11) Hotel Ōkura (ホテルオークラ), *2-10-4 Toranomon, ☎ 3582-0111, www.okura.com/tokyo. „Learning by eating" – mit Anleitung (auf Englisch) kann bei einem Kaiseki-Mittagsmenü nichts schiefgehen. Anmeldung unter ☎ 3505-607, 12.000 ¥.* **M** *Toranomon (虎ノ門駅), Linie Ginza, Exit 2, 8 Min. zu Fuß.*
(Karte Minato-ku S. 229)

Roppongi
(Karte S. 236, Unterkunft S. 129)

Die folgenden Adressen sind meist erreichbar von der Metrostation **M** *Roppongi (六本木駅), Linien Hibiya, Ōedo.*

Essen & Trinken

(4) Tempura Mikaku (てんぷら味覚), *KY Bldg., 1. UG, 3-16-14 Roppongi, ☎ 3404-1800, www.tenpura-mikaku.com, Mo–Fr 11.30–14, 18–22 Uhr. Nicht umsonst gilt das kleine Mikaku als bestes Tempura-Restaurant des ganzen Bezirks. Eines seiner Erfolgsgeheimnisse ist selbst angebautes Gemüse und absolut frischer Fisch, serviert mit Freude und Freundlichkeit, 2.000–8.000 ¥;* **M** *Exit 1a/3.*

(5) Hills Dal-Matto (ヒルズダルマット), *Roppongi Hills, 5. OG, 6-10-1 Roppongi, ☎ 6804-1644, www.dal-matto.com, tgl. 11–23, Fr/Sa bis 24 Uhr. Warum nicht zwischendurch Italienisch? Feinste Küche von Appetizern über leckere Hauptgerichte bis hin zu Desserts, mittags ca 1.500 ¥, abends 3.500–6.000 ¥;* **M** *Exit 1B.*

(6) Genpin-Fugu (玄品ふぐ), *Hodaka Bldg., 2. OG., 4-12-12 Roppongi, ☎ 5775-5029, tgl. 17–23 Uhr. Schon beim Eingang bekommt man hier die berühmt-berüchtigten Kugelfische zu Gesicht, zunächst im Aquarium und später gekonnt zubereitet auf dem Teller. Ob roh oder gekocht, Kenner schwören auf Fugu als Geschmackserlebnis der ganz besonderen Art. Ein Häppchen ist für ca. 2.000 ¥, ein Dinner für ca. 5.000 ¥ zu haben. Ein ganzer Fugu kommt je nach Größe auf rund 30.000 ¥;* **M** *Exit 7.*

(7) Honmura An (本むら庵), *7-14-18 Roppongi, ☎ 5772-6657, www.honmuraan tokyo.com/engl/, Di–Fr 12–14.30, 17.30–22, Sa/So bis 21.30 Uhr, 1. u. 3. Di im Monat geschl. Das auch gern von Prominenz besuchte stylish eingerichtete Soba-Restaurant setzt auf erstklassige Qualität und Kreativität. Betreiber Koichi Kobari verleiht seinen Gerichten eine ganz eigene Note, 800–2.000 ¥, Menü 5.000 ¥;* **M** *Exit 4B.*

(8) Outback Steakhouse Roppongi (アウトバツクステーキハウス六本木), *2. OG, 6-1-3 Roppongi, ☎ 5413-4870, Mo–Fr 17–23.30, Sa/So 11.30–23.30 Uhr. Steaks in allen möglichen Varianten und Größen werden i. d. R. mit Salat oder je nach Wunsch mit Suppe serviert. Für den kleineren Hunger bietet die Küche Burger aller Art. Preisniveau: 2.000–4.000 ¥;* **M** *Exit 3.*

(9) Hassan (八山), *Denki Bldg., 1. UG, 6-1-20 Roppongi, ☎ 3403-8333, http://hassan.createrestaurants.com, Mo–Fr 12–15, 17.30–23, Sa/So 12–15, 17–23, So bis 22 Uhr. Neben Sushi und Sashimi ist das Hassan vor allem für sein Shabu-Shabu mit Fleisch des berühmten Kobe-Rindes berühmt. À la carte ab 2.000 ¥, Shabu-Shabu ab 6.500 ¥, Shabu-Shabu Menü ab 7.000 ¥;* **M** *Exit 1A/3.*

Unterhaltung

(10) Agave (アガヴェ), *DM Bldg., 1. UG, 7-18-11 Roppongi, ☎ 3497-0229, http://agave.jp, Mo–Do 18.30–2, Fr/Sa bis 4 Uhr. Gedämpfte Beleuchtung, gemütliche*

Sitzgelegenheiten und ein großes Porträt der mexikanischen Künstlerin Frida Kahlo an der Wand verwandeln das Agave in eine angenehmen Bleibe: 450 Tequilasorten, dominikanische und kubanische Zigarren, mexikanische Snacks, 2.000–6.000 ¥; **M** *Exit 2/4.*

(11) El Café Latino, *3-15-24 Roppongi, ☏ 3402-8989, www.elcafelatino.com, Di–Do, So 18–24, Fr/Sa 18–5 Uhr, Eintritt inkl. Getränk 1.500 ¥. In Sachen Salsa, Samba und Merengue hat das Café Latino die Nase vorn, wird es doch als bester Latin Club ganz Japans gerühmt;* **M** *Exit 5.*

(12) Bar Propaganda, *Yua Roppongi Bldg., 2. OG, 3-14-9 Roppongi, ☏ 3423-0988, www.propaganda-tokyo.com/english, tgl. 19–5 Uhr. Seit 1997 ist die Bar mit abwechslungsreichem Musikangebot eine beliebte Anlaufstelle für junges Publikum. Mi und Sa lockt bis 23 Uhr die Happy Hour für weibliche Gäste; 2.000–3.000 ¥;* **M** *Exit 5.*

(13) Gran Cyper Café (グランサイバーカフェ), *Roi Bldg., 12. OG, Roppongi, 5-5-1 Roppongi, ☏ 5786-2280, www.gcc-bagus.jp, tgl. 24 Std. Die Preise im Cyper Café mit unterschiedlichsten Medien wie DVDs, PC-Spielen, Comic-Heften und Journalen hängen ganz von der Wahl der PC-Ecke und der Sessel ab. Zimmer mit Dusche verfügbar. Natürlich sind auch Getränke und kleine Gerichte zu haben. 1 Std. ab 500 ¥;* **M** *Exit 3/5.*

(14) Kaguwa Roppongi (六本木香和), *5-4-2 Roppongi, ☏ 5414-8818, www.kaguwa.com, So–Do 18–0.30, Fr/Sa 18–3.30 Uhr. Der Clou im Kaguwa ist die Kombination von Bühnenshow (1 Std.) und ausgezeichnetem Essen. Statt des üblichen Zuschauerraums gibt es Stühle und Tische, von wo aus Gäste die mit viel Pep inszenierten Vorstellungen klassischer Themen der Meiji-Ära verfolgen können, tgl. mehrere Shows. Eintritt 3.500 ¥, Angebote „Admission, Food & All you can drink" je nach gewähltem Essen ab 6.500 ¥;* **M** *Exit 5.*

Hard Rock Café in Roppongi

(15) Hard Rock Café, *5-4-20 Roppongi, ☏ 3408-7018, tgl. 11.30–2, Fr/Sa bis 4 Uhr. Amerikanische Küche mit ein wenig Japan Style sowie fantasievoll gemixte Drinks sind nur eine Seite des Hard Rock Cafés. Veranstaltungen wie Konzerte oder die Disco Night machen das Café zu einer attraktiven Nightlife-Adresse, 2.000–5.000 ¥;* **M** *Exit 3.*

(16) The New Matrix Bar (ニューマトリシクスバー), *Wind Bldg., 1. UG, 3-13-6 Roppongi, ☏ 3405-1066, http://matrixbar.jp, tgl. 18–6 Uhr, Happy Hour 18–22 Uhr. Party an jedem Tag des Jahres! DJs setzen hier vor allem auf Hip-Hop, Reggae, Trance und Rhythm 'n' Blues. Pluspunkt ist freier Eintritt und vergleichsweise günstige Getränke ab 500 ¥;* **M** *Exit 5.*

(17) Odeon, *Hanatsubaki Bldg., 3. OG, 3-15-23 Roppongi, ☏ 3478-4555, http://odeon-bar.com, Mo–Mi 21–8 Uhr morgens, Do bis 10 Uhr, Fr/Sa bis 12 Uhr mittags. Unter Partyfans gilt der Club Odeon, stylish und laut, als Paradies. Bei modernster Musik- und Lichttechnik, Mixed Music sowie unglaublicher Öffnungszeiten ist Spaß vorprogrammiert. Eintritt regulär 1.000 ¥, bei Veranstaltungen unterschiedliche Preise;* **M** *Exit 5.*

(18) Esprit Tōkyō, *B&V Bldg., 2/3. OG, 5-1-6 Roppongi, ☏ 3470-1371, http://esprit-tokyo.net, Di–So 22–5 Uhr. Der große Nachtclub für rund 450 Gäste setzt auf glamourös schickes Ambiente. Im Esprit können Gäste nicht nur trinken, sondern auch essen. Eintritt ab 20 Jahren, Dresscode: Sportbekleidung, Sandalen und Tattoos sind tabu, Frauen 1.000 ¥, Männer je nach Wochentag zwischen 2.000 und 3.500 ¥;* **M** *Exit 5.*

(19) Wall Street Café – New York Style Café Bar, *Sunlight Central Bldg., 3-15-22 Roppongi, ☏ 6804-5416, http://wallstreetcafejp.com, tgl. 19–6 Uhr. Authentisch amerikanisches Essen und eine gut bestückte gemütliche Bar versprechen einen „klassischen" Abend, es sei denn: Es ist Partytime! 2.000–5.000 ¥;* **M** *Exit 3/5.*

Livemusik

(20) Abbey Road (アビーロード), *Roppongi Annex Bldg., 1.UG, 4-11-5 Roppongi, ☏ 3402-0017, www.abbeyroad.ne.jp, tgl. 18–23.30 Uhr. Das Repertoire der Beatles liegt den Parrots als „hauseigene" Coverband lange schon im Blut. Eintritt 2.300–2.500 ¥, Snacks/Getränke unter 1.000 ¥;* **M** *Exit 4A/7.*

(21) Jazz House Alfie, *Hama Roppongi Bldg., 5.OG, 6-2-35 Roppongi, ☏ 3479-2037, Mo–Sa 19.30–3 Uhr. Als bester Jazzclub des Viertels gepriesen, stehen i. d. R. zwei Live-Sets um 20 und 22 Uhr sowie Jam Sessions nach Mitternacht an, Eintritt je nach Programm;* **M** *Exit 1A.*

(22) Club Edge, *Five Plaza 2.UG, 5-18-21 Roppongi, ☏ 3505-4561, www.club-edge.net, Öffnungszeiten je nach Konzert (evtl. auch tagsüber). Live-Konzerte querbeet von meist lokalen Bands. Eintritt je nach Programm;* **M** *Exit 3.*

(23) Bauhaus, *Reine Bldg., 2.OG, 5-3-4 Roppongi, ☏ 3403-0092, www.e-bauhaus.jp, Mo–Sa 19–1 Uhr. Für Rockfans ein Muss, denn im Bauhaus mit eigener Band gibt es jeden Abend Konzerte. Was gespielt wird, dürfen Gäste mitentscheiden, 1.500–2.700 ¥. Drinks, Fingerfood, Snacks 400–800 ¥. Ausländer sollten ihren Pass mitnehmen;* **M** *Exit 3.*

Redaktionstipps

➤ Der **Yebisu Garden Place** ist mit seiner modernen Infrastruktur einer der populärsten Plätze der Stadt (s. u.).

➤ Beim Besuch des **Tōkyō Metropolitan Teien Art Museum** erwartet Sie eine Art-déco-Residenz, die in Japan ihresgleichen sucht (S. 245).

➤ Das **Meguro Parasitological Museum** hat sich dem weiten Feld der Erforschung parasitärer Lebensformen verschrieben (S. 246).

Meguro-ku 目黒区

Der 14,70 km² große Bezirk mit rund 284.000 Einwohnern ist mit über 19.300 Einw./km² vor allem als Wohngebiet und Diplomatenviertel bekannt, wobei sich in den Stadtteilen **Naka-Meguro(1)** (中目黒) und **Jiyūgaoka (2)** (自由が丘) das Lokalkolorit zusehends verändert. Vor allem unter der jüngeren Generation hat sich Naka-Meguro mit seiner modernen Architektur, guten Einkaufsmöglichkeiten und einer Kneipen- und Restaurantszene zu einer beliebten Alternative zu anderen Stadtteilen gemausert. Auch Jiyūgaoka ist gleich mit mehreren Shoppingmeilen wie der Marie Claire Street, Sunset Alley oder der Green Street eine Fundgrube für Mode und Design. Der teilweise in Minato-ku und Shibuya-ku gelegene Yebisu Garden Place gilt als Beispiel zeitgemäßer Stadtplanung.

🚃/**M** *Naka-Meguro (中目黒駅), Linie Tōkyū Tōyoko, Metrolinie Hibiya, Hauptausgang;* 🚃 *Jiyūgaoka (自由が丘駅), Linien Tōkyū Tōyoko, Tōkyū Ōmachi, Exit Nord.*

Yebisu Garden Place (3)

Dort wo sich fast 100 Jahre lang alles um Gerstensaft drehte, rollten Ende der 1980er-Jahre Bagger und Baumaschinen an, um dem Areal ein gänzlich neues Gesicht zu verleihen. Hektik scheint in dem heute aus mehreren Gebäuden entstan-

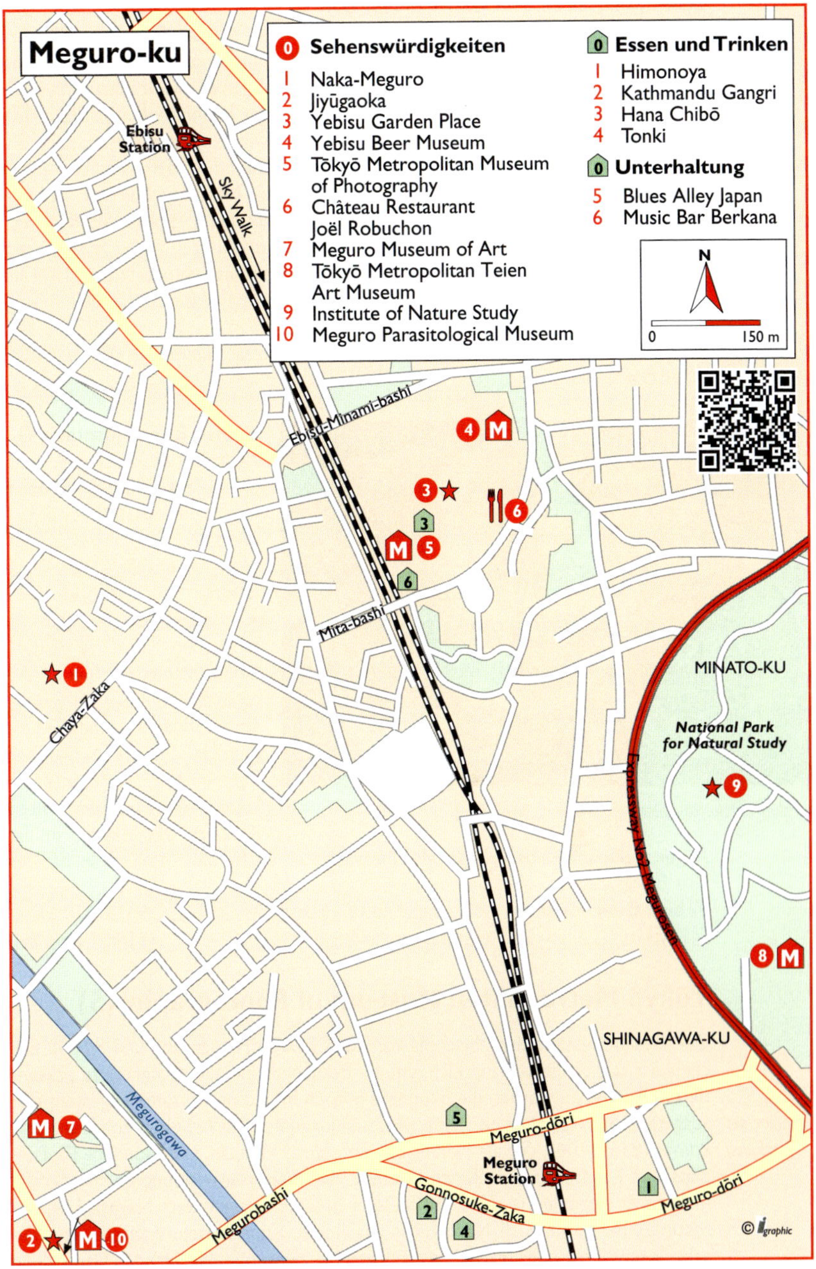
Meguro-ku
Sehenswürdigkeiten
1 Naka-Meguro
2 Jiyūgaoka
3 Yebisu Garden Place
4 Yebisu Beer Museum
5 Tōkyō Metropolitan Museum of Photography
6 Château Restaurant Joël Robuchon
7 Meguro Museum of Art
8 Tōkyō Metropolitan Teien Art Museum
9 Institute of Nature Study
10 Meguro Parasitological Museum
Essen und Trinken
1 Himonoya
2 Kathmandu Gangri
3 Hana Chibō
4 Tonki
Unterhaltung
5 Blues Alley Japan
6 Music Bar Berkana
N
0 150 m
Ebisu Station
Sky Walk
Ebisu-Minami-bashi
Mita-bashi
Chaya-Zaka
MINATO-KU
National Park for Natural Study
Expressway No2 Megurosen
SHINAGAWA-KU
Megurogawa
Meguro-dōri
Meguro Station
Gonnosuke-Zaka
Megurobashi
© graphic

denen Komplex ein Fremdwort zu sein, obwohl weder Gastronomie, Kultur, Unterhaltung oder das bei Japanern beliebte Einkaufen zu kurz kommen. 1890 begründete hier die später mit der Sapporo-Brauerei fusionierte Japan-Brauerei ihr Unternehmen. Schon wenige Jahre nach der Eröffnung trieb das Brauhaus mit Blick auf verbesserte Transportmöglichkeiten den Bau des Bahnhofs Ebisu (恵比寿駅) voran, den heute mehrere JR-Linien und die Metrolinie Hibiya befahren. Ebisu als einer der sieben Glücksgötter Japans stand dabei nicht nur für den Bahnhof und das Stadtviertel, sondern auch für die Biersorte *Yebisu* als Namensgeber Pate. Verwirren lassen brauchen Sie sich von den die Begriffen *Ebisu* und *Yebisu* nicht, denn mit beiden ist dasselbe gemeint. 1988 wanderte die Brauerei nach Chiba im Südosten des Großraums Tōkyō ab, womit der Freiraum nach seiner Neugestaltung 1994 als Yebisu Garden Place mit zeitgemäßer städtischer Infrastruktur entstand.

Biersorte und Glücksgott

Yebisu Garden Place (*ebisu gāden pureisu* 恵比寿ガーデンプレイス*), 4-20-3 Ebisu.* 🚃/**M** *Ebisu* (恵比寿駅)*, JR-Linie Yamanote, Metrolinie Hibiya, Exit Ost, ca. 8 Min. durch den Skywalk.*

Bier zum Löffeln: Biergelee

Yebisu Beer Museum (4)

Komplett erledigt hat sich das Thema Bier indes nicht, denn innerhalb des Geländes dokumentiert das Yebisu Beer Museum anschaulich den Werdegang der Brauerei. Und wer meint, im Museum an trockener Kehle zu leiden, dem kann hier mit Bier unterschiedlichster Sorten geholfen werden. Steht bei Einheimischen derzeit Diätbier hoch im Kurs, so könnte das kalorienarme Getränk echten Kennern das Wasser in die Augen treiben. Fraglos Krönung der Biervarianten dürfte Bier zum Löffeln, das Yebisu-Biergelee sein.

Yebisu Beer Museum (*yebisu mugishu kinenkan* 恵比寿麦酒記念館*), 4-20-1 Ebisu, Shibuya-ku,* ☏ *5423-7255, www.sapporoholdings.jp/yebisu, Di–So 11–19 Uhr, Eintritt frei.*

Tōkyō Metropolitan Museum of Photography (5)

Der Gesamtbestand des Museums von rund 20.000 Fotografien und 30.000 Büchern ist schlicht zu umfangreich, um ihn Besuchern in vollem Umfang zu präsentieren. Ab und zu werden die Exponate je nach Motto neu zusammengestellt und ausgetauscht. Was aber bei keiner Ausstellung fehlt, sind Arbeiten von Ueno Hakoma (1838–1904), der als Pionier der Fotokunst in Japan, insbesondere für Porträts und Landschaftsaufnahmen bekannt, die Weiterentwicklung der Fotografie maßgeblich beeinflusste. 1862 eröffnete er in seiner Heimatstadt Nagasaki ein Fotostudio, indem er auch Nachwuchs ausbildete. Künstlerische Fähigkeit, technisches Know-how und Geschäftssinn gingen bei Ueno offenbar Hand in Hand, denn

Pionier der Fotokunst

1890 eröffnete er in Wladiwostok eine Filiale, der ein Jahr später Niederlassungen in Shanghai und Hong Kong folgten.
Tōkyō Metropolitan Museum of Photography (*tōkyō-to shashin bijutsukan* 東京都写真 美術館), *1-13-3 Mita, ☏ 3280-0099, https://topmuseum.jp, Di–So 10–18, Do/Fr bis 20 Uhr, Eintritt je nach Ausstellung.*

Château Restaurant Joël Robuchon (6)

Eingerahmt von ultramodernen Gebäuden und Wolkenkratzern des Yebisu Garden Place und Umgebung scheint das Château Taillevant-Robuchon auf den ersten Blick wie eine Theaterkulisse. Weit gefehlt, denn das schmucke Schlösschen, im Stil französischer Adelsresidenzen des 18. Jh., ist massiv aus Stein wie für die Ewigkeit gebaut. Seit 2004 unter dem Namen **Château Restaurant Joël Robuchon** geführt, thront hier ein dreistöckiger Gourmettempel im Sternebereich. Dabei war der preisgekrönte Gastronom Joël Robuchon (1945–2018) nur hin und wieder selbst vor Ort. Schließlich führte er als international renommierte und preisgekrönte Koryphäe seines Metiers nicht nur in Tōkyō, sondern weltweit mehrere exklusive Spitzenrestaurants. Ganz nach Robuchons Philosophie entsprechen die Delikatessen trotz einer Fusion westlicher und asiatischer Rezepte unverkennbar der Küche Frankreichs. Bei neungängigen Menüs können z. B. Gänseleber mit Trüffeln, Osietra-Kaviar und Wachteln mit karamellisierten Äpfeln genauso serviert werden wie Rindfleisch an Wasabi und Hummer in Sesampanade. Hier bleibt vermutlich kein einziger Geschmacksnerv unberührt und selbst die dem Zeitgeist gezollten vegetarischen Menüs versprechen ein kulinarisches Fest. Selbstredend haben solche Gaumenfreuden ihren Preis. Zusätzlich mit erlesenen Weinen dürften nach einem Dinner im Château gut 300 € pro Person den Besitzer wechseln.

Dreistöckiger Gourmettempel

Château Restaurant Joël Robuchon, *1-13-1 Mita, ☏ 5424-1347, www.robuchon.jp, Restaurant tgl. 11.30–14.30, 18–22 Uhr, Lounge tgl. 11.30–14.30, 18–22.30 Uhr.*

Meguro Museum of Art (7)

Das 1987 eröffnete Meguro Museum of Art bietet Kunstschaffenden der Moderne ein Forum, das durch Geräumigkeit und ausgezeichnete Lichtverhältnisse ausgestellte Exponate besonders akzentuiert. Neben Werken der internationalen Szene widmet sich das Museum Arbeiten einheimischer Künstler wie etwa Fujita Tsuguharu (1886–1968). Sein „Markenzeichen" ist die Verwendung japanischer Tuschetechniken in Gemälden westlichen Stils.

Forum für moderne Kunst

Meguro Museum of Art (*meguro-ku bijutsukan* 目黒区美術館), *2-4-36 Meguro, ☏ 3714-1201, www.mmat.jp, Di–So 10–18 Uhr, Eintritt je nach Ausstellung.* / **M** *Meguro* (目黒駅), *JR-Linie Yamanote, Metrolinie Namboku, Exit West, Exit 3. Nach Überquerung des Flusses Meguro rechts halten.*

Tōkyō Metropolitan Teien Art Museum (8)

Angefangen beim Gebäude selbst, seiner einstigen Bewohner bis hin zu wechselnden Ausstellungen birgt das Tōkyō Metropolitan Teien Art Museum in mehrfacher Hinsicht Geschichte. Nach einer Amerikareise im Jahr 1925 vom Stil des Art déco fasziniert, ließ Prinz Asaka Yasuhiko (1887–1981) für sich und seine Familie eine

kleine Residenz im Stadtviertel Shirokanedai (白金台) erbauen. An der Gestaltung des Gebäudes wirkte der damals in Frankreich populäre Innenarchitekt und Designer des Art déco, Henri Rapin (1873–1939), mit. Seit 1983 dient es unter Obhut der Tōkyōer Stiftung für Geschichte und Kultur als Museum.
Tōkyō Metropolitan Teien Art Museum (*tōkyō-to teienbijutsukan* 東京都庭園美術館), *5-21-9 Shirokanedai, ☎ 3443-0201, www.teien-art-museum.ne.jp, tgl. 10–18 Uhr, jeden 2. u. 4. Mi im Monat geschl., Eintritt je nach Ausstellung.*

Institute of Nature Study (9)

Direkt nördlich des Teien Art Museum breitet sich das 20 ha große Areal des Institute of Nature Study aus, das sich von vielen anderen Parkanlagen der Stadt wesentlich unterscheidet. Der ehemalige Grund einer Daimyō-Familie, Ende des 19. Jh. vom Militär als Depot genutzt, ging 1917 in den Besitz des Kaiserhauses über. Seit dieser Zeit blieb die natürliche Vegetation erhalten. Die teilweise wildromantische, von Wald, Wiesen, Sumpfgebieten und Gewässern geprägte Landschaft ist heute **Naturreservat** und dient Forschung und Bildung. Seit 1949 ist das Gelände der Öffentlichkeit zugänglich.

Wildromantische Landschaft

Institute of Nature Study (*shizen kyōiko-en* 自然教育園), *5-21-5 Shirokanedai, ☎ 3441-7176, www.ins.kahaku.go.jp, Mai–Aug. Di–So 9–17, sonst bis 16.30 Uhr, Erw. 310 ¥. Eingang in der Meguro-dōri (目黒通り).* 🚃/**M** *Meguro (目黒駅), s. o., Exit Ost;* **M** *Shirokanedai (白金台駅), Linien Mita, Namboku, Exit 1.*

Meguro Parasitological Museum (10)

Das 1953 eröffnete Museum und Forschungsinstitut als bislang weltweit einziges seiner Art dürfte in der Tat nicht jedermanns Sache sein. Dabei können die teilweise in Formalinlösung eingelegten Exponate durchaus interessante Perspektiven auf

Im Naturreservat des Institute of Nature Study

Formen des Lebens eröffnen. Der Begriff Parasit leitet sich aus dem griechischen Wort „pará sitos" ab, das ursprünglich für Vorkoster benutzt wurde, die ohne Anstrengung zu einem Essen kamen. So kostet es auch Parasiten nach Befall eines Wirtes keine Mühe mehr, ihre anpassungsfähige Art zu erhalten. Unterschieden wird in der Parasitologie zwischen Makroparasiten, die ihren „Gönner" oft von außen befallen, wie etwa Läuse oder Milben, und Mikroparaisten, etwa Viren oder Bakterien, die sich in einem Fremdorganismus festsetzen. Gefährlich sind bei Weitem nicht alle. Einen Flohstich übersteht man schließlich gut. Andere Parasiten dagegen wie die Malariaerreger Plasmodien können ihren Wirt ernsthaft schädigen. *Parasiten jeder Art*

Meguro Parasitological Museum (*meguro kiseichū kan* 目黒寄生虫館), *4-1-1 Shimo-Meguro, ☏ 3716-1264, www.kiseichu.org/e-top, Di–So 10–17 Uhr, Eintritt frei. Vom Exit West des Bahnhofs* 🚆/**M** *Meguro* (目黒駅) *mit einem der* **B** *Tōkyū-Busse (tōkyū basu* 等図乳母巣*) Nr. 1, 2, 6 oder 7 zwei Stopps bis zur Haltestelle Ōtorijinjamae* (大鳥神社前).

Reisepraktische Informationen Meguro-ku

(Karte S. 243)

Infos

Internet: *www.city.meguro.tokyo.jp*

Die folgenden Adressen sind vom Bahnhof 🚆/**M** *Meguro* (目黒駅)*, JR-Linie Yamanote, Metrolinien Namboku, Mita, Linie der Privatbahn Tōkyū Meguro aus erreichbar.*

Essen & Trinken

(1) Himonoya (ひもの屋), *Crystal Tower 1. UG, 2-14-5 Kamiosaki, ☏ 3442-8088, tgl. 17–23.30 Uhr. Gemütliche Izakaya mit appetitlichen Grillgerichten aus Hühnchen, frischem oder getocknetem Fisch und Gemüse. Sehen lassen kann sich die Auswahl an Sake; 2.000–3.000 ¥.* 🚆/**M** *Exit Ost.*

(2) Kathmandu Gangri (カトマンズガングリ), *1-2-22 Shimo-Meguro, ☏ 3493-4712, http://gangri.jp, tgl. 11.30–15, Di–So 17–23 Uhr. Während man hier in den Genuss nepalesischer und tibetischer Gerichte kommt, liegen die Aromen der Himalayastaaten in der Luft. Angefangen bei scharf-saurer Suppe über große gefüllte Dampfnudeln und Currys bis hin zu Knoblauchhuhn bietet die Karte auch Vegetariern mit unterschiedlichsten Gemüsen eine Chance. Neben dem Joghurtgetränk Lassi gibt es chilenischen Hauswein; 1.000–3.000 ¥.* 🚆/**M** *Exit West.*

(3) Hana Chibō (華千房), *Ebisu Garden Place Tower, 38. OG, 4-20-3 Ebisu, ☏ 5424-1011, www.chibo.com/en/, Mo–Fr 11.30–14.30, 17–23, Sa/So 11.30–23 Uhr. Auf der Karte des eleganten Restaurants mit spektakulärer Aussicht finden sich neben einer großen Auswahl an Teppanyaki-Grillgerichten verschiedene Sorten Okonomiyaki, Steaks vom Wagyū-Rind genauso wie delikate Fischgerichte; Preisniveau ca. 5.000 ¥.* 🚆/**M** *Ebisu* (恵比寿駅)*, JR-Linie Yamanote, Metrolinie Hibiya, Exit Ost, ca. 10 Min. via Skywalk.*

(4) Tonki (とんき), *1-1-2 Shimo-Meguro, ☏ 3491-9928, Mi–Mo 16–22.45 Uhr. Spezialisiert auf Tonkatsu (Schweineschnitzel) aller Art, genießt das Tonki mit langer Tradition den Ruf eines der besten seiner Art zu sein; 1.000–2.000 ¥.* 🚆/**M** *Exit West.*

Unterhaltung

(5) Blues Alley Japan, *Hotel Leon Meguro, 1. UG, 1-3-14 Shimo-Meguro, ☎ 5496-6041, www.bluesalley.co.jp, Di–So 14–24 Uhr. In dem schicken Live-Club sind neben Jazzkonzerten auch andere Genres wie Latin, Soul & Funk, Fusion oder Blues zu hören. Das Spektakel lässt sich hier mit einem Dinner verknüpfen, wobei die zweisprachige Speisekarte den italienisch-französischen Touch der Küche verrät. Eintritt je nach Künstler 4.000–6.500 ¥; Abendessen 2.000–6.000 ¥.* /**M** *Exit West.*

(6) Music Bar Berkana, *Brick End Yebisu Garden Place, 1-13-4 Mita, ☎ 6277-3786, tgl. 17–2 Uhr. Kleine Musikbar mit netter Atmosphäre, 200 Sorten Whiskey.* /**M** *Ebisu (恵比寿駅), JR-Linie Yamanote, Metrolinie Hibiya, Exit Ost, ca. 10 Min. via Skywalk.*

Redaktionstipps

- Ein legendärer Ort: Im Areal des **Tempels Sengaku-ji** liegen die Gräber der berühmten 47 Samurai (s. u.).
- Das **Hara Museum** für zeitgenössische Kunst widmet sich Größen der internationalen Szene genauso wie Talenten der jüngeren Generation (S. 251).
- **Tennōzu Isle** gilt als Vorzeigestadtteil in puncto moderner Bebauung und hoher Lebensqualität (S. 251).

Shinagawa-ku 品川区

Seit der Stadtteil Ebara 1947 Shinagawa angegliedert wurde, umfasst der Bezirk eine Fläche von 22,72 km² mit einer Einwohnerzahl von rund 400.000 (17.627 Einw./km²). An der Bucht von Tōkyō gelegen, kam man hier in früheren Zeiten schneller ans Meer, denn die Uferseite von Shinagawa hat sich durch Landgewinnung zusehends verändert. Shinagawas ehemalige Rolle als Poststation an der Handelsroute Tōkaidō zwischen Nihonbashi und Kyōto setzt sich heute in Form einer hohen Anzahl von großen Hotels rund um den 1872 eröffneten **Bahnhof Shinagawa** (品川駅) fort. Dass ihm sein stattliches Alter nicht anzusehen ist, hat einen simplen Grund. Von den ursprünglichen Strukturen blieb nichts erhalten. Frequentiert wird der Bahnhof von der Linie Keihin Kyūkō sowie von den JR-Linien Yamanote, Yokosuka, Tōkaidō und Keihin-Tōhoku. Neben dem Bahnhof Tōkyō hat er als Haltestelle der Tōkaidō Shinkansen Bedeutung. Wer nun aber aufgrund des Namens annimmt, der Bahnhof gehöre zu Shinagawa, der täuscht sich. Die Adresse lautet 3 Takanawa, Minato-ku.

Tempel Sengaku-ji (1)

Geschichte der 47 Samurai

Unter Japanern müsste man jemanden, der die Geschichte der **47 Rōnin** (herrenlose Samurai) nicht kennt, suchen wie eine Stecknadel im Heuhaufen. Lange ist es her, aber die Ereignisse von 1701 und 1703 gelten als Musterbeispiel für die Bedeutung von Ehre und Loyalität. Asano Naganori (1667–1701), Daimyō von Akō in der heutigen Präfektur Hyōgo, stand in jenem Jahr in Diensten des Hofes von Edo. Mit dem dortigen Zeremonienmeister Kira Yoshinaka (1641–1702) verband ihn wenig Sympathie. Kira provozierte ihn immer und immer wieder, bis Asano eines Tages die Fassung verlor und seinen Dolch gegen ihn richtete. Ein unverzeihlicher Frevel, denn im Palast des Shōguns bedeutete Waffengebrauch die Todesstrafe. Obwohl Kira nur leicht verwundet den Vorfall überstand, war Asanos Schicksal besiegelt. Aufgrund seiner hohen Herkunft gestattete man ihm jedoch die rituelle Selbsttötung. Sofort nach seiner Beisetzung im 1612 gegründeten Tempel Sengaku-ji zog

Tempel Sengaku-ji

das Shōgunat Asanos Besitz und Ländereien ein, womit seine rund 300 Gefolgsmänner nicht nur herrenlos, sondern auch mittellos wurden. Ōishi Yoshio (1659–1703), einst Asanos engster Vertrauter, wollte die Schmach seines Herrn nicht ungesühnt lassen und scharte alle Rōnin um sich. 47 unter ihnen schlossen sich seinem Racheplan an, den sie nach langer Vorbereitung erst zwei Jahre später in die Tat umsetzen konnten. Am 14. Dezember 1702 verschafften sie sich nachts listenreich und gewaltsam Zugang zum Anwesen Kiras, um ihn zu töten. Seinen abgetrennten Kopf legten sie rituell auf Asanos Grab nieder. Wohl wissend, dass ihr Vergeltungsschlag mit dem Tod bestraft werden würde, stellten sie sich nach der Tat freiwillig. Wie ihrem einstigen Herrn gewährte man auch ihnen, die schließlich nach dem Kodex des Bushidō, dem Weg des Kriegers, gehandelt hatten, die Selbsttötung Seppuku. 46 von ihnen starben am 4. Februar 1703 und wurden neben Asano bestattet. Den jüngsten Rōnin, von Ōishi nach dem Racheakt in Asanos Heimat zur Berichterstattung entsandt und als einziger vom Shōgun begnadigt, setzte man nach seinem Tod im Alter von 78 Jahren gleichfalls im Sengaku-ji bei. Wenig andere Ereignisse haben seit dem 18. Jh. die Welt der japanischen Literatur, des Theaters und später auch des Films so beflügelt, wie das Schicksal der 47 Rōnin. Selbst 1994 griff Drehbuchautor und Regisseur Ichikawa Kon erneut das Thema für seinen Historienfilm „47 Rōnin" auf und in der gleichnamigen, freien Verfilmung von Carl Erik Rinsch (2013) spielte Keanu Reeves einen der Samurai. Aber schon deutlich früher widmeten sich andere der Verfilmung des Stoffs, so etwa 1941 Regisseur Mizoguchi Kenji. Besuchern gelten die Gedenksteine auf dem Friedhof des Sengaku-ji sowie das zugehörige kleine **Museum** als Ziel. Der Tempel selbst zählt nicht zu den spektakulärsten. Alljährlich am **14. Dezember** findet zum Tag der einstigen Vergeltung ein Tempelfest statt.

Thema in Literatur und Film

Sengaku-ji (泉岳寺), *2-11-1 Takanawa, ☏ 3441-5560, www.sengakuji.or.jp, Areal: April–Sept. tgl. 7–18, sonst bis 17 Uhr. Museum (jap.) April–Sept. tgl. 9–16.30, sonst bis 16 Uhr, 500 ¥. Ein Einführungsvideo ist auf Engl. verfügbar. Shinagawa (品川駅), JR-Linien Yamanote u. a., Takanawa Exit, ca. 3 Min. zu Fuß;* **M** *Sengaku-ji (泉岳寺駅), Linie Asakusa, Exit A2, nach dem Ausgang rechts halten.*

Sony Archives (2)

Selbst Ibuka Masaru (1908–1997) und Morita Akio (1921–1999) hätten 1946 bei der Gründung ihrer Firma Tōkyō Tsūshin bei aller Kühnheit vermutlich kaum prophezeit, nur ein halbes Jahrhundert später mit an der Spitze der weltweit größten Elektronikkonzerne zu stehen. 18 Mitarbeiter produzierten in der Anfangszeit Geräte wie nur bedingt taugliche Reiskocher. Zufriedenstellend war das nicht und so verlagerte sich das junge Unternehmen auf Unterhaltungselektronik. Mit dem Erwerb der Lizenz für Transistoren vom amerikanischen Patentinhaber Bell Laboratories begann durch die Herstellung von Transistorradios das firmeninterne Wirtschaftswunder. Seit 1958 unter dem Namen **Sony** erweiterte der Konzern stetig seine Warenpalette, ab den 1990er-Jahren kamen noch Digitalkameras, Filme, Musik und Online-Dienste sowie die Spielekonsole Playstation hinzu. Die Erfolgsgeschichte ist anhand von 250 Produkten in den Sony Archives dokumentiert.

Wirtschaftswunder Sony

Sony Archives (*sonī rekishi shiryōkan* ソニー歴史資料館), *6-6-39 Kita-Shinagawa, ☎ 5448-4455, Mo–Fr 10–17 Uhr, Besichtigung nur nach Voranmeldung! 🚃 Shinagawa* (品川駅), *JR-Linien Yamanote u. a., Takanawa Exit, ca. 15 Min. zu Fuß in südwestl. Richtung.*

Hara Museum (3)

Nach gut 10 Minuten zu Fuß ist von den Sony Archives aus in südöstlicher Richtung das Hara Museum in unmittelbarer Nähe des kleinen Gotenyama-Gartens zu erreichen. In dem 1938 im Bauhausstil errichteten ehemaligen Wohnhaus der Familie Hara dreht sich seit der Museumseröffnung im Jahr 1979 alles um zeitgenössische Kunst. Mit dem Fokus auf Gemälden, Grafiken und Skulpturen aus dem Zeitraum 1950 bis 1960 sind hier Werke der internationalen Kunstszene unter einem Dach vereint. Dazu zählen u. v. a. Arbeiten von Lucio Fontana, Andy Warhol und Max Neumann genauso wie ein Stillleben von Fukuda Miran als Vertreterin der jüngeren Generation.

Internationale Kunstwerke

Hara Museum (*hara bijustsukan* 原美術館), *4-7-25 Kita-Shinagawa, ☎ 3445-0651, www.haramuseum.or.jp/d2a/en/, Di–So 11–17, Mi bis 20 Uhr, Erw./Stud. 1.100/ 700 ¥. 🚃 Shinagawa* (品川駅), *JR-Linien Yamanote u. a., Takanawa Exit, ca. 10 Min. zu Fuß in südl. Richtung. Verkürzen lässt sich der Weg mit* **B** *Nr. 96 vom Bahnhof Richtung Gotanda Station* (五反田駅), *Ausstieg 1. Stopp Gotenyama* (御殿山).

Tennōzu Isle (4)

Landgewinnung hat entlang der Tōkyō Bay nach und nach den Küstenstreifen verändert und so sind dort, wo einst ein Fischerdorf an der Bucht von Shinagawa lag, nur mehr Kanäle übrig. Heute schaffen immerhin die verankerten **Hausboote (5)** (*yakata-bune* 屋形船) eine meeresnahe Atmosphäre. Etwa 500 m weiter östlich breitet sich die dem Meer abgerungene 22 ha große Tennōzu Isle aus. Seit Mitte der 1980er-Jahre befasste man sich mit dem höchst ambitionierten Konzept einer Neubebauung. Die urbane Landschaft entstand im Verlauf der folgenden Jahre nach dem Slogan „*An Isle of Art and a town with Heart*" als Geschäfts- und Wohnviertel mit hoher Lebensqualität.

Dem Meer abgerungen

🚃 *Kita-Shinagawa* (北品川駅), *Linie Keihin Kyūkō;* 🚃 *Tennōzu Isle* (天王洲アイル駅), *Linien Rinkai u. Monorail Haneda.*

Die Schreine Shinagawa-jinja und Ebara-jinja

Weit in die Vergangenheit zurück führt ein Besuch der beiden kleinen Schreine **Shinagawa-jinja (6)** und **Ebara-jinja (7)**. Ersterer ist der Gottheit des Wohlstands Daikokuten geweiht und wurde 1637 als Schutzschrein für den ehemaligen, während der Edo-Zeit bedeutenden Tempel Tōkai-ji hierhin versetzt. Zudem entwickelte sich damals in und um den Schrein ein wahrer Fuji-Kult. So findet man im Schreinareal auch heute noch den heiligen Berg „en miniature". Das Hauptgebäude des Ebara-jinja, mit Blumen und Tiermotiven verziert, stellt die Fähigkeiten der damaligen Handwerker unter Beweis – so auch ein großer Gong in Form eines Fisches. Dass zu beiden Seiten des Flusses Megurogawa neben den genannten noch weitere Tempel und Schreine zu finden sind, hat einen einfachen Grund. Hier lag

die erste Poststation an dem damals wichtigen Handelsweg Tōkaidō zwischen Nihonbashi und Kyōto. Noch heute ist ein kleiner Teil davon unter der Bezeichnung **Shinagawa-juku (8)** (品川宿) erhalten.
Shinagawa-jinja (品川神社), *3-7-15 Kita-Shinagawa. Shinbamba* (新馬場駅), *Linie Keihin Kyūkō, Exit West.*
Ebara-jinja (荏原神社), *2-30-28 Kita-Shinagawa, www.ebarajinja.org. s. o., Exit Ost.*

Shinagawa Aquarium und Shinagawa Kumin Park

Gläserner Unterwassertunnel

1991 im Süden des Bezirks eröffnet, hält das **Shinagawa Aquarium (9)**, auch wenn es nicht das größte oder modernste ist, einige Attraktionen bereit. 1996 kam das sog. Pinguinland dazu, gefolgt von einem Haifischbecken 2001 und einem Robbengebäude 2006. Der Weg durch den Unterwassertunnel, beobachtet von vielen stoisch blickenden Fischaugen, dürfte bei den Besuchern einen bleibenden Eindruck hinterlassen.

Nördlich des Aquariums lädt der **Shinagawa Kumin Park (10)** (*shinagawa kunmin kōen* 品川区民公園) als einer der größten des Bezirks nicht nur zu Müßiggang ein. Hier darf auf den Wegen zwischen Pinien, Kirsch- und Pflaumenbäumen entlang eines Sees gejoggt und Rad gefahren werden. Räder sind bis 16 Uhr kostenlos für eine Stunde zu entleihen.
Shinagawa Aquarium (*shinagawa suizokukan* 品川水族館), *3-2-1 Katsushima, ☎ 3762-3433, www.aquarium.gr.jp, Mi–Mo 10–17 Uhr, Erw./Sen./Stud./Kind 1.350/1.200/800/150–400 ¥. Ōmori Kaigan* (大森海岸駅), *Linie Keihin Kyūkō, Exit Ost; 800 m entfernt ist der Ōmori* (大森駅), *Linie Keihin Tōhoku, Exit Ost.*

Akira Ikeda Gallery (11)

Wie die Akira Ikeda Galerien in New York und Berlin widmen sich auch die Wechselausstellungen in Tōkyō Arbeiten renommierter Künstler der internationalen Szene.
Akira Ikeda Galerie Tōkyō (*akira ikeda giyararī tōkyō* アキライケダギヤラリー東京),*1-4-11 Katsushima, ☎ 090-6570-2141, Do–Sa 10–18 Uhr, Eintritt frei. Ōi Keibajōmae* (大井 競馬場前駅), *Linie Tōkyō Monorail Haneda Airport Line, 10 Min. zu Fuß, nördl. Richtung.*

Bicycle Culture Center (12)

Das Fahrrad im Fokus

Erste Versuche, Fahrrad zu fahren, erinnern vielleicht manchen daran, dass Balance niemandem in die Wiege gelegt wurde. Welche zwei- oder dreirädrigen Konstruktionen dem einen Herausforderung, dem anderen Vergnügen bereiteten, lässt sich im Bicycle Culture Center erahnen. Die Ausstellung von historischen bis hin zu den modernsten Rädern ist an eine umfangreiche Bibliothek mit Publikationen, teilweise auch in westlichen Sprachen, rund um das Fahrrad gekoppelt.
Bicycle Culture Center (*jitensha bunka sentā* 自転車文化センター), *Jitensha Sogo Bldg., 3-3-1 Kamiosaki, ☎ 4334-7953, tgl. 9.30–17 Uhr.* /**M** *Meguro* (目黒駅), *JR-Linie Yamanote, Metrolinien Namboku, Mita, Privatbahn Tōkyū Meguro, Exit West.*

Reisepraktische Informationen Shinagawa-ku

(Karte S. 250)

Infos

Internet: *www.city.shinagawa.tokyo.jp*

Essen & Trinken

(1) Arco Iris (アルコイリス), *Miyamoto Bldg., 2. OG, 1-15-5 Higashi-Gotanda, ☏ 3449-6629, tgl. 11.30–21.30 Uhr. Was in den Anden schmeckt, mundet auch in der japanischen Metropole. Gut und günstig bietet das Arco Iris traditionell peruanische Gerichte. Sind die Räumlichkeiten auch nichts Besonderes, so toppt peruanisches Barbecue, Grill oder Kochfisch das banale Ambiente; 2.000–3.000 ¥.* /**M** *Gotanda* (五反田駅), *JR-Linie Yamanote, Metrolinie Asakusa, Exit A5.*

(2) T.Y. Harbour Brewery (*hābā buruwarī* ハーバーブルワリー), *Tennōzu Isle, 2-1-3 Higashi-Shinagawa, ☏ 5479-4555, Restaurant tgl. 11.30–14 (Sa/So bis 15), 17.30–22 Uhr. Amerikanische Küche mit Einflüssen aus Europa, Nahost und Asien verspricht in der Harbour Brewery spannende Kreationen. Mit Terrasse, Bar und Lounge (bis 22.30 Uhr) ist die Brauerei eine beliebte Adresse; 4.000–6.000 ¥. Tennōzu Isle* (天王洲アイル駅), *Linien Rinkai, Monorail Haneda, Exit B.*

(3) Toriteru (鳥てる), *Shuwa Shinagawa Bldg., 1. UG, 3-26-33 Takanawa, ☏ 5421-1919, Mo–Fr 18.30–22 Uhr. Was in der Yakitoriya mit gerade einmal Platz für zwölf Personen auf den Grill kommt, sind vor allem Spießchen mit Fleisch und Innereien von besonderen Hühnerarten aus der Präfektur Nara. Daneben hantiert der Koch aber auch mit Gemüse-Reisbällchen am Spieß; 2.000–5.000 ¥. Shinagawa* (品川駅), *JR-Linien Yamanote u. a., Takanawa Exit.*

Unterhaltung

(4) Tribeca (トライベツカ), *Atre Shinagawa 4. OG, 2-18-1 Konan, ☏ 6717-0933, www.tribeca.cc, tgl. 11–24 Uhr. In dem schick-lässigen Jazzclub sind allabendlich nicht nur kurze Live-Konzerte zu hören, mit Bar und Restaurant lässt sich hier bei Drinks und/oder Dinner der Abend genießen. Preise 2.000–5.000 ¥, Livemusik 19, 20.30, 21.30 Uhr, Musikgebühr 500 ¥. Shinagawa* (品川駅), *JR-Linien Yamanote u. a., Konan Exit.*

Souvenirs im Shinagawa Aquarium

Odaiba お台場

Redaktionstipps

➤ Zwischen Himmel und Erde: zu Fuß über die **Rainbow Bridge** nach Odaiba (S. 256).

➤ Das Themenbad **Ōedo Onsen Monogatari** entführt in ein Japan vergangener Tage (S. 257).

➤ In **Palette Town** locken u.a. ein Einkaufszentrum und ein faszinierendes Museum für digitale Kunst (S. 258).

Die Ankunft der Schwarzen Flotte unter Kommodore Matthew C. Perry (1794–1858) am 8. Juli 1853 in der Bucht von Tōkyō brachte den letzten Shōgun Tokugawa Yoshunobe (1837–1913) vermutlich mehr als einmal um den Schlaf. Zum einen ignorierte Perry damit die Isolationspolitik Japans, aber schlimmer noch war sein Auftrag, im Namen des damaligen US-Präsidenten Millard Fillmore (1800–1874) die Öffnung des Landes für den Welthandel zu erzwingen. Yoshunobe hüllte sich in Schweigen, sodass Perry, nicht ohne unmissverständlich seine Wiederkehr anzukündigen, Japan verließ. Guter Rat war teuer, einmal mehr im wahrsten Sinn der Worte, denn Yoshunobe plante, mithilfe von insgesamt elf künstlich aufgeschütteten Inseln Edo von der Seeseite aus zu schützen. Realisiert wurde Yoshunobes Verteidigungsstrategie nur zum Teil. Es entstanden die Inseln Nr. 1 bis 3 sowie 5 und 6, Nr. 4 und 7 blieben „Bauruinen". Wie die spätere Geschichte zeigte, war Japan ohnehin ein anderes Schicksal bestimmt und so verloren die kleinen Inseln wenige Jahre später an Bedeutung. Was blieb, war ihr Name **Daiba**, übersetzbar mit Festung. Insel Nr. 3 setzte man 1928 als Parkanlage instand, Nr. 1, 2 und 5, dem sich entwickelnden Schiffsverkehr hinderlich, wurden wieder abgetragen. Nr. 4 bildete den Grundstock der Tennōzu-Insel im Stadtteil Shinagawa. Über das kleine Fleckchen Erde Nr. 6 verhängte man ein bis heute gültiges Landungsverbot, um es der Natur zu überlassen.

Künstliche Inseln

Erst Ende der 1970er-Jahre wurde das verbliebene Eiland vor allem als Hafenanlage weiter ausgebaut. An ehrgeizigere Pläne wagte man sich im Verlauf der wirtschaftlichen Hochkonjunktur während der 1980er-Jahre. Teils den Bezirken Mina-

Odaiba Beach: Strandfeeling in der Großstadt

to-ku, Shinagawa-ku und Kōtō-ku eingegliedert, sollte Odaiba (お台場) als Geschäftsviertel das Vorzeige- und Prestigeobjekt Tōkyōs werden. Doch wieder kam es anders, denn mit dem Einsetzen der Wirtschaftskrise rund zehn Jahre später war es mit dem Boom vorbei und der Firmenstandort Odaiba interessierte keinen mehr. Um den Inseln wieder Leben einzuhauchen, setzen die Stadtväter auf eine neue Variante. Das bisherige Businessviertel sollte partiell in ein Shopping- und Unterhaltungsareal umgekrempelt werden. Die Rechnung ging auf, und so kommt, wer heute nach Odaiba fährt, entweder zur Arbeit oder um sich zu vergnügen. Wenn möglich, sollte man einen Besuch Odaibas auf einen Wochentag legen. *Umstrukturierung Odaibas*

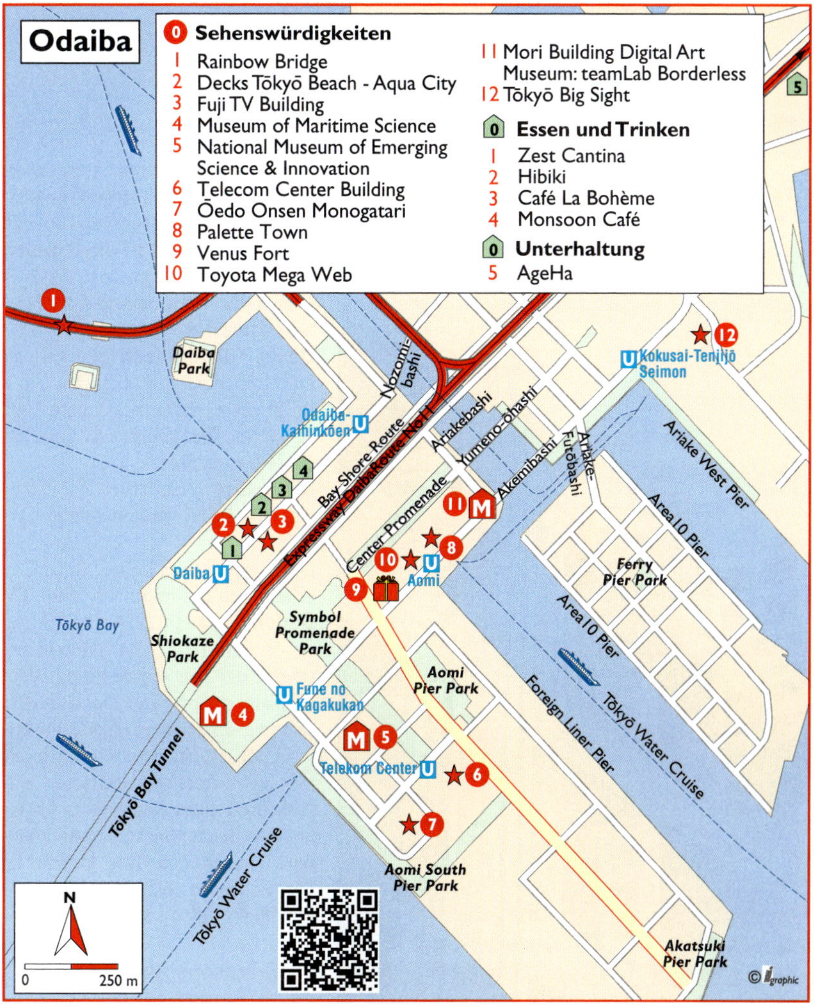

Rainbow Bridge (1)

Viele Wege führen nach Odaiba, wobei jener per Schiff, z. B. vom Hinode-Pier (*hinode sanbashi* 日の出桟橋) aus, einer der reizvollsten sein dürfte. Eine andere Möglichkeit ist die Fahrt mit der Yurikamome-Linie über die Rainbow Bridge. Seit 1993 stellt die fast 800 m lange Hängebrücke zwischen dem Kai Shibaura Futō (芝浦ふ頭) und Odaiba eine direkte Verbindung für Bahn und Kraftfahrzeuge dar. Zu beiden Seiten gibt es zudem Fußgängerwege – bei schönem Wetter ein lohnendes Unterfangen, denn neben der frischen Brise bietet sich beim Überqueren (ca. 40 Min.) ein herrliches Panorama. Farbig beleuchtet, zeigt sich die Brücke nachts von ihrer stimmungsvollen Seite.

Tolles Panorama

Rainbow Bridge (*reinbō buriji* レインボーブリジ), *für Fußgänger April–Okt. 9–21, Nov.–März 10–18 Uhr, jeden 3. Mo im Monat geschl.*

Decks, Aqua City und Fuji TV Building

Besuchern in Odaiba wird Flanieren leicht gemacht. Oberhalb eines Sandstrands, der sich trotz Verlockung kaum zum Baden eignet, zieht sich eine lange Promenade an Shops, Restaurants und den Einkaufsmalls **Decks Tōkyō Beach** und **Aqua City (2)** vorbei. Vis-à-vis schmückt eine kleine Kopie der Freiheitsstatue den Weg.

Decks Tōkyō Beach (*deshikusu tōkyō bīchi* デシクス東京ビーチ), *1-6-1 Daiba, www.odaiba-decks.com/en, tgl. 11–21 Uhr, Restaurants und Cafés bis 23/24 Uhr geöffnet.*

Aqua City (*akua shitei* アクアシテイ), *1-7-1 Daiba, www.aquacity.jp.*

Wie aus Legosteinen gebaut: das Fuji TV Building

Direkt hinter dem Center Aqua City erhebt sich das imposante **Fuji TV Building (3)** seit 1994 als Blickfang an der Uferseite. Von Weitem erscheint der Bau wie direkt aus dem Legoland entsprungen. Doch erweist sich die 25-stöckige Gebäudekonstruktion mit einer markanten kugelförmigen Aussichtsplattform einschließlich eines Restaurants als eines der Meisterwerke des Architekten Tange Kenzō. Das Innenleben des Gebäudes mit zehn Film- und Rundfunkstudios ist mit Besichtigungsmöglichkeiten, flimmernden Bildschirmen und Souvenirshops auf Besucher eingestellt.

Fuji TV Building (*fuji terebi フジテレビ*), *2-4-8 Daiba, www.fujitv.co.jp/en/visit_fuji tv.html, tgl. 10–18 Uhr, Aussichtsplattform Erw./Kind 550/300 ¥.*

Schiffs- und Wissenschaftsmuseum

Einmal Schiffsjunge, Matrose oder besser gleich Kapitän sein – eine Vorstellung, die im **Museum of Maritime Science (4)** recht einfach ist. Schließlich wurde das Museum mit seiner großen Auswahl an Schiffsmodellen in Form eines Ozeandampfers gebaut. Der Hit für Kinder sind Spielzeugboote, die per Funksteuerung über einen kleinen See manövriert werden können. Groß und echt hingegen dienen der fest verankerte Eisbrecher „Soya" aus dem Jahr 1938 sowie die „Yotei Maru", die einst als Fährschiff zwischen Honshū und Hokkaidō verkehrte, nur mehr musealen Zwecken.

Schiffsmodelle und Spielzeugboote

Museum of Maritime Science (*fune no kagakukan 船の科学館*), *3-1 Higashi-Yashio, ☏ 5500-1111, www.funenokagakukan.or.jp, Di–So 10–17 Uhr, Erw./Kind. 700/400 ¥, Kombitickets mit Besichtigung der „Soya" u. „Yotei Maru", Erw./Kind 1.000/600 ¥.*

Im **National Museum of Emerging Science & Innovation (5)** dreht sich auf sieben Etagen alles um zukunftsorientierte Wissenschaft und Technologie. Seit 2001 auch unter dem Namen **Miraikan** (未来館) in der Bedeutung „Zukunftsmuseum" bekannt, können auch Nicht-Japaner durch englischsprachige Erläuterungen dem Slogan des Hauses „Öffne deine Augen der Wissenschaft und erblicke eine ganz neue Welt" folgen.

„Zukunftsmuseum"

Miraikan – National Museum of Emerging Science & Innovation (*nihon kagaku miraikan 日本科学未来館*), *2-6-3 Aomi, ☏ 3570-9151, www.miraikan.jst.go.jp/en, Mi–Mo 10–17 Uhr, Erw./Kind 620/210 ¥. Fune-no-Kagakukan (船の科学館駅), Linie Yurikamome, Exit Ost.*

Aussichtsplattform und Spaßbad

Etwa 400 m weiter in südöstlicher Richtung lässt sich von der Aussichtsplattform des aus zwei Türmen mit einem hohen Korridor verbundenen **Telecom Center Building (6)** bei klarem Wetter sogar der Fujisan sehen. Dabei ist das Gebäude mit 99 m Höhe nicht gerade das höchste.

Telecom Center Building (*terekomu sentā biru テレコムセンタービル*), *2-5-10 Aomi, ☏ 5500-0021, www.tokyo-teleport.co.jp. Aussichtsplattform 21. OG, Di–Fr 15–21, Sa/So 11–22.30 Uhr, Erw./Kind 500/300 ¥.*

Vergnügen ganz anderer Art verspricht ein Besuch im unmittelbar daneben gelegenen **Thermalbad Ōedo Onsen Monogatari (7)**. 2003 als „Spaßbad" eröffnet, liegt hier dank Architektur und den Kimono tragenden Gästen die Atmosphäre des alten Edo in der Luft. Gebadet wird nach Geschlechtern getrennt in unterschiedlichen, mit Thermalwasser aus einer Tiefe von 1.400 m gespeisten Becken im Innen- und Außenbereich. Spätestens beim Schlemmen trifft man sich in rustikaler Umgebung wieder. Wer zur rechten Zeit am rechten Ort ist, wird zudem in der Gourmetmeile des Onsen mit edozeitlichem Entertainment unterhalten.

Besonderes Badevergnügen

Ōedo Onsen Monogatari (大江戸温泉物語), *2-6-3 Aomi, ☎ 5500-1126, www.ooedoonsen.jp, 11–9 Uhr (22 Std.!), Eintritt ca. 2.500 ¥ inkl. Leihkimono, Preis variiert je nach Uhrzeit, Tag und Wellnessanwendungen, Kinder erm. Wer Tattoos trägt, sollte sich vorab erkundigen, ob er Zutritt bekommt (S. 264).* *Telecom Center* (テレコムセンター駅), *Linie Yurikamome, Exit Süd.*

Palette Town (8)

Ladenpassage Venus Fort

Für jeden etwas findet sich in **Palette Town**, denn unter der Bezeichnung ist eine bunte „Palette" aus Einkaufszentren, Showroom, einem neuen Museum digitaler Kunst und der 2.700 Zuschauer fassenden Musikhalle **Tōkyō Zepp** zu verstehen. Eine eigene Welt erwartet den Besucher im **Venus Fort (9)**, einer gigantischen Ladenpassage mit unzähligen Shops und Restaurants. Sie ist stilistisch bis ins kleinste Detail südeuropäischer Architektur des 17. und 18. Jh. nachempfunden und so gilt der Brunnen mit Marmorskulptur als Selbstverständlichkeit. Fast skurril mag der künstliche Himmel erscheinen, dessen Programm neben schneeweißen Wölkchen auf blauem Grund auch romantischen Sonnenuntergang oder Sternenfirmament simuliert.

Freunde motorisierter Pferdestärken kommen im Ausstellungsgelände **Toyota Mega Web (10)** zum Zuge. An die 150 Modelle aus nah und fern, vom Straßenfloh bis zur Luxuskarosse, vom Oldtimer bis zu brandneuen Fahrzeugen werden teilweise in liebevoll aufbereitetem Ambiente präsentiert. Gleich nebenan lockt ein 1999 erbautes Riesenrad, das mit seiner Höhe von 115 m zwar nicht mehr unter den Top Ten der Welt rangiert, was aber den exakt 16-minütigen Spaß einer Fahrt nicht mindert.

Palette Town (*paretto taun* パレットタウン), *1-3-15 Aomi, ☎ 3529-1821, www.palette-town.com.*
Venus Fort (*wēnasu fuōto* ウェーナスフオート), *www.55vf.jp, tgl. 11–21 Uhr, manche Shops, Restaurants und Cafés auch länger.*
Toyota Mega Web (*toyota megawebu* トヨタメガウェブ), *☎ 3599-0808, www.megaweb.gr.jp, tgl. 11–21 Uhr.*
Großes Riesenrad (*daikanransha* 大観覧車), *tgl. 10–22 Uhr, 920 ¥.*

Mori Building Digital Art Museum: teamLab Borderless (11)

Mit rund 50 interaktiven Werken lassen digitale Installationen auf 10.000 m² Fläche virtuell immersive Welten verschmelzen. Als betrete man fremde Planeten, fasziniert die perfekte Illusion. Grenzen der Realität heben sich auf, was Besuchern außergewöhnliche Wahrnehmungen der Umgebung und des Selbst ermöglicht.
Mori Building Digital Art Museum: teamLab Borderless, *1-3-8 Aomi, ☎ 6406-349, https://borderless.teamlab.art, Mo–Do 11–19, Fr 11–21, So 10–19, 21. Juni–*

Aug. tgl. bis 21/22 Uhr, Erw./Kind 3.200/1.000 ¥. 🚃 *Aomi* (青海駅), *Linie Yurikamome, Exit Nord;* 🚃 *Tōkyō Teleport* (東京テルポート駅), *Linie Rinkai, Exit Süd.*

Messegelände

In nordöstlicher Richtung einen Stopp bis zur Station Kokusai Tenjijō Seimon der Yurikamome-Linie weiter, breitet sich rechter Hand Tōkyōs größtes Messegelände, das **Tōkyō International Exhibition Center** (*tōkyō kokusai tenjijō* 東京国際展示場) aus. Dabei nennt es keiner so, der Beiname **Tōkyō Big Sight (12)** hat sogar auf Stadtplänen seinen Platz gefunden. Architektonisch am spektakulärsten gilt das 1996 in Form von vier auf dem Kopf stehenden Pyramiden erbaute Konferenzzentrum als Wahrzeichen des Areals.

Tōkyō Big Sight (*tōkyō biggu saito* 東京ビッグサイト), *3-21-1 Ariake,* ☎ *5530-1111, www.bigsight.jp/english/;* 🚃 *Kokusai Tenjijō Seimon* (国際展示場正門駅), *Linie Yurikamome;* 🚃 *Kokusai Tenjijō* (国際展示場駅), *Linie Rinkai, Exit Süd.*

Reisepraktische Informationen Odaiba

(Karte S. 255)

Essen & Trinken

(1) Zest Cantina (ゼスト キヤンテイーナ), *Aqua City Odaiba, 4.OG, 1-7-1 Daiba,* ☎ *3599-4803, www.zest-cantina.jp/odaiba, tgl. 11.30–24 Uhr. Höhlenfeeling versprochen! Das außergewöhnliche Interieur der „Cantina" gepaart mit populärer mexikanischer Küche machen Lunch oder Dinner zum besonderen Event; 2.000–4.000 ¥.*

(2) Hibiki (響), *Aqua City Odaiba, 6.OG, 1-7-1 Daiba,* ☎ *0800-170-1708, www.dynac-japan.com/shop/hibiki/odaiba, tgl. 11–15 (Sa/So bis 16), 17–23 Uhr. Die moderne Izakaya trumpft nicht nur mit exzellenten japanischen Gerichten, sondern auch mit ihrer Lage auf: Große Fenster gewähren ein herrliches Panorama; 1.500–5.000 ¥.*

(3) Café La Bohème, (カフェ ラ ボエム) *Aqua City Odaiba, 4.OG, 1-7-1 Daiba,* ☎ *3599-4801, www.boheme.jp/odaiba, tgl. 11.30–24 Uhr. In dem großen italienischen Restaurant werden Pizza Gorgonzola, Spaghetti Carbonara, Calamari u.v.m. oder auch „nur" ein Glas Wein gerne serviert. Eine Versuchung: die Desserts; 1.000–3.000 ¥.*

(4) Monsoon Café (*monsū kafe* モンスーソカフェ), *Aqua City Odaiba, 4.OG, 1-7-1 Daiba,* ☎ *3599-4805, www.monsoon-cafe.jp/odaiba, tgl. 11.30–3.30 Uhr. Wen der späte Hunger packt, hat im Moonsoon mit Salaten, Fleisch-, Nudel- oder Reisgerichten gute Karten; 1.000–3.000 ¥.*

Unterhaltung

(5) AgeHa, *2-2-10 Shin-Kiba, Kōtō-ku,* ☎ *5534-2525, www.ageha.com, Fr/Sa 23–5 Uhr. In dem riesigen Danceclub Ageha, mit Lounges, Bars, Disco, Terrasse und Pool am Meer, lässt sich Nightlife bis in den Morgen zelebrieren. Namhafte DJs oder Bands kümmern sich um den Sound. Vom Bahnhof Shibuya (Ost) verkehrt ab der Polizeistation in der Straße Roppongi-dōri ein kostenloser Shuttlebus; je nach Programm um 2.500–4.000 ¥, Einlass ab 20 Jahren.* 🚃/**M** *Shin-Kiba* (新木場駅), *JR-Linien Keiyō, Rinkai, Metrolinie Yūrakuchō, Exit 1.*

Tōkyōs Westen

Redaktionstipps

➤ Über den Dächern der Stadt: „Weitblick“ verspricht ein Besuch in der 45. Etage des **Rathauses** in Nishi-Shinjuku (S. 266).

➤ Ein Bummel durch das Vergnügungsviertel **Kabukichō** ist besonders abends reizvoll (S. 261).

➤ Mit verschiedenen Stilrichtungen der Garten- und Landschaftsarchitektur wartet der **Park Shinjuku Gyoen** auf (S. 265).

Shinjuku-ku 新宿区

Die Geschichte des Bezirks Shinjuku als Inbegriff moderner Stadtentwicklung und Urbanität ist vergleichsweise jung. Erst mit der Etablierung des Tokugawa-Shōgunats wurde Edo als Regierungssitz des Landes ein gefragter Ort, von dem aus im Lauf der Zeit insgesamt fünf Handelswege nach Kyōto, Shirakawa und Nikkō an Bedeutung gewannen. An jeder Straße entstanden Stationen für Postkuriere, Händler und Reisende. Die erste Rast- und Übernachtungsmöglichkeit entlang der Kōshū Kāidō als einer der Routen Richtung Nordwesten lag in Naitō-Shinjuku, dem heutigen Shinjuku-ku. Bis Ende des 19. Jh. dümpelte die Station, um die sich nach und nach etwas Infrastruktur entwickelte, nicht besonders weltbewegend vor sich hin. Wer im ausgehenden 18. Jh. hier wohnte, hatte wenig mit der Sonnenseite des Lebens zu tun. Damals, so heißt es, habe es in Naitō die meisten Prostituierten innerhalb des gesamten Stadtgebiets gegeben. Positive Veränderungen und Bevölkerungszuwachs brachte zum einen die Eröffnung des Bahnhofs Shinjuku im Jahr 1885 und zum anderen, so makaber es klingen mag, das schwere Erdbeben 1923. Hatte die Willkür der Natur Tōkyō zu etwa 70 % zerstört, so blieb hier das meiste unversehrt. Viele fanden nach dem Beben in Shinjuku, in seiner wörtlichen Bedeutung „neue Unterkunft“, eine Bleibe.

Zulauf nach dem Erdbeben 1923

Das in den 1930er-Jahren von Bohemiens und Intellektuellen geprägte Lokalkolorit hielt sich allerdings nicht lange, denn die Zerstörungen während des Zweiten Weltkriegs trafen Shinjuku besonders hart. Seit 1947 umfasst der Bezirk eine Fläche von 18,23 km^2 mit heute rund 344.100 Einwohnern. Der Bahnhof Shinjuku trennt das Gebiet in die populären Stadtteile **Nishi-Shinjuku** im Westen sowie **Shinjuku** mit dem Vergnügungsviertel Kabukichō (歌舞伎町) und dem Park Shinjuku Gyoen (新宿御苑) im Osten. Wer heute nach Shinjuku fährt, kommt kaum um den Bahnhof herum, in dem geruhsame Zeiten längst vergessen sind. 1885 für eine Linie eröffnet, kamen weitere dazu und 1959 auch die Metro. Heute wird der Bahnhof als Dreh- und Angelpunkt des städtischen Verkehrs mit fast 4 Mio. Fahrgästen pro Tag noch vor dem Chhatrapati Shivajy in Mumbai in puncto Fahrgastfrequentierung als weltweit größter gerühmt und gleichermaßen gefürchtet. Verwachsen mit einem Fernbusbahnhof, Kaufhäusern, Restaurants und Büros ist das Labyrinth über mehrere Etagen auch für Einheimische trotz unzähliger Wegweiser hin und wieder rätselhaft. Vor allem zur Rushhour, wenn pro Sekunde an die 500 Personen ein- und aussteigen, hilft, wenn Geduld und Contenance allein nicht reichen, ein in Uniform und weiße Handschuhe gekleideter sog. „Fahrgastverdichter“. Um das Fassungsvermögen einzelner Züge zu optimieren und das Türschließen zu gewährleisten, schiebt er Pendler und Reisende in die Abteile. Dass der „Massentransit“ im Dschungel von Gängen, Hallen, Rolltreppen und Automaten tagaus, tagein funktioniert, scheint genauso ein Faszinosum wie die Tatsache, dass die Metrolinie Ōedo

Bahnhof Shinjuku

in dem lang gestreckten Bahnhof gleich zwei Haltestationen hat (Shinjuku und Shinjuku-Nishiguchi). Shinkansen aber wird man hier vergeblich suchen. Pläne, Shinjuku an das Streckennetz der Hochgeschwindigkeitszüge anzuschließen, wurden immer wieder verworfen.

Higashi-Shinjuku – Shopping und Vergnügen

Bunt, laut und immer in Bewegung scheint Higashi-Shinjuku (東新宿) auf der Ostseite des Bahnhofs nach dem Central East Exit nie zu schlafen. Beliebter Treffpunkt direkt nach dem Ausgang ist das fast schon legendäre, 1980 eröffnete Kaufhaus **Studio Alta** (s. S. 271) mit seinem fassadeschmückenden riesigen TV-Bildschirm. Von hier aus zieht sich die Shinjuku-dōri (新宿通り) neben der nördlich parallel verlaufenden Yasukuni dōri (靖国通り) als eine der beiden großen Einkaufsstraßen Richtung Südosten. Gesäumt von namhaften Einkaufsparadiesen wie **Mitsukoshi Alcott** (s. S. 271), **Isetan** (s. S. 271) und **Marui** (s. S. 271) gibt es in unmittelbarer Nähe des Studio Alta auch eine Filiale der Buchhandlungskette **Kīnokuniya** (s. S. 272) mit einer großen Abteilung für fremdsprachige Literatur.

Riesen-TV-Screen

Alles rund um Elektronik ist in Filialen der großen Elektro-Discount-Geschäfte **Yodobashi Camera** (s. S. 272) oder **Bic Camera** (s. S. 272) zu finden. Mit **Lumine Est**, **Lumine 2 und 1** (s. S. 272) wartet das Unternehmen in der Bahnhofsumgebung gleich dreifach auf. Selbst unter Tage kann man in der riesigen, sich hauptsächlich unter der Shinjuku-dōri entlangziehenden Ladenpassage **Subnade (1)** (*subunādo* サブナード, *www.subnade.co.jp*) nach Herzenslust shoppen. Ein weiteres Highlight für Schnäppchenjäger und Liebhaber von Dingen, die man nicht wirklich braucht, ist ein Besuch im rund um die Uhr geöffneten Kaufhaus **Don Quijote** (s. S. 272) in der Yasukuni-dōri. In Shinjuku lässt sich aber auch ohne Shoppingtour die Zeit verbringen, denn schließlich bietet die Infrastruktur genügend Cafés, Lokale und „Unterhaltungstempel".

Shopping-vergnügen

Spätestens wenn die Dämmerung hereinbricht, zieht das nördlich der Yasukuni-dōri gelegene **Rotlichtviertel Kabukichō** (歌舞伎町) Nachtschwärmer an wie

Nachtschwärmer zieht es nach Kabukichō

Turbulentes Nachtleben

Motten das Licht. Kurzweil wird hier großgeschrieben – und so verwandelt sich in den von Neonreklamen erhellten Straßen und Gassen für manche problemlos die Nacht zum Tag. Warum der Dschungel aus Pachinkohallen, Kinos, Karaokebars, Discos, Erotikclubs und Love Hotels nach dem traditionellen Schauspiel Kabuki benannt ist, mag verwundern. Tatsächlich befassten sich die Stadtväter in den 1940er-Jahren mit der Idee, hier ein Kabuki-Theater zu errichten, aber irgendwann war das Vorhaben wieder vom Tisch. Was blieb, ist der Name.

Fantasieshows zum Essen

Ein Publikumsmagnet der besonderen Art ist unbenommen das Ende 2012 in Kabukichō eröffnete **Robot Restaurant (2)**. Durch die Investition von eben mal 100 Mio. Euro ist hier zwar nicht wirklich ein Restaurant entstanden, wobei eine 0815-Bento-Box zum Standard gehört. Stattdessen finden sich Gäste hier in einer anderen Welt, einer anderen Dimension, die durch täglich vier Laser-Robot-Shows **irreale Unterhaltung** bietet. Dabei sind Monster, Fantasiegestalten und junge hübsche Mädels in „wahnsinnigen" Kostümen, ab und zu von Robotern unterstützt, die Hauptakteure des Spektakels. Fesselnde Lichteffekte, hoher Geräuschpegel und schräg absurde Bühnenausstattung entführen auf einen anderen, Lichtjahre entfernten Stern. Die Showbühne zieht sich mitten durch die Zuschauerplätze.

Robot Restaurant (ロボツトレストラン), *Shinjuku Robot Bldg., 2. UG, 1-7-1 Kabukichō, ☎ 3200-5500, www.shinjuku-robot.com, tgl. 15.30–23.30 Uhr, Shows 16, 17.55, 19.50, 21.45 Uhr, Eintritt 8.000 ¥, Essen 1.000–1.500 ¥.* 🚃/**M** *Shinjuku (新宿駅), Exit Ost;* **M** *Shinjuku-Sanchōme (新宿三丁目駅), Linien Marunouchi, Fukutoshin, Shinjuku, Exit B12.*

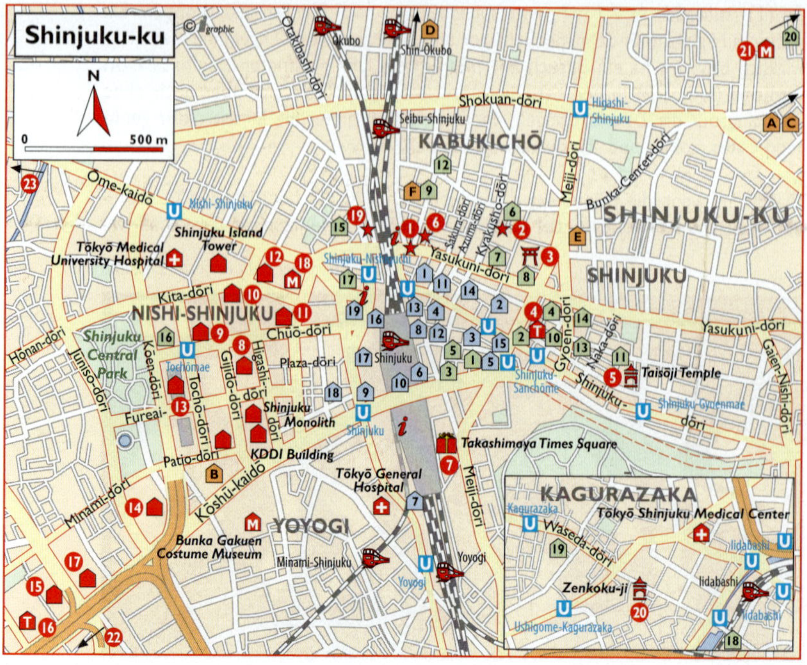

Unter anderen Vorzeichen ist auch im Viertel **Golden Gai** (*gōruden gai* ゴールデン街) in der nordwestlichen Ecke von Kabukichō bis zum Morgengrauen etwas los. Hier wimmelt es von winzigen Bars, meist von Kneipiers aus Künstlerkreisen geführt, in denen sich Kunstschaffende gerne die Zeit vertreiben. In den Kneipen wird meist eine Art Platzgebühr (*500–1.000 ¥*) erhoben.

Östlich dieses „Labyrinths“ bitten oft Geschäftsleute im edozeitlichen **Hanazono-Schrein (3)** um Erfolg und Profit. Sonntags allerdings ändert sich die Kulisse im Schreinareal, wenn schon in den frühen Morgenstunden Stände für den wöchentlich stattfindenden Flohmarkt aufgebaut werden. *Flohmarkt auf dem Schreinareal*

Hanazono-Schrein (*hanazono jinja* 花園神社), *5-17-3 Shinjuku,* ☏ *3209-5265, www.hanazono-jinja.or.jp, tgl. 7–18 Uhr, Areal 24 Std.* **M** *Shinjuku-Sanchōme* (新宿三丁目駅), *Linien Marunouchi, Fukutoshin, Shinjuku, Exit B3, ca. 5 Min. in nördl. Richtung.*

★ Sehenswürdigkeiten
1 Subnade
2 Robot Restaurant
3 Hanazono-Schrein
4 Theater Suehori-tei
5 Taiso-ji
6 Shinjuku Southern Terrace
7 Takashimaya Times Square
8 Keiō Plaza Hotel
9 Sumitomo Building / Rest. Spacca Napoli
10 Mitsui Building
11 Shinjuku Center Building
12 Nomura Building / Rest. Hibiki
13 Rathaus / Touristeninformation
14 Shinjuku Park Tower / Park Hyatt Hotel
15 Tōkyō Opera City
16 New National Theater
17 NTT Intercommunication Center
18 Seiji Tōgō Memorial Sompo Japan Museum of Art
19 Omoide Yokochō / Bar Albatross
20 Zenkoku-ji
21 Yayoi-Kusama-Kunstmuseum
22 Shimo-Kitazawa
23 Nakano / Kōenji

Essen und Trinken/Unterhaltung
1 Shinjuku Kappo Nakajima
2 Tiki Tiki
3 Samurai
4 Afrikanisches Restaurant & Bar Esogie
5 Chigusa
6 Albatross G
7 Bar Plastic Model
8 Christon Café
9 Loft
10 Marugo II
11 Pit Inn
12 Tōkyō Loose
13 Arty Farty
14 Kinsmen
15 Tejimaul
16 Cuisine(s) Michel Troisgros
17 Vagabond
18 Canal Café
19 Seigetsu
20 Martiniburger

Einkaufen
1 Studio Alta
2 Isetan
3 Marui / 0101
4 Comme Ça
5 Beams Japan
6 Flags
7 Don Quijote
8 Lumine Est
9 Lumine 1
10 Lumine 2
11 Kinokuniya
12 Tsutaya Book Apartment
13/18 Yodobashi Camera
14/19 Bic Camera
15 Disk Union
16 Odakyu
17 Keiō

Unterkunft
A The Agnes Hotel and Apartments
B Shinjuku Washington Hotel
C Tōkyō Central Youth Hostel
D Tama Ryokan
E Hotel Sunlite Shinjuku
F Hotel Gracery

info

Japans Unterwelt – Yakuza

Dass der hiesige Tattoo-Boom im Land der aufgehenden Sonne eher zu Unverständnis denn zu Bewunderung führt, liegt schlicht an der gesellschaftlichen Bedeutung der für eine halbe Ewigkeit unter die Haut gebrachten Bildmotive. Zwar wagt sich heute auch die Jugend Japans hin und wieder an den Modetrend heran, gesellschaftlich anerkannt ist er aber noch lange nicht. So verwehren beispielsweise viele der öffentlichen Bäder Tätowierten den Eintritt. Wie bei uns in früheren Zeiten, als Tattoos lediglich unter Seeleuten, Randgruppen und Kriminellen verbreitet waren, hielt der vermutlich von den Ureinwohnern Japans übernommene Körperkult im 17. Jh. in Kreisen der Unterschicht seinen Einzug – in einer Zeit, in der die **kriminelle Vereinigung** Yakuza ihren Ursprung hat. Als Ausdruck der Zugehörigkeit nutzten Mitglieder großflächige **Tätowierungen**, weshalb sie bis heute in Japan ungeachtet aller Ästhetik mit dem Syndikat in Verbindung gebracht werden können. In Kreisen der Yakuza selbst verliert die Sitte an Bedeutung, umso mehr, da viele Einzelgruppen der Organisation seit **1992 offiziell verboten** sind. Die Zeiten, als man seine Mitgliedschaft zudem durch auffallend grelle Kleidung und Sonnenbrille an die große Glocke hängte, sind vorbei. Zur Vergangenheit zählen auch die Tage, als die Yakuza eigene Büros unterhielt, eine eigene Zeitung publizierte und der ein oder andere Big Boss, der Oyabun, bereitwillig vor der Presse Rede und Antwort stand. Selbst bei der Polizei anlässlich des Neujahrsfestes seine Aufwartung zu machen, war für niemanden eine große Überraschung.

Trotzdem geht die Yakuza, wenn auch mehr undercover, mit rund **90.000 Mitgliedern** ihren Geschäften nach und ist wie ehedem u. a. im Rotlichtmilieu, Drogenhandel, Schmuggel oder bei der Erpressung von Schutzgeldern allgegenwärtig. Die Vermittlung illegaler Arbeitskräfte oder der Einfluss auf Finanzmarkt und politisches Geschehen sind nicht von der Hand zu weisen. Die Blutsverwandtschaft wie etwa bei der Mafia spielt bei Organisationen der Yakuza, allen voran die Yamaguchi-gumi, keine Rolle. Was zählt, sind strenge hierarchische Strukturen und eigene Kodizes. Wer Fehler begeht, muss sich dem hässlichen Ritual des *Yubitsumi* unterziehen, d.h., man ist gezwungen, angefangen beim kleinen Finger der linken Hand, sich selbst eine Fingerkuppe abzutrennen. Bedenkt man, dass sich eine Prothesenfirma in Ōsaka auf die Herstellung von Fingerkuppen spezialisiert hat, dürfte auch in Kreisen der Yakuza nicht immer alles glatt verlaufen.

Das Wort Yakuza entspricht in Mundart den Zahlen acht, neun und drei, die bei dem Kartenspiel Hanafuda als wertloses Blatt gelten. Dennoch verpflichten sich die gesellschaftlich „Wertlosen" bei Eintritt in eines der Syndikate zu **lebenslanger Treue**, Loyalität und Pflichtbewusstsein. Dem Clan eines Tages den Rücken zu kehren, ist nicht vorgesehen. Ein wohl langer und risikoreicher Weg steht dem bevor, der aussteigen will.

Was schon anno dazumal den Alltag vergessen machte, hat auch heute noch im renommierten **Theater Suehiro-tei (4)** einen hohen Unterhaltungswert. Unter dem Nenner „Comedy" bringt das Ensemble u.a. humoristische Monologe oder Dialoge in Form des traditionellen Rakugo oder Manzai auf die Bühne.

Suehiro-tei (末廣亭), *3-6-12 Shinjuku, ☏ 3351-2974, www.suehirotei.com, tgl. 12–16.30, 17–21 Uhr, Erw./Stud./Kind 3.000/2.500/2.200 ¥.* **M** *Shinjuku-Sanchōme* (新宿三丁目駅), *Linien Marunouchi, Fukutoshin, Shinjuku, Exit B2/C4.*

Tōkyōs Adresse für die Homosexuellen-Szene ist **Shinjuku Nichōme** (新宿二丁目) südöstlich des Schreins, wo sich schon seit Ende der 1950er-Jahre nach und nach eine einschlägige Spaß- und Amüsiermeile entwickelte.

Die Landschaftsarchitektur des fast 60 ha großen **Parks Shinjuku Gyoen** teilt sich mit einem japanischen, französischen und englischen Garten in drei Bereiche, die durchsetzt von Wasserflächen, künstlich angelegten Hügeln und üppiger, abwechslungsreicher Vegetation zu den Highlights Shinjukus zählen. *Beliebter Park*

Nördlich des Parks in unmittelbarer Nachbarschaft der Metrostation Shinjuku Gyoenmae liegt der kleine, ursprünglich als Teehaus errichtete, 1668 begründete Tempel **Taiso-ji (5)**. Unter mehreren Skulpturen gilt die Holzstatue des Herrschers der Unterwelt Enma-Daō mit einer Höhe von über 5 m als die größte in Tōkyō.
Shinjuku Park (*shinjuku gyoen* 新宿御苑), *11 Naitōchō, ☏ 3350-0151, Di–So 9–16.30 Uhr (Infocenter, Kunstgalerie, Teehaus, Restaurant, Gewächshaus), Erw./Kind 200/50 ¥.*
Taiso-ji (太宗寺), *2-9-2 Shinjuku, ☏ 3356-7731, von Sonnenaufgang bis -untergang.*
M *Shinjuku Gyoenmae* (新宿御苑前駅), *Linie Marunouchi, Exit 1. Der Park liegt südlich, der Tempel nördlich der Station.*

In angenehmer Weise jenseits des Trubels offenbart sich das Großstadtflair in der 1998 fertiggestellten, 250 m langen Flaniermeile **Shinjuku Southern Terrace (6)**, die sich mit vielen Shops und Lokalen südöstlich des Bahnhofs entlang der Gleise zieht. Eine breite Fußgängerbrücke über die Bahnschienen führt von hier aus direkt zum **Takashimaya Times Square (7)**, wo der 16-stöckige Kaufhausgigant **Takashimaya** nahtlos in eine Filiale der Warenhauskette **Tōkyū Hands** (*tōkyū hanzu* 東急ハンズ) und der Buchhandlung **Kīnokuniya** (s. S. 272) übergeht. Für den schmaleren Geldbeutel ist hier in Sachen Mode eine Zweigstelle des Unternehmens **Uniqlo** für junge und jung gebliebene Kunden eine wahre Fundgrube. *Flaniermeile beim Bahnhof*
Shinjuku Southern Terrace (*shinjuku saza terasu* 新宿サザンテラス), *2 Yoyogi, Shibuya-ku, www.southernterrace.jp.*
Takashimaya Times Square (*takashimaya taimuzu sukuea* 高島屋タイムズスクエア), *5-24-2 Sendagaya, ☏ 5361-1111, www.takashimaya.co.jp, tgl. 10–20, Fr/Sa bis 20.30 Uhr.*
Uniqlo (*yunikuro* ユニクロ), *5-24-1 Sendagaya, ☏ 5361-1733, tgl. 10–21 Uhr.*
/**M** *Shinjuku* (新宿駅), *Exit Süd/Exit 2; Takashimaya Times Square, Uniqlo New South Exit.*

Nishi-Shinjuku

Wer den Bahnhof von einem der Westausgänge verlässt, vor dem türmt sich Glas, Beton und Stahl, denn Nishi-Shinjuku (西新宿), vor rund 40 Jahren als modernes Geschäftsviertel konzipiert, ist für seine Wolkenkratzer bekannt. Die Vorreiterrolle übernahm 1971 das **Keiō Plaza Hotel (8)**, das mit 47 Stockwerken, damals

Rathaus mit zwei Aussichtsplattformen, Nishi-Shinjuku

als höchstes und größtes Hotel Tōkyōs gefeiert, über 1.440 Zimmer verfügt (s. S. 131). Dem Keiō Plaza folgten in den 1970er-Jahren u.a. mit dem 210 m hohen **Sumitomo Building (9)**, dem **Mitsui Building (10)** (225 m), **Shinjuku Center Building (11)** (223 m) oder **Nomura Building (12)** (203 m) weitere in den Himmel ragende Häuser, die den Grundstock der heutigen Skyline bilden.

Rathaus (13)

Jüngeren Datums ist das Rathaus von Tōkyō, das seinen Rang als landesweit höchstes Gebäude 1993 an den Landmark Tower (296 m) in Yokohama abtreten musste. Nach nur drei Jahren Bauzeit und Baukosten von über 1 Mrd. Euro übertrumpft das 1991 fertiggestellte Rathaus mit seinen 243 m Höhe aber alle umliegenden „Businesstürme" des Viertels. Insgesamt besteht der Komplex aus drei Teilen, wobei das kathedralenartige Hauptgebäude die beiden anderen „Amtsstuben" schlicht in den Schatten stellt. Im 33. Stock gabelt sich der Wolkenkratzer in zwei Türme. Ziel vieler Besucher sind die beiden **Aussichtsplattformen** jeweils in der 45. Etage. Nach kurzer Taschen- oder Rucksackinspektion am Eingang steht der nur 55 Sekunden dauernden Aufzugfahrt nichts mehr im Wege. Im 1. OG ist ein großes **Touristeninformationszentrum** untergebracht. Auch von anderen Wolkenkratzern des Viertels, wie dem Sumitomo Building, Center Building oder Nomura Building, kann die **Aussicht** auf Tōkyō kostenlos genossen werden.

Rathaus (*tochō* 都庁), *2-8-1, Nishi-Shinjuku, www.metro.tokyo.jp, Mo–Fr 9.30–23, Sa/So 9.30–19 Uhr,* 🚌/**M** *Vom Exit West des Bahnhofs Shinjuku ca. 15 Min. zu Fuß vom UG durch einen langen Fußgängertunnel;* **M** *Tochōmae (都庁前駅), Linie Ōedo, Exit A4/E1.*

Shinjuku Park Tower (14)

Fans von Originalfilmschauplätzen dürfte das **Park Hyatt Hotel** in den oberen Etagen des 1994 erbauten **Shinjuku Park Tower** (*shinjuku pāku tawā* 新宿パークタワー) eine Bereicherung sein. Schließlich verdienten sich hier 2003 die beiden Hauptdarsteller Bill Murray und Scarlett Johansson bei den Dreharbeiten zu „Lost in Translation", dem zweiten Spielfilm der Regisseurin Sofia Coppola, für einige Wochen ihre Brötchen. Die Hotelbar New York im 52. OG bietet nicht nur verlockende Gerichte, Cocktails und ein außergewöhnliches Weinsortiment, für Kenner des Films kommt gerade hier ein hoher Wiedererkennungswert dazu. Der aus drei Turmelementen bestehende Park Tower, wie das Rathaus von Tange Kenzō entworfen, ist bislang mit 235 m das zweithöchste Gebäude des Wolkenkratzer-Distrikts.

Drehort für „Lost in Translation"

Park Hyatt Hotel (*pāku haiyashito hoteru* ハイヤシトホテル) *39.–52. OG, 3-7-1-2 Nishi-Shinjuku,* ☎ *5322-1234, www.hyatt.com/en-US/hotel/japan/park-hyatt-tokyo/tyoph (s. S. 131).*

Tōkyō Opera City (15)

An dritter Stelle in Nishi-Shinjuku steht mit 234 m der 1997 eröffnete, zum Komplex der Tōkyō Opera City gehörende **Opera City Tower**. Über einen großen, in „Schuhschachtel-Architektur" erbauten Konzertsaal hinaus beherbergt die „City" weitere Veranstaltungsräume für Musik, sowie das **New National Theater (16)**. Als Dreispartenhaus bietet der abwechslungsreiche Spielplan klassisches Ballett, zeitgenössischen Tanz und Schauspiel. Wechselnde Ausstellungen der internationalen Kunstszene sind in der **Tōkyō Opera City Art Gallery** zu sehen. Im 4. OG des Towers zeigt das **NTT Intercommunication Center (17)** durch seinen Anspruch, den Dialog zwischen Kunst und Technik zu fördern, interessante Perspektiven auf Phänomene der Gegenwartskultur.

Dreispartenhaus

Tōkyō Opera City (*tōkyō opera shitei* 東京オペラシテイ), *3-20-2 Nishi-Shinjuku, www.operacity.jp, Ticketcenter, ☎ 5353-9999.* **New National Theater** (*shin kokuritsu gekijō* 新国立劇場), *1-1-1 Honmachi, ☎ 5351-3011, www.nntt.jac.go.jp.*
Tōkyō Opera City Art Gallery, *3-20-2 Nishi-Shinjuku, ☎ 5353-0756, www.operacity.jp, Di–Do, So 11–19, Fr/Sa 11–20 Uhr, Erw./Kind 1.200/800 ¥.*
NTT Intercommunication Center, *4. OG, 3-20-2 Nishi-Shinjuku, www.ntticc.or.jp, Di–So 11–18 Uhr, Eintritt nur für besondere Ausstellungen/Veranstaltungen.*
Hatsudai (初台駅), Keiō New Line, Exit Ost.

Seiji Tōgō Memorial Sompo Japan Museum of Art (18)

Dass der Maler Tōgō Seiji (1897–1978) einige Jahre in Frankreich studierte, ist bei der Betrachtung seiner Werke im ihm gewidmeten Museum durchaus nachvollziehbar. Eines seiner Hauptmotive waren meist abstrakte Darstellungen von Frauen. Neben Arbeiten von Tōgō finden sich in der Ausstellung auch Gemälde anderer Künstler aus Japan und dem Westen. So nennt das Museum vermutlich nicht ohne Stolz die „Fünfzehn Sonnenblumen" von Vincent van Gogh, „L'Allee des Alycamps" von Paul Gauguin und „Pommes et Serviette" von Paul Cézanne sein eigen.

Japanische und westliche Malerei

Seiji Tōgō Memorial Sompo Japan Museum of Art (*sompo japan tōgō seiji bijutsukan* 損保ジャパン東郷青児美術館), *Sompo Japan Nipponkoa Headquarters Bldg., 42. OG, 1-26-1 Nishi-Shinjuku, ☎ 5777-8600, www.sjnk-museum.org/en, Di–So 10–18 Uhr, Eintritt je nach Ausstellung.* /**M** *Shinjuku (新宿駅), Exit West, Exit A18; ca. 10 Min. zu Fuß nordwestl.*

Ein Hauch Downtown-Charakter liegt einen Katzensprung nordwestlich des Sompo Japan Nipponkoa Headquarters Building über der sog. „Piss Allee" **Omoide Yokochō (19)** (思い出横丁). Bar an Bar, Garküche an Garküche sowie ein stetes Auf und Ab der Passanten beleben bis spät nachts die vor allem für ihre unzähligen Yakitori-Buden (Fleischspießchen) bekannte Gasse.

Wie in Higashi-Shinjuku kommt auch in Nishi-Shinjuku Konsum und Kommerz nicht zu kurz. In direkter Umgebung des Bahnhofs finden sich Kaufhäuser wie das zweigeteilte **Odakyu** (s. S. 273) mit 16 Etagen oder das **Keiō** (s. S. 273) mit elf Etagen. Sozusagen in zweiter Reihe direkt dahinter lockt eine Zweigstelle des Elektronikgeschäfts **Yodobashi Camera** (s. S. 273) und auch **Bic Camera** (s. S. 273) ist im Odakyu Halc (*odakyū haruku* 小田急ハルク) mit einer weiteren Filiale vertreten.
/**M** *Shinjuku (新宿駅), Exit West.*

Ein anderes Shinjuku – Kagurazaka

Beschauliches Lokalkolorit: Kagurazaka

Im Nordosten von Shinjuku besticht das Viertel Kagurazaka (神楽坂) durch anheimelnden Charme, denn in den steingepflasterten Gassen um die Straße **Kakurazaki-dōri** ist noch immer ein Hauch des alten Edo zu spüren. Das Flair bestimmt die Mischung aus Alt und Neu, das Nebeneinander japanischer und westlicher Kultur. In den 1920er-Jahren war die Gegend für seine Geishahäuser bekannt. Nur wenige davon sind bis heute erhalten. Cafés, Bars und Restaurants dagegen braucht man zwischen Boutiquen und traditionellen Läden nicht lange zu suchen. Jährlich Ende Juli lockt hier die Tanzparade Awa Odori fast jeden Anwohner auf die Straße.

Tradition und Moderne

Der kleine Tempel **Zenkoku-ji (20)** (染黒寺) oder Bishamonten wurde 1595 ca. 4 km entfernt gegründet. Seit 1793 steht er an seinem heutigen Platz an der Kagurazaka-dōri. */**M** Iidabashi (飯田橋駅), JR-Linie Chūō-Sōbu, Metrolinien Tōzai, Yūrakuchō, Namboku, Ōedo, Exit B3/B2a; **M** Kagurazaka (神楽坂駅), Linie Tōzai, Exit 1.*

In der Nachbarschaft von Kagaruzaka hat Yayoi Kusama (geb. 1929) als eine der bedeutendsten Avantgarde-Künstlerinnen der Nachkriegszeit 2017 ihr eigenes Museum eröffnet: das **Yayoi-Kusama-Kunstmuseum (21)**. Zu sehen ist das Werk der Künstlerin, das von ihren Polka Dots und Netzmustern geprägt ist.
Yayoi-Kusama-Kunstmuseum (草間彌生美術館), *107 Bentenchō, ☎ 5273-1778, https://yayoikusamamuseum.jp, Do–So 11–17 Uhr, Erw./Kind bis 18 Jahre 1.000/600 ¥, datums- und zeitgebundene Tickets für den 90-minütigen Besuch nur online mit langer Vorlaufzeit (ab 2 Monate im Voraus). **M** Ushigome-yanagichō (牛込柳町駅), Linien Ōedo, Exit Ost, ca. 600 m nördl. entlang der Gaien Higashi-dōri.*

Spannende Viertel – und gar nicht weit

Shimo-Kitazawa (22)

Jung, lässig, einen Hauch chaotisch, individuell und auch ein wenig wie ehedem zeigt sich Shimo-Kitazawa (下北沢) mit Musikkneipen, Cafés, kleinen Theatern und vielen Shops als lebendiges, in der jungen Szene populäres Viertel im Bezirk **Setagaya-ku** (世田谷区), gerade einmal zehn Minuten per Bahn von Shinjuku entfernt.
*Von /**M** Shinjuku, Linie Odakyū Odawara bis Shimo-Kitazawa (下北沢駅), Exit Nord.*

Junge Szene

Nakano (23)

Als weiterer Hotspot der Otaku- und Animeszene bekannt ist der „**Nakano Broadway**" neben Akihabara eine populäre Adresse. Dabei hat der westlich von

Shinjuku gelegene Bezirk **Nakano-ku** mit seinen vielen kleinen Läden, Bars und Restaurants auch noch eine andere Skurrilität im Ärmel. Der zu Beginn des 20. Jh. angelegte Park **Tetsugakudō-kōen** gilt als Ort geistiger Übung. Dies geht u. a. auf das Engagement des Philosophen Inoue Enryō (1858–1919) zurück, der sich dem Buddhimus wie auch Übernatürlichem widmete. Überall im Park werden philosophische und spirituelle Begriffe (jap.) erläutert, sei es auf dem „Hügel der Empirie", dem „Gipfel der unmittelbaren Anschauung" oder anderen Orten der Anlage. Dabei werden hier nicht nur Buddha und Konfuzius verehrt, sondern auch Sokrates und Immanuel Kant.

Zur geistigen Übung

Nakano Broadway (中野ブロードウェイ), *5-52-15 Nakano, ☏ 3388-7004, www.nbw.jp, tgl. die meisten Shops 10–20 Uhr.* 🚆/**M** *Nakano (中野駅), JR–Linien Chūō, Chūō-Sōbu, Metrolinie Tōzai, Exit Nord, 5 Min. nordl. Richtung.*

Tetsugakudō-kōen (哲学堂公園), *1-34-28 Matsugaoka, Nakano-ku, ☏ 3951-2515, tgl. 8/9–17/18 Uhr.* **M** *Ochiai-Minaminagaski (落合南長崎駅), Linie Ōedo, Exit West. 8 Min. südwestl.;* 🚆 *Araiyakushimae (新井薬師前駅), Linie Seibu Shinjuku, Hauptausgang, 10 Min. nordöstl.*

Kōenji

Nur zwei Stationen von Nakano entfernt liegt Kōenji, ein lebhaftes kleines Viertel, das weniger schrill und knallbunt ist als andere Orte in Tōkyō. Doch mit netten und günstigen Lokalen, unzähligen Bars und viel Livemusik zeigt es sich trendig. Es lohnt, hier ein wenig umherzustreunen. Kōenji wird auch als angenehmes Wohngebiet geschätzt, so mag man kaum glauben, dass gerade hier in den 1970/80er-Jahren die Keimzelle des Punks in Tōkyō angesiedelt war. Ein großes traditionelles Fest, das **Tanzfestival Kōenji Awa Odori**, zieht meist Ende August neben 12.000 Tänzern rund 1 Mio. Zuschauer an.

Lebendiges Viertel

🚆 *Kōenji (高円寺駅), Linie Chūō, Exit Nord, Exit Süd.*

Reisepraktische Informationen Shinjuku-ku

(Karte S. 262, Unterkunft S. 130)

Infos

Tourist Information Center (TIC), *Tōkyō Metropolitan Gouvernement Bldg.* **(13)**, *1. OG, 2-8-1 Nishi-Shinjuku, ☏ 5321-3077, tgl. 9.30–18.30 Uhr. Großes Center mit umfangreichem Infomaterial.* **Internet**: *www.foreign.city.shinjuku.lg.jp/en/*

Die meisten der folgenden Adressen sind erreichbar von: **M** *(*) Shinjuku-Sanchōme (新宿三丁目駅), Linien Marunouchi, Fukutoshin, Shinjuku* **M** *(*), oder von* 🚆/**M** *(**) Shinjuku Station (新宿駅). R-Yamanote, Metrolinie Marunouchi u. v. a.*

Shinjuku

Essen & Trinken

(1) Shinjuku Kappo Nakajima (新宿割烹中嶋), *Nichihara Bldg., 1. UG, 3-32-5 Shinjuku, ☏ 3356-4534, Mo–Sa 11.30–14, 17.30–21.30 Uhr, www.shinjyuku-nakajima.com. Das als günstigstes mit einem Michelin-Stern ausgezeichnete Restaurant macht diesem Ruf zumindest mittags mit dem Sardinengericht „Yanagawa Nabe" für ca.*

1.000 ¥ alle Ehre. Abends (Reservierung notwendig) sieht es ab 15.000 ¥ ein wenig anders aus. /**M** *(**), Exit Süd.*
(2) Tiki Tiki (ティキティキ), *Frente Shinjuku, 4. OG, 3-4-8 Shinjuku, 3226-0996, tgl. 11.30–15, 17–23 Uhr. Ob Küche oder Interieur, im Tiki Tiki dominiert hawaiianischer und polynesischer Stil. Dazu gehören Lau Lau, ein traditionell hawaiianisches Gericht aus Fleisch und/oder Fisch auf Taroblättern, genauso wie Speisen mit viel Ananas und Kokosnuss. Als hitverdächtig gelten farbenprächtige, raffiniert dekorierte Cocktails mit oder ohne Alkohol. Für die allabendliche folkloristische Tanzvorführung werden 500 ¥ erhoben; 3.000–4.500 ¥.* **M** *(*), Exit B2.*
(3) Samurai (サムライ), *Tera Bldg., 5. OG, 3-35-5 Shinjuku, 3341-0383, tgl. 18–1 Uhr. Wer hier eine an den Kriegerstand erinnernde Deko erwartet, der irrt. Vielmehr besticht das Samurai durch sein eigenwillig lustiges Ambiente, schließlich scheint der Inhaber ein Faible für Winkekatzen zu haben. Unzählige Exemplare in jeder Größe, Farbe und Fasson zieren das legere Jazzlokal. Nudelgerichte, Pizza und Pasta 1.000–3.000 ¥, zzgl. Platzgebühr 300–500 ¥.* **M** *(*), Exit Ost.*
(4) Afrikanisches Restaurant & Bar Esogie (アフリカンレストラン&バーエソギエ), *Muraki Bldg., 3. OG, 3-11-2 Shinjuku, 3353-3334, Di–So 18–24 Uhr. „Hello Africa", denn der Wirt hat sich authentisch nigerianisch mit Einrichtung, Speisekarte oder Atmosphäre ein Stückchen Heimat geschaffen. Hit unter den Getränken ist nigerianisches, ghanaisches und kenianisches Bier; 2.000–4.000 ¥.* **M** *(*), Exit C3.*
(5) Chigusa (千草), *3-34-3 Shinjuku, 5357-7822, Mo–Sa 17–24, So 15–23 Uhr. In der gemütlich-rustikalen Izakaya sind verschiedenste japanische Gerichte zu bekommen. Der Wirt hält eine Speisekarte mit Fotos bereit; 1.000–3.000 ¥.* **M** *(*), Exit Ost.*

Unterhaltung

(6) Albatross G (アルバトロスG), *Golden Gai, 1-1-7 Kabukichō, 3203-3699, www.alba-s.com, tgl. 19–5 Uhr. Die Nacht zum Tag zu machen, ist in Kabukichō kein Problem. Als eine von unzähligen Bars in dem populären Nightlife-Viertel sind im kleinen, barock dekorierten Albatross mit junger Klientel auch Ausländer willkommen; Platzgebühr ca. 300 ¥, Preisniveau 2.000–4.000 ¥.* /**M** *(**), Exit Ost, Exit B6/B7.*
(7) Bar Plastic Model (バープラスチツクモデル), *1-1-10 Kabukichō, 5273-8441, Mo–Sa 20–5, So bis 2 Uhr. In der Bar im Stil der 1980er-Jahre Bar sorgt ein DJ für musikalische Untermalung querbeet; Drinks 600–1.200 ¥, Platzgebühr 700 ¥.* **M** *(*), Exit B5.*
(8) Christon Café (キリストンカフェ), *Oriental Wave Bldg., 8./9. OG, 5-17-13 Shinjuku, 50-7300-4502, tgl. 17–23.30 Uhr. Themenlokal im Zeichen der christlichen Kirche – in Japan jedenfalls ist das Konzept mit überreichem Interieur wie aus Europa importierter Sakralkunst ein Erfolg. Die Bezeichnung Café trifft das kulinarische Angebot nicht ganz, denn die Speisekarte lockt mit vielen Gerichten von Knoblauchtoast über Muscheln in Weißweinsoße bis hin zu Filetsteaks und Desserts; Abendessen ca. 3.500 ¥, Platzgebühr 300 ¥.* **M** *(*), Exit E2.*
(9) Loft (ロフト), *Tatehana Bldg., 2. UG, 1-12-9 Kabukichō, 5272-0382, www.loft-prj.co.jp, Öffnungszeiten je nach Programm. Das 1976 eröffnete Loft zählt unter den „Live Houses" in Tōkyō zu den alten Hasen. Viele Bands unterschiedlichster Genres aus dem In- und Ausland haben hier schon ihr Publikum begeistert. Angesagt ist das Loft mit Platz für ca. 500 Personen nach wie vor; Eintritt je nach Band, Ausweiskontrolle beim Einlass.* /**M** *(**), Exit Ost.*
(10) Marugo II (マルゴセカンド), *3-9-4 Shinjuku, 3353-1052, tgl. 17–2 Uhr. Das Sortiment des kleinen Weinlokals umfasst vor allem französische und italienische Weine,*

teilweise aus biologisch angebauten Trauben. Wer mag, kann den Weingenuss mit Fingerfood wie etwa leckeren Canapés, Oliven und Käse abrunden. **M** *(*), Exit C5/C6.*
(11) Pit Inn *(ピツイン), Accord Bldg., 1. UG, 2-12-4 Shinjuku, ☎ 3354-2024, www.pit-inn.com, tgl. ab 14 Uhr. Der Club ist in der Jazz- und Bluesszene lange schon ein Begriff. Mit gleich 2 Konzerten tgl. hat man schon nachmittags die Chance auf Musikkultur pur. Konzert nachmittags 14.30 Uhr: 1.300 ¥ inkl. Getränk, Konzert am Abend: 19.30 Uhr, 3.000 ¥ inkl. Getränk, Sa/So etwas teurer, tel. Reservierung möglich.* **M** *(*), Exit C5/C8.*
(12) Tokyo Loose *(東京ルーズ), Marutomo Bldg., 1. UG, 2-37-3 Kabukichō, ☎ 3207-5677, www.tokyoloose.com, tgl. 20 Uhr bis open end. Wen das Discofieber packt, der liegt hier richtig. „Mixed Music" unter Regie verschiedener DJs, Drinks oder einfach nur „chillen". Eintritt nur bei Veranstaltungen; Getränke ca. 700 ¥, Happy Hour 20–23 Uhr.* /**M** *(**), Exit Ost, ca. 10 Min. zu Fuß.*

Homosexuellen-Szene
Das entspannte Verhältnis der Japaner Homosexuellen gegenüber spiegelt sich z. B. im Stadtteil Shinjuku-Nichōme wider, wo unter vielen Kneipen auch entsprechende Bars und Pubs zu finden sind.
(13) Arty Farty *(アーテイファーテイ), Kyūtei Bldg., 2. OG, 2-11-7 Shinjuku, ☎ 5362-9720, tgl. 19–5 Uhr. Sehen und gesehen werden ist vor allem an den Wochenenden garantiert. Aus der Musikanlage der großen Bar dröhnt meist House, Hip-Hop und R 'n' B, Eintritt je nach Event.* **M** *(*), Exit C7/C8.*
(14) Kinsmen *(キンズメン), 2-18-5 Shinjuku, ☎ 3354-4949, So, Di–Do 20–1, Fr/Sa bis 3 Uhr. Ob Männer, Frauen, Ausländer, hier sind alle willkommen; gelegentlich Livemusik, Getränke 600–1.500 ¥.* **M** *(*), Exit C7/C8.*

Einkaufen

Kaufhäuser – Mode, Accessoires, Haushaltswaren
(1) Studio Alta *(sutajio aruta スタジオアルタ), 3-24-3 Shinjuku, ☎ 3350-1290, www.studio-alta.co.jp, tgl. 11–20 Uhr.* /**M** *(**), Exit Ost, Exit B13, C8,* *(s. S. 261)*.
(2) Isetan *(伊勢丹), 3-14-1 Shinjuku, ☎ 3352-1111, http://isetan.mistore.jp, tgl. 10.30–20 Uhr. Durch exklusive Mode, Golfkleidung u. v. m. liegen im Isetan die Preise ein wenig höher als anderswo.* **M** *(*), Exit B3/B4/B5.*
(3) Marui / 0101 *(マルイ), 3-30-13 Shinjuku, ☎ 3354-0101, Mo–Sa 11–21, So bis 20.30 Uhr. Marui ist zwischen JR-Bahnhof und Shinjuku-Sanchōme mit sechs Gebäuden vertreten. Ob Damen- und Herrenmode, Mainstream oder Trends wie Gothic oder Lolita, die Fashionabteilungen sind auf unterschiedlichste Kunden eingestellt.* **M** *(*), Exit E2.*
(4) Comme Ça, *3-26-6 Shinjuku, ☎ 5367-5551, Mo–Fr 11–21, Sa/So 10–21 Uhr. Trendmode und mehr auf verschiedenen Etagen.* /**M** *(**), Exit Ost.*
(5) Beams Japan, *3-32-6 Shinjuku, ☎ 5368-7300, tgl. 11–20 Uhr. Junge Mode für Damen und Herren, von leger-elegant bis hin zu ausgefallen, Accessoires und pfiffig moderne Haushaltswaren. Im 6. OG ist eine Galerie untergebracht.* /**M** *(**), Exit Ost.*
(6) Flags, *3-37-1 Shinjuku, ☎ 3350-1701, tgl. 11–22 Uhr. 10-stöckiges Kaufhaus mit Musikabteilung, Sportartikeln, Mode, italienischem Restaurant u. v. m.* /**M** *(**), Exit Süd.*
(7) Don Quijote *(don kihōte ドンキホーテ), 1-16-5 Kabukichō, ☎ 5291-9211, www.donki.com, tgl. 24 Std. Preisgünstiges Kaufhaus. Mehrere Filialen.* /**M** *(**), Exit Ost.*
(8) Lumine Est *(rumine esuto ルミネエスト新宿), 3-38-1 Shinjuku, ☎ 5269-1111, www.lumine.ne.jp/est, Mo–Fr 11–22, Sa/So ab 10.30 Uhr. Restaurants 11–23 Uhr.*
(9) Lumine I, *1-1-5 Nishi-Shinjuku, ☎ 5321-7534, tgl. 11–22 Uhr.* /**M** *(**), Exit Süd.*

(10) Lumine 2, *3-38-2 Shinjuku, ☎ 3348-5211, www.lumine.ne.jp. Einzelne Geschäfte in dem Komplex öffnen zwischen 8 und 11 Uhr und schließen zwischen 21 und 23 Uhr.*

Bücher

(11) Kīnokuniya (紀伊國屋), *3-17-7 Shinjuku, ☎ 3354-0131, www.kinokuniya.co.jp, tgl. 10–21 Uhr. Die Abteilung für westliche Literatur befindet sich in der Passage im 1. UG.* **/M** (**), *Exit Ost, Exit B9/B10. Eine weitere Filiale der Buchhandlung ist vom New South Exit des Bahnhofs Shinjuku aus zu erreichen. 5-24-5 Sendagaya, tgl. 10–20 Uhr.*

(12) Tsutaya Book Apartment, *3-26-14 Shinjuku, Shinjuku Minimu I Bldg., 4.–6. OG und Shinjuku Minimu Bldg. II, 5.–6. OG, ☎ 5315-4077, tgl. 24 Std. geöffnet. Dass man hier auch Bücher kaufen kann, scheint bei dem innovativen Konzept fast nebensächlich. Das Tsutaya bietet Besuchern für 500 ¥/Std. (12 Std. 5.500 ¥) „bücherlastige" Räumlichkeiten mit gemütlichen Sitz- oder Liegegelegenheiten zum Lesen und Entspannen genauso wie mit PC und Drucker ausgestattete Arbeitsplätze. Neben gemeinsam genutzten Räumen gibt es auch Privatzimmer, eine Etage nur für Frauen sowie Sanitäreinrichtungen mit Duschen und ein Schminkzimmer.* **/M** (**), *Exit Ost, Exit A6.*

Elektronik und Musik

(13) Yodobashi Camera (ヨドバシカメラ), *3-26-7 Shinjuku, ☎ 3356-1010, www.yodobashi.com, tgl. 9.30–22 Uhr.* **/M** (**), *Exit Ost.*

(14) Bic Camera (*bishi kukamera* ビシクカメラ), *3-26-10 Shinjuku, ☎ 5312-1111, www.biccamera.com, tgl. 10–22 Uhr. Nur eine von vielen Filialen in Shinjuku und anderen Bezirken der Stadt.* **/M** (**), *Exit Ost, Exit B8.*

(15) Disk Union (ヂイスクユニオン), *Yamada Bldg., 3-31-4 Shinjuku, ☎ 3352-2691, http://diskunion.net, Mo–Sa 11–21, So 11–20 Uhr. Das mit neuen und gebrauchten CDs gut sortierte Musikgeschäft ist in Tōkyō nicht das einzige der Kette, aber mit sieben Etagen das größte.* **M** (*), *Exit A1.*

Nishi-Shinjuku

Essen & Trinken

(15) Tejimaul (てじまうる), *Nishimura Bldg., 1.UG, 7-10-10 Nishi-Shinjuku, ☎ 5348-5535, tgl. 17–24, So bis 23 Uhr. Auf der Speisekarte des kleinen koreanischen Restaurants finden sich vor allem viele Schweinefleischgerichte. Beliebt ist Barbecue, bei dem Zutaten wie Fleisch, Gemüse und Pilze auf einem Holzkohle-Tischgrill von den Gästen selbst zubereitet werden. Große Auswahl an koreanischen Reisweinen, 3.000–5.000 ¥.* **M** *Shinjuku-Nishiguchi* (新宿西口駅), *Linie Ōedo, Exit D4;* **/M** (**), *Exit West.*

Hibiki (響), *Nomura Bldg.* **(12)** *49.OG, 1-26-2 Nishi-Shinjuku, ☎ 5909-7181, tgl. 11.30–14.30, 17–23, So bis 22 Uhr. Die moderne geräumige Izakaya ist bekannt für ihre exzellenten japanischen Gerichte. Nach dem Konzept, mit weißen Speisen zu beginnen, bildet ein besonderer Kawashima-Tofu den Auftakt der Menüs; Gerichte ab 1.000 ¥, Menü ab 4.000 ¥.* **/M** (**), *Exit West, Exit B2.*

Spacca Napoli (スパツカナポリ), *Sumitomo Bldg.* **(9)**, *52.OG, 2-6-1 Nishi-Shinjuku, ☎ 3349-1055, tgl. 11.30–15.30, 17.30–22.30, Fr/Sa bis 23, So bis 22 Uhr. Gehobene italienische Küche in schwindelnder Höhe – besonders attraktiv sind die Fensterplätze; 4.000–8.500 ¥.* **M** *Tochōmae* (都庁前駅), *Linie Ōedo, Exit A6.*

(16) Cuisine(s) Michel Troisgros, *Hyatt Regency Tōkyō, 2-7-2 Nishi-Shinjuku, ☎ 3348-1234, www.tokyo.regency.hyatt.com, Do–Mo 12–13.30, 18–20.30 Uhr. Kein Geringerer als Michel Troigros, Spitzenkoch und Eigentümer des weltweit bekannten Sterne-*

restaurants Troisgros im französischen Roanne, hatte bei der Eröffnung des Restaurants 2006 im Tōkyōer Hyatt Regency die Hände mit im Spiel; Menü 6.000–19.000 ¥. **M** *Tochōmae (都庁前駅), Linie Ōedo, Exit C4.*

Unterhaltung

Albatross (アルバトロス), *Omoide Yokochō* **(19)** (思い出横丁), *1-2-11 Nishi-Shinjuku, ☎ 3342-5758, tgl. 17–2, Fr/Sa bis 5 Uhr. Das in der „Piss Allee" gelegene Albatross verfügt über kleine Räumlichkeiten auf drei Etagen. Im EG erwartet die Gäste eine Kneipe mit überwiegend rotem Dekor, eine Treppe höher ein Tatamiraum, darüber kann man im Freien auf Holzbänken die Nacht genießen; Getränke ca. 500–1.500 ¥.* **M** *Shinjuku-Nishiguchi (新宿西口駅), Linie Ōedo, Exit D3; /***M** *(**), Exit West.*

(17) Vagabond (バガボンド), *1-4-20 Nishi-Shinjuku, ☎ 3348-9109, tgl. 17–23.30 Uhr. Auf zwei Etagen bietet das Vagabond sowohl eine ruhige gediegene Bar als auch kleine nostalgische Räumlichkeiten mit allabendlichem Live-Jazz. Wechselnde Kunstausstellungen bilden einen dekorativen Rahmen; Fingerfood/Getränke ab 700 ¥.* **M** *Shinjuku-Nishiguchi (新宿西口駅), Linie Ōedo, Exit D2; /***M** *(**), Exit West.*

Einkaufen

(16) Odakyu (小田急), *1-1-3 Nishi-Shinjuku, ☎ 3342-1111, www.odakyu-dept.co.jp/shinjuku/index.html, tgl. 10–20/21 Uhr, Restaurants bis 22/22.30 Uhr.*

(17) Keiō (京王), *1-1-4 Nishi-Shinjuku, ☎ 3342-2111, www.keionet.com, tgl. 10–20 Uhr, Restaurants 11–22 Uhr.*

(18) Yodobashi Camera (ヨドバシカメラ), *1-11-1 Nishi-Shinjuku, ☎ 3346-1010, www.yodobashi.com, tgl. 9.30–22 Uhr.*

(19) Bic Camera (*bishi kukamera* ビシクカメラ), *1-5-1 Nishi-Shinjuku, ☎ 5326-1111, www.biccamera.co.jp, tgl. 10–21 Uhr.*

*Die genannten Kaufhäuser sind erreichbar: /***M** *(**), Exit West.*

Kagurazaka

Essen & Trinken

(18) Canal Café (カナルカフェ), *1-9 Kagurazaka, ☎ 3260-8068, www.canalcafe.jp, Di–Sa 11.30–23, So bis 21.30 Uhr. Dort wo 1918 der Wasserklub Tōkyō gegründet wurde, steht heute das Café-Restaurant mit großer Terrasse (Selbstbedienung) am Kanalufer. Kulinarisch dreht sich alles um Pizza und Pasta, denn der Küchenchef ist auf die Kochkunst Italiens spezialisiert. Für Weinliebhaber stehen ca. 60 verschiedene edle Tropfen aus Frankreich oder Italien zur Wahl. Menü ca. 3.500 ¥. Bootsfahrten: 30-minütiger Ruderspaß für 1–3 Pers. 500/600 ¥. /***M** *Iidabashi (飯田橋駅), Linien Tōzai, Yūrakuchō, Namboku, Ōedo, JR-Linie Chūō-Sōbu, Exit B3/B2a.*

(19) Seigetsu (霽月), *2. OG, 6-77-1 Kagurazaka, ☎ 3269-4320, Mo–Do, Sa 17–23.30, Fr bis 2, So bis 23 Uhr. Die gemütliche Izakaya mit Theken-, Tatami- und Nischenplätzen sowie dezenter Beleuchtung bietet einen ungezwungen Rahmen für schmackhafte Gerichte wie Tempura-Meeresfrüchte oder aromatisch gewürztes Huhn; 3.000–7.500 ¥.* **M** *Ushigome-Kagurazaka (牛込神楽坂駅), Linie Ōedo, Exit A3; /***M** *Iidabashi (飯田橋駅), Linien s. o., Exit B3;* **M** *Kagurazaka (神楽坂駅), Linie Tōzai, Exit 1.*

(20) Martiniburger (マライーニブーガー), *31 Nagazatochō, ☎ 6280-8920, www.martini-burger.com, Di–Sa 11–23, So bis 22 Uhr. Die besten Burger Tōkyōs gibt es bei Eliot Bergmann! Der Ex-New Yorker setzt auf Frische und Qualität, ob 100 % Rindfleisch, frisch gebackene Brötchen, knackige Salate; 1.000–3.000 ¥.* **M** *Kagurazaka, s. o., Exit 2, 5 Min. zu Fuß.*

Shibuya-ku 渋谷区

Redaktionstipps

➤ Shibuyas weltberühmte **Hachikō-Kreuzung** oder „Alle gehen gleichzeitig" erstaunt im Minutentakt (s. u.).

➤ Der **Meiji-Schrein** als eine der bedeutendsten Sakralanlagen Tōkyōs liegt fernab aller Hektik und städtischer Geräuschkulisse im Yogogi Park (S. 278).

➤ Edelboutiquen, weltbekannte Labels und eine Prise Subkultur, „verpackt" in visionäre Architektur, haben den **Boulevard Omotesandō-dōri** unter Tōkyōs angesagteste Einkaufsmeilen katapultiert (S. 279).

Ende des 19. Jh. noch ein Dorf, mauserte sich Shibuya nach dem Anschluss an die JR-Bahnlinie Yamanote 1895 in wenigen Jahren zu einer Stadt, die in ihrer heutigen Struktur mit einer Fläche von gut 15 km² und derzeit ca. 230.700 Einwohnern seit 1947 zu den 23 Bezirken Tōkyōs zählt. Als Shoppingmeile, Modemekka und Ausgehviertel der jungen Szene apostrophiert, konzentrieren sich vor allem um den Bahnhof Shibuya unzählige Kaufhäuser, Boutiquen, Cafés und Clubs. Alles ist das noch lange nicht, denn weitere Viertel wie etwa Jingūmae (神宮前) bzw. **Harajuku** (原宿) zählen zu den Hotspots unter Einheimischen und Touristen gleichermaßen. Mit ganz eigenem Kolorit zeigt sich der Stadtteil **Daikanyama** (代官山) südöstlich des Bahnhofs.

Um den Bahnhof Shibuya

Treuer Hund Hachikō

Wer mit der JR-Linie Yamanote nach Shibuya fährt, wählt meist den nach Japans berühmtesten Hund benannten Ausgang **Hachikō** (ハチ公出口). Schließlich ereignete sich in den Jahren 1923-1935 genau hier die rührende Geschichte des reinrassigen Akita, die ihm Kultstatus wie Bronzedenkmal eingebracht haben. Als Ueno Hidesaburōs (1871–1925) „bester Freund" begleitete Hachikō tagein, tagaus den Professor zum Bahnhof und holte ihn auch pünktlich nach Feierabend dort wieder ab. Wie das Schicksal es aber wollte, erlag Ueno während des Unterrichts im Mai 1925 einer Hirnblutung. Hachikō wartete dennoch den Rest seines Hundelebens, sage und schreibe zehn Jahre lang, vor dem Bahnhof Shibuya auf seinen Herrn. Als Symbol für Treue und Loyalität inspirierte die Begebenheit um Hachikō immer wieder die Medien. 1987 von Regisseur Kōyama Seijirō verfilmt, widmete sich 2009 auch der schwedische Drehbuchautor und Regisseur Lasse Hallström der Story, die er schlicht nach Amerika versetzte.

Alle gehen gleichzeitig

Der Platz um die Hachikō-Statue direkt beim Bahnhof ist als Treffpunkt höchst populär. Hier verpasst man sich kaum und zudem liegt in unmittelbarer Nähe die quirlig bunte, am Abend von Neonreklamen und Videoscreens erleuchtete Gasse **Center Gai (1)** (*sentā gai* センター街) mit unzähligen, vor allem an jungen Kunden orientierten Shops und Fastfood-Restaurants. Was zuvor allerdings noch überwunden werden muss, ist die berühmt-berüchtigte **Hachikō-Kreuzung** (*hachikō-kōsaten* ハチコー交差点). Weltweit sucht sie ihresgleichen, denn hier strömen bei Grün Tausende von Passanten gleichzeitig aus allen Richtungen auf die Straße. Von einem Café in der 2. Etage des **Q-Front Building** aus lässt sich das Szenario auf der Kreuzung in aller Ruhe beobachten, vorausgesetzt man ergattert einen Fensterplatz.

Q-Front Building (キューフロントビル), *21-1 Udagawachō, Café tgl. 6.30–4 Uhr.*

Im Umkreis der Center Gai reihen sich Filialen großer Einkaufspaläste genauso wie kleine Läden aneinander. Bei weiblichen Teenagern besonders gefragt ist das Kaufhaus **Shibuya 109 (2)** mit Trendmode, Schuhen, Accessoires, Friseur und Gastronomie. Hotspot in Sachen Nightlife ist u.a. der **Stadtteil Dōgenzaka** (道玄坂), wo nicht nur Bars, Kneipen, Discos und Clubs allabendlich zum Ausgehen verlocken, hier finden sich auch jede Menge Hotels.
Shibuya 109, *2-29-1 Dōgenzaka, ☎ 3477-5111, www.shibuya109.jp, tgl. 10–21 Uhr.*

Jenseits von Trubel und Kommerz

Toguri Museum of Art (3)

Kostbares Porzellan

Selbst in Shibuya muss es nicht immer Shopping und Feiern sein, der Bezirk hat auch Museen und Galerien zu bieten. Westlich des Bahnhofs Shibuya im Stadtteil Shōtō können Besucher seit 1987 im Toguri Museum of Art antikes Porzellan aus Japan, China und Korea bewundern. Unter den Exponaten befinden sich einzigartige Stücke sog. Nabeshima- und Imari-Porzellans.
Toguri Museum of Art (*toguri bujutsukan* 戸栗美術館), *1-11-3 Shōtō, ☎ 3465-0070, www.toguri-museum.or.jp, Di–So 10–17, Fr bis 20 Uhr, Erw./Stud./Kind 1.000/700/400 ¥. 🚆/**M** Shibuya (渋谷駅), Hachikō-Exit/Exit 3a, 10 Min. zu Fuß; 🚆 Shinsen (神泉駅), Linie Keiō Inokashira, Exit Nord.*

Sakurado Fine Arts (4)

Die große Galerie zeigt Werke bedeutender japanischer und französischer Künstler der Avantgarde-Szene seit den Nachkriegsjahren sowie Arbeiten junger Talente. Auch Werke von Yayoi Kusama (geb. 1929) haben hier einen Platz gefunden.
Sakurado Fine Arts (さくら洞美術), *Stage 1, 4-11-11 Jingūmae, ☎ 6434-7705, www.sakuradofinearts.com, Di–Sa 11.30–19 Uhr. **M** Omotesandō (表参道駅), Linien Chiyoda, Hanzōmon, Ginza, Exit A2.*

NHK-Studiopark (5)

Hinter den Kulissen

Nordwestlich davon innerhalb des großen Geländes der NHK-TV-Anstalt wird selbstredend hauptsächlich Fernsehen gemacht. Im integrierten NHK-Studiopark ist man aber ganz auf Besucher eingestellt, die hier u.a. die Gelegenheit haben, hinter die Kulissen zu blicken.
NHK-Studiopark (*nippon hōsō kyōkai sutajiopāko* 日本放送協会スタジオパーク), *2-2-1 Jinnan, ☎ 3485-8034, www.nhk.or.jp, tgl. 10–18 Uhr, 4. Mo im Monat geschl. Erw. 200 ¥. 🚆/**M** Shibuya (渋谷駅), Exit 6; 🚆 Harajuku (原宿駅), JR-Linie Yamanote, Hauptausgang; **M** Meiji-Jingūmae (明治神宮前駅), Linien Chiyoda, Fukutoshin, Exit 2, jeweils 12 Min. zu Fuß.*

Galerie Le Déco (6)

Eine gute Adresse für junge Talente und Newcomer innerhalb der Kunstszene dürfte die mehrstöckige Galerie Le Déco südöstlich des Bahnhofs Shibuya sein. Räumlichkeiten unterschiedlicher Größe sind hier für unterschiedliche Ausstellungen zu mieten.
Galerie Le Déco (*gyarai rudeko* ギャラリールデコ), *Le Déco Bldg., 3-16-3 Shibuya, ☎ 5485-5188, www.ledeco.net, Di–So 11–19 Uhr. 🚆/**M** Shibuya (渋谷駅), JR-Linien, Privatbahnen, Metrolinien Ginza, Hanzōmon, Fukutoshin, Exit Ost, Exit 9.*

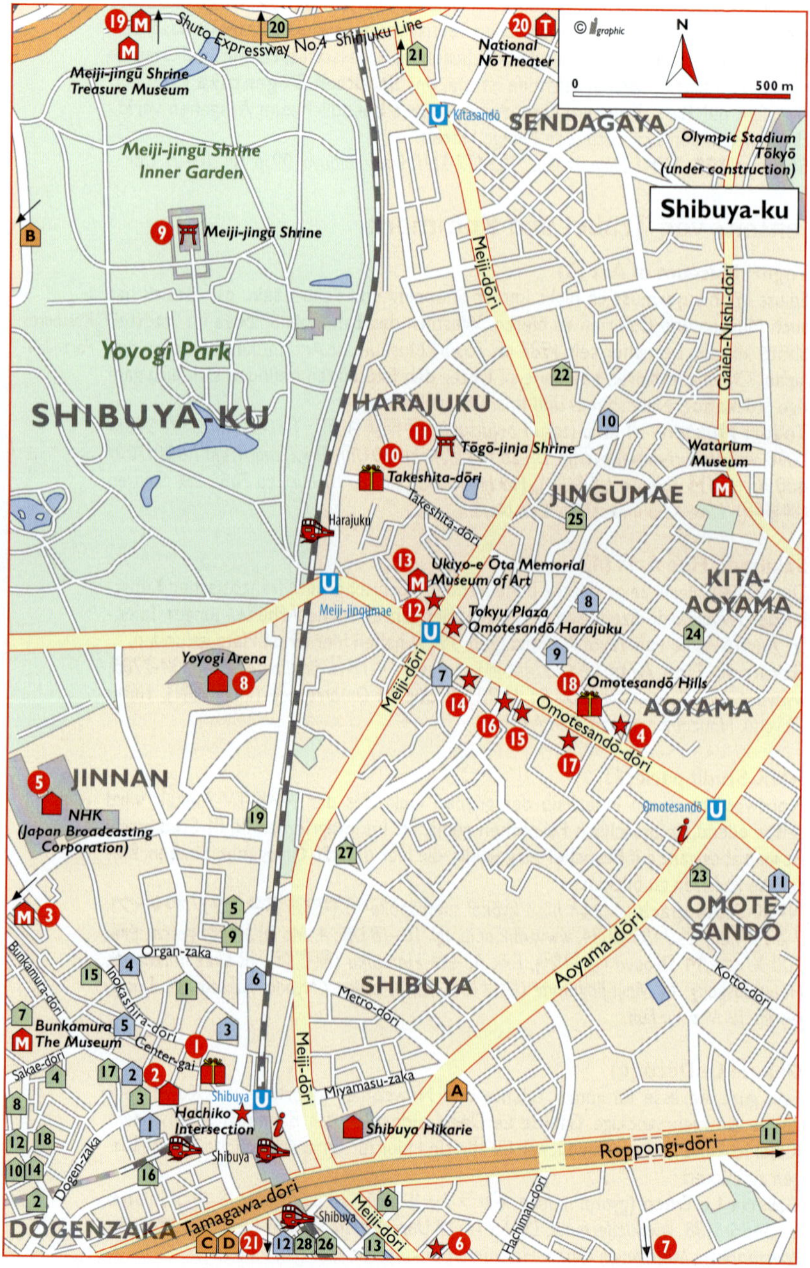

© graphic
N
0
500 m
Shibuya-ku
Shuto Expressway No.4 Shinjuku Line
Meiji-jingū Shrine Treasure Museum
National Nō Theater
Kitasandō
SENDAGAYA
Olympic Stadium Tōkyō (under construction)
Meiji-jingū Shrine Inner Garden
Meiji-jingū Shrine
Meiji-dōri
Gaien-Nishi-dōri
Yoyogi Park
SHIBUYA-KU
HARAJUKU
Tōgō-jinja Shrine
Takeshita-dōri
Watarium Museum
JINGŪMAE
Harajuku
Ukiyo-e Ōta Memorial Museum of Art
KITA-AOYAMA
Meiji-jingumae
Tokyu Plaza Omotesandō Harajuku
Yoyogi Arena
Omotesandō Hills
AOYAMA
Omotesandō-dōri
JINNAN
NHK (Japan Broadcasting Corporation)
Omotesandō
OMOTE-SANDŌ
Aoyama-dōri
Organ-zaka
Bunkamura-dōri
Inokashira-dōri
SHIBUYA
Metro-dōri
Kotto-dōri
Bunkamura The Museum
Center-gai
Sakae-dōri
Miyamasu-zaka
Shibuya
Hachiko Intersection
Shibuya Hikarie
Roppongi-dōri
Dogen-zaka
Tamagawa-dōri
Hachiman-dōri
DŌGENZAKA

Yamatane Museum of Art (7)

Nicht gerade um die Ecke im südöstlich gelegenen, als gehobene Wohngegend bekannten Stadtteil Hiro-o (広尾) hat das Yamatane Museum of Art seine Zelte aufgeschlagen. Die Sammlung, in Expertenkreisen besonders geschätzt, umfasst moderne japanische Malerei, Ölgemälde, klassische Kalligrafie und Ukiyo-e-Bilder. *Geschätzte Sammlung*

Yamatane Museum of Art (*yamatane bijutsukan 山種美術館), 3-12-36 Hiro-o, ☎ 5777-8600, www.yamatane-museum.jp, Di–So 10–17 Uhr, Erw./Stud. 1.000/800 ¥. 🚃/***M*** *Ebisu (恵比寿駅), JR-Linien Yamanote u. a., Exit West, Metrolinie Hibiya, Exit 2.*

Yoyogi Park

Dort wo sich heute an sonnigen Tagen Spaziergänger, Künstler und Lebenskünstler tummeln, breitet sich mit dem **Yoyogi Park** eine der großen grünen Lungen Tōkyōs aus. Vor allem an sommerlichen Wochenenden bietet sich ein buntes Bild, wenn es Musiker, Sportler und Flaneure ins Freie zieht. Dabei hat das Areal als ehe-

★ Sehenswürdigkeiten
1 Center Gai
2 Shibuya 109
3 Toguri Museum of Art
4 Sakurado Fine Arts
5 NHK-Studiopark
6 Galerie Le Déco
7 Yamatane Museum of Art
8 Yoyogi-Nationalstadion
9 Meiji-Schrein
10 Takeshita-dōri
11 Tōgō-Schrein
12 LaForet Harajuku
13 Ōta Memorial Museum of Art
14 Kiddy Land
15 Oriental Bazaar
16 Gyre
17 Louis Vuitton
18 Omotesandō Hills
19 Bunka-Gakuen-Kostüm-Museum
20 National Nō-Theater
21 Daikanyama

Essen und Trinken/Unterhaltung
1 BiOcafé
2 Legato
3 Toriyoshi
4 Tucano's
5 Jinnan Café
6 Belgo
7 Bunkamura
8 Club Asia
9 Club Camelot
10 Club Harlem
11 Gaspanic
12 Atom Tōkyō
13 Zubar
14 Womb
15 Club Quattro
16 La.Mama
17 Ruby Room
18 Shibuya O-East
19 Under Deer Lounge
20 Music Bar
21 Zher the Zoo Yoyogi
22 Fonda de la Madrugāda
23 Lounge Uncle Hat
24 Maisen
25 Sakuratei
26 Unit
27 Crocodile
28 What the Dickens

Einkaufen
1 Shibuya Mark City
2 Mega Don Quijote
3 Seibu
4 Tōkyū Hands
5 Recofan
6 Tower Records
7 Dior
8 Kanzashiya
9 Kasuh Kōbō
10 Musubi
11 Prada
12 Yamada Heiandō

Unterkunft
A Sakura Fleur Aoyama
B Sakura Hotel Hatagaya
C Hotel Mets Shibuya
D Shibuya Granbell Hotel

Zeitvertreib im Yoyogi Park

maliger Übungsplatz der kaiserlichen Armee und Kaserne der amerikanischen Besatzungsmacht nach dem Zweiten Weltkrieg auch andere Zeiten gesehen. Für die Olympischen Spiele 1964 entstand im südlichen Teil des Parks unter Regie des Stararchitekten Tange Kenzō das **Yoyogi-Nationalstadion (8)** – bis heute eine Augenweide zeitgenössischer Architektur. Aus ganz anderen Beweggründen schufteten zu Beginn des 20. Jh. Bauarbeiter und ein Heer von Freiwilligen im nördlichen Teil des Parks. In Gedenken an Meiji-Tennō Mutsuhito (1852–1912) und seine Gemahlin Shōken (1849–1914) wurde hier 1915–1920 der **Meiji-Schrein (9)** errichtet. Hatte der 122. Kaiser Japans doch durch die Abschaffung des Feudalsystems, vor allem aber durch den Erlass einer Verfassung maßgeblich zur Modernisierung des Landes beigetragen. Die heutige Anlage stammt aus dem Jahr 1958. Zum Schrein als einem der bedeutendsten Heiligtümer Tōkyōs führen mehrere Wege durch das 70 ha große, waldige Gelände. Die über 100.000, heute teilweise riesigen Bäume wurden ursprünglich von der Bevölkerung gespendet.

Gespendete Bäume

Eine gute Variante ist der Weg von Süden, denn hier liegen JR-Bahnhof und Metrostation nahe des Parkeingangs. Nach einem Torii zieht sich die Strecke Richtung Norden bis hin zum ersten beliebten Fotomotiv, unzähligen aufeinandergestapelten **Sakefässchen**. Wenige Meter weiter zweigt der Weg nach links ab. Zu verfehlen ist die Stelle nicht, schließlich erhebt sich hier das vermutlich größte, aus uraltem Zypressenholz gefertigte **Torii** Japans. Im Schreinareal selbst sollten einige Regeln beachtet werden. Beispielsweise darf das Hauptgebäude **Honden** (本殿) nicht frontal abgelichtet werden. Viele junge Paare wählen den Schrein für den schönsten Tag im Leben. Hochzeitszeremonien sind hier keine Seltenheit und mit ein wenig Glück erhascht man einen Blick auf die Festgesellschaft. Nach der Tradition des Hatsumōde, strömen zu Neujahr Millionen von Gläubigen hierher, um in einem Tempel oder Schrein für ein gutes Schicksal zu bitten. Außerhalb des Schreinareals im Norden des Parks ist das Schatzhaus **Hōmotsuden** (宝物殿) zu finden. Aufbewahrt werden hier vor allem Erinnerungsstücke aus dem Leben des Kaiserpaars.

Riesiges Torii

Yoyogi Park (*yoyogi-kōen* 代々木公園), *2-1 Yoyogi-Kamizonochō.* **Yoyogi-Nationalstadion** (*kokuritsu yoyogi kyōgijō* 国立代々木競技場), *2-1-1 Jinnan, www.jpnsport.go.jp/yoyogi.* **Meiji-Schrein** (*meiji-jingū* 明治神宮), *1-1 Yoyogi-Kamizonochō, www.meijijingu.or.jp/english, tgl. Sonnenaufgang bis -untergang, Schatzhaus tgl. 9–16 Uhr, Erw./Stud. 500/200 ¥.* *Harajuku* (原宿駅), *JR-Linie Yamanote, Hauptausgang;* **M** *Meiji-Jingūmae* (明治神宮 前駅), *Linien Chiyoda, Fukutoshin, Exit 2.*

Harajuku

Ein Lapsus der Kartografen ist es nicht, wenn Sie auf Stadtplänen Harajuku (原宿) nicht finden. Offiziell gehört die Gegend zu Jingūmae, aber jeder in Tōkyō weiß, dass mit Harajuku nicht nur der Bahnhof, sondern das umliegende Viertel gemeint ist. So liegt auch die vor allem unter Teenagern hoch geschätzte Einkaufsgasse **Takeshita-dōri (10)** (竹下通り) hier in „Harajuku".

Nördlich davon ist das Areal des kleinen, 1940 erbauten und Admiral Tōgō Heihachirō (1848–1934) geweihten **Tōgō-Schreins (11)** zu finden. Während seiner Einsätze im Ersten Chinesisch-Japanischen Krieg (1894/95) und dem Russisch-Japanischen Krieg (1904/05) hat Tōgō Heihachirō als findiger Stratege erfolgreich viele Seeschlachten geführt. In seinem späten Leben wurde er aufgrund seiner Verdienste mit vielen hochrangigen Auszeichnungen wie dem britischen Order of Merit oder Titeln wie dem des Flottenadmirals geehrt.

Ruhm und Ehre

Tōgō-Schrein (*tōgō-jinja* 東郷神社), *1-5-3 Jingūmae,* ☎ *3403-3591.* 🚆 *Harajuku* (原宿駅), *JR-Linie Yamanote, Exit Takeshita;* **M** *Meiji-Jingūmae* (明治神宮前駅), *Linien Chiyoda, Fukutoshin, Exit 2/3.*

Omotesandō-dōri

Beim JR-Bahnhof Harajuku beginnt auch der in südöstliche Richtung verlaufende Boulevard Omotesandō-dōri (表参道通り), der als „Champs-Élysées Tōkyōs" die Teenie-Subkultur des Viertels auf eleganteste Weise, teilweise von spannend moderner Architektur geprägt, kontrastiert. Wer hier einkaufen möchte, trifft preislich u. U. auf „ginzaische" Verhältnisse, d. h., man darf je nach Label schon einmal etwas tiefer in die Tasche greifen. Junge Mode auf zehn Etagen ist beispielsweise im **LaForet Harajuku (12)** zu bekommen. Das bereits 1978 erbaute Kaufhaus mit vielen unterschiedlichen Shops hat Kultcharakter. Ungewohnt ist die Bezeichnung der einzelnen Stockwerke in halben Schritten. Übewiegend auf Trends der Damenwelt eingestellt, werden in der Etage 2,5 auch Herren fündig. Wer im Lift die oberste Taste drückt, erreicht das **LaForet Museum**, dessen Räumlichkeiten für Ausstellungen und Veranstaltungen genutzt werden.

Noble Einkaufsstraße

LaForet Harajuku (ラフォーレ原宿), *1-11-6 Jingūmae,* ☎ *3475-0411, www.laforet.ne.jp, tgl. 11–21 Uhr.*

Das benachbarte **Ōta Memorial Museum of Art (13)** hat sich mit Ukiyo-e-Grafiken einem traditionellen Genre verschrieben. Die 12.000 museumseigenen Holzdrucke sind „häppchenweise" bei Wechselausstellungen zu sehen. Die ältesten von Ōta Seizo V (1893–1977) zusammengetragenen Bilder gehen in die Edo-Zeit (1603–1867) zurück. Ōtas Vision für ein Museum hat die Familie 1980 realisiert.

Ōta Memorial Museum of Art (*ōta kinen bijutsukan* 太田記念美術館), *1-10-10 Jingūmae,* ☎ *3403-0880, www.ukiyoe-ota-muse.jp, Di–So 10.30–17.30 Uhr, Erw./Stud. 700/500 ¥.*

Einige Meter weiter auf der gegenüberliegenden Straßenseite der Omotesandō findet sich im **Kiddy Land (14)**, einem der populärsten Spielwarengeschäfte Tōkyōs mit 60-jähriger Geschichte, all das, was Kinderaugen zum Leuchten bringt. Gleich nebenan lockt das „klassisch" imposante Gebäude des **Oriental Bazaar (15)** mit typisch japanischen Souvenirs – ein wenig teurer als anderswo.

Kiddy Land, *6-1-9 Jingūmae, ☎ 3409-3431, www.kiddyland.co.jp/harajuku/, tgl. 11–21, Sa/So ab 10.30 Uhr.* **Oriental Bazaar** (オリエンタルバザー), *5-9-13 Jingūmae, ☎ 3400-3933, Fr–Mi 10–19 Uhr.*

Shopping- und Bürokomplex Omotesandō Hills

Aus dem Jahr 2007 stammt der Konsumtempel **Gyre (16)**. Auf sieben Etagen präsentieren sich Marken wie Chanel und Bvlgari. Eine Besonderheit ist der erste außerhalb Amerikas eröffnete **MoMA Design Store** (New York Museum of Modern Art). Folgt auf derselben Straßenseite eine exklusive Filiale von **Louis Vuitton (17)** mit Bekleidung, Lederwaren und Accessoires, so hat sich der schräg gegenüberliegende, 2006 eröffnete Komplex **Omotesandō Hills (18)** mit interessanter Innenarchitektur zu einem Markstein der Gegend entwickelt. Auch hier gemäß dem Anspruch, Mode, Kultur und Kunst unter einem Dach zu vereinen, gehören neben einem offenen Atrium für Veranstaltungen aller Art Nobelboutiquen, Restaurants, Galerien und Büroräume dazu. Selbst einige Privatwohnungen wurden von Stararchitekt Andō Tadao als Reminiszenz an die 1927 hier erbauten Dōjunkai Apartments in das Gebäude integriert.

Markstein des Viertels

Gyre, *5-10-1 Jingūmae, ☎ 3498-6990, http://gyre-omotesando.com, tgl. 11–20 Uhr, Restaurants bis 24 Uhr.*

Louis Vuitton, *5-7-5 Jingūmae, ☎ 0120-001-854, www.louisvuitton.com, tgl. 11–20 Uhr.*

Omotesandō Hills (*omotesandō hiruzu* 表参道ヒルズ), *4-12-10 Jingūmae, ☎ 3497-0310, www.omotesandohills.com, Mo–Sa 11–21, So bis 20 Uhr, Restaurants/Cafés länger.* 🚃 *Harajuku* (原宿駅), *JR-Linie Yamanote;* **M** *Meiji-Jingūmae* (明治神宮前駅), *Linien Chiyoda, Fukutoshin, Exit 4/5,* **M** *Omotesandō* (表参道駅), *Linien Chiyoda, Hanzōmon, Ginza, Exit A1/A2.*

Nördlich des Yoyogi Park

Bunka-Gakuen-Kostüm-Museum (19)

Nicht ganz so alt, aber dennoch meist historisch, sind die Ausstellungsstücke im 1979 eröffneten Museum der Bunka-Frauenuniversität. Dabei dreht es sich hier nur teilweise um landestypische traditionelle Kleidung, denn Kostüme, Trachten nebst zugehörigen Accessoires haben ihren Weg aus aller Welt hierhin gefunden.

Bunka-Gakuen-Kostüm-Museum (*bunka gakuen fukushoku hakubutsukan* 文化学園服飾 博物館), *Shinjuku Bunka Quint Bldg., 3-22-7 Yoyogi, ☎ 3299-2387, http://museum.bunka.ac.jp/english, Mo–Sa 10–16.30 15 Uhr, Erw./Stud. 500/200–300 ¥.* 🚃/**M** *Shinjuku* (新宿駅), *Exit Süd, Exit 6.*

National Nō-Theater (20)

Seit 1983 gilt Liebhabern des Nō (s. S. 86) das Theaterhaus als erste Adresse. Gemeinsam mit Kyōgen als immatrielles UNESCO-Kulturerbe gelistet, konzentriert sich das streng stilisierte Nō auf Wesentliches aus Mythologie und Geschichte. Üblich sind an drei Seiten offene, überdachte Bühnen, schließlich wurde Nō in früheren Zeiten meist im Freien aufgeführt, und so verfügt auch das hiesige Theater über eine Bühne nach derselben Bauweise aus 400 Jahre altem Zypressenholz. Mit Platz für rund 600 Zuschauer bleibt dank eines Übersetzungssystems ins Englische an jedem Sitz auch Nicht-Japanern der Text nicht verwehrt. Eine Darbietung dauert meist knapp 3 Std.

National Nō-Theater (*kokuritsu-nōgakudō* 国立能楽堂), *4-18-1 Sendagaya, ☎ 3423-1331, ☎ Ticketcenter 3230-3000, www.ntj.jac.go.jp/nou.html, je nach Sitzplatz 2.700–4.900 ¥. 🚆 Sendagaya* (千駄ヶ谷駅), *JR-Linie Chūō-Sōbu, Hauptausgang;* **M** *Kokuritsu-Kyōgijō* (国立競技場駅), *Linie Ōedo, Exit A4.*

Daikanyama (21)

Ein wenig Laissez-faire und Lifestyle ganz am Puls der Zeit, so präsentiert sich der Stadtteil Daikanyama (代官山) im Südosten von Shibuya. Mit schicken Restaurants, einer ausgeprägten „Kaffeehauskultur", exklusiven Einkaufsmöglichkeiten und viel Grün ist das Viertel vor allem unter Einheimischen beliebt. Hochhäuser oder städtische Hektik wird man hier kaum finden. Sowohl entlang der Hauptstraßen **Kyū Yamate-dōri** (旧山手通り), **Hachiman-dōri** (八幡通り) und **Komazawa-dōri** (駒沢通り) als auch in dem Gassengewirr dazwischen lässt es sich fernab allen Trubels angenehm schlendern.

Lifestyle am Puls der Zeit

🚆 *Daikanyama* (代官山駅), *Linie Tōkyū Tōyoko, Exit West.*

Reisepraktische Informationen Shibuya-ku

(Karte S. 276, Unterkunft S. 130)

Infos

Internet: *www.city.shibuya.tokyo.jp*

Shibuya, Udagawachō, Maruyamachō, Dōgenzaka, Jinnan, Higashi

Essen & Trinken

*Die folgenden Restaurants, Cafés und Bars sind meist von der 🚆/***M** *Shibuya* (渋谷駅), *JR-Linien, Privatbahnen, Metrolinien Ginza, Hanzōmon, Fukutoshin erreichbar.*

(1) BiOcafé (ビオカフェ), *16-14 Udagawachō, ☎ 5428-3322, tgl. 11–23 Uhr. Alles bio, alles gesund! Um mit der Nahrung Körper und Geist zu stärken, kommen hier nur beste Bioprodukte auf den Tisch. Selbst Desserts, Kaffee oder Backwaren tragen das Prädikat Bio. Favoriten unter den Getränken sind leckere Fruchtsäfte, die aber hin und wieder einen Schuss Alkohol vertragen. Darüber hinaus wird das BiOcafé seiner authentischen Bagels wegen gerühmt; 1.000–4.000 ¥. 🚆 Hachikō-Exit;* **M** *Exit 6.*

(2) Legato (レガート), *E Space Tower 15. OG, 3-6 Maruyamachō, ☎ 5784-2121, http://legatoskalounge.com, Restaurant Mo–Fr 11.30–15, 17.30–24, Sa/So 17.30–24 Uhr, Bar 17.30–2 Uhr. Fusion Cuisine mit herrlichem Blick auf Shibuya. Wie in Japan üb-*

lich, isst das Auge mit – im Legato, stylish und elegant, besonders gern. Mittagessen 1.000–2.000 ¥, Abendessen 5.000–6.000 ¥. Hachikō-Exit; **M** *Exit 1.*

(3) Toriyoshi (鳥良), *Center Bldg., 8. OG, 2-29-8 Dōgenzaka, ☎ 3780-1011, tgl. 16–4.30 Uhr. Bekannt für würzige Yakitori-Spießchen und knusprige Chickenwings hat die Küche des Toriyoshi auch andere Gerichte zu bieten. Nicht nur die Kochkunst, auch Zutaten wie Hühner aus Freilandhaltung tragen zur Popularität der Izakaya bei; 2.000–5.000 ¥. Hachikō-Exit;* **M** *Exit 1, ca. 5 Min. nordwestl. Richtung.*

(4) Tucano's (トウツカーノ), *Fhontis Bldg., 1. UG, 2-23-12 Dōgenzaka, ☎ 5784-2661, www.pjgroup.jp/tucanos, Mo–Fr 11.30–14.30, 17.30–21.30, Sa/So 11–14, 17–21 Uhr. Das brasilianische Restaurant nicht pappsatt zu verlassen, ist undenkbar. Verlocken doch neben Tellergerichten auch Barbecue oder Buffet mit Fleisch, Gemüse, Salat, Beilagen und Dessert zur Maßlosigkeit; 1.000–4.000 ¥. Hachikō-Exit;* **M** *Exit 3A, 10 Min. zu Fuß.*

(5) Jinnan Café (ジナンカフェ), *1-17-5 Jinnan, ☎ 5728-3786, tgl. 11.30–23 Uhr. In entspannter Atmosphäre punktet das Jinnan im authentischen New York Style mit leckeren Fusion-Style-Gerichten und Getränken zu moderaten Preisen. Weitere Pluspunkte sind eine Speisekarte auf Englisch sowie eine schöne Außenterrasse; 1.000–2.000 ¥. Hachikō-Exit;* **M** *Exit 6, 10 Min. zu Fuß.*

Unterhaltung

(6) Belgo (ベルゴ), *Shibuya Ichigokan Bldg., 1. UG, 3-18-7 Shibuya, ☎ 3409-4442, Mo–Sa 17.30–2, So 16–24 Uhr, jeden 3. So im Monat geschl. Mit vielen in Belgien und Deutschland gebrauten Biersorten gilt Kennern das Belgo als wahre Fundgrube. Neben Flaschenbieren gibt es auch Gerstensaft vom Fass. Dazu passen leichte Gerichte oder Appetithappen wie kleine Käseplatten, belgische Fritten oder auch Rindergulasch in Guinness gekocht; 500–3.000 ¥. East Exit;* **M** *Exit 16.*

(7) Bunkamura (文化村), *2-24-1 Dōgenzaka, ☎ 3477-9111, www.bunkamura.co.jp. Mit der Orchid Hall für klassische Konzerte, Oper und Ballett, dem Cocoon Theater, einem Kunstmuseum von internationalem Rang, Kino, Shops und Restaurants ist das Bunkamura ein Vergnügungskomplex der gediegeneren Art. Hachikō-Exit;* **M** *Exit 3a.*

(8) Club Asia (クラブアヅア), *1-8 Maruyamachō, ☎ 5458-2551, www.clubasia.co.jp, tgl. 17–5 Uhr. Großer Club mit regelmäßigen Live-Konzerten und Disco vor allem für junges Publikum – House, Techno u. v. m., Restaurant bis 22 Uhr; Eintritt je nach Veranstaltung. Hachikō-Exit;* **M** *Exit 1.*

(9) Club Camelot (クラブキャメロット), *2./3. UG, 1-18-2 Jinnan, ☎ 5728-5613, www.clubcamelot.jp, tgl. je nach Programm zwischen 19 und 22 Uhr. Der Newcomer unter den großen Clubs in Shibuya dehnt sich mit trendigen Lounges, Dancefloor und Restaurant auf zwei Etagen aus. Auch wenn es in der Disco heiß hergeht, wird von Gästen leger-schicke Kleidung erwartet. Mixed Music; je nach Veranstaltung 1.500–3.500 ¥. Hachikō-Exit;* **M** *Exit 6/7.*

(10) Club Harlem (クラブハーレム), *Dr. Jeekahn's Bldg., 2./3. OG, 2-4 Maruyamachō, ☎ 3461-8806, www.harlem.co.jp, Di–Sa 22–5 Uhr. In der Hochburg des Hip-Hop heizen bekannte DJs richtig ein. Einlass ab 18 Jahren (Ausweiskontrollen), Eintritt je nach Veranstaltung. Hachikō-Exit;* **M** *Exit 1/2.*

(11) Gaspanic (ガスパニツク), *Fuji Bldg., 1. UG, 21-7 Udagawachō, ☎ 3462-9099, http://gaspanic-co.jp, tgl. 18–5 Uhr. In dem etwas schäbigen Nachtclub bieten DJs Musik querbeet. Was Anziehungskraft hat, sind freier Eintritt und günstige Getränkepreise. Während der tgl. Happy Hour, 18–22 Uhr und Do, dem Happy Day, kosten alle Drinks 300 ¥. Ausweiskontrollen sind möglich. Hachikō-Exit;* **M** *Exit 6.*

(12) Atom Tōkyō, Dr. Jeekahn's Bldg., 4.–6. OG, 2-4 Maruyamachō, ☎ 3464-0703, http://atom-tokyo.com, tgl. 22–5 Uhr. Der Nachtclub mit zwei Discoebenen und einer Lounge steht im Zeichen von Trance, Rave, House und Hip-Hop; Einlass ab 20 Jahren, Eintritt 1.000–3.000 ¥ je nach Event, Uhrzeit, Wochentag, Frauen meist günstiger. Dresscode, keine sichtbaren Tattoos. Hachikō-Exit, **M** Exit 1.

(13) Zubar (頭バー), 2-24-1 Higashi, ☎ 6712-5050, www.zubar.jp, Mo–Sa 18–5 Uhr. In dem ehemaligen Lagerraum dominiert heute Underground-Atmosphäre auf zwei Etagen (DJ-Bereich und Tatamiraum). DJ-Events im Internet; Eintritt je nach Veranstaltung (meist frei), Drinks ab 500 ¥. Exit New South Entrance, **M** Exit 16, 8 Min. zu Fuß.

(14) Womb (ウーム), 2-16 Maruyamachō, ☎ 5459-0039, www.womb.co.jp, tgl. je nach Event. Mit Lounge, Bar, VIP-Lounge und Disco auf vier Etagen sind nicht nur bekannte DJs am Start; Live-Konzerte gehören zum Standardprogramm des Clubs – House, Techno, Drum 'n' Bass; Eintritt je nach Event, Ausweiskontrolle. Hachikō-Exit; **M** Exit 3A.

Livemusik

(15) Club Quattro (クラブクアトロ), Parco Quattro Bldg., 4/5. OG, 32-13 Udagawachō, ☎ 3477-8750, www.club-quattro.com, tgl. je nach Event. Angesagte Adresse für Live-Konzerte internationaler Couleur, Rock & Pop; Eintritt je nach Band. Hachikō-Exit; **M** Exit 3A.

(16) La.Mama (ラママ), Primera Dōgenzaka Bldg., 1. UG, 1-15-3 Dōgenzaka, ☎ 3464-0801, http://lamama.net, tgl. je nach Event. J-Pop und mehr ist meist von lokalen Bands in diesem flippigen Live-House zu hören; Eintritt je nach Band. Hachikō-Exit, Exit Süd.

(17) Ruby Room (ルビルーム), Kasumi Bldg., 2-25-7 Dōgenzaka, ☎ 3780-3022 (abends), http://rubyroomtokyo.com, tgl. je nach Event. Musikclub mit Themenabenden wie „Allmix" oder besonderen Stilrichtungen wie Reggae, Latin usw. Jeden Dienstag haben auch unbekannte Musiker Gelegenheit, ihr Können „Live on Stage" unter Beweis zu stellen; Eintritt je nach Veranstaltung, Getränke 600 ¥. Hachikō-Exit; **M** Exit 3A.

(18) Shibuya O-East, 2-14-9 Dōgenzaka, ☎ 5458-4681, http://shibuya-o.com. Für gute Akustik bekannt, ist die rund 1.300 Gäste fassende Konzerthalle O-East inkl. ihrer drei Bars ein gefragter Ort; Interpreten und Bands unterschiedlichster Musikrichtungen; Eintritt je nach Event. Hachikō-Exit; **M** Exit 1.

(19) Under Deer Lounge (アンダーディアラウンジ), Jinnan Bldg., 1. UG, 1-3-4 Jinnan, ☎ 5728-2655, www.under-dl.jp, tgl. je nach Veranstaltung. Ob Konzerte oder andere Events, die Location mit Restaurant kann auch für private Partys gemietet werden. Ein Blick auf den Veranstaltungskalender gibt Auskunft; Eintritt je nach Event. **M** Exit 6/7.

Einkaufen

Kaufhäuser

(1) Shibuya Mark City (渋谷 マークシテイ), 1-12-1 Dōgenzaka, ☎ 3780-6503, www.s-markcity.co.jp, tgl. 10–21 Uhr, Restaurants 11–23 Uhr. Mode, Kosmetik, Haushaltsartikel u. v. m. Hachikō-Exit; **M** Exit 2/5.

(2) Mega Don Quijote (メガドンキホテ), 28-6 Udagawachō, ☎ 5428-4086, www.donki.com/en/, 24 Std. tgl. In dem riesigen Shop gibt es nichts, was es nicht gibt. **M** Exit 3.

(3) Seibu (西武), 21-1 Udagawachō, ☎ 3462-0111, Mo–Sa 10–21, So bis 20 Uhr. Mit dem Gebäude A (u. a. Damen- u. Kindermode) und dem Gebäude B (u. a. Herrenmode) ist Seibu in Shibuya mit zwei Filialen vertreten. **M** Exit 7.

(4) Tōkyū Hands (東急ハンズ), 12-18 Udagawachō, ☎ 5489-5111, http://shibuya.tokyu-hands.co.jp, tgl. 10–21 Uhr. Trendige Haushaltsartikel, Mode u. v. m. **M** Exit 3/7.

Musikgeschäfte

(5) Recofan (レコファン), *Shibuya Beam Bldg., 4. OG, 31-2 Udagawachō, ☎ 3463-0090, www.recofan.co.jp, tgl. 11.30–21 Uhr. CDs und LPs, neu und gebraucht.* **M** *Exit 3A.*

(6) Tower Records (タワーレコード) *1-22-14 Jinnan, ☎ 3496-3661, http://tower.jp/store/Shibuya, tgl. 10–23 Uhr. Eines der größten Musikgeschäfte inklusive einer Buchabteilung bietet ein entsprechend ergiebiges Sortiment. Hachikō-Exit;* **M** *Exit 3A.*

Yoyogi

Unterhaltung

(20) Music Bar, *1-28-9 Yoyogi, ☎ 6300-0159, Mo–Sa 18–3, So bis 24 Uhr. Die beste Musik in bester Klangqualität: Die Bar schafft mit Extravaganz und lässigem Interieur eine Atmosphäre wie im Wohnzimmer eines Rockstars. 3.000 Schallplatten, 100 Sorten Whiskey, Essen u. v. m.; Musik- und Platzgebühr 500 ¥. /***M** *Yoyogi (代々木駅), JR-Linien Yamanote, Chūō-Sōbu u. Metrolinie Ōedo, Exit West, Exit A1; Minami-Shinjuku (南新宿駅), Linie Odawara, Exit Ost.*

Livemusik

(21) Zher the Zoo Yoyogi, *Yoyogi Park Bldg., 1. UG, 1-30-1 Yoyogi, tgl. 18 Uhr bis open end. Live-House für lokale junge Bands, Eintritt je nach Konzert. /***M** *Yoyogi (代々木駅), JR-Linien Yamanote, Chūō-Sōbu, Metrolinie Ōedo, Exit West, Exit A2.*

Harajuku, Jingūmae, Minami-Aoyama, Daikanyama, Ebisu-Nishi

Essen & Trinken

(22) Fonda de la Madrugāda (フォンダデラマドウルガーダ), *Villa Bianca, 2-33-12 Jingūmae, ☎ 5410-6288, www.fonda-m.com, So–Do 17.30–2, Fr/Sa bis 5 Uhr. Mexican Style! Mehrere Räume, ein Atrium, gedämpfte Beleuchtung, allabendliche Live-Latinomusik und vor allem die authentische Küche haben dem Restaurant den Ruf eingebracht, der beste Mexikaner von ganz Tōkyō zu sein; 2.000–8.000 ¥. Harajuku (原宿駅), JR-Linie Yamanote, Takeshita Exit;* **M** *Meiji-Jingūmae (明治神宮前駅), Linien Chiyoda, Fukutoshin, Exit 2.*

(23) Lounge Uncle Hat, *Spiral Bldg., 8./9. OG, 5-6-23 Minami-Aoyama, Minato-ku, ☎ 3498-5798, www.spiral.co.jp, Mo–Sa 12–24, So 12–14.30 Uhr. Gäste kommen in den Genuss des luxuriösen Ambientes der Lounge im Penthouse-Stil und haben die Wahl zwischen ausgezeichneten, an mediterraner Küche orientierten Gerichten. Das von Architekt Maki Fumihiko konzipierte Gebäude selbst gilt als architektonische Sehenswürdigkeit in der Umgebung der Otemosandō; à la carte 1.500–2.500 ¥, Buffet 6.000–15.000 ¥.* **M** *Omotesandō (表参道駅), Linien Ginza, Hanzōmon, Chiyoda, Exit B1.*

(24) Maisen (まい泉), *4-8-5 Jingūmae, ☎ 0120-428-485 (gebührenfrei), www.mai-sen.com, tgl. 11–23 Uhr. In den Räumlichkeiten eines ehemaligen Badehauses gibt Tonkatsu (paniertes Schweineschnitzel) den Ton an; 1.500–7.500 ¥.* **M** *Omotesandō (表参道駅), Linien Ginza, Hanzōmon, Chiyoda, Exit A2.*

(25) Sakuratei (さくら亭), *3-20-1 Jingūmae, ☎ 3479-0039, www.sakuratei.co.jp, tgl. 11–23 Uhr. In den Gassen nördlich der Prachtmeile Omotesandō eröffnete vor Jahren das Sakuratei als angesagtes Lokal vor allem in der Künstler- und Jugendszene. Im Bunde mit der benachbarten* **Design Festa Galerie** *(3-20-18 Jingūmae, www.designfestagallery.com, tgl. 11–20 Uhr) als Forum für bekannte und unbekannte Künstler sorgen deren Maler für die Wanddekoration des Sakuratei, die nach einer bestimmten Zeit geändert wird. Nur die obere Etage des Restaurants bleibt, wie sie ist. Auf der Speisekarte stehen*

Okonomiyaki und Monjayaki, Japans Version von Pfannkuchen, die Gäste ganz nach eigenem Geschmack mit diversen Zutaten füllen lassen können. Daneben sind auch Nudelgerichte zu bekommen; 1.000–2.000 ¥. Harajuku (原宿駅), JR-Linie Yamanote, Exit Takeshita; **M** *Meiji-Jingūmae (明治神宮前駅), Linien Chiyoda, Fukutoshin, Exit 5.*

Unterhaltung

(26) Unit (ユニット), *Za House Bldg, 1-3. UG, 1-34-17 Ebisu-Nishi, ☎ 5459-8630, www.unit-tokyo.com, tgl. 11.30–5 Uhr. Mit Lounge, Salon, Tanzfläche und Live-Bühne für Nachtschwärmer genau das Richtige, ab 20 Jahren (Ausweispflicht), Eintritt je nach Event.* /**M** *Daikanyama (代官山駅), Linie Tōkyū Tōkoko, Exit Süd, 2 Min.; Ebisu (恵比寿駅), JR-Linie Yamanote, Exit West, Metrolinie Hibiya, Exit 4, 8 Min.*

Livemusik

(27) Crocodile (クロコダイル), *New Sekiguchi Bldg., 1. UG, 6-18-8 Jingūmae, ☎ 3499-5205, tgl. 18–1 Uhr. Hier geben sich Künstler unterschiedlicher Musikgenres sozusagen die Türklinke in die Hand, denn in dem geräumigen Club spielt jeden Abend eine andere Band. Comedy gibt es jeden letzten Freitag im Monat; Eintritt je nach Veranstaltung.* **M** *Meiji-Jingūmae (明治神宮前駅), Linien Chiyoda, Fukutoshin, Exit 7.*

(28) What the Dickens (ワツトザヂイケンズ), *Roob 6 Bldg., 4. OG, 1-13-3 Ebisu-Nishi, ☎ 3780-2099, www.whatthedickens.jp, Di–So 17–24 Uhr. Bei Biersorten von der „Insel", kleinen Snacks und Livemusik vergeht in dem populären britischen Pub der Abend für manchen viel zu schnell; Getränke 600–1.000 ¥, Snacks 500–1.500 ¥.* /**M** *Ebisu (恵比寿駅), JR-Linien Yamanote u. a., Exit West, Metrolinie Hibiya, Exit 2.*

Einkaufen

Die meisten der genannten Einkaufsmöglichkeiten sind von der **M** *Meiji-Jingūmae (明治神宮前駅), Linie Chiyoda, Fukutoshin aus erreichbar.*

(7) Dior, *5-9-11 Jingūmae, ☎ 5464-6260, tgl. 11–20 Uhr. Das imposante Dior-Gebäude mit Mode und Kosmetik des französischen Unternehmens Christian Dior war die erste Filiale in Japan;* **M** *Exit 4.*

(8) Kanzashiya (かんざし屋), *4-26-28 Jingūmae, ☎ 3408-1882, tgl. 12–20 Uhr. Handgefertigter japanischer Haarschmuck. Harajuku (原宿駅), JR-Linie Yamanote, Exit Takeshita;* **M** *Exit 5.*

(9) Kasuh Kōbō (かすう工房), *4-28-14 Jingūmae, ☎ 3479-3150, tgl. 12–20 Uhr. Handgefertigter Silberschmuck in teilweise eigenwilligem Design. Harajuku (原宿駅), JR-Linie s. o., Exit Takeshita;* **M** *Exit 5.*

(10) Musubi (むす美), *2-31-8 Jingūmae, ☎ 5414-5678, www.kyoto-musubi.com, Do–Di 11–19 Uhr. Fachgeschäft für Furoshiki, die typischen, oft als Geschenkverpackung genutzten Stofftücher. Harajuku (原宿駅), JR-Linie Yamanote, Exit Takeshita;* **M** *Exit 5.*

(11) Prada, *5-2-6 Minami-Aoyama, ☎ 6418-0400, tgl. 11–20, Fr–So bis 21 Uhr. Um Mode und Accessoires des italienischen Unternehmens Prada mit Stammsitz in Mailand zu erstehen, braucht kein Japaner nach Europa zu fahren. Dabei ist hier das Gebäude selbst eine Glanzleistung der Architektur, im wahrsten Wortsinn, denn die Fassade mit Rautenstruktur funkelt und glitzert durch konkave und konvexe Verglasung ganz besonders.* **M** *Omotesandō (表参道駅), Linien Ginza, Hanzōmon, Chiyoda, Exit A5.*

(12) Yamada Heiandō (山田平安堂), *Hillside Terrace G-202, 2. OG, 18-12 Sarugachō, ☎ 3464-5541, www.heiando.com, Mo–Sa 10.30–19, So bis 18.30 Uhr. Edle japanische Lackwaren. Daikanyama (代官山駅), Linie Tōkyū Tōyoko, Hauptausgang.*

4. AUSFLÜGE

Tōkyō – weiter draußen

In Vororten, angrenzenden Städten und auch etwas weiter locken Sehenswürdigkeiten, die dank verkehrstechnischer Infrastruktur relativ einfach und trotz der Entfernungen schnell erreicht werden können. Warum nicht ein wenig in die Ferne schweifen? (siehe Karte vordere Umschlagklappe)

Im Norden

Redaktionstipps

➤ **Kawagoe** ist für Speicherhäuser des Alten Edo bekannt (s. u.).
➤ Tempel- und Schreinarchitektur vom Feinsten: **Nikkō san'nai** (S. 289).

Kawagoe 川越市 (I)

Anreise
Von 🚃/M Ikebukuro ca. 35 Min. bis 🚃 Kawagoe (川越駅), Linie Tōbu Tōjō, Exit Ost, 470 ¥.

Die oft Klein-Edo (Koedo) genannte Stadt **Kawagoe** in der Präfektur Saitama, während der Edo-Zeit (1603–1868) ein Fürstensitz, ist vor allem wegen der **Kurazukuri-Meile** ein beliebtes Ausflugsziel. Der Weg vom Bahnhof führt zunächst an einigen Gebäuden westlicher Architektur vorbei, die während der Taisho-Ära (1912–1926) erbaut wurden. Dann säumen viele der rund 30 erhaltenen Kurazukuri, historische Lager- und Warenhäuser, beide Seiten der Straße. In einer rechts gelegenen Seitengasse imponiert der fotogene **Glockenturm Tokinokane** (時の鐘). Auch heute noch aus „musealen Gründen" im Einsatz, läuten die Glocken jeden Tag um 6, 12, 15 und 18 Uhr. Dabei zeigt sich die Gegend alles andere als ehrwürdig museal. Den mächtig wirkenden Gebäuden mit ihren schwarzen Dächern ist heute mit edlen Shops und Restaurants wieder turbulentes Leben eingehaucht worden. Geschäftssinn herrscht auch seit langem in der Kashiya Yokochō (菓子屋横丁), denn in der als **Candy Alley** bekannten Gasse haben Händler für traditionelle japanische Süßigkeiten, Reiscracker, Eis und Kuchen ihr Revier. Zu finden ist die verführerische Ecke am oberen Ende in der linker Hand der Kurazukuri-Meile verlaufenden Parallelstraße.

4-mal täglich Glockenspiel

Stiller und beschaulicher geht es im erhaltenen Teil der ehemaligen Daimyo-Residenz **Honmaru Goten** rund 600 m westlich der Motomachi zu, erbaut 1848 auf dem Grund der ehemaligen Burg Kawagoe.
Honmaru Goten *(本丸御殿), 2-13-1 Kuruwamachi, ☎ 049-222-5399, Di–So 9–17 Uhr, 100 ¥. Die Räume und der japanische Garten sind „schuhlos" zu besichtigen.*

Unter den zahlreichen sehenswerten Sakralbauten der Stadt ist der **Tempel Kita-in** der Tenkai-Sekte ein „Must see". Ursprünglich 830 gegründet, finden sich heute in dem weitläufigen Tempelareal neben dem Toshogu-Schrein und einer kleinen Pagode mehrere Gebäude mit einer ganz individuellen Geschichte. Das tempeleigene Museum etwa wurde als ehemaliger Teil der Burg Edo auf Veranlassung von Shōgun Tokugawa Iemitsu im 17. Jh. hierhin gebracht. Manche glauben, dass genau in diesem Gebäude Iemitsu einst das Licht der Welt erblickt hat. Ein anderes Highlight der Anlage sind die „**500 Rakan-Statuen**". Genau genommen sind es 538 Statuen, die 1782–1825 erschaffen worden sind. Dabei gleicht keine Figur der anderen. Bei manchen sind chine-

Sakrales „Must see"

sische Tierkreiszeichen integriert – wer sein eigenes findet und einen kleinen Obolus hinterlässt, dem ist das Glück gewiss.
Kita-in (喜多院), *1-20-1 Kosenbamachi, Kawagoe, Saitama, ☎ 049-222-0859, März–Nov. 9–16.30 Uhr, sonst bis 16 Uhr; Museum: 400 ¥; Rakan-Statuen: 300 ¥.*

Restauranttipp
Das ruhig gelegene Sushi-Restaurant **Furin** *in einem hübschen traditionellen Gebäude ist für den Ausklang des Sightseeing-Programms eine gute Adresse. Unbedingt versuchen sollten Sie hier ein Bier der 1996 in Kawagoe gegründeten Coedo-Brauerei. Das Unternehmen selbst ist weiter Richtung Tōkyō gezogen, was blieb, ist das Bier. Als Spezialität wird das mit Süßkartoffeln hergestellte „Coedo Beni-ako" gehandelt.*
Furin (風凛), *6-4 Nakachō, ☎ 049-222-0231, Do–So 11.30–15, 17–22 Uhr.*

Nikkō 日光 (2) (Ein- oder Mehrtagestour)

Anreise
Am einfachsten ist Nikkō per Bahn zu erreichen. Vom **Bahnhof Asakusa** *verkehren pro Std. 3–4 Züge zwischen 5 und 21 Uhr mit einer Fahrzeit von 2–2,5 Std. mit oder ohne Umsteigen. Der Fahrpreis variiert je nach Zug zwischen 2.400 und 5.600 ¥.*
Eine gute Verbindung ist die Fahrt mit dem **Tōbu-Expresszug** *(tokkyū ressha 特急列車), Fahrzeit knapp 2 Std., Platzreservierung notwendig, ca. 2.800 ¥. Bei manchen Verbindungen müssen Sie im Ort Shimo Imachi (下今市) umsteigen. Der Anschlusszug nach Tōbu Nikkō (東武日光) wartet am selben Bahnsteig gegenüber. (Infos unter www.hyperdia.com).*

Tipp: Bequem und einfach – Tōbu Nikkō Free Pass
Gleich mehrere Passvarianten wie der **„All Nikkō Pass"**, *der* **„2 Day Nikkō Pass"** *u. a. für Nikkō und Umgebung könnten sich durchaus rechnen. Welche Art von Pass für Ihre individuelle Reiseplanung geeignet und sinnvoll ist, können Sie beim Kauf oder im Internet unter www.japan-guide.com/e/e2358_002.html erfahren. Auch online buchbar unter: www.tobu.co.jp/foreign/en/tourist/, Verkaufsstellen sind u. a.:*

Tagespass

Tōbu Tourist Information Center *im Bahnhof Asakusa, 7.20–19 Uhr.*
Tōbu Group Tourist Plaza, *East Yard 5. OG, Solamachi, 1-1-2 Oshiage, 10–20 Uhr.*
Tourist Information Center Tōkyō, *Marunouchi Trust Tower North Wing, 1-8-1 Marunouchi, 10–19 Uhr.*

Eine göttliche Fügung soll es gewesen sein, die den buddhistischen Mönch Shōdō Shōnin (735–817) um 766 dazu veranlasste, auf einem der dicht bewaldeten Hügel nordwestlich der heutigen, ca. 125 km nördlich von Tōkyō gelegenen Kleinstadt Nikkō in der Präfektur Tochigi einen Schrein zu gründen. Denn bei seiner Überquerung des reißenden Flusses Daiyagawa (大谷川) waren die Mächte zwischen Himmel und Erde im Spiel, habe doch ein übersinnliches Wesen zwei Riesenschlangen als Steg über den Wasserlauf erscheinen lassen.

Bekannte Brücke

Genau dort überspannt seit dem 17. Jh. die rot lackierte **Brücke Shinkyō (1)** (神橋) das Gewässer. Damals nur Mitgliedern des Kaiserhauses vorbehalten, ist die Anfang des 20. Jh. nach dem Original rekonstruierte Shinkyō auch heute kein öffentlicher Übergang, sondern eine historisch wertvolle Sehenswürdigkeit – 27 m lang, 6 m breit und 16 m über dem Grund. Zur anderen Uferseite kommt man natürlich trotzdem. Nur wenige Meter entfernt wurde eine neue Brücke gebaut. Der Weg vom Bahnhof bis hierhin, zu Fuß oder mit dem Bus zu bewältigen, zieht sich knapp 2 km entlang der ansteigenden, hin und wieder von Häusern traditioneller Bauart gesäumten Hauptstraße **Nihon Romantic Highway** (日本ロマンチシケ街道).

Nikkō san'nai

Geht man nach der Brücke den Weg Omotesandō (表参道) weiter den Hügel hinauf, breitet sich bald das weitläufige Areal des **Tempel- und Schreinbezirks Nikkō san'nai** (日光山内) mit den 1999 teilweise zum UNESCO-Weltkulturerbe ernannten Bauwerken des Tempels Rinnō-ji sowie der Schreine Tōshōgū und Futarasan aus. Für eine Besichtigung sollte man etwa 3–4 Std. einplanen. Die Errichtung des Tempelkomplexes **Rinnō-ji (2)** im 17. Jh. steht im Zusammenhang mit dem von Shōdō Shōnin gegründeten kleinen Tempel Shihonryū-ji (四本龍寺), in den mehr und mehr Mönche ihren Weg fanden und blieben.

UNESCO-Welterbe

Als 1653 in der Nordwestecke des Areals für Shōgun Tokugawa Iemitsu (1604–1651) das **Mausoleum Taiyūinbyō (3)** erbaut wurde, bedeutete das für den Rinnō-ji weiteren Aufschwung. Heute zählt der Tempel der buddhistischen Tendai-Schule Dutzende von Gebäuden. Unter ihnen ist die **Haupthalle Sanbutsudō** (三仏堂) aus dem Jahr 1646 als größtes Bauwerk des Rinnō-ji von besonderer Bedeutung. Ursprünglich an einer anderen Stelle errichtet, wurde sie 1879 aufgrund der staatlich verordneten Trennung zwischen Shintoismus und Buddhismus an ihren jetzigen Standort versetzt. Dabei verkörpert gerade der pferdeköpfige Batō Kannon, als eine der drei vergoldeten Holzskulpturen der Halle, neben Buddha Amida Nyorai und Senjū Kannon den Synkretismus zwischen beiden Religionen – nicht untypisch in Nikkō, wo die Verschmelzung beider Glaubensrichtungen trotz Einmischung der Meiji-Regierung Ende des 19. Jh. immer schon ihren Ausdruck fand und findet. Wie die Haupthalle ist auch die über 13 m hohe, 1643 errichtete **Säule Sōrintō** (相輪塔) hinter der Sanbutsudō im Lauf ihrer Ge-

Synkretismus der Religionen

Die Brücke Shinkyō überspannt den Fluss Daiyagawa

schichte mitsamt ihrem Schatz von über 10.000 in ihr verborgenen Sutrenrollen sogar mehrmals „umgezogen". Kleinode des Rinnō-ji wie Statuen, Kalligrafien, Masken u.v.m. werden im **Schatzhaus Hōmotsuden** aus dem Jahr 1983 ausgestellt.

Aufwendige Verzierungen

Nördlich des Tempelareals breitet sich der 1617 als Mausoleum für Japans ersten Shōgun Tokugawa Ieyasu (1543–1616) errichtete Schrein **Tōshōgū (4)** aus. Ieyasus Enkel Tokugawa Iemitsu (1604–1651) ließ die Anlage aber um 1634 mit Hilfe Tausender Arbeiter und Künstler weiter ausbauen, sodass der Schrein vor Pracht und überreichem Dekor fast zu bersten scheint. 500 kg Gold und 370 kg Silber sollen für Verzierungen verwendet worden sein. Heute liegt vielleicht gerade im Kontrast zwischen blendendem Prunk und der Umgebung aus hohen Bäumen und im Waldklima wuchernden Moosbetten der Reiz des Tōshōgū. Auftakt bildet das große steinerne Schreintor **Ichinotorii** (一ノ鳥居), hinter dem sich linker Hand eine 35 m hohe, 1818 rekonstruierte fünfstöckige **Pagode** erhebt. Schnitzereien der zwölf chinesischen Tierkreiszeichen schmücken das Stützgebälk unter dem ersten Dach. Weiter führt der Weg durch das **Tor Omotemon** (表門) mit zwei buddhistischen Wächterfiguren sowie zwei shintoistischen Hundefiguren. Im nächsten Tempelabschnitt reihen sich gleich drei als Lagerraum genutzte Gebäude, die Sanjinko (三神庫) unterschiedlichen Baustils nebeneinander. Beim dritten Gebäude von rechts, dem **Kamijinko** (上神庫), lohnt ein Blick

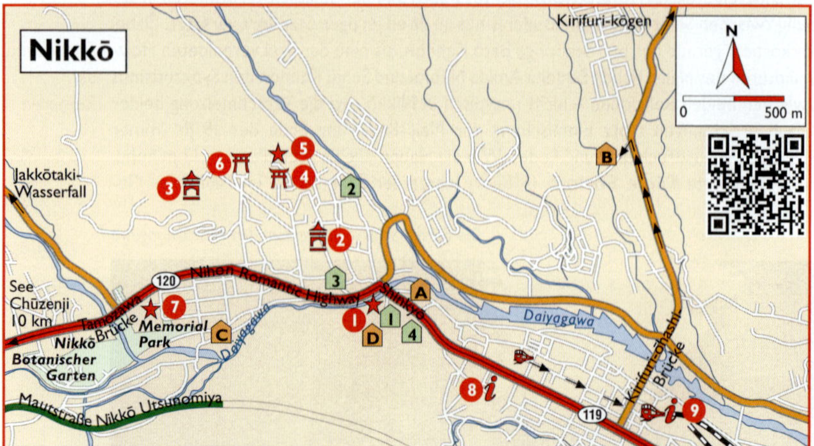

Sehenswürdigkeiten

1 Shinkyō
2 Rinnō-ji
3 Taiyūinbyō
4 Tōshōgū
5 Ieyasu-Mausoleum
6 Futarasan-jinja
7 Villa Nikkō Tamozawa Goyōtei
8 Nikkō Tourist Information Center
9 Tōbu Nikkō Station Information Center

Essen und Trinken

1 Steakhouse Mihashi
2 Gyōshintei
3 Yuba Yūzen
4 Hippari Dako

Unterkunft

A Nikkōrisou Backpackers
B Minshuku Rindo-no-ie
C Turtle Inn Nikkō
D Nikkō Kanaya Hotel

auf die fantasievolle Schnitzerei von Elefanten, die der Bildhauer augenscheinlich nur vom Hörensagen kannte. Tierdarstellungen wie etwa Affenskulpturen finden sich auch am gegenüberliegenden **Pferdestall Shinkyūsha** (神厩舎). Weiter zwischen Glocken- und Trommelturm drängen sich rechter Hand rund 120 Laternen dicht nebeneinander. Die dahinter liegende **Halle Honjidō** (本地堂) wird besonders ihres Drachen-Deckengemäldes wegen gerühmt. Klatscht man darunter in die Hände, so scheint es, als brülle das Fabelwesen selbst. Eine Treppe höher leuchtet das mit farbig filigranem Schnitzwerk verschwenderisch verzierte **Tor Yōmeimon** (陽明門).

Geschnitzte Tierskulpturen

Das sich anschließende kleinere **Tor Karamon** (唐門), das den Eingang in den umfriedeten inneren Tempelbereich mit der **Gebetshalle Haiden** (拝殿) und der **Haupthalle Honden** (本殿) bildet, durfte während der Edo-Zeit nur von hochgestellten Persönlichkeiten durchschritten werden. In der Gebetshalle bitte an die Decke schauen: Hier blicken rund 100 verschiedene Drachen mehr oder minder freundlich auf den Betrachter herab. Die Haupthalle ist als heiligster Ort des Schreins der Seele Ieyasus gewidmet. Geht man vom Tor Yōmeimon nach rechts, wartet mit der **Katzenskulptur Nemuri-neko** eine weitere Berühmtheit des Tōshōgū auf Besucher. Über den Symbolgehalt der schlafenden, von Pfingstrosen umgebenden Katze, für damalige Schreinverzierungen ein unübliches Motiv, kursieren mehrere Erklärungen. So könnte sie etwa signalisieren, dass an dieser Stelle keiner, selbst nicht die kleinste Maus vorbeihuschen darf. Von hier aus führt der Weg durch das **Tor Sakashitamon** (坂下門) über 207 Stufen hinauf in den hinteren Schreinbereich Okusha mit dem **Ieyasu-Mausoleum (5)**.

Unzählige Drachengemälde

Geht man zurück bis zur Pagode des Tōshōgū, zweigt Richtung Nordwesten ein breiter baumbestandener Weg zu dem mitten im Wald verborgenen Schrein **Futarasan-jinja (6)** ab. Zwar reicht seine Geschichte ins 9. Jh. zurück, die meisten Gebäude sind aber in die ersten Jahre des 17. Jh. zu datieren. Geweiht ist der Futarasan insbesondere drei Gottheiten der umliegenden Berge. Einige Gebäude wie die Gebetshalle Haiden (拝殿) zeigen sich zwar vergleichsweise schlicht, in der durchaus mystisch wirkenden Umgebung indes nicht minder reizvoll. Farbe, Lack und Schnitzereien gehören dagegen bei der 1645 hierhin verlegten Haupthalle Honden (本殿) wieder dazu. Eine Besonderheit im Schreinareal ist eine seit Menschengedenken sprudelnde Quelle, die mit der sog. Sakequelle und der Quelle der Weisheit angeblich zwei unterschiedliche Wassersorten hervorbringt.

Mitten im Wald

Rinnō-ji (輪王寺), *2300 Yamauchi, ☏ 0288-554-0541, www.rinnoji.or.jp, Erw./Kind 900/400 ¥, Schatzhaus Hōmotsuden* (宝物殿) *300/100 ¥, zzt. keine Kombitickets für Nikkō san'nai (2018).*
Tōshōgū (日光東照宮), *2301 Yamauchi, ☏ 0288-54-0560, www.toshogu.jp, Schrein und Museum Erw./Kind 2.100/770 ¥, Ieyasu-Mausoleum (ieyasu reiden* 家康霊殿*) 520 ¥.*
Futarasan-jinja (日光二荒山神社), *2307 Yamauchi, ☏ 0288-54-0535, www.futarasan.jp, Garten 200 ¥. Alle drei Areale: April–Okt. tgl. 8–17, Nov.–März 8–16 Uhr. Bis 2020 ist in Nikkō san'nai teilweise mit Renovierungsarbeiten zu rechnen. Vom JR-Bahnhof oder der Tōbu Nikkō Station* **B** *Richtung Yumoto Onsen* (湯元温泉), *Ausstieg Shinkyō* (神橋).

In der Umgebung

Etwa 1 km weiter westlich links der Straße R120 liegt die ehemalige **Kaiserliche Villa Nikkō Tamozawa Goyōtei (7)**. Dabei scheint der Begriff Villa zu bescheiden, denn die Sommerresidenz mit 106 Zimmern auf einer Fläche von 4.500 m² gehört bis heute zu den größten Holzgebäuden Japans. Herzstück des Komplexes bildete ein 1898 hierhin versetzter Teil des Palastes aus dem Tōkyōer Bezirk Akasaka. Erst 20 Jahre später erweiterte man das Anwesen auf seine heutige Größe. Jahrein, jahraus als Feriendomizil genutzt, diente es der Kaiserfamilie auch im Kriegsjahr 1944 als Refugium. Mit seinen unterschiedlichen, harmonisch unter einem Dach vereinten Baustilen darf sich das Kulturgut als die einzige erhaltene Kaiservilla der Meiji-Zeit (1868–1912) rühmen. Das in seinen besten Tagen 107.000 m² große Areal umfasst heute nur noch 30.000 m² und geht nahtlos in Nikkōs **Botanischen Garten** über. In dem über 10 ha großen Gelände gedeihen an die 2.200 Pflanzenarten.

Villa aus der Meiji-Zeit

Nikkō Tamozawa Goyōtei (日光田母沢御用邸), *8-27 Honchō, ☎ 0288-53-6767, April–Okt. Mi–Mo 9–17, sonst bis 16.30 Uhr, Erw./Kind 510/250 ¥.*

Botanischer Garten (*nikkō shokubutsuen* 日光植物園), *1842 Hanaishi, ☎ 0288-54-0206, 15. April–Nov. Di–So 9–16.30 Uhr, Erw./Kind 400/130 ¥.*

B *ab Bahnhof Nikkō oder einem der Busstopps an der Hauptstraße in Richtung Yumoto Onsen* (湯元温泉), *Kaiservilla u. Botanischer Garten, Stopp Tamozawa* (田母沢).

Dass die Region Teil des 1934 gegründeten **Nikkō-Nationalparks** (*nikkō kokuritsukōen* 日光国立公園) ist, mag angesichts der malerischen Landschaft kaum verwundern. Eine besonders schöne Kulisse zeigt sich ca. 10 km westlich von Nikkō, wo vor rund 20.000 Jahren die Urgewalten der Erde die Umgebung formten. So wird die Entstehung des fast 12 km² großen **Sees Chūzen-ji-ko** (1.269 m ü. d. M.) auf einen Ausbruch des heute erloschenen 2.484 m hohen Vulkankegelbergs Nantaisan (男体山) zurückgeführt, dessen austretende Magmamasse einen Flusslauf blockierte.

Als schönster von den 48 Wasserfällen in der Region wird der an der Ostseite des Sees 97 m in die Tiefe stürzende **Kegon-Wasserfall** als einer der landesweit spektakulärsten gepriesen. Ob als Panoramabild oder direkt davor, Besichtigungen der wilden Naturschönheit werden Besuchern durch die Fahrt mit der Akechidaira-Seilbahn zu einem Aussichtsplateau oder einem Lift hinunter zum Tosbecken in beiden Fällen leicht gemacht.

Wilde Naturschönheit

See Chūzen-ji-ko (中禅寺湖), **B** *von Nikkō aus Richtung Yumoto Onsen* (湯元温泉) *bis zum Stopp Chūzen-ji Onsen* (中禅寺温泉), *Fahrtdauer ca. 50 Min.*

Kegon-Wasserfall (*kegonnotaki* 華厳の滝), *Lift tgl. 8–17 Uhr, Erw./Kind 550/330 ¥.*

Akechidaira-Seilbahn (*akechidaira rōpuwei* 明智平ロープウェイ) *beim Busstopp Akechidaira (明智平), April–Nov. tgl. 8.30–16, sonst bis 15 Uhr, 1.–15. März wegen Inspektion geschl., Erw./Kind einfach 400/200 ¥, hin u. zurück 730/370 ¥.*

Auch in früheren Zeiten wussten Einheimische wie Ausländer das hiesige Fleckchen Erde zu schätzen. So ließ u. a. die italienische Regierung Anfang des 20. Jh. am Ostufer des Sees für ihre Botschafter eine Sommervilla erbauen. Sie ist seit 1999 im Besitz Japans und innerhalb des **Memorial Park of the Italian Embassy Villa** für die Öffentlichkeit zugänglich. Das Gebäude, stilistisch bemerkenswert durch die in kleine Quadrate aufgeteilten Außenwände aus Zedernholz und Glas, fügt sich harmonisch in die landschaftlichen Gegebenheiten ein.

Sommervilla

Memorial Park of the Italian Embassy Villa (*itaria taishikan kinenkōen* イタリア大使館記念講演), *2482 Chūgūshi, ☎ 0228-55-0880, April/Nov. Di–So 9–16, Mai bis 17, sonst tgl. 9–17 Uhr, Erw./Kind 300/100 ¥.* **B** *Vom Stopp Chūzen-ji Onsen* (中禅寺温泉) *am Ostufer des Sees ca. 30 Min. zu Fuß.*

Spektakulärer Sturz in die Tiefe: Kegon-Wasserfall

Auf halbem Weg am Ostufer entlang liegt der nach einem Erdrutsch verbliebene und hierhin versetzte Teil des **Tempels Chūzen-ji**. Die vergleichsweise einfache Anlage beherbergt eine dem Mönch Shōdō Shōnin (735–817) zugeschriebene Holzskulptur des elfköpfigen Tachiki Kannon (立木観音) aus dem 8. Jh.

Am Nordufer dagegen werden im Schrein **Futarasan-jinja Chugushi** (二荒山神社中宮詞) mit einer gleichfalls bis ins 8. Jh. zurückreichenden Geschichte Gottheiten des Shintō verehrt. Einige seiner Bauten wie die Haupt- und Gebetshalle gelten als bedeutende Kulturgüter. Rechts der Haupthalle beginnt nach einem Schreintor der etwa dreistündige Aufstieg zum Gipfel des 2.486 m hohen **Mt. Nantai** (男体山). Um den Weg durch das Tor begehen zu dürfen, ist zuvor eine Erlaubnis im Büro des Schreins (*shamusho* 社務所) einzuholen. Zu unterschätzen ist die Route nicht, denn bis zum Berggipfel sind an die 1.200 Höhenmeter zu überwinden.

Zum Gipfel des Mt. Nantai

Tempel Chūzen-ji (中禅寺), *2578 Chūgūshi, ☏ 55-0013, April–Okt. tgl. 8–17, sonst bis 16 Uhr, 500 ¥.* **B** *Vom Stopp Chūzen-ji Onsen* (中禅寺温泉) *am Ostufer des Sees ca. 15 Min. zu Fuß.*

Von alters her für seine heißen sulfathaltigen Quellen geschätzt, hat sich in der Region vor allem an dem nordwestlich des Chūzen-ji-ko gelegenen kleinen Sees Yunoko (湯ノ湖) ein Ferienresort, bekannt als **Nikkō Yumoto Onsen** entwickelt. Bequem per Bus erreichbar, verführt die pittoreske Umgebung mit dem **Sumpfgebiet Senjōgahara** (戦場ヶ原), Wasserfällen und Bergen zum Spazierengehen und Wandern.

Sulfathaltige Quelle

Ferienresort Yumoto Onsen (湯元温泉), *Yumoto, www.nikkoyumoto.com.* **B** *Von Nikkō aus ca. 1,5 Std. mit dem Bus.*

Reisepraktische Informationen Nikkō

(Karte S. 290)

Information

Vorwahl: *0288*

Internet: *www.city.nikko.lg.jp*

(8) Nikkō Tourist Information Center, *591 Gokōmachi, ☏ 54-2496, tgl. 9–17 Uhr. In dem Infozentrum an der Hauptstraße Richtung Tempel- und Schreinkomplex sind Broschüren über Nikkō und Umgebung erhältlich: Infos zu Sehenswürdigkeiten, Transport, Hotels oder Vermittlung von Guides, WLAN, Internet-PC.*

(9) Tōbu Nikkō Station Information Center, *4-3 Matsubarachō, tgl. 8.30–17 Uhr. Der Infoschalter ist im Bahnhofsgebäude.*

Unterkunft

S. 136

Essen & Trinken

(1) Steakhouse Mihashi (ステーキハウスみはし), *1115 Kami-Hatsuishimachi, ☏ 54-3429, tgl. 11.30–20 Uhr. Wie wäre es mit Räucherlachs an Kapern, gefolgt von einem Sirloin- oder Tenderloin-Steak und Yuba-Salat? Im Mihashi beim Kanaya Hotel keine große Sache, denn hier ist man auf Steakgerichte spezialisiert; Menüs 4.500–11.000 ¥.*

(2) Gyōshintei (堯心亭), *2339-1 Yamauchi, ☏ 53-3751, Fr–Mi 11–19 Uhr. Bei Nikkōs einzigem, auf die vegetarische Küche „Shōjin-ryōri" spezialisiertem Restaurant passt auch die Umgebung. Im Stil eines Teehauses mit Tatamizimmern erbaut, liegt das Gyōshintei inmitten eines japanischen Gartens in der Nähe des Tempels Rinnō-ji; Menü ab 3.800 ¥.*

(3) Yuba Yūzen (ゆば遊膳), *1-22 Yasukawachō, ☏ 53-0353, Do–Di 11.30–15 Uhr. Das zum Mittagessen geeignete Yuba Yūzen liegt nach der Brücke Shinkyō stadtauswärts auf der rechten Seite. Die lokale Spezialität Yuba* (ゆば/湯葉), *in Streifen geschnittene Tofuhaut, klingt ernüchternd, aber spätestens bei einem virtuos zubereiteten Tofu Kaiseki könnte sich Ihre Meinung ändern; 2.700–3.500 ¥.*

(4) Hippari Dako (ひっぱり凧), *1011 Kami-Hatsushimachi, ☏ 53-2933, tgl. 12–17, 18.30–20.30 Uhr. Das kleine „Inn" an der Hauptstraße gilt Backpackern als willkommene Anlaufstelle zum Essen, Trinken, Austausch von Reisegeschichten oder kostenlosem Internetsurfen. Ob Gerichte aus Buchweizennudeln, Reisbällchen oder Yakitori-Fleischspießchen, die Preise liegen um 550 ¥, Sake 400 ¥.*

Einkaufen

Die Gegend ist vor allem für die **Holzschnittkunst Nikkō-bori** (日光彫り) *und* **Mashikoyaki** (益子焼), *Keramik aus dem im Süden der Präfektur gelegenen Ort Mashiko, bekannt. Entlang der Hauptstraße finden sich mehrere Shops und kleine Läden mit Schnitzereien und anderen Souvenirs.*

Feste

Neben den folgenden Veranstaltungen finden in Nikkō noch viele kleinere Feste statt.

4. Jan.: Mushasai – *Der Ursprung des Mushasai, bei dem Bogenschützen im Schrein Futarasan ihre Pfeile Richtung Mt. Akagi in der westlich gelegenen Präfektur Gunma schießen, hat einen mythologischen Hintergrund. Symbolisch soll damit die Gottheit des Mt. Futara unter-*

stützt werden, die in grauer Vorzeit aufgrund von Territorialstreitigkeiten gegen die Gottheit des Mt. Akagi angetreten war.
16.–17. April: Yayoi Matsuri – *Der Umzug mit tragbaren Schreinen symbolisiert den Frühlingsanfang.*
17.–18. Mai: Sennin Gyōretsu – *Als größtes Fest des Schreins Tōshōgū ist u. a. eine Prozession von rund 1.200 „Samurais" der Höhepunkt des Matsuri. Am 17. Mai findet zudem ein Bogenschießwettbewerb zu Pferde, das Yabusame, statt.*
17. Okt.: Sennin Gyōretsu – *Die Matsuri-Rituale des Tōshōgū-Herbstfestes wiederholen sich hier bis auf das Yabusame wie im Mai.*

Im Osten – an der Tōkyō-Bucht

Redaktionstipps

➤ Fantastische Lebensformen sind im **Kasai Rinkai Sealife Park** zu beobachten (s. u.).
➤ **Tokyo Disney Resort**: Ein Abenteuerspielplatz mit gigantischem Ausmaß (S. 296).

Yumenoshima (3)

Als 1853 Kommodore Matthew C. Perry (1794–1858) mit seiner „Schwarzen Flotte" in die Bucht von Tōkyō segelte, sah die Küste noch anders aus. Zwar begann man schon während der Edo-Zeit (1603–1867) damit, Sumpfgebiete trockenzulegen, aber die eigentliche Landgewinnung setzte erst Ende des 19. Jh. ein. Seither ist Tōkyō um 249 km² künstlich erschaffene Landfläche gewachsen. Dazu gehört auch der Süden des Bezirks Kōtō-ku, wo etwa die nach 1950 aus Müll aufgeschüttete Insel **Yumenoshima** immerhin den vielversprechenden Namen „Trauminsel" bekam. Sie als traumhaft zu beschreiben, wären große Worte, aber für Einheimische ist der 1978 eröffnete, weitläufige **Yumenoshima Park** (*yumenoshima-kōen* 夢の島公園) ein willkommener Ort der Freizeitgestaltung. Innerhalb riesiger Glaskuppeln am Nordostrand der Insel verbirgt sich als zusätzliches Bonbon seit 1988 eine Oase tropischer und subtropischer Fauna. „Dschungel-Feeling" ist der schmalen Pfade wegen vorbei an Orchideen, Farnen, Bambus und vielem mehr vorprogrammiert. Die Energie für die konstante Temperatur im **Yumenoshima – Tropical Greenhouse Dome** liefert eine Müllverbrennungsanlage.

„Dschungel-feeling"

Yumenoshima – Tropical Greenhouse Dome (*yumenoshima nettai shokubutsukan* 夢の島熱帯植物館), *2-1-2 Yumenoshima, Kōtō-ku, ☏ 3522-0281, www.yumenoshima.jp, Di–So 9.30–17 Uhr, Erw./Stud. 250/120 ¥. 10 Min. vom* 🚃/**M** *Shin-Kiba* (新木場駅), *Linie Rinkai, JR-Linie Keiyō, Metrolinie Yūrakuchō. Nach dem Exit folgt linker Hand nach Überqueren von zwei Straßen nach ca. 150 m ein Treppenaufgang in den rechts gelegenen Park.*

Kasai Rinkai Park (4)

Nur eine Station weiter stadtauswärts lohnt ein Stopp beim Bahnhof **Kasai Rinkai Kōen**, dessen Südausgang Besucher direkt in den gleichnamigen Park entlässt. Neben einem 117 m hohen Riesenrad rechter Hand, dem schnurstracks geradeaus zu erreichenden Aussichtsgebäude **Crystal View** (*kurisutaru biyū* クリスタルビユー) oder einem großen Terrain zur Vogelbeobachtung inklusive Bird Watching Center auf der linken Parkseite gilt der integrierte **Tōkyō Kasai Rinkai Sealife Park** als eigentliches Highlight. Unter seiner weithin sichtbaren Glaskuppel ist das Tiefseetheater untergebracht, von dem aus Thunfische beobachtet werden können. Der Sealife Park ist in

Mehrere Aquarien

weitere Aquarien aufgeteilt, die das Unterwasserleben des Indischen Ozeans, des Atlantiks und der Karibik repräsentieren. Hier können Hammerhaie oder Seeanemonen genauso betrachtet werden wie Pinguine und Seevögel. Das Pinguingehege wird als eines der artgerechtesten des Landes gerühmt.

Kasai Rinkai Park (*kasai rinkai-kōen* 葛西臨海公園), *Servicecenter: 6-2-1 Rinkaichō, Edogawa-ku,* ☎ *5696-1331.* **Bird Watching Center** (*bādo uotsuchingu sentā* バードウオツチングセンター), *Di–So 9.30–17 Uhr, Erw. 800 ¥.*

Tōkyō Kasai Rinkai Sealife Park (*tōkyō kasai rinkai suizokuken* 東京葛西臨海水族園), *Do–Mo 9.30–17 Uhr, Erw./Kind 700/250 ¥.* 🚃 *Kasai Rinkai-kōen* (葛西臨海公園駅), *Linie Keiyō (local). An Wochenenden ist die Fahrt per Wasserbus ab Asakusa mit einer der Linien der Tōkyō Mizube Line* (東京水ライン) *eine angenehme Alternative.*

Tōkyō Disney Resort (5)

Dass man sich in der weltweit größten Metropolregion befindet, ist im 1983 eröffneten riesigen **Tokyo Disney Resort** schnell vergessen: Besucher finden hier im Zauberland der Fantasie, der Wunderwelt aus Vergangenheit und Zukunft einen Abenteuerspielplatz, der Spaß und Begeisterung verspricht. Gleich nebenan hat wenig später der Themenpark **Tokyo Disney Sea** seine Segel gehisst: Mehrere Seehäfen entführen hier in andere Welten. Südländisches Flair dominiert den Shopping-, Event- und Restaurantkomplex **Ikspiari**. Wem eine Stippvisite im Tokyo Disney Resort zu kurz erscheint, kann eines der parkeigenen oder parknahen Hotels beziehen. Daneben reihen sich an der Uferseite weitere Nobelherbergen, die wie andere Anlaufpunkte des Parks problemlos mit Shuttlebussen oder einer Monorailbahn zu erreichen sind.

Disney-Themenpark

Tōkyō Disney Resort (*tōkyō dizunī rizōto* 東京ディズニーリゾート), **Tōkyō Disney Sea** (*tōkyō dizunī shī* 東京ディズニーシー), *1-1 Maihama, Urayasu, Chiba, www.tokyodisneyresort.co.jp, tgl. variierende Zeiten 8–22 Uhr (s. Homepage), Erw./12–17 Jahre/4–11 Jahre 7.400/6.400/4.800 ¥, Einlass nach 17 Uhr ermäßigt. Innerhalb des Resorts verkehren ein kostenloser Bus und eine Monorailbahn.* **Ikspiari** (*ikusupiari* イクスピアリ), *www.ikspiari.com, Shops/Restaurants tgl. meist 10–23 Uhr.* 🚃 *Maihama* (舞浜駅), *Linie Keiyō.* **Hotel** *S. 134.*

Dem Meer abgerungen: Minato Mirai, Yokohamas „Hafen der Zukunft 21“

Im Südwesten

Freilichtmuseum Nihon Minkaen (6)

Ob Bauernhäuser oder fürstliche Residenzen, ob Schrein, Wassermühle oder Kabuki-Theater – im idyllisch gelegenen Freilichtmuseum Nihon Minkaen stehen kulturell bedeutende Gebäude dicht nebeneinander. Die ursprünglich aus allen Teilen Japans stammenden, zwischen dem 17. und 20. Jh. errichteten Bauten wurden Stück für Stück demontiert und Mitte der 1960er-Jahre hier in Kawasaki wieder zusammengesetzt. Die damaligen Wohnverhältnisse veranschaulichen je nach Haustyp entsprechende Innenausstattungen.

Nihon Minkaen (日本民家園), *7-1-1 Masugata, Tama-ku, Kawasaki, Kanagawa, ☎ 044-922-2181, http://english.nihon-minkaen.jp, März–Okt. Di–So 9.30–17, Nov.–Feb. Di–So 9.30–16.30 Uhr, Erw./Stud. 500/300 ¥. Ab Shinjuku (30 Min.) bis Mukōgaoka-yūen* (向ケ丘遊園駅)*, Linie Odakyū, Exit Süd, 15 Min. zu Fuß.*

Redaktionstipps

➤ Traditionelle Architektur in malerischer Umgebung: Freilichtmuseum **Nihon Minkaen** in Kawasaki (s. u.).

➤ **Yokohamas** Superlative: In keinem Gebäude Japans geht es höher hinauf als im **Landmark Tower** (S. 298) und **Chukagai** gilt als die größte **Chinatown** Asiens (S. 304).

➤ Der **Kōtoku-in Tempel** mit dem **Großen Buddha** ist in **Kamakura** der beliebteste Tempel (S. 310).

➤ Die eigentümliche Landschaft vulkanischen Ursprungs, spektakulär und pittoresk gleichermaßen, macht **Hakone** zum Urlaubsparadies (S. 313 f.).

➤ Wer den Aufstieg zum **Fujisan** vor Mitternacht beginnt, erlebt auf dem Gipfel bei gutem Wetter einen unvergesslichen Sonnenaufgang (S. 318).

Yokohama 横浜市 (7)

Anreise

Per Bahn ist Yokohama in etwa 30–40 Min. erreichbar. Ab **Tōkyō Station** *fahren die Linien Yokosuka, Tōkaidō sowie die Keihin-Tōhoku ca. jede Viertelstunde, 470 ¥.*
Von **Shinjuku** *aus verkehrt die Linie Shōnan Shinjuku, 550 ¥.*
Ab **Shibuya** *fährt die Linie Tōkyū Tōyokō Line (Limited Express) 270 ¥.*
Yokohama Station *ist mit mehreren Bahnlinien (JR-Linien, Privatlinien),* **S** *U-Bahnen (Subway) und* **B** *Bussen gleichzeitig Knotenpunkt des Stadtverkehrs.*

Öffnung des Hafens

Für Japan kündigten sich 1853 mit dem Eintreffen der „**Schwarze Flotte**" unter Kommodore Matthew C. Perry (1794–1858) in der Bucht von Tōkyō Veränderungen an. Im Gepäck führte Perry den Auftrag des US-Präsidenten Millard Fillmore (1800–1874), ein Handelsabkommen des seit den 1630er-Jahren hermetisch abgeschlossenen Inselstaats zu erzwingen. Einzige Ausnahme war seit 1641 das kleine Eiland Dejima bei Nagasaki als Handelsniederlassung der Holländer. Nach einigem Hin und Her war es dann 1859 mit dem Alltagstrott in dem kleinen Fischerdorf im Südwesten der Tōkyō-Bucht vorbei. Am 1. Juli trat die Vereinbarung in Kraft, Yokohama als ersten Hafen für den Handel mit den „fremden Barbaren" zu öffnen. Ab da ging es Schlag auf Schlag. Handwerker und Bauarbeiter wurden zu gefragten Leuten, denn immer mehr Häuser, Läden, Lagerschuppen und Hafenanlagen entstanden, sodass sich der einst idyllische Landstrich in rasanter Geschwindigkeit in einen geschäftigen Ort verwandelte. Abenteurer und Glücksritter verschlug es genauso hierher wie Missionare und Gelehrte. Yokohama mauserte sich zu einer turbulenten Stadt, in der westliche Einflüsse willkommen waren. 1872 eröffnete die erste Eisenbahnlinie nach Tōkyō. Zum Zeitpunkt der Verleihung der Stadtrechte 1889 lebten in Yokohama knapp 120.000 Einwohner im Gegensatz zu gerade einmal 600 Seelen 30 Jahre zuvor.

Noch in den Gründerjahren entwickelte sich Yokohama zu einem Umschlagplatz des **internationalen Handels**. Der Export von Seidengarn und Seidenraupen, von Tee und Kupfer florierte. Zu den Importen zählte u.a. vor allem westliches Know-how in puncto Technik. Dass der plötzliche Welthandel inländische Wirtschaftsstrukturen zersetzte, bedeutete für einige Branchen Hochkonjunktur, für andere das Ende. Unvorhergesehen und hart traf die **Boomtown Yokohama** 1923 das **Kantō-Beben**, das einen Großteil der Stadt zerstörte. Dank raschem Wiederaufbau, Modernisierung und Verbesserung der Hafenanlagen überschritt die Einwohnerzahl vor dem Zweiten Weltkrieg die Millionengrenze. Während des Krieges großflächig zerstört, erholte sich Yokohama allmählich und belegt heute mit knapp 3,8 Mio. Einwohnern und einer Fläche von 437 km² nach Tōkyō Platz zwei auf der Liste der größten Städte Japans. Gerade einmal 30 km von der Hauptstadt im Südwesten der Tōkyō-Bucht gelegen, ist die Küstenstadt und Verwaltungssitz der Präfektur Kanagawa lange schon mit dem Großraum Tōkyō verwachsen.

Welthandel

Trotz vieler Sehenswürdigkeiten und des spannenden Lokalkolorits einer Hafenstadt liegt Yokohama ein wenig im Schatten Tōkyōs. Steht „Stippvisite Yokohama“ auf dem Programm, zieht es Reisende meist in die ans Meer grenzenden Viertel Nishi-ku (西区) und Naka-ku (中区), vielleicht auch nach Kōhoku-ku (港北区) um den nördlich gelegenen Bahnhof Shin-Yokohama oder in den Süden nach Kanazawa-ku (金沢区).

Die Stadtteile Nishi-ku und Naka-ku

Dem Meer abgerungen – Minato Mirai 21 (1)

Zur Ruhe kommt der Pioniergeist von anno dazumal offenbar nicht, wie etwa das ehrgeizige Projekt **Minato Mirai 21** (みなとみらい 21), aufgeteilt in den **Chuo-Distrikt** und den **Shinko-Distrikt**, beweist. Den Namen dieses neuen Prestigeviertels westlich der Yokohama Station schüttelten die Stadtväter nicht einfach aus dem Ärmel. Schon 1981 überhäuften Einwohner Yokohamas die Verwaltung mit gut 2.300 Vorschlägen, unter denen *Minato Mirai 21*, übersetzbar als „Hafen der Zukunft 21“, das Rennen machte. Der Startschuss für Baubeginn und Landgewinnung fiel im Jahr 1983. So buhlen heute dort, wo früher schlicht nichts war außer Meer, megamoderne Paläste aus Glas, Chrom und Beton um die attraktivste Silhouette.

Anlass zum Feiern gab es im Juli 1993, als der von Hugh Stubbins (1912–2006) konzipierte, 296 m hohe und 70-stöckige **Landmark Tower (2)** als Japans höchstes Gebäude eröffnet werden konnte. Heute wird er um 4 m vom Abeno Harukas Bldg. in Ōsaka übertrumpft. Bis Etage 48 sind im Landmark Tower Shops, Büros und Restaurants untergebracht. Viel besucht ist der 69. Stock mit der **Aussichtsplattform Sky Garden**, die innerhalb von 40 Sekunden mit dem Aufzug zu erreichen ist. Und wer es sich leisten mag, kann sein Haupt in schwindelnder Höhe betten. Etage 49 bis 70 nennt das **Royal Park Hotel** sein eigen. In dem weltweit größten Ausstellungs-, Event- und Konferenzzentrum **Pacifico Yokohama (3)** treten u.a. internationale Größen der Musikszene auf. Unverkennbar zeigt sich das **Intercontinental Yokohama Grand Hotel** in der Architektur einer majestätischen, gen Himmel gerichteten Flosse.

Imposante Aussicht

Landmark Tower (*randomāku tawā* ランドマークタワー), *2-2-1 Minato Mirai, www.yokohama-landmark.jp, Geschäfte tgl. 11–20, Restaurants bis 22 Uhr, Sky Garden 1.000 ¥.* **S** *Minato Mirai* (みなとみらい駅) *Linie Minato Mirai, Exit Queens Tower.* **Pacifico Yokohama** (パシフィコ横浜), *1-1-1 Minato Mirai, www.pacifico.co.jp.* **S** *Minato Mirai, s.o., Exit 2.*

Ob zeitgenössische japanische Kunst oder Werke westlicher Dadaisten und Surrealisten, das **Yokohama-Kunstmuseum (4)** zeigt mit seiner umfangreichen Sammlung aus Malerei, Skulptur und Fotografie ein breites Spektrum des internationalen Kunstschaffens. Dabei ist das nach der Konzeption des renommierten Architekten Kenzō Tange (1913–2005) 1989 eröffnete Gebäude selbst ein Glanzstück der Moderne.

Yokohama-Kunstmuseum (*yokohama bijutsukan* 横浜美術館), *3-4 Minato Mirai, http://yokohama.art.museum/eng/, Mi–Mo 10–18 Uhr, 500 ¥.* **S** *Minato Mirai (みなとみらい駅), Linie Minato Mirai, Exit 3.*

Cosplayer am Hafen von Yokohama

Östlich des Landmark Tower liegt der **Nippon Maru Memorial Park (5)** mit seinem fest verankerten Segelschulschiff „Nippon Maru“ von 1930. Der restaurierte, oft „Schwan des Pazifiks“ genannte Dreimaster gibt als Museumsschiff Gelegenheit, ein wenig Vergangenheit zu schnuppern. Gegenüber steht das **Meeresmuseum** mit einer Sammlung von Schiffsmodellen und Dokumenten zur Hafengeschichte Yokohamas.

Nippon Maru Memorial Park (*nippon maru memoriaru pāke* 日本丸メモリアルパーケ), *2-1-1 Minato Mirai, Nishi-ku, ☏ 221-0280, www.nippon-maru.or.jp/foreign/, Di–So 10–17 Uhr, Öffnungszeiten können je nach Jahreszeit variieren, Nippon Maru Erw/Sen./Kind 400/250/200 ¥, Kombiticket mit Museum Erw/Sen./Kind 600/400/300 ¥.*

Japanische Tradition

Dass der junge Stadtteil Minato Mirai nicht nur für Kommerz und Business steht, zeigt sich vor allem im Shinko-Distrikt. Selbstredend findet sich hier eines für Einheimische ganz oben auf der Hitliste stehenden Freizeiteinrichtungen: das **Badehaus**. Dabei werden zur Gewährleistung dieser Passion im **Manyo Club (6)** kaum Kosten und Mühen gescheut. Immerhin wird in Ermangelung natürlicher Quellen in Yokohama tagtäglich Thermalwasser per Lastwagen aus dem traditionellen Badeort Atami herangeschafft. Im mehrstöckigen Manyo Club ist mit Handtüchern, Yukata, Shampoo, Seife und Restaurants im Hause für alles gesorgt.

Manyo Club (*manyō kurabu* 万葉倶楽部), *2-7-1 Shinkochō, ☏ 663-4126, www.manyo.co.jp/mm21/eng/, tgl. 24 Std. geöffnet). Eintrittspreise variieren je nach Alter der Besucher und Uhrzeit. Erw./Kind ca. 2.720/1.080–1.570 ¥.* **B** *Shuttlebus vom Westausgang des Bahnhofs Yokohama;* **S** *Minato Mirai (みなとみらい駅), Linie Minato Mirai, Exit West, 8 Min. zu Fuß.*

Vergnügungspark

Gleich südlich des Thermalbads lockt das Vergnügungsareal **Cosmo World (7)** mit teils schwindelerregenden Fahrattraktionen. Zwischen **Achterbahn** und dem über 112 m hohen **Riesenrad** mit seiner Cosmo-Uhr finden sich jede Menge Sensationen – besonders eindrucksvoll am Abend, wenn sich das Wechselspiel neonfarbiger Beleuchtung in die Dunkelheit zeichnet.

Cosmo World (*cosumo wārudo* コスモワールド), *2-8-1 Shinkochō, Mo–Mi/Fr 11–21, Sa/So bis 22 Uhr, Einzelfahrten 300–800 ¥, Gutscheintickets (1.100–3.500 ¥) sind günstiger; hinter der Brücke Kokusaibashi auf der linken Seite ist Cosmo World nicht zu übersehen.*

Shopping mit kulinarischer Pause

Als echtes Freizeitvergnügen gilt vielen Japanern eine Shoppingtour inklusive Restaurantbesuch. Verwirklichen lässt sich dies problemlos im **World Porters Center (8)** gegenüber von Cosmo World. Rund 160 Geschäfte warten mit Angeboten aus der Modewelt und vielem mehr auf ihre Kunden. Gourmets können zwischen asiatischer, europäischer und amerikanischer Küche wählen. Historische Fassaden dagegen zeigen die beiden vor rund 100 Jahren erbauten **Lagerhäuser** aus rotem Backstein im **Aka Renga Park (9)** östlich des Einkaufszentrums. Umfangreich renoviert, beherbergen die Gebäude heute neben Läden auch Restaurants, Cafés, einen Biergarten und genügend Platz für verschiedene Veranstaltungen.

World Porters Center (*wārudo pōtāzu* ワールドポーターズ), *2-2-1 Shinkochō, www.yim.co.jp, Shops tgl. 10.30–21 Uhr, Restaurants 11–23 Uhr.* **S** *Bashamichi* (馬車道駅), *Linie Minato Mirai, Exit 4.* **Aka Renga Park** (*aka renga pāke* 赤レンガパーケ), *1-1-2 Shinkochō,*

0 *i* info

1 Yokohama Station
2 Shin-Yokohama Station
3 Sakuragichō Station

0 Sehenswürdigkeiten

1 Minato Mirai 21
2 Landmark Tower
3 Pacifico Yokohama
4 Kunstmuseum
5 Nippon Maru Memorial Park
6 Manyo Club
7 Cosmo World
8 World Porters Center
9 Aka Renga Park
10 Miyazakichō – Iseyama-Schrein
11 Yamachitachō / Hikawa Maru

www.yokohama-akarenga.jp, Shops tgl. 11–20 Uhr, Restaurants 11–23 Uhr. **S** *Nihon-ōdōri (日本大通り駅), Linie Minato Mirai, Exit 1.*

Wasserbusse – eine angenehme Alternative

Zwischen Yokohama Station East Exit Pier, Pukarisanbashi Pier (Minato Mirai), Aka Renga Pier und Yamashita Park verkehren Wasserbusse im 15-Min.-Takt, Hafen-Service ☎ 045-671-7719, Mo–Fr 10.10–19.35 Uhr, je nach Strecke 420–700 ¥. Infos und weitere Anbieter: www.yokohamajapan.com/information/getting-around-yokohama/#boatCruise. *Per Wasserbus*

Miyazakichō – Iseyama-Schrein (10)

Nach der Öffnung des Hafens kamen mit den fremden Barbaren auch fremde Sitten und Gebräuche ins Land. Protestantische Missionare ließen sich zunächst in Tempeln

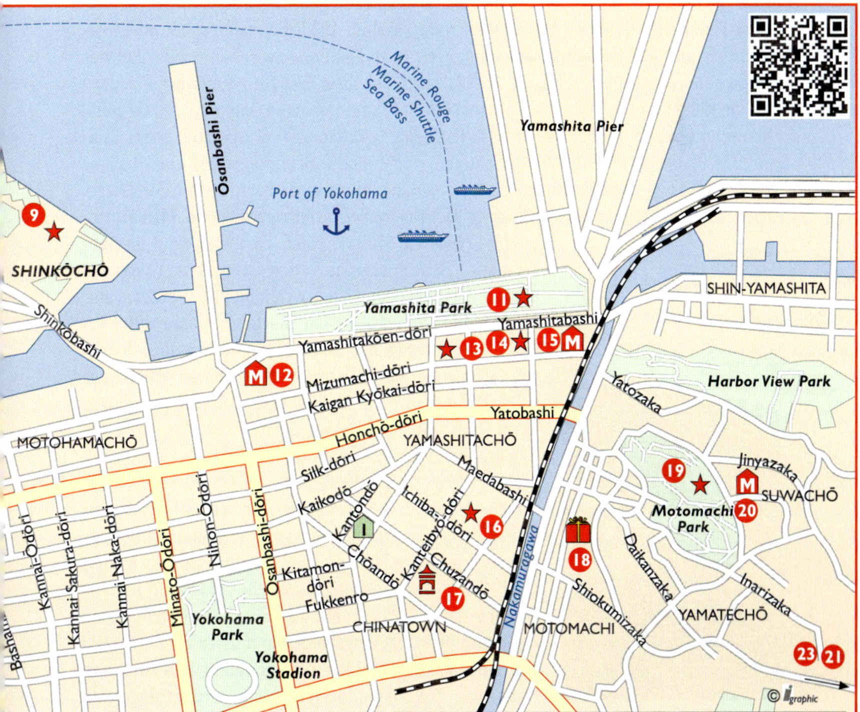

Essen und Trinken

12 Seidenmuseum
13 Hotel New Grand
14 Marine Tower / Tower Restaurant
15 Puppenmuseum
16 Chinatown
17 Tempel Guan Di Miao
18 Motomachi
19 Ausländerfriedhof
20 Yamate Museum
21 Park Sankai-en
22 Rāmen Museum
23 Hakkeijima Sea Paradise

1 Kingenrō
2 Sakaeya

N
0 100 m

nieder, denn der Bau von Kirchen brauchte seine Zeit. Die neuen Siedler aßen Fleisch, was für Buddhisten unüblich war. Und auf Pferden ritten die Neuankömmlinge auch noch, bislang eine Domäne der Samurai. Um dieser Verrohung etwas entgegenzusetzen, beschlossen um 1870 Bewohner der Region, in Yokohama einen der Sonnengottheit Amaterasu geweihten Schrein als Glücksbringer für die Stadt zu errichten. Der Iseyama-Schrein gehört zu Japans bedeutendstem Schrein in Ise. Alljährlich zu Neujahr pilgern die Einwohner der Stadt hierher, um Wohlergehen zu erbitten. Der heutige Schrein ist eine Rekonstruktion aus dem Jahr 1928.

Schrein als Glücksbringer

Iseyama-Schrein (*iseyama kōdai jingū* 伊勢山皇大神宮), *64 Miyazakichō, tgl. 9–16.30 Uhr.* /**S** *Sakuragichō* (桜木町駅), *JR-Linien Negishi, Yokohama, Subwaylinie Blue Line, Exit South 1, 10 Min. in westl. Richtung.*

Yamashitachō – Flaniermeile am Hafen (11)

In der Gründerzeit Yokohamas kaum als Grünstreifen gedacht, entstand der **Yamashita-Park** (山下公園) erst nach dem Kantō-Beben 1923. Bis dahin säumten Lagerschuppen und Hafengebäude das Ufer. Heute ist der Park zwischen Hafen und der Straße Yamashita-kōen-dōri (山下公園通り) ein beliebter Ort zum Bummeln, Plaudern und um die Alltagshektik zu vergessen. Neben Blumenrabatten, Bäumen und Grünflächen schmücken drei Monumente den Park, die Yokohamas Weltoffenheit symbolisieren: das Mädchen mit den roten Schuhen, der indische Brunnen sowie ein Wächter über das Wasser, ein Geschenk von Yokohamas kalifornischer Partnerstadt San Diego.

Promenade am Hafen

Hikawa Maru: als Museumsschiff fest verankert

Blickfang ist dennoch das fest verankerte **Museumsschiff „Hikawa Maru"**. Nach dem Stapellauf im September 1929 startete das in den Docks von Yokohama erbaute Passagier- und Kargoschiff im Mai 1930 zu seiner Jungfernfahrt von Kobe nach Seattle. Mit über 300 Plätzen transportierte der Luxusliner mit Art-déco-Innenausstattung bis zum Ausbruch des Zweiten Weltkriegs auf 238 Fahrten rund 25.000 Gäste. Eine Berühmtheit unter ihnen war 1932 etwa Charlie Chaplin. Kurz vor Kriegseintritt konnten sich durch eine Überfahrt mit der „Hikawa Maru" jüdische Flüchtlinge vor dem Holocaust retten. Während des Krieges als Lazarettschiff genutzt, transportierte sie nach Kriegsende amerikanische Truppen zurück in ihre Heimat. Bis 1954 diente sie als Kargoschiff. Dank Restaurierung wurde die „Hikawa Maru" für weitere sechs Jahre erneut als Passagierschiff zwischen Japan und den USA eingesetzt, sie musste aber aufgrund sinkender Passagierzahlen 1961 endgültig den Anker im Hafen von Yokohama werfen. Als Jugendherberge und später als Museumsschiff herrschte immer noch Leben auf den Planken. 2006 kam dann das Aus. Seit Frühjahr 2008 erscheint das liebevoll „Queen of the Pacific" genannte Schiff wieder neu herausgeputzt als Museumsschiff und Ort für besondere Events oder Ausstellungen.

Hikawa Maru (氷川丸), *am Pier vor dem Yamashita Park, Yamashitachō,* ☎ *641-4362, Di–So 10–17 Uhr, Erw./Kind 300/100 ¥. Vom* /**S** *Sakuragichō* (桜木町駅), **B** *Nr. 26, Stopp Yamashita-kōenmae* (山下公園前); **S** *Motomachi Chukagai* (元町 中華街駅), *Linie Minato Mirai, Exit 1; Anlegestelle der Wasserbusse (s. o.).*

Wer sich für kostbare Stoffe interessiert, ist im **Seidenmuseum (12)** gut beraten. Auf zwei Etagen zeigt die Ausstellung neben historischen Kleidungsstücken aus Japan und Übersee auch moderne Textilien. Ein Schwerpunkt des Museums ist die Darstellung der komplizierten Herstellung. Schließlich ist es vom Schlüpfen einer Seidenraupe bis hin zum Endprodukt ein langer Weg. Zudem vermittelt das Museum Wissenswertes über Seidenarten genauso wie über unterschiedliche Web- oder Färbetechniken. Die Seidengewinnung, die vermutlich ihren Ursprung vor rund 5.000 Jahren in China hatte, eroberte nach und nach die Welt. Nicht umsonst prägte sich der Begriff Seidenstraße für die einstige Handelsroute zwischen Asien und Europa aus.

Wissenswertes über die Seidenproduktion

Seidenmuseum (*shiruku hakubutsukan* シルク博物館), *1 Yamashitachō, www.silkcenter-kbkk.jp/museum/en/, Di–So 9.30–17 Uhr, Erw./Stud./Kind 500/200/100 ¥.*

Nur ein paar Meter weiter über die Straßenkreuzung ist im ehemaligen, 1931 erbauten Britischen Konsulat in der Straße Nihon-Ōdōri (日本大通り) seit 1981 das **Archiv zur Geschichte Yokohamas** untergebracht. Urkunden, Bücher, Schriftstücke und Zeitungen, teils englischsprachig, beziehen sich vor allem auf die Zeit nach der Öffnung des Hafens. Weitere Anschauungsmaterialen sind Bilder, Postkarten und Fotografien.

Archiv zur Geschichte Yokohamas (*yokohama kaikō shiryōkan* 横浜開港資料館), *3 Nihon-Ōdōri, www.kaikou.city.yokohama.jp, Di–So 9.30–17 Uhr, Erw./Kind 200/100 ¥.*

Der Wiederaufbau des **Hotels New Grand (13)** von 1873 vis-à-vis des Yamashita-Parks symbolisierte nach dem Kantō-Beben 1923 den Neubeginn Yokohamas. Seine Türen öffnete die klassische Bastion für Schöne, Reiche und Einflussreiche erneut 1927. Von Anfang an zog kosmopolitisches Flair durch die Nobelherberge, in der sich bis nach dem Zweiten Weltkrieg überwiegend Ausländer tummelten. An ehemalige Gäste mit Rang und Namen erinnert man sich heute noch gerne. Prinz Henry, Herzog von Gloucester, zählte 1929 genauso dazu wie die britischen Stummfilmstars Charlie Chaplin und Ronald Colman. Der japanische Autor Nojiri Kiyohiko (1897–1973) residierte unter dem Pseudonym Jirō Osaragi gar an die zehn Jahre in Zimmer 318. Nach einem seiner berühmtesten Historienromane ist das Hotelzimmer bis heute unter dem Namen der Hauptfigur und Buchtitels „Kurama Tengu" bekannt. In einer Art Robin-Hood-Manier hatte der vermummte Samurai Kurama sein Leben in den Dienst Mittelloser und Unterdrückter gestellt. Bis heute erstrahlt im New Grand der Glanz von ehedem. Gäste können die Eleganz der herrschaftlichen Lobby mit Marmorboden, Säulen, Brokatsesseln und Ledersofas sowie den Blick über die Bucht von Yokohama genießen. 1991 erweiterte das New Grand sein Areal um ein modernes Gebäude in unmittelbarer Nachbarschaft.

Illustre Gäste

Hotel New Grand (*hoteru nyū gurando* ホテルニューグランド), *10 Yamashitachō, ☏ 681-1841, www.hotel-newgrand.or.jp.*

Allein seiner Größe wegen dürfte der **Yokohama Marine Tower (14)** als eines der Wahrzeichen der Stadt in der Yamashita-kōen-dōri stadtauswärts kaum zu übersehen sein. Anlass für den Bau der Stahlkonstruktion war die 1959 kurz bevorstehende Feier zum 100. Jahrestag der Hafenöffnung. Mit seiner Höhe von 106 m ist der Leuchtturm heute der weltweit vierthöchste, wobei 2006 sein Leuchtfeuer gelöscht worden ist. Nach dreijähriger Schließung konnte der Marine Tower 2009 wiedereröffnet werden. Er beherbergt heute Restaurants und Shops, eine Ausstellung über die Stadt und den Turm sowie eine **Aussichtsplattform** in der 30. Etage

Yokohama Marine Tower (*yokohama marin tawā* 横浜マリンタワー), *15 Yamashitachō, tgl. 10–22.30 Uhr, Aussichtsplattform Erw./Kind 750/250 ¥.*

Was Kinderherzen einst höherschlagen ließ, rührt auch heute noch Besucher des **Yokohama-Puppenmuseums (15)** nur wenige Meter vom Marine Tower. Die Sammlung umfasst rund 13.000 Exponate unterschiedlicher Machart und Materialien, wovon neben japanischen über 5.000 Puppen aus 140 Ländern zu sehen sind. Dabei liegt die Geschichte der Puppen als Spielzeug nicht so weit zurück wie ihr Gebrauch für okkulte Rituale zur Beschwichtigung der Götter. Ausgrabungen belegen, dass auch in Japan *Ningyō* – Puppen, wörtl. menschliche Figuren – schon vor 9.000 Jahren zu Ausstattung von Schamanen gehörten. Im Altertum waren Puppen eng mit dem Volksglauben verknüpft. Als Talisman für Glück und Gesundheit spielen sie bis in die Gegenwart eine Rolle. Etwa im 12. Jh. kamen Puppen als Spielzeug in Mode. Hölzerne „Kokeshi" aus Nordjapan bestanden nur aus einem bemalten Zylinder und einer großen Kugel als Kopf. Dagegen waren die während der Edo-Zeit (1603–1867) in Umlauf gekommenen „Ichimatsu-Puppen" mit beweglichen Armen und Beinen echte Spiel- und Anziehpuppen. Bis heute pflegen Puppenmacher traditionelle Techniken der Herstellung.

Geschichte der Puppen

Yokohama-Puppenmuseum (*yokohama ningyō no ie* 横浜人形の家), *18 Yamashitachō, ☏ 671-9361, www.doll-museum.jp, Di–So 9.30–17 Uhr, Erw./Kind 400/200 ¥.* **S** *Motomachi Chukagai* (元町 中華街駅), *Linie Minato Mirai, Exit 4.*

Chinatown (16)

Mit der Öffnung des Hafens 1859 kamen u.a. auch chinesische Einwanderer nach Yokohama. Damals durften sie sich nur in einem von der Regierung bestimmten Gebiet, dem damaligen Yokohama Shinden, niederlassen. Nach Schätzungen lebten hier während der frühen Meiji-Zeit (1603–1867) gut 1.000 Chinesen, die mit dem Aufbau einer ganz eigenen Infrastruktur den Grundstein für das heutige Viertel legten. Tragische Zäsur war das Kantō-Beben 1923 wie auch der Zweite Chinesisch-Japanische Krieg (1937–1945). Erst nach Kriegsende entwickelte sich das seit 1955 offiziell Yokohama Chinatown genannte Viertel weiter. Heute ist der Stadtteil als größtes Chinesenviertel in Japan dank unzähliger Restaurants, Läden, chinesischer Architektur und einem Tempel ein lebhafter Stadtteil mit 100 % chinesischem Flair. Dem 1862 erbauten **Tempel Guan Di Miao (17)** widerfuhr das gleiche Schicksal wie Chinatown selbst. Immer wieder aufgebaut, erstrahlt der dem Gott für gute Geschäfte geweihte Tempel heute in kräftig bunten Farben mit einem marmorweißen Treppenaufgang in typischer Tempelbauweise der chinesischen Ming- und Qing-Dynastie (1368–1644/1644–1911). Stets liegt hier der Duft von Räucherwerk in der Luft.

Chinatown (*chūkagai* 中華街), **S** *Motomachi Chukagai* (元町 中華街駅), *Linie Minato Mirai, Exit 2.*

Tempel Guan Di Miao (*kantei-byō* 関帝廟), *140 Yamashitachō, Kanteibyō-dōri* (関帝廟通り), *Naka-ku, www.yokohama-kanteibyo.com, tgl. 9–19 Uhr.*

Im Tempel Guan Di Mao

Motomachi – Shopping für jeden Geschmack (18)

Auch die Geschichte der heutigen **Einkaufsmeile Motomachi** (*motomachi shopingu sutorīto* 元町ショピングストリート) begann zur Zeit der Hafenöffnung, als in Yokohama Japaner und Ausländer unterschiedliche Stadtteile bewohnten. 1860 wurden 90 Einwohner in das heutige Motomachi umgesiedelt. Mit der Zeit kamen mehr und mehr Fremde, sodass sich die Straße Motomachi-dōri mit vielen kleinen, auf deren Bedürfnisse zugeschnittenen Läden in eine attraktive Gegend für Immigranten verwandelte. Wie in den meisten Ecken der Stadt bedeutete das Kantō-Beben 1923 das Ende des geschäftigen, weltoffenen Trubels. Die wenigen, die blieben, erlebten während der Bombardierungen im Mai 1945 erneut einen Albtraum. Erst mit der amerikanischen Besatzung nach Kriegsende hauchten die in Massen in die Stadt strömenden Ausländer dem Viertel wieder Leben ein. Eine Zäsur der günstigen Entwicklung setzte der Krieg gegen Korea 1952, als viele ausländische Familien Japan den Rücken kehrten. Wenn auch unter anderen Vorzeichen, so erholte sich Motomachi einige Jahre später und mauserte sich zu einer gefragten Einkaufsmeile unter der jungen Generation Yokohamas. 1967 als landesweit erste Fußgängerzone ausgezeichnet, begannen sich Ende der 1970er-Jahre auch europäische Firmen für das Viertel zu interessieren. Heute kann sich die Straße ihrer Exklusivität und einem breiten Angebot von den neuesten Modehits bis hin zu Designermöbeln rühmen.

Beliebte Shoppingmeile

S *Motomachi Chukagai* (元町 中華街駅), *Linie Minato Mirai, Exit 5.*

Yamatechō – Spuren der Vergangenheit

Wo Menschen leben, wird auch gestorben und darunter waren seit der Öffnung Yokohamas in der zweiten Hälfte des 19. Jh. viele aus Übersee. Die Gründung des heutigen **Ausländerfriedhofs (19)** im Areal des damaligen Tempels Zotoku-in geht auf einen 1854 jung verstorbenen Matrosen aus Kommodore Matthew C. Perrys (1794–1858) Flotte zurück. Perry verlangte für ihn vom Shōgunat ein Grab mit Blick aufs Meer. Drei Monate später aber wurde die Ruhestätte noch in den Tempel Gyokusen-ji in Shimoda auf der Izu-Halbinsel verlegt. 1859 setzte man im Zotoku-in drei russische Seeleute bei, die vermutlich aus Fremdenfeindlichkeit umgebracht worden waren. Von ihren Gräbern, den ältesten des Friedhofs, sind heute nur noch Sockel erhalten. Mit der Zunahme an Ausländern erhöhte sich naturgemäß auch der Bedarf an Grabstellen. Dabei entsprach es nicht gerade den Wünschen der Japaner, in derselben Erde wie die Fremdlinge beerdigt zu werden. Um die Schwierigkeiten auszuräumen, siedelte man 1861 alle japanischen Gräber bis auf Angehörige aus Mischehen um. Eine einschneidende Veränderung gab es mit Beginn der Meiji-Ära (1868–1912). Zwar durfte der Friedhof so bleiben, wie und wo er war, allerdings sollten die Konsulate der vertretenen Nationen künftig die Kosten der Instandhaltung übernehmen. Aus diesem Grund etablierte sich ein Komitee, das seit 1900 bis heute die Friedhofsangelegenheiten in Form einer Stiftung vertritt. Dass für die Friedhofspflege der mit üppiger Vegetation bewachsenen Anlage und rund 4.500 Gräbern von Verstorbenen aus über 40 Nationen sowie die zugehörige Bürokratie entsprechend Gelder benötigt werden, können Besucher in Form einer Spende unterstützen. Am Haupteingang ist eine Broschüre zu bekommen, in der ein Rundweg und Gräber von bedeutenden Persönlichkeiten beschrieben ist.

Beschriebener Rundweg

Ausländerfriedhof (*gaijin bochi* 外人墓地), *96 Yamatechō, www.yfgc-japan.com, Feb.–Juli u. Sept.–Dez. Sa/So 12–16 Uhr, Spende 200 ¥. Von der Einkaufsmeile Motomachi aus führt eine kleine Straße in östlicher Richtung bergauf zum Eingang des Friedhofs.*

In der Umgebung des Friedhofs ist der westliche Einfluss bis heute nicht ganz verschwunden. In unmittelbarer Nähe der Christ Church of the Bluff (Bluff ist die allgemeine Bezeichnung der Anhöhe) steht als Holzhauskontruktion im westlichen Baustil das kleine, 1909 errichtete **Yamate Museum (20)**. Seine Sammlung widmet sich den Lebensumständen der Immigranten aus der Gründerzeit.

Einwanderermuseum

Yamate Museum *(yamate shiryōkan 山手資料館), 247 Yamatechō, Di–So 11–16 Uhr, Erw./Kind 200/150 ¥.* **S** *Motomachi Chukagai (元町 中華街駅), Linie Minato Mirai, Exit 5, 10 Min. zu Fuß bergauf; Exit 3 mit* **B** *Nr. 20, Stopp Minatono-mieruoka-kōenmae (港の見える丘公園前).*

Den malerischen **Park Sankei-en (21)** knapp 4 km weiter südlich verdankt die Stadt dem Emporkömmling Hara Tomitaro (1868–1939). Durch seine glückliche Hand im Seidengeschäft zu einem der wohlhabendsten Männer Yokohamas aufgestiegen, förderte er als Schöngeist nicht nur Kunst und Künstler. Er ließ auch das landschaftlich reizvolle und weitläufige Areal des Sankei-en durch den Ankauf von 17 **historischen Gebäuden** aus unterschiedlichen Regionen Japans zu einer Parkanlage werden, die ihresgleichen sucht. Am ursprünglichen Standort Stück für Stück abgebaut, wurden verschiedene Häuser, Pavillons und sogar eine Pagode im Sankei-en wieder zusammengesetzt. Wertvoll sind die Bauten allesamt, wobei die **Villa Rinshun-kaku** des Tokugawa-Klans von 1649 als ehemaliger Teil des Iwade-Palastes als besonderes Kulturgut gilt.

Sankei-en *(三渓園), 58-1 Honmoku Sannotani, www.sankeien.or.jp, tgl. 9–17 Uhr, Erw./Kind 700/200 ¥. Vom 🚃 Negishi (根岸駅), Linie Keihin Tōhoku,* **B** *Bussteig Nr. 1, Bus Nr. 58, 99, 101, Stopp Honmoku Sankeienmae (本牧三渓園前), 10 Min. zu Fuß; vom 🚃/***S** *Yokohama,* **B** *Bussteig Nr. 2, Bus Nr. 8, o.g. Stopp, Fahrzeit ca. 35 Min.*

In der Umgebung

Selbst wer bislang kein Fan von Nudeln war, im **Rāmen Museum (22)** in der Nähe des Bahnhofs **Shin Yokohama** (新横浜) könnte er einer werden. Die Geschichte der aus China stammenden Nudeln sowie deren Herstellung sind hier nur eine Sache. Die andere ist die Abteilung **Rāmen Town**. In der nach dem Vorbild einer japanischen Altstadt aufgebauten **Schlemmermeile** werden unzählige lokale Rāmen-Gerichte zum Verzehr feilgeboten – heiß, dampfend und duftend.

Alles über Rāmen

Rāmen Museum *(rāmen hakubutsukan ラーメン博物館), 2-14-21 Shin Yokohama, Kōhoku-ku, tgl. 11–21.30, Sa bis 22 Uhr, Erw./Kind 310/100 ¥. 🚃/***S** *Shin Yokohama, Subwaylinie Yokohama, Exit 8.*

Eines der größten Aquarien Japans mit Tausenden von Fischarten und Meerestieren gehört zum **Hakkeijima Sea Paradise (23)** auf einer 24 ha großen, künstlich angelegten Insel im Süden der Yokohama-Bucht. Paradiesisch deshalb, weil das **Aquarium** zusammen mit dem **Vergnügungspark**, zu dessen Hotspots eine teilweise über das Meer geleitete Achterbahn zählt, Restaurants und Shops tagesfüllende Kurzweil versprechen.

Unterwasserwelt

Hakkeijima Sea Paradise *(hakkeijima sī-paradaisu 八景島シーパラダイス), Hakkeijima, Kanazawa-ku, www.seaparadise.co.jp. Öffnungszeiten variieren je nach Einrichtung/Jahreszeit zwischen 8.30 und 22.30 Uhr. Erw./Jugendl. u. Sen./Kind um 5.050/3.600/ 2.050 ¥. Vom 🚃/***S** *Yokohama, JR-Linie Negishi bis 🚃 Shin Sugita (新杉田駅), Umstieg in die Seaside-Linie nach Hakkeijima (八景島駅), ca. 40 Min. Fahrzeit.*

Reisepraktische Informationen Yokohama

(Karte S. 300)

Information

Vorwahl: *045*

Tourismusinformation (1): **Yokohama Station**, ☎ *441-7300, tgl. 9–19 Uhr.*
Shin-Yokohama Station (2), ☎ *473-2895, tgl. 9–21 Uhr.*
Sakuragichō Station (3), ☎ *211-0111, tgl. 9–18 Uhr.*

Essen & Trinken

In Yokohama wie in den meisten japanischen Städten finden sich Restaurants wie Sand am Meer. Eine Auswahl:

The Tower Restaurant Yokohama (14), *15 Yamashitachō, 4. OG,* ☎ *263-8117, tgl. 11.30–15, 17–23 Uhr. Feine französische und italienische Küche hat im Restaurant Yokohama Tower mit Terrasse das gewisse Etwas; 3.000–6.000 ¥.*

(1) Kingenrō (均元楼), *152 Yamashitachō,* ☎ *651-9346, tgl. 11.30–21.30, Fr/Sa bis 22 Uhr. Um sich bei der breiten Palette an chinesischen Gerichten zurechtzufinden, liegt für „Langnasen" eine englische Speisekarte bereit; 1.500–5.000 ¥.*

(2) Sakaeya (さかえや), *Queen's Square 3. OG, 2-3-8 Minato Mirai,* ☎ *682-2700, Mo–Fr 11–15, 17–23.30, Sa/So 11–23.30 Uhr. Leckere Yakitorspießchen sind das Aushängeschild des Restaurants, teils sitzt man auch an niedrigen japanischen Tischen; Menü 4.000–6.000 ¥.*

Kamakura 鎌倉 (8)

Anreise

Ab Tōkyō Station fahren im Turnus von ca. 15 Min. Züge der Linie Yokosuka von Gleis 1, 2 oder 3 im UG auf der Marunouchi-Seite des Bahnhofs ab. Bis zum 🚆 *Kamakura (鎌倉駅) ca. 1 Std. Fahrzeit; Kosten: 920 ¥, Green Ticket 1.880 ¥.*

Gut 50 km vom Zentrum Tōkyōs entfernt liegt die mit über 172.000 Einwohnern für japanische Verhältnisse kleine Stadt im Südosten der Präfektur Kanagawa. An drei Seiten von Bergen und Hügeln umgeben, grenzt Kamakura im Süden direkt an die Sagami-Bucht. Ins Rampenlicht der Geschichte rückte das damalige Fischerdorf um 1180, als Minamoto Yoritomo (1147–1199) hier fernab vom Hof in Kyōto einen militärischen Stützpunkt errichtete, von wo aus er jahrelang den rivalisierenden Taira-Klan bekämpfte. Dabei war sich Yoritomo nicht allein seiner Ahnentafel wegen der Unterstützung lokaler Warlords gewiss, auch seine Heirat mit Hōjō Masako (1156–1225) erwies sich ganz abgesehen vom Liebesglück als günstiger Schachzug. 1192 zwang Minamoto die Taira endgültig in die Knie und etablierte in Kamakura als erster Shōgun der **Kamakura-Ära** (1185–1333) eine Militärregierung. Nach seinem Tod 1199 allerdings riss der Hōjō-Klan mit Intrigen, Korruption und Bluttaten die Macht an sich. Erst 1333 wurden die Karten neu gemischt, als es dem Verbündeten Kaiser Go-Daigos (1288–1339), Ashikaga Takauji (1305–1358), gelang, das Shōgunat in Kamakura zu stürzen.

Von Bergen umgeben

Dass die Stadt heute als „Must-see" gilt, liegt vor allem an ihrem historischen Erbe, schließlich zeugen noch 65 Tempel und 19 Schreine von ihrer einstigen Bedeutung.

Selbstredend lässt sich bei einem Tagesausflug nicht alles besichtigen. Wer sich aber einige Highlights wie die Tempel Engaku-ji, Kōtoku-in, Hase-dera, den Schrein Tsurugaoka Hachiman-gū oder Museen anschauen möchte, kommt, vorausgesetzt man ist Frühaufsteher, mit der Zeit zurecht. Wer länger bleibt, kann es gelassener angehen.

Etwas aufwendiger ist es, die landschaftlich reizvollen **Wanderwege** in und um Kamakura zu begehen. Dazu gehören der **Daibutsu-Pfad (1)** (*daibutsu haikingkōtsu* 大仏ハイ キンコース, 3 km), der **Tenen-Pfad (2)** (*tenen haikingkōtsu* 天園ハイキンコース, 5 km) oder der **Gionyama-Pfad (3)** (*gionyama haikingkōtsu* 祇園山ハイキンコース, 1,5 km). Broschüren und Karten sind bei der Touristeninformation (s. u.) erhältlich.

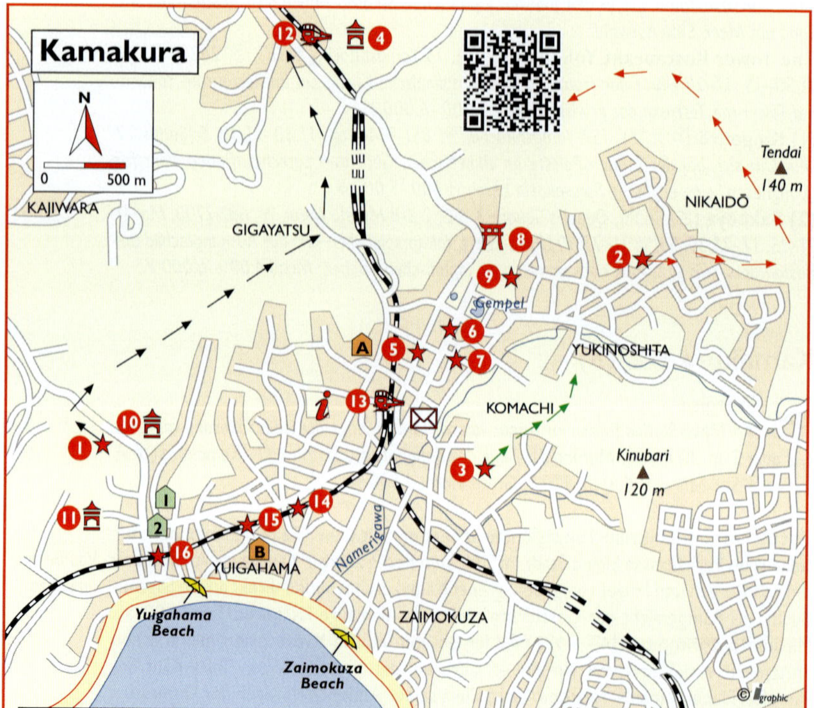

Sehenswürdigkeiten

1 Daibutsu-Pfad
2 Tenen-Pfad
3 Gionyama-Pfad
4 Engaku-ji
5 Komachi-dōri
6 Wakamiya-ōji
7 Kamakura-Bori
8 Schrein Tsurugaoka Hachiman
9 Kokuhōkan
10 Kōtoku-in
11 Hase-dera
12 JR-Bahnhof Kita-Kamakura
13 JR-Bahnhof u. Enoden Station Kamakura
14 Station Wadazuka
15 Station Yuigahama
16 Hase

Essen und Trinken

1 Esse Lunga
2 Sometaro

Unterkunft

A Hotel New Kamakura
B Kaihinsō

Tempel Engaku-ji (4)

Bedeutendste Statue des Tempels Engaku-ji: Hokan Shaka Nyorai

Um den Tempel **Engaku-ji** der Rinzai-Schule zu erreichen, sollten Sie bei der Anreise per Bahn schon eine Station vor Kamakura in **Kita-Kamakura** (北鎌倉駅) aussteigen. Nur einen Katzensprung entfernt führen Stufen zum Eingang des von Hōjō Tokimune (1251–1284) im Gedenken an die Opfer der beiden Mongoleninvasionen 1274 und 1281 gegründeten Tempels. Tokimune bat damals seinen chinesischen Zenmeister Wuxue Zuyuan, in Japan unter dem Namen Mugaku Sogen (1226–1286) bekannt, als erster Abt des Engaku-ji nach Kamakura zu kommen. Bei Sogens Ankunft sah es im Areal des „Tempels der vollkommenen Erleuchtung" allerdings ganz anders aus als heute. Naturkatastrophen, Brände und der Zahn der Zeit ließen von einst 50 Gebäuden gerade noch 18 übrig. Dazu gehört u.a. das 1783 wiederaufgebaute zweigeschossige Tempeltor Sanmon (三門). Bei der **Altarhalle Butsuden** (仏殿) mit der wichtigsten Holzstatue des Engaku-ji, dem auf einer Lotosblüte sitzenden historischen Buddha Hokan Shaka Nyorai (auch Siddhartha Gautama, um 563–483 v. Chr.), handelt es sich um eine Rekonstruktion von 1964. Links davon befindet sich die strohgedeckte **Halle Sembutsudō** (選仏道), die man 1699 als Meditationsraum und zur Aufbewahrung von Sutren errichtete.

Imposantes Tempeltor

Wenn auch nur an den ersten drei Tagen des Jahres der Öffentlichkeit zugänglich, ist der hinter dem Myōkochi-Teich gelegene **Untertempel Shozoku-in** (正続院) bemerkenswert. In seiner im Stil chinesischer Architektur der Tang-Dynastie (618–907) wiederaufgebauten **Halle Shariden** (舎利殿) überdauert, so heißt es, eine nicht zu besichtigende Reliquie des historischen Buddhas gut behütet die Zeit. Das umfriedete **Mausoleum Butsunichian** (仏日庵) des Tempelgründers und seiner beiden Nachfolger aus der frühen Edo-Zeit (1603–1867) ist ein kurzes Stück den Hauptweg weiter nach Entrichtung eines zusätzlichen Obolus zu besichtigen. Bei gutem Wetter können Gäste im Garten grünen Tee bekommen. Zu einem weiteren Nationalschatz des Engaku-ji, einer 2,60 m hohen Glocke aus dem Jahr 1301, führen 200 Stufen rechter Hand der Haupthalle. Zu hören ist der durch Mark und Bein gehende tiefe Ton der **größten Glocke Kamakuras** nur bei besonderen Anlässen wie etwa am Neujahrsabend.

Weitläufiges Tempelareal

Tempel Engaku-ji (円覚寺), *409 Yamanouchi, www.engakuji.or.jp, März–Nov. tgl. 8–16.30, Dez.–Feb. tgl. 8–16 Uhr, Erw./Kind 300/100 ¥, Butsunichian* (仏日庵) *100 ¥.* *Kita-Kamakura* (北鎌倉駅).

Im Zentrum

Das Viertel um die Straßen **Komachi-dōri (5)** (小町通り) und **Wakamiya-ōji (6)** (若宮大路) im Zentrum zeigt sich als lebhafte Shoppingmeile mit zahlreichen Restaurants, Cafés und Läden. Hier sind auch typische Mitbringsel zu erstehen wie etwa in

Filigrane Schnitzereien

Taubenform gebackene Kekse (*hatosaburē* 鳩サブレー) oder lackierte, meist filigrane Schnitzereien, die sog. **Kamakura-Bori** (鎌倉彫り). Der Ursprung dieses von chinesischem Kunstschaffen beeinflussten Handwerks geht ins 13. Jh. zurück, als viele Bildhauer und Schnitzer für den Bau von Tempeln nach Kamakura kamen. 1977 eröffnete das **Kamakura-Bori Museum (7)**, in dem Besucher auch die Möglichkeit haben, sich selbst in der Schnitzkunst zu versuchen.

Kamakura-Bori Museum (*kamakura bori shiryoukan* 鎌倉彫資料館), *2-15-13 Komachi, ☏ 25-1502, http://kamakuraborikaikan.jp/museum, tgl. 9.30–17 Uhr, Erw./Kind 300/150–200 ¥. Kamakura* (鎌倉駅), *Exit Ost.*

Schrein Tsurugaoka Hachiman (8)

Als Minamoto Yoritomos Frau Hōjō Masako (1156–1225) schwanger wurde, ließ er aus Vorfreude auf die Geburt eines Sohnes den breiten Weg Wakamiya-ōji in Nord-Süd-Ausrichtung vom Meer aus anlegen. Heute führt die Straße direkt auf das Tor Sannotorii (三の鳥居) des **Schreins Tsurugaoka Hachiman** zu, dessen Errichtung gleichermaßen der Initiative Minamotos zu verdanken ist, wollte er hier doch um den Sieg über die Taira bitten. Zwei 1182 angelegte Teiche im Schreinareal symbolisieren den Konflikt zwischen den beiden Klans. Der Weg zur Haupthalle des Schreins führt über eine Treppe mit 60 Stufen. Linker Hand erhob sich bis vor wenigen Jahren ein über 30 m hoher Ginkgobaum, der vieles über die Geschichte zu berichten gewusst hätte. Immerhin wurde ihm das stolze Alter von rund 1.000 Jahren zugeschrieben. Ein Taifun hat ihn aber umgerissen, sodass hier nur noch ein neuer Sprössling zu finden ist. Laut Chronik wurde genau hier an einem verschneiten Januarabend 1219 Shōgun Minamoto Sanetomo (1192–1219) von seinem Neffen Minamoto Yoshinari, genannt Kugyō (1200–1219), ermordet. Für Historiker bleibt die Tat unklar. Es wird vermutet, dass Kugyō den Verdacht hegte, Sanetomo habe den Tod seines Vaters zu verantworten. Eine andere Version tippt schlicht auf Korruption aus den Reihen des Hōjō-Klans. Von Shintoisten und Buddhisten verehrt, zählt **Hachiman** im Pantheon japanischer Götter zu den Top Ten. Manche sehen in ihm den legendären Kaiser Ōjin, der im 3. Jh. regiert haben soll. Hachiman hat es jedenfalls von einer lokalen Gottheit auf der Insel Kyūshū über den Weg des Klangottes der Minamotos bis hin zum allgemeinen Schutzpatron des Kriegerstands im Mittelalter geschafft. Seine Popularität hat er bis heute erhalten.

Nationales Schatzhaus

Seit 1928 steht direkt im Areal des Schreins das Nationale Schatzhaus **Kokuhōkan (9)** als **Museum** von Kamakura. Baulich dem Blockhausstil *(azekura zukuri)* des kaiserlichen Schatzhauses Shōsō-in im Todaji-Tempel in Nara nachempfunden, beherbergt das Museum gut 3.000 Exponate aus Tempeln der Stadt. Dazu gehören Skulpturen ebenso wie Gegenstände für religiöse Zeremonien oder historische Dokumente.

Schrein Tsurugaoka Hachiman (*tsurugaoka hachiman-gū* 鶴岡八幡宮), *2-1-31 Yukinoshita, ☏ 22-0315, www.hachimangu.or.jp, tgl. 5–20.30, Okt.–März ab 6 Uhr, Eintritt frei, Ausstellungshalle Di–So 8.30–16 Uhr, Erw./Kind 200/100 ¥.* **Kokuhōkan** (鎌倉国宝館), *2-1-1 Yukinoshita, ☏ 22-0753, Di–So 9–16.30 Uhr, je nach Ausstellung Erw./Kind 300–600/100–200 ¥. Kamakura* (鎌倉駅), *Exit West, 10 Min. in nördl. Richtung entlang der Straße Wakamiya-ōji.*

Kōtoku-in (10)

Unbenommen einer der populärsten Tempel der Region ist der **Kōtoku-in** im Südwestteil des Viertels Hase. „Es trug sich an der Küste zu, in Kamakura, das heißt dort, wo der große Bronzebuddha sitzt, aufs Meer blickt und die Jahrhunderte verstreichen hört. … So bleibt er, wie er von Anfang an war, jenseits aller Hoffnung auf Beschreibbarkeit – ein sichtbarer Gott im Garten einer neu gemachten Welt. Man verkauft Fotografien von ihm mit Touristen, die auf seinem Daumennagel stehen, und offensichtlich kann jedes Rindvieh gleich welchen Geschlechts seinen oder ihren Namen in die massiven Bronzeplatten kratzen, aus denen er besteht. Man bedenke einen Augenblick die Würdelosigkeit und Beleidigung!" (Rudyard Kipling, Brief aus Japan, 1892).

Der Große Buddha

Heute wie damals zieht der **Große Buddha** (*daibutsu* 大仏) Besucher an. Klettern oder Namen einritzen ist allerdings lange schon tabu. Stattdessen harrt die landesweit zweitgrößte Statue unter freiem Himmel dem Lauf der Zeit. Das war nicht immer so, denn nach ihrer Erbauung 1252 befand sich die gut 13 m hohe Bronzefigur in einer Halle des Tempelareals. Unwetter meinten es jedoch nicht besonders gut mit der Holzkonstruktion. 1369 zerstörte ein Taifun Teile der Halle, den Garaus machte ihr 1498 ein gewaltiger Tsunami. Der Ursprung des Kōtoku-in der buddhistischen Jōdo-Schule geht auf das Jahr 1238 zurück.

Tempel Kōtoku-in (高徳院), *4-2-28 Hase, ☏ 22-0703, www.kotoku-in.jp, April–Sept. tgl. 8–17.30, sonst bis 17 Uhr, Erw./Kind 200/100 ¥. Gegen eine Extragebühr (20 ¥) ist dank einer Tür auf der Rückseite des Großen Buddha seine Innenkonstruktion zu besichtigen (bis 16.30 Uhr). Von der Westseite des Bahnhofs Kamakura drei Stopps bis* 🚃 *Hase* (長谷駅), *Linie Enoden, Exit Ost, 10 Min. in nördl. Richtung.*

Tempel Hase-dera (11)

Auf dem Weg zurück Richtung Bahnhof Hase zweigt rechts eine Straße zum legendenumrankten Tempel **Hase-dera** ab. So entdeckte 721 ein Mönch in der Nähe des gleichnamigen Dorfs Hase unweit von Nara einen wunderbaren Kampferbaum. Für ihn ein Zeichen, hatte er doch kurze Zeit zuvor davon geträumt, eine Bodhisattvafigur zu erbauen. Dabei war der Baumstamm so riesig, dass er Holzbildhauer damit beauftragte, gleich zwei Statuen eines Jūchimen (elfköpfiger Kannon) daraus zu schnitzen. Eine blieb in Nara, die andere über 9 m große Skulptur wurde mit dem Wunsch, sie möge eines Tages zur Errettung der Menschen wieder erscheinen, bei der heutigen Stadt Ōsaka ins Meer geworfen. 15 Jahre verstrichen, bis die Fluten die Figur in der Nähe von Kamakura an Land spülten. Zur Ehrerbietung dieser Statue entstand der Hase-dera, zu dem heute mehrere Gebäude nebst Archiv und Museum, Höhle und Tempelgarten einschließlich unzähliger **Jizō-Figuren** gehören. Die Skulptur des Hase Kannon (jap. *kannon bosatsu*, Bodhisattva des Mitgefühls) in der **Halle Kannondō** (観音堂) ließ Shōgun Ashikaga Takauji (1305–1358) 1342 mit Blattgold überziehen. 50 Jahre später kam eine Aureole, eine Art Heiligenschein dazu. Dass die Figur neben Lotosblumen in der linken Hand mit der rechten einen ringbesetzten Stab hält, ist außergewöhnlich. Die **Halle Amidadō** (阿弥陀堂) beherbergt auf Veranlassung Minamoto Yoritomos

Tempel nebst Höhle

eine sitzende, fast 3 m hohe Statue des Amida Buddha. Yoritomo hoffte vermutlich, damit das Schicksal zu seinem 42. Geburtstag beeinflussen zu können. Dieses Lebensjahr, so glaubte man damals, sei von besonderem Unglück überschattet. Wer weiß, ob es genutzt hat. Immerhin starb er erst elf Jahre später durch einen Sturz vom Pferd. Bis heute gilt die Statue als „Good luck"-Buddha. Schüler und Studenten erbitten hier wie auch in der **Höhle Benten-kutsu** (弁天窟) mit der in Stein gemeißelten Göttin des Wassers, der Musik und Beredsamkeit Benzaiten Glück für anstehende Prüfungen.

„Good luck"-Buddha

Tempel Hase-dera (長谷寺), *3-11-2 Hase, www.hasedera.jp, März–Sept. tgl. 8–17, Okt.–Feb. tgl. 8–16.30 Uhr, Erw./Kind 300/100 ¥.*

info

Jizō – Mittler zwischen dem Diesseits und Jenseits

Manchmal zu Hunderten dicht nebeneinander aufgereiht stehen in vielen Tempeln oder auf Friedhöfen Japans kleine, aus Stein gehauene Jizō-Bodhisattvas. Eine Gemeinsamkeit aller Figuren ist ihr meist jugendlich dargestelltes Aussehen als buddhistische Mönche mit kahl geschorenem Kopf.

Dass die Statuen gerne mit Mützen, Lätzchen oder sogar Spielzeug behängt werden, hat natürlich einen Grund. Jizō spielt im buddhistischen Jenseitsglauben eine Doppelrolle als Richter und Erretter gleichermaßen, denn er begleitet die Seelen Verstorbener auf ihrem Weg in die Unterwelt. Besonders „Wasserkindern" *(mizuko)*, d.h. sehr früh oder ungeborenen, oft abgetriebenen Kindern nimmt er sich aufgrund ihrer Unschuld besonders an und hilft ihren Seelen, den Fluss zur Unterwelt zu überqueren. Ohne Jizō müssten sie auf ewig ruhelos am unwirtlichen Flussufer warten. Kleidung und Spielzeug sind als Opfergaben zu verstehen. Eine von vielen Erklärungen dafür ist, dass Jizō durch den individuellen Geruch eines Kinderlätzchens die junge Seele einfacher aus der Kinderschar am Fluss herausfinden und deshalb schneller erlösen kann.

Jizō-Figuren vermitteln zwischen Diesseits und Jenseits

Reisepraktische Informationen Kamakura

(Karte S. 308)

Information

Vorwahl: *0467*

Kamakura City Tourist Information Service, *1-1-1 Komachi, ☎ 22-3350, tgl. 9–19 Uhr, www.city.kamakura.kanagawa.jp, WLAN verfügbar, im EG des JR-Bahnhofs beim Exit Ost.*

Post/Geldautomat *1-10-3 Komachi, Mo–Fr 9–19, Sa 9–15 Uhr. Geldautomat Mo–Fr 8–21, Sa/So 9–19 Uhr.*

Unterkunft

S. 136

Essen & Trinken

In dem beliebten Ausflugsort gibt es eine große Auswahl Restaurants verschiedenster nationaler Küchen für jedes Budget. So manches Café verblüfft mit einem breiten Angebot mehrerer Kaffeesorten.

(1) Esse Lunga, *1-14-26 Hase, ☎ 24-3007, 11.30–15.30, 17.30–22 Uhr, 2. und 4. Di geschl. Liebhaber der italienischen Küche wissen, dass in dem hübschen Restaurant nicht nur die beste selbst gemachte Pasta zu bekommen ist. Antipasti, Fleisch- und Fischgerichte schmecken mit einem Glas Vino rosso besonders gut; 2.000–6.000 ¥.* Hase (長谷駅), *Linie Enoden, Hauptausgang.*

(2) Sometaro (染太郎), *3-12-11 Hase, ☎ 22-8694, Do–Di 11.30–21 Uhr. In dem auf Okonomiyaki, Teppanyaki und Yakisoba spezialisierten Restaurant erleichtern eine englischsprachige Karte und das freundliche Personal das Erlebnis „Essen". Denn Gäste dürfen an westlichen oder japanischen Tischen mit jeweils einem Grill die Gaumenfreuden selbst zubereiten; Preisniveau ca. 1.000 ¥.* Hase (長谷駅), *Linie Enoden, Hauptausgang. 5 Min. zu Fuß Richtung Kōtoku-in. Bei der ersten großen Kreuzung links abbiegen.*

Feste

2.–3. Sonntag im April: Kamakura Matsuri – *Fest im Schreingelände des Tsurugaoka Hachiman.*

7.–9. Aug.: Bonbori Matsuri – *Umzug mit unzähligen Papierlaternen in der Umgebung des Schreins Tsurugaoka Hachiman.*

14.–16. Sept.: Tsurugaoka Hachiman Matsuri – *Fest mit Yabusame-Turnier (Bogenschießen zu Pferde).*

Hakone 箱根 (9) (Ein- oder Mehrtagestour)

Anreise

Anreise mit dem Hakone Free Pass: *Einmal zum Serviceschalter der Bahngesellschaft* **Odakyū** (小田急) *im Bahnhof Shinjuku und alles ist geregelt. So einfach es klingt, so einfach ist es auch, denn für eine Fahrt nach Hakone inkl. einer Rundreise mit verschiedensten Transportmitteln vor Ort bietet die Gesellschaft den* **Hakone Free Pass**, *bis zu 3 Tage gültig. Im Übrigen gewähren einige Museen, Restaurants, Bäder, Souvenirshops und andere Einrichtungen in Hakone nach Vorlage des Passes Rabatt.*

Hakone Free Pass (*hakone furī pasu* 箱根フリーパス), *2 Tage Erw./Kind 5.140/1.500 ¥, 3 Tage Erw./Kind 5.640/1.750 ¥. Wer nur 1 Tag bleibt, muss trotzdem ein 2-Tages-Ticket lösen – preislich lohnt es sich allemal. Serviceschalter ab 10 Uhr, auch Automatenkauf möglich.*

Wer Hakone nicht kennt, kann kaum Japaner sein, denn die Region knapp 100 km südwestlich von Tōkyō und Teil des 1936 gegründeten, 1.218 km² großen **Fuji-Hakone-Izu-Nationalparks** (*fuji-hakone-izu kokuritsu-kōen* 富士箱根伊豆国立公園) gilt Einheimischen als Urlaubsparadies par excellence. Verspricht die eigentümliche Landschaft vulkanischen Ursprungs doch nicht allein Naturschönheit, Fuji-Panoramablick inklusive, sondern lockt zudem mit 17 Thermalquellen meist in Kombination mit edlen Unterkünften. Touristisch voll erschlossen kommt auch Kunst und Kultur etwa in Form von Museen und Sakralstätten nicht zu kurz. So sind individueller Freizeitgestaltung kaum Grenzen gesetzt und mit dem Angebot an Outdooraktivitäten, Sightseeing und Wellness ließe sich hier gut und gerne einige Zeit verbringen.

Urlaubsparadies

Los geht es am besten in Shinjuku mit dem zwar aufschlagpflichtigen (890 ¥) **Zug Odakyū Romance Car** (*odakyū romansukā* 大田急ロマンスカー), der aber Umsteigen und längere Fahrzeiten erspart. In knapp 1,5 Std. ist die **Station Hakone Yumoto (1)** (箱根湯本駅) erreicht, hier wechselt man lediglich am selben Bahnsteig gegenüber in die **Hakone-Tozan-Bergbahn** (*hakone tozan tetdudō-sen* 箱根登山鉄道線). Das „Schnauferl" überwindet den 40-minütigen Anstieg hinauf in den 550 m ü. d. M. gelegenen Ort Gōra nicht einfach so, sondern bewältigt die Serpentinen als eine der

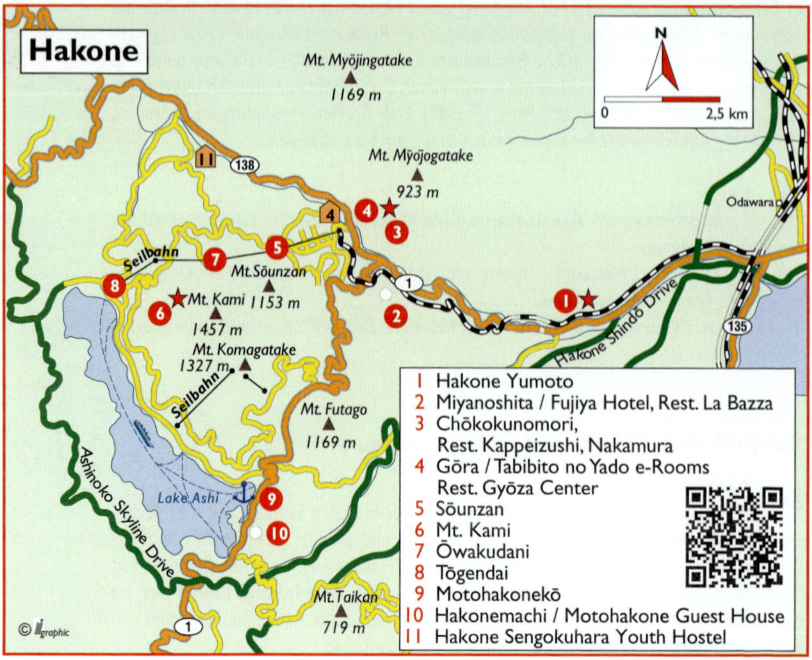

steilsten Bahnstrecken Japans, indem es dreimal die Richtung wechselt. Zwischen Hakone Yumoto und Gōra liegen fünf weitere Stationen, an denen man nach Belieben aussteigen und einfach mit einer der folgenden Bahnen weiterfahren kann. *Serpentinenbergbahn*

Der pittoresk an den Hang geschmiegte Ort **Miyanoshita (2)** (宮ノ下) verzaubert durch seine ruhige, ein wenig nostalgische Atmosphäre. Schließlich galt Miyanoshita mit seinen Thermalquellen schon während der Edo-Zeit (1603–1867) als beliebte Sommerfrische. So blickt auch das traditionsreiche **Fujiya Hotel** (S. 135) auf eine bis ins 19. Jh. zurückreichende Geschichte und eine lange Gästeliste zurück, auf der durchaus auch Prominenz wie etwa John Lennon zu finden ist.

Schon zwei Stopps weiter mit der Tozan-Bergbahn lohnt Liebhabern zeitgenössischer Kunst Europas eine Fahrtunterbrechung bei der **Station Chōkokunomori (3)** (彫刻の森駅). 1969 eröffnete hier Japans erstes **Freilichtmuseum**, das heute auf einer Grünfläche von 70.000 m² rund 100 Skulpturen von Künstlern wie Auguste Rodin, der als Wegbereiter der modernen Bildhauerei neue Maßstäbe setzte, dem Pionier monumentaler Plastik Antoine Bourdelle oder dem Surrealisten Joan Miró sein eigen nennt. Werken von Henry Moore, bekannt für ihre abstrakte Formsprache, sowie von Picasso, Mitbegründer des Kubismus, widmet das Museum besondere Aufmerksamkeit. *Westliche Kunst*
Freilichtmuseum Hakone (*chōkoku no mori bijutsukan* 彫刻の森美術館), *1121 Ninotaira, Hakone, ☏ 82-1161, www.hakone-oam.or.jp, tgl. 9–17 Uhr, Erw./Stud./Kind 1.600/1.200/800 ¥, Audioguide 300 ¥.*

Bis zur Endstation der Tozan-Bergbahn in **Gōra (4)** (強羅) ist es von Chōkokunomori aus nur ein Stopp. Gōra selbst bietet Besuchern den hübschen, überwiegend im Stil französischer Landschaftsarchitektur angelegten **Hakone-Gōra Park** mit zwei Gewächshäusern, Restaurant und Teehaus. In einem Gebäude für Kunsthandwerk können sich Besucher eigenhändig in Töpferei, Glasbläserei, Glasgravur und anderen handwerklichen Tätigkeiten versuchen. Unmittelbar hinter dem Park liegt das für seine Keramik bekannte **Hakone Museum of Art** innerhalb eines japanischen Gartens. 1952 von Okada Mokichi (1882–1955) gegründet, spannt die Sammlung einen Bogen von Töpferwaren der Vor- und Frühgeschichte aus Japan und anderen Regionen Asiens bis ins 19. Jh. Okada selbst hat nicht nur hier Spuren hinterlassen, rief er doch 1935 mit der „Church of World Messianity" eine neue religiöse Bewegung ins Leben, die heute rund 800.000 Anhänger zählt. *Park und Museum*
Hakone-Gōra Park (*hakone-gōra-kōen* 箱根強羅公園), *1300 Gōra, Hakone, ☏ 82-2825, www.hakone-tozan.co.jp/gorapark, tgl. meist 9–17 Uhr, Erw. 550 ¥. Gebühr für kunsthandwerkl. Workshops 1.000–3.500 ¥.* **Hakone Museum of Art** (*hakone bijutsukan* 箱根美術館), *1300 Gōra, Hakone, ☏ 82-2623, www.moaart.or.jp/hakone, April–Nov. Fr–Mi 9.30–16.30, sonst bis 16 Uhr, Erw./Stud. 900/400 ¥.*

Ein paar Kilometer von Gōra entfernt liegt inmitten eines Buchenwalds mit bis zu 300 Jahre alten Bäumen das 2002 gegründete **Pōla Museum of Art**. Seine große Gemäldesammlung im Stil westlicher und japanischer Malerei des 19. und 20. Jh. wird durch kleine Skulpturen, Keramik und Glaskunst ergänzt.
Pōla Museum of Art (*pōra bijutsukan* ポーラ美術館), *1285 Kotsukayama, Sengokuhara, Hakone, ☏ 84-2111, www.polamuseum.or.jp, tgl. 9–17 Uhr, Erw./Sen./Stud./Kind 1.800/1.600/1.300/700 ¥.* **B** *Shuttlebus alle 20 Min. ab Station Gōra (ca. 15 Min., 300 ¥).*

In einer Schwefelquelle gekochte Hühnereier gelten als lokale Spezialität

Start verschiedener Wanderungen

Ab der Station Gōra geht es mit der Standseilbahn Hakone Tozan (*hakone tozan kēburukā* 箱根登山ケーブルカー) in der Tat steil bergauf. Schon nach 10 Minuten ist die **Station Sōunzan (5)** (早雲山駅) erreicht, Ausgangspunkt unterschiedlicher Wanderungen wie etwa zum Gipfel des 1.437 m hohen **Mt. Kami (6)** (*kamiyama* 神山). Wer hier eine Bergtour plant, sollte entsprechend mit geeignetem Schuhwerk, Wetterschutz, Proviant und Routenkarte ausgerüstet sein. Zwar ist der Mt. Kami in gut 2 Std. zu bezwingen, aber mit z. T. abschüssigem Gelände hält er einige Herausforderungen bereit. Empfohlen sei allen Gipfelstürmern, sich vorab in Sōunzan zu erkundigen, ob der Weg begehbar ist. Zeitweise ist die Route wegen austretender Schwefeldämpfe gesperrt.

Aufsteigende Schwefeldämpfe

Wer bislang keine Vorstellung hat, wie die giftig brodelnden Dampfkessel in der von den Urgewalten unserer Erde geprägten Natur aussehen könnten, gewinnt während der knapp 10-minütigen Weiterfahrt mit der Hakone-Seilbahn (*hakone rōpuwei* 箱根ロープウェイ) von Sōunzan zur **Station Ōwakudani (7)** (大涌谷駅) einen ersten Eindruck davon. Vulkanismus live! Tief unter der Gondel breitet sich die durch einen Vulkanausbruch vor etwa 3.000 Jahren entstandene karge, apokalyptische Landschaft aus. An vielen Stellen steigen z. T. meterhoch und fast bedrohlich Dampfschwaden auf. Spätestens bei der Ankunft in **Ōwakudani** strapaziert mehr oder minder fauliger Schwefelgeruch den Geruchssinn. Dennoch führen kleine Pfade für einen kurzen Spaziergang durch das Gelände. Eine kulinarische Besonderheit sind hier die **Kuro-tamago** (黒玉子), in einer der Schwefelquellen gekochte Hühnereier, deren Schale sich während des Siedevorgangs völlig schwarz verfärbt. Mit etwas Salz sind sie überaus schmackhaft und, wenn man dem Volksmund glaubt, verlängert der Verzehr das Leben.

Hinweis

Je nach Konzentration austretender vulkanischer Gase ist das Gebiet für Personen mit Atemproblemen nicht zu empfehlen. Aus diesem Grund werden hin und wieder auch die Trekkingrouten gesperrt. Infos: ☎ 0460-85-5700, www.hakone.or.jp/en/.

Bei der **Station Tōgendai (8)** (桃源台駅) an den Ufern des 6,9 km² großen **Kratersees Ashinoko** (芦ノ湖) erwartet Besucher eine völlig andere Szenerie. Berühmt für sein idyllisches Fujisan-Panorama, braucht es dennoch Glück und die richtige Jahreszeit, um den höchsten Berg Japans vom See aus zu sehen. Vor allem im Sommer ist der Vulkankegel meist hinter Dunstwolken versteckt. Immer klar und deutlich erkennbar dagegen liegt das nächste Transportmittel, ein „Piratenschiff" oder „Raddampfer", direkt bei der Seilbahnstation Tōgendai für die 30-minütige Überfahrt zum Hafen Hakonemachikō (箱根町港) vor Anker.

Weiterfahrt per Schiff

Schon vom Schiff aus ist ein an der Ostseite des Sees malerisch im Wasser stehendes rotes Torii des **Hakone-Schreins** zu sehen. Im 8. Jh. begründet, sind die heutigen Gebäude ins 17. Jh. zu datieren. Erreichbar ist der Schrein vom **Hafen Motohakonekō (9)** (元箱根港) aus über einen von Zedern gesäumten Weg am Seeufer entlang in ca. 15 Minuten. Wer am 31. Juli oder 5. August hier ist, sollte bis zum Abend bleiben, denn an beiden Festtagen werden Hunderte von brennenden Kerzen über den See geschickt.
Hakone-Schrein *(hakone-jinja 箱根神社), 80-1 Motohakone, Hakone, ☏ 83-7123, www.hakonejinja.or.jp, Schreinareal frei, Schatzhaus tgl. 9.30–16 Uhr Erw./Kind 500/300 ¥.*

Als Highlight jüngeren Datums in Motohakone gilt das **Narukawa Art Museum** mit vielen Gemälden, die traditionell japanische und westliche Maltechniken vereinen. Ein zusätzliches Plus ist die Museumslounge. Von hier aus bietet sich ein wunderbarer Blick auf Ashinoko, das Schreintor und mit etwas Glück auch auf den Fujisan.
Narukawa Art Museum *(narukawa bijutsukan 成川美術館), 570 Motohakone, Hakone, Ashigara Shimo, ☏ 83-6828, www.narukawamuseum.co.jp, tgl. 9–17 Uhr, Erw./Stud./Kind 1.300/900/600 ¥.*

Wer eine Station früher am Hafen in Hakonemachikō (箱根町港) aussteigt, kann hier den alten, zum Museum aufgepeppten, 1619 eingerichteten **Checkpoint Hakone Sekisho Shiryōkan** an der ehemaligen Handelsstraße Tōkaidō zwischen Tōkyō und Kyōto besichtigen. Nach wenigen Minuten zu Fuß breitet sich der hübsche, 1886 gegründete **Park Onshi-Hakone** auf einer Halbinsel aus. Die Umgebung der einstigen Ferienresidenz der kaiserlichen Familie zeigt sich hier von einer besonders pittoresken Seite.
Checkpoint Hakone Sekisho Shiryōkan *(箱根関所資料館), 1 Hakonemachi, Hakone, ☏ 83-6635, www.hakonesekisyo.jp, tgl. 9–17 Uhr, Erw./Kind 500/250 ¥.*
Park Onshi-Hakone *(onshi-hakone kōen 恩賜箱根公園) tgl. 9–16.30 Uhr, Aussichtsgebäude Di geschl.*

Am Seeufer entlang führt von hier aus ein 2 km langer steingepflasterter Abschnitt der alten Handelsstraße **Suginamiki** (杉並木) zwischen teilweise 400 Jahre alten Zedern bis nach Motohakone. Auf den Spuren von einst könnte man noch ca. 6,5 km bis zur Bushaltestelle Sukumogawa (*sukumogawa basutei* 須雲川バス停) weiterwandern (detaillierte Informationen zum weiteren Wegeverlauf unter *www.jnto.go.jp/eng/location/regional/kanagawa/pdf/hakone.pdf*).

Malerische Uferpromenade

Sowohl von **Hakonemachi (10)** (箱根町) als auch von Motohakone aus fahren Busse der Linie Hakone Tozan in rund 40 Min. nach Odawara (小田原). Von dort gelangt man entweder mit dem **Odakyū Romance Car** oder anderen Zügen zum Bahnhof Shinjuku zurück.

Reisepraktische Informationen Hakone

(Karte S. 314)

Unterkunft

S. 135

Essen & Trinken

Wie in vielen Urlaubsgebieten brauchen Besucher in Hakone Restaurants und Cafés nicht lange zu suchen.

Miyanoshita: La Bazza (ラバツツァ), *344 Miyanoshita, ☎ 0460-87-9223, http://labazza.jp, Mi–Mo 11–20.30 Uhr. In unmittelbarer Nachbarschaft des Fujiya-Hotels bietet das La Bazza italienische Küche zu moderaten Preisen; Pizza und Pasta ca. 1.500 ¥, Rinderfilet oder Lammfleisch als Vier-Gänge-Menü ca. 3.000–4.500 ¥.*

Station Chōkokunomori: Kappeizushi (かっ平寿し), *1143/49 Ninotaira, ☎ 0460-82-3278, www.hakone-kappei.com, Fr–Mi 9–20 Uhr, ca. 1 Min. vom Bahnhof. Das kleine Restaurant ist vor allem für Sushi und Sashimi bekannt, Bild-Speisekarte; 1.000–3.000 ¥.*

Nakamura (奈可むら), *1156 Ninotaira, ☎ 0460-82-1643, http://soba-nakamura.jp, Fr–Mi 11–19 Uhr. Hier werden überwiegend Buchweizen-Sobanudeln als kalte Beilage oder in heißer Brühe mit Zutaten wie Entenfleischstückchen serviert; 1.000–2.000 ¥. Das Nakamura liegt einige Meter weiter nach dem Kappeizushi auf der gegenüberliegenden Straßenseite.*

Gōra: Gyōza Center (餃子センター), *1300 Gōra, ☎ 0460-82-3457, www.gyozacenter.com, Fr–Mi 11.30–15, 17–20 Uhr. Wie der Name verrät, dreht sich hier alles um Gyōza, kleine Teigtaschen mit unterschiedlichster Füllung wie Fleisch, Fisch, Shrimps oder Natto. Gebraten, gedämpft oder als Suppenbeilage verwendet, sind allesamt beliebte Sattmacher der japanischen Küche; 900–2.000 ¥. Ca. 3 Min. vom Bahnhof entfernt.*

Feste

3. Nov.: Daimyō Gyōretsu – *Beim Fest in Hakone Yumoto gibt es einen großen Umzug, bei dem über 150 Mitwirkende in traditionellen Kostümen ab 10 Uhr morgens die Strecke zwischen dem Tempel Sōun-ji (早雲寺) und dem Yumoto Fujiya Hotel zurücklegen.*

Wohnsitz der Götter – Japans heiliger Berg Fujisan (10)

Anreise

Die gut 100 km von Tōkyō entfernte Ortschaft **Kawaguchiko** (河口湖) *als Eingangstor der Fuji-Region ist vom Bahnhof Tōkyō oder Bahnhof Shinjuku aus per Bahn oder Bus erreichbar. Es gibt tgl. viele unterschiedliche Verbindungen mit Zug oder Bus, mit oder ohne Umsteigen (vgl. www.hyperdia.com) wie etwa:*

Zug von Shinjuku Station: *Fahrzeit ca. 2 Std., in Ōtsuki (大月市) umsteigen, ab 2.500 ¥.*

Zug von Tōkyō Station: *Fahrzeit ca. 2,5 Std., in Hachiōji (八王子市) und Ōtsuki (大月市) umsteigen, ca. 3.900 ¥. Direktverbindung mit Platzreservierung ca. 5.000 ¥.*

Busse *ab* **Bus Terminal Shinjuku** *(Station Exit New South Gate) oder Shibuya (Station Exit Shibuya Mark City 5. OG): Highway Bus, Fahrzeit ca. 2 Std. bis Kawaguchiko ca. 1.750 ¥, Juli–Anf. Sept. direkt bis zur 5. Bergstation mögl., 2.700 ¥: Keiō Highway Bus Center, ☎ 03-5376-2222, Online-Reservierung mögl.: https://highway-buses.jp/course/kawaguchiko.php.*

Wie aus dem Bilderbuch: Japans heiliger Berg Fujisan

Seit Menschengedenken Inspiration für Maler und Poeten, lockt der symmetrische Kegel des seit grauer Vorzeit nach und nach geformten **Schichtvulkans** auch lange schon Wanderer an. Ob eine Laune der Natur oder gar der Zorn der Götter, im Zeitraum zwischen 781 und 1707 brach der Fujisan (富士山) zehnmal aus. Die Erstbesteigung des **3.776 m** hohen und damit landesweit höchsten Berges wird einem Mönch im Jahr 663 zugeschrieben, denn ursprünglich nahm man den beschwerlichen Weg aus asketisch-religiösen Gründen auf sich. Für das weibliche Geschlecht war der Berg bis 1872 offiziell verboten. Dennoch erreichte eine als Mann verkleidete Pilgerin schon 40 Jahre zuvor den Kraterrand.

Erstbesteigung im Jahr 663

Zwar erklimmen heute alljährlich zwischen Juli und August rund 200.000 Gipfelstürmer den im Fuji-Hakone-Izu-Nationalpark gelegenen Berg, ein Spaziergang ist es trotzdem nicht und ein wenig Kondition ist sicher von Vorteil. Dass gerade in den beiden Sommermonaten so viele Wanderer den heiligen Vulkan „erobern", hat einen simplen Grund: **Zwischen 1. Juli und 27. August** ist der Fujisan offiziell geöffnet. D.h. die auf verschiedenen Routen liegenden Hütten, in denen gerastet und übernachtet werden kann, sowie einige Erste-Hilfe-Stationen sind bis auf wenige Ausnahmen nur in diesen Wochen in Betrieb. Außerhalb dieser zweimonatigen Saison wird u.a. aufgrund des Wetters, das oft genug heftige Stürme und Schneefälle bringt, vor einer Bergtour gewarnt. Ganz zu Recht, denn schon manch einer bezahlte hier für seine Leichtfertigkeit einen hohen Preis.

Zweimonatige Saison

Der Berg ruft

In früheren Zeiten dürfte eine Fuji-Eroberung ein gewagtes Unterfangen gewesen sein. Schließlich gab es zunächst weder vorgegebene Routen noch Hütten, ganz zu schweigen vom Luxus, mit dem Bus bis zu einer der „5. Stationen" zu fahren – heute für die meisten Wanderer die bevorzugte Variante. Wer dennoch die traditionelle Pilgertour machen möchte, startet bei dem in einem Zedernwald gelegenen **Schrein Sengen (1)** nahe der Ortschaft Fujiyoshida. Der Gottheit der Vulkane und des Fujisan Konohanasa-

Einstige Pilgerroute

kuya geweiht, baten Gläubige hier vor ihrer Wanderung um gutes Gelingen. Die Gründung des Schreins geht ins 8. Jh. zurück, wobei die heutigen Gebäude in das Jahr 1615 zu datieren sind. Die Tour vom Schrein aus bedeutet eine 15- bis 20-stündige Wanderung!

Schrein Sengen (*sengen-jinja* 浅間神社), *5558 Kamiyoshida, Fujiyoshida-shi, tgl. 8.30–17 Uhr. Zu Fuß 30 Min. vom* Zug *Fujisan* (富士山駅)*; vom* Zug *Kawaguchiko* (河口湖駅) *15 Min. mit* **B**, *Stopp Kitaguchi Hongu Fujisengen Jinjamae* (北口本宮富士山浅間神社前).

Übernachtung in Berghütten

Wer je nach individueller Planung am Fuji in einer der Berghütten übernachten möchte, sollte vorab telefonisch oder online einen Platz reservieren. Eine englischsprachige Liste aller Hütten gibt es unter: www17.plala.or.jp/climb_fujiyama/mountain_huts.html. Zudem sind Mitarbeiter in den Touristeninformationen bei einer Reservierungsanfrage behilflich.

Ausrüstung

Zur Ausrüstung für eine Fuji-Tour gehören auf alle Fälle gutes Schuhwerk sowie Schutzkleidung gegen Regen und Wind. Wer einen Aufstieg während der Dunkelheit plant, sollte an Taschen- und/oder Stirnlampe inklusive Ersatzbatterien denken. Auch Handschuhe, Mütze und Schal gehören ins Gepäck, denn wenn im Hochsommer im Tal

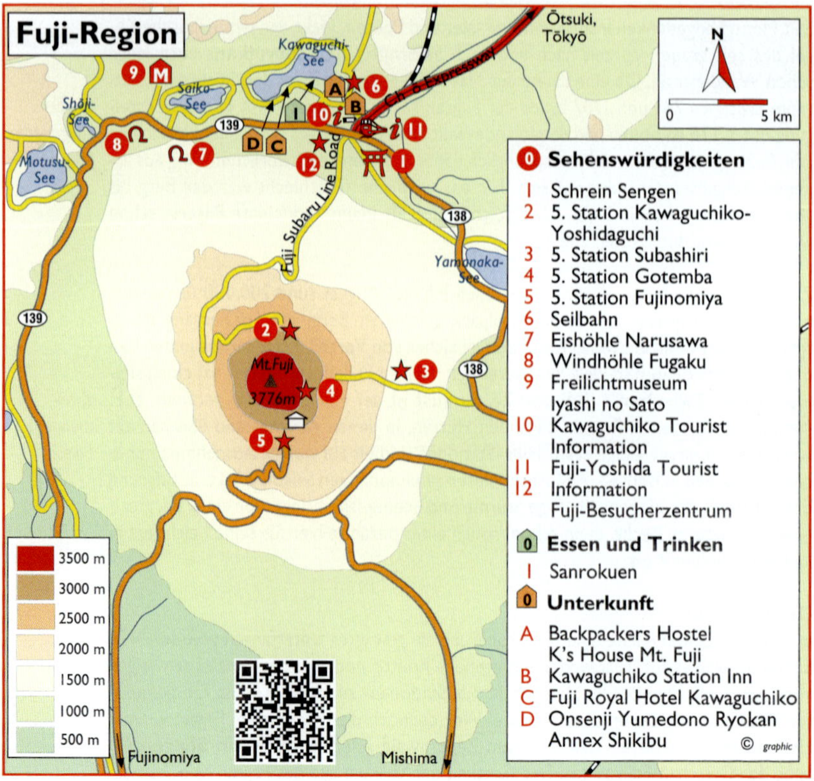

Temperaturen zwischen 30 und 40 °C herrschen, ist auf dem Gipfel lediglich mit 5–6 °C zu rechnen. Sowohl für Auf- und Abstieg sind Teleskop-Wanderstöcke als Sicherheit und zur Gelenkentlastung hilfreich. Nicht zu vergessen sind die Mitnahme von Sonnenbrille, Sonnenschutz, Fotoapparat, Hygieneartikeln, Proviant und Getränken. Reichliche Flüssigkeitszufuhr gilt schließlich als Vorbeugung gegen eventuell auftretende Höhenkrankheit. Und zu guter Letzt sollte man genügend Bargeld dabeihaben. Ganz abgesehen von der Verpflegung in den Hütten sind hier Übernachtungen in rustikalen Matratzenlagern alles andere als günstig, je nach Hütte 5.000–10.000 ¥.

Auf dem Gipfel

Aufstieg ab den fünften Stationen

Verbindungen während der Saison Juli/August

5. Station Kawaguchiko-Yoshidaguchi (河口湖吉田口五合目) **(2)**

Höhenlage 2.300 m, Aufstieg ca. 5–7 Std., Abstieg ca. 3–5 Std. Der Yoshida Trail auf der Nordseite des Vulkankegels gilt als beliebteste Route. Der Rückweg ist nicht identisch. Auf der Station sind Shops, Restaurants und auch Schließfächer zu finden. *Vom Kawaguchiko tgl. mehrere* **B**, *Fahrzeit 50 Min., 1.540 ¥, Hin- u. Rückfahrt 2.100 ¥.*

5. Station Subashiri (須走口口五合目) **(3)**

Höhenlage 2.000 m, Aufstieg ca. 5–8 Std., Abstieg ca. 3–5 Std., Gastronomie ist vorhanden. Bei der 8. Station trifft der im Osten verlaufende Subashiri-Weg mit dem Kawaguchiko-Yoshidaguchi zusammen. *Vom Gotemba tgl.* **B**, *Fahrzeit 1 Std., 1.540 ¥, Hin- u. Rückfahrt 2.060 ¥.*

Aufstiegsvarianten

5. Station Gotemba (御殿場口五合目) **(4)**

Höhenlage 1.400 m, Aufstieg ca. 7–10 Std., Abstieg ca. 4–6 Std., Shop vorhanden. Als längste und anstrengendste Route ist dieser südöstlich verlaufende Weg wenig frequentiert. Der Rückweg ist nicht identisch. *Vom Gotemba tgl.* **B**, *Fahrzeit 40 Min., 1.110 ¥, Hin- u. Rückfahrt 1.540 ¥.*

5. Station Fujinomiya (富士宮口五合目) **(5)**

Höhenlage 2.400 m, Aufstieg ca. 4–7 Std., Abstieg ca. 2–6 Std., Shop und Gastronomie vorhanden. Dieser südliche Weg ist zwar der kürzeste, aber auch der unspektakulärste, wenn es um den Sonnenaufgang geht. Denn dieser bleibt Wanderern unterwegs leider verborgen. *Vom Shin-Fuji tgl.* **B**, *Fahrzeit 2 Std., 2.380 ¥, Hin- u. Rückfahrt 3.100 ¥; Busfahrpläne für alle Stationen: www.japan-guide.com/bus/fuji.html.*

Um bei schönem Wetter die Mühe des Aufstiegs gebührend auszukosten, bietet sich der etwa **einstündige Weg um den Kraterrand** an.

Region der fünf Fuji-Seen

Der Norden des Fujisan wird von fünf Seen umrahmt, wobei sich jeder auf seine Weise als malerische Naturkulisse oder vielseitige Urlaubsdestination bewährt. Mit ihrer touristischen Infrastruktur bietet die Region alle erdenklichen Möglichkeiten der Freizeitgestaltung und Erholung. Bei Wanderrouten durch teilweise urwüchsige Land-

Touristisch gut erschlossen

schaft, Gelegenheiten zum Wassersport, Relaxen in Onsen, dem Besuch von Museen und Freizeitparks dürfte hier Eintönigkeit ein Fremdwort sein.

Seen und Höhlen

Der **Yamanakako** (山中湖) im Nordosten ist mit einer Fläche von 667 ha der größte unter den Seen. Alljährlich am 1. August findet hier ein Seefest mit Feuerwerk statt. Gleichermaßen populär ist der nur wenig kleinere **Kawaguchiko** (河口湖). Wer Freude am pittoresken Fuji-Panorama hat, sollte von hier mit der **Seilbahn (6)** auf den gut 1.100 m hohen Berg Tenjō (天上山) fahren. Etwas ruhiger wird es bei den sich westlich anreihenden Seen **Saiko** (西湖), Shōjiko und Motosuko. Zugpferdchen in der Umgebung des Saiko ist neben der **Eishöhle Narusawa (7)** und der **Windhöhle Fugaku (8)** das vor wenigen Jahren eröffnete **Freilichtmuseum Iyashi no Sato (9)**, ein rekonstruiertes Dorf mit traditionellen Bauernhäusern. Durch gerade einmal 50 ha Fläche ist der an drei Seiten bewaldete **Shōjiko** (精進湖) der kleinste unter den Seen. Der sich anschließende **Motosuko** (本栖湖) ist der tiefste. 122 m sind es bis zum Grund, weshalb das Wasser tiefblau erscheint.

Mt. Kachi Kachi Seilbahn (6) (カチカチ山ロープウエイ), *1163-1 Asagawa Fuji Kawaguchikomachi, ☎ 0555-72-0363, tgl. 9–17 Uhr, Roundtrip Erw./Kind 800/400 ¥.*

Eishöhle Narusawa Hyōketsu (7) (鳴沢氷穴), *8533 Narusawa-mura, ☎ 0555-85-2301, saisonbedingt tgl. 9–17 Uhr, Erw./Kind 350/200 ¥.*

Windhöhle Fugaku Fuketsu (8) (富岳風穴), *2068-1 Fuji Kawaguchiko, ☎ 0555-85-2300, tgl. 9–17 Uhr, Erw./Kind 350/200 ¥.*

Freilichtmuseum Iyashi no Sato (9) (いやしの里), *März–Nov. tgl. 9–17, sonst 9.30–16.30 Uhr, Dez.–Feb. Mi geschl., Erw./Kind 350/150 ¥.* **B** *vom* 🚃 *Kawaguchiko (6) Red Line, Stopp 11, (7) Blue Line Stopp 116, (8) Blue/Green Line Stopp 71, (9) Green Line Stopp 68.*

Reisepraktische Informationen Fuji-Region

(Karte S. 320)

Information

Vorwahl: *0555*

(10) Kawaguchiko Tourist Information, *östlich vom Bahnhof Kawaguchiko, ☎ 72-6700, tgl. 9–17 Uhr.*

(11) Fuji-Yoshida Tourist Information, *am Bahnhof Fuji-Yoshida, ☎ 22-7000, tgl. 9–17 Uhr.*

(12) Fuji-Besucherzentrum (富士山世界遺産センター), *6663-1 Funatsu Kawaguchiko Yamanashi, ☎ 72-0259, tgl. 8.30–17, Sommer bis 18/19 Uhr, www.fujisan-whc.jp/en/. Eintritt frei, Südhalle 420 ¥. Infos über die erdgeschichtliche Entstehung des Fuji und mehr.*

Unterkunft

S. 134

Essen & Trinken

(1) Sanrokuen (山麓園), *3370-1 Funatsu Kawaguchiko, ☎ 73-1000, Fr–Mi 11–21 Uhr. In dem urigen Iori-Restaurant im traditionellen Baustil wird das Essengehen zum Erlebnis, denn unter Iori ist eine in den Boden eingelassene, sandgefüllte Feuerstelle zu verstehen. Gegrilltes steht hoch im Kurs; 2.500–4.000 ¥. 15 Min. zu Fuß südl.* 🚃 *Kawaguchiko.*

Im Westen

Sanrio Puroland (11)

Hello Kitty & Co! Wer Kitty liebt, nimmt sicher gerne die 40 Min. Fahrzeit nach **Tama Center** (多摩市センター) auf sich, um den Indoor-Park **Sanrio Puroland** zu besuchen. Gleich nach dem Eingang eröffnet sich eine bei Kindern beliebte Welt in Pink und Rosa, in der nicht nur Kitty, sondern auch andere Fantasiefiguren das Regiment übernehmen: Kurzweil auf drei Etagen mit Bootsfahrt, Theater, Lady Kitty House und mehr.

Redaktionstipps

➤ Genauso fantastisch wie die Animes des Ghibli Studio ist das **Ghibli Museum** in Mitaka (s. u.).

➤ Das Leben an der Schwelle zwischen Edo- und Meiji-Zeit dokumentiert das **Edo-Tōkyō Open Air Architectural Museum** in Koganei (S. 324).

Sanrio Puroland (サンリオピューロランド), *1-31 Ochiai, Keiō-Tama-Center, ☎ 042-339-1111, www.puroland.co.jp, Öffnungszeiten variieren zwischen 9/10 und 17/18 bzw. 20 Uhr an unterschiedl. Tagen, vgl. Monatsübersicht https://en.puroland.jp/homeen/calendaren/, Mo–Fr Erw./Kind. 3.300/2.500 ¥, Sa/So Erw./Kind 3.800/2.700 ¥. Ab* 🚆/**M** *Shinjuku, Linie Keiō (Express), Gleis 2 bis* 🚆 *Keiō-Tama-Center* (京王多摩センター駅).

Ghibli Museum (12)

Nachdem sich 1984 der Animationsfilm, kurz Anime, „Kaze no Tani Naushika" („Nausicaä aus dem Tal der Winde") nach dem Drehbuch von Trickfilmzeichner und Regisseur Miyazaki Hayao (geb. 1941) zum Kassenschlager entwickelt hatte, beschloss die Produktionsfirma Tokuma Shoten, unter Leitung von Miyazaki sowie Regisseur und Produzent Takahata Isao (1935–2018) im Tōkyōer Vorort Kichijōji das Ghibli Studio zu gründen. Beide engagierten sich auch für die Errichtung des Ghibli Museum, das 2001 in Studionähe im Viertel Shimorenjaku (下連雀) der Stadt Mitaka (三鷹市) eröffnet wurde. Das verspielte Gebäude eigenwilliger Architektur mit Treppen, Gängen, Türen und Dachgarten lässt auf den ersten Blick eine klare Linie vermissen. So ist es gewollt, denn das Thema des Museums „Let's loose our way, together" zielt darauf ab, dass jeder auf seine eigene Weise das Ghibli entdeckt. Neben einem kleinen Kino gibt es mehrere Ausstellungssäle. Der Raum „Wo ein Film geboren wird" gibt mit bis unter die Decke vollgestellten Bücherregalen, Zeichnungen, allerlei Spielereien und Schreibtisch einen Einblick in den von Höhen und Tiefen begleiteten Arbeitsprozess eines Trickfilmzeichners.

Im Zeichen der Animes

Ghibli Museum Mitaka (*mitaka no mori jiburi bijutsukan* 三鷹の森ジブリ美術館), *1-1-83 Shimorenjaku, Mitaka, ☎ 0570-055-777, www.ghibli-museum.jp/en/, Mi–Mo 10–18 Uhr, Erw./13–18 J./7–12 J./4–6 J. 1.000/700/400/100 ¥. Von Shinjuku 20 Min. bis* 🚆 *Mitaka* (三鷹駅), *JR-Linie Chūō, Exit Süd;* **B** *von Bussteig Nr. 9 oder 15 Min. zu Fuß.* **Tickets**: *Buchung für ein bestimmtes Datum und Uhrzeit ist bis zu 3 Monate im Voraus möglich. Ohne vorbestelltes Ticket kein Einlass! In Deutschland Karten über JTB Germany GmbH, 60311 Frankfurt, Weissfrauenstr. 12–16, ☎ 069-9218-7728, www.japanspecialist.de. In Japan gibt es Tickets an Automaten in Lawson Convenience Stores oder über deren Hompage online: www.lawson.co.jp/ghibli_museum/english.html#top.*

Suginami Animation Museum (13)

Die mittlerweile weltweit ein Begriff gewordenen Animes haben sich in Japan zu einem festen Bestandteil der Kultur entwickelt. Rund 400 Filmstudios widmen sich landes-

Feuerstelle im Wohnbereich im Edo-Tōkyō Open Air Architectural Museum

weit dem Genre. Viele von ihnen sind im Tōkyōer Bezirk Suginami-ku (杉並区) zu finden. So verwundert es kaum, dass gerade hier seit dem Jahr 2005 das Suginami Animation Museum im Stadtteil Kamiogi (上荻) Interessierte über die Geschichte, Produktion und technische Entwicklung der populären Filmgattung informiert. Flimmern im museumseigenen Theater die Klassiker unter den Animes auf der Leinwand, so dürfen Besucher in der Abteilung „Digitaler Workshop" auch einmal ihre eigene Kreativität spielen lassen.

Suginami Animation Museum (*suginami animē myūziamu* 杉並アニメーミュージアム*), 3-29-5 Kamiogi, Suginami-ku, ☎ 3396-1510, www.sam.or.jp, Di–So 10–18 Uhr, Eintritt frei.* 🚃 *Ogikubo* (荻窪駅)*, JR-Linie Chūō, Exit Nord, dann* **B** *Kantōbus vom Steig Nr. 1 bis zum Stopp Ogikubo-Keisatsushomae* (荻窪警察署前)*, 5 Min. zu Fuß.*

Edo-Tōkyō Open Air Architectural Museum (14)

Begehbare Vergangenheit

Der Schwerpunkt des Museums in Koganei (小金井市) liegt auf Baustilen des späten 19. und frühen 20. Jh. Mit einstigen Nobelvillen wohlhabender Familien und der von kleinen Läden, ehemaligen Handwerksbetrieben einschließlich Kneipe und Badehaus gesäumten Shitamachi-Straße herrscht in dem 7 ha großen Areal eine völlig andere Stimmung als im „bäuerlichen" Nihon Minkaen (S. 297). Beiden ist gemein, dass die Gebäude begehbar sind.

Edo-Tōkyō Open Air Architectural Museum/Edo-Tōkyō Buildings Garden (*edo-tōkyō tatemonoen* 江戸東京たてもの園*), 3-7-1 Sakurachō, Koganei, ☎ 042-388-3300, www. tatemonoen.jp, April–Sept. Di–So 9.30–17.30, Okt.–März Di–So 9.30–16.30 Uhr, Erw./Sen./Stud. 400/200/200–320 ¥.*

35 Min. ab 🚃/**M** *Shinjuku bis* 🚃 *Musashi-Koganei* (武蔵小金井駅)*, JR-Linie Chūō, Exit Nord, dann* **B** *Bussteig Nr. 2/3, Stopp Koganei-kōen Nishiguchimae* (小金井公園西口前) *oder* **B** *Bussteig Nr. 4/33, Stopp Edo-Tōkyō Tatemonoenmae* (江戸東京たてもの園前).

Kyōto 京都

Anreise

Am schnellsten ist Kyōto per Bahn per **Shinkansen** *ab Tōkyō Station in 130–170 Min. zu erreichen, ca. 14.000 ¥. Günstiger sind* **Überland-** *oder* **Nachtbusse***, Fahrzeit ca. 8 Std., Fahrpreis variabel, vgl. http://willerexpress.com. Tickets sollte man im Voraus kaufen, auch online möglich.*

Wie soll man sich ihr nähern, der landesweit **kulturell bedeutendsten Stadt**? Wo eigentlich schlägt das Herz der altehrwürdigen Kaiserstadt? Auf den ersten Blick unterscheidet sich die Metropole kaum von anderen Großstädten des Landes. Hier wie anderswo pocht die Moderne auf ihr Recht, sei es im Stadtbild, in Gesellschaft und Wirtschaft oder schlicht im Lebensgefühl seiner Einwohner, wenn auch gerne als traditionsbewusst, gar konservativ porträtiert. Der zweite Blick indes verrät mehr: Kyōto hatte Glück. Vor der Zerstörungswut während des Zweiten Weltkriegs verschont, erfüllen rund 1.800 Tempel und Schreine, Museen und Gärten, historische Stadtviertel und gelebte Traditionen im Hier und Heute die Erwartungen von Besuchern mühelos. 17 Baudenkmäler und Gärten in und um Kyōto wurden 1994 in die Liste des UNESCO-Weltkulturerbes aufgenommen.

Redaktionstipps

- Machtsymbol des Shōgunats: die **Burg Nijō-jō** (S. 335).
- Das etwas andere Museum: Im **Kyōto International Manga Museum** darf ins Regal gegriffen werden (S. 337).
- Tausende karminrote Tore reihen sich im Areal des **Schreins Fushimi Inari Taisha** kilometerlang hintereinander (S. 339).
- Das Markenzeichen des **Tempels Kiyomizu-dera** ist seine außergewöhnliche Terrasse (S. 341).
- Das **Geishaviertel Gion** besticht durch gelebte Traditionen (S. 342).
- UNESCO-Weltkulturerbe im Dreierpack: Jeder der drei nahe beieinanderliegenden **Tempel Kinkaku-ji** (S. 349), **Ryōan-ji** (S. 350), **Ninna-ji** (S. 351) überzeugt durch eigene Weise.
- Ein Juwel der edozeitlichen Architektur: die **Kaiserliche Villa Katsura-rikyū** (S. 352).
- Wo einst der Adel flanierte: Malerische Natur und Tempel bestimmen das **ländliche Viertel Arashiyama** (S. 353).

Geschichte

Im Fokus der Geschichte

Erste Spuren einer Besiedlung des auf drei Seiten von Bergen umgebenen und nur nach Südosten hin geöffneten Kyōtobeckens reichen ins 3. Jh. zurück. Zunehmend in den Fokus der Geschichte rückte die Region, als Kaiser Kammu (737–806) der damaligen Hauptstadt Nara 784 den Rücken kehrte. Einer der Gründe war der zunehmende Einfluss buddhistischer Priester und so versuchte er, im nordwestlich von Kyōto gelegenen Nagaokakyō einen neuen Regierungssitz zu etablieren. Die Ermordung des mit der Residenzverlegung beauftragten Ministers Fujiwara Tanetsugu (737–785), ungünstige Sternenkonstellation und eine Mondfinsternis waren aber Anlass genug, Nagaokyō schon wenige Jahre später wieder aufzugeben.

Bauliche Vorbildfunktion: Xi'an

Inspiriert von glücksverheißenden Merkmalen des chinesischen Feng Shui wählte Kammu Ende des 8. Jh. die von Bergen und Flüssen geprägte Umgebung des damaligen Dorfes Uda als Standort für die Errichtung seines neuen Hofs. Wie zuvor Nara, sollte Kyōto, bis 1869 unter dem Namen **Heiankyō**, Hauptstadt des Friedens, nach dem Vorbild der chinesischen Kaiserresidenz Xi'an auf einem schachbrettartigen Grundriss angelegt werden. Teilweise ist die regelmäßige Struktur des gut 24 km² großen, rechteckigen Areals auch heute noch erkennbar. Die in Nord-Süd-Richtung verlaufende, über 80 m breite Straße Suzukuōji trennte die Stadt mit 18 Zugangstoren in das östliche Viertel Sakyō-ku und das westliche Ukyō-ku. Rechtwinklig kreuzende Alleen, schlicht von 1 bis 9 durchnummeriert, haben bis in die Gegenwart ihre Bezeichnung behalten. Schon zu Beginn des 9. Jh. bevölkerten rund 500.000 Einwohner die junge Stadt. Vermutlich aber doch zu großzügig konzipiert, verschob sich das Zentrum nach kurzer Zeit in den Ostteil und Ukyō-ku verkümmerte zu einem Randgebiet.

Um ein Wiedererstarken des Klerus zu verhindern, war innerhalb der Stadtgrenze zunächst nur der Bau von zwei Tempeln, dem Ost- und Westtempel, Tōji (東寺) und Saiji (西寺) gestattet. Außerhalb auf dem nordöstlich der Residenz gelegenen Berg Hiei durfte zudem als Schutz Heiankyōs vor bösen Mächten ein Kloster errichtet werden, in dem der buddhistische Mönch Saichō (767–822) die von ihm begründete neue Richtung des Tendai lehrte. Südlich der Hauptstadt auf dem Berg Kōya etablierte der Mönchsgelehrte Kūkai (744-835) wenig später eine Tempelanlage, von der aus er seine ebenfalls neue Glaubensrichtung des Shingon verbreitete.

Der Beginn der Heian-Periode machte dem mit Frieden und Ruhe zu übersetzenden Namen alle Ehre. Die Regierung war stabil und der Hofadel widmete sich den schönen Künsten. Für das Volk sah es weniger blumig aus. Einwohnerzahl und Bevölkerungsdichte führten immer wieder zu Versorgungsproblemen und katastrophalen Verhältnissen. Am Hof selbst verschob sich mit der Zeit das Machtgefüge zugunsten des **Fujiwara-Klans**, der es verstand, einflussreiche Positionen zu besetzen. Verwaltungsstruktur wie die Möglichkeit zum Erwerb von Grundbesitz ließ den teilweise militanter werdenden Landadel fernab der Kontrolle des Hofes bedrohlich erstarken. Auch die Priesterschaft schürte wieder mit, sodass die kaiserliche Autorität zusehends verblasste. Die Funktion amtierender Kaiser jener Zeit reduzierte sich nach und nach auf repräsentative Aufgaben. Mehr Einfluss auf das politische Geschehen versprach das sog. Insei-System, nach dem sich abgedankte Kaiser in Klöster zurückzogen und von dort aus versuchten, mithilfe regierungstreuer Klans die Fäden der Macht in Händen zu behalten.

Machtgefüge

Mitte des 12. Jh. war es allerdings mit der Loyalität gegenüber den Klosterkaisern vorbei, als es dem **Taira-Klan** gelang, die Herrschaft an sich zu reißen. Lange währte der Triumph indes nicht, denn während des Gempei-Kriegs (1180–1185) zwang der **Minamoto-Klan** die Taira in die Knie. Das Jahr 1185 kennzeichnet auch das Ende der Heian-Periode (794–1185), wobei Heiankyō offiziell bis 1868 den Status als Hauptstadt behielt. Minamoto Yoritomo (1147–1199), 1192 von Kaiser Go-Shirakawa (1127–1192) zum Shōgun ernannt, begründete als damals mächtigster Mann des Landes seine Militärregierung *(bakufu)* im fernen Kamakura. Der entmachtete Hof in Heiankyō verschrieb sich nur mehr der Förderung von Kunst und Kultur. Das Blatt wendete sich erst wieder unter **Kaiser Go-Daigo** (1288–1339), als dessen Verbündeter **Ashikaga Takauji** (1305–1358) 1333 das Shōgunat in Kamakura stürzte.

Klanstreitigkeiten

Damit begann die **Muromachi-Zeit** (1333–1573), in der Go-Daigo die kaiserliche Gewalt zu restaurieren suchte. Bei der Verteilung von Ämtern und Kompetenzen zeigte er allerdings wenig Geschick. Die Benachteiligung verbündeter Kriegsherren führte 1336 zum Eklat. Takauji besetzte die Hauptstadt, vertrieb den Kaiser und setzte stattdessen Kōmyō (1322–1380) als Gegenkaiser ein. Er selbst ernannte sich zum Shōgun und er-

Nord- und Südhof

richtete in Heiankyō eine Militäradministration, die unter Abkömmlingen der Ashikaga fortgeführt wurde. Ein Großteil der Tempel und Gartenanlagen Kyōtos stammen aus dieser Epoche.

Gebäude aus den Gründerjahren suchte man allerdings schon damals vergeblich, denn Feuersbrünste und Erdbeben hatten das ursprüngliche Heiankyō zerstört. Kriterien beim Wiederaufbau waren sowohl originalgetreue Rekonstruktionen wie auch die Beibehaltung der Straßenstruktur. Die damalige Stadtbevölkerung aber sah sich mit existenziellen Problemen konfrontiert: Hunger, Pest und Pocken forderten unzählige Opfer. Das Regime begegnete dem mit Unvermögen und Ignoranz, was zu massiven Aufständen führte. Unstimmigkeiten unter den Ashikaga über die Erbfolge lösten zudem den **Ōnin-Krieg** (1467–1477) aus, dessen verheerende Folgen nicht nur Heiankyō erneut in Schutt und Asche legten, sondern ganz Japan für rund 100 Jahre im Chaos versinken ließ.

Drei Reichseiniger

Erst zu Beginn der Azuchi-Momoyama-Periode (1573–1603) setzte **Oda Nobunaga** (1534–1582) als einer der mächtigsten Kriegsherren seiner Zeit der Epoche der Streitenden Reiche ein Ende. Mit Sitz in Heiankyō widmete er sich nicht allein dem Wiederaufbau der Stadt, sondern brach die Macht der Priesterschaft, zerschlug rivalisierende Emporkömmlinge und stellte durch seine Politik die Weichen für eine Befriedung des Landes. Nach seinem Tod führten zunächst **Toyotomi Hideyoshi** (1536–1598) und später **Tokugawa Ieyasu** (1543–1616) Nobunagas Werk der Landeseinigung fort.

1603 verlegte Ieyasu sein Shōgunat nach Edo (Tōkyō), was unter die politische Bedeutung Heiankyōs einen Schlussstrich setzte. Mit Beginn der Meiji-Periode 1868 wandte auch das Kaiserhaus Heiankyō den Rücken zu und verlegte die Residenz gleichfalls nach Edo. Kyōto blieb aber weiterhin Krönungsstadt. Bedingt durch die Öffnung des Landes und politische Neuordnung veränderte sich das Stadtbild in kurzer Zeit. 1877 feierte man die Eröffnung der Bahnlinie nach Ōsaka. Im Süden und Westen entwickelte sich mittelständische Industrie. Im Zweiten Weltkrieg blieb Kyōto weitgehend verschont. Der damalige US-Verteidigungsminister Henry Stimson (1867–1950) hatte sich vehement gegen die Vernichtung der alten, kulturell bedeutenden Kaiserstadt eingesetzt, die zu den möglichen Zielen eines Atombombenabwurfs zählte.

In den Gassen des Geishaviertels Gion

Kyōto auf einen Blick

Lage	35° 1' N, 135° 46' O
Ausdehnung	Ausdehnung Nord-Süd: ca. 20 km, West-Ost: 8–12 km
Fläche	828 km²
Gewässer	westl. Fluss Katsugaragawa, östl. Kamogawa. Kyōto liegt ca. 8 km westl. des Sees Biwa-ko, mit über 670 km² der größte See in Japan
Region	Kinki
Kulturregion	Kansai
Präfektur	Kyōto
Bevölkerung	1.472.000 Einw. (2015)
Bevölkerungsdichte	1.777 Einw./km²
Struktur	11 Stadtbezirke: Fushimi-ku, Higashiyama-ku, Kamigyō-ku, Kita-ku, Minami-ku, Nakagyō-ku, Nishikyō-ku, Sakyō-ku, Shimogyō-ku, Ukyō-ku, Yamashina-ku
Klima	Kalte Winter (Dez.–Feb.), feuchtheiße Sommer (Juni–Aug.); Regenzeit: Juni; Kirschblüte: Anfang April. Beste Reisezeit: März/Mai und Sept./Mitte Nov.
Vorwahl Kyōto	075, aus dem Ausland: 0081 75
Website Kyōto	www.city.kyoto.lg.jp
Partnerstadt	in Deutschland: Köln

In und um den Bahnhof – Minami-ku und Shimogyō-ku

Bahnhof Kyōto (1)

Nicht nur Verkehrsknotenpunkt

Wer mit dem Zug in die von historischen Kulturdenkmälern geprägte tausendjährige Hauptstadt reist, könnte bei der Ankunft durchaus ins Staunen geraten. Schließlich repräsentiert der Bahnhof Kyōto alles andere als das Image der alten Kaiserresidenz. Hier prallt Besuchern moderne Baukunst entgegen. Von Architekt Hara Hiroshi (geb. 1936) entworfen, war das 70 m hohe und 470 m lange Objekt nach seiner Fertigstellung 1997 vor allem in Reihen Konservativer heftig umstritten. Seit damals haben sich die Wogen geglättet und der Bahnhof als einer der landesweit größten gilt als zeitgemäßes Tor in die altehrwürdige City. Unter den Dächern und Kuppeln des Knotenpunkts für Fern- und Nahverkehr verbergen sich 15 Stockwerke mit Restaurants, Cafés, Kino, unzähligen Läden, dem Kaufhaus Isetan (伊勢丹) und der unterirdischen Einkaufspassage Porta (ポルタ), ein wahrer Irrgarten aus Shops, Boutiquen und Restaurants. Neben Einrichtungen wie der Touristeninformation im Westflügel findet sich im Ostflügel das Luxushotel Granvia (S. 137). Aussicht über Stadt und Umgebung versprechen hier der **Skywalk**, ein verglaster Tunnelgang in schwindelerregender Höhe, und der riesige Dachgarten – ein beliebter Treffpunkt.

Moderne Baukunst: Bahnhof Kyōto

Stadtverkehr und Orientierung

Zeigt sich Kyōto angesichts seiner vielen Sehenswürdigkeiten als wahre Herausforderung, so ist es vergleichsweise einfach, mithilfe öffentlicher Verkehrsmittel von A nach B zu kommen. Zwar führen mit der in Nord-Süd verlaufenden Karasuma-Linie und der West-Ost verlaufenen Tōzai-Linie nur **zwei U-Bahnen** durch das Stadtgebiet, Kyōto verfügt aber zudem über verschiedene **JR- und andere Bahnlinien** sowie über ein **ausgezeichnetes Busnetz**. Die im Folgenden angegebenen Wegbeschreibungen orientieren sich am Bahn- und Busbahnhof Kyōto als Ausgangspunkt.

Öffentlicher Nahverkehr

Tipp: Am Busbahnhof oder in einer Touristeninformation sind Buspläne erhältlich.

Tempel Tōji (2)

Schaut man vom Dachgarten des Bahnhofs Richtung Südwesten, ist die 55 m aufragende und damit landesweit höchste Pagode des Tempels Tōji als eines der Wahrzeichen Kyōtos kaum zu übersehen. Der Ursprung des Tō-ji, seit 1994 UNESCO-Weltkulturerbe, geht auf Kaiser Kammu zurück. Noch Ende des 8. Jh. begann auf sein Geheiß der Bau des Tempels, der im Gegensatz zum Sai-ji von den beiden damals „erlaubten" religiösen Stätten (s. o.) bis heute im Stadtteil **Minami-ku** (南区) erhalten blieb. Der Tōji, zunächst als Schutztempel gedacht, wurde von Kaiser Junna (786–833) zu Beginn des 9. Jh. an den im japanischen Buddhismus populären Mönch Kūkai (744–835) übergeben, der hier unter dem neuen Tempelnamen Kyō-ō Gokokuji (教王護国寺) einen Ort für die von ihm begründete Lehre des **Shingon** etablierte. Ein Einschnitt im gewohnten Tempelalltag knapp 50 Jahre später geht auf den damaligen Abt Shinnen (804–891) zurück. 876 verließ er den Kyō-ō Gokokuji, um künftig in einem Tempel auf dem Berg Kōya-san (高野山) zu wirken. Dass er dabei die Sammlung geheimer Schriften Kūkais mitnahm, war weniger galant und bildete den Auftakt für lange Streitigkeiten unter der Priesterschaft. Die heutigen Gebäude des Tōji sind meist Rekonstruktionen aus dem 14.–17. Jh., wobei **bedeutende Kunstschätze** des Tempels wie Statuen und Gemälde z. T. ins 9. Jh. zu datieren sind. Weltlicher Natur sind der monatlich am 21. stattfindende große **Flohmarkt** oder

Pagode des Tempels Tōji

der **Antiquitätenmarkt** jeweils am ersten Sonntag des Monats.
Tōji (東寺), *1 Kujōchō, Minami-ku, ☎ 691-3325, Sommer tgl. 8.30–17, sonst 8.30–16/16.30 Uhr, Eintritt je nach Ausstellung Erw./Kind 500–1.000/300–700 ¥, Areal außer Pagode frei.* *Kyōto, Exit Süd, 15 Min. zu Fuß;* **B** *Nr. 207, Stopp Tō-ji Higashimonmae* (東寺東門前).

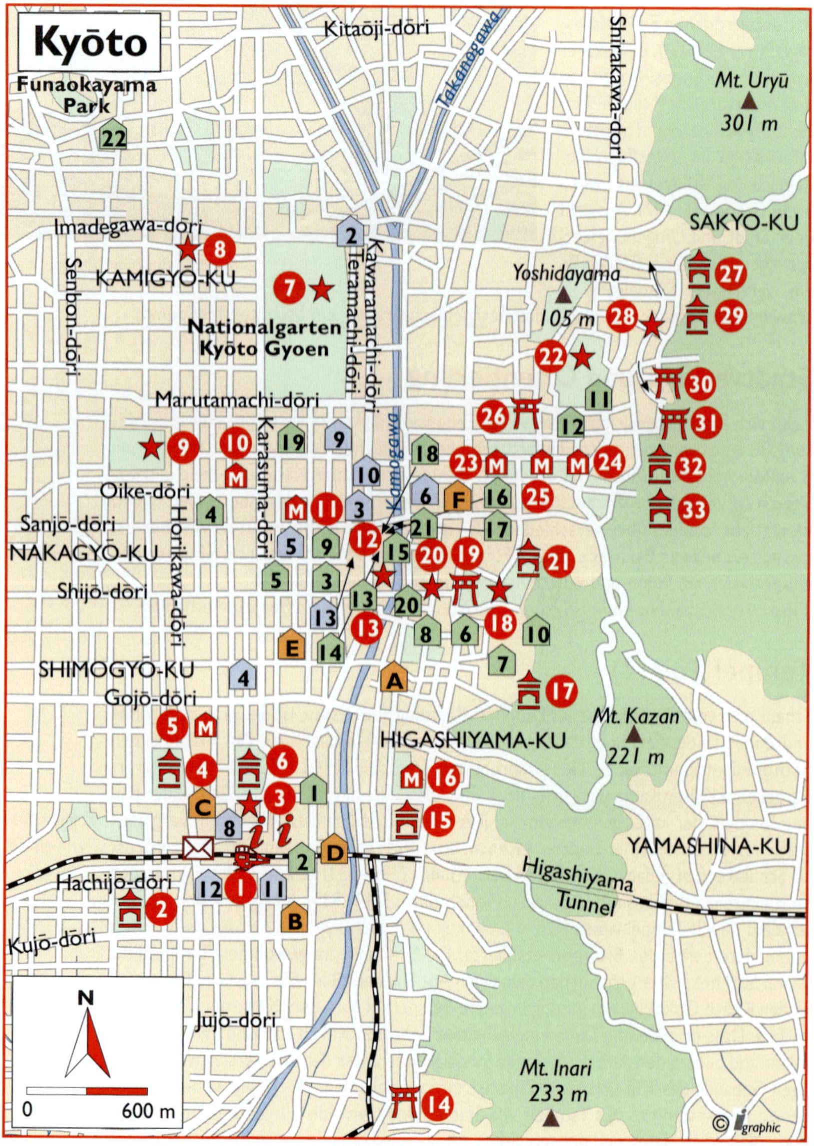

Kyōto Tower (3)

Ähnlich wie das Bahnhofsgebäude zog der 1964 eröffnete Kyōto Tower im Viertel **Shimogyō-ku** (下京区) Kritik auf sich. Gilt manchen der mit 131 m höchste Turm der Stadt als Fehlgriff und Schandfleck, so begrüßen andere ihn wie den Bahnhof vis-à-vis als Beweis, dass Kyōto sich trotz seiner historischen Bedeutung moderner Stadtentwicklung nicht vollständig verschließt. Nur einen Katzensprung vom Nord- bzw. Karasuma-Eingang des Bahnhofs entfernt thront der schlanke Stahlturm mit **Sky Lounge** und **Aussichtsplattform** in 100 m Höhe auf einem neunstöckigen Betonklotz. Hier sind im Untergeschoss

Monument moderner Stadtentwicklung

0 Sehenswürdigkeiten

1 Bahnhof Kyōto
2 Tōji / Flohmarkt
3 Kyōto Tower / Kansai Touristen-Info
4 Nishi Hongan-ji
5 Kostüm-Museum
6 Higashi Hongan-ji
7 Kaiserpalast – Kyōto Gosho
8 Nishijin-Textilzentrum
9 Nijō-jō
10 Kyōto International Manga Museum
11 Museum Kyōto
12 Nishiki-Markt / Shop Tsunoki
13 Pontochō
14 Fushimi Inari Taisha
15 Sanjūsangendo
16 Kyōto National Museum
17 Kiyomizu-dera
18 Maruyama Park
19 Yasaka-Schrein
20 Gion
21 Chion-in
22 Okazaki Park
23 National Museum of Modern Art
24 Kyōto Municipal Museum of Art
25 Kyōto Museum of Traditional Crafts Fureaikan
26 Heian-Schrein
27 Ginkaku-ji
28 Philosophenweg
29 Hōnen-in
30 Ōtōyo-jinja
31 Nyakuōji-jinja
32 Eikandō Zenrin-ji
33 Nanzen-ji

0 Essen und Trinken

1 Dai-ichi Asahi
2 Katsukura
3 Yak & Yeti
4 Yanagiya Honten
5 Minokichi
6 Hisago
7 Kamanza
8 Nishisaka
9 Sarasa Fuyachō Pausa
10 Kikunoi
11 Okariba
12 Kyōto Nama Chocolat Organic Tea House

0 Unterhaltung

13 World
14 Bar K6
15 Forum Kyōto
16 Ki Bar
17 El Coyote
18 Super Jankara
19 Yoramu
20 Minamiza
21 The Common One Bar Kyōto

0 Badehaus

22 Funaoka Onsen

0 Einkaufen

1 Mimuro
2 Ippōdō
3 Nishiharu
4 Tadaya
5 Asahidō
6 Yamazoe – Tenkōdō
7 Tazawa Kobijutsuten
8 Bic Camera
9 Meditations
10 Jet Set
11 Avanti
12 AEON Mall
13 Maruzen

0 Unterkunft

A Tanaka-ya
B Hotel Seiki Kyōto Station
C Kyōto Tower Hotel
D Hotel Granvia
E Hotel Nikkō Princess Kyōto
F Mume

Der Kyōto Tower ist 131 m hoch

neben einem Spa diverse Geschäfte untergebracht. Die Etagen 5–9 belegt das Kyōto Tower Hotel (S. 137).

Kyōto Tower (*kyōto tawā* 京都タワー), *Karasuma-dōri, Shimogyō-ku, www.kyoto-tower.co.jp, tgl. 9–21 Uhr, Aussichtsplattform: Erw./Kind 770/150–620 ¥.*

Tempel Nishi Hongan-ji (4)

Nördlich des Kyōto Tower zwischen den parallel verlaufenden Straßen Shichijō-dōri (七条通り) und Gojō-dōri (五条通り) liegen mit dem Nishi Hongan-ji und Higashi Hongan-ji gleich zwei Tempel der buddhistischen Glaubensrichtung Jōdo-Shinshū, die wiederum in unterschiedlichen Schulen bzw. Sekten organisiert sind. Die Geschichte des Nishi Hongan-ji als der ältere von beiden reicht ins Jahr 1272 zurück. Damals an einer anderen Stelle in den Bergen von Higashiyama östlich Kyōtos erbaut, ließ Toyotomi Hideyoshi den Komplex 1591 an seinen heutigen Platz verlegen. Wenige Jahre später hatte er sich zum Haupttempel des Shinshū entwickelt, was insbesondere dem Daimyō und späteren ersten Shōgun des Landes, Tokugawa Ieyasu, ein Dorn im Auge war. Um Einfluss und Macht des Tempels zu schwächen, spaltete er, wie auch immer es ihm gelungen sein mag, einen Teil der Priesterschaft ab, die künftig in dem 1602 begründeten Tempel Higashi Hongan-ji als eigenständige Sekte wirkten. Der heutige Tempelkomplex des Nishi Hongan-ji besteht aus fünf Gebäuden überwiegend im prachtvoll verschwenderischen Architekturstil der **Azuchi-Momoyama-Ära** (1573–1603). Ein bauliches Meisterwerk dieser Zeit, der dreistöckige Pavillon der fliegenden Wolken **Hiun-kaku** (飛雲閣) in der Südostecke des Areals, ist nur von außen zu bewundern.

Prächtige Architektur

Nishi Hongan-ji (西本願寺), *Horikawa-dōri, Shimogyō-ku, ☎ 371-5181, tgl. je nach Jahreszeit 5.30/6–17.30/18 Uhr, Eintritt frei. Kyōto, 10 Min. zu Fuß;* **B** *Nr. 9, Stopp Nishi Honganjimae* (西本願寺前).

Kostüm-Museum (5)

Auf der gegenüberliegenden Straßenseite der Horikawa-dōri (堀川通り) ist ein Kostüm-Museum zu finden, in dem typische Gewänder verschiedener Epochen lebensgroße Puppen kleiden. Wenn auch nicht wirklich alt und original, so vermittelt die Ausstellung einen Eindruck von der Garderobe vergangener Jahrhunderte.

Kostüm-Museum (*fūzoku hakubutsukan* 風俗博物館), *Izutsu Bldg., 5. OG, Shinhanayachō-dōri, Shimogyō-ku, ☎ 342-5345, www.iz2.or.jp, Mo–Sa 10–17 Uhr, Erw./Kind 500/300 ¥.*

Tempel Higashi Hongan-ji (6)

Einen Straßenblock weiter Richtung Osten breitet sich das Areal des jüngeren, 1602 gegründeten Higashi Hongan-ji und 1987 in **Shinshū Honbyō** (真宗本廟) umbenannten Tempels aus. Unter den vier Eingangstoren sticht vor allem das doppelstöckige

28 m hohe **Goeidōmon** (御影堂門) aus dem Jahr 1911 als eines der größten Tore in Kyōto heraus. Groß ist auch das treffende Wort, um die 1895 errichtete **Gründerhalle Goeidō** (御影堂) zu beschreiben. Mit ihren stattlichen Ausmaßen von 76 m Länge, 58 m Breite und 38 m Höhe ist sie eines der größten Holzgebäude der Welt. Auf ihrem Hauptaltar erinnert ein Standbild an den Religionsstifter Shinran Shōnin (1173–1263). In der im selben Jahr linker Hand errichteten **Halle Amidadō** (阿弥陀堂) thront mittig eine Statue des Amida Buddha. Eine Besonderheit unter den Tempelbauten ist ein kleines **Nō-Theater** von 1880. Vergleichsweise supermodern wird es im Nordteil des Tempels, denn hier sind seit 1998 größtenteils unterirdisch ein Hör- und Filmsaal, Galerien und ein Altarraum untergebracht. Ein Detail, das Sie bei einem Tempelbesuch nicht übersehen sollten, ist eines von 53 dicken Seilen, das sowohl aus Hanf als auch aus dem **Haar** von Anhängerinnen des Jōdo-Shinshū geflochten wurde. Schließlich brauchte man bei der Restauration des Tempels 1895 stabile Taue, um die großen Tempelglocken zu transportieren und aufzuhängen. Der ca. 5 Min. zu Fuß in östlicher Richtung vom Higashi Hongan-ji entfernte, 1653 angelegte **Tempelgarten Shōseien** mit Teich, Blumenrabatten und Bäumen, insbesondere vieler Bitterorangen, diente Mitte des 17. Jh. Mönchen als Ort der Ruhe, Zuflucht und Kontemplation.

Großes Holzgebäude

Higashi Hongan-ji (東本願寺), *Karasuma-dōri, Shimogyō-ku, ☏ 371-9181, März–Okt. tgl. 5.50–17.30, Nov.–Feb. tgl. 6.20–16.30 Uhr, Eintritt frei. 5 Min. zu Fuß vom* 🚆 *Kyōto; 3 Min. von* **M** *Gojō* (五条駅), *Linie Karasuma, Exit 8.*
Shōseien (渉成園), *Ainomachi-dōri, Shimogyō-ku, tgl. 9–16 Uhr, 500 ¥.*

Kyōtos Zentrum – Kamigyō-ku und Nakagyō-ku

Kaiserpalast – Kyōto Gosho (7)

Der ehemaligen Kaiserresidenz **Daidairi**, ursprünglich im Norden der Stadt gelegen, blieb es verwehrt, gelassen dem Zahn der Zeit entgegenzusehen. Mehrmals durch Erdbeben und Feuer vernichtet, mehrmals wieder aufgebaut, beschloss man **1331**, künftig die Nebenresidenz **Satodairi** als kaiserliches Domizil zu nutzen. Obwohl sich daran bis zum Umzug des Hofes nach Tōkyō 1868 nichts mehr änderte, war aber auch die neue Bleibe nicht vor Zerstörungen gefeit. Die meisten Gebäude wurden Mitte des 19. Jh. im Shinden-Stil rekonstruiert. Die sich an chinesischer Architektur angelehnte Bauweise war charakteristisch für Residenzen der Heian-Zeit (794–1185). Ein Merkmal sind durch Korridore und Galerien verbundene Gebäude.

Im Shinden-Stil

Ganz anders als der rund um die Uhr öffentlich zugängliche 84 ha große Kyōto Park (*kyōto gyoen* 京都御苑) um den inneren Palastbereich ist eine Besichtigung des 450 x 250 m großen Areals des **Kyōto Gosho** (京都御所), von einer ziegelgedeckten Mauer umgeben, **nur nach Anmeldung und im Rahmen einer Führung möglich** (s. u.). Nach Anmeldung im nordwestlich des Parks gelegenen **Kaiserlichen Haushaltsbüro** bekommen Besucher nach dem Eingang durch das Westtor Seishomon (清所門) zunächst im Empfangsraum einen kurzen Film über die Geschichte Kyōtos zu sehen.

Vorbei am Tor für kaiserliche Prinzen **Gishūmon** und dem Tor für Angehörige der Kaiserfamilie sowie hochgestellten Persönlichkeiten **Okurumayose** geht der Rund-

Warteräume für Gäste

gang zunächst bis zu dem eigens als Wartezimmer für Gäste des Kaiserhauses errichteten Gebäude **Shodaibonoma** mit drei, je nach Motiv der Wandmalereien benannten Innenräumen. Blieb hier das sog. Tigerzimmer dem Hofadel vorbehalten, diente das Kranichzimmer dem Landadel. Alle anderen durften das Kirschbaumzimmer nutzen. Nächster Stopp nur wenige Meter weiter ist die erst zu Beginn des 20. Jh. als Raum für die Krönungszeremonie Kaiser Taishos (1879–1926) errichtete, weiß getünchte Halle **Shinmikurumayose**. Von hier aus ist schon die fast 38 m lange und über 20 m hohe Zeremonienhalle **Shishinden** zu sehen. Mit 40 Schichten Zypressenrinde gedeckt, krönt ein ausladendes Walmdach das Hauptgebäude. Ein geharkter, von einem überdachten, langen Korridor umgebener Sandgarten mit je einem Kirsch- und Orangenbaum als Symbol für Treue und Loyalität vor dem Shishinden gewährt Besuchern lediglich Blicke aus gebührender Entfernung. Interieur, Malereien sowie die Thronsessel des Kaiserpaares lassen sich aber zumindest auf Postkarten oder Broschüren betrachten. Die schweren Türen des gleichfalls mit Zypressenrinde gedeckten Kaisertors **Kenreimon** an der Südflanke des Areals öffnen sich zweimal im Jahr nach wie vor nur für den Tennō. Wer genau hinschaut, kann hier das kaiserliche Emblem, die stilisierte, 16-blättrige Chrysantheme entdecken.

Das weiter nördlich stehende Gebäude **Shunkōden** beherbergte den heute in Tōkyō aufbewahrten, Weisheit symbolisierenden heiligen Spiegel als eines der drei Reichsinsignien. Die beiden anderen sind das für Tapferkeit stehende Schwert und Wohlwollen versinnbildlichende Krummjuwelen. Gegenüber des Shunkōden erhebt sich der durch eine Galerie mit der Haupthalle verbundene Palastbau **Giyōden**. Ein Raum in diesem Durchgang, der Jinnoza, hatte früher mehr Bedeutung, als man beim Vorbeigehen ahnen könnte. Hier schob nicht nur Wachpersonal Dienst, im **Jinnoza** konferierten auch kaiserliche Minister. Auf der Westseite der Haupthalle führt ein weiterer Korridor in die Kleine Zeremonienhalle **Seiryōden**. Diese ursprünglichen Privatgemächer des Kaisers wurden seit Mitte der Heian-Zeit für Feierlichkeiten am Hof genutzt. Zwei seltene Henon-Bambusarten (kure-take, kara-take) zieren den Vorplatz.

Geschichtsträchtiger Ort

Vielseitigere Vegetation gedeiht im Palastgarten **Oikeniwa**, der mit Teich und Bogenbrücke wie gemalt vis-à-vis der Audienzhalle **Kogosho** und der Studienhalle **Ogakumonjo** liegt. Im Kogosho wurde 1868 ein neues Kapitel der japanischen Geschichte aufgeschlagen. Ein Jahr bevor der Hof nach Tōkyō umsiedelte, fiel hier der Beschluss, die kaiserliche Herrschaft zu restaurieren. Wer aber meint, vor dem Kogosho das Flair der Vergangenheit zu spüren, der irrt: 1954 abgebrannt, handelt es sich um eine Rekonstruktion aus dem Jahr 1958. Wenige Meter nordwestlich der Halle Ogakumonjo steht mit 15 vergleichsweise luxuriösen Zimmern das größte Gebäude der Residenz **Otsunegoten**. Vom jeweiligen Tennō hauptsächlich als Alltagspalast bewohnt, diente ein Raum zur Aufbewahrung der Thronsymbole Schwert und Siegel. Über einen großen freien Platz, auf dem früher Wirtschaftsgebäude standen, führt der Weg zurück zum Westtor und Ausgang.

Südöstlich des inneren Palastbereichs liegen mit dem unter Kaiser Go-Mizunō (1596–1680) erbauten **Sentō Gosho** (仙洞御所) und dem, heute von der kaiserlichen Familie oder für Staatsgäste benutzten **Ōmiya Gosho** (大宮御所) zwei weitere ehemalige Residenzen. Wie der Kaiserpalast kann auch der Sentō Gosho nach Anmeldung besichtigt werden. Nach einem Brand Mitte des 19. Jh. sind nur Gärten und Teehäuser erhalten.

Gemäldedetail im Kyōto Gosho

Kaiserliches Haushaltsbüro *(kunaichō 宮内庁), Kyōto Gyoen Nai, Kamigyō-ku (im Park des Palastes), ☏ 211-1215, http://sankan.kunaicho.go.jp/, Mo–Fr 8.45–16 Uhr. Für Besichtigungen von* **Kaiserpalast** *und* **Sentō Gosho** *muss hier vorab ein Anmeldeformular ausgefüllt und der Pass vorgelegt werden (Kinder nur in Begleitung von mind. 20-jährigen Erw.). Die Anmeldung ist einen Tag im Voraus erwünscht, manchmal hat man auch kurz vor einer Tour noch eine Chance.* **Kostenlose Führungen***: Kaiserpalast: Mo–Fr 10, 14 Uhr, engl. 1 Std.; Sentō Gosho Mo–Fr 11, 13.30 Uhr, jap. 1 Std.* **B** *Nr. 9/101, Stopp Horikawa Imadegawa (堀川今出川駅);* **M** *Imadegawa (今出川駅), Linie Karasuma, Exit 3/6.*

Besuch nach Voranmeldung

Nishijin-Textilzentrum (8)

Um die ursprünglich aus China und Korea eingeführte Seidenweberei geht es im Nishijin-Textilzentrum, das von der nordwestlichen Ecke des Palastgartens entlang der Straße **Imadegawa-dōri** (今出川通り) Richtung Westen zu Fuß in ca. 10 Min. zu erreichen ist. Im Lauf der Geschichte verbesserten sich Webtechniken und Know-how, sodass sich die Seidenherstellung zu einem bedeutenden Wirtschaftszweig entwickelte. Eine der Hochburgen entstand im Stadtteil **Nishijin** (西陣), wo sich bis zum späten 15. Jh. unzählige Weber niedergelassen hatten. Heute lockt das Textilzentrum nicht allein mit dem Verkauf von Textilien und Kunsthandwerk. Zu den Highlights, allen voran **Kimono-Modeschauen**, zählt die Möglichkeit, selbst in einen Kimono zu schlüpfen, sich am Webstuhl zu versuchen oder sich über Seidenherstellung zu informieren.

Kimono-Modeschauen

Nishijin-Textilzentrum *(nishijin ori kaikan 西陣織会館), Horikawa-dōri, Kamigyō-ku, ☏ 451-9231, https://nishijin.or.jp/eng/, tgl. 9–17 Uhr, 6 Modeschauen (Dauer 10 Min.) tgl. zwischen 10.30 und 16 Uhr, Eintritt frei. Fotoshooting im Kimono ab ca. 4.000 ¥, Weben ab ca. 2.000 ¥, Reservierung erforderlich.* **B** *Nr. 9/101, Stopp Horikawa Imadegawa (堀川今出川駅);* **M** *Imadegawa (今出川駅), Linie Karasuma, Exit 4/6.*

Die Burg Nijō-jō (9)

In Adelskreisen brach vermutlich wenig Freudentaumel aus, als der Begründer des Tokugawa-Shōgunats, Tokugawa Ieyasu, 1601 anordnete, ihn beim Bau der Burg Nijōjō zu unterstützen. Ein Machtsymbol sollte sie werden, prächtiger als der Kaiserpalast – damals ein echter Fauxpas wider den guten Geschmack, umso mehr, wenn man bedenkt, dass Ieyasu in Edo residierte und nur gelegentlich nach Kyōto kam. Zwar war ein Teil des im Momoyama-Stil erbauten Komplexes schon 1603 fertiggestellt, insgesamt aber zog sich die Vollendung der Nijō-jō bestehend aus den von mächtigen Mauern und Burggräben umgebenen Palästen Ninomaru und Honmaru sowie einem fünfstöckigen Wachturm bis in die Regierungszeit des dritten Shōguns Tokugawa Iemitsu 1626 hin. Im Jahr 1750 zerstörte ein Blitzeinschlag den Turm, der nie mehr aufgebaut wurde.

Gebäude in der Burg Nijō-jō

Nach dem Eingang durch das Osttor gelangt man heute durch das **Tor Karamon** in den inneren Bereich des Ninomaru. Meist geblendet von dessen reicher Ornamentik aus Schnitzereien und Metallverzierungen, fällt Besuchern kaum das kaiserliche Wappen auf. Warum es hier angebracht ist, erklärt sich durch den Umstand, dass 1867 der letzte Shōgun Japans Tokugawa Yoshinobu unter dem Druck der Reformer seinen Besitz an das Kaiserhaus abtreten musste. Die formelle Übergabe von Habe und Macht fand im Gebäude Ōhiroma im Ninomaru statt. Zur Verdeutlichung der neuen Verhältnisse tauschte man das bisherige Wappen des Tokugawa-Klans, die drei Malvenblätter, gegen die 16-blättrige Chrysantheme aus.

„Singender" Dielenboden

Der aus fünf miteinander verbundenen Gebäuden und insgesamt 33 Räumen überwiegend aus Zedernholz erbaute **Ninomaru** (二の丸) darf nur ohne Schuhe betreten werden. Auf leisen Socken zu gehen, ist trotzdem unmöglich. Findige Baumeister konstruierten hier einen „wie Nachtigallen singenden" Dielenboden, der durch Knarren und Quietschen jeden Eindringling verriet. Viele Zimmer des Ninomaru dienten für den Empfang von Gästen, wobei je nach Vertrautheits- oder Verwandtschaftsgrad zwischen Shōgun und Besucher unterschiedliche Räumlichkeiten genutzt wurden. Allen gemein sind dekorative, von renommierten Künstlern ihrer Zeit gestaltete Wandmalereien, prunkvolle Kassettendecken und aufwendige Schnitzereien. Die Farbgebung einzelner Räume variiert von düsteren Tönen hin zu hellen freundlichen Farben als zu-

UNESCO-Weltkulturerbe-Stätten

1994 wurden 17 Baudenkmäler und Gärten in Kyōto und Umgebung in die Liste des UNESCO-Weltkulturerbes aufgenommen:
Byōdoin (平等院), Daigo-ji (醍醐寺), Enryaku-ji (延暦寺), Ginkaku-ji (銀閣寺, auch Jishō-ji 慈照寺), Hongan-ji (本願寺), Kamigamo-jinja (上賀茂神社), Kinkaku-ji (金閣寺), Kiyomizu-dera (清水寺), Koke-dera (苔寺, auch Saihō-ji 西芳寺), Kōzan-ji (高山寺), Nijō-jō (二条城), Ninna-ji (仁和寺), Ryōan-ji (龍安寺), Shimogamo-jinja (下鴨神社), Tenryū-ji (天竜寺), Tōji-ji (東寺), Ujikami-jinja (宇治上神社).

sätzlicher Ausdruck dafür, wie gut man sich kannte. Vorsicht ließ der Shōgun bei Audienzen trotzdem walten. Hinter den Schiebetüren mit dicken roten Kordeln postierte sich stets Wachpersonal, das bei einem unliebsamen Zwischenfall schnell reagieren konnte. Die Gartenanlage des Ninomaru mit Teich, sorgfältig platzierten Steinen und Pinien geht auf Kobori Enshū (1579–1647) zurück, dessen Feingefühl auch bei der Gestaltung vieler anderer herrschaftlicher Gärten gefragt war.

Westlich davon breitet sich das von einem zusätzlichen Burggraben umgebene Areal der einstigen Privatresidenz **Honmaru** (本丸) aus. 1788 niedergebrannt, versetzte man 1893 Gebäude aus dem kaiserlichen Palast hierhin. Für die Öffentlichkeit ist der Honmaru nicht zugänglich. 1939 ging die Burg, seit 1994 UNESCO-Weltkulturerbe, in den Besitz der Stadt Kyōto über. *Privatresidenz*

Burg Nijō *(nijō-jō 二条城), 541 Nijō-dōri, Nakagyō-ku, tgl. 8.45–17 Uhr, Jan., Juli, Aug., Dez. Di geschl., Erw./Kind 600/200–350 ¥.* **B** *Nr. 9/12/101, Stopp Nijōjōmae (二条城前); Nijō-jō (二条城駅), JR-Linie Sagano;* **M** *Karasuma-Oike (烏丸御池駅), Umsteigen in die Tōzai-Linie, Stopp Nijōjōmae.*

Kyōto International Manga Museum (10)

Ihren Charakter als bloße Unterhaltungsliteratur haben Mangas lange schon hinter sich gelassen. Das Genre fand sogar als Gegenstand interdisziplinärer Studien Eingang in Hochschulen und Forschungsinstitute. Dank ihrer Popularität werden Mangas in Werbung, Kunst, Pädagogik und anderen Bereichen genutzt. Seit 2003 befassten sich Stadtväter und Vertreter der Universität Kyōto Seika mit der Planung eines Museums. So konnte schließlich 2006 das Kyōto International Manga Museum mit einer Sammlung von rund 300.000 Publikationen eröffnen. Desinteresse oder Langeweile dürften hier Fremdwörter sein, denn neben musealer Aufbereitung der bis in die Heian-Zeit (794–1185) zurückreichenden Geschichte der Mangas darf hier jeder schmökern ohne Ende. Vor allem in der warmen Jahreszeit ist der Garten von Lesern und Büchern belegt. Im Erdgeschoss werden auch Ausländer unter übersetzten Mangas fündig.

Kyōto International Manga Museum *(kyōto kokusai manga myūjiyamu 京都国際マンガミュミュージヤム), Karasuma-Oike, Nakagyō-ku, ☏ 254-7414, www.kyotomm.com, Do–Di 10–18 Uhr, Erw./Kind 800/100–300 ¥.* **M** *Karasuma-Oike (烏丸御池駅), Linien Karasuma, Tōzai, Exit 2. Eingang in der Karasuma-dōri (烏丸通り).*

Anfassen und Schmökern ist im Manga Museum erlaubt

Fushimi Inari Taisha

Museum Kyōto (11)

Um etwas über die Geschichte Kyōtos zu erfahren, braucht man von hier aus nicht sehr weit zu gehen, denn das Museum Kyōto, nicht zu verwechseln mit dem Stadtmuseum (*shiritsu hakubutsukan* 市立博物館) im Viertel Sakyō-ku, liegt keine 200 m entfernt. Auf sechs Etagen ermöglichen Dauer- und Sonderausstellungen mit Modellen, Dokumenten sowie einer Filmgalerie Einblicke in die Vergangenheit Kyōtos. Ein ursprünglich als Bankfiliale genutztes rotes Backsteingebäude aus der Meiji-Zeit (1968–1912) dient heute als zusätzliches Museumsgebäude.

Stadtgeschichte

Museum Kyōto (*kyōto bunka hakubutsukan* 京都文化博物館), *Sanjō Takakura, Nagagyō-ku, ☎ 222-0888, www.bunpaku.or.jp, Di–So 10–19.30 Uhr, Sonderausstellungen bis 18 Uhr, Erw./Stud./Kind 500/400 ¥/frei. 5 Min. von der* **M** *Karasuma-Oike (烏丸御池駅), Linien Karasuma, Tōzai. Eingang in der Takakura-dōri* (高倉通り).

Nishiki-Markt (12)

Im wahrsten Sinne für Freunde des guten Geschmacks offenbart sich der Nishiki-Markt als Paradies aller denkbaren und undenkbaren Ingredienzien der japanischen Küche. Wer in Kyōto hinter dem Herd steht, kennt ihn – und das schon seit Jahrhunderten. Damals wie heute dürfte aber ein „Ich gehe mal eben schnell zum Markt" als Ding der Unmöglichkeit gelten. Hier reihen sich schließlich auf eine Länge von rund 400 m, mittlerweile überdacht, an die 100 Läden aneinander. Darben braucht hier niemand, denn findige Verkäufer bieten teilweise ihre Köstlichkeiten, seien es Austern, Pickles, Donuts u. v. m., auch zum Sofortverzehr an.

Laden an Laden

Nishiki-Markt (*nishiki ichiba* 錦市場), *Tominokoji-dōri, Nakagyō-ku, Geschäfte meist 9–18 Uhr.* **M** *Shijō* (四条駅), *Linie Karasuma, 5 Min. in nordöstl. Richtung.*

Pontochō (13)

Die schmalen Gassen von Pontochō am Westufer des Flusses Kamogawa waren in früheren Zeiten als Hanamachi, Viertel der Blumen, bekannt. Was hier blühte, versprach Kurzweil und Vergnügen, denn Pontochō galt schon seit dem 17. Jh. Geishas, in Kyōto

Geikos genannt, und Maikos, Geikos in Ausbildung, genauso als Heimat wie Prostituierten und Kneipiers. Heute finden sich hier Teehäuser, Restaurants aller Preisklassen und Clubs. Einige Einrichtungen sind für Ausländer ohne Verbindungen und entsprechendem Kleingeld tabu, dennoch dürfte ein abendlicher Bummel durch die von großen Laternen in nostalgisches Licht getauchten Gassen eindrucksvoll sein, erfüllt sich doch hier einmal mehr die Vorstellung des alten Japan. Auf der gegenüberliegenden Seite des Flusses breitet sich Kyōtos berühmtes Viertel Gion aus.
Pontochō (先斗町), *Nakagyō-ku.* **M** *Shijō* (四条駅), *Linie Karasuma, weiter vom* *Hankyū Karasuma* (阪急烏丸駅), *Linie Hankyū, Stopp* *Hankyū Kawaramachi* (阪急河原町駅).

Kyōtos Südosten/Osten – Fushimi-ku, Higashiyama-ku und Sakyō-ku

Schrein Fushimi Inari Taisha (14)

Zeit, vernünftiges Schuhwerk und in der warmen Jahreszeit ein bewährtes Mückenschutzmittel sollten zur Ausrüstung bei einem Besuch im Schrein **Fushimi Inari Taisha** im südöstlich gelegenen Bezirk **Fushimi-ku** (伏見区) gehören. Denn neben der Besichtigung der prächtigen bunten Hauptgebäude lockt hier zudem ein 4 km langer, verzweigter Rundgang durch Tausende von roten Toren in waldigem Gebiet. Die Tore sind allesamt Spenden von Firmen, Geschäftsleuten oder vielen anderen, die es sich leisten mochten. Die Entstehungsgeschichte des Schreins liegt ein wenig im Dunkeln. Vermutlich wurde er im Jahr 711 von und für den aus Korea eingewanderten Hata-Klan gegründet. Heute fungiert er als Hauptschrein von japanweit rund 30.000 Inari-Schreinen. Auffallend im gesamten Areal sind unzählige steinerne Fuchsstatuen, die sowohl als Bote der Gottheit Inari wie auch als Verkörperung Inaris selbst verehrt werden. Galt Inari in früheren Zeiten vor allem als göttlicher Garant für gute Ernten, haben manche Füchse doch einen Schlüssel für die Kornkammer im Maul, so erstrecken sich heute die Gebete Gläubiger auf Erfolg im Geschäftsleben allgemein. Unter den Schreinfesten ist das **Sangyō-sai** mit Musik und Tanz alljährlich am 8. April besonders beliebt. *Fuchsstatuen*
Fushimi Inari Taisha (伏見稲荷大社), *68 Fukakusa, Yabunouchichō, Fushimi-ku, ☎ 641-7331, tgl. Sonnenaufgang bis -untergang, Eintritt frei.* *Inari* (稲荷駅), *JR-Linie Nara;* *Fushimi Inari* (伏見稲荷駅), *Linie Keihan.*

Tempel Sanjūsangendō (15)

Fällt der Name Sanjūsangendō, wissen die meisten in Kyōto, dass damit eigentlich der Tempel Rengeō-in Hondō (連華王院本堂) im Bezirk **Higashiyama-ku** (東山区) gemeint ist. Die Bezeichnung Sanjūsangendō (wörtlich „33 Raum Halle") dürfte deshalb gebräuchlicher sein, weil sie schon eine Eigenheit des Tempels benennt. Sie bezieht sich auf die 33 Nischen der Haupthalle als Symbol der 33 Inkarnationen des Kannon Bosatsu, des Bodhisattvas des Mitgefühls. Der Tempel ist einem Zweig des Mahayana-Buddhismus, dem Tendai, zugehörig. Die Gründung des 1164 erbauten Sanjūsangendō geht auf den 77. Kaiser Japans, Go-Shirakawa (1127–1192) zurück, der trotz seiner Abdankung 1158 noch viele Jahre das Schicksal des Landes als Klosterherrscher beeinflusste. 1249 zerstörte ein verheerender Brand die Anlage, deren Wiederaufbau mit ihrer gut 118 m langen und von einer breiten Veranda umgebenen Haupthalle erst *33 Nischen*

17 Jahre später vollendet wurde. Beherbergte der Tempel bis zur Brandkatastrophe genau 124 Kannon-Skulpturen, so kamen während seiner Rekonstruktion noch über 900 dazu. Für Tempel der späten Heian-Zeit nichts Außergewöhnliches, doch heute ist der Sanjūsangendō mit seinen über **1.000 hölzernen, mit Blattgold überzogenen Skulpturen** landesweit der einzig erhaltene. In zehn Reihen hintereinander stehen zu beiden Seiten der Zentralfigur Senjū Kannon jeweils 500 Plastiken. Direkt davor versinnbildlichen insgesamt 24 Statuen unterschiedliche Gottheiten aus Buddhismus und Hinduismus. Als Wächter am Ein- und Ausgang der Halle harren wie in vielen Tempeln Japans Raijin, der Gott des Donners, und Fūjin, der Gott des Windes. Holzbildhauer der sog. Enpa- und Ingpa-Schule, beeinflusst vom Kunstschaffen der für filigrane und elegante Arbeiten bekannten chinesischen Tang-Ära (618–907), und Künstler der Keiha-Schule, deren Werke eher dem robusteren Stil der Kamakura-Zeit (1185–1333) entsprachen, fertigten die stehenden, 1,65 m großen Bodhisattva-Skulpturen.

Trotz desselben Motivs unterscheiden sie sich alle in Antlitz, Statur und Details. Eine führende Rolle beim Auf- und Ausbau des Sanjūsangendō spielte der einstige Keiha-Zögling Tankei (1173–1256) als einer der bedeutendsten Holzbildhauer seiner Zeit. Die Zentralfigur des Tempels, den sitzenden, fast 3 m hohen **Senjū Kannon**, vollendete er im Alter von 82 Jahren nach der damals üblich gewordenen Yosegi-Methode. Das bedeutet, die Skulptur nicht aus einem einzigen, sondern aus mehreren Holzblöcken zusammenzusetzen. Der Vorteil war eine leichtere Handhabung und vereinfachte spätere Restaurationen. Senjū Kannon zeigt sich mit elf Köpfen unterschiedlichen Ausdrucks. *Hauptfigur mit „tausend“ Armen* Neben zwei Armen und vor der Brust in Respekt erweisender Haltung zusammengelegten Händen verfügt die zum Nationalschatz erklärte Skulptur über 40 weitere Arme. Nach buddhistischem Glauben entspricht das 1.000 Armen, denn jeder kann „25 Welten erlösen“. Direkt umrahmt wird die Figur von vier Statuen, den Himmlischen Königen.

In der Galerie auf der Rückseite der Skulpturenhalle ist die Geschichte des Tempels einschließlich des Tōshiya (etwa „aus der Ferne geschossener Pfeil“) dokumentiert. Darunter ist ein vermutlich schon im 12. Jh. ins Leben gerufener, seit 1606 alljährlich *Über 400 Jahre Bogenschießen* stattfindender **Bogenschießwettbewerb** zu verstehen. Seit damals gilt es, innerhalb von 24 Stunden mit so vielen Pfeilen wie möglich das Ziel zu treffen. Dabei haben sich die Anforderungen im Lauf der Zeit verändert. Wurden ursprünglich die Pfeile entlang der nur 2,5 m breiten, 5,5 m hohen und 118 m langen Westveranda abgeschossen, so messen sich heute die Schützen auf eine Distanz von 60 m im Tempelareal neben dem Hauptgebäude. Trotz dieser aus Gründen des Denkmalschutzes eingeführten Maßnahme wird meist im Januar eine Vorführung in seiner einstigen Form veranstaltet. Als Champion gilt seit 1686 Wasa Daihachiro (1664–?). Bei seiner bislang einzigartigen Leistung von 13.053 abgeschossenen Pfeilen erreichten 8.133 das Ziel. Benutzt werden wie ehedem die für Japan typischen asymmetrischen Bögen *(yumi)* ohne Fokussiereinrichtung oder Pfeilauflage. Der Griff unterteilt den Bogen in einen kürzeren unteren und einen längeren oberen Abschnitt im Verhältnis 1:2 mit einigen standardisierten Gesamtlängen über 2 m. Traditionell aus einem mit mehreren Schichten Bambus verleimten Holzkern und Rattanumwicklung hergestellt, finden heute zudem Materialien wie Glasfiber Verwendung. Auch die ursprünglich aus jungem Bambus mit einem Besatz aus Adler-, Kranich- oder Pfauenfedern hergestellten Pfeile *(ya)* gibt es mittlerweile aus Alu mit Truthahnfedern.

Sanjūsangendō (三十三間堂), *657 Mawarichō, Sanjūsangendō, Higashiyama-ku, ☏ 561-0467, www.sanjusangendo.jp, April–Mitte Nov. 8–17, sonst 9–16 Uhr, Erw./Kind 600/300–400 ¥. Fotografieren ist in der Haupthalle nicht gestattet.* **B** *Nr. 206/208/100, Stopp Hakubutsukan Sanjūsangendōmae* (博物館 三十三間堂前).

Kyōto National Museum (16)

Vom Eingangsbereich des Sanjūsandendō ist schon das auf der anderen Straßenseite der Shichijō-dōri (七条通り) gelegene Museum zu sehen. Inspiriert vom französischen Barock des 17. Jh. entwarf Architekt Katayama Tōkuma (1854–1917) als Pionier europäischer Baustile in Japan das Hauptgebäude. Zwischen 1892 und 1895 fertiggestellt, öffnete das Haus als Kaiserliches Museum Kyōto 1897 seine Tore. Im heutigen Kyōto National Museum erwartet Besucher eine Sammlung von rund 12.000 Exponaten vorwiegend aus Japan, China und Korea. Archäologische Artefakte und Kulturschätze werden in Räumlichkeiten aus dem Jahr 1966 gezeigt. Das ursprüngliche Gebäude ist Sonderausstellungen vorbehalten.

Rund 12.000 Exponate

Kyōto National Museum (*kyōto kokuritsu hakubutsukan* 京都国立博物館), *527 Chayamachi, Higashiyama-ku, ☏ 525-2473, www.kyohaku.go.jp, Di–Do, So 9.30–17 Uhr, Fr/Sa bis 20 Uhr, Erw./Stud. 520/260 ¥.*

Tempel Kiyomizu-dera (17)

Tempel Kiyomizu-dera

Der sich an die Hügel der Ostberge schmiegende Tempel Kiyomizu-dera, seit 1994 UNESCO-Weltkulturerbe, zählt zu den Top Ten aller Sakralbauten der Stadt. Ende des 8. Jh. gegründet, ist der heutige Komplex in das Jahr 1633 zu datieren. Einzigartig, viel besucht und legendenumwoben schiebt sich vor der Haupthalle eine breite **Terrasse**, von einer imposanten Holzkonstruktion gestützt, über das 13 m tiefer liegende Terrain. In früheren Zeiten, so erzählt man sich, kam nicht jeder der schönen Aussicht wegen hierher. War doch denjenigen, die sich hier in den Abgrund stürzten und überlebten, Glück und die Erfüllung aller Wünsche beschieden. Aus der Edo-Zeit sind 234 Sprünge dokumentiert, von denen lediglich 15 % „erfolglos" blieben. Aus diesem heute selbstverständlich verbotenen Ritual hat sich die Redewendung „die Terrasse des Kiyomizu hinunterspringen" in der Bedeutung, sich zu einem Entschluss durchzuringen, entwickelt.

Einmal mehr als Beweis von Glaubensfreiheit und Toleranz unter den Religionen Japans beherbergt der Tempelkomplex den Shintōschrein Jishu-jinja (地主神社). Einer Gottheit der Liebe gewidmet, hält der Schrein einige Orakel bereit, wie etwa zwei 18 m auseinanderliegende Steine. Wer hier mit geschlossenen Augen von einem zum anderen gelangt, dem ist der „Siebte Himmel" gewiss. Wenn auch aus anderen Gründen

Religiöse Toleranz

nicht minder gefragt, ist der kleine Wasserfall im unteren Tempelbereich. Schließlich darf jeder, der das Wasser mit Metallkellen auffängt und trinkt, auf ein langes Leben, Gesundheit und Wohlstand hoffen. Selbst der Name des Tempels ist dem ewig sprudelnden Quell zu verdanken, denn Kiyomizu bedeutet „reines Wasser".

Glücksverheißendes Wasser

Kiyomizu-dera (清水寺), *1-294 Kiyomizu, Higashiyama-ku, ☏ 551-1234, www.kiyomizudera.or.jp, tgl. 6–18 Uhr, Erw./Kind 300/200 ¥.* **Haupthalle** *(Terrasse) wg. Dachrenovierung bis 2020 abgedeckt.* **B** *Nr. 100/206, Stopp Kiyomizumichi (清水道) o. Gojō-zaka (五条坂).*

Zum Yasaka-Schrein und ins Viertel Gion

Wer Zeit und Schlenderlaune hat, sollte den Weg zwischen Kiyomizu-dera und dem am Rand des **Maruyama Park (18)** (*maruyama-kōen* 円山公園) gelegenen Yasaka-Schrein zu Fuß zurücklegen. Die Spaziermeile von ganz eigenem Flair führt an Restaurants, Cafés und hübschen Souvenirshops vorbei, in denen u. v. a. auch die für Kyōto typische Süßigkeit *Yatsuhashi* (八ツ橋) aus Reismehl und Azukibohnen zu erstehen ist – unter Japanern ein beliebtes Mitbringsel. Zwar verlaufen die von traditionellen Holzhäusern gesäumten Gassen bis zum Maruyama Park ein wenig kreuz und quer, wenn man sich aber Richtung Nordwesten orientiert, kann im Grunde nichts schief gehen.

Das Tor Rōmon im schönsten Zinnoberrot

Durch den vor allem zur Kirschblüte gefragten Maruyama Park gelangt man sozusagen durch die Hintertür in den hauptsächlich der Gottheit des Windes und des Meeres Susanoo geweihten **Yasaka-Schrein (19)**. Eine echte Tür gibt es nicht und so ist der Schrein, dessen Wurzeln ins 7. Jh. zurückreichen, rund um die Uhr zugänglich. Die heutigen Gebäude einschließlich des doppelstöckigen **Tores Rōmon** (楼門) in leuchtendem Zinnoberrot wurden rund 1.000 Jahre später erbaut.

Yasaka-Schrein (*yasaka jinja* 八坂神社), *625 Kitagawa, Gionmachi, Higashiyama-ku, ☏ 561-6155, tgl. 24 Std.*

Bedeutendes Fest

Von hier aus fällt der Blick über den **Stadtteil Gion (20)** (祇園), dessen **Gion Matsuri**, alljährlich im Juli vom Yasaka-Schrein ausgerichtet, zu einem der bedeutendsten Feste in Japan gehört. Der Ursprung des Festes ist mit einer 869 in Kyōto wütenden Epidemie verbunden. Um den Zorn der Götter zu beschwichtigen, schleppten Gläubige damals tragbare Schreine durch die Gassen des Viertels – ein Brauch, an dem sich bis heute nichts geändert hat. Einst von Kneipen und Herbergen geprägt, entwickelte sich Gion im japanischen Mittelalter zum heute landesweit bekanntesten Distrikt der **Geishas** bzw. Geikos und Maikos. Oft genug fehlinterpretiert, war und ist Gion kein Rotlichtbezirk. Das Milieu Kyōtos amüsierte sich im Stadtteil Shimabara – und das bis zum Erlass des Antiprostitutionsgesetzes 1956. In den Straßen und den teils von traditionellen Häusern gesäumten Gassen Gions stehen die Chancen gut, zumindest Maikos zu sehen. Von Kennern eher belächelt, bietet hier das **Theater Gion Corner** Besuchern einen Rundumschlag im Schnelldurchlauf durch die Künste des alten Japan. Sei es das Puppenspiel Bunraku, die Hofmusik Gagaku oder Kyōmai, ein Tanz im Kyōto-Stil – für einen ersten Eindruck und Überblick reichen die Darbietungen allemal.

Künste des alten Japan

Gion Corner (*gion kōnā* ギオンコーナー), *Yasaka Hall* (*yasaka kaikan* 八坂会館), *570-2 Gionmachi Minamigawa, Higashiyama-ku,* ☎ *561-1119, April–Nov. tgl. 2 Shows à 50 Min. 18 u. 19 Uhr, Dez.–März jede 2. Woche/Monat nur Fr–So, Erw./Kind 3.150/1.900–2.200 ¥.* **B** *Nr. 100/206, Stopp Gion* (祇園); *Gion-Shijō* (祇園四条駅), *Linie Keihan.*

Tempel Chion-in (21)

Dass der Haupttempel der Jōdo-Schule Chion-in genau an diesem Ort in Kyōto erbaut wurde, hatte natürlich einen Grund. Hier soll sich 1212 der geistige Vater des Jōdo Hōnen Shōnin (1133–1212) zu Tode gefastet haben. Im Jahr 1234 gegründet, stammen die heutigen Gebäude überwiegend aus dem 17. Jh. Eine Ausnahme ist das 1619 erbaute 24 m hohe **Tor Sanmon** (山門). Auch die rund 3.000 Personen fassende Haupthalle darf sich ihrer Größe rühmen. Ein Korridor im hinteren Hallenbereich ist, wie auch in Gängen der Burg Nijō zu finden, als „Nachtigallenboden" konstruiert. Durch die raffinierte Bauweise ist es unmöglich, geräuschlos darüber zu gehen. Gewollt laut indes wird es alljährlich zum **Neujahrsfest**, wenn die mit 74 t Gewicht als eine der schwersten Glocken des Landes geschlagen wird. Einfach ist es nicht, denn allein um den Klöppel zu bewegen, bedarf es immerhin der Muskelkraft von 17 Mönchen.

Eine der schwersten Tempelglocken

Chion-in (知恩院), *400 Rinkachō, Higashiyama-ku,* ☎ *531-2111, www.chion-in.or.jp, tgl. 9–16.30 Uhr, Tempel frei, Gärten Erw./Kind 500/250 ¥.* **B** *Nr. 100/206, Stopp Chioninmae* (知恩院前); *10 Min. von* **M** *Higashiyama* (東山駅), *Linie Tōzai, Exit 2.*

Im Okazaki Park (22)

Wenn sich der Wettergott einmal launisch zeigt, ist der **Okazaki Park** (*okazaki-kōen* 岡崎公園) im Bezirk **Sakyō-ku** (左京区) mit gleich mehreren Museen eine gute Adresse, um grauen Himmel und Regenschauer zu vergessen. Das MOMAK, **National Museum of Modern Art (23)**, widmet sich sowohl japanischer als auch westlicher Kunst des 20. Jh. Neben Gemälden und Grafiken zählt Kunsthandwerk, insbesondere Keramik zu seiner Sammlung. Westlich davon hat sich auch das **Kyōto Municipal Museum of Art (24)** der hehren Kunst aus Japan und Übersee verschrieben. In der „Museumsecke" präsentiert das **Kyōto Museum of Traditional Crafts Fureaikan (25)** im Erdgeschoss der Miyako Messe Kangyō Hall nicht nur Kunsthandwerk aller Art, hier wird auch der jeweilige Herstellungsprozess dokumentiert.

Park und Museen

National Museum of Modern Art (*kokuritsu kindai bijutsukan* 国立近代美術館), *26-1 Okazaki, Enshōjichō, Sakyō-ku,* ☎ *761-4111, www.momak.go.jp, Di–Do, So 9.30–17, Fr/Sa 9–20 Uhr, Erw./Stud./Kind 420/130 ¥/frei, Eintritt bei Sonderausstellungen variabel.*
Kyōto Municipal Museum of Art (*kyōto-shi bijutsukan* 京都市美術館), *124 Okazaki,* ☎ *771-4107, www.city.kyoto.jp/bunshi/kmma, Di–So 9–17 Uhr, Eintritt je nach Ausstellung. Wegen Renovierung ist bis 2019 nur der Anbau geöffnet.*
Kyōto Museum of Traditional Crafts Fureaikan (*kyōto-shi dentō sangyō fureaikan* 京都伝統産業ふれあい館), *Miyako Messe Kangyō Hall, 9-1 Okazaki,* ☎ *762-2670, www.miyakomesse.jp/fureaika, tgl. 9–17 Uhr, Eintritt frei.*
B *Nr. 5/100, Stopp Kyōto Kaikan Bijutsukan-mae* (京都会館美術館前).

info

Kaiseki – Ästhetik für den Augenblick

Während seiner durch Kaiserhaus, Shōgunat und Priesterschaft geprägten Kulturgeschichte entwickelte sich **Kyōtos Kochkunst** im Spannungsfeld zwischen Nahrungsangebot und feinsinnig philosophischem Anspruch – zumindest dort, wo man sich es leisten konnte. Selbst die wahrlich bescheidene, von Mönchen aus China „mitgebrachte" **Klosterdiät Shōjin-ryōri**, bei der Fleisch, Fisch und auch Wurzelgemüse undenkbar waren, eroberte sich im Lauf der Zeit durch Nutzung heimischer Zutaten den Ruf, schmackhaft zu sein. Auch der Ursprung der für Kyōto typischen **Kaiseki-Küche** liegt in dem kargen Mahl der Mönche. Dabei ging es der Bedeutung des Begriffs Kaiseki entsprechend zunächst darum, Hungergefühle mithilfe eines erwärmten, unter die Kleidung geschobenen Steines, zu unterdrücken. Mit der Zeit wurden auch leichte Mahlzeiten, bestehend aus Misosuppe und drei weiteren spärlichen vegetarischen Komponenten im Zusammenhang mit der Teezeremonie als Kaiseki bezeichnet.

Die moderne Kaiseki-Küche

Heute rangiert Kaiseki an der Spitze japanischer Gaumenfreuden, denn nun mehr als kunstvolles Arrangement saisonaler Zutaten bekannt, verspricht es immer wieder, beflügelt vom Geist des Zen, eine sinnlich ästhetische Sensation. Kaiseki setzt sich aus unterschiedlichsten kleinen Delikatessen zusammen, wobei auch Fleisch und Fisch, ob roh, gekocht oder gebraten, in der modernen Kaiseki-Küche einen Platz gefunden haben. Höchstes Augenmerk liegt neben den lokalen, je nach Jahreszeit ausgewählten Zutaten und aufwendiger Dekoration auf der Wahl des Geschirrs, das die optische Präsentation akzentuiert. Unterschieden werden muss zwischen dem beschriebenen Kaiseki (懐石) und Kaiseki (会席), unter dem ein opulentes Festmahl höherer Kreise zu verstehen ist.

Den Kaisern Kammu und Kōmei geweiht

Im Norden des Okazaki Park glänzt der im Gedenken an den 1.100. Jahrestag der Etablierung Heiankyōs, dem heutigen Kyōto, sowie zu Ehren der beiden Kaiser Kammu (737–806) und Kōmei (1831–1866) im Jahr 1895 erbaute große **Heian-Schrein (26)** in kräftigen Farben. Wird Kammu als Stadtgründer gewürdigt, so war Kōmei der letzte hier residierende Tennō. Aufgrund seiner Verdienste um das moderne Japan von Bürgern Kyōtos 1938 posthum zum Gott erklärt, war das Anlass genug, den Schrein noch zu erweitern. Die architektonische Komposition der Anlage entspricht im Wesentlichen einer Reproduktion des ursprünglichen, 1227 zerstörten Kaiserpalastes Daidairi „en miniature". Klein ist das Areal mit 15 Gebäuden und hübschen Gartenanlagen trotzdem nicht, was das zinnoberrote Schreintor mit einer Höhe von gut 24 m und einem fast 34 m langen Querbalken als landesweit **größtes Torii** schon vermuten lässt. Obwohl es 500 m vom Heian-jingū entfernt eine breite Straße überspannt, wird es als Haupteingang gesehen.

Zwei besondere Daten sind im Kalender vieler Einwohner sicher alljährlich vorgemerkt: der 22. Oktober und die beiden ersten Junitage. Im Oktober ist der Schrein am **Jidai Matsuri** mit farbenprächtiger Prozession und Parade als einem der bedeutendsten Feste Kyōtos beteiligt. Tragbare, den Kaisern Kammu und Kōmei geweihte Schreine werden zwischen dem Kaiserpalast und dem Heian-jingū mit großem Spektakel durch die Straßen transportiert. Im Juni gibt es abends, von Fackeln und Feuern beleuchtet, im Schreinareal **Takigi-Nō-Tänze** zu sehen. *Besondere Festtage*

Heian-Schrein (*heian-jingū* 平安神宮*), Okazaki, Nishitennōchō, Sakyō-ku,* ☎ *761-0221, www.heianjingu.or.jp. Schrein: tgl. 6–18, Winter bis 17 Uhr, Garten tgl. 8.30–17, Winter bis 16.30 Uhr, Schreinareal frei, Garten Erw./Kind 600/300 ¥, Takigi-Nō ca. 4.000 ¥, Vorverkauf bei Touristeninformationen.*

B *Nr. 5/100, Stopp Kyōto Kaikan Bijutsukan-mae* (京都会館美術館前)*; 10 Min. zu Fuß von*
M *Higashiyama* (東山駅)*, Linie Tōzai, Exit 1.*

Ginkaku-ji (27)

Ashikaga Yoshimasa (1436–1490), der achte Shōgun der Muromachi-(Ashikaga)-Zeit (1333–1573), hätte sich wohl kaum träumen lassen, dass seinen ab 1482 erbauten Altersruhesitz über 500 Jahre später Gäste aus aller Welt besuchen. Denn unter einem wirklich glücklichen Stern stand das damalige Vorhaben für Yoshimasa nicht. Aufgrund des Ōnin-Kriegs, finanziellen Schwierigkeiten und seines Strebens nach Vollkommenheit zögerte sich der Bau des Ginkaku-ji-Areals immer weiter hinaus, sodass er dessen Fertigstellung gar nicht mehr erlebte. Trotzdem hatte er schon 1483 eine Villa in der Umgebung bezogen, um sich nunmehr ausschließlich seinem Interesse an Kunst und Spiritualität zu widmen. Nicht zuletzt spielte sein Schöngeist und Sinn für Ästhetik bei der Entwicklung vieler traditioneller Künste eine maßgebliche Rolle und prägte für diese kulturelle Blütezeit den Begriff „**Higashiyama-Kultur**".

Gemäß Yoshimasas Wunsch wandelte man nach seinem Tod das Areal des Ginkaku-ji unter dem Namen **Jishō-ji** (慈照寺) in einen Zentempel um. Doch einmal mehr wollte das Schicksal es anders. Während der Zeit der Streitenden Reiche in der zweiten Hälfte des 16. Jh. wurden zehn von zwölf Gebäuden zerstört. Erhalten blieb die einst von Yoshimasa als Wohn-, Altar- und Teeraum genutzte **Halle Tōgudō** (東求堂) mit einem weit ausladenden Dach und Tatamizimmern im schlicht eleganten Shoin-Stil (Schreibzimmer-Stil). Neben einer Skulptur des Buddhas des unendlichen Lichts und Lebens Amida Nyorai findet sich hier auch eine Statue von Yoshimasa im Priestergewand. Als Musterbeispiel für einen idealen Teeraum gilt im Tōgudō ein 4,5-Tatami großes Zimmer mit fensterlosem Erker, der sog. Tokonoma-Nische, und einem Regal mit unregelmäßigen Brettern. *Perfekter Teeraum*

Der zweistöckige Silberpavillon **Ginkaku-ji** sollte vermutlich als Pendant zu dem von Yoshimasas Großvater Ashikaga Yoshimitsu erbauten Goldenen Pavillon Kinkaku-ji tatsächlich eines Tages in Silber glänzen. Realisiert wurde das Vorhaben aber nie. Mit seiner Shinden- bzw. Palastarchitektur im Untergeschoss, dem Stil chinesischer Zentempel im Obergeschoss sowie der doppelten Dachkonstruktion vereint das Gebäude unterschiedliche Bauarten. Yoshimasa nutzte den Pavillon zum Wohnen, zur Meditation und Kontemplation. In der oberen Etage ziert eine Kannon-Skulptur seinen geweihten Altarraum. Die Dachkuppel krönt ein vergoldeter Phönix.

Konischer Sandberg im Garten des Ginkaku-ji

Jüngeren Datums ist die im 17. Jh. erbaute Haupthalle auf der linken Seite des Eingangs, deren Schiebetüren von den Künstlern Yosa Buson (1716–1783) und Ike no Taiga (1723–1776) bemalt worden sind. Nur wenige Jahre zurück liegt die 1993 gefeierte Einweihung eines weiteren im Shoin-Stil erbauten Gebäudes, das genauso wie der umgebende Garten den Geist der einstigen Higashiyama-Kultur widerspiegeln soll.

Wer heute den Ginkaku-ji besucht, geht noch vor dem Eingangstor durch eine gut 50 m lange Passage, deren hohe Einfriedung aus Steinen, Bambus und Kamelienhecke nur Blicke gen Himmel gewährt. Schon zu Yoshimasas Zeiten war dieser Wegabschnitt dafür gedacht, vor Eintritt in den Wohn- und späteren Tempelkomplex die Gedanken zu klären und eine Trennung zur Außenwelt zu schaffen. Blickfang im inneren Tempelbereich ist ein 2 m hoher konischer Sandberg, der u.a. an den Berg Fujisan erinnern soll. Daneben breitet sich als Symbol für den Westsee Xihu in der chinesischen Stadt Hangzhou ein „Silbersandsee" aus. Der weitere Weg durch die Gartenanlage führt an Teichen vorbei durch ansteigendes bewaldetes Gelände. Ursprünglich Soami (1455–1525), einem der berühmtesten Landschaftsarchitekten seiner Zeit zugeschrieben, ist die gegenwärtige Gartengestaltung in die Edo-Zeit zu datieren. Der Ginkaku-ji gehört als Untertempel des Tempels Shōkoku-ji zur zen-buddhistischen Lehrtradition des Rinzai, deren Ursprung im China des 9. Jh. liegt. Zwischen der Sōtō- und Ōbaku-Schule ist die Rinzai-shū die zweitgrößte der drei großen Zen-Sekten mit ihren Hauptzentren in Kyōto und Kamakura. Seit 1994 zählt der Ginkaku-ji-Komplex zum UNESCO-Weltkulturerbe.

Hügel und See aus Sand

Ginkaku-ji (銀閣寺), *2 Ginkakujichō, Sakyō-ku, ☎ 771-5725, www.shokoku-ji.or.jp, Mitte März–Nov. tgl. 8.30–17, sonst 9–16.30 Uhr, Erw./Kind 500/300 ¥.* **B** *Nr. 5/15/ 100, Stopp Ginkakujimae* (銀閣寺前).

Philosophenweg (28)

Dass die pittoreske, ca. 2 km lange Spaziermeile entlang eines schmalen Kanals zwischen Ginkaku-ji und dem Schrein Nyakuōji-jinja „Philosophenweg" genannt wird, hat einen guten Grund: **Nishida Kitarō** (1870–1945) hing als geistiger Vater der modernen japanischen Philosophie hier oft seinen Gedanken nach. Charakteristisch für das Japan der ausgehenden Meiji-Zeit (1868–1912) und der folgenden Taishō-Zeit (1912–1926) war die Suche nach einer Neuordnung in Politik, Kultur und Gesellschaft. In diesen Jahren setzten sich viele Intellektuelle mit westlicher Philosophie auseinander, wobei es nicht allein um Interpretationen ging. Richtungsweisend war, aus westlichem und östlichem Gedankengut eine Synthese zu schaffen. Nishida, 1914–1929 Professor an der Kaiserlichen Universität Kyōto, befasste sich mit Erkenntnistheorie und Metaphysik genauso wie mit Religionsphilosophie, Ethik und Ästhetik. Damals hin und wieder

Auf Nishida Kitarōs Spuren

Im Schrein Ōtōya-jinja

als Weltfremder im Elfenbeinturm belächelt, war gerade er es, der die Entwicklung der modernen japanischen Philosophie nachhaltig beeinflusste. Heute bildet der Philosophenweg einen Ort der Ruhe und Beschaulichkeit, der sich im Frühjahr während der Kirschblüte oder im Herbst, wenn die orangegelb bis hin zu karminrot gefärbten Blätter der Ahornbäume in der Sonne leuchten, von seinen schönsten Seiten zeigt. Gleich mehrere Tempel und Schreine säumen den Weg am Fuß der Östlichen Berge. Anders als zu Zeiten Nishidas finden sich mittlerweile auch einige Cafés, Restaurants und kleine Läden entlang des Kanals.

Fußabdrücke von Buddha

Den **Tempel Hōnen-in (29)**, 1681 im Gedenken an Hōnen Shōnin (1133–1212) erbaut, umgibt eine kleine Gartenanlage mit Teich und Sandhügeln. Eine Besonderheit ist ein Stein, auf dem Fußabdrücke, vermeintlich von Buddha selbst, abgezeichnet sind. Besucher müssen sich meist mit der Außenansicht der Tempelgebäude begnügen, denn sie werden nur zweimal im Jahr, im April und November, geöffnet. Hōnen wird die Begründung der buddhistischen Jōdo-Schule im Jahr 1175 zugeschrieben. Zwar fand er zu Lebzeiten in allen Gesellschaftsschichten Anhänger seiner Lehre, trotzdem wurde er als Ketzer angeprangert und im hohen Alter von 75 Jahren ins Exil verbannt.

Schutzschrein für Kaiser Uda

Als betrete man eine andere Welt, umhüllt den von üppiger Vegetation umwucherten kleinen **Schrein Ōtōyo-jinja (30)** eine fast mystische Atmosphäre, nicht zuletzt seiner Abgeschiedenheit wegen. Verehrt wird hier die vor Unglück beschützende shintoistische Gottheit Sukunahikona. Zwei Mausstatuen als Wächterfiguren, eine mit Schriftrolle, die andere mit einer Kugel, symbolisieren Wissen, Glück, Gesundheit, Wohlstand und langes Leben. In dem vermutlich im Jahr 887 für den erkrankten Kaiser Uda (867–931) begründeten Schutzschrein flehte man lokale Gottheiten um dessen Genesung an. Das Verhältnis zwischen Uda und seinem Vater Kaiser Kōkō (830–887) dürfte in den Jahren zuvor nicht das Beste gewesen sein. Zur Einsparung von Geldern und um den politischen Einfluss seines Sohnes zu begrenzen, hatte Kōkō ihm den Rang als Mitglied des Kaiserhauses entzogen. Erst nach Kōkōs Tod im Jahr 887 war Uda, seit seiner Degradierung unter dem Namen Minamoto no Sadami bekannt, wieder als Thronfolger gefragt.

Zwei Jahre nach seinem Rücktritt als Kaiser gründete 1160 Go-Shirakawa (1127–1192) den **Schrein Nyakuōji-jinja (31)** in der bis heute für seine reizvolle Landschaft gerühmten Umgebung im Süden des Philosophenwegs. Angeblich richtete Shōgun Ashikaga Yoshimasa deshalb im März 1465 genau hier ein großes Kirschblütenfest aus. Das während des Ōnin-Kriegs vollständig zerstörte Schreinareal ließ erst 100 Jahre später Toyotomi Hideyoshi restaurieren. Seit 1978 besteht der Nyakuōji-jinja nur mehr aus einem Gebäude.

Der Ursprung des 853 gegründeten **Tempels Eikandō Zenrin-ji (32)** geht auf den der Shingon-Schule zughörigen Mönch Shinshō (797–873) zurück. Bedeutendster Schatz des Tempels ist eine 77 cm große Statue des Amida Buddha. Ungewöhnlich an dem Standbild in der Amida-Buddha-Halle ist die Körperhaltung, die ursprünglich anders gewesen sein soll. Man erzählt sich, dass Yōkan (1033–1111), der siebte Abt des Tempels, 1082 gemeinsam mit einigen Mönchen den Buddha, Sutras murmelnd, rituell umkreiste. Da sei Amida plötzlich zum Leben erwacht, habe den Kopf über die linke Schulter zu Yōkan gedreht und ihm zugeraunt, dass er viel zu langsam sei. Augenscheinlich behielt die Statue diese Haltung bis heute bei. Vor allem im Farbenspiel des Herbstes ist der Eikandō mit seiner Gartenanlage ein beliebtes Ausflugsziel. Von der zweistöckigen Pagode aus bietet sich eine schöne Aussicht auf Kyōto.

Außergewöhnliche Buddhastatue

Das Areal des heutigen großen **Zentempels Nanzen-ji (33)** der Rinzai-Schule inmitten eines Parks und Gärten – wie dem von Kobori Enshū (1579–1647), einem schöngeistigen Multitalent angelegten Konchi-in – zählte früher zu den Lieblingsplätzen Kaiser Kameyamas (1249–1305). 1264 wählte er den Ort für den Bau seiner Residenz, die er Jahre später, mehr und mehr dem Zen-Buddhismus zugetan, in einen Tempel umgestalten ließ. Während des Ōnin-Kriegs zum Großteil vernichtet, stammen die heutigen Gebäude wie das 1628 errichtete hölzerne Eingangstor **Sanmon** (山門) aus dem 17. Jh. Steigt man die Treppen des Tores hinauf, in dem mehrere Buddhastatuen aufbewahrt werden, blickt man auch von hier über Tempelanlage und Stadt.

In der Nähe des 1895 rekonstruierten Hauptgebäudes **Honden** (本殿) gilt das einst im Besitz des Kaiserhauses und später hierhin verlegte Gebäude **Hōjō** (方丈) einschließlich seines Zengartens als kunsthistorisches Juwel. Die Malereien an den Schiebetüren sind überwiegend der Kanō-Schule zuzuordnen, die sich im 15. Jh. im Kontrast zu der aus China übernommenen schwarzen Tuschmalerei durch Nutzung kräftiger Farben und großflächiger Kompositionen entwickelte. Am bekanntesten ist das von Kenō Tanyū (1602–1674) geschaffene Gemälde „Tiger im Bambushain". Von den ursprünglich über 60 Nebentempeln im Areal des Nanzen-ji sind nur mehr neun erhalten. Der 1890 im Stil westlicher Architektur erbaute Aquädukt ist eine weitere Sehenswürdigkeit der Anlage.

Kunsthistorisches Juwel

Philosophenweg *(tetsugaku no michi* 哲学の道*), Sakyō-ku. Von Norden aus beginnt der Weg direkt vor dem Eingangsbereich des Ginkaku-ji (s. o.).*
Hōnen-in (法然院)*, 30 Goshonodanchō Shishigatani, tgl. 6–16 Uhr, Eintritt frei. Sonderausstellungen: 1.–7. April 500 ¥ und 1.–7. Nov. 800 ¥.*
Ōtōyo-jinja (大豊神社)*, 1 Miyanomaechō Shishigatani, tgl. 24 Std., Eintritt frei.*
Nyakuōji-jinja (若王子神社)*, 2 Nyakuōjichō, tgl. 24 Std., Eintritt frei.*
Eikandō Zenrin-ji (永観堂禅林寺)*, 48 Eikandōchō, tgl. 9–17 Uhr, 600 ¥.*
Nanzen-ji (南禅寺)*, Nanzen-ji Fukuchichō, März–Nov. tgl. 8.40–16.30, sonst bis 16 Uhr, Erw./Kind 500/300.*
Für einige **Untertempel** *und den* **Garten Konchi-in** *gelten gesonderte Regelungen:*
Hōjō (方丈)*, April–Nov. tgl. 8.40–17, sonst bis 16.30 Uhr, 500 ¥.*
Tenjuan (天授庵)*, April–Nov. tgl. 9–17 Uhr, sonst bis 16.30 Uhr, 500 ¥.*
Nanzen-in (南禅院)*, März–Nov. tgl. 8.40–17, sonst bis 16.30 Uhr, 300 ¥.*
Konchi-in (金地院)*, März–Nov. tgl. 8.30–17, sonst bis 16.30 Uhr, 400 ¥.*
B *Nr. 5, Stopp Nanzenji Eikandō-michi* (南禅寺永観堂道)*;* **B** *Nr. 100, Stopp Higaschitennōchō* (東天王町).

Kyōtos Nordwesten/Westen – Kita-ku, Ukyō-ku und Nishikyō-ku

Tempel Kinkaku-ji (W1)

Als Fotomotiv par excellence apostrophiert zählt der Goldene Pavillon des Tempels Kinkaku-ji zu den bekanntesten Illustrationen über Kyōto. Zu Recht, denn kaum ästhetischer vorstellbar spiegelt sich die dickschichtig vergoldete Pfahlbaukonstruktion vor dem je nach Jahreszeit Sattgrün, Rot und Gelb großer Bäume im Wasser des Sees Kyōkochi. Selbst im Winter, wenn eine weiße Schneedecke das Gold kontrastiert, besticht er durch ein Bild der Harmonie. So ist zu verstehen, dass der eigentliche Tempelname Rokuon-ji (鹿苑寺) zugunsten des Begriffs Kinkaku-ji langsam in Vergessenheit gerät.

Jahreszeitlich beliebtes Fotomotiv

1397 als Ruhesitz des Shōguns und Förderer von Kunst und Kultur Ashikaga Yoshimitsu (1358–1408) erbaut, wurde nach dessen Tod entsprechend seines Wunsches aus dem gesamten Areal ein Zentempel der Rinzai-Schule. Wie so oft in der Geschichte Japans, blieb auch der Kinkaku-ji nicht vor Schäden durch Feuer und Erdbeben verschont. Das große Aus für den Goldenen Pavillon allerdings war auf Brandstiftung eines Fanatikers am Morgen des 2. Juli 1950 zurückzuführen. Viel mehr als Asche blieb nicht übrig und so handelt es sich bei dem heutigen Pavillon um eine originalgetreue Rekonstruktion aus dem Jahr 1955. Zu besichtigen ist das „Goldstück" nur von außen – das aber von allen Seiten. Ein Rundweg durch das Tempelareal führt vom See aus am Pavillon vorbei durch ansteigendes Gelände mit weiteren Gebäuden, einem Teehaus u.v.m. Seit 1994 zählt der Kinkaku-ji zum UNESCO-Weltkulturerbe.

Rundweg durch das Tempelareal

Kinkaku-ji (金閣寺), *1 Kinkakujichō, Kita-ku, ☎ 461-0013, www.shokoku-ji.or.jp, tgl. 9–17 Uhr, Erw./Kind 400/300 ¥.* **B** *Nr. 101/205, Stopp Kinkakuji-michi* (金閣寺道); *Schnellere Variante:* **M** *Kitaōji* (北大路駅), *Linie Karasuma, umsteigen in* **B** *Nr. 101/102/ 204/205 bis zu o.g. Stopp.*

Kinkaku-ji: einst als Ruhesitz des Shōguns erbaut

Tempel Ryōan-ji (W2)

Meisterwerk eines Zengartens

Nicht weit entfernt auf dem ehemaligen Anwesen des Tokudaiji-Klans liegt der für seinen **Zengarten Hōjō-teien** (方丈庭園) berühmte **Tempel Ryōan-ji**, seit 1994 UNESCO-Weltkulturerbe. Mitte des 15. Jh. vom stellvertretenden Shōgun Hosokawa Katsumoto (1430–1473) begründet, machte wenig später der zwischen 1467 und 1477 Jahre wütende Ōnin-Krieg alles zunichte. Während der Zeit des Wiederaufbaus ab 1488 wurde vermutlich auch der 30 x 10 m große Zengarten angelegt, allerdings weiß die Geschichte nichts über den begnadeten Gartenbauarchitekten zu berichten. Der von einer Mauer umfriedete Hōjō-teien im Karesansui-Stil aus fein gerechtem Kies, 15 scheinbar willkürlich platzierten Steinen unterschiedlicher Größe und Gruppen sowie ein wenig Moos gilt als Meisterwerk eines japanischen Stein- bzw. Trockengartens.

Wesentlich ist die Schlichtheit und Anordnung der Gestaltungskomponenten, die, wenn auch hin und wieder auf Symbolgehalt und Strukturierung wissenschaftlich analysiert, letzten Endes dem Besucher eigene Interpretationen und Wirkungen zugestehen. Geht es im Zen-Buddhismus doch u.a. darum, die Flut der Gedanken zu bündeln, die eigene Natur zu schauen und den Geist zur Ruhe zu bringen, um Stille und Leere zu erleben. So kann allein das Betrachten des Gartens direkt vor der Haupthalle als Meditation verstanden für Minuten oder auch Stunden fesseln.

Betrachten als Meditation

Eine andere kleine Sehenswürdigkeit ist ein **Steinbecken** hinter der Haupthalle, deren eingravierte Schriftzeichen jeweils gemeinsam mit dem sich durch die Beckenöffnung ergebenden Zeichen „*kuchi* 口" Kernaussagen des Zen-Buddhismus formulieren.
Ryōan-ji (龍安寺), *13 Goryonoshitachō, Ukyō-ku,* ☏ *463-2216, www.ryoanji.jp, März–Nov. tgl. 8–17, sonst 8.30–16.30 Uhr, Erw./Kind 500/300 ¥.* **B** *Nr. 12/59, Stopp Ritsumeikan Daigakumae* (立命館大学前)*; Spaziergang vom Tempel Kinkaku-ji ca. 15 Min.*

Tempel Myōshin-ji (W3)

Der Ryōan-ji gehört als Zweig der Rinzai-Schulen dem südlich gelegenen Tempel Myōshin-ji an, der im 14. Jh. gegründet, wie eine eigene Welt mit rund 40 Untertempeln eine Fläche von ca. 30 ha einnimmt. Um den normalen Tempelalltag nicht zu stören, sind nur wenige der Gebäude zu besichtigen. Sehenswert sind das berühmte **Drachen-Deckengemälde** (*unryūzu* 雲龍図) des für seine lebendig leichte Maltechnik bekannten Künstlers Kanō Tanyū (1602–1674) in der **Halle Hattō** (法堂), die **Tempelglocke** (*bonshō* 梵鐘) sowie das **Bad Akechi** (*akechi furo* 明智風呂).

Große Tempelanlage

Myōshin-ji (妙心寺), *64 Myōshinjichō, Hanazono, Ukyō-ku,* ☏ *461-5226, www.myoshinji.or.jp, Tempelareal frei. Führungen tgl. 9.10–11.40, 13–16.40, Nov.–Feb. bis 15.40 Uhr im 20-Min.-Takt u. um 12.30 Uhr, Erw./Stud./Kind 500/300/100 ¥.* **B** *Nr. 26, Stopp Myōshin-ji Kitamonmae* (妙心寺北門前)*, Nordeingang;* 🚃 *Hanazono* (花園駅)*, JR-Linie Sagano, Exit Süd; Spaziergang vom Tempel Ryōan-ji ca. 15 Min.*

Tempel Ninna-ji (W4)

Die Gründung des nach der Ninna-Ära (885–889) der frühen Heinan-Zeit benannten Tempels Ninna-ji im Jahr 888 geht auf Kaiser Kōkō (830–887) und seinen Nachfolger Kaiser Uda (867–931) zurück. Tempelbau wie die Errichtung des **Omuro-Palasts** (*omuro gosho* 御室御所) als Residenz wurden unter Uda vollendet. Nach seiner Abdankung 897 trat er selbst als Priester dem Tempel der buddhistischen Shingon-Schule bei, womit er die Tradition einer engen Bindung an das Kaiserhaus begründete, die erst 1867 enden sollte.

Ob Kunsthistoriker oder Geschichtswissenschaftler, wer sich mit der Vergangenheit des Ninna-ji befasst, kann zwischen dem 15. und 17. Jh. stets 150 Jahre überspringen. Während des Ōnin-Kriegs dem Erdboden gleichgemacht, forcierte erst Shōgun Tokugawa Iemitsu (1604–1651) den Wiederaufbau des Tempels. Dabei wurde nicht nur Baumaterial aus dem Kaiserpalast verwendet, auch ganze Gebäude wie die Zeremonienhalle Shishinden (紫震殿) und der Privatpalast Tsunegoten (常御殿) wurden komplett hierhin versetzt. Feuersbrünste Ende des 19. Jh. zerstörten wieder einen Teil des Areals, sodass die heutigen Bauten in das 17. bis 19. Jh. zu datieren sind. Die weitläufi-

Wechselhafte Geschichte

Im Areal des Tempels Ninna-ji

Eines der schönsten Tore Kyōtos

ge Anlage, heute UNESCO-Weltkulturerbe, ist durch das **Tor Niōmon** (二王門) aus dem Jahr 1644 zu betreten, das mit seinen beiden Wächterfiguren zu einem der schönsten Tore in Kyōto zählt. Linker Hand nach dem Tor Chokushi (勅使門) liegt die ehemalige Kaiserresidenz **Omuro** mit zwei Teehäusern und einer malerischen Gartenanlage. Wer nach dem Niōmon geradeaus weitergeht, gelangt durch das Tor Chumon (中門) in den inneren Tempelbereich. Lässt der Omuro-Palast aus dem 19. Jh. keine Zweifel an vollkommener Ästhetik und architektonischer Harmonie, so bestechen die Gebäude des Tempels wie etwa die fünfstöckige Pagode (*gojūtō* 五重塔), die Haupthalle Kondō (金堂), die Gründerhalle Mikagedō (御影道) oder die Buddhahalle Kannonindō (観音堂) durch jeweils eigene Charakteristik und Bauweise. Bekannt ist der Ninna-ji zudem für seine rund 200 Kirschbäume, die sich, unter Iemitsu gepflanzt, durch niedrigen Wuchs und späte Blüte auszeichnen.

Ninna-ji (仁和寺), *33 Omuro-dairi, Ukyō-ku, ☏ 461-1155, www.ninnaji.or.jp, März–Nov. tgl. 9–17, sonst bis 16.30 Uhr, Erw./Kind 500/300 ¥.* **B** *Nr. 26, Stopp Ninnajimae* (仁和寺前).

Kaiserliche Villa Katsura-rikyū (W5)

Klassische Architektur

Der Aufwand lohnt! Um die Kaiserliche Villa Katsura-rikyū im Bezirk **Nishikyō-ku** (西京区) zu besichtigen, bedarf es wie beim Kaiserpalast einer Voranmeldung im Kaiserlichen Haushaltsbüro. In der ersten Hälfte des 17. Jh. als Landsitz für Prinz Toshihito (1579–1629) errichtet, repräsentiert die Anlage mit ihrer Gartengestaltung und stilistisch unterschiedlichen Bauten das Ideal klassischer Architektur in höchster Vollendung. Nichts scheint dem Zufall überlassen, jedes Detail akribisch in Szene gesetzt, harmonisiert jede Komponente des Areals, obwohl erst nach und nach gewachsen, mit dem Gesamtkomplex auf ihre Weise. Klarheit und Eleganz der Innen- und Außenarchitektur ohne verschwenderischen Prunk in ausgewogenem Einklang mit der umgebenden Natur erzeugen eine ruhige, fast weltfremde Atmosphäre.

Katsura-rikyū (桂離宮), *Katsuramisono, Nishikyō-ku, geführte Besichtigung nach Voranmeldung im Kaiserlichen Haushaltsbüro (S. 335).* **B** *Nr. 33, Stopp Katsurarikyūmae* (桂離宮前).

Arashiyama

Anreise

Schnellste Verbindung: Vom Kyōto, Gleis 32 oder 33 mit der JR-Sagano Linie nach **Saga Arashiyama (W6)** (嵯峨嵐山駅), *Fahrzeit 16 Min. (Rapid 11 Min.), 240 ¥, zu Fuß ca. 10 Min. ins Zentrum.*

Die Brücke Togetsu-kyō in Arashiyama

Zog es den Adel schon während der Heian-Zeit (795–1185) in das nach dem 375 m hohen Berg genannte Viertel **Arashiyama** (嵐山) in die Sommerfrische, so hat sich bis heute daran abgesehen von einem Punkt nichts geändert. Denn blaublütig wird kaum mehr einer sein, der hier an den Ufern des Flusses Hozugawa (保津川) zum Sightseeing, Bummeln oder Wandern seine Freizeit verbringt. Den Norden und Süden Arashiyamas verbindet seit 400 Jahren die 154 m lange **Brücke Togetsu-kyō (W7)** (渡月橋), heute ein Wahrzeichen der Region. Letztmalig 1934 restauriert, bewahrt die Brücke durch Beibehaltung hölzerner Geländer teilweise ihren alten Charme. Mit etwas Glück sind hier insbesondere im Herbst Kormoranfischer bei der Arbeit zu sehen.

Brücke als Wahrzeichen

Tempel Tenryū-ji (W8)

Wie überall in Kyōto finden sich in Arashiyama gleich mehrere Sakralbauten, allen voran der 1345 von Shōgun Ashikaga Takauji gegründete **Tempel Tenryū-ji** der Rinzai-Schule – ein weiteres UNESCO-Weltkulturerbe. Aus heiterem Himmel war es ihm damals nicht in den Sinn gekommen, die hier von Kaiser Kameyama (1249–1305) erbaute Residenz in einen Tempel umzuwandeln. Um die Rache des 1339 verstorbenen, einst von Takauji verbannten Kaisers Go-Daigo abzuwenden, hatte ihm der einflussreiche Zenmeister Musō Soseki (1275–1351) dringend dazu angeraten. Der Shōgun zeigte sich einsichtig und so begann der Um- und Ausbau in einen Tempel. Im Geld schwamm er allerdings nicht und so wurde das Unterfangen, erneut eine clevere Idee Sosekis, dadurch finanziert, dass Kaufleute im Süden Japans eigenständig Seehandel mit China betreiben durften. Als Gegenleistung hatten sie Steuern an das Shōgunat zu entrichten.

Die heutigen Gebäude stammen überwiegend aus der frühen Meiji-Zeit (1868–1912). Die Struktur der **Gartenanlage** geht indes noch auf Soseki zurück, der hier erstmals in der japanischen Landschaftsarchitektur die umliegenden Berge als gestalterisches Moment und Hintergrund der Szenerie verstanden wissen wollte. Die Haupthalle gegenüber dem Garten Hōjō (方丈) beherbergt eine wertvolle hölzerne **Skulptur des historischen Buddha Shakyamuni** (563–483 v. Chr.), der als Siddhartha Gautama den Buddhismus begründete. Die Forschung stellt heute dessen biografischen Daten aber infrage und vermutet, dass er bis zu 100 Jahre später gelebt haben könnte. Nicht eindeutig ist auch die zeitliche Einordnung der kulturell bedeutenden Statue, die vermutlich schon vor dem Tenryū-ji geschaffen wurde. Gemeinsam mit den Tempeln

Umgebung als gestalterisches Moment

Shōkoku-ji, Kennin-ji, Tōfuku-ji und Manju-ji als einer der „**Fünf Großen Zentempel**" Kyōtos gehört der Tenryū-ji dem Haupttempel Nanzen-ji an.
Tenryū-ji (天龍寺), *68 Susukinobabachō, Ukyō-ku, ☏ 881-1235, www.tenryuji.com, April–Okt. tgl. 8.30–17.30, sonst bis 17 Uhr, Erw./Kind 800/600 ¥.*

Durch den Bambushain zum Tempel Jōjakkō-ji

Bambushain beim Tempel Jōjakkō-ji

Wer die Tempelanlage nicht am Haupt-, sondern am Nordeingang verlässt, sieht sich bald inmitten eines großen, fast geheimnisvollen **Bambushains (W9)** (*take bayashi* 竹林), dessen stattliche Exemplare dicht gedrängt an den Wipfeln zueinander geneigt schon einmal den Blick gen Himmel erschweren.

Es besteht dennoch keine Gefahr sich zu verirren, denn durch den Hain führen meist von Zäunen umfriedete Wege. Geht man weiter Richtung Norden vorbei am **Schrein Nonomiya-jinja (W10)**, der schon in einem der ersten Romane der japanischen Literatur, „Die Geschichte des Prinzen Genji", Erwähnung findet, ist linker Hand das Tor des **Tempels Jōjakkō-ji (W11)** aus dem 16. Jh. zu erreichen. An den Hang des Berges Ogurayama (小倉山) geht es bei einer Tempelbesichtigung nach dem strohgedeckten inneren Tor Niōmon (二王門) stetig bergauf. Vorbei an der Haupthalle Hondo (本堂), einst Empfangshalle der Momoyama-Residenz im südlich Kyōtos gelegenen Viertel Fushimi und 1604 hierhin versetzt, gelangt man schließlich auf verwilderte Terrassen, wo unterschiedliche Grabstätten auch die Gebeine einiger Kaiser enthalten sollen. Der Jōjakkō-ji ist zudem für seine in allen Rottönen gefärbten Ahornbäume im Spätherbst berühmt.

Verwilderte Terrassen

Nonomiya-jinja (野宮神社), *1 Sagano Miyamachi, Ukyō-ku, ☏ 871-1972, www.nonomiya.com, tgl. 6–17 Uhr.* **Jōjakkō-ji** (常寂光寺), *3 Sagaogurayama Oguracho, Ukyō-ku, ☏ 861-0435, www.jojakko-ji.or.jp, tgl. 9–17 Uhr, Erw./Kind 500/200 ¥.*

Iwatayama-Affenpark (W12)

Bergauf durch waldiges Gelände geht es auch auf der anderen Seite der Togetsu-kyō. Wenige Meter nach der Brücke gegenüber einer Bootsanlegestelle beginnt der gut 15-minütige Aufstieg hinauf zum Iwatayama-Affenpark. Die Mühe lohnt aus zweierlei Gründen: Einerseits bietet sich von hier oben ein herrlicher Blick über Kyōto und angrenzende Berge. Anderseits sind hier viele der etwa 150 angesiedelten **Rotgesichtsmakaken** aus nächster Nähe zu beobachten. Dabei bringen vor allem die Jungtiere als übermütige Tollpatsche Leben in das Rudel. Anziehungspunkt für alle Tiere ist die Hütte auf dem Aussichtsplateau. Von innen heraus dürfen Besucher die Affen durch Drahtgeflechtfenster füttern. Ein paar wenige Verhaltensregeln sollten Sie hier beachten.

Starren Sie den Affen nicht direkt in die Augen; fassen Sie die Tiere nicht an; füttern Sie sie nicht außerhalb der vorgesehenen Hütte und fotografieren Sie nicht während des Aufstiegs. Im Gehege auf sollten Sie auf eigenes Essen verzichten, denn das könnte von den Makaken, immer an Leckerbissen aller Art interessiert, missverstanden werden.

Verhaltensregeln

Iwatayama-Affenpark (*mosokīpāku iwatayama* モンキーパークいわたやま), *8 Arashiyama, Genrokuzanchō, Nishikyō-ku, ☏ 872-0950, www.kmpi.co.jp, tgl. 9–17, Winter bis 16 Uhr, bei sehr schlechtem Wetter geschl., Erw./Kind 550/250 ¥.*

Romantische Zug- und Bootsfahrt

Wilde Romantik verspricht ein Ausflug von Arashiyama in den Ort **Kameoka (W13)** (亀岡市), denn hier bewahrheiten sich einmal mehr die geflügelten Worte: „Der Weg ist das Ziel". Für die Hinfahrt steht in der Torokko Saga Station oder Torokko Arashiyama Station der **Sagano Romantic Train** bereit, der in einer halben Stunde, im Sommer teilweise mit scheibenlosen Waggons, durch die idyllische Landschaft entlang des Flusses Hozu fährt. Von Kameoka fährt ein Bus in ca. 15 Min. zur Bootsanlegestelle am Hozu. Ist die Bahnstrecke zwischen Arashiyama und Kameoka nur knapp 8 km lang, so zieht sich der Fluss mit seinen Biegungen und Schleifen für denselben Abschnitt an die 16 km dahin. Zwei Stunden dauert die teilweise über Stromschnellen **abenteuerliche Bootsfahrt** vorbei an fantastischen Felsformationen. Schon im 17. Jh. als Transportweg für Bau- und Brennholz genutzt, gilt heute die Strecke als touristischer Hotspot, der zur Kirschblüte besonders traumhaft ist.

Fahrt durch idyllische Landschaft

Sagano Romantic Train (*sagano torokko ressha* 嵯峨野トロッコ列車), *www.sagano-kanko.co.jp, März–Dez. tgl. stündl. zwischen 9 und 17 Uhr ab* 🚃 *Torokko Saga* (トロッコ嵯峨駅) *oder* 🚃 *Torokko Arashiyama Station* (トロッコ嵐山駅), *Erw./Kind 600/300 ¥. Vorverkauf in Reisebüros, Touristeninformation oder Hauptbahnhöfen der JR-West (Midori no Madoguchi-Schalter).*

Anlegestelle Bootsfahrt (*hozugawa kudari jōsenba* 保津川下り乗船場), *☏ 0771-22-5846, www.hozugawakudari.jp, 10. März–Nov. tgl. stündl. 9–14 u. 15.30 Uhr, sonst tgl. 10, 11, 13 u. 14.30 Uhr, im Winter beheizte Sitze, Erw./Kind 4.100/2.700 ¥.*

Rotgesichtsmakaken im Iwatayama-Affenpark

Reisepraktische Informationen Kyōto

(Karte S. 330 und S. 350)

Information

Vorwahl: *075;* **Internet:** *www.city.kyoto.lg.jp*

Kyōto City Tourist Information, *im Bahnhof Kyōto, 2. OG, ☎ 343-0548, tgl. 8.30–19 Uhr. Ob Tipps zu Sightseeing, Unterkunft oder Transportmöglichkeiten, die mehrsprachigen Mitarbeiter des Centers helfen gerne weiter. Karten und Broschüren in Englisch.*

Kansai Tourist Information Center, *im Kyōto Tower* **(3)**, *3. OG, ☎ 341-0280, tgl. 10–18 Uhr. Das große Center mit englischsprachigen Mitarbeitern bietet umfangreiches Infomaterial über Kyōto und die gesamte kulturhistorische Region Kansai. Freies WLAN, Verkauf von Tickets für Ausflüge, Transport u. v. m.*

Unterkunft

S. 137

Essen & Trinken

Shimogyō-ku

(1) Dai-ichi Asahi (第一旭), *845 Higashishiokōji Mukaihatachō, ☎ 351-6321, Fr–Mi 17–2 Uhr. Wen spät der Hunger packt, ist in der „Nudelbude" genau richtig. Lange wählen braucht hier keiner, denn tagaus, tagein wird Ramen serviert, eine kräftige Nudelsuppe meist mit Schweinefleisch; 500–1.500 ¥. Zu Fuß 550 m östl. vom Bahnhof (Takakura-dōri).*

(2) Katsukura (かつくら), *The Cube 11. OG im Bahnhofsgebäude, ☎ 365-8666, tgl. 11–22 Uhr. Im Katsukura als einem von unterschiedlichen Restaurants im Obergeschoss der Bahnhofswestseite dreht sich alles um Tonkatsu, d. h., panierte, in Streifen geschnittene Schweineschnitzel. Je nach Beilage wie etwa Krabbenkroketten, Salat und Sauce ergeben sich spannende Geschmacksvarianten; 1.500–2.500 ¥.*

Nakagyō-ku

(3) Yak & Yeti (ヤク & イェチイ), *403-2 Gokōmachi-dōri, Nishikikōji kudaru, ☎ 213-7919, tgl. 11.30–15, 17–23 Uhr. Gute nepalesische Küche von Teigtaschen über Tandoori Chicken bis hin zu Currys mit Huhn, Rind- oder Ziegenfleisch; Menüs 1.000–3.000 ¥.* **M** *Shijō* (四条駅), *Linie Karasuma, Exit 9 (Verb. Kawaramachi Station), 5 Min. in nordöstl. Richtung.*

(4) Yanagiya Honten (柳家本店), *23 Nakanochō, (Ecke Sanjō-dōri u. Tominokōji-dōri), ☎ 221-1327, Do–Di 11.30–13.30, 16.30–21 Uhr. Eine Top-Adresse für Sushi-Fans, denn das 1925 eröffnete kleine Yanagiya blickt auf lange Erfahrung und bietet auch eine englischsprachige Speisekarte. Beliebt ist vor allem Nigirizushi, Reisquader mit Thunfisch, Aal, Shrimps u. v. m. sowie Sashimi. Saisonaler Favorit ist Fugu Sashimi, der berüchtigte Kugelfisch in seiner rohen Variante; 2.500–4.500 ¥, Fugu 2.600–12.500 ¥.* **M** *Shiyakushomae* (市役所前), *Linie Tōzai, Exit Süd, 5 Min. südwestl. Richtung.*

(5) Minokichi (美濃吉), *Fukutoku Bldg., 1. UG, 670 Tearaimizuchō, ☎ 255-0621, www.japanese-kyoto-cuisine.com, Mo–Fr 11.30–15, 17–22, Sa 11.30–22, So 11.30–21 Uhr. Gemüse, Fisch, Fleisch und Tōfu sind Zutaten der Küche Kyōtos. In elegantem Rahmen bietet das Minokichi u. a. Kaiseki, Bentō oder Shabu Shabu; 3.000–11.000 ¥.* **M** *Shijō* (四条駅), *Linie Karasuma, Exit 21 (Verb. Kawaramachi Station), 3 Min. in nördl. Richtung.*

Higashiyama-ku

(6) Hisago (ひさご), *484 Shimokawarachō, ☎ 561-2109, Di–So 11.30–19.30 Uhr. Hier wird mittags wie abends deftige, schnelle und leckere Haumannskost serviert. Neben Oyako-*

don (親子丼), einer Schüssel mit Reis, Huhn, Zwiebeln und Ei, gibt es z. B. die Variante Konohadon (木の葉丼), bei der statt Huhn Stückchen von Fischkuchen untergemischt sind; ca. 1.000 ¥. **B** *Nr. 206/100 bis Stopp Higashiyama Yasui (東山安井), 3 Min. östl. Richtung.*

(7) Kamanza (釜座), *363-12 Matsuyachō, ☎ 531-1719, www.kamanza.co.jp, tgl. 11–20.30, Winter Mo–Fr 11–16.30, Sa/So bis 18 Uhr. Das Kamanza hat sich u. a. auf Gerichte aus Yuba (湯葉 Tofuhaut) und Namafu (生麩 Weizengluten, Reismehl, Hirse) spezialisiert; 1.000–3.500 ¥. Teezeremonie, Maikoshows vgl. Homepage.* **B** *Nr. 206/100 bis Stopp Kiyomizu-michi (清水道), 5 Min. bis zur 4. Querstraße östl. Richtung, dann wenige Meter südl.*

(8) Nishisaka (西坂), *4 Hanamikōji-dōri, Gion, ☎ 533-2433, tgl. 11.30–15, 17–22 Uhr. Das Restaurant in der Nähe des Gion Corner Theater serviert verschiedenste traditionell japanische Gerichte; 2.500–8.000 ¥. Gion-Shijō (祇園四条駅), Linie Keihan, Exit 6, 5 Min. zu Fuß.*

(9) Sarasa Fuyachō Pausa (さらさ麩屋町パウサ), *38-1 Fuyachō-dōri, ☎ 212-2341, Do–Di 12–23.30 Uhr. Das rustikal gemütliche Café ist auch in Kyōtos Künstlerkreisen beliebt. Neben Tee oder Kaffee wird hier eine Küche mit mediterranem Einfluss serviert; 1.000–2.000 ¥.* **M** *Shiyakushomae (市役所前), Linie Tōzai, Exit Süd, 5 Min. südl. Fuyachō-dōri.*

(10) Kikunoi (菊乃井), *459 Shimokawara-dōri, ☎ 561-0015, http://kikunoi.jp/english, tgl. 11.30–13, 17–20 Uhr. 2010 mit drei Michelin-Sternen bedacht, steht das Kikunoi für gehobene japanische Küche, zuvorkommenden Service und stilvolles Ambiente. Gemäß der Philosophie der Kaiseki-Küche wechseln die Zutaten je nach Jahreszeit; mittags ab 5.000 ¥, abends 16.000–30.000 ¥.* **B** *Nr. 206/100 bis Stopp Gion (祇園), ca. 600 m nach Südosten.*

Sakyō-ku

(11) Okariba (お狩り場), *43-4 Okazaki Higashitennōchō, ☎ 751-7790, Di–So 17–23 Uhr. Wer es mag: Die Speisekarte der rustikalen Izakaya mit Tischgrills gibt unter Wildgerichten auch Bärenfleisch her, gegrillt, gebraten oder als Eintopfgericht. Dem nicht genug, gehört Sashimi vom Pferd zu den Top Ten, wobei die Liste der Exoten bei Heuschrecken oder Bienenlarven beginnt; 2.000–4.000 ¥.* **B** *Nr. 100 bis Stopp Higashi-Tennōchō (東天王町).*

(12) Kyōto Nama Chocolat Organic Tea House (京都生ショコラご来店), *76-15 Tennōchō, Okazaki, ☎ 751-2678, www.kyoto-namachocolat.com, Mi–So 12–18 Uhr. Erlesene Tees, Kaffee und Kuchen sind in dem hübschen Teehaus mit Tatamiplätzen nur eine Sache, denn hier bekommt man auch selbst gemachte Schokolade in unterschiedlichsten Geschmacksvarianten – auch zum Mitnehmen in kunstvollen Geschenkverpackungen aus Japanpapier. Set aus Tee oder Kaffee und Kuchen ab 1.000 ¥. Schokoladebox mit 16 Stückchen ca. 2.000 ¥.* **B** *Nr. 100 bis Stopp Okazaki-Kitagoshochō (岡崎北御所町), ca. 150 m sudöstl.*

Ukyō-ku

(W1) Sagano-yu (嵯峨野湯), *4-3 Imahorichō, Tenryū-ji Saga, ☎ 882-8985, www.sagano-yu.com, tgl. 11–20 Uhr. Das zu einem Café umgebaute Sagano-yu in einem ehemaligen Badehaus ist ein angenehmer Ort für Kaffee, Tee, Desserts oder kleine deftige Gerichte. Dabei sind nicht alle Spuren des einstigen Sentō beseitigt, sondern raffiniert in Dekor und Innenausstattung integriert; 1.000–3.000 ¥. Ca. 100 m südl. vom Bahnhof Saga-Arashiyama.*

(W2) Shigetsu (篩月), *68 Susukinobanbachō, ☎ 882-9725, tgl. 11–14 Uhr. Im Areal des Tempels Tenryū-ji ist die „Tempelküche" Shōjin-ryōri zu bekommen. Sie haben die Wahl zwischen drei vegetarischen Menüs für je 3.000, 5.000 oder 7.000 ¥. plus Eintritt für den Tempel 500 ¥.*

Unterhaltung

Shimogyō-ku

(13) World (世界), *97 Shinmachi, Shijō agaru, ☎ 213-4119, www.world-kyoto.com, tgl.*

21–4, Fr/Sa bis 5 Uhr. Mit Bars, Dancefloors, Chillout Space und Lounge auf drei Etagen zählt das World zu den größten Clubs Kyōtos. Unter verschiedenen Genres, sei es Techno, Latin, Soul u. a., wechselt das Programm so gut wie tgl. Eintritt je nach Veranstaltung. Kawaramachi (河原町駅), Linie Hankū, Exit 5. Gion-Shijō (祇園四条駅), Linie Keihan, Exit 4.

Nakagyō-ku

(14) Bar K6, *Valls Bldg., 2. OG, Nijō-dōri, Kiyamachi 481 Higashiiru, ☎ 255-5009, tgl. 18–3, Fr/Sa bis 5 Uhr. Die Bar mit außergewöhnlich großer Auswahl an Whiskysorten gilt unter Kennern als ein Muss. Dass hier auch heimische Single Malts in den Regalen stehen, verwundert kaum, schließlich mischt Japan seit den 1920er-Jahren im Brennen von Whiskys mit – heute von hervorragender Qualität. Die Destillerie Yamazaki in Ōsaka etwa zählt zu den weltweit größten ihrer Art.* **M** *Kawaramachi (河原町駅), Linie Hankū, Exit 4; Gion-Shijō (祇園四条駅), Linie Keihan, Exit 1A.*

(15) Forum Kyōto, *290-2 Nabeyachō, ☎ 744-6228, www.forumkyoto.com, Di–Fr 17–1, Sa/So ab 15 Uhr. „Gastronomie trifft Kunst", denn hinter der Adresse verbirgt sich ein vierstöckiger Komplex mit Bar, Café, Restaurant und Raum für unterschiedliche Events und Ausstellungen. Sanjō (三条駅), Linie Keihin, Exit 1.*

(16) Ki Bar, *122-1 Ishiyachō (Pontochō), ☎ 90-8481-9562, www.kibarkyoto.com, Di–Do 18–2, Fr/Sa bis 4, So 14–23 Uhr. Die auch unter Ausländern beliebte, 2017 eröffnete Ki Bar bietet auf drei Etagen Lounge, Bar und Karaoke zu moderaten Preisen. Sanjō (三条駅), Linien Keihan, Tōzai, Ōta, Exit West.*

(17) El Coyote (エルコヨーテ), *Wisteria Court Bldg., Pontochō-dōri, Sanjō sagaru, ☎ 231-1527, www.el-coyote.com, So–Do 17–2, Fr/Sa bis open end. Mexikanische Küche, tropische Cocktails, Salsapartys und Live-Konzerte gehören zum Programm der großen Kellerkneipe am nördlichen Ende der Gasse Pontochō. Getränke ab 500 ¥, Snacks und Gerichte ca. 400–900 ¥. Partytime bei freiem Einlass ist jedes Wochenende, lediglich bei Konzerten, meist am letzten Freitag im Monat, wird Eintritt verlangt. Sanjō s. o.*

(18) Super Jankara *(スーパージャンカラ), 296 Narayachō, Kawaramachi, Takoyakushi agaru, ☎ 212-5858, So–Do 11–5, Fr/Sa 11–6 Uhr. In dem mehrstöckigen „Karaokepalast" ist Kurzweil garantiert. Je nach Raumausstattung, Aufenthaltsdauer und Wochentag sind die Kosten unterschiedlich. Grundpreis für ca. 1,5 Std. ohne Speisen und Getränke ca. 2.600 ¥. Kawaramachi (河原町駅), Linie Hankū, Exit Nord.*

(19) Yoramu *(よらむ), 35-1 Matsuyachō, Nijō-dōri, Higashinotoin Higashiiru, ☎ 213-1512, www.sakebar-yoramu.com, Mi–Sa 18–24 Uhr. Über Mittag als „Nudelbude" genutzt (Do–Mo 11.30–15 Uhr), verwandelt sich die kleine Lokalität mit Platz für gerade einmal 10 Pers. am Abend in die von einem Israeli geführte Bar Yoramu. Dabei dreht sich alles um Sake und kleine Gerichte japanischer und israelischer Küche. Wer sich bei dem Angebot kaum entscheiden kann, dem empfiehlt sich eine Verkostung aus drei Reisweinen, 1.600 ¥.* **M** *Karasuma-Oike (烏丸御池駅), Linien Karasuma, Tōzai, Exit 1.*

Higashiyama-ku

(20) Minamiza (南座), *Shijō Ōhashi Higashigawa, ☎ 571-1155, www.kabuku-bito.jp, Öffnungszeiten je nach Programm. Das imposante Gebäude des östlich der Brücke Shijō Ōhashi gelegenen und 1610 gegründeten Theaters stammt aus dem Jahr 1929. Das Minamiza mit einem Zuschauerraum für über 1.000 Gäste ist vor allem für Kabuki berühmt. Daneben stehen auch Konzerte und andere Genres wie etwa Rakugo, die traditionelle Unterhaltungskomik, auf dem Spielplan. Gion-Shijō (祇園四条駅), Linie Keihan, Exit 6;* **B** *Nr. 4/5/10/11/17/32/59/205, Stopp Shijō-Karawamachi (四条河原町). Bis Nov. 2018 wg. Renovierung geschl.*

(21) The Common One Bar Kyōto, *46 Motoyoshichō, ☎ 561-5644, tgl. 17–2 Uhr. Als schönste und eleganteste Bar der Stadt gerühmt, ist nicht nur das Getränkeangebot mit vielen Cocktails oder allen Arten von Whiskey bemerkenswert. Auch der erstklassige Service entspricht dem Ambiente und Flair; Preisniveau ca. 5.000 ¥. Gion-Shijō, s. o., Exit 9.*

Badehaus

(22) Funaoka Onsen (船岡温泉), *82-1 Minami-Funaokachō, Murasakino, ☏ 441-3735, Mo–Sa 15–1, So 8–1 Uhr, Eintritt 430 ¥. Seit seiner Eröffnung 1923 hat sich in dem öffentlichen Badehaus (Sentō) selbstredend einiges verändert. Durch Architektur und Interieur blieb aber das Flair der ersten Tage z. T. bewahrt, sodass der Funaoka Onsen mit unterschiedlichen Becken im Innen- und Außenbereich sowie einer Sauna zu einem der populärsten in Kyōto zählt. Seife und Shampoo sind für wenige Yen vor Ort erhältlich, Handtücher gibt es zum Leihen oder Kaufen.* **B** *Nr. 46/59/206, Stopp Senbon Kuramaguchi (千本鞍馬口).*

Einkaufen – Traditionelles

Shimogyō-ku

(1) Mimuro *(みむろ), 294 Matsubara-dōri, Tamatsushimachō, ☏ 344-1220, www.mimuro.net, tgl. 10–18.30 Uhr. Wer sich für traditionelle japanische Kleidung interessiert, ist hier richtig.* **M** *Shijō (四条駅), Linie Karasuma, Exit 5, 5 Min. in südwestl. Richtung.*

Nakagyō-ku

(2) Ippōdō (一保堂), *52 Tokiwagichō, Teramachi-dōri, Nijō-agaru, ☏ 211-3421, tgl. 9–18, Teeraum ab 11 Uhr. Seit 1717 steht Ippōdō für Spitzentees insbesondere aus dem Teeanbaugebiet Uji.* **M** *Shiyakushomae (市役所前), Linie Tōzai, Exit Nord.*

(3) Nishiharu (西春), *1 Ishibashichō, Sanjō-dōri Teramachi, ☏ 211-2849, https://nishiharu-kyoto.com, tgl. 11–19 Uhr. Antike Holzdrucke (17.–20. Jh.). Sanjō (三条駅), Linien Keihan, Tōzai, Ōta, Exit 6/7, ca. 200 m auf der Sanjō-dōri.*

(4) Tadaya (唯屋), *Teramachi Yoshikawa, ☏ 212-1167, tgl. 11–18 Uhr. Secondhand-Kimonos.* **M** *Shiyakushomae (市役所前), Linie Tōzai, Exit Teramachi-dōri, ca. 350 m nördl.*

Kamigyō-ku

Tsunoki (津之喜), *im* **Nishiki-Markt (12)** *(S. 338), Nishiki Ichiba Tomikoji Higashiiru 194, ☏ 221-2441, Do–Di 10–18 Uhr. Die Herstellung von Sake hat in Kyōto eine lange Tradition: Hervorragende Auswahl an Sake, Shōchū und heimischen Whiskysorten.* **M** *Shijō (四条駅), Linie Karasuma, Exit 9, 5 Min. in nordöstlicher Richtung.*

Higashiyama-ku

(5) Asahidō (朝日堂), *1-280 Kiyomizu, ☏ 531-2181, www.asahido.co.jp, tgl. 9–18 Uhr. Hier findet man Keramik, Porzellan, Lack- und Glaswaren in bester Qualität und originellem Design.* **B** *Nr. 206 bis Stopp Gojōzaka (五条坂), 10 Min. in nordöstl. Richtung.*

(6) Yamazoe Tenkōdō (山添天香堂), *371-1 Yamato-Ōji-dōri, ☏ 561-3064, Mo–Sa 11–18 Uhr, So auf tel. Anfrage. Seit vier Generationen verkauft das Antiquariat teilweise historische Gemälde, Kalligrafien und Rollbilder. Die Preispalette reicht von ca. 5.000 ¥ bis hin zu einem Vermögen.* **M** *Shijō (四条駅), Linie Karasuma, Exit 2, 3 Min. in südl. Richtung.*

(7) Tazawa Kobijutsuten *(田沢古美術店), 536 Minamikinomotochō, Higashiōji, ☏ 561-3009, www.tazawaantiques.com, tgl. 11–18.30 Uhr. Hier füllen Antiquitäten wie Metall-, Lack- und Bambuswaren genauso die Regale wie Keramik, Textilien, Puppen und Skulpturen.* **M** *Higashiyama (東山駅), Linie Tōzai, Exit 2, 5 Min. südl. auf der Higashi-dōri.*

Elektronik und Musik

Shimogyō-ku

(8) Bic Camera (ビシクカメラ), *927 Higashishiokōjichō, ☏ 353-1111, tgl. 10–21 Uhr. Die siebenstöckige Filiale als größtes Elektronikgeschäft der Stadt liegt nicht weit vom Bahnhof.*

Kamigyō-ku

(9) Meditations, *Kasuga Bldg., 3. OG, 253 Demizuchō, ☏ 214-2221, tgl. 12–20 Uhr. Mit CDs und Schallplatten verschiedenster Stilrichtungen ist das Angebot des Musikladens nicht* *erschöpft. Hier gibt es u.a. auch Räucherstäbchen und Kerzen.* 🚌 *Jingu-Muratamachi (神宮丸太町駅), Linie Keihan Ōta, Exit 1.*

Nakagyō-ku

(10) Jet Set, *Kawaramachi Bldg. 6. OG, 410 Shimomaruyachō, Sanjō Kawaramachi, Nakagyō-ku,* ☎ *253-3530, www.jetsetrecord.net, tgl. 13–21 Uhr. Als einer der größten Musikshops gerühmt: Das Angebot umfasst alle Genres aus dem In- und Ausland.* **M** *vom Bahnhof Linie Karasuma bis Station Karasuma Oike, hier umsteigen in die Linie Tozai bis zur Station Kyōto Shiyakushomae (京都市役所前駅), Exit Kawaramachi-dōri (South).*

Kaufhäuser & Einkaufspassagen

In und um den Bahnhof

Isetan (伊勢丹), *im* **Bahnhof Kyōto (1)**, ☎ *352-1111, tgl. 10–20 Uhr. Sind die beiden Untergeschosse Lebensmitteln und Feinkost vorbehalten, so dreht sich in den darüberliegenden zehn Ebenen alles um Mode, Accessoires, Schmuck oder Kosmetik. Wie oft in japanischen Kaufhäusern ist das 11. OG mit Restaurants und Cafés eine wahre Schlemmermeile.*

Porta (ポルター), *unter dem* **Bahnhof Kyōto (1)**, ☎ *365-7528, tgl. 10/11–21/22 Uhr. In der riesigen Passage sind zahllose Shops, Boutiquen und ca. 30 Restaurants untergebracht.*

(11) Avanti (アバンチイ), *Higashikujō, Nishisannōchō,* ☎ *682-5031, tgl. 10–21 Uhr, Restaurants 11–23 Uhr. Das angesagte, große Kaufhaus mit vielen einzelnen Shops, Büros, Cafés und Restaurants liegt unmittelbar südlich des Bahnhofs Kyōto.*

(12) AEON Mall (イオンモール), *Toriiguchimachi Nishikuchō,* ☎ *691-1116, tgl. 9/10–20/21/23 Uhr je nach Shop oder Restaurant. Die Mall mit unzähligen Geschäften liegt rechter Hand ein paar Minuten zu Fuß vom Südausgang des Bahnhofs entfernt.*

Bücher & Zeitschriften

(13) Maruzen (まるぜん), *BAL Bldg., 1./2. UG, 2 Yamazakichō, Kawaramachi-dōri, Sanjō kudaru, Nakagyō-ku,* ☎ *253-1599, tgl. 11–21 Uhr, Café bis 20.30 Uhr. Großes, gut sortiertes Buchgeschäft, in dem auch Ausländer fündig werden.* 🚌/**M** *Sanjō-Keihan (三条京阪駅), Linie Keihan, Metrolinie Tōzai, Exit 1.*

Kyōtos Umgebung – Nara

Redaktionstipps

➤ Haupthalle und Buddhaskulptur des **Tempels Tōdai-ji** imponieren durch Größe (S. 363).

➤ Eine Besonderheit des **Schreins Kasuga Taisha** sind Hunderte von Laternen (S. 366).

➤ Der **Tempel Hōryū-ji** gilt als Juwel klassischer Tempelarchitektur (S. 368).

Anreise

Die ca. 40 km südlich von Kyōto gelegene Stadt Nara ist am schnellsten per Bahn erreichbar. Ab Kyōto fahren tagsüber viele Züge der **Kintetsu-Linie** *und der* **JR-Nara-Linie** *in 45–80 Min. zu einem der beiden Bahnhöfe Nara Station oder zur näher am Park gelegenen Kintetstu Nara Station. Fahrpreis je nach Zug 710–1.130 ¥. Bei manchen Verbindungen muss man bei der Station Yamato-Saidaiji (大和西大寺駅) umsteigen (Gleis gegenüber).*

Nara (奈良市) zeigt sich heute mit rund 357.000 Einwohnern als Hauptstadt der gleichnamigen Präfektur flächenmäßig sogar kleiner als während ihrer epochemachenden Vergangenheit im 8. Jh. Im Jahr 710 zur Kaiserresidenz erkoren, dürfte ein wah-

Im Nara Park

rer Bauboom über Nara, dem damaligen Heijōkyō mit ca. 200.000 Einwohnern, gekommen sein. Von Grund auf sorgfältig nach geomantischen Richtlinien und dem Vorbild der schachbrettmusterartig angelegten chinesischen Stadt Xi'an konzipiert, stammt ein Großteil des historischen Erbes aus dieser Zeit. Schließlich investierte man in die Zukunft, denn im Gegensatz zu früher, als pro Kaiser die Hauptstadt wechselte, sollte mit Heijōkyō die erste dauerhafte Residenz entstehen. Richtig glücklich verliefen die Regierungsgeschäfte in der Folgezeit allerdings nicht. Die Priesterschaft, insbesondere des Tempels Tōdai-ji konkurrierte, intrigierte und spielte immer wieder ihren Einfluss aus. So sollte Naras Blütezeit doch nur 74 Jahre währen, denn 784 zog Kaiser Kammu (737–806) Konsequenzen und verlegte den Kaiserhof nach Nagaokakyū. Einen herben Einschnitt erlebte Nara 1180 während des Gempei-Kriegs (1180–1185), einer zwischen den beiden damals mächtigsten Kriegerklans der Taira und Minamoto wütenden Fehde. Weil die Minamoto hier verbündete Mönchskrieger hatten, belagerten die Taira die Stadt und zerstörten viele der Sakralbauten.

Erste dauerhafte Hauptstadt

Ein Besuch in Nara mit seinen zahlreichen Sehenswürdigkeiten, teils UNESCO-Weltkulturerbe, führt heute die Wunschliste vieler Urlauber an. Dabei lebt die Stadt nicht allein vom Tourismus. Mit gleich mehreren Universitäten, darunter auch die 1908 gegründete Frauenuniversität Nara Joshi Daigaku, gilt Nara als eine der Wissensschmieden des Landes. Wirtschaftliche Standbeine sind zudem die Textil-, Tinten- und Nahrungsmittelindustrie.

Orientierung und Stadtverkehr

Von Kyōto aus ist eine Stippvisite in Nara als Tagesausflug problemlos organisierbar, wobei angesichts des reichen Kulturerbes der Stadt an einem Tag meist nur ein Teil davon besichtigt werden kann. Viele Besucher entscheiden sich für den ca. 7 km langen Rundgang durch den östlich des Zentrums gelegenen Nara Park, in dem einige der bedeutenden Sakralbauten vergleichsweise nah beieinanderliegen. Verstreuter dagegen sind die weiteren Sehenswürdigkeiten im Westen oder anderen Stadtteilen.

Reiches Kulturerbe

Wer Nara nicht nur zu Fuß erkunden möchte, kann sich bequem mit Bussen fortbewegen. Im Ostteil Naras verkehren vom JR-Bahnhof oder der Kintetsu Station als Ringlinie **City-Loop-Busse** mit Stopps am Rand des Nara Park; 210 ¥. Auch bei anderen Zielen in und um Nara ist Busfahren die beste Variante; Ein- oder Zwei-Tages-Karten (500–1.500 ¥) sind in den Businformationsstellen an beiden Bahnhöfen zu bekommen.

Naras Osten

Tempel Kōfuku-ji und Nara Park

Ein Rundgang durch den Ostteil der Stadt lässt sich am besten am Tempel Kōfuku-ji beginnen, wo einem sicher auch die ersten, für Nara berühmten Sikahirsche begegnen. Um für die Genesung Fujiwara no Kamatari (614–669), dem Klangründer der Fujiwara zu bitten, veranlassten Familienmitglieder um das Jahr 669 in der Präfektur Kyōto den Bau eines Tempels, der im Lauf seiner frühen Geschichte nicht nur zweimal den Namen, sondern auch zweimal seinen Standort wechselte. 710 schließlich fand der heutige Haupttempel der buddhistischen Hossō-Schule in der damals neu begründeten Hauptstadt Heijōkyō als **Kōfuku-ji (1)** eine dauerhafte Heimat. So mächtig einst der Klan, so einflussreich war auch für Jahrhunderte der in kurzer Zeit auf 175 Gebäude angewachsene Tempel. Erhalten blieben davon nur wenige, unter denen die 730 erbaute und 1426 restaurierte fünfstöckige, 50 m hohe **Pagode Gojūnotō** (五重の塔), eines der Wahrzeichen Naras, schon von Weitem imponiert. Sie ist nach der Pagode des Tempels Tōji in Kyōto Japans zweithöchste Pagode. Die einzelnen Stockwerke des Reliquienbaus symbolisieren Erde, Wasser, Feuer, Wind und Luft. Linker Hand davon beherbergt die gleichfalls zu Beginn des 15. Jh. restaurierte **Halle Tōkondō** (東金堂) einige kostbare Schreine und Skulpturen. Mit den westlich gelegenen **Hallen Hokuendō** (北円堂) und **Nanendō** (南円堂) zieren gleich zwei achteckige Gebäude das Areal. Nur zweimal im Jahr zu unterschiedlichen Terminen im Frühjahr und Herbst öffnet sich Besuchern die Tür, hinter der sich für ihre Zeit außergewöhnliche, von dem renommierten Bildhauer Unkei (1151–1223) geschaffene Statuen befinden. In seiner frühen Phase durchaus „Mainstream“, wandte er sich später einem bis dahin in Japan unbekannten Stil des Realismus zu. Die nur am 17. Oktober geöffnete Halle Nanendō ist neben ihren Skulpturen vor allem als 9. Tempel der westjapanischen 33-Tempel-Pilgerroute von Bedeutung.

Zweithöchste Pagode Japans

Auf die 724 eingeweihte zentrale **Halle Chūkondō** (中金堂) müssen Besucher trotz deren Renovierung 1819 aufgrund von baulichen Mängeln seit dem Jahr 2000 verzichten. Für immer ist es nicht, denn Stück für Stück abgetragen soll sie bis 2018 wiederaufgebaut werden. Vergleichsweise neueren Datums ist das im nördlichen Tempelareal ge-

Pilger im Tempel Kōfuku-ji

legene **Schatzhaus Kokuhōkan** (国宝館), das seit 1959 als Tempelmuseum zahlreiche Artefakte aufbewahrt. 1998 wurde die Anlage zum UNESCO-Weltkulturerbe ernannt.
Kōfuku-ji *(興福寺), 48 Noboriojichō, ☎ 22-7755, www.kohfukuji.com, tgl. 9–17 Uhr, Tempelareal frei, Tōkondō Erw./Stud./Kind 300/200/100 ¥, Kokuhōkan Erw./Stud./Kind 600/500/200 ¥, Kombiticket Erw./Stud./Kind 800/600/250 ¥.*

Meisterwerke buddhistischer Kunst verschiedener Epochen zeigt das **Nara National Museum (2)** im Nara Park nur wenige Minuten vom Kōfuku-ji in östlicher Richtung. Die Sammlung umfasst neben Gemälden und Skulpturen auch Schriftdokumente, Reliquien sowie Zeremonialgegenstände. Zusätzlich vertiefen wechselnde Ausstellungen einzelne Aspekte der Kunst und der religiösen Kultur des Buddhismus.

Der 1880 gegründete **Nara Park** (*nara-kōen* 奈良公園) umfasst eine Fläche von 660 ha. Seine höchste Erhebung ist der 342 m hohe, nördlich gelegene Hügel Wakakusa, an den sich Richtung Süden die urwüchsige Natur des Kasugayama anschließt. Das Waldgebiet, seit über 1.000 Jahren sich selbst überlassen, ist mit seltenen Tier- und Pflanzenarten zum Naturdenkmal „herangewachsen".

Urwüchsige Natur

Nara National Museum *(nara kokuritsu hakubutsukan 奈良国立博物館), 50 Noboriojichō, ☎ 050-5542-8600, www.narahaku.go.jp, Di–So 9.30–17, Ende April–Okt. Fr bis 19 Uhr, Erw./Stud. 520/260 ¥. Vom* 🚃 *Kintetsu 5 Min. zu Fuß; 15 Min. vom* 🚃 *Nara oder* **B** *City Loop, Stopp N 4 Kenchōmae (県庁前).* **Museum**: *Stopp N 6 Himuro-jinja/Kokuritsu Hakubutsukan (氷室神社 / 国立博物館前).*

Gartenanlage Isuien (3)

Überquert man vom Museum aus die Noboriōji-dōri (登大路通り) und geht ein Stück stadteinwärts, zweigt nach einer langen Mauer rechts eine schmale Gasse ab, die zu der **Gartenanlage Isuien** sowie dem kleinen **Museum Neiraku** führt. 1670 erstand eine wohlhabende Familie Naras das einstige Tempelgelände und gestaltete es in einen privaten Garten mit Teich und Teehäusern um. Die heutige Gartenarchitektur, in Nara einzigartig, geht in das späte 19. Jh. zurück. Wie von anderer Landschaftsgestaltung Japans bekannt, dienen gartenfremde Kulissen, hier der Wakakusayama des Nara Park als Hintergrund. Das Neiraku widmet sich mit einer Sammlung von rund 2.000 Exponaten japanischer und chinesischer Töpferware.

Einzigartige Gartenarchitektur

Isuien *(依水園) und* **Neiraku Museum** *(neiraku bijutsukan 寧楽美術館), 74 Suimonchō, ☎ 25-0781, Mi–Mo 9.30–16.30 Uhr, Museum bis 16 Uhr, Kombiticket 900 ¥. 15 Min. zu Fuß vom* 🚃 *Kintetsu;* **B** *City Loop, Stopp N 5 Kenchō Higashi (県庁東前).*

Tempel Tōdai-ji (4)

Der Tempel Tōdai-ji, UNESCO-Weltkulturerbe, wurde 728 unter dem Namen Kinshō-ji von Kaiser Shōmu (701–756) als letzte Ruhestätte für den nur ein Jahr alt gewordenen Kronprinzen Motoi (727–728) erbaut. Eine wenige Jahre später um sich greifende Pockenepidemie bewegte Shōmu aber dazu, landesweit ein System von Klöstern und Tempeln zur Abwendung künftigen Unheils errichten zu lassen. Als Haupttempel der buddhistischen Kegon-Schule sollte auf dem Areal des Kinshō-ji Mitte des 8. Jh. der Tōdai-ji entstehen. Größe dürfte hier das Maß der Dinge gewesen sein, denn schon das auf 18 Säulen ruhende doppelstöckige **Südtor Nandaimon** (南大門) mit einer Höhe von über 25 m gilt als eines der größten Tempeltore Japans. Ende des 12. Jh. durch einen Taifun zerstört, wurde das Nandaimon 1199 im Daibutsu-Stil, eine an die Architektur der chinesischen Song-Dynastie (960–1279) angelehnte Bauweise, neu errichtet.

Noch höher hinaus ragt die **Halle des Großen Buddha Daibutsuden** (大仏殿). Dabei entsprechen ihre heutigen Maße von knapp 49 m Höhe, 57 m Breite und über 50 m Tiefe lediglich zwei Dritteln des Originalbaus, den 1180 ein Feuer zerstörte. Trotzdem – eines der weltweit größten Holzgebäude ist die Rekonstruktion aus dem Jahr 1709 noch immer. Auch der aus acht Teilen gegossene kosmische **Buddha Biroshana** (skrt. Vairocana) als Hauptstatue der Daibutsuden gilt in seiner Gesamthöhe von 30 m als unübertroffen. Über Jahre hinweg, heißt es, sei die Bronze- und Kupferproduktion des Landes nicht nur überwiegend für diese eine Skulptur verschlungen worden, der gesamte Haushalt stand dadurch am Rand des Bankrotts. Bei der prachtvollen Einweihungszeremonie 752 sollen selbst Botschafter aus China und Indien unter den Gästen gewesen sein. Womit das Kaiserhaus damals nicht gerechnet hatte, war

30 m hohe Buddhastatue

Durch das „Nasenloch" des Großen Buddha

die sich in kurzer Zeit entwickelnde Macht der Priesterschaft. Um deren Einflussnahme auf die Regierungsgeschäfte zu begrenzen, kehrte Kaiser Kammu im Jahr 784 Nara als Hauptstadt den Rücken zu. Entgegen der Hoffnung seines Begründers Kaiser Shōmu blieb der Tōdai-ji nicht vor Unglück bewahrt. Erdbeben, Feuer und mutwillige Zerstörung verursachten immer wieder Schäden. 855 fiel während eines Bebens sogar der Kopf des Großen Buddha ab. Die heutige Statue stammt aus dem Jahr 1692. Im hinteren Hallenbereich findet sich in einem der riesigen **Stützpfeiler**, die in Ermangelung solch großer Bäume aus mehreren Hölzern zusammengesetzt wurden, ein schmaler Durchgang so groß wie ein Nasenloch des Großen Buddha. Wer sich hier hindurchzwängen kann, dem sei der Eingang ins Paradies gewiss. Auch der **Figur Binzuru** vor der Halle haftet Volksglauben an. Wer Schmerzen empfindet, braucht zur Linderung die Skulptur nur genau an demselben Körperteil zu berühren. Unter den Kunstschätzen des Tempels stammt die achteckige **Bronzelaterne** einige Meter vor der Haupthalle noch aus der Gründungszeit. Der eingravierte Text würdigt das Verdienst des Anzündens der Laterne.

Spaßiger Volksglaube

Außerhalb des Haupthallen-Areals führt linker Hand eine ansteigende Straße weiter. Nach einem kurzen Wegstück zweigen rechts Treppen zum Shōrō (鐘楼), dem **Glockenturm** ab, dessen über 26 t schwere Glocken aus dem 8. Jh. zu den bekanntesten in Japan zählen. Der unter dem Zenpriester Yōsai (1141–1215) erbaute elegante Turm aus dem Jahr 1210 mit einem auffallend weit geschwungenen Dach entspricht wie das Südtor dem Daibutsu-Stil.

Weiter Richtung Nordosten taucht nach gut 100 m die am Hang errichtete, 1699 rekonstruierte **Halle Nigatsudō** (二月堂) auf, die Besuchern einen Panoramablick über Nara gewährt. Bekannt für das alljährlich Ende Februar stattfindende Shuni-e, einer Art **Sündenvergebungszeremonie**, bei der Mönche im Zeitraum von zwei Wochen durch bestimmte Rituale ihren und den Geist aller Menschen von den drei Giften Begierde, Zorn und Unwissenheit zu reinigen suchen. Die Sehenswürdigkeit in der rechts davon um 740 erbauten **Halle Hokkedō** (法華堂) sind 16 um die Hauptfigur Fukensaku Kannon platzierte Skulpturen, die als Quintessenz des bildhauerischen Schaffens der Nara-Zeit (710–784) gelten. Eine weitere, die Gottheit Shukongō-jin als Wächter der Gesetze darstellende Statue wird nur einmal im Jahr, am 16. Dezember öffentlich gezeigt. Die wertvollen Exponate des **Tōdai-ji-Museums** sind im Rahmen von Wechselausstellungen zu sehen.

Blick über Nara

Tōdai-ji (東大寺), *406-1 Zōshichō, ☎ 22-5511, www.todaiji.or.jp, März tgl. 8–17, April–Sept. 7.30–17.30, Okt. 7.30–17, Nov.–Feb. 8–16.30 Uhr, Daibutsuden u. Museum Erw./Kind jeweils 1.00/400 ¥.* **B** *City Loop, Stopp N7 Tōdaiji Daibutsuden/Kokuritsu Hakubutsukan* (東大寺大仏殿 / 国立博物館前).

info

Zahme Götterboten – samtig, fleckig und überall

Lange suchen braucht man *Naras Cervus nippon nippon* kaum, denn die Sikahirsche, rund 1.200 an der Zahl, vergnügen sich gerne auch dort, wo Besucher das kulturelle Erbe der Stadt bewundern. Das Normalste der Welt ist das nicht, aber mit Blick auf Historie und Mythologie erklärbar. Schließlich ritten die Hauptgottheiten des Schreins Kasuga, vom Fujiwara-Klan als ihre Ahnen betrachtet, auf Hirschen durch das Pantheon des Shintō. Deshalb legte der Klan ganz besonderes Augenmerk auf den Schutz der Tiere, denen kein Haar gekrümmt werden durfte. So verloren die Hirsche mit der Zeit jegliche Scheu und bereichern heute als wandelnde Sehenswürdigkeit einige Gebiete in Nara. Dabei hält sich die Population angeblich auch ohne menschliches Zutun konstant. Einziger Eingriff ist das vorsorgliche Stutzen der Geweihe, denn letzten Endes sind es doch Wildtiere, die nicht in jedem Fall vorhersehbar reagieren.

Naras Sikahirsche genießen besonderen Schutz

Der ursprünglich in Ostasien heimische Sikahirsch, mit einer Schulterhöhe zwischen 75 und 110 cm kleiner als der Rothirsch, ist vor allem durch seine in Reihen angeordneten weißen Flecken auf dem Fell und sein im Unterschied zum Damhirsch schaufelloses Geweih erkennbar. Dass er heute in vielen Regionen der Welt Lebensraum findet, hat er dem Mensch zu verdanken. Trotzdem sind einige Unterarten des Sikahirschs vor allem in China, Taiwan, Vietnam, auf den zu Japan gehörenden Ryūkyū-Inseln und in Ostsibirien vom Aussterben bedroht. Deutschen Boden betraten als Parkwild eingeführte Sikahirsche erstmals 1893.

Schrein Kasuga Taisha (5)

Bis zum Schrein Kasuga Taisha, für seine Hunderte von Laternen aus Bronze und Stein bekannt, zieht sich der Weg durch teilweise waldiges Gelände, vorbei an kleinen Restaurants, Läden und Steinlaternen ca. 1 km Richtung Südwesten. 768 als Hausschrein des Fujiwara-Klans begründet, wurden die Bauten entsprechend der shintoistischen Vorstellung von Reinheit bis 1863 im Turnus von 20 Jahren abgerissen und wieder neu aufgebaut, wobei man sich penibelst an der ursprünglichen Form orientierte. So hat sich am Aussehen des Schreins, beeinflusst von chinesischer Architektur, bis heute nichts geändert. Die zahllosen **Laternen** wurden in Ehrerbietung an Schreingottheiten im Lauf vieler Jahrhunderte gespendet. Eine ganz besondere Atmosphäre herrscht zweimal jährlich in dem zum UNESCO-Weltkulturerbe erklärten Schreinareal, wenn während der beiden **Mantōrō-Feste** (Anfang Feb. und 14./15. Aug.) abends alle Laternen angezündet werden. Ein weiteres festes Datum ist das **Kasuga Matsuri** am 13. März mit traditionellen Tanzaufführungen.

Laternen als Spende

Kasuga Taisha (春日大社), *160 Kasuganochō, ☎ 22-7788, www.kasugataisha.or.jp, April–Sept. tgl. 6–18, Okt.–März 6.30–17 Uhr, Erw./Kind 500/200 ¥.* **B** *City Loop, Stopp N8 Kasuga Taisha Omotesandō* (春日大社表参道前), *10 Min. zu Fuß; Nara Kotsu Bus 97, Nara Station, Steig 6 oder Kintetsu Station, Steig 8, bis Kasuga Taisha Honden* (春日大社本), *3 Min. zu Fuß.*

Tempel Shin Yakushi-ji und Gangō-ji

Wer Nara mehr Zeit widmet, für den hält die Stadt noch viele Sehenswürdigkeiten, vorrangig Sakralbauten aus dem 8. Jh. bereit. Im Osten Naras liegen z. B. ganz in der Nähe des Nara Park der Tempel Shin Yakushi-ji sowie der zum UNESCO-Weltkulturerbe zählende Tempel Ganggō-ji. Von dem 747 von Kaiserin Kōmyō (701–760) aus Dankbarkeit über die Genesung ihres Mannes Kaiser Shōmu gegründeten **Tempel Shin Yakushi-ji (6)** blieb lediglich die Haupthalle mit mehreren buddhistischen Skulpturen erhalten. Elf davon sind Originale aus dem frühen 8. Jh. Der Ursprung des **Tempels Gangō-ji (7)** geht ins späte 6. Jh. zurück. Damals unter dem Namen Hōkō-ji in der südlich Naras gelegenen Stadt Asuka erbaut, wurde er zu Beginn der Nara-Zeit (710–784) auf Wunsch der Kaiserin Genshō (680–748) in die Hauptstadt Heijōkyō verlegt. Bislang vom Zahn der Zeit verschont geblieben sind ein ehemaliges Wohngebäude der Mönche sowie ein Meditationsraum. In der Umgebung des Tempelareals erinnert die traditionelle Architektur des Viertels **Naramachi (8)** (奈良町) an das ausgehende 19. Jh. Kaufleute gingen hier genauso ihrem Tagwerk nach wie Handwerker und Weber. In Naramachi gefertigte Stoffe aus Hanf waren damals weit über die Stadtgrenzen hinaus begehrt.

Ehemalige Unterstadt

Shin Yakushi-ji (新薬師寺), *1352 Takahatachō, tgl. 9–17 Uhr, Erw./Kind 600/150–350 ¥.* **B** *City Loop, Stopp N9 Wariishichō* (破石町前), *ca. 10 Min. zu Fuß.* **Gangō-ji** (元興寺), *11 Chūinchō, www.gangoji.or.jp, tgl. 9–16.30 Uhr, Erw./Kind 500/100–300 ¥. Vom* 🚃 *Nara* (奈良駅) *ca. 20 Min., ab* 🚃 *Kintetsu* (近鉄奈良駅) *Station 10 Min. zu Fuß.*

Naras Westen

Kaiserpalast Heijōkyū (9)

So groß und prächtig die Hauptstadt während ihrer Blütezeit gewesen sein dürfte, so grandios war auch der Kaiserpalast Heijōkyū im Nordwesten – selbstredend streng nach Kriterien des chinesischen Feng Shui erbaut. Trotzdem ist das 1998 in die Liste des UNESCO-Weltkulturerbes aufgenommene Areal für Besucher vergleichsweise unspektakulär, denn neben dem bislang rekonstruierten Tor Suzakumon, der riesigen Audienzhalle, der Gartenanlage Tōin und einem Museum gibt es kaum mehr zu sehen als eine riesige freie Fläche. Aber gerade deswegen könnten zumindest Archäologenherzen höherschlagen, denn das Areal birgt trotz der bereits 1955 begonnenen Ausgrabungen immer noch den einen oder anderen Schatz. Erst vor wenigen Jahren wurden hier Fragmente unzähliger Holztafeln gefunden, deren Inschriften die Vergangenheit Naras ein Stück weiter erhellen könnten.

Fundgrube für Archäologen

Heijōkyū (平城宮), *Sakichō,* ☎ *30-6452, www.nabunken.go.jp, Di–So 9–16.30 Uhr.* 🚃 *Kintetsu Station* **B** *Nr. 12/14, Stopp Sakichō* (佐紀町)*; Rückweg hinter dem Tor Suzakomon, einige Minuten zu Fuß weiter südl. bis zur Straße Sanjōōji* (三条大路)*, Busstopp 4 Chome Sanjōōji* (三条大路四丁目).

Tempel Tōshōdai-ji, Yakushi-ji und Hōryū-ji

Die Gründung des ca. 1,5 km südlich des Palastareals gelegenen **Tempels Tōshōdai-ji (10)** geht auf den chinesischen Mönch Ganjin (chin. Jiàn Zhēn, 688–763) zurück, der auf Wunsch des japanischen Kaiserhauses in Nara bei der Entwicklung des Buddhismus mitwirken sollte. Einfach war die Anreise aus dem Reich der Mitte nicht. Denn erst nach Rückschlägen wie dem Verlust seines Augenlichts und mehrmaligem Schiffsbruch gelang ihm elf Jahre später mit dem sechsten Versuch 753 die Überfahrt nach Japan. Neben dem Grab Ganjins im Tempelareal erinnert eine hölzerne Skulptur an ihn. Nur einmal im Jahr am 6. Juni wird die Statue öffentlich gezeigt. Ein Gebäude des Tōshōdai-ji, die Halle Kōdō (講堂), stammt ursprünglich aus dem Kaiserpalast und ist somit das einzig erhaltene Bauwerk des Heijōkyū. Die Haupthalle Kondō (金堂) wurde 2009 renoviert.

Juwel klassischer Tempelarchitektur

Wie der Tōshōdai-ji so gehören auch der sich ein Stück weiter südlich anschließende **Tempel Yakushi-ji (11)** aus dem Jahr 680 sowie der ca. 12 km vom Zentrum entfernte Tempel Hōryū-ji zum UNESCO-Weltkulturerbe. Wiederholte Brandkatastrophen vernichteten die meisten Originalbauten des Yakushi-ji. An seinem heutigen Platz steht er seit 718. Einzig in ihrer Struktur erhalten blieb die Ostpagode mit einer außergewöhnlichen Dachbauweise. Ihr Pendant, die Rekonstruktion der Westpagode, stammt aus dem Jahr 1981. Die Gebäude des **Hōryū-ji (12)** dagegen, als Juwel klassischer Tempelarchitektur gerühmt, haben die vergangenen Jahrhunderte besser überstanden. Der 607 von Prinz Shōtoku (574–622) gegründete Tempel brannte zwar 63 Jahre später zum Großteil ab, wurde aber im 8. Jh. im heutigen südwestlich gelegenen Stadtteil Ikaruga (斑鳩町) wiederaufgebaut. Das mittlere Tor Chumon und die fünfstöckige Pagode wurden im Zweiten Weltkrieg zum Schutz demontiert und danach mit denselben Materialien aus dem Baujahr 607 wieder zusammengesetzt. Heute zählen sie zu den weltweit ältesten Holzkonstruktionen.

Naras Feste

Wer das Glück hat bei einem der alljährlich stattfindenden Feste vor Ort zu sein, sollte sich das nicht entgehen lassen. Weil aber wegen des Wetters oder aus anderen Gründen schon einmal ein Termin verschoben werden kann, ist es ratsam, sich vorab in Touristeninformationen in Nara oder Kyōto über die genauen Daten und Uhrzeiten zu erkundigen. Unter den zahlreichen Veranstaltungen während des Jahres sind folgende besonders populär:

15. Jan.: Wakakusa Yamayaki (Grasfeuerfest) – Bei diesem rituellen Fest wird Wintergras des Wakakusa-Hügels abgefackelt. Das Yamayaki beginnt mit Gebeten und Reinigungsritualen, gefolgt von einem Feuerwerk. Erst danach steht der Hügel in Flammen.

3.–4. Feb.: Mantōrō (Laternenfest) – Am Abend werden alle Laternen des Schreins Kasuga Taisha angezündet.

1.–14. März: Omizutori (Wasserschöpffest) – Als Teil der Shuni-e-Zeremonie bei der Halle Nigatsudō des Tōdai-ji-Tempels schöpfen Mönche heilendes Wasser aus einem Brunnen.

13. März: Kasuga Matsuri (Kasuga-Fest) – Traditionelle Musik *(gagaku)* und Tanz *(bunraku)* im Schrein Kasuga Taisha.

11.–12. Mai: Takigi Nō – Freilicht-Nō-Theater im Areal des Tempels Kōfuku-ji.

14.–15. Aug.: Mantōrō (Laternenfest) – Wie im Februar im Schrein Kasuga Taisha.

Anf. Okt.: Shika no Tsunokiri (Geweihschnitt-Zeremonie) – Seit rund 300 Jahren schon werden die Geweihe der Sikahirsche aus Sicherheitsgründen gestutzt.

15.–18. Dez.: On-Matsuri. Das im Schrein Wakamiya-jinja südlich des Kasuga Taisha stattfindende Matsuri mit traditionellen Tänzen, Musik und Prozessionen gehört zu den bedeutendsten Festen der Präfektur Nara. Im 12. Jh. wurde das Fest als rituelle Zeremonie gegen Krankheiten und als Bitte um gute Ernten begründet.

Tōshōdai-ji (唐招提寺), *13-46 Gojōchō, www.toshodaiji.jp, tgl. 8.30–17 Uhr, Erw./Sen./Kind 600/400/200–400 ¥.* **B** *Nr. 70/72/97, Stopp Tōshōdaiji Higashiguchi* (唐招提寺東口).
Yakushi-ji (薬師寺), *457 Nishinokyōchō, www.nara-yakushiji.com, tgl. 8.30–17 Uhr, Erw./Stud./Kind 1.100/700/300 ¥.* **B** *Nr. 70/72, Stopp Yakushiji* (薬師寺). *Zzt. umfangreiche Renovierung der Ostpagode (bis 2020).*
Hōryū-ji (法隆寺), *1-1 Hōryūsannai, Ikarugachō* (斑鳩町), *www.horyuji.or.jp, tgl. 8–17 Uhr, Erw./Kind 1.500/750 ¥. Vom Bahnhof Nara bis* 🚃 *Hōryū-ji* (法隆寺駅), *Linie Yamato-ji, Exit Nord, ca. 15 Min. zu Fuß.* **B** *Nr. 72/97/98 fahren in ca. 50 Min. zum Stopp Hōryūjimae* (法隆寺前), *direkt vor dem Tempel. Zzt. Renovierung des Haupttors bis Dez. 2018.*

Reisepraktische Informationen Nara

(Karte S. 364)

Information

Vorwahl: *0742;* **Internet**: *www.city.nara.lg.jp*

(1) Nara City Center Naranicle, *23-4 Sanjō-dōri, Kamisanjichō,* ☎ *22-3900, tgl. 9–21 Uhr. Umfangreiches Angebot an Informationsmaterial und Karten. Die Mitarbeiter stehen gerne mit Rat und Tat zur Seite, wie etwa der Vermittlung von kostenlosen englischsprachigen Führungen (einen Tag im Voraus anmelden).*

(2) Nara City Tourist Center, *Sanjōhomachi (direkt links vor dem Bahnhof Nara),* ☎ *27-2223, https://narashikanko.or.jp/en/, tgl. 9–21 Uhr. Großes Infocenter, mehrsprachiges Personal, Infomaterial, WLAN und Café.*

(3) Tourist Information Kintetsu Nara Station, ☎ *24-4858, tgl. 9–21 Uhr.*

(4) Nara Visitor Center & Inn, *3 Ikenochō,* ☎ *81-7461, tgl. 8–21 Uhr, www.sarusawa.nara.jp. Neben Infos für Touristen, freiem WLAN und PC bietet das große Center beim See Sarusawa auch Unterkünfte im westlichen und japanischen Stil an, Hotel* ☎ *81-8585.*

Unterkunft

S. 138

Essen & Trinken

(1) Tōnochaya (塔の茶屋), *18 Minami-Jōdochō,* ☎ *22-4348, http://tounochaya.com/english.html, Mi–Mo 11.30–16 Uhr. Das Restaurant ist für Naras Spezialität Chagayu* (茶粥), *mit grünem Tee gemischter Reis, bekannt – oft mit Gemüse und Sashimi serviert; Preisniveau 2.000–6.000 ¥. Ca. 800 m südl. des Bahnhofs Kintetsu-Nara.*

(2) Shizuka (志津香), *59-11 Noboriōjichō,* ☎ *27-8030, www.kamameshi-shizuka.jp/eng.html, Mi–Mo 11–19.30 Uhr. Das Restaurant gegenüber des Nationalmuseums ist auf das traditionell japanische Kamameshi spezialisiert. Den Gast erwarten raffiniert gewürzte Reisgerichte mit Zutaten wie Fleisch, Meeresfrüchte, Gemüse und Pilzen; 1.000–2.500 ¥.*

(3) Kasugano (春日野), *494 Zoshichō Wakakusayama Fumotomachi,* ☎ *26-3311, tgl. 8.30–17.30 Uhr. Wen auf dem Weg im Nara Park zwischen dem Tempel Tōdai-ji und dem Schrein Kasuga Taisha der Hunger packt, bekommt im Kasugano, einem Souvenirshop plus Restaurant, schnell und günstig ein Nudel- oder Currygericht. Im 2. OG gibt es Tatamizimmer, wo nach Voranmeldung eine breite Palette der japanischen Küche angeboten wird; 800–2.500 ¥.*

(4) Sakura Burger (さくらバーガー), *6 Higashimuki Kitamachi,* ☎ *31-3813, Fr–Di 11–16, 17–21 Uhr. Leckere Sakura oder Momiji-Burger mit besten Zutaten, Fritten und raffinierten Saucen, 500–1.400 ¥; 1 Min vom Bahnhof Kintetsu, Exit 1 in nördl. Richtung.*

5. ANHANG

Literaturtipps

Politik, Geschichte, Wirtschaft

• Chiavacci, David u. Wieczorek, Iris (Hrsg), **Japan 2017: Wirtschaft – Gesellschaft – Politik**, Iudicium Verlag 2017. Das Jahrbuch von unterschiedlichen Autoren thematisiert die Innen- und Außenpolitik, die Reaktion auf Donald Trump und Kim Jong-un, regionale Sicherheitspolitik u. v. m.

• Pilling, David, **Japan – Eine Wirtschaftsmacht erfindet sich neu**, Carl Hanser Verlag 2013. Der Asien-Korrespondent thematisiert neben Geschichte und Kultur auch die Frage, wohin Japans Weg nach Fukushima führt.

• Pohl, Manfred, **Geschichte Japans**, C.H. Beck Verlag, 5. Aufl. 2014. Das Taschenbuch veranschaulicht die Entwicklung Japans ab der Vor- und Frühgeschichte bis in die Gegenwart.

Japanische Gesellschaft

• Coulmas, Florian, **Die Kultur Japans, Tradition und Moderne**, C.H. Beck Verlag 3. Aufl. 2014. Wer sich für Land und Leute interessiert, kommt an Coulmas, Professor für Kultur, Sprache und Geschichte des modernen Japan, nicht vorbei.

• Haschke, Barbara u. Thomas, Kristina, **Reisegast in Japan**, Iwanowski's Reisebuchverlag, 5. Aufl. 2007. Kulturschock muss nicht sein, denn weit über Verhaltenstipps hinaus vermittelt der Band Wissenswertes zur japanischen Kultur und Lebensweise.

• Hauser, Françoise, **Japan für die Hosentasche**, Fischer Verlag 2016. Außergewöhnliche Fragen rund um Land und Leute beantwortet die Autorin auf amüsant kurzweilige und informative Weise.

Philosophie und Religion

• Eckel, Malcom David, **Buddhismus**, Fleurus Verlag 2005.

• Littleton, C. Scott, **Shintoismus**, Fleurus Verlag 2005.

• Oldstone-Moore, Jennifer, **Konfuzianismus**, Fleurus Verlag 2005.

• Oldstone-Moore, Jennifer, **Taoismus**, Fleurus Verlag 2005. Alle vier Bände der Verlagsreihe bieten eine auf das Wesentliche ausgerichtete, verständliche Einführung in die jeweilige religiös philosophische Weltanschauung.

• Sargent Jiho, **Zen – was ist das?**, O.W. Barth 2004. Der Autor beantwortet 108 Fragen rund um Theorie und Praxis des Zen.

Zum Schmökern

• Kreiner, Josef, **Deutsche Spaziergänge in Tōkyō**, Iudicium Verlag 1996. Texte über die Beziehung zwischen Japan und Deutschland in vergangenen Jahrhunderten verleihen manchen Sehenswürdigkeiten der Stadt eine besondere Bedeutung.

• Fels, Kerstin u. Fels, Andreas, **Fettnäpfchenführer – Die Axt im Chrysanthemenwald**, Conbook Medien, 9. Aufl. 2015. Mit humorvoller Feder wird über die Odyssee des Herrn Hoffmann berichtet, der in Japan einen Fauxpas nach dem anderen begeht.

• Tagsold, Christian, **Ein Länderporträt**, Ch. Links Verlag, 2. Aufl. 2015. Tagsold beschreibt Japan als facettenreiches, exotisches und doch vertrautes Land.

Japanische Küche

• Kurihara, Harumi, **Harumis japanische Küche**, Dorling Kindersley 2006. Ausführlich und leicht verständlich sind in dem Sachbuch Japans berühmtester Köchin viele Rezepte teilweise mit Hintergundinformationen zusammengefasst. Als weltweit bestes asiatisches Kochbuch 2004 mit dem „Gourmand Worlds Cookbook Award" ausgezeichnet, liegt der Band seit 2006 auch in deutscher Sprache vor.

• Barber, Kimiko, **Die japanische Küche**, Hädecke Verlag, 4. Aufl. 2015. Mit umfangreichen Erläuterungen zu Nahrungsmitteln im Kontext der japanischen Geschichte und Gesellschaft finden sich in dem Band rund 200 Originalrezepte.

Karten und Stadtpläne

Tōkyō

• **Tōkyō City Atlas – A Bilingual Guide**, Kodansha International, 3. Aufl. 2012, 124 Seiten. Der DIN A5 große Taschenatlas beinhaltet neben Karten des Großraums Tōkyō auch Detailkarten des Zentrums sowie Seiten zu Yokohama und Kawasaki; ISBN 978-1568364452.

• **Tōkyō Travel Map**, Tōkyō North 1:15.000, Tōkyō South 1:15.000, Periplus Editors, 4. Aufl. 2013; ISBN 978-4805311844.

• **Tōkyō**, Borch Maps, 1: 17.000, 5. Aufl. 2012. Mit Detailausschnitt der Tōkyō Bay und Shinagawa, einer Umgebungskarte des Großraums Tōkyō, Karte des Metronetzes sowie einigen Basisinformationen über Japan ist der wasserabweisend beschichtete Stadtplan eine empfehlenswerte handliche Kartenvariante, die allerdings wie die meisten anderen Stadtpläne einige Bezirke in der Peripherie ausspart; ISBN 978-3866093300.

Kyōto

• **Kyōto Travel Map**, Greater Kyōto 1:55.000, Kansai 1.250.000, Central Kyōto 1:20.000, Nara 1:17.500, Periplus Editors, 4. Aufl., 2013; ISBN 978-4805311851.

Karten bestimmter Regionen sind auch bei Touristeninformationen vor Ort erhältlich.

Kleiner Sprachführer

Zur Aussprache

Bis auf wenige Ausnahmen werden die meisten Vokale und Konsonaten wie im Deutschen ausgesprochen.

Kurze Vokale

a hell wie in Kanne
e offen wie in Bett
i geschlossen wie in Mine
o offen wie in Zopf
u wie in Nuss, Tendenz zu ü

Lange Vokale

ā lang wie in Zahn
ē langes ä wie in Säge
ī lang wie in Miete
ō lang wie in Boot
ū lang wie in Schuh, Tendenz zu ü

Konsonanten

ch	wie in Tschaikowsky
f	wie ein Mittelding zwischen f und u
j	wie in Dschungel, stimmhaft
k	wie in Keller
r	wie ein Mittelding zwischen l und r
s	wie in Nass, stimmlos
sh	wie in Schaum
ts	wie z in Zauber
w	wie ua gesprochen, engl. white
y	wie in Jubel
z	wie in Seife, stimmhaft

Besonderheit: Ein **u** am Wortende oder **u** und **i** zwischen zwei stimmlosen Konsonanten wird bei der Aussprache „verschluckt". Beispiel: です *desu* (sein) wird zu *des*, 浅草 *Asakusa* (Stadtteil in Tōkyō) wird zu *Asaksa*, でした *deshita* (Vergangenheitsform von *desu*) wird zu *deshta*, 下谷 *Shitaya* (Stadtteil in Tōkyō) wird zu *Shtaya*.

Zahlen, Maße und Gewichte

1	*ichi*	一
2	*ni*	二
3	*san*	三
4	*shi / yon*	四
5	*go*	五
6	*roku*	六
7	*nana / shichi*	七
8	*hachi*	八
9	*kyū / ku*	九
10	*jū*	十

Bei **Zahlen von 1 bis 10** ist bei der Nennung von Gegenständen folgende Aussprache üblich:

1	*hitotsu*	一つ
2	*futatsu*	二つ
3	*mittsu*	三つ
4	*yottsu*	四つ
5	*itsutsu*	五つ
6	*muttsu*	六つ
7	*nanatsu*	七つ
8	*yattsu*	八つ
9	*yattsu*	九つ
10	*tō*	十

11 / 12 / 13	*jū-ichi / jū-ni / jū-san*	十一 / 十二 / 十三
20 / 21 / 22	*ni-jū / ni-jū-ichi / ni-jū-ni*	二十 /二十一 / 二十二
30 / 40 / 50	*san-jū / yon-jū / go- jū*	三十 / 四十 / 五十
100 / 200	*hyaku / ni-hyaku*	百 / 二百
1.000 / 10.000	*sen / ichi-man*	千 /一万

100.000 / 1.000.000	*jū-man / hyaku-man*	十万 / 百万
Meter / Kilometer	*mētoru / kiromētoru*	メートル / キロメートル
Kilogramm / Liter	*kiroguramu / rittoru*	キログラム / リットル

Nützliche Wörter und Sätze

Guten Tag	*konnichi wa*	今日は
Guten Abend	*konban wa*	今晩は
Auf Wiedersehen	*sayōnara*	さようなら
Tschüss	*baibai*	バイバイ
Ja / Nein	*hai / iie*	はい / いいえ
Okay	*ōkei (ōkē)*	オーケイ (オーケー)
Bitte (etwas anbietend)	*dōzo*	どうぞ
Bitte (etwas wünschend)	*onegai shimasu (kudasai)*	お願いします (ください)
Dankeschön	*dōmo arigatō gozaimasu*	どうもありがとうございます
Nichts zu danken	*dō itashi mashite*	どういたしまして
Entschuldigung	*sumimasen*	すみません
Es tut mir leid	*gomenasai*	ごめんなさい
Sprechen Sie …	*… ga dekimasu ka*	ができますか
Deutsch / Englisch	*doitsugo / eigo …*	ドイツ語 / 英語 …
Wie bitte?	*nan desu ka*	何ですか
Ich verstehe	*wakarimashita*	わかりました
Ich verstehe nicht	*wakarimasen*	わかりません
Ich komme aus …	*… kara kimashita*	… からきました
Deutschland / Japan	*doitsu / nihon*	ドイツ / 日本
Österreich / Schweiz	*ōsutorya / suisu*	オーストリア / スイス
Wie ist ihr Name?	*o-namae wa nan desu ka*	お名前は何ですか
Ich heiße …	*… to mōshimasu*	… と申します
Wie viel Uhr ist es?	*nan-ji desu ka*	何時ですか
Um wie viel Uhr …?	*nan-ji ni …*	何時に …
Was / Wann	*nan (nani) / itsu*	何 (なに) / いつ
Wo / Wer	*doko / dare (donata* höfl.)	どこ / だれ (どなた)
Wie / Warum	*dono yōni / naze*	どのように / なぜ
Entschuldiging, wo ist … ?	*sumimasen ga, … wa doko desu ka*	すみませんが … はどこですか
Haben Sie … ?	*… wa arimasu ka*	はありますか
Ich hätte gerne …	*… o kudasai*	… をください
Wie viel kostet das?	*ikura desu ka*	いくらですか
Geöffnet	*ēigyōchū*	営業中
Geschlossen	*hēiten*	閉店
Können Sie mir bitte helfen?	*tetsudatte itadakemasen ka*	手伝っていただけませんか

Unterwegs

Auskunft / Service-Point	*annai / sābisu-pointo*	案内 / サービスポイント
Ausgang / Eingang	*deguchi / iriguchi*	出口 / 入口
Abfahrt / Ankunft	*shuppatsu / tōchaku*	出発 / 到着
Fahrkarte / Platzkarte	*kippu / zaseki shiteiken*	切符 /座席指定券

Fahrplan / Fahrpreis	*jikokuhyō / unchin*	時刻表 /運賃
Fahrkartenautomat	*kenbaiki*	券売機
Fahrkartenschalter	*madoguchi*	窓口
Reservierter Platz	*shitei seki*	指定席
Nicht reservierter Platz	*jiyū seki*	自由席
Tageskarte	*ichinichiken*	一日券
Haltestelle	*teiryūjo*	停留所
Schließfach	*koin rokkā*	コインロッカー
Gepäckaufbewahrung	*nimotsu azukarisho*	荷物預かり所
Aufzug	*erebētā*	エレベーター
Taxi	*takushī*	タクシー
zum …, bitte.	*… made onegai shimasu*	…までお願いします
Hotel / Bahnhof	*hoteru / eki …*	ホテル / 駅 …
zu dieser Adresse	*kono jūsho …*	この住所 …
Bitte halten Sie hier	*koko de tomate kudasai*	ここでと待てください
Fahrrad / Fahrradverleih	*jitensha / kashi jitensha*	自転車 / 貸し自転車
Wo ist eine Metrostation?	*metoro no eki wa doko desu ka*	メトロの駅はどこですか
Fährt diese/dieser … … nach (Ort)?	*kono … wa* (Ort) *e ikimasu ka*	この … は (Ort) へ行きますか
Wann fährt der/die/das nächste … nach (Ort)	(Ort) *yugi tsugi no … wa nanji desu ka*	(Ort) 行き次の … … は何時ですか
Muss ich umsteigen?	*norikaeru hitsuyō ga arimasu ka*	乗り換える必要がありますか
Hält der Bus / Zug? in (Ort)?	*kono basu / densha wa* (Ort) *ni tomarimasu ka*	このバス (Ort) 電車はにとまりますか
Bitte sagen Sie mir, wo ich aussteigen muss	*oriru tokoro o oshiete kudasai*	降りるところを教えてください
Montag / Dienstag	*getsu-yōbi / ka-yōbi*	月曜日 / 火曜日
Mittwoch / Donnerstag	*sui-yōbi / moku-yōbi*	水曜日 / 木曜日
Freitag / Samstag	*kin-yōbi / do-yōbi*	金曜日 / 土曜日
Sonntag	*nichi-yōbi*	日曜日

Unterkunft

Hotel	*hoteru*	ホテル
Jugendherberge	*yūsu hosuteru*	ユースホステル
Ryokan / Minshuku	*ryokan / minshuku*	旅館 / 民宿
Kapselhotel	*kapuseru hoteru*	カプセルホテル
Love Hotel	*rabu*	ラブホテル
Zimmer im jap. / westl. Stil	*washitsu / yōshitsu*	和室 / 洋室
Einzelzimmer	*shinguru rūmu*	シングルルーム
Doppelzimmer	*daburu*	ダブルルーム
Twin / Schlafsaal	*tsuin rūmu / ōbeya*	ツインルーム / 大部屋
Klimaanlage / Lampe	*eakon / ranpu*	エアコン / ランプ
Reisepass	*pasupōto*	パスポート
Safe	*kinko*	金庫
Schlüssel / Wäscheservice	*kagi / sentaku sābisu*	鍵 / 洗濯サービス
Toilette	*o-tearai (toire)*	お手洗い (トイレ)

Frauen / Männer	*onna / otoko*	女 / 男
Haben Sie ein Zimmer frei?	*heya ga suite imasu ka*	部屋が空いていますか
Wie viel kostet es pro Nacht?	*ippaku ikura desu ka*	一泊いくらですか
Kann ich das Zimmer bitte sehen?	*heya o misete kudasai*	部屋を見せてください
Ich habe eine Reservierung	*yoyaku shite arimasu*	予約してあります
Ich möchte ein Zimmer reservieren	*heya no yoyaku o onegai shimasu*	部屋の予約をお願いしまう
Ich bleibe …	*… tomari masu*	泊まります
… 1 Nacht / 2 Nächte	*ippaku / nipaku …*	一泊 / 二泊 …
… 1 Woche	*isshū kan …*	一週間 …
Kann ich mit Kreditkarte zahlen?	*kurejitto kādo wa tsukaemasu ka*	クレジット カードは使えますか

Geld, Post, Telefon und Internet

Bank / Wechselstube	*ginkō / ryōgaejo*	銀行 / 両替所
Geldautomat	*kyasshu kōnā*	キャッシュコーナー
ATM-Automat	*ētīemu*	エーチーエム
Geld / Geld wechseln	*o-kane / ryōgae suru*	お金 / 両替する
Euro	*yūrō*	ユーロー
Schweizer Franken	*suisu furan*	スイス フラン
Reisescheck	*toraberāzu chekku*	トラベラーズチェック
Kreditkarte	*kurejitto kādo*	クレジット カード
Pin-Nummer	*anshō bangō*	暗証番号
Quittung	*ryōshūsho*	領収書
Unterschrift	*shomei*	署名
unterschreiben	*kanban*	看板
Postamt	*yūbinkyoku*	郵便局
Brief	*tegami*	手紙
Briefkasten	*yūbinposuto*	郵便ポスト
Briefmarke	*kitte*	切手
Paket / Päckchen	*paketto / kozutsumi*	パケット / 小包み
Luftpost / Seeweg	*kōkūyūbin / funabin*	航空郵便 / 船便
Telefon / Telefonnummer	*denwa / denwa-bangō*	電話 / 電話番号
Telefonkarte	*terehon kādo*	テレホンカード
Auslandsgespräch	*kokusai denwa*	国際電話
Handy / Handynummer	*keitai-denwa / keitai-bangō*	携帯電話 / 携帯番号
Fax	*fakkusu*	ファックス
Computer	*konpyūta*	コンピュータ
Internet	*intānctto*	インターネット
Skype / skypen	*sukaipu / sukaipu suru*	スカイプ / スカイプする

Gesundheit und Notfall

Apotheke	*yakyoku / fāmashī*	薬局 / ファーマシー
Arzt	*isha*	医者
Zahnarzt / Klinik	*haisha / byōin*	歯医者 / 病院
Krankenversicherung	*iryō-hoken*	医療保険

Allergie	*arerugī*	アレルギー
Asthma	*zensoku*	喘息
Diabetes	*tōnyōbyō*	糖尿病
Schmerzmittel	*chintsūzai*	鎮痛剤
Ich brauche einen Arzt	*o-ishasan ga hitsuyō desu*	お医者さんが必要です
Ich habe hier Schmerzen	*koko ga itai desu*	ここがい痛いです
Feuer	*kajida*	火事だ
Hilfe	*tasukete*	助けて
Vorsicht / Achtung	*chūi*	注意
Polizeistation	*kōban*	交番
Rufen Sie die Polizei	*keisatsu ni denwa*	警察に電話する
Rufen Sie die Feuerwehr	*shōbō ni denwa suru*	消防に電話する
Rufen Sie die Ambulanz	*kyūkyūsha ni denwa suru*	救急者に電話する

Bildnachweis

Alle Abbildungen stammen von der Autorin Katharina Sommer, außer:

© Hyatt Corporation: S. 237
© Japanische Fremdenverkehrszentrale JNTO: S. 33, 42, 65, 133, 254, 280, 319
© JNTO / © Saga Prefecture: S. 67
© JNTO / © Taito: S. 106
© JNTO und Kyōto Convention Bureau: S. 60
© Kyōto Tourism Council: S. 72, 92, 118, 344
© Peninsula Tōkyō: S. 128
© Saori K. / © JNTO: S. 238
© Sawami Q. / © JNTO: S. 352
© The Yorck Project: S. 23, 24, 57, 58, 81, 181
© Yasufumi Nishi / © JNTO: S. 52, 59, 208, 217, 218

Stichwortverzeichnis

Orts- und Sachregister

Personen und Klans

IWANOWSKI'S REISEBUCHVERLAG

IWANOWSKI'S Reise Blog
IWANOWSKI.DE/BLOG

REISEFÜHRER AUF EINEN BLICK

REISEHANDBÜCHER

Afrika
Äthiopien * ▮ 🗀
Botswana * ▮ 🗀
Kapstadt & Garden Route * ▮ 🗀
Kenia/Nordtanzania *
Madagaskar * ▮ 🗀
Mauritius mit Rodrigues * ▮ 🗀
Namibia * ▮ 🗀
Réunion * ▮ 🗀
Ruanda * ▮ 🗀
Seychellen ▮ 🗀
Südafrika * ▮ 🗀
Uganda * ▮ 🗀

Amerika
Bahamas ▮ 🗀
Barbados, St. Lucia & Grenada ▮ 🗀
Costa Rica * ▮ 🗀
Chile mit Osterinsel * ▮ 🗀
Florida * ▮ 🗀
Guadeloupe ▮ 🗀
Hawaii * ▮ 🗀
Kalifornien * ▮ 🗀
Kanada/Osten * ▮ 🗀
Kanada/Westen * ▮ 🗀
Karibik/Kleine Antillen * ▮ 🗀
New York * ▮ 🗀
USA/Große Seen|Chicago * ▮ 🗀
USA/Nordosten * ▮ 🗀
USA/Nordwesten * ▮ 🗀
USA/Ostküste * ▮ 🗀
USA/Süden * ▮ 🗀
USA/Südwesten * ▮ 🗀
USA/Texas & Mittl. Westen * ▮ 🗀
USA/Westen * ▮ 🗀

Asien
Oman * ▮ 🗀
Rajasthan mit Delhi & Agra *
Shanghai * ▮ 🗀
Singapur * ▮ 🗀
Sri Lanka * ▮ 🗀
Thailand * ▮ 🗀
Tokio mit Kyoto * ▮ 🗀

Australien / Neuseeland
Australien * ▮ 🗀
Neuseeland * ▮ 🗀

Europa
Berlin * ▮
Dänemark * ▮ 🗀
Finnland * ▮ 🗀
Irland * ▮ 🗀
Island * ▮ 🗀
Lissabon *
Madeira mit Porto Santo * ▮ 🗀
Malta, Gozo & Comino * ▮ 🗀
Norwegen * ▮ 🗀
Paris und Umgebung *
Piemont & Aostatal * ▮
Rom * ▮
Schweden * ▮ 🗀
Schottland * ▮ 🗀
Tal der Loire mit Chartres *

101...-Serie: Geheimtipps und Top-Ziele
101 Berlin * ▮
101 Bodensee ▮
101 China
101 Deutsche Ostseeküste ▮
101 Florida ▮
101 Hamburg * ▮
101 Indien
101 Inseln
101 Kanada/Westen
101 Kopenhagen * ▮
101 Lissabon * ▮
101 London * ▮
101 Mallorca ▮
101 Namibia ▮
101 Nepal ▮
101 Reisen für die Seele – Relaxen & Genießen in aller Welt
101 Reisen mit der Eisenbahn – Die schönsten Strecken weltweit ▮
101 Safaris ▮
101 Skandinavien ▮
101 Stockholm * ▮
101 Südafrika ▮
101 Südengland ▮
101 Tansania ▮
101 Wien * ▮

REISEGAST

in ...
Ägypten
China
England
Indien
Japan
Korea
Polen
Russland
Südafrika
Thailand

Legende:
* mit Extra-Reisekarte
▮ auch als ebook (epub)
🗀 Karten gratis downloaden

Das komplette Verlagsprogramm finden Sie unter

www.iwanowski.de

Iwanowski's Reisebuchverlag GmbH
Salm-Reifferscheidt-Allee 37 | D-41540 Dormagen
Tel: +49 (0) 21 33/26 03-0 | Fax: -34
E-Mail: info@iwanowski.de